金融システム改革
50年の軌跡

西村 吉正

著

社団法人 金融財政事情研究会

はしがき

　わが国はもとより米欧諸国においても、かつて金融は経済・社会の安定性を確保するためのインフラとして地味な脇役を務めていた。そのような役割を確実に演ずるためにこそ、金融の領域には他の経済分野にはみられない規制が課せられ保護が与えられていたのである。

　その後世界的なカネ余り時代になると、金融は市場経済の主役を演ずることを主張し、自在に振舞えるよう各種の規制が取り払われた。たしかに経済は活性化したが、その一方、金融が暴走する現象もみられた。わが国ではバブルが崩壊すると金融機関の破綻が相次ぎ、「失われた10年」が到来した。

　それに対してアメリカ経済は90年代以降、グローバル化・情報化を追い風にして金融により経済的覇権を再び確立したかにみえた。ところが2008年になると舞台は暗転し、最近では市場原理の総本家アメリカでも、70年代以来の金融規制緩和路線への反省機運が現れている。

　金融制度・金融システムはいかにも一定の目標に向かって整備されてきたようにみえるが、この半世紀を振り返ってみても、以上のように金融の位置づけは経済・社会の動揺の中で漂流・回帰している。本書は、高度成長路線が定着した1960年以降、半世紀にわたり日本の金融システムがどのような問題に直面し、金融制度がどのように整備されてきたか、を考察しようとするものである。

　あまりにも早い時代の変化に改革が追いつけなかった局面もしばしばあったが、日本の金融制度そのものは先進諸国に比して遜色ないものとなっている。それにもかかわらず、わが国の金融ビジネスがかつての勢いを取り戻せないでいるのはなぜなのか、現在陥っている苦境を脱するためにはどのような課題が残されているのか。

　この問題意識は、著者が大蔵省（現、財務省）において金融機関の破綻処理と苦闘していた頃からのものである。当時は実務に追われ深く考える余裕がなかったが、1997年から早稲田大学でこれを反芻する時間を得ることがで

きた。研究を始めてみるとテーマの大きさと自らの力不足を痛感させられたが、2003年に『日本の金融制度改革』（東洋経済新報社）としてご批判をあおいだ。

ところがその後「金融再生プログラム」や郵政民営化による新たな金融行政の展開があり、金融システム改革の流れを論ずる著作としては大幅な増補が不可欠となった。幸い金融財政事情研究会に関心を寄せていただき、また、東洋経済新報社のご理解も得られたので2003年以降の補足に取り組んだが、やり始めてみるとそれでは気がすまなくなる。近く定年退職する早稲田大学の卒業論文との思いもこもる。金融にとどまらずその背景となる日本経済の推移にも言及したので、改定版というより新たな著作となり、分量も大幅に増えた。

その結果、本書が通読に堪える分量を超えてしまったことは重々承知している。内容的にも、「何でも書いてあるが、何にも書いてない」と揶揄されるであろうことも自覚している。それにもかかわらず手にとっていただいた場合には、さしあたり序章、各部の≪背景≫、終章をご一読いただければ幸いである。そのうえで、ご関心のある部分を拾い読みしていただいたり、後日必要になった際に関係部分をご参照いただくことを想定している。

本書の分析対象としている期間は、著者が行政官であった期間（1963～1996年）と重なっている。この間の政策については濃淡はあっても広い意味での当事者の1人であり、これについて論述する場合には、限られた経験に基づく偏った見解を陳述することのないよう自戒したつもりである。もし勢い余って主観的な感想が残されている場合にはご寛恕をお願いしたい。

執筆にあたっては、多くの方々のご支援を得ている。特に、米澤潤一・内藤純一・木下信行・池田唯一・長谷川靖・柴田智樹の各氏からは懇切なコメントを頂戴した。図表作成では、松田慎一・李立栄氏などの協力を得た。このように未熟な成果とはいえ、古稀に至って取り組む課題としては相当な重荷であった。45年来の伴侶と3人の孫たちの激励に心から感謝したい。

2011年1月

西村　吉正

凡　例

1　最近に至るまで金融関係の文書では、「金融機関」とは、銀行をはじめとする「預金取扱金融機関」を指すことが多かった。しかし最近の金融活動では、必ずしも預金取扱いが金融活動の中心ではない。そのため本書では、「金融機関」という用語を、証券会社・保険会社・ノンバンクなどを含め広く金融機能を営んでいる組織全体を指すものとして用いようと試みたが、徹底することは意外に難しかった。審議会答申など過去の文献における用語例との関係で、伝統的な用例に依っている場合がある。
2　「銀行等」とは、銀行、信用金庫、農業協同組合などの「預金取扱金融機関」を指している。したがって、従来「金融機関」と表現されていたものを本書では「銀行等」と表記していることが多い（引用部分を除く）。
3　組織・役職等の呼称は、当時のものに依っている（大蔵省、通産省、蔵相、銀行局長など）。逐一、現在の呼称を付記することはしていない。
4　使用頻度の高い専門用語には、初出時に注記したうえ次のような略称を用いている。
　　金融制度調査会（金制調）、金融審議会（金融審）、証券取引審議会（証取審）、証券取引法（証取法）、外国為替及び外国貿易管理法（外為法）、大蔵省財政史室・財務省財務総合政策研究所財政史室（財政史室）。
5　年号は原則として西暦に依っている。70年代、80年代などの表記は、特に説明のない限り1970年代、1980年代などの省略である。
6　この研究の基礎資料としては、大蔵省広報誌『ファイナンス』に掲載された行政担当者の解説論文を広範に利用している。参照文献のうち、『ファイナンス』掲載の論文については、秋山〔F1992〕のようにFを付して表示した。それらの論文は参照文献の末尾にまとめて掲げてある。

目　次

序　章　金融システム改革50年の軌跡 …………………………………… 1
第1節　金融システム改革の年代別推移 ………………………………… 1
　　1　60年代：高度成長下の金融の正常化・効率化 ………………… 4
　　2　70年代：2つのコクサイ化（市場リスクの登場）……………… 5
　　3　80年代：ジャパン・アズ・No.1 ………………………………… 6
　　4　90年代：破綻処理とビッグバン ………………………………… 7
　　5　00年代：市場原理の進展と新たな金融インフラの模索 ……… 8
第2節　金融システム改革の分野別動向 ………………………………… 9
　　1　為替・資本移動の自由化 ………………………………………… 11
　　2　金利の自由化 ……………………………………………………… 11
　　3　業務の自由化 ……………………………………………………… 12
　　4　金融システムの安定化（退出・参入の自由化）……………… 13
　　5　新たな金融インフラの構築 ……………………………………… 15

第Ⅰ部
60年代　高度成長下の金融の正常化・効率化

《背景Ⅰ》　60年代とはどういう時代だったのか ……………………… 18

第1章　戦後経済の転型期と金融の正常化・効率化 ………………… 22
第1節　戦後の金融制度とその特質 ……………………………………… 22
　　1　戦後金融制度の形成 ……………………………………………… 22
　　2　事前予防型金融行政と寡占的供給体制 ………………………… 23
　　3　高度成長期の金融構造 …………………………………………… 26
　　4　専門金融機関制度の評価 ………………………………………… 28
第2節　戦後金融システムの手直し ……………………………………… 30
　　1　金融の正常化 ……………………………………………………… 30

		2	国際化の進展（貿易・為替・資本取引の自由化）………………	32
		3	60年代半ばの金融システム改革への問題意識……………………	35
	第3節		証券制度の整備と日銀特融…………………………………………	39
		1	証券市場の位置づけ…………………………………………………	39
		2	高度成長に伴う証券市場の活況と証券危機………………………	41
		3	証券危機とその対応…………………………………………………	44
		4	企業内容開示制度の整備と資本自由化への対応…………………	46
	第4節		金融の効率化…………………………………………………………	48
		1	問題提起と基本的考え方……………………………………………	48
		2	効率化行政のための手法……………………………………………	50
		3	諸外国の情勢…………………………………………………………	53
		4	効率化行政の展開……………………………………………………	55
		5	効率化行政の成果と限界……………………………………………	63
	第5節		公的金融部門（財政投融資制度）…………………………………	67
		1	金融システム改革と公的金融部門…………………………………	67
		2	財政投融資計画………………………………………………………	69
		3	政策金融………………………………………………………………	73

第Ⅱ部

70年代　2つのコクサイ化（市場リスクの登場）

≪背景Ⅱ≫	70年代とはどういう時代だったのか………………………………	78

第2章　2つのコクサイ（国際・国債）化…………………………… 84

	第1節		内外からの国際化圧力………………………………………………	84
		1	金融の国際化…………………………………………………………	84
		2	ニクソン・ショック…………………………………………………	87
		3	石油危機と狂乱物価…………………………………………………	92
	第2節		外為法の全面改正……………………………………………………	95
		1	改正の経緯と基本的考え方…………………………………………	95
		2	改正の内容とその評価………………………………………………	98
	第3節		内外にわたる国際化の展開…………………………………………	99

	1	国際拠点の拡大	99
	2	金融業務の国際化	102
第4節		国債の大量発行と金利機能の活用	104
	1	国債の大量発行とその消化	104
	2	国債の累増と金利の弾力化	106
	3	国債相場の変動と金利自由化へのインパクト	110
	4	現先市場の自然発生と発展	112
	5	国債発行と金融構造	114
第5節		金利自由化の始まり	118
	1	金利自由化の論理	118
	2	金利機能の実態	121
	3	譲渡性預金の創設	124
	4	郵便貯金制度の改革論議	128
	5	金利自由化の遅延	132

第3章　銀行法の全面改正 … 134

第1節		制度改正の背景と問題意識	134
	1	銀行法再検討の動き	134
	2	諸外国における金融制度改革の動向	137
第2節		答申の基本的な考え方	141
	1	望ましい金融機能の実現	141
	2	社会的公正への配慮と「公共性」の明確化	142
	3	自己責任と自主性発揮の必要性の強調	143
	4	健全性の確保と監督規定の整備等	145
第3節		銀行法の改正と証取法との調整	147
	1	問題の経緯	147
	2	証取法・銀行法改正の内容	151
第4節		中小企業金融専門機関制度の改正	152
第5節		1981年銀行法のもとでの自由化・弾力化の推移	155
	1	法律による自由化・弾力化	155
	2	行政面における自由化・弾力化	156
第6節		資本市場の発展	162
	1	社債の無担保化	162

	2 「間接金融から直接金融へ」 ··· 164
第7節	この時期の金融制度改革の評価とその後 ·· 168
	1 銀行法全面改正の評価 ·· 168
	2 金制調の再開 ··· 171

第Ⅲ部

80年代　ジャパン・アズ・No.1

≪背景Ⅲ≫　80年代とはどういう時代だったのか ····························· 176

第4章　金利の自由化と情報システム革命 ·· 182

第1節　「ガイアツ」による自由化の進展 ··· 182
 1　日米円・ドル委員会の設置 ··· 182
 2　「現状と展望」と日米円・ドル委員会報告書 ································ 186
 3　「展望」と「報告書」の実施状況 ··· 188
 4　アクション・プログラムの策定 ·· 190
 5　東京オフショア市場の創設 ··· 194
 6　「金融自由化の進展とその環境整備」 ·· 197

第2節　金利の自由化 ·· 199
 1　金利自由化政策の本格化 ·· 199
 2　諸外国の金利自由化 ·· 204
 3　大口預金金利の自由化 ··· 207
 4　小口預金金利の自由化 ··· 211
 5　流動性預金金利の自由化 ·· 215
 6　金利自由化後の預金の位置づけ ·· 217

第3節　機械化と情報システム革命 ·· 223
 1　アメリカの金融イノベーションと日本の認識 ······························· 224
 2　日本における金融情報システムの発展 ······································· 227

第5章　子会社方式による相互参入 ··· 233

第1節　金融構造の変化と銀行経営 ·· 233
 1　銀行に対する資金需要の減退 ·· 234
 2　銀行への資金供給の持続的増大 ··· 236

		3	金融自由化が銀行行動に与えた影響	237

第2節 金融制度改革論議の始まり 239
 1 6年がかりの論議と争点 239
 2 制度問題研究会報告 242
 3 相互銀行の普銀転換 245

第3節 制度改革論議の拡大と具体化 247
 1 複数の処理案の提示 247
 2 証券部門の金融制度改革論議への参加 252
 3 足踏み続く意見調整 255

第4節 金融制度改革論議の決着 257
 1 アメリカの金融危機と邦銀の隆盛期 257
 2 金融制度改革の背景と必要性 259
 3 相互参入の内容 262

第5節 1992年金融制度改革法とその具体的進展 265
 1 1992年金融制度改革法 265
 2 諸規制・諸慣行の是正・撤廃 272
 3 相互乗入れの実施 276
 4 1992年金融制度改革法の評価 278

第6節 保険制度の改革 280
 1 保険部門への制度改革の波及 280
 2 保険制度改革の内容 282
 3 保険制度改革をめぐる日米摩擦 285

第6章 プラザ合意と金融の活況 288

第1節 プラザ合意とバブルの生成 288
 1 国際収支の不均衡とプラザ合意 288
 2 円高への過剰反応と経済構造調整 290
 3 株価・地価の急激な上昇 292

第2節 バブル生成の要因 295
 1 日本経済への強気の期待 295
 2 マクロ経済政策の対応 301
 3 金融活動の積極化 304

第3節 証券・資本市場の発展 307

		1	80年代における直接金融の状況 …………………………… 307
		2	累積した国債の管理 ……………………………………… 310
		3	社債発行市場の活性化 …………………………………… 311
		4	コマーシャル・ペーパー（CP）の創設 ………………… 314
		5	先物市場の創設 …………………………………………… 316
		6	証券市場の基盤整備 ……………………………………… 322
	第4節	BIS規制 …………………………………………………………… 327	
		1	自己資本比率規制強化の経緯 …………………………… 328
		2	BIS規制の影響 …………………………………………… 332
	第5節	バブル崩壊の兆し（証券・金融不祥事）………………………… 334	
		1	証券・金融不祥事の発生 ………………………………… 334
		2	証券・金融不祥事と金融制度改革 ……………………… 336

第Ⅳ部

90年代　破綻処理とビッグバン

≪背景Ⅳ≫　90年代とはどういう時代だったのか ……………………………… 340

第7章　バブル崩壊と護送船団方式の終焉 ……………………………… 348

	第1節	バブルの崩壊とその対応 ………………………………………… 348	
		1	バブル崩壊と初期の対応 ………………………………… 349
		2	「当面の運営方針」と「行政上の指針」………………… 352
		3	当時の邦銀の国際的評価 ………………………………… 356
	第2節	破綻処理の始まり ………………………………………………… 359	
		1	戦後における破綻処理の経緯 …………………………… 359
		2	東京2信組の破綻処理 …………………………………… 362
		3	「金融システムの機能回復について」…………………… 363
		4	コスモ信組・木津信組・兵庫銀行の破綻処理 ………… 365
	第3節	住専問題 …………………………………………………………… 367	
		1	住専問題の経緯と処理策の概要 ………………………… 367
		2	住専処理の手法とその実施 ……………………………… 371
		3	住専問題のその後の推移と意義 ………………………… 373

第4節　金融システム安定化への制度整備 ………………………… 375
　　　　1　金融三法 ……………………………………………………… 375
　　　　2　早期是正措置 ………………………………………………… 377
　　　　3　預金保険制度の改正 ………………………………………… 381
　　　　4　金融安定化・破綻処理制度改正の考え方と推移 ………… 384
　　第5節　ディスクロージャーの進展とその意義 ………………… 390
　　　　1　ディスクロージャー問題検討の経緯 ……………………… 390
　　　　2　不良債権の開示 ……………………………………………… 393

第8章　日本版ビッグバン …………………………………………… 397

　　第1節　日本版ビッグバンの提唱 ………………………………… 397
　　　　1　提唱の背景 …………………………………………………… 397
　　　　2　検討経緯 ……………………………………………………… 399
　　第2節　先行して検討されていた改革 …………………………… 402
　　　　1　外国為替管理制度の見直し ………………………………… 402
　　　　2　持株会社の解禁 ……………………………………………… 406
　　第3節　日本版ビッグバンの基本的考え方と特徴 ……………… 409
　　　　1　金融システム改革のプラン ………………………………… 409
　　　　2　答申・報告の内容 …………………………………………… 411
　　第4節　1997年金融システム改革法 ……………………………… 417
　　　　1　金融システム改革法の全体像 ……………………………… 417
　　　　2　その前後の情勢と金融システム改革への影響 …………… 418
　　　　3　日本版ビッグバンの位置づけ ……………………………… 422
　　第5節　金融危機の収拾と新たな金融制度整備の試み ………… 425
　　　　1　ノンバンク社債法の制定 …………………………………… 426
　　　　2　集団投資スキームに関する法整備 ………………………… 427
　　　　3　金融商品販売法の制定 ……………………………………… 430
　　　　4　取引所の株式会社化 ………………………………………… 431
　　　　5　銀行業・一般企業の分離 …………………………………… 432

第9章　金融危機とその対応 ………………………………………… 437

　　第1節　金融危機の発生と金融システムの安定化 ……………… 437
　　　　1　三洋・拓銀・山一の破綻とアジア通貨危機 ……………… 437

	2	金融再生トータルプラン	441
	3	金融再生法	445
	4	早期健全化法	449
	5	不良債権処理策の類型（RTC方式とRFC方式）	451
	6	生保の連続破綻	455
第2節	日銀法改正と財政・金融行政分離		458
	1	護送船団方式の限界	458
	2	日銀法改正	460
	3	財政・金融行政分離	463
第3節	信用秩序維持政策の再構築		470
	1	新たな信用秩序維持政策の模索	470
	2	破綻処理・金融安定化制度の整備	472
	3	ペイオフ凍結解除への道筋	475
	4	預金保険制度・破綻処理制度の基本構想	478
	5	ペイオフ解禁の再延期・決済用預金の保護	481
	6	システミック・リスクと資本注入	483
第4節	金融の再編成		486
	1	世界的な再編の流れ	486
	2	3メガバンク体制	487
	3	証券・保険業界の再編	490

第Ⅴ部

00年代　市場原理の進展と新たな金融インフラの模索

≪背景Ⅴ≫　00年代とはどういう時代だったのか ……… 494

第10章　「金融再生プログラム」と不良債権問題の収束 …… 501

第1節	小泉内閣と構造改革		501
	1	柳澤金融相から竹中金融相へ	501
	2	「金融システムと行政の将来ビジョン」	505
	3	「金融再生プログラム」	506
	4	りそな・足利銀行の処理	511

		5 「ゾンビ企業」の淘汰 …………………………………… 516

第2節　不良債権処理政策の評価 ………………………………… 519
　　1　不良債権はいくら存在したのか ………………………… 519
　　2　不良債権はなぜ減ったのか ……………………………… 524
第3節　資本不足と公的資本注入 ………………………………… 527
　　1　資本毀損の時代 …………………………………………… 527
　　2　資本増強策は機能したか ………………………………… 530
　　3　公的資金の投入・回収状況 ……………………………… 532
　　4　バーゼルⅡ ………………………………………………… 534
第4節　金融システム安定化制度の補完 ………………………… 537
　　1　改正金融再生法 …………………………………………… 537
　　2　組織再編成法 ……………………………………………… 538
　　3　改正預金保険法 …………………………………………… 539
　　4　金融機能強化法 …………………………………………… 540
第5節　産業再生 …………………………………………………… 542

第11章　公的金融制度改革と郵政民営化 ……………………… 546

第1節　財政投融資改革 …………………………………………… 547
第2節　郵政改革 …………………………………………………… 550
　　1　郵政改革の環境と経緯 …………………………………… 550
　　2　小泉内閣と郵政改革 ……………………………………… 552
　　3　郵政改革の内容と問題点 ………………………………… 554
　　4　政権交代と「郵政改革法案」 …………………………… 557
第3節　政策金融改革 ……………………………………………… 560
　　1　政策金融改革の経緯 ……………………………………… 560
　　2　「行政改革の重要方針」と行政改革推進法 …………… 561
　　3　株式会社日本政策金融公庫法 …………………………… 564

第12章　市場型金融指向の金融インフラ整備 ………………… 567

第1節　金融商品取引法の成立 …………………………………… 567
　　1　金融システム改革とイギリスの金融サービス法 ……… 567
　　2　金商法の対象 ……………………………………………… 573
　　3　金商法の枠組み …………………………………………… 575

4　金商法の改正……………………………………………………583
　第2節　各領域での金融インフラの整備………………………………587
　　　　1　信託法・信託業法改正…………………………………………588
　　　　2　保険法・保険業法改正…………………………………………592
　　　　3　販売チャネルの多様化…………………………………………595
　　　　4　証券・資金決済制度の整備……………………………………598
　　　　5　消費者保護制度の整備…………………………………………605
　第3節　アメリカ発金融危機……………………………………………614
　　　　1　「100年に一度の金融危機」……………………………………614
　　　　2　金融規制改革法と金融規制の回帰……………………………617
　　　　3　安定化政策の再補完……………………………………………620

終わりに　金融システム改革の到達点と今後の展望……………………626

参照文献…………………………………………………………………………638
金融制度関連年表（1960～2010）……………………………………………648
事項索引…………………………………………………………………………681

【COLUMN】
日銀法改正論議………………………………………………………………… 38
ガイアツ（外圧）………………………………………………………………185
通貨切下げによるソフトランディング………………………………………290
「日本を売れば、アメリカが4つ買える」……………………………………300
グリーンスパン発言とその評価………………………………………………302
当時の日本経済観………………………………………………………………352
青島都知事の決断………………………………………………………………366
ペコラ委員会……………………………………………………………………440
破綻処理と刑事責任……………………………………………………………444
グリーンスパンFRB議長の真意………………………………………………454
金融検査の本質と限界…………………………………………………………466
小泉内閣の構造改革と不良債権問題…………………………………………504
韓国・スウェーデンの「思い切った」処理策………………………………510
影の銀行システム………………………………………………………………635

序章

金融システム改革50年の軌跡

第1節　金融システム改革の年代別推移

　日本経済の半世紀の歩みをたどってみると、ジェットコースターのような激動ぶりにあらためて感慨を覚える。つい20年ほど前までは、「日本経済の奇跡」は驚嘆と賞賛の対象であったが、バブル崩壊を境にしてそのあまりにも唐突な退潮ぶりは奇異の感を与えている。歴史統計学者A. マディソン〔2000〕（原著1995年出版）は、「アジアの内部では、いくつかのサクセス・ストーリーが生まれた。・・・1820年から1992年にかけて、日本人の１人当り所得は約28倍に増大したが、これは世界記録となっている」と述べている。しかし、日本経済はまさに1990年前後を境にして急激に失速した。それは、単なるバブルの生成・崩壊の転換点にとどまらない、もっと大きな構造的転換期だったのであろう。いまではマディソンのサクセス・ストーリーの主人公も、30年間にわたり実質平均10％成長を続ける中国にとって代わられている。

　この間の「日本人の値打ち」の推移を、現代社会の世界水準ともいうべき欧米人との比較においてたどってみよう。1960年には、ヨーロッパの中では最貧国の１つ・ギリシャ並みであった日本の１人当りGDPは、1970年にはようやく先進国の一角・イタリアのレベルに這い上がった。さらに1980年にはイギリスに、1990年にはついにアメリカに追いついたかに思えた。しかしその後「失われた10年」が始まり、21世紀に入るとその地位は逆のプロセス

図表序-1　半世紀の日本経済の歩み（1人当りGDPの推移）

(単位：ドル)

	1960年	1970年	1980年	1990年	2000年	2009年
日　本	477	1,951	9,170	24,824	36,837	39,857
アメリカ	2,826	4,957	12,150	22,759	34,573	44,871
イギリス	1,389	2,229	9,633	17,782	25,133	35,391
イタリア	751	2,018	7,971	19,342	19,225	35,277
ギリシャ	421	1,283	5,826	8,075	11,475	29,560

(出所)　IMF, International Financial Statistics

をたどり始めたようにみえる。

　日本経済が高度成長路線を歩んでいた頃の発展の原動力は「モノづくり」であったが、金融システムはそれを背後から見守り支えるインフラとして重要な役割を演じた。安定成長に移行した80年代以降は、他の先進諸国同様に日本でも、金融産業が脇役から一歩踏み出して成長のけん引役になること（金融立国）が期待された。しかしそのような試みは、結果的にはむしろバブルの生成・崩壊を増幅する役割を果たした可能性がある。いずれにしても半世紀にわたる日本経済の興亡の中で、良かれ悪しかれ金融は華やかな役割を演じた。本書では金融システム改革を中心として、この間の金融の流れをたどることとしたい。

　ここで考察の対象とする「金融システム」とは、伊藤〔1995〕(p6)によると「ある国、ある時代の金融取引のあり方全体の特性を表現しようとするものである。・・・金融制度（金融取引の機構的な枠組みとルールの集合）、および金融構造（金融資産・負債ストックの水準と構成、資金過不足の構造とその調整チャネル）の両者を合わせて、金融取引の前提的諸条件と市場の作動特性をその対象にするものと考えておけばよい」とされている。本書でも同様の趣旨で用いているが必ずしも「金融制度」との厳格な使い分けはしておらず、前後の文脈に応じて金融システム・金融制度を同様の意味で用いている。

　かつては各国の金融システムはそれぞれに特徴的であり、それぞれの歴史・国民性に応じて独特の発展を遂げてきた。そのような金融システムの歴史をたどりだすと際限がなくなる。本書では、日本が敗戦の痛手を癒して自

図表序－2　金融システム改革50年の軌跡

年	金融システム改革の特徴	主な出来事
1960		国民所得倍増計画
61		
62		
63		
64	**高度成長下の**	東京オリンピック
65	**金融の正常化・効率化**	山一救済、証券会社免許制
66		
67		効率化行政
68		GNP世界第2位
69		
1970		大阪万国博覧会
71		ニクソン・ショック
72		
73		変動相場制移行、第1次石油危機
74		
75	**2つのコクサイ化**	国債大量発行時代に
76	**(市場リスクの登場)**	
77		
78		
79		第2次石油危機、外為法全面改正
1980		都銀・地銀業態間オンライン提携実施
81		銀行法全面改正
82		中曽根内閣発足
83		
84		日米円・ドル委員会報告書
85		
86		
87	**ジャパン・アズ・No.1**	制問研報告書
88		
89		東証株価ピーク
1990		
91		公示地価ピーク、金融・証券不祥事
92		金融制度改革法成立
93		
94		金利自由化完了
95		住専問題処理
96		日本版ビッグバン
97	**破綻処理と日本版ビッグバン**	拓銀・山一破綻
98		長銀・日債銀破綻
99		
2000		
01		小泉内閣発足
02		景気の谷、金融再生プログラム
03		りそなグループへ公的資金
04		
05		ペイオフ解禁、郵政民営化法成立
06	**新たな金融インフラの模索**	金融商品取引法成立
07		
08		リーマン・ショック
09		
10		世界的な金融規制見直し機運、GDP世界第3位

国の経済運営に自信をもって取り組み始め、したがって金融も戦後の過渡期を脱して本格的な機能の発揮を目指した1960年代を出発点としたい。それは区切りよく半世紀の変遷をたどることにもなる。本書ではこの50年間を、約10年刻みの5期に分けて考察する。5期に分けた金融システム改革の推移を図表化すると、図表序－2のとおりである。もとより各期の境界では、前後の事象が折り重なって混在している。[1]

1 60年代：高度成長下の金融の正常化・効率化

　戦後日本の金融制度は、1950年代前半の占領期後半から独立回復期早々にかけて形成された。これは経済復興に大きな寄与をしたが、高度成長の定着とともにそのような金融制度の改革が必要になっていた。50年代後半から60年代にかけて論じられた「金融正常化論」はそれを代表するものである。金融正常化論にはいくつかのバリエーションがあるが、その多くは、銀行は伝統的な商業銀行主義の原則に戻り、恒常的かつ過度の日銀借入依存（オーバー・ローン）を是正すべきとしている。これを企業財務の面からみれば、銀行借入への過度の依存（オーバー・ボローイング）の是正や財務体質の強化を求めることになる。

　60年代後半には、「金融の効率化」と呼ばれる金融制度改革が試みられた。しかし、その前提となる経済情勢判断であった転型期論は時期尚早であり、金融制度改革の助走期として大きな役割を果たしたが、必ずしも大きな現実的成果には結びつかなかった。ただ、今なおわが国金融システムの課題として問題提起され続けている直接金融と間接金融のバランスに関しては、すでにこの頃の金融制度調査会（以下「金制調」）答申において次のように指摘されており、その後40年にわたり模索され続けていることになる。

　　　戦後において民間金融機関に関する制度の整備は主として昭和30年頃まで

---

[1] 池尾〔2006〕p13は、戦後の60年間を、①1945年から55年までの復興期（高度成長期経済システムの形成期）、②55年から75年までの高度成長期経済システムが真正に成立していた時期、③75年から85年までの変質を始めながらも、高度成長期経済システムが持続していたとみられる時期、④85年から2005年までのシステムが本格的に動揺をはじめ最終的に終焉する時期、の4つに区分している。

に実施され、これらの金融機関は、それぞれの分野で、わが国経済の復興、発展を支える上に大きな役割を果たしてきた。しかし、最近におけるわが国経済の著しい成長発展の過程で、経済力の充実、国民所得水準の上昇、経済の国際化等金融機関を取り巻く環境は、かなりの変容を見せている。

さらに、1970年代においては、激しい変化が予想される時代と言われるように経済の国際化の一層の進展、経済社会の高密度化等新しい情勢の展開が予想され、特に金融面においては、個人金融資産の蓄積の増大、企業の自己金融力の上昇等の趨勢もうかがわれる。…

わが国の金融が全体として健全な発展を遂げていくためには、直接金融と間接金融とが適正なバランスの上に立って、それぞれの機能を十全に発揮していくことが望ましいと考えられるので、間接金融の効率化に並行して、資本市場の育成についても、今後とも各般の施策が一層積極的に行われるべきであり、その着実な成長が望まれる（1970・7・2金制調答申「一般民間金融機関のあり方等について」）。

2　70年代：2つのコクサイ化（市場リスクの登場）

日本経済は変動相場制移行、石油危機（第1次、第2次）という激震に相次いで見舞われたため、当時日本人の間に安定成長期に入ったとの実感はなかった。しかし先に述べたように、その頃日本の1人当りGDPは欧米先進国の水準に達している（1970年イタリア並み、1980年イギリス並み）。ただ同時に、1974年の実質成長率は戦後初めてのマイナス成長となり、70年代全体を通しても平均4.4％と60年代の半分以下に低下している。高度成長期はすでに終焉していたのである。

固定相場制における比較的有利な条件のもとで経済発展を成し遂げてきた日本は、70年代早々にニクソン・ショックに襲われ、変動相場制のもとで厳しい為替リスクに直面することになった。また日本経済が先進国水準に達すると欧米諸国からの金融自由化への圧力が強くなり、いろいろな意味で国際化に直面した。他方、成長率低下に伴い、歳入不足を補うための赤字国債の発行・景気対策のための建設国債の増発が必要となった。国債大量発行時代への突入により国債を市場で消化する必要に迫られたため、従来のような厳格な金利規制の継続は困難になった。このような事情から、この時期から80年代初めにかけての特徴は「2つのコクサイ（国際・国債）化」と呼ばれている。

このような流れに応じて、戦後30年にわたり維持されてきた金融制度を抜本的に見直そうとの動きが拡がった。1927年の（旧）銀行法制定以来50年ぶりとの意気込みもあり、金制調の審議には約4年間がかけられている。ところが実際には、1981年の銀行法改正は必ずしも抜本的な制度改革というレベルに達することはできなかった。なぜこの時、既存の枠組みを大きく変えることなく終わってしまったのか。日本社会がまだ経済大国としての自覚と自信をもつに至っていなかったと同時に、金融界・金融当局も世界に通用するプレーヤーとしての認識・実力・経験を備えていなかったということであろう。

　この時代は、他の先進諸国が世界的スタグフレーションの苦境にあった中で、先進国中最も活力に富む経済としての有利な立場を活用することが可能であった。金融制度に関していえば、安定成長移行後早急に市場化を推進すべき段階にあったのではないか。「団塊の世代」が若年層として力の源泉となり、日本の経済・社会はドラスティックな変革に耐えうる活力と柔軟性に富んでいた。現に非規制産業部門では、そのような変革がグローバルな競争に促されて積極的に進められた。世界に目を向けると、アメリカではすでに金融革命が始まっていた。

3　80年代：ジャパン・アズ・No.1

　後から振り返ってみると、日本経済はすでに各方面で爛熟の様相を露呈していたのであるが、当時の内外の雰囲気としては、80年代は日本経済の絶頂期であった。人口構造や産業構造には、それまでの発展が僥倖に恵まれたものであったことを示す数々の指標が現れていたが、日本人は退勢に向かう分岐点に立っていることに気づかず、まだまだ「坂の上の雲」を見上げる気分が支配的であった。E. ヴォーゲル教授の「ジャパン・アズ・ナンバーワン」（1979年）は警告の込められた日本論であったが、日本人は桜花爛漫の下の美酒と取り違えた。他の諸国がグローバル化や情報革命への対応に身を削って懸命の努力を傾けていた時代であるだけに、実力の過信（ユーフォリア）が90年代以降に残した傷跡は大きい。

　とはいえ日本経済のピークにおける勢いと自信を背景に、金融の「自由化・

国際化・機械化（あるいは証券化）」がこの時期に大きく進展したことも間違いない。それは1984年の日米円・ドル委員会報告から、1992年の金融制度改革法成立などの形に表れている。なお、この時期における自由化・国際化の動向は政治・外交・法律改正の舞台で華やかに繰り広げられたため注目を浴びることが多かったが、金融システム改革という意味では「機械化」（現代用語では情報化）の進展がもたらした意義はそれらに劣らず大きいことに注目すべきである。

　日米の間には深刻な経済摩擦が生じたが、摩擦はある意味で発展の副産物である。当初は財貨の貿易不均衡に焦点が当たっていたが、事態の改善がみられないのに焦燥感を抱いたアメリカは、この問題の根源は産業が低金利の豊富な資金を利用できる日本の金融システムにあるとの見解をもつに至った。そのため日米経済摩擦は金融問題にも焦点が当てられる。このような「外圧」は、身内での厳しい利害関係の調整に決断力を欠くわが国において、制度改革の促進剤として利用された側面もある。

　他方、日本人が経済全般にわたる国際競争力に自信を深めていたこともあって、広く国民の間に金融自由化への関心が高まり、金融の「自由化・国際化」は日常的な話題となった。80年代は日本経済の黄金期の経済力を活用して、リスクとの対決が不可避となる次代に備えて金融システム改革を断行しておく最後のチャンスであった。専門制・分業制の枠組みを再編成しようとする金融制度改革が80年代後半から本格化し、1992年には金融制度改革法が成立したが、実行段階でのバブル崩壊もあって所期の効果を発揮するには至らなかった。

4　90年代：破綻処理とビッグバン

　90年代は、基本的にはバブル崩壊の後始末に追われた「失われた10年」であった。バブル崩壊が始まった90年代初期には、日本経済の復元力に確信がもたれていたので従来の手法により不良債権問題は克服できると思われていたが、中期になると破綻処理が避けられなくなり、伝統的な事前予防行政の再構築が不可避となった。さらに後期には、経営危機は金融システムの中核をなしてきた主要行の一角にまで及び、公的資本注入や一時国有化の枠組み

が設定・実行された。これらを通じて、日本の金融は伝統的な変革への取り組み方(暴力なき改革)を超えて、「退出・参入を含むシステム」への転換を迫られることになる。

　ただその途上では、金融システムの態勢を立て直して反撃に出る姿勢もみられた。住専問題処理の後、日本経済はG7諸国の中で最高の成長率を誇ったこともあって、金融行政はそれまでの安定性確保優先の姿勢から国際競争力強化へ重心を移した(日本版ビッグバン)。それは橋本龍太郎首相の強いリーダーシップの下に政治的優先課題として進められ、従来の手法では数年かかっても実現困難であったような金融システム改革が約1年間で決定・実施された。日本版ビッグバンの内容は永年にわたり早急な実現が求められてきたむしろ伝統的な改革事項の集大成であるが、それまで堅い既得権の壁を乗り越えることのできなかった難題を短期間にほとんど網羅的に実現したこと自体高い評価に値する。これによって30年来の金融システム改革の目標に一応到達したという意味では、この時期を伝統的な金融制度改革プロジェクトの「完了期」とみることもできる。90年代後半の日本経済が順調に推移していれば、そのようなシナリオは完成していたであろう。

　ところがアジア通貨危機や財政再建路線の影響もあり、また90年代後半の連続的大型金融破綻の心理的影響が予想以上に大きかったこともあって、その後一層深刻な金融危機に見舞われ、ビッグバン熱(東京金融市場復活論)は一挙に冷めてしまった。

5　00年代:市場原理の進展と新たな金融インフラの模索

　いったん収拾の様相をみせていた経済・金融情勢は、21世紀を迎えるころに再び不安定となった。当時世界を風靡していた市場原理主導の清算主義的金融手法がアメリカから強く推奨され、日本国内でも従来の日本的経営・行政への批判から、やや情緒的にそれが増幅された。このような風潮は、01年4月に小泉純一郎内閣が発足し構造改革路線が提示されるとますます助長され、さらに02年10月に就任した竹中金融相による「金融再生プログラム」はこの手法によって一挙に不良債権問題を処理することを目指した。

公約どおり05年3月末には不良債権問題はおおむね収束し、各種の規制緩和政策の進展により株価の上昇や金融活動の活発化がもたらされたとの理解が一般的である。しかし実は、金融再生プログラムの提示に先立ち、日本経済は02年1月にはすでに（おそらく金融行政が清算主義的手法をとらなかったならばもっと早く）「景気の谷」を超え、戦後最長の「いざなぎ越え」の景気回復が進行していた。すなわち、一般に不良債権処理の「先送り」が景気の回復を遅らせたと考えられていたのとは逆に、いわば「清算主義」によるハードランディング路線がかえって事態の収拾を遅らせたとの理解も可能である。

　00年代の金融システム改革として後世評価されるものは、おそらく金融再生プログラムによる不良債権処理ではなく、90年代に一応の完成をみた金融システムを踏み台として取り組みの始まった新たな金融インフラの模索であろう。それは具体的には、①いまだ未完成で今後さらに発展が期待される金融商品取引法（以下「金商法」）と、②郵政民営化に象徴される公的金融部門の新たな位置づけ、である。金融システム改革という観点から金融年表をじっくり眺めると、00年代には地味ではあるが本質を衝いた挑戦が試みられている。まだ誰にもターゲットは明確にみえていないが、それらを新たな金融インフラを模索する出発点と位置づけることも可能であろう。

　バブル崩壊後日本経済が停滞に陥ってからすでに20年を経過したが、この間、失われた10年（あるいは20年）という視点から事態の展開を自虐的に論じられることが多い。そのような発想の背景には、日本経済の停滞が、不良債権処理の先送りや金融システム改革の不徹底という金融問題に起因するとの認識があるように思われる。しかし、日本経済の難局がこのように長引いている原因はもっと根深いものであろう。日本経済の2000年の歴史を振り返っても、おそらく現在ほど大きな構造的転機に直面したことはない。

第2節　金融システム改革の分野別動向

　金融システム改革の全体像は、上記のように時系列的に特色を捉えると同

時に、規制分野ごとの流れを把握すると、全貌が一層明らかとなる。金融に関する競争制限的規制には、通常3つの柱があるとされてきた。第1は、国の内外の市場における資金交流を遮断する規制であり、第2は金利に対する規制、第3が金融機関の業務に関する規制である。[2] 日本経済の成熟化に伴い金融の基調は資金不足から資金余剰へと変化し、3分野のいずれにおいても規制緩和が進められた。国ごとに多少のタイムラグがあるとはいえ、これは世界的な潮流でもあった。20世紀後半の金融システム改革とは上記3分野における規制緩和であるとともに、これらの規制緩和により必然的に発生する金融の不安定化に対処するための金融システムの整備であった。

金融の規制緩和は、まず為替・資本移動の自由化から始まり、次いで金利の自由化に移り、最後に業務の自由化が実施された。前に述べた5段階の時代区分でいえば、為替・資本移動の自由化は第2段階（2つのコクサイ化）に制度的にはほぼ完成し、第4段階（破綻処理と日本版ビッグバン）に至りすべてのプロセスを終えた。金利の自由化に関しては、第2段階に始まったが、実質的にはむしろ第3段階（ジャパン・アズ・No.1）の主要テーマであった。業務の自由化に関しては、第3段階にいったん決着をみたが、その後の内外における激動を経て第4段階に日本版ビッグバンとして大きく進展し完了した。この段階ではバブルの崩壊・経済環境の激変による金融不安が起こったため、結果的に「退出・参入の自由化」が実現するとともに、事態収拾のための金融システムの安定化に取り組むことになった。

日本の金融システムにおいては、第4段階までに4つの柱についておおむね改革が終了している。第5段階には新たな局面に入り、次代に向けての金融インフラ像を模索し始めている。世界的に市場中心の金融システムをリードしてきたアメリカが深刻な金融危機に見舞われ、膨大な公的資金投入や金融規制の再構成に取り組んでいることを考えると、部分的には安定性を志向した伝統的システムへの回帰も予想される。

---

[2] 金制調報告〔1987〕 なおアメリカの場合も、1930年代の金融恐慌の経験から3つのP（Price（金利）、Products（商品・業務範囲）、Place（業務地域））のいずれもが規制され、それぞれに代表的な法令が存在した。現在ではいずれも廃止、ないしは大幅に緩和されている。金融規制の分類については貝塚〔1994〕p34〜参照。

1　為替・資本移動の自由化

　国の内外における資金交流を遮断する規制は、①貿易決済に関する資金の移動に関するもの、②資本の移動に関するもの、③金融業務拠点の移動に関するものに分けることができる。①は、最終的には対外通貨価値（為替レート）の維持を目的とするものであるが、最近では主要国の通貨間は（ユーロ圏を1つの地域とみると）変動相場制によって弾力的に運営されているので、今ではこの観点から規制をする必要が乏しい。日本でも変動相場制移行後1979年には「外国為替及び外国貿易管理法」（1949年制定、以下「外為法」）の全面改正が行われ、原則自由になった。②の国際資本移動に対する規制については、戦後は外貨不足に苦しんだため規制の厳しい期間が長く続いたが、外為法全面改正の頃から大幅に緩和された。

　なお、1997年の外為法改正は日本版ビッグバンの「フロントランナー」として心理的には大きな影響を与えたが、為替管理そのものの問題はすでに1979年の改革およびその後の進展によってほとんど決着済みであったと考えてよい。このように、狭い意味での「国の内外の資金交流を遮断する規制」は金融規制の中では最も早く1980年頃に自由化がほとんど完了したのであるが、問題は③の領域である。これはむしろ内外資金交流の問題というより、金融業務の対外開放の問題（業務の自由化の一環）として別の次元で考えられるべき課題ともいえる。

　日本の金融機関の海外進出はかなり早い段階から活発に行われたが、一方海外から日本への参入には実質的にいろいろな障害があった。それは制度・規制というよりも、金融業界の意向を反映した行政の運用・裁量という性格が強い。③の領域における動きは、日本版ビッグバンによって伝統的な金融制度改革がおおむね完了した後、金融危機によって日本の金融機関の体力が低下するまで本格化しなかったことは皮肉である。

2　金利の自由化

　戦前は、民間金融の金利の決定について法的規制はなかったが、大蔵省・日銀の指導により銀行間の金利協定が締結されていた。然るに1947年の独占

禁止法（以下「独禁法」）施行に伴い金利協定は同法違反の疑いが生じたので、銀行側は金利協定を廃棄した。その一方で当時の経済情勢としては何等かの形で金利の高騰を防止する必要があったので、1947年に臨時金利調整法（以下「臨金法」）の制定をみた。

経済の国際化などに伴い金利機能活用の必要性は早くから説かれていたが、ようやく1969年11月に福田蔵相は預金金利規制の仕組みを弾力化する方針を表明した。しかし預金金利以外の長期金利の自由化が実際に進んだのは、1975年に国債大量発行時代に入りそれが市場において取引されるようになって以降のことである。預金金利そのものの自由化に至っては、1979年5月のCD（譲渡性預金）の創設を経て、1985年のMMC（市場連動型金利預金）導入まで待つことになる。

金融分野の「価格の自由化」にあたる金利の自由化は、金融機関経営に大きな影響を与えるだけに特に中小金融機関から強い抵抗があり、その実施テンポは金融業界の実情に配慮したステップ・バイ・ステップの緩やかなものとなった。また国営の巨大な金融機関である郵便貯金（以下「郵貯」）の存在は、金利の自由化を進めるうえで中小金融機関以上に大きな障害になった。1985年から数えると金利の自由化が完了する1994年まで、結局9年（1979年のCD創設から数えれば15年）を要したことになる。

その間確かに大きな混乱もなく金融秩序は保たれたから、この日本的手法はある意味では大成功であった。しかし、その後90年代に金融界の脆弱性（主として競争による切磋琢磨の不足に起因）が暴露されることになったことを考えると、混乱回避を重視しすぎた政策事例との厳しい見方もありうる。金融システムの耐久力強化のため、金利という「市場の暴力」をどのタイミングとテンポで利用すべきであったかは、難しい、しかし興味ある検討課題である。

3　業務の自由化

戦後の金融制度は専門制・分業制を特色としていた。このような金融制度は、資金不足の時代に限られた資金を経済の各分野に安定的に供給するために整備されたものであり、戦後の経済復興とその後の高度経済成長を支え、

経済の発展に貢献した。しかし、その後の経済構造の変化や安定成長の定着に伴い資金不足から資金余剰に転じた状況のもとでは、専門制・分業制に基づく金融制度を維持する必要性はなくなった。

そのような問題意識はかなり早くからもたれていたが、この問題は各金融機関の存立・消長に深くかかわるものだけに、各業態それぞれの「論理」を駆使して一方では他業態からの参入に抵抗し、他方では他業態への進出の機会をうかがった。また安定成長への移行に伴って経済の潤滑油たる金融に対する需要が低下し、本来ならば金融機能の整理・統合の方向に進むべきところであったが、その間バブルが生成するとむしろ金融は魅力ある成長部門であるかの印象を与えることになった。そのような局面では、選択と集中による経営の効率化をねらいとした業務の自由化が、逆に戦線拡大の手段になりオーバーキャパシティーを助長する結果となった。

業務の自由化に関する本格的な論議は、日米円・ドル委員会報告のあと、1985年以降始まった。1987年に提出された制度問題研究会報告はこの問題に正面から取り組むものであったが、その頃からバブル経済が燃え盛り、一般事業会社までもが競って金融分野に参入する事態に至った。そのため金融制度改革論議は他業態に参入するための戦略・戦術に変容した。1992年金融制度改革法は専門制・分業制の打破を目指したものではあったが、その運用にあたっては各業態の利害調整に足をとられ、所期の目的を十分達成できなかった。

1996年11月に提唱された日本版ビッグバン構想は、橋本内閣がそれ以前の後処理的金融問題から、将来志向の金融改革へ攻めの姿勢に転じたものであった。首相自らのリーダーシップを正面に据えることによって、以前ならば少なくとも5年は要したであろう改革が1年足らずでまとめられた。そして皮肉なことにその実行段階では、金融的な混乱状況があったが故にかえって既得権益からの大きな抵抗もないまま、迅速に実現された。

4　金融システムの安定化（退出・参入の自由化）

預金保険制度は、抽象的な議論の対象としては早くから取り上げられ、「金融の効率化」論議の後1971年に発足した。そして日米円・ドル委員会以降金

融の自由化・国際化が進行する過程では、破綻が現実化した場合に備えて預金保険制度の改正（付保限度額の引上げ、資金援助方式の導入）も行われた。しかし実際にこの制度が発動されたのは制度制定後20年を経た1991年のことである。

その後バブル崩壊期を迎え、銀行等の破綻処理はむしろ金融行政のメイン・テーマとなり、金融システムの安定化に関する制度の整備は事実が先行する中で急速に進められた。1994年の東京2信組に始まる中小金融機関の破綻処理および住専問題の後、1996年6月には5年間のペイオフ凍結・公的資金投入を含む金融システム安定化制度の整備が行われた。しかし、1997年秋には北海道拓殖銀行（以下「拓銀」）・山一證券と大型の金融破綻が相次ぎ、1998年には日本長期信用銀行（以下「長銀」）・日本債券信用銀行（以下「日債銀」）も破綻するに至った。金融危機に対応して破綻処理制度は飛躍的に整備され、同時にその実施の機会が与えられる結果となった。従来きわめて慎重であった金融部門からの淘汰・退出の取扱いに関しては、破綻の事実が続出することにより大胆に取り組むことを余儀なくされた。

他方、経済運営全般の規制緩和ムードの中で、[3] 金融に関しても内外からの参入の自由化が進んだ。すなわち従来は閉じられた領域であった金融分野においても、一方で破綻や統合が進む中で、他方多くの新規参入がみられた。93年度以降96年度までに、銀行・信託銀行・証券への相互参入33社、地銀本体の信託参入17行、さらに、生・損保間の相互参入17社が実施された。また流通・ITなど他業界から金融業への参入はきわめて活発になり、海外からの参入をも含めて、この20年間に金融業界の地図は劇的な変化を遂げている。

---

[3] 80年代に開始された日本の規制改革・民営化は、各分野において90年代後半から本格化した。その結果、たとえば、米小売では約10年間で5万2000店増、大規模小売店は13年間で約1万8000店増、電気通信では11年間で約1万1000社増、貨物自動車運送は15年間で約2万1000社増、電力では25社参入、労働者派遣および有料職業紹介所は12年間で約1万9000および約7100社増加している（江藤〔2010〕p279〜）。

5　新たな金融インフラの構築

　伝統的な日本の金融システムでは、一般国民は常識的な金融行動をしていれば被害を受けることのない状況を金融業者が提供することが前提されている。この状況を実現するため、政府は参入・業務・金利など各般の規制を課していた。70年代以降は世界的に、このような金融規制を緩和して、一般産業と同様に競争を通じて効率的な経営を実現する方針がとられた。しかしその場合には、一方において利用者の側に自己責任が求められ、他方において利用者保護のための法制の整備が必要になる。イギリスの金融サービス法に始まる法制整備はその事例である。

　日本においても、日本版ビッグバンによって各分野における規制緩和が一応完了すると、利用者に対して自己責任に関する金融教育を進めるとともに、利用者保護のための法制整備に取り組むことになった。規制緩和・グローバル化時代には規制の網を逃れるようないろいろな新商品も現れるので、隙間のない横断的・包括的な法制整備が求められる。06年に証取法改正のかたちで導入された金商法は、投資サービス法として検討を重ねられてきた成果をベースにしている。

　一方、今まではある意味で金融システム改革の「聖域」とされてきた公的金融部門についても、橋本・小泉内閣は行政改革の一環として抜本的な改革に着手した。その最大の課題である郵政改革については、小泉内閣により06年に郵政民営化関連6法が成立したが、その後09年9月に民主党へ政権が交代し、この問題の取扱いは動揺している。いずれにしても、規制緩和が一段落した後には、新たな金融インフラ整備の課題に取り組むべき段階がくるが、アメリカ発金融危機後の金融規制見直しを巡る国際的な動向をも見守っていく必要がある。

　本論において詳しく展開されるこのような論述の大まかな流れは、図表序-3に示されている。

図表序－3 日本経済の推移と金融システム改革

	為替・資本の自由化	金利の自由化	業務の自由化	金融システムの安定化
1960				
1961		←	「金融の正常化」	→
1962				
1963				
1964				
1965				
1966				
1967	第1次資本自由化	←	「金融の効率化」	→
1968				
1969				
1970				
1971	ニクソン・ショック			預金保険制度発足
1972				
1973	変動相場制移行			
1974				
1975		国債大量発行へ	銀行法改正諮問	
1976				
1977				
1978				
1979	外為法全面改正	CD販売開始		
1980				
1981			銀行法全面改正	
1982				
1983				
1984	日米円ドル委報告			
1985	プラザ合意	MMC取扱開始		
1986				預金保険法改正
1987			制度問題研究会報告	
1988				BIS規制合意
1989				
1990		小口金利自由化へ		株価、地価下落
1991				
1992			金融制度改革法	
1993				
1994		預金金利完全自由化		2信組処理
1995				
1996			日本版ビッグバン	ペイオフ凍結
1997	外為法改正			拓銀、山一破綻
1998			金融システム改革法	長銀破綻
1999		新たな金融インフラの構築		
2000			金融商品販売法	
2001		短期社債等振替法		
2002				金融再生プログラム
2003				
2004				
2005	郵政民営化法			ペイオフ解禁
2006	行政改革推進法		金融商品取引法	
2007	政策金融公庫法	電子記録債権法		バーゼルⅡ実施
2008				リーマン・ショック
2009		資金決済法		
2010				世界的金融制度論議

第 I 部

60年代

高度成長下の 金融の正常化・効率化

≪背景Ⅰ≫　60年代とはどういう時代だったのか

「国民所得倍増計画」

　1960年は、日本の政治・社会を大混乱に陥れた「60年安保闘争」が岸信介首相の退陣によりひと区切りをつけ、「国民所得倍増計画」（10年間に実質GNPを2倍にする）を掲げた池田勇人首相にバトンタッチされた年である。それは日本社会の政治の季節から経済の季節への転換点でもあった。[1]
1955年以降の実質成長率は8～9％を達成しすでに高度成長期（神武景気）に入っていたが、第2次大戦において圧倒的な戦力格差により打ちのめされた記憶をもつ日本人は、まだ自分たちの経済力をもって世界に伍する自信をもてなかった。1956年度の経済白書が「もはや"戦後"ではない」と述べたことは有名であるが、それは経済復興を高らかに宣言したというよりも、むしろ戦後復興需要に依存できる時代は終わり低成長の時代に移行せざるをえないとの不安と覚悟を表現したものであった。

　そのような国民心理をも反映して、それまで政府の成長率見通しは常に実態より控えめであった。しかし池田首相は、歩み始めた高度成長の実績を日本経済の実力と自覚し、国民所得倍増計画によって今後ともその成長率を維持していく方針を明示したのである。1人当りGNPが戦前水準に回復したのは1955年のことであるが、1960年には主要経済指標は戦前水準の2倍を示している。

　国民所得倍増計画は1960年12月に閣議決定されたが、この頃日本経済はすでに高度成長の軌道に乗っていた。そのことは今では日本人共通の認識になっているが、当時その渦中にあっては、日本経済は様々な無理を重ねながら急速にキャッチ・アップしていると感じられていたであろう。1962年度の経済白書では「岩戸景気」（1958年6月～62年10月）の後の日本経済について、設備投資だけが大幅に増えつづけた経済の不均衡成長がある程度是正され、

---

[1]　池田内閣時代の政治・経済的雰囲気については、沢木耕太郎「危機の宰相」、「テロルの決算」（いずれも文春文庫2008）が的確に描写している。

図表Ⅰ-1　主要経済指標が戦前水準（1934～36年）を超えた年

	1955年の水準 （1934～36年＝100）	戦前水準に 達した年	戦前水準の 2倍になった年
実質国民総生産	136	1951	1960
工業生産	158	1951	1957
輸出数量	75	1959	1964
輸入数量	94	1957	1961
1人当り実質GNP	105	1955	1960

（出所）　内野〔1978〕p120

　この均衡過程においては成長要因それぞれに変化が起きる（消費や財政の比重が高まる）可能性が指摘された（転型期論）。一般には「転型期」は成長率が大幅に低下する時期を意味すると理解されていた。1963年度の経済白書では、「先進国への道」として当時の日本経済の課題について、
　① 高度成長によって経済規模は先進国に近づいたものの、1人当り国民所得では22位（1961年）、賃金水準はアメリカの7分の1、西ドイツの5割と低い
　② 民間企業の高成長の間に公共部門の努力にもかかわらず社会資本の立ち遅れが目立ち、道路・港湾・生活環境の不備が著しい
　③ 新規労働力に対する需要が増大し、労働需給の逼迫する中で消費者物価の上昇をもたらしている
ことが指摘された（土志田〔2001〕p93）。
　このように日本人はまだ自分たちの経済運営に確信のもてない状況であったが、海外ではこの敗戦国の目覚しい発展ぶりに強い関心を払っていた。1962年にはロンドン・エコノミスト誌（9月1日・8日号）が日本について特集し、経済成長の要因として経営家族主義・政府の保護育成・計画的経済運営などをあげた。これは日本人に大きな衝撃とともに自信を与えた。当時は上記のように、高い成長率は日本人の実力というより戦後復興による過渡的現象であり、復興段階が終われば成長率も下がると懸念されていた。ところがこのレポートは、日本の成長には他の先進諸国にはみられない独自の原因があり、それは今後も続くと論じていたからである。しかもそこでは、それまで日本人が欠点だと思っていた要素を他国にみられない長所として賞讃

していたのである。

その後も、ロベール・ギランは「第三の大国・日本」(1969年)、ハーマン・カーンは「超大国日本の挑戦」(1970年) として、日本人が予想もしなかった形で日本経済の将来像を描いた。これらの分析手法は、21世紀に入って、ゴールドマン・サックスのBRICs論文などに引き継がれ、中国・インド・ブラジル経済の将来像を描き出している。いまや追い抜かれる立場に転じた日本人が、60年代当時の日本経済の力強さとその裏側にあった脆弱さをもう一度思い起こしてみることは、追い抜く側と抜かれる側双方の現状と問題点を認識するうえで有意義であろう。

東京オリンピックから大阪万博へ

国民所得倍増計画が決定された1960年は、「岩戸景気」の真っ只中であった。1954年から58年にかけての好況は「神武景気」と呼ばれたが、岩戸景気はそれを上回る大型好況の到来という意味であった。1959、60、61年度の実質成長率は3年連続で10％を上回った。国民所得倍増計画は初年度以降3カ年の成長率を9％と高めに設定していたが、あながち法螺でも夢でもないと感じられるようになった。輸入自由化がタイム・スケジュールをもって発表されたことが刺激となり、企業は自由化実施前に可能最大限の設備近代化をして内外競争の激化に供えようとし、設備投資を先取り実行した（内野〔1978〕p169)。

1964年に東京でオリンピックを開催することが1959年に決まっていた。オリンピック関連総需要の中には競技施設や宿泊施設だけでなく、東海道新幹線・首都高速道路網・地下鉄網なども入っている。東京オリンピック工事は、実態的にもムード的にも景気を盛り上げた。60年度の経済白書は当時の消費ブームを「消費革命」と呼んだが、当時の景気は輸出や設備投資だけでなく基本的には消費に支えられていたので息が長く力強かった。岩戸景気やオリンピック景気が一段落して、いったんは「(昭和) 40年不況」に襲われても、すぐ後に大阪万博ブームを含む「いざなぎ景気」が続いてくる。

「人類の進歩と調和」をテーマに1970年3月に開かれた大阪万博は、入場者総数が6400万人に達するなど予想を上回る盛況となった。同じ月に八幡・

図表Ⅰ-2　国民所得倍増計画と実績の比較

	国民所得倍増計画		実績値	
	1970年度の目標水準	年率の伸び（％）	1970年度の実績水準	年率の伸び（％）
総人口（万人）	10,222	0.9	10,372	1.0
就業者数（万人）	4,869	1.2	5,094	1.5
国民総生産（1958年度価格・億円）	260,000	8.8	405,812	11.6
1人当り国民所得（同・円）	208,601	6.9	317,678	10.4
鉱工業生産（1958年度＝100）	431.7	11.9	539.4	13.9
輸出額（通関、億ドル）	93.2	10.0	202.5	16.8
輸入額（同上）	98.9	9.3	195.3	15.5

（出所）　内野〔1978〕p156

　富士製鉄の大型合併によって世界最大の鉄鋼メーカー新日本製鉄が誕生し、また翌年には第一・日本勧業銀行が合併し日本のトップバンクとなる。ソニーは日本企業としてはじめてニューヨーク市場への上場を果たした。この頃佐藤栄作内閣は「新経済社会発展計画」を策定し、西欧流の福祉国家の建設を目指した。東京オリンピックの準備段階から大阪万博に至る約10年間に、日本経済は脇目も振らずにひたすら走りつづけ、世界の歴史でも稀な高度成長を達成した。この時代までは、とりたてて政府が目標を掲げなくても、目の前に「よりよい明日」という目標が存在していた。60年以降の日本経済発展ぶりを端的に示している 図表序-1（p2）をもう一度みてほしい。

　60年代は、国民所得倍増計画に始まり東京オリンピックを経て大阪万博で終わるのであるが、日本経済にも00年代の中国の姿と重なってみえる時代があったことを、バブル崩壊後の日本しか知らない現代の若者に体験させてやりたいものである。

　国民所得倍増計画の実績は、計画をはるかに上回った。

第1章 戦後経済の転型期と金融の正常化・効率化

第1節 戦後の金融制度とその特質

1 戦後金融制度の形成

　近代日本の金融制度においては、明治以来、専門制・分業制の考え方が底流をなしてきた。明治政府は近代国家形成のために金融制度の確立が不可欠であると考え、当初はアメリカの国法銀行（National Bank）制度、次いでこれを実質的に塗り替えるかたちで英国の商業銀行（Commercial Bank）制度を導入した。これらの制度は、短期の預金を資金源とし信用創造機能を通じて短期の商業貸付を行うことを業務とするところに特色があった（金融制度調査会〔1987〕p91）。

　明治政府は商業銀行主義を金融制度の基盤としつつも、殖産興業の見地から企業に対する長期資金の安定的かつ円滑な供給を図るため、1900年前後に長期金融を専門とする特殊銀行を設立した。このうち、日本勧業銀行・農工銀行・北海道拓殖銀行は不動産抵当貸付により農業とその関連工業に対し長期資金の供給を行う不動産銀行の性格をもち、また日本興業銀行は株式担保貸付により製造業・鉄道事業等に対して長期資金の供給を行う動産銀行の性格をもつものであった。これらの長期金融専門機関は、主として金融債の発行により資金調達を行い、また公社債市場においては引受け・受託の分野で指導的な役割を演じた。

戦後における金融制度については、GHQ（連合軍総司令部）は当初、単一の金融業法を制定する意図（金融機関の等質化）を示していた。しかし、戦後の経済復興過程で金融の逼迫解消が大きな課題となったため、1949年頃になると個別に金融制度を検討する方向に転じる。この方針に沿い、まず政府機関として、中小企業金融の逼迫を打開するために国民金融公庫（1949年）・住宅金融公庫（1950年）が、また貿易振興と国内産業開発のために日本輸出銀行（1950年）・日本開発銀行（1951年）が設立された。

　民間金融機関としては、1951年の講和条約締結前後から各種の専門銀行制度が創設される。すなわち、中小企業金融対策として1951年に「相互銀行法」と「信用金庫法」が、長期金融対策として1952年および53年に「長期信用銀行法」と「貸付信託法」が、さらには、貿易金融対策として1954年に「外国為替銀行法」がそれぞれ制定され、1950年代前半にはほぼ戦後の金融制度が確立した。この間「銀行法」改正も何度か検討され、改正試案が作成されたが、結局実現しないまま終わった（北村〔1976a〕p14）。

　このとき出来上がった金融制度は、①長短分離、②信託分離、③外国為替専門銀行制度、④中小企業金融専門機関制度、⑤銀行・証券分離、など金融機関の行う業務について専門制・分業制の考え方をとっている。戦後においても明治時代からの殖産興業的考え方が形を変えて戦後復興・高度経済成長の時代にまで継承され、かつての特殊銀行制度が装いを新たにして発足することになったわけである。このような体制のもとで、大蔵省は金融のチャネルを最大限に利用して、長期資金を成長産業・重要産業に配分した。その手段が起債調整協議会等を通じた資金供給メカニズムであって、これが専門金融機関制度や政府系金融機関制度に深く結びついていた（岩原〔F1998〕）。

2　事前予防型金融行政と寡占的供給体制

　戦後金融体制の特徴の1つに、いわゆる「護送船団方式」がある。いわゆる護送船団方式は、通常、「1行たりともつぶさない」事前予防行政と解されている。いかにも「つぶさない」こと自体を目的とした行政手法であったかのように説明されているが、これを適確に理解するためには、この方式が生まれるに至った歴史を振り返る必要がある。

日本の金融システムは、明治初期にアメリカの制度を参酌した国立銀行創設以来営々と構築されてきたが、1900年頃には一応の姿が出来上がった。1920年代の昭和金融恐慌（第１次世界大戦後の反動不況、世界大恐慌より数年早い）以前の金融行政はどちらかといえば市場原理放任型といえるが、その背景には、2000を超える多数の銀行が存在し、激しい競争が行われていた事実がある。そういう意味では、この時代の金融システムは西欧型というより、むしろアメリカ型であったといえる。参入・退出、金利などは自由であったが、それだけに非常に不安定であり、銀行の倒産はきわめて多かった。

　この枠組みでは金融機関を特別扱いせず、銀行の経営が破綻した際にも一般の企業倒産と大差なく取り扱われた。その結果経済・社会的に大きな混乱が起こるが、当初その事態収拾のコストは主として預金者が分担した。しかしあまりにも混乱が大きかったので、公的資金の投入を含む緊急避難的な対策により収拾された。その後さらに「(旧)銀行法」の制定（1927年）など、中長期的な金融システム安定のための枠組み構築に取り組まれた。この際、金融行政の姿勢に根本的な転換があったと解される。すなわち、当初からどの程度明確に意識したかは別として少なくとも結果的には、それまでの市場

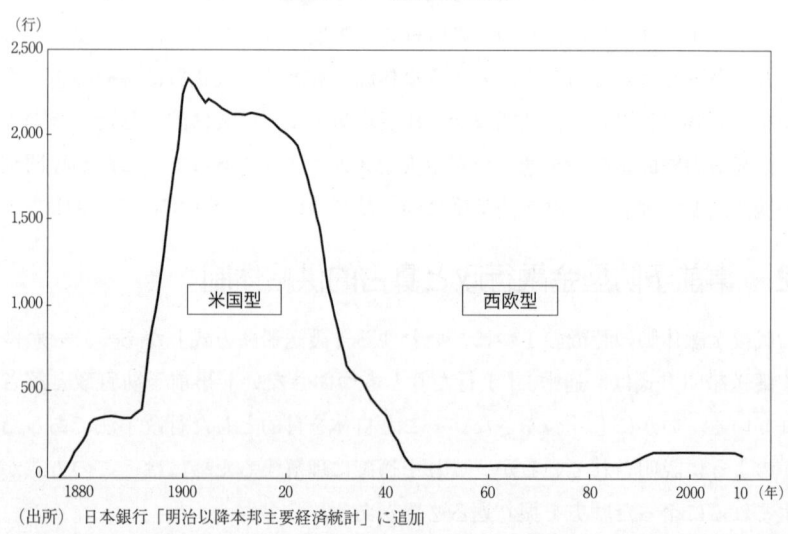

図表1－1　銀行数の推移

(出所)　日本銀行「明治以降本邦主要経済統計」に追加

原理に基づく競争を前提としたアメリカ型金融システムにかえて、安定性を重視した西欧型金融システムに大転換したのである（図表1−1）。

　安定的な金融システムをどうしたら作れるか、それには金融業者の数を減少して競争制限状況を作り出すことが最も有効と考えられた。これ以降最近に至るまで、日本の金融行政には供給サイド（金融業者の経営）の安定（端的にいえば地域独占・寡占体制）を通じて金融システムの安定を実現しようという考え方が根強く流れている。護送船団方式の基盤はここにあり、1県1行主義はその典型的な政策である。その発想法は、合併・統合を好む現在の金融行政にも受け継がれている。

　それに加えて、業務規制・店舗規制・金利規制など法律・行政指導による競争制限を強化し、個々の金融機関の経営安定を図ることとなった。そのような体制では一部の金融機関に超過利潤が発生するが、それは金融システム全体の安定性を維持するための財源に充てられた。具体的には、経営が不安定でリスクの高い中小零細企業分野を担当する中小金融機関（この領域ではある程度の競争が維持されていた）が経営困難に陥ったときに救済合併するために用いられた。

　20世紀初頭には2000にのぼった銀行は、30年代半ばには500程度に、さらに1945年には69に減少した（30府県で1県1行、8県が2行、2県が3行）。これが1920年代から40年代にかけての金融システムの最大の変化である。これに比べるとその他の制度上の整備（1927年の銀行法制定を初めとする規制強化）はこのような変革を維持するために必要な補強的・副次的な制度整備と位置づけることもできる。[2]

　換言すれば、制度設計として「1行もつぶさない」行政手法を選択したのではなく、1行もつぶせない（当該地域ではToo Big to Failになり、つぶすわけにはいかない）独占・寡占的な金融システムを意図的に作った結果、「主要銀行は1行もつぶさない、中小零細金融機関は主要銀行が救済する」という

---

[2]　そういう意味では金融システムに関する限り、「1940年体制」（野口〔1995〕）という人口に膾炙した表現は必ずしも適切ではない。これは戦時動員のための緊急体制というよりも、金融システム安定化構想として金融恐慌以来長い時間をかけて進められたものである。

行政運営（護送船団方式）が必然的帰結となったと解することができる。

なお、島村〔2006〕（p257）は、護送船団方式はわが国の思想的・倫理的基盤に根ざすものであり、「企業経営の共同体モデル」（集団主義のエートス）と「国民経済のキャッチアップ・モデル」（官民協調主義のエートス）の2つが相まって、日本特有の連帯感と結束力を誇った経済システムを作り上げ、今日の経済繁栄をもたらしたと述べている。彼によれば、通常「護送船団方式」は戦時ないし戦後生まれの官民一体のシステムをさすことが多いが、その思想的基盤は少なくとも明治以来100年の経済社会を一貫して流れているのである。

3　高度成長期の金融構造

高度成長期の日本の金融システムは間接金融優位の特徴を備えていた。また、企業の外部資金調達における借入金の重要性は、日本の経済発展とともに高まった。米英型の市場中心の金融構造を理想とする近年の金融論では、銀行中心の間接金融方式は効率性、リスク管理など各種の論点から厳しい批判にさらされている。もっとも、高度成長期においても、間接金融が圧倒的な重要性を占める企業金融の構造に対しては、むしろネガティブな評価が一般的であった。たとえば当時標準的見解とされてきた鈴木〔1974〕では、①間接金融の優位、②オーバー・ボローイング、③オーバー・ローン、④資金偏在が、高度成長期の金融構造の基本的性格だとされ、これらは当時から「不正常」なこととして「金融の正常化」の必要性が論じられてきた。

しかし高度成長期において日本企業の銀行借入依存比率が一般的に高かったことは、そのような金融の構造が企業にとって有利であったからである。第1に、この時期の最も重要な貯蓄供給者は比較的零細な資産保有者であり、貯蓄を動員するためには安全で流動性の高い金融商品が必要であった。その条件に最も適していたのは銀行預金および郵便貯金であり、このような環境下においては株式や事業債を貯蓄供給者に販売する直接金融は相対的に非効率的なシステムであった。

第2に、金融仲介が効率的に機能するためには、資金の調達・供給者間の「情報の非対称性」を克服しなければならないが、銀行と借り手企業との長

図表1－2　主要企業の資金調達構造（全産業）

(単位：％)

暦　　年	1957～59	60～64	65～69	70～74	75～79	80～84	85～88
株式	12.0	10.9	3.6	3.2	8.3	10.4	12.3
社債	6.5	7.0	5.4	5.1	10.7	8.7	16.4
借入金	39.9	33.5	35.8	41.4	23.2	15.6	3.2
短期借入	21.0	20.1	17.6	18.3	15.5	9.7	2.7
長期借入	18.9	13.4	18.2	23.1	7.7	5.9	0.5
買入債務	6.4	16.1	20.0	21.8	12.9	9.6	-7.5
自己資金	25.6	22.7	37.7	35.7	49.2	56.4	59.5
減価償却	21.5	18.8	27.8	22.1	37.2	41.8	43.2
内部留保	4.1	3.9	9.9	13.6	12.0	14.6	16.3

(出所)　財政史室〔1991a〕p12

期的な取引関係はこの点についての有効な手段たりうる。これらの観点から、当時としては銀行中心の間接金融方式はむしろ企業の合理的な選択であった（財政史室〔1991a〕p13）。

　池尾〔2006〕(p62) によれば、むしろこの当時の金融制度の際立った特徴は、それが単に銀行中心のシステムであったところよりも、そこで採用されていたルールや規制のあり方に見出せる。これらのルールや規制は、①金融システムの安定性を確保するというねらいと、②経済発展を促進すべく金融的貯蓄の動員を図るというねらいから体系的に導入されたものである。それゆえそれらは、①のねらいに即して総称すると「護送船団方式」と呼ぶことができ、②のねらいに即して総称すると「人為的低金利政策」と呼ぶことができる、とされている。

　なお寺西〔2010b〕(序p19) は、戦後の銀行中心の金融システムの特色として①資本市場規制を中心とした開発金融的な資金割当機構、②銀行の安全を重視した護送船団方式、③メインバンクシステムによる日本的企業システムと補完的な情報処理システム、の３点をあげたうえ、戦後の金融システムを構築するにあたってこれらのうちどの特質が制度設計の直接的な目的とされたかを問いかけている。終戦直後の銀行政策においてもっとも政策に重点がおかれたのは銀行システムの安定性であり、そこに戦前期にリスク資金の供給システムとしての銀行制度の設計が失敗に終わったことへの反省を読み

取っている。

　彼によると護送船団方式に基づく銀行システムは、銀行の収支の安定と流動性確保を可能にした。すなわち預金金利規制と配当規制などが収支均衡を、日銀信用の受動的供給が短期資金による設備投資資金供給のリスクを引き下げた。こうして家計に安全な貯蓄手段、広範な企業層に銀行貸出の利用可能性を保証することにより、銀行を中心とする金融システムは戦後経済システムの中核としてその安定性と適応性を担ったのである。

4　専門金融機関制度の評価

　伊藤〔1995〕（p135）は、日本の分業制が英米でみられる経済機能別の分業の原理と異なることに注意を喚起している。すなわち第1に、預金取扱いという同質の機能をもつ金融機関の内部での仕切り（中小企業金融・長期設備金融など）が業態数を増やしている部分も多い。分断は絶対的なものではなく、当面した経済環境のもとで結果的に棲み分けが行われたという側面も強い。第2に、各業態の行いうる業務範囲はかなり広く、ある程度の兼業、「範囲の経済」の実現は可能になっていた。そのうえで行政面では、各金融機関に超過利潤（経営上の余裕）を保証し、それを通じて信用秩序の維持を図る体制がとられた。このことは日本における専門金融機関制度のねらいが何であるかを示唆している。これは要するに、安定性をきわめて重視する金融システム維持のためのカルテル形成の手法にほかならない。そういう意味でも戦時体制的な統制システムとは色彩を異にしている。

　通常、専門金融機関制度の目的としては次の2つがあげられている（財政史室〔1991a〕p24）。

① 　利益相反の防止：利益相反の防止によって金融業における顧客である家計や企業の利益を保護する。また利益相反行為は金融機関の乱脈な経営につながりやすく、その防止は金融システムの安定化を促す。

② 　過当競争の排除：各分野における暗黙的な協調（カルテル）の形成・維持、民間金融側の協調に立脚した行政当局の実効的な行政指導との意味を有する。いわゆる「護送船団行政」も、このような制度的枠組みの中で可能であった。

このような分業体制の存在意義を経済理論的に説明することは必ずしも容易ではないが、ある経済発展段階（70年代前半）までは金融システムの安定を通じて経済成長を支える役割を果たしてきたことは評価されてよいであろう。特に戦後の経済復興と高度成長の過程において、経済各分野の旺盛な資金需要に対して各専門金融機関が限られた資金を適切な分業のもとに、効率的かつ安定的に供給してきたことは経済発展に大きな寄与をした。野口〔1995〕(p102) も、国内金融が完全な自由市場メカニズムで動いていたとすれば、資本が絶対的に少なく労働が過剰であった戦後日本のような経済にあっては、資本は労働集約的産業に集中し重工業化は容易に進まなかった可能性や、不動産等への資本の不胎化を生み生産的資本の蓄積が進まなかった可能性を指摘している。

　ただし上記①に関しては、実際にこのような利益相反が起こることはきわめて稀であろうし、仮に起こった場合にも早晩業界内部から暴露され、そのマイナス・イメージによる損失のほうが大きいと考えられる。この種の説明は往々にして、既存の業界秩序維持を擁護する機能が込められていることが多い。結局この制度の効用としては、上記②の行政的コントロールが実効的になることによって、金融機関経営、したがって金融システムの安定性に寄与するという点が最も大きかったのではないか。そしてそのことは一国経済が無理を重ねて先進諸国にキャッチアップする過程においては、案外重要な役割を果たしたのである。

　他方において、金融業における技術的条件（コンピュータや通信技術）や金融に対する需要の急激な変化の下では、専門金融機関制度が金融機関の弾力的な反応を妨げた側面が指摘されている（財政史室〔1991a〕p25）。日本の業務分野規制は、必ずしも経済哲学に基づくものではなく、各分野の金融機関の保護育成を目的としたものであった。その目的はある段階で達成され、その後はむしろ規制が市場の効率性を妨げる局面が多かったのではないか。実際、後に述べるように、安定成長移行に対応した金融制度改革の動きは、専門制・分業制によって擁護されている既得権益者の抵抗を打破することができず、結局、適時適切な金融制度改革のタイミングを失してしまったことは否定できない。

第2節　戦後金融システムの手直し

1　金融の正常化

　もともと日本経済は後発資本主義であり、まして敗戦により大きな損害をこうむった。したがって高度成長が軌道に乗るまでは、過剰人口・資源不足・資本不足など数々の難問を抱えながら無理を重ねた運営がなされていたので、その間金融制度面でも各種のひずみが表面化することもやむをえなかった。上述のように戦後の金融制度が一応整備された直後においても、経済の復興・発展に伴って逐次発生するそのような問題に対応して、1950年代後半から何回か金融制度の見直しが試みられている。

　1960年代初めまでは中央銀行の公開市場操作による通貨調整は一般的ではなく、むしろ日銀は民間銀行への直接貸付を通じて日本経済に成長通貨を供給していた。銀行にはメインバンク制度を通じて各企業の活動に関する情報が集約され、これに基づいて銀行が産業の旺盛な資金需要に対応した。このようにして銀行組織を通じて成長分野に資金が供給され、日銀は高度成長を通貨供給面で支えたのである。そのような意味では、戦後金融制度が間接金融中心になったのは長短分離などの金融制度と同時に、中央銀行中心の資金供給方式にも原因があったといえる。

　当時は、第2次大戦後の日本の金融システムは次のような点で「不正常」であり、そのため実物経済の不安定性の原因にもなっているとの認識が一般的であった。

① 銀行が流動性に対する感覚を著しく欠いている。
② 通貨供給のルートが日銀貸出である。
③ 金利政策が非弾力的で、金利が資金需給調節作用を果たしていない。
④ 産業資金が極端な間接金融方式で供給され、直接投資が少なすぎる。

　以上のような判断に基づき、総合政策研究会（有沢広巳ほか）は「金融正常化への提言」（1959・6・1）において、準備預金制度の実施、公開市場操

作の活用、1年もの定期預金の廃止、政府短期証券の細分化、社債発行条件の弾力化、増資免税などを提言している（財政史室〔1991b〕p103）。

いずれにしても日本経済は1950年代において、まだ本格的な高度成長期に入ったとはいえないまでも、かなり順調な経済発展を実現する。このことによって自国の経済運営に関する自信が生まれ、占領下においてGHQの指導の下に導入された制度や金融取引慣行を変更しようとする考え方が生まれた。50年代後半から60年代前半にかけて、金融の正常化は金融行政の基本的な目標と意識された。

ここでは、①戦後の金融機関の再建が一定程度までに達成されたこと、②再編成された専門金融機関制度が一応固まりつつあること、③50年代において金融正常化を法的規制によって実現しようとする一連の立法措置の多くが挫折し、これ以後は、同様の目標を行政指導を通じて追求したこと、などの状況をふまえて検討が進められている。

金融正常化行政は、次の内容から構成されていた（財政史室〔1991b〕p167～）。

① 銀行は伝統的な商業銀行主義の原則に戻るべきである。負債面では恒常的かつ過度の日銀借入依存（オーバー・ローン）を是正し、資産面ではその流動性の向上を図らなければならない。

② 相互銀行・信用金庫など中小金融機関の中には、経営に問題のあるものも少なくないので、これを健全化・近代化しなければならない。

③ 以上の2つを追求するための手段として、預貸率・経常収支率などのガイドラインによる経営諸比率指導を主として用いる（比率行政）。

④ 以上の前提として、預金者保護・信用秩序維持のための金融機関保護行政、および業務分野規制制度を堅持する。さらに、設備投資資金調達の場として証券市場を育成し、分業体制を強化する。

これらの行政理念のいくつかは、理念としては保持されながらも、現実と衝突することによって妥協・変容の道をたどった。金融正常化論が鋭い指摘をしつつも、実現する過程で妥協を迫られた理由は、それが問題にしたような金融構造は当時の日本経済の基礎的な条件のうえに成り立っていたものだったからである。基礎的な条件とは、

① 資金の出し手である家計が零細な資産保有者であったこと

②　日本企業は資金調達者としての信頼性を獲得していなかったこと
③　政府は重要な資金調達者として市場へ登場することがなかったことである。これらの条件はいずれも、日本の金融構造が銀行を中心とする間接金融のメカニズムに依存せざるをえない状況を作り出していた。市場において多数の投資家の資金を集めるという形態の金融仲介が重要な位置を占めることは、まだ期待できなかったのである。

　また、政府自体が証券市場で多額の資金調達をしなかったこと（国債流通市場の欠落）から、ハイパワード・マネー調節を日銀貸出に依存せざるをえなかったのである。しかし、金融正常化を求める議論は60年代に入ってますます強まり、金制調はオーバー・ローン問題を本格的に討議し始め「オーバー・ローンの是正に関する答申」（1963・5・9）を取りまとめている（財政史室〔1991a〕p106）。

2　国際化の進展（貿易・為替・資本取引の自由化）

　戦後の貿易体制は長期にわたって輸入統制が続いていた。「外為法」によって、輸入業者は通産大臣に申請して輸入に必要な外貨資金の割り当てを受けた後でなければ、銀行による輸入の承認を得ることはできなかった。この措置が導入されたころの日本経済は、輸入割当制によって海外商品を遮断し、主要産業の輸出競争力を強化しようとしたのである。戦後復興が一段落しつつあった1952年にIMF（国際通貨基金）に加入し、戦後復興が終わった1955年にはGATT（関税貿易一般協定）に加入した。日本は為替管理と輸入制限の撤廃をいずれは図らなければならなかった（有沢〔1976〕p439）。

　1950年代後半になると、世界経済におけるアメリカの相対的地位が低下しはじめ、日本に対して貿易自由化を迫った。当時日本の輸出は、世界貿易全体の2倍のスピードで目覚しい拡大を示していた。1959年の輸出は戦前の最高水準（1934～36年平均）を越え、60年代に入ると開放体制への転換に取り組まざるをえなくなっていた。政府は1960年1月に自由化促進閣僚会議を設置して自由化計画の策定に着手し、5月末に3年後には完全自由化するとの基本方針を決定した。6月に決定した「貿易・為替自由化計画大綱」は、一面では日本経済が十分に堅固な基盤を確保したという政策当局の自信を示し

ている。他方産業界は、自由な貿易体制のもとで日本企業が国際競争力を維持できるか、また資本自由化のもとで日本企業が外国資本に支配されないかという強い懸念をもっていた。

しかしIMF定例理事会は1961年9月、経常取引に関する規制が残っていることを理由に、8条国移行勧告の見合わせを決定した。この結果日本は、自由化計画の繰上げを迫られることになった。1962年9月に開催された貿易・為替自由化促進閣僚会議において「貿易・為替自由化促進計画」を決定し、自由化計画は半年以上繰り上げられた。

先に述べた金融正常化は概していえば金融システムをより市場指向的なものにしようとの努力であったが、他方では、経済全体が開放に向かう中で外国資本から日本の産業を守ろうとの危機意識から、金融のメカニズムを計画経済的なコントロールのもとに置こうとする逆方向の動きもみられた。貿易・為替の自由化計画が具体化するのに伴い新産業体制論争が活発化し、「自主調整」か「官民協調」による調整かが最大の論争点となった。財界特に経団連は前者を主張し、通産省や経済同友会は後者を主張した。1962年10月に産業構造調査会産業金融部会において新産業体制金融の構想がまとめられ、それは「特定産業振興臨時措置法案」(以下「特振法」)となった。[3]

特振法は、貿易自由化を迎えて、国際競争力の強化を図る必要のある産業を指定し、合併・合理化のための共同行為を官民協調方式で推進しようとするものであった。特振法により指定された業種は、自動車・特殊鋼・石油化学の3業種であり、当時、いずれの産業も国際競争力に問題ありと考えられていた。通産省や産業界は企業の国際競争力を強化するための措置を模索し、この活動は金融分野にも及んだ。通産省は、戦略的地位を占める産業で長期的構造の問題を抱える業種については、産業界と金融界との間で協調体制を形成すべきとの考え方を打ち出した。貿易自由化が本格的展開を迎えた現段階において、従来の産業金融のあり方を見直し、産業界における金融的な協調の場を形成する必要があると主張している。

---

[3] 城山三郎「官僚たちの夏」(新潮文庫)は、このあたりの経緯を小説化したものである。

しかし特振法は官僚統制への道を開くものとして産業界の反対が強く、また金融統制の危険という観点から金融界も反発した。そのうえ与党である自民党も積極的には動かず、三度にわたり国会に上程されたが、結局審議未了廃案となった（財政史室〔1991a〕p250）。

　IMF協定は外国為替制限の撤去により世界貿易の拡大を目的とするものであるが、復興の過渡期においては為替制限が存続することを許容していた（第14条）。しかし加盟国の一般的義務としては、第8条に経常的支払いの制限の不可、交換性付与などを規定している。1962年11月に行われたIMF対日協議において、IMF側は第14条の日本への援用は不必要と判断し、8条国へ移行するのが相当と講評した。これにより、国際収支の悪化を理由とした為替制限はできないことになった。1964年4月にはIMF8条国移行とOECD（経済協力開発機構）加盟が実現した。これは国際経済社会において日本が一本立ちになったことを世界に声明した記念碑である（有沢〔1976〕p444）。

　資本移動の自由化については、先進諸国においても具体的ステップが取られるのは、貿易為替の自由化に比べかなり遅れてのこととなる。その端緒はEEC（欧州経済共同体、EUの前身）のローマ条約（1958年）に求められ、そこでは12～15年の間に域内諸国間の資本取引の自由化がほぼ完全に達成されることを目標にしていた。一方EEC以外の西欧諸国も含めた18カ国からなるOEEC（欧州経済協力機構、OECDの前身）においてもこの問題が取り上げられ、1959年暮れに資本自由化コードの原型が成文化された。1961年にOEEC18カ国にアメリカ・カナダを加えてOECDが発足し、資本自由化コードはほぼそのままの形で引き継がれた。

　1964年4月に日本がOECDへの加盟を認められ、このような経緯から日本は比較的早期（為替の自由化が十分に進展しない段階）に資本取引の自由化に取り組むことになった。当時資本取引はすべて「外国為替及び外国貿易管理法」（以下「外為法」）または「外資に関する法律」（以下「外資法」）の許認可を必要とする建前になっていたので、自由化とはこれらの許認可の撤廃を意味した。一方為替の自由化についても、IMF8条国移行にあたり8条国の義務として経常取引に伴う為替制限をほぼ全面的に撤廃した。これらの自由化

を進めるにあたってもわが国特有の黒船騒ぎがあったが、結果的にはそれは産業の近代化・合理化促進を通じて日本の国際的地位を先進国グループに押し上げることになった。

　OECD加盟当初は、対内直接投資自由化に関して非常に保守的なスタンスがとられた。しかし、自由化に対するOECD側からの要請が高まり、外資審議会「第1次自由化答申」(1967) を皮切りに、第5次自由化措置 (1973) に至るまで、政策当局は着実に自由化を実施した。この当時の一般的認識は、日本企業の経営基盤は脆弱であり対内直接投資の全面的自由化は外国資本による日本企業支配をもたらす、という悲観的なものであった。そのため既存企業の経営支配を目的とした直接投資に対しては、個別審査によって認可・不認可を決定するという非常に制限的な条件が維持された。当時の厳しい資本流入規制措置は金融側の要請によるものというよりは、むしろ産業側の問題意識に主導されていた。

　株式市場は対内直接投資の自由化に対して非常に敏感に反応し、外資による会社支配防止が重要な課題とされた。株式市場においては、金融機関および事業法人を核とする株式の相互保有や株主安定化工作が進められた。投資信託をも含む個人の株式保有比率は1964年以降急激に低下し、それにかわって金融機関および事業法人の保有比率が上昇した。このような変化の原因は、1965年前後の株式市場の混乱であると同時に、対内直接投資自由化に対処するため企業相互間の株式持合いが進められたことである。60年代に進められた資本自由化措置それ自体は漸進的なものであったにもかかわらず、それに対する過剰反応が日本の金融システムに対して予想外の重大な影響を及ぼすことになった。わが国の変則的な株式保有構造は、必ずしも金融制度改革の遅れや護送船団方式の金融行政が原因であったわけではない。

3　60年代半ばの金融システム改革への問題意識

　1965年5月に田中角栄蔵相によって山一證券問題が収拾された後、6月の内閣改造により福田赳夫が蔵相に就任した。当時は「(昭和) 40年不況」のさなかにあったが、1965年度予算は景気刺激策を講じないという建前で編成されていた。しかし実際には予算成立直後に当初見積もりを大幅に上回る歳

入欠陥が生じ、福田蔵相は就任早々従来の財政政策の基本方針（単年度収支均衡）を転換して、財政を景気調整手段として積極的に活用する決断を下した。すなわち1965年度補正予算において2590億円の歳入補填国債（赤字国債）が計上され、さらに66年度予算においては7300億円の建設国債の発行と3100億円（平年度）の大幅減税が実施された。

　このような政策の効果もあって、景気は回復の過程に戻る。また、従来の均衡財政主義と設備投資の増加のもとで流動性不足とオーバー・ボローイングに陥っていた民間企業は、国債発行を通じた成長通貨の供給によって流動性に厚みを加えていった（内野〔1978〕p200）。高度成長路線が再び軌道に乗ると、戦後まもなく形成された金融制度全般を新しい情勢に即応して再検討をしようとの認識が芽生える。佐藤内閣においてライバルであった田中から蔵相の職を引き継いだ福田の政策転換意欲も影響したであろう。上記のように1965年には「財政新時代」（当時の福田蔵相の提唱）による国債発行が始まり、従来の企業部門に加えて政府部門が資金不足主体として金融システムに登場することになったという事情もあった。「国債を抱いた経済」の展開により、経済の安定成長を目標として財政と金融の一体的運営が強く要請されるとの意識が強まった。このような財政政策の転換を契機として、金融についても制度全般にわたる再検討が必要と考えられた。

　しかし一方、当時の金融界の雰囲気としては必ずしもこのような改革に前向きとはいえなかった。たとえば佐竹銀行局長からの、

　　（金融制度の改革に関し）国債発行という新しい事態になってきたということ、それから、いままでの高度成長から安定成長の形に切り変わってきつつあること等、いろいろな意味で一種の転換期のような感じもするわけです。……そういった点を、一ぺん見直してみたらどうだろうかという感じを実は持っているわけなんです。

との問いかけに対する金融界首脳の反応は次のように、どちらかといえば消極的なものであった（佐竹ほか〔F1966〕）。

　　田中全銀協会長（三井銀行社長）　……分野を調整するという問題1つでも、相当長期にわたって取り組まなければいかん……青写真だけではなかなかそう簡単にできっこないと思うのです。都市銀行にしても、百年になんなんとして、商業金融、産業金融、長短金融をやってきているのですから。

> 佐々木日銀副総裁　何かこうあるべきだというようなビジョンをまず作っておいて、それで問題を取り上げていくということはあぶないと思いますね。やはりさしあたっては、各金融機関が現実にどういう歴史的な発展をし、現状がどうなっているか、それから今後の動きについて実際に担当しておられる人たちはどういう考え方をしているか、まずそういう実態をすなおにつかんでいくことに努力されたらいいのではないでしょうか。そのあとで、それではどういうふうにしたらいいかというような段取りで運んでいただきたい。

　すでに日本経済はかなり成熟段階に達していたとはいえ、5年後にニクソン・ショックを迎えるまでの一般的な（とりわけ保守的な金融界における）雰囲気はおおむねこのようなものであった。すなわち、金融行政における「新機軸」といっても、従来の枠組みを前提として個々の問題点を解決しようとするものであったり、むしろ伝統的な理念への回帰といってもよいものに止まっている。後に述べる金融効率化論の登場までは、金融行政の根本理念の転換（競争の導入、自由化など）にまでは及んでおらず、経済構造の変化との関連における金融行政の経済史的位置づけも明確とはいえなかった。

　一例をあげると、1965年5月12日、大蔵省銀行局は「金融機関の刷新について」（蔵相通達）を出し、民間金融機関の健全経営、慎重な融資を強く求めた（当時、山陽特殊鋼事件、吹原産業事件など金融機関のずさんな経営が連続して発覚）。ここでは「これまでは、金融機関の経営が主として資金量を中心とする業容の拡大に重点がおかれてきた結果、預金の獲得、融資先の確保等のため行過ぎた競争を招き、金融機関としての厳正堅実な業務の運営に対する配慮が、ともすればなおざりにされる傾向にあった」などの非常に手厳しい批判が述べられている。依然として、金融システムの健全性は競争制限や行政厳正化によって維持しうるとの考え方が基本になっている。

　金制調は、金融制度の改善に関する事項について調査審議するため、1956年に大蔵大臣の諮問機関として設置された。したがってその審議状況をみることによって、当時の金融制度改革に関する問題意識を知ることができる。創設以降「金融の効率化」の時代までの答申は次のとおりである。おおむね従来の発想線上の見直しという性格のものであって、ここにも金融制度改革といった問題意識は必ずしも金融界に表れていないことが読み取れる。

① 預金者保護等のための制度に関する答申（1957・1）
② 準備預金制度に関する答申（1957・2）
③ 中小企業信用補完制度に関する答申（1957・2）
④ 協同組織による中小企業制度に関する答申（1958・5）
⑤ 日本銀行制度に関する答申（1960・9）（COLUMN参照）
⑥ 為替専門銀行の資金調達の方法に関する答申（1961・11）
⑦ オーバー・ローンの是正に関する答申（1963・5）

COLUMN

日銀法改正論議

「日本銀行法」（1942年法律第67号）は戦時体制下で制定されたので、自由主義・民主主義体制のもとではふさわしくない国家統制的な規定を含んでいる、と考えられていた。このため戦後いち早く改正されたが、その内容は政策委員会設置にとどまっていた。1956年6月に設置された金制調は、57年同年8月より中央銀行制度を本格的にとりあげ、3年あまりにわたって議論が尽くされた。60年9月には「日本銀行制度に関する答申」が提出されたが、最も重要な論点である政府と日銀の関係について答申を一本化できず、下記の両論併記のまま審議に終止符が打たれ、法改正は見送られている。

A案：主務大臣は、日本銀行の政策が政府の政策の遂行に支障をきたすおそれありと認め、その調整に関し日本銀行総裁と話し合うも協議の整わない場合は、日本銀行に対し、日本銀行の政策に関し、必要な指示をすることができるものとする。ただし、日本銀行の運営の理念に反するものであってはならない。
　前項の事実のあった場合は、日本銀行は国会に対する報告書中にその経緯を記載しなければならないものとする。

B案：主務大臣は、日本銀行の政策が政府の政策の遂行に支障をきたすおそれありと認め、その調整に関し日本銀行総裁と話し合うも協議の整わない場合は、日本銀行に対し、日本銀行の政策に関し、一定期間、その議決の延期を請求することができるものとする。

その後日銀法改正問題は64年9月になって再燃した。同年4月から日本がIMF8条国に移行し、本格的開放体制に入るとされていたことが背景となっていた。今回は事務的には改正作業が比較的順調に進展し、65年2月には大蔵省原案を得るに至ったが、自民党財政部会で採択に至らず、またもや国会提出は見送られた（財政史室〔1991b〕p212～）。

この問題の決着は、1997年までもち越されることになる（第9章第2節参照）。

⑧　安定成長を確保するための企業金融のあり方に関する答申（1965・7）
⑨　国債発行に伴う金融制度のあり方に関する答申（1965・11）

第3節　証券制度の整備と日銀特融

1　証券市場の位置づけ

　証券・保険に関する行政は、戦前は商工省（現・経済産業省）が担当していた。[4]　銀行部門と非銀行部門（証券・保険を含む一般産業）に関する行政が分かれている体制は必ずしも異例ではなく、英米では最近までむしろ一般的であった。ところが1941年12月、国家総動員体制のもとに重要物資は商工省、金融関係は大蔵省に権限を集中させることとなる。その結果、アルコール・樟脳は商工省、証券・保険は大蔵省が所管するという行政分野の交換が行われ、ここに銀行・証券・保険を通ずる大蔵省による金融行政の一元体制が出来上がった。金融に関連する行政がすべて大蔵省のもとに集約されたことは金融行政の整合性には寄与したものの、その後の金融行政が銀行中心の発想で進められたことにより、金融システム全体を過度に公共性・安定性重視とした可能性もある。

　直接金融・間接金融という区分にはあいまいな点があるが、いかなる定義を用いても戦後の日本の金融活動が間接金融中心であったことは否定できない。1966〜75年度平均では、間接金融（融資）が90.4％を占めており、直接金融（証券形態による資金調達）は9.6％にすぎなかった。証券であっても銀行によって消化されているものがかなりあることを考えれば、直接金融の比率はさらに小さいものとなる。

　しかし日本においても大正から昭和初期にかけては、公社債・株式市場が

---

[4] 取引所等に関する行政は、1874（明治7）年10月の太政官布告「株式取引条例」によって大蔵省の管轄下におかれ、1875年一時内務省に移され、1877年に再び大蔵省に戻ったが、1881年には農商務省に移管され、1925年からは商工省の所管となっていた。1941年月、61年ぶりに大蔵省に戻ったことになる（有沢〔1995a〕p234）。

発達し、直接金融が高い比率を占め、自由な金利機能の働く市場が育っていたといわれている。1914年に第1次世界大戦が勃発し日本経済は空前の好況を迎えたが、それに伴い公社債・株式の発行も著しく増加した。第1次大戦後1年にして反動不況期を迎えるが、発行市場は活況を持続した。1927年には昭和金融恐慌が発生し、金利低下により発行環境が著しく有利になった中で、事業債の発行は急増している（1931～36年の直接金融比率は96.1％）。ところが1936年の2・26事件を契機として戦時統制経済に突入し、1937年の「臨時資金調整法」は時局産業への優先的資金配分を目的とした。間接金融に重点が移され起債市場は一時閉鎖されたが、1938年の再開にあたり、起債銘柄の選定・発行量・起債時期・発行条件など、すべてが起債当局（大蔵省、日銀、日本興業銀行）の統制下に置かれることとなった。1940年に起債計画協議会が設置され、緊急やむをえないものに限り起債が認められた。戦時統制期（1937～45）の直接金融比率は27.9％に下がった。

終戦により起債計画協議会は廃止されたが、47年には起債調整協議会が設けられ、57年には起債打合会で決定する自主調整が始まった。池田内閣による国民所得倍増計画の掲げた高度成長のための成長通貨は日銀貸出によって供給されたので、間接金融方式により重要基幹産業に資金配分された。公社債・株式市場は依然として限界的資金調達の場としてコントロールされており、1956～65年の直接金融比率は18.5％にとどまっていた（長富〔F1977〕）。

証券取引所は終戦直前の1945年8月10日に機能を停止したが、戦後もGHQの方針で閉鎖が続けられた。「民主的な証券の取引と証券取引所」を実現できる新しい基本法を制定することが取引所再開の先決問題であり、そのためには、アメリカ法を参考にして思い切った新しい制度を導入する必要があると考えられた。そこで、従前の取引所法・有価証券取締法・有価証券引受業法・有価証券割賦販売業法の諸法令を統合して内容を民主的に改め、かつ新たに株式・社債の発行に関する届出公開制度を加えた「（第1次）証券取引法」（1947年法）がGHQ指導のもとに制定された。

ところがこの法律は民主化が不十分であるとの理由でGHQ内部や米本国に不評であり、証券取引委員会の規定のみが実施に移された。GHQの担当

者は更迭され、新たにアメリカから派遣された専門家のもとで、アメリカの証券法・証券取引所法を忠実に踏襲した「(第2次)証券取引法」(1948年法、以下「証取法」)が制定された。証取法第65条はこのときGHQ担当者の追加的指示で挿入されたものである。これにより従前は銀行・信託会社に認められていた株式・社債の引受・募集の取扱いが認められないことになり、国会審議などで大きな問題となった。当時絶対的権力を有していたGHQの指示であったので、このときは信託会社に銀行の兼営を認めるなどの方策によって収拾されたが、この問題は後に信託分離問題や社債募集の受託問題として、金融制度運営上の混乱要因となる。

戦後の証券行政は1947年7月に発足した証券取引委員会によって担われた。設立当初は、これをアメリカのSECのような性格のものとせずに審議・調査を主とする機関にとどめ、別に大蔵省に証券局を設けることとされていた。しかし1948年の全面改正の際、アメリカのSECと同様の独立的な行政官庁に変えられ、証券行政全般を担うことになった。その権限は1952年に大蔵省に統合され、証券取引委員会に代わるものとして証券取引審議会(以下「証取審」)が設けられた(岡村〔F1972〕)。

2 高度成長に伴う証券市場の活況と証券危機

現在に至ってもなお間接金融中心から直接金融重視への金融システム転換を強調する議論が多い。金融改革の歴史を振り返ると、いまだにこのような議論が必要であること自体が深刻な問題であると痛感される。50年代後半に唱えられた金融正常化論においてすでに、日本の金融システムにおける証券市場の位置づけが高まるべきことは強く主張されていた。金融当局はいろいろな方策を通じて、戦後の証券市場復興を積極的に支援した。「貿易・為替自由化計画大綱」(1960・6・28)は企業・金融の構造の安定化を問題提起し、証取審報告「増資の促進について」(1960・6・22)では、貿易・為替の自由化に対応し、企業の経営基盤を堅固にするため増資による自己資本充実が必要であること、企業の設備資金は銀行借入でなく市場を通じて投資家から集めるべきことが主張されている。このころから政府・財界がそろって「貯蓄から投資へ」のキャンペーンに取り組んでいたことに注目すべきである。

1960年頃になると日本経済の飛躍的発展を受けて証券市場の活動はきわめて活発になった。当時はいわゆる60年安保騒動の直後であったが、7月に発足した池田内閣は政治の季節から経済の時代へと舵を切り、国民所得倍増計画を発表する。高度成長が加速され、それに伴い証券市場も活況を呈した。1960年には、東証ダウ平均株価は1000円を越した。そして投資信託が急成長を開始した。

　1951年に発足した証券投資信託は順調に成長し、特に50年代後半に急伸した。投資信託は1960年には貸付信託を追い越して生保に迫る。翌61年には公社債投信の発足も手伝って生保を抜き、郵便貯金の規模にも近づくのである。日興証券静岡支店長が生み出したといわれる「銀行よ、さようなら。証券よ、こんにちは。」は流行語になった。銀行預金を解約して投資信託を購入する人が増加したが、当時は投資信託の元本が保証されていると思っている主婦も多かった。

　公社債投信の発足が大きな転機となった。従来も証券投信に公社債を組み込むことは可能であったが、このころ募集しやすくするさまざまの工夫が施された。投資家にとっては株式投信と異なり実質的に元本保証つきであり、しかも応募者予想利回りは1年もの定期預金より1％も高い。そのうえ解約自由で、解約時には理論価格での買い取りが約束されており、相当程度の流動性も備えていた。こうして定期預金と割引金融債から公社債投信への資金シフトが推測され順調にスタートしたかにみえた（財政史室〔1991b〕p586～）。

　同じく61年には、高度成長の中から次々に登場した新進企業に門戸を開くため、東京・大阪・名古屋の3取引所に市場第二部が開設された。また一方では、戦後の証券民主化運動は新しい投資家を生み出し、個人金融資産のポートフォリオに株式を組み込もうとする関心が高まった。こうした新しい企業、新しい投資家の発生が二部市場のブームを喚起した（有沢〔1995b〕p155）。当時の行政責任者によると、

　　経済が非常に伸びる、企業の収益も期ごとによくなる、したがって増資の期待も非常に大きい、一般の大衆も株を買うと必ずもうかるという感じがだんだん出てきた時代です。したがって株式の市場に流れる資金というものはもう防ぎきれないくらいに非常に流入をしてきて、しかも一方それが産業資

金として落ち着かないで、どうも流通市場でグルグル回っていて、いたずらに株価が棒上げに上げている（加治木ほか〔F1966〕吉岡英一発言）。

ような情況だった。すなわち、まだこの段階では銀行中心の間接金融に対抗して、産業資金を供給する資本市場として十分に機能しているとはいえない。しかし当時すでに、このような証券市場の改革が急務だとする議論は識者の間に明確に存在していた。たとえば当時の証券行政の担当者は、次のように述懐している。

　　企業の自己資本比率が20％を割り、その総資本純益率が3.4％程度にまで低下しているという現実、間接金融偏重の傾向はこのまま継続されていってよいのかどうかという問題、機関投資家の未発達、一般投資家の零細性および投機的な傾向、証券会社の経営基礎の薄弱性、こうしたことに起因する流通市場の未整備、大部分は金融機関が消化している異常な債券発行市場、といった一連の大問題が、今後10年、20年先にどういう形で解決されていくのであろうか。また、どういう形で解決すべく政策を進める必要があるのであろうか（坂野〔F1966〕）。

しかしこの論者も主張するように、

　　要は、これからの証券市場、証券会社が近代的な組織、近代的な企業へ脱皮しうるかどうか、そして、真に信頼される証券市場を築き上げられるかどうかにかかっている。……投資者保護を真に実行し、徹底させるものは、個々の証券会社以外にない。

と、政策・行政の重点を信頼できる証券業者の育成に定めているところがこの時期の特色であり、限界でもある。「場」としての市場ではなく、供給側のプレーヤー育成に重点を置きすぎたこと（しかも競争によってでなく、競争制限によって成果を求めたこと）は、長期的には資本市場の健全な発展を妨げることになった可能性がある。このような手法がとられた理由としては、金融界における銀行の存在が圧倒的であり、これに対抗して新たな分野を育成するためにはどうしても規制や政府に依存せざるをえず、政治・行政の側にも証券界に肩入れする風潮があったことがあげられる。[5]

---

[5] 池田首相と証券界の関係は有名であり、池田内閣時代に免許制への移行など多くの制度改正が行われた。また証券界は1967年に元大蔵次官・森永貞一郎（のち日銀総裁）を東証理事長に迎えて以来、中核的大蔵官僚人脈を継続的に最大限活用した。

3　証券危機とその対応

「三種の神器」ブームにモータリゼーションの波が加わった岩戸景気はまだ続いていたが（景気の山は61年12月）、株式市場は61年7月をピークに下落を始め、63年12月には旧ダウ1200円の大台割れ寸前となった。株価の低落を契機に、株式投信は基準価額の値下がり、収益分配率の低下の結果、商品魅力が著しく低減し、設定額の減少、解約額の増加となり、64年には残存元本はついに純減となった。公社債投信の売れ行きが急減したので、公社債、特に事業債の発行に支障をきたすに至った。流通市場も混乱し、62年4月には公社債の上場銘柄の取引が停止してしまう。

これにより一時期あまりにも急激な成長をした証券界の体質の欠陥が顕在化した。その原因は、①株式需給アンバランスによる株式市場の不振、②投資信託の急膨張と不適当な運用による制度の崩壊、③証券業者の急膨張と無理な営業による体質の脆弱性露呈、であった（有沢〔1995b〕p177）。こうした事態に対応して、64年1月20日に銀行主導の株式買い入れ機関として、14の銀行と4大証券によって日本共同証券株式会社が設立された。必ずしも意図した成果をあげることはできず、65年1月12日に証券界は独自の株式棚上げ機関として日本証券保有組合を設立し、株式を買い上げ凍結した。しかし株式市場は立ち直るに至らず、65年3月8日には山陽特殊鋼の会社更生法適用申請によって旧ダウは1200円台を割った。証券会社の経営は苦境に陥り、特に山一證券の65年3月末累積損失は262億円（資本金80億円）にのぼった（後藤〔1990〕p25～）。

結局は65年5月28日に、田中角栄蔵相のイニシアティブにより日銀法第25条に基づく特別融資（240億円、のち、390億円に増額）をもって収拾されることになった。大井証券に対しても同様の手法で特別融資（80億円）が決定された。[6]　このような証券市場の混乱は資本市場発展の必要性を強調してき

---

[6]　65年10月以降日本経済が再び高度成長の波に乗り（いざなぎ景気）、証券市場が環境の好転に恵まれたことにより、日銀特別融資は山一證券が69年9月末、大井証券が69年7月末に全額返済した。

た金融正常化論に水を差し、皮肉にも1965年以降日本の企業金融における銀行融資の相対的な重要性が高まる一方、資本市場は永らく限定された役割を演じるにとどまったのである。この意味で、この頃の資本市場の不安定性は、高度成長期の金融システムの特徴を規定することになった（財政史室〔1991a〕p215）。

　ところで、大蔵省理財局証券部は証券市場の発展を踏まえて1964年6月18日に証券局に昇格している。これとほとんど同時に、政府の迅速な対応を必要とする緊急事態が発生したことはまことに皮肉である。証券行政は、証券市場の極端な不振、投資信託の純減と元本割れ、山一證券などに対する日銀特融、共同証券への株式棚上げなど次々に提起された問題の処理に追われた。その状況は90年代後半の銀行行政が置かれた環境を想起させる。そのような証券市場の危機に対してとられた対策は、証券会社の設立を再び[7]　免許制に戻すことであった。64年12月22日に、証取審は「証券業者の免許制等の問題について」を蔵相に答申した。これを基にして免許制・業務規制・外務員登録制をもった証券取引法改正が、証券危機のさなかの1965年5月28日に交付された。

　長期にわたる証券不況で経営体質の弱体化した証券会社は、自らその体質改善に踏み出した。店舗整理、人員削減、経費合理化への努力が続けられる一方、経営基盤強化のための合併・整理により証券会社の再編成が進展した。この結果、証券会社数は、63年末の593社から68年4月の免許制移行時には277社まで減少した（図表1－3）（岡本〔F1978〕）。

　免許制移行後は証券会社についても銀行と同様に参入・退出を厳しく規制する行政手法がとられることとなったが、これが本来活力を重視すべき市場のプレーヤーに適合した方式であったかについては疑問が残る。当時の政策的対応についてはもっぱら山一證券への日銀特融をめぐる田中蔵相の英断が賞賛されるが、金融制度の側面からみると、むしろ政治の決断による証券会

---

[7]　証券業の開始および証券取引所の設立については、1948年法で免許主義を廃し、登録制度に転換されていた。

図表1-3　全国証券会社の増減状況

	新規登録	登録取消	営業廃止	証券会社数（末）	1社平均資本金	営業所数	従業員数
	社	社	社	社	百万円	店	人
1963年	7	5	7	593	159	2,912	100,870
1964年	5	11	55	532	237	2,542	87,468
1965年	0	9	94	429	292	2,119	67,497
1966年	2	6	21	404	302	2,041	65,705
1967年	0	4	88	312	387	1,917	63,454
1968年							
1～3月	0	1	27	284	422	1,869	
	新規免許	免許取消					
4～12月	275	0	0	277	433	1,849	59,819
1969年	0	0	3	274	445	1,844	62,403

(出所)　岡本〔F1978〕p31

社保護策が長期的には日本の資本市場の発展を遅らせることになった可能性も否定できない。

　当時の大蔵省内部の意見としては、免許制に消極的な意見も少なくなかった。しかし田中蔵相の考え方は明快で、銀行と証券は車の両輪であるから証券会社は銀行と同じく免許制にすべきであり、理財局証券部も証券局に昇格すべきであるというものであった（財政史室〔1991b〕p636）。なお、証券会社の免許制は日本版ビッグバンにより、再び登録制に移行している（第8章第4節参照）。

4　企業内容開示制度の整備と資本自由化への対応

　1971年3月3日、改正証取法と「外国証券業者に関する法律」（以下「外証法」）が公布された。証取法改正は65年に証券業の登録制を免許制にしたとき以来であり、企業内容開示制度については18年ぶりの改正であった。外証法の制定とあわせ、日本の証券市場も自由化・国際化の波に洗われようとしていた（渡辺豊樹〔F1971〕、戸田嘉徳〔F1971〕参照）。

　当時、日本を巡る資本取引の国際化、証券業の自由化の進展には著しいものがあった。先ず外国人投資家の日本株式の取得状況は、経済成長に裏付けられた証券市場の好調を主因に68年以降著しく増大しており、その売買高は

東証出来高の3〜4％程度となっているといわれ、また外国人投資家の日本株式の持株比率は3％を超えるものと推定されていた。一方、日本からの対外証券投資は、外為法上の規制によって原則的に禁止されていたが、例外的措置として投資信託・生命保険および損害保険に対し、それぞれ1億ドルを限度として外国証券の取得が認められた。外貨建本邦証券の発行については、68年以降もっぱらヨーロッパ市場においてユーロダラー債、マルク債を中心にかなりの額の起債が行われた。一方国内市場においては1970年12月に、円貨建てのアジア開銀債（日本市場における初めての非居住者による有価証券）が発行された。

証取審は、1969年に専門委員会を設置して、かねてより整備改善の必要があると指摘されていた企業内容開示制度の問題、さらに資本自由化を契機として提起されたTOB（株式の公開買付け）の問題をもあわせ審議し、「企業内容開示等の整備改善について」（1970・12・14）を大蔵大臣に報告した。この報告は当時の証券市場を巡る情勢の変化について、流通市場の規模の拡大・有価証券発行の多様化・証券市場の国際化の3点をあげている。法律改正はこのような情勢変化に対応するため行われたのであるが、当時の企業内容開示制度に関する最大の問題は粉飾決算の防止であった。

資本市場の国際化の進展に伴い、証券会社の海外進出も積極化していた。そのような状況の中で、証券業は銀行業・保険業とともに第3次資本自由化において、外資法上自動認可の対象となった。しかし独禁法などにより、外国業者が合弁会社を設立し、あるいは証券会社への資本参加の形で日本へ進出することは実際上困難な状況にあった。そこで外国業者にとって残された道は支店を設置することであったが、当時の証取法には法律上の規定がなく、この形態での進出はまったく閉ざされていた。外国証券業者が国内の支店において証券業を営むことができる道を開くため、外証法が制定された。

第4節　金融の効率化

1　問題提起と基本的考え方

　急激に進む経済環境の変化に応じて金融制度改革を行う必要があるとの明確な問題意識を打ち出したのは、1966年7月に大蔵省銀行局長に就任した澄田智である。当時澄田によって主導された金融分野に適正な競争原理を導入しようという金融行政の動向は「金融の効率化」あるいは「効率化行政」と称された。

　1962年度経済白書は、岩戸景気の後の日本経済を「転型期」と位置づける議論を展開した。転型期論とは、1959～61年における民間設備投資の著増（年30～40%）を境に民間設備投資の主導する高度成長は転機を迎え、成長率の鈍化が避けがたいという見方であった。転型期論は大きな影響力をもち、ごく自然に、合併によって企業の数を減らすことによって適応してゆかねばならぬという危機感が生み出された（有沢〔1976〕p499）。また東京オリンピック後の景気後退に際し、山陽特殊鋼の倒産・山一證券の破綻などが続いたところから「構造不況」論が展開された。政府も均衡財政方針を転換し、国債発行を行って財政支出を拡大した。

　このように60年代半ばまでは、経済構造の曲がり角にあるとの不安・懸念が折に触れてたびたび示され、経済問題に精通した人々の間ではそれに対応した政策転換が必要であるとの認識がもたれていた。[8]　経済政策を幅広い視点に立って観察できる経済企画庁官房長から大蔵省銀行局長に転じた澄田は、このような認識をベースとして金融の効率化論議を展開したものと考えられる。

　金融の効率化という言葉が最初に使われたのは1967年2月6日付の日本経

---

[8]　しかし予想に反し実際には、1966年以降景気は再び急速な上昇をみせる。この景気上昇は「いざなぎ景気」と呼ばれ、その後1970年まで57カ月もの長期間持続した。

済新聞に掲載された澄田の「私の意見欄」の文章であったといわれている(徳田〔F1968〕)。その冒頭において、

> 国債発行、資本自由化、均衡成長等新しい課題をかかえたわが国経済の進展に応じて、金融構造は大きな変革を迫られている。この金融が目指すべきものは新長期経済計画の中心課題と同様に効率化である。今後の経済成長を支えるために金融に要請されている資金コストの低減、金利水準の低下は、効率の良い金融の姿が集約して表れたものにほかならない。

と述べられている。以下澄田自身のその後の論文（澄田〔1967a〕）をもとに、その問題意識をたどってみる。当時はまだ東京オリンピック後の景気停滞が尾を引いていた時期であった。澄田は、

> また民間設備投資の波の高まりが予想されており、これを新しい設備投資の盛行の時代の招来と説く論者もないではないが、過去のような長期にわたる高度の設備投資とは、基本的にその性格を異にするものとみるべきであり、……これからの環境は、このような民間部門の持続的なそして強度の資金の需要超過という環境とは、非常に異なってくると考えなければならない。

としている。そして今後の経済成長は、安定成長であるとともに、均衡の取れた成長（民間設備投資中心の成長から、個人消費・政府財貨サービス購入・輸出等の需要各項目間のバランスの取れた成長）であることが要求されている。このような趨勢は、必然的に金融に対して資金の流れの変化を要請してくると考えた。

　為替・貿易取引・関税など各方面において開放体制は一段と進み、国際経済関係の緊密化に伴って国際経済競争は一層激しくなる。その動きは資本取引自由化の段階に達して、その結果金融市場において国内金利水準と国際金利水準は連動関係を作り上げることになる。また外資の進出に対する防衛のため、産業の競争力強化・資本の安定化に金融が寄与することを強く要請されることは必至であると考えられた。金融の効率化はこのような新しい環境に対応するため提唱されたものである。これは佐藤内閣の「経済社会発展計画」(1967年)が昭和40年代における経済社会の一層の発展と充実のための重点政策の軸として、経済の効率化を掲げたことに対応している（澄田〔1992〕p48～）。[9]

9　澄田〔1992〕p48～。経済企画庁から輸入した「効率化行政」参照。

この時点において金融効率化が提唱されるに至った背景について、徳田〔F1968〕は次のように論点を整理している。

① 日本経済は、高度成長時における量の経済から質に重点を置いた安定成長経済に移行しつつあり、特に国債発行によってもたらされたマネー・フローの変化、企業の自己金融力の増大等が金融機関を巡る資金需給関係にかなりの変化を与えており、したがって金融機関の経済活動に対する役割も自ら異なった姿が予想される。

② 国際化に伴い世界経済の与える影響はきわめて直接的なものとなっており、同時に国際収支の均衡を通じて経済の成長を安定的に進めるためには企業の国際競争力の強化が重要となっている。これに対処するためには国際経済変動に即応して有効な景気調整策を実施しうる環境を整備するとともに、企業の再編成・体質改善等に対する金融面からの積極的な協力が必要である。

③ 高度成長に伴って発生した各種のひずみ（中小企業・農業・その他低生産性部門の格差）是正のための近代化・合理化を推進する必要があり、また、地域的な過密・過疎対策も強力に打ち出す必要がある。金融機関としてもこのような生産性向上のための資金の供給あるいは住宅開発・都市開発・地域開発金融等、社会資本充実のための金融等に対しての協力が要請されてくる。

④ 労働力不足が顕在化しつつあるので、金融機関においても人件費の高騰と労働力不足に対処する一方、金融機関の新しい業務としての消費者金融・クレジットカード業務等の進出による膨大な事務量の集中処理の面からみてもコンピュータの導入が金融機関にとって緊要になる。このための導入費用は莫大であり、金融機関相互間の協調・合併も大きな課題となってくる。

上記の4項目は①安定成長への転換、②国際化への対応、③経済構造の改革、④情報化への適応、と要約でき、当時の認識の的確さを示している。

2 効率化行政のための手法

金融の効率化を実現する手法としては競争原理が主張された。

競争原理にこれを求めるほかはないと確信している。競争こそが、互いに競い合うことにより、自然に他よりもより効率を求め、効率化を実現することになるからである。この点では、金融であると他の業種であると区別はないはずである。金融機関に対する国の保護が、ともすれば競争の制限に陥入ることとなり、安易な経営の弊風を生じているという批判にも、率直に耳を傾けなければならない（澄田・前掲p4）。

このような主張には小泉内閣時代の金融論議を彷彿させるものがあり、当時の一般的認識の中では際立ったものであった。後述のように、当時の欧米諸国の金融改革では適正な競争原理の導入と金利機能の活用が重視されていた。効率化論においてもこれらが強調されたが、徳田〔F1968〕はこの2つを金融効率化達成のための基本的手法として掲げた理由を次のように述べている。

① 競争原理の導入：資本主義社会においては経済の合理化・効率化を促進するためには、適正な自由競争が必要である。わが国の金融機関に対しては従来の制度上預金者保護と金融機関保護とを分離することが困難な事情もあって、行政面では保護過剰の傾向があった。しかしすでに経済の国際化が進展し企業の自己金融力も強化された段階において、なお従来どおりの過保護行政を続けることはきわめて問題がある。したがって、今後は経済合理性の追求を一層強く要請するためにも逐次自由競争の場を広げていくことが望ましい。

② 金利機能の活用：昭和30年代は高度成長のもとに人為的な低金利政策が行われていたため、金利機能を十分活用するような環境ではなかった。しかし今後は金融機関に適正な競争原理を導入するためにも、ある程度の金利規制の緩和が検討されねばならない。また国際経済の波動に対処して国際収支のバランスを維持していくためには、量的調整策のほか今まで以上に金利の景気調整機能を適切に発揮していく必要がある。

この時点においてすでに、行政担当者が官庁の広報誌という公式の場において、預金者保護と金融機関保護の分離・過保護行政に対する警戒・人為的な低金利政策への反省などを率直に述べていることは、きわめて印象的である。当時の行政内部の伸びやかな雰囲気が推察されるとともに、その後なぜこのような行政姿勢が維持されなくなったのか興味深い。おそらくそれは当

時まだ高度成長期にあった日本経済の活力の中で行政も金融界も発想の柔軟性を十分残しており、また経済社会のリーダーとしての自覚と社会的な認知が（個々人のみならず組織としても）存在していたからであろう。

　後に述べるように、日本の金融システムでは退出のない、したがって参入のない体制が長く続いたことが停滞の原因となった。すなわち効率化行政の実現によって70年代に競争重視への発想の転換が定着していれば、その後のプロセスもある程度変わっていた可能性がある。しかし当時でも、競争原理の導入については、ただでさえ過当競争の激しい金融界にさらに競争原理をもち込めばいたずらに混乱を招くだけではないかとの議論はあった。澄田も競争原理の重要性を説くと同時に、他方で、カネという同一商品を取り扱う金融の特殊性、国民経済の中枢を担う公共性をも強調し、「金融における競争は、何にもまして適正な競争でなければならない」、「弱小の機関の濫立や無秩序の競争によって、経営の基礎が劣弱化するようなことは、あくまで避けなければならない」と述べてもいる。当時においてはストレートに弱肉強食の競争主導論を唱えることは、社会全体の雰囲気とあまりにもかけ離れたものがあったのであろう。

　過当競争論に関しては、適正な競争原理が導入されていなかったためにかえって過当競争が存在したとの説明もなされている。預金金利の最高限度制限により常に一定の利鞘が確保されており、また新規設立や店舗増設の規制等各般の保護措置により経営破綻の心配がないところに、本質から離れた末梢的な争点をめぐって安易な競争が行われる背景があった。徳田〔F1968〕は「少なくとも金融界という１つの船団が船足の最も遅い船に合わせて航行を続けており、経営効率の劣っている金融機関が温存されがちな現状は、国民経済的観点からは打破されてしかるべき」との考え方を示している。護送船団方式批判は、早い段階において行政内部からも発せられていたのである。

　金融の効率化が提唱された段階では、適正な競争原理の導入の具体策として、次の３つの側面が掲げられている（澄田〔F1967a〕）。

① 　制度と業務：金融に課せられた国民経済上の使命を果たすため、どのような金融制度と業務分野の区分が望ましいかを新しい観点で見直す。
② 　金融機関の競争：統一経理基準（発生主義に統一し期間損益を明確化）、

店舗規制の緩和、金融行政の弾力化（競争原理の促進）。
③　環境の整備：合併のための法制の整備（異種金融機関間の合併も可能にする）、預金保険制度の導入（預金者保護と金融機関保護との分離）。

3　諸外国の情勢

　日本において金融の効率化が論じられているのと時期を同じくして、欧米においても同様な考え方に基づき金融制度のあり方について論議が行われ、あるいは一歩先んじて実施されていた。欧米諸国の金融制度改革の動向をみると、そこに共通しているのは金融機関に対する競争原理の導入・金利規制の緩和である。日本がいまだ「先進国」になりきっていない当時の典型的な行政スタイルは、欧米先進国の情勢をできるだけ迅速に調査し、日本の実情をも勘案しつつそれを導入することであった。金融の効率化を進めるにあたり、このような世界的な流れは金融行政関係者の改革への意欲を強く刺激したものと思われる。

【イギリス】

　物価・所得委員会は1967年5月に、預金貸出金利・営業時間などに関する銀行間申合せの廃止、銀行の貸出業務の多様化、諸手数料・経営内容の公表など、保守的な銀行業界に自由競争原理を導入するための画期的な措置を含む報告書を政府に提出した。この勧告は、銀行間の競争を促進することに最も重点を置いていた。次の一節はその趣旨を端的に表わしている。

　　　銀行の慣行には競争の要素と制度上の諸制約から競争を抑制する要素が絡み合っている。われわれは、銀行間の競争分野を拡大することこそ必要な慣行の変化を促進させ、また銀行が資本市場において失いつつある地位を回復させ、さらに、金融制度全体に競争の度合いを高めるために欠くことのできない条件であると考える。

　具体的な提案の中で中心となっているのは、預金・貸出金利の自由化と銀行の貸出業務の多様化である。金利自由化については、銀行間の預金・貸出競争を盛んにし資金の最適配分を可能とするため、預金金利協定・貸出金利協定の廃止を勧告した。業務の多様化に関しては、制限されている銀行業務について、各銀行の自主的な選択によって場合によっては「デパート化」を

図ることを提言している。その他同報告には、店舗設置競争が同一地域に店舗を重複させる結果になっていること、このような店舗の濫立状態を是正するには合併や預金・貸出業務面での競争が必要であること、銀行の経理内容を公表すべきこと、一般大衆の便宜のために営業時間を弾力化すべきこと、等が勧告されている。上記の基本理念および具体的内容は、「金融の効率化」にほとんどそのまま取り入れられている。

【フランス】

欧州統合の進展・アメリカ企業の進出に伴い国際競争が激化する一方、長短金融の分離・保護的色彩の強い銀行行政により金融の効率が悪いなどの問題があったため、一連の銀行改革が行われた。この改革は、長期安定資金の確保・貸出金利の引下げ・銀行の体質強化を目的とし、基本的な方向としては銀行の大型化・競争原理の導入（各種金融機関の同質化・金利の自由化など）を目指していた。具体的には、

① 業務分野制限の緩和による預金銀行と事業銀行の業務分野の同質化、最低資本金の引上げによる銀行の経営健全化・中小銀行の整備統合
② 貸出金利引下げのため、最低金利規制撤廃・高金利規制措置
③ 銀行の預金吸収力強化のため、期間2年以上・金額25万フラン以上の預金金利の自由化、新種預金の創設

【西ドイツ】

預金・貸出金利とも、1967年4月1日以降、完全に自由化された。

【アメリカ】

CD（譲渡性預金）は1900年頃から中西部や南部の銀行において個人を対象に発行されていたが、1961年にファースト・ナショナル・シティー銀行が発行して以来一般的になり、企業の余裕資金の増加・商業銀行の経営積極化等を背景に急速な発展を示した。

【カナダ】

ポーター委員会報告書（1962・2）に基づき、1967年5月に銀行法が改正された。この報告書においては、より開放的で競争的な銀行組織の必要性が強調され、銀行法改正により貸出金利の自由化・業務の多様化・金融債発行の許可・支払準備の充実・経理内容公表の義務づけ等の措置が実施された。

これにより金融機関の競争を促進すると同時に、それを補完するため預金保険法が制定された。

4 効率化行政の展開

(1) 合併・転換法と中小企業金融の円滑化

　澄田のこのような考え方を実現するため、詳細な検討は金制調の場に移された。50年代前半に確立された金融制度の枠組みには、その後の社会経済情勢の変化により現実とマッチしなくなっているケースがかなり見受けられたが、そのうち特に顕著なものとしては中小企業金融・政府金融・貿易金融・長期金融等があげられた。金制調は1966年6月から新しい経済環境下における金融制度全般のあり方について再検討を始め、その第1段階として中小企業金融問題を取り上げた。答申「中小金融制度のあり方について」（1967・10・20）は、金融の効率化と中小企業金融の円滑化の二本を柱としている。

　金融の効率化については、国民経済全体の見地から最も資金を必要とし、かつ資金使用効果の最も高い部門に対して、より良質の資金が供給されるためには特に金融機関相互間に適正な競争原理が働く「環境整備」がなされていなければならないとしている。具体的には、金融機関の最低資本金を引き上げること、異種金融機関相互間の合併・転換の道を開くこと、預金保険制度の創設を検討することなどが提言されている。このうち興味深いのは、「環境整備」の重要な一環としての預金保険に関する考え方である。

> 　本来、金融機関の経営基盤の安定や経営の効率化は金融機関自身の経営努力によって得られるものであり、それは金融機関相互間の適正な競争を通じて実現されるものである。ところが、今までは預金者保護を重んずるあまり、金融機関を過度に保護し行政の運営も一番効率の悪い金融機関の存立をも可能にするように行われ、その結果かえって金融機関相互間の適正な競争が制限されてきたきらいがある。したがって、今後は預金者保護と金融機関保護とを切り離して考え、金融機関間において適正な競争が行われるようにしなければならないし、またそうなれば金融機関としても従来のような安易な経営は許されず、無駄の多い競争はかげをひそめて過当競争ではなく、適正な競争が支配し、金融機関はこれを通じてその体質を改善し、金融の効率化を図っていくことができるであろう。

このようにして金融機関相互間に適正な競争が行われ優勝劣敗が実現する場合には、直接預金者に対する保護の措置を十分に取っておく必要がある。そのため、たとえば預金保険制度の創設も検討に値する問題であり、今後の調査会において金融制度全般の見地から審議されることが期待されよう（滝口〔F1967〕）。

　当時の担当者の解説論文から長い引用をしたのは、実際に答申そのものに明記されているのはこの最後に相当する部分（「たとえば、この際預金保険制度のごときも検討すべき課題ではないかと考えられる。」）にすぎないからである。それにもかかわらず、官庁の広報誌において当時としてはきわめて大胆な解説をしていることは、そのような議論が審議会において相当優勢であったこと、制度改正について自由な発言を許容する雰囲気が行政部内や政治との関係において存在していたこと、などを想像させて興味深い。

　中小企業金融の円滑化については、相互銀行・信用金庫・信用組合の3種類の金融機関[10]を中小企業金融専門機関として定着させるとともに、融資対象の明確化・融資限度の引上げ・その他業務範囲の拡大等を提言している。

　これらの提言を実行に移すため、1968年5月15日に金融二法（「金融機関の合併および転換に関する法律」、「中小企業金融制度の整備改善のための法律」）が成立した。このうち特に異種金融機関相互間の合併・転換制度新設は画期的な意義を有し、実際このあと、平時における一種の合併ブームが起っている（図表1-4）。なお、預金保険制度の法制化はこの時には実現せず、1971年まで待つことになる。

---

[10] 相互銀行（現、第二地方銀行）、信用金庫、信用協同組合の3類型からなる現在の民間中小企業金融制度が確立したのは、戦後になってからである。相互銀行の前身は戦前の無尽会社であり、これが1951年の「相互銀行法」により相互銀行として発足した。他方、協同組織の中小企業金融機関としては明治期に「産業組合法」による信用組合が生まれ、この中から都市の一般金融機関としての色彩が強いものが市街地信用組合となった。市街地信用組合は1949年に「中小企業等協同組合法」による信用協同組合に一本化されたが、1951年に「信用金庫法」が制定され、一般金融機関性の強い信用金庫制度と組合主義的性格の純化された信用協同組合制度に分化した。

図表1-4 合併・転換法施行（1968・6・1）後の金融機関の合併・転換状況

区　分		年度別（実行ベース）									
		68	69	70	71	72	73	74	75	76	77
同種合併	普通銀行	1			1		1				
	相互銀行				1						
	信用金庫	1	10	7	13	2		8	4	2	1
	信用組合	1	3	1	4	5	5	4	2		1
	計	3	13	8	19	7	6	12	6	2	2
異種合併	普銀・相銀									1	
	普銀・信組							1			
	相銀・信金		1			1					
	相銀・信組		1	4	2	5	6	1			1
	信金・信組	1	5	1		4			1		1
	計	1	7	5	2	10	6	2	1	1	2
合併計		4	20	13	21	17	12	14	7	3	4
転　換	相銀→普銀	1									
	信組→相銀		1								
	信組→信金			1		2					
	計	1	1	1		2					

（出所）　大蔵省

(2) 一般民間金融機関のあり方

　金制調は中小企業金融問題に引き続き一般民間金融機関の問題を取り上げ、1967年11月に「民間金融機関に関する特別委員会」を設けて検討を開始した。金融効率化論議もいよいよ核心に近づく局面に達した、と考えることができる。しかし、澄田が主導する効率化行政の核心がこのような意味での総合的な金融制度改革であったにしても、当時の金融行政全体がそこに重点を置いていたかどうかには疑問もある。果して先に述べた中小金融問題が前座で総合的改革論議が真打といえるのかという問題である。

　伊藤〔1995〕（p237）は、

　　合併の促進は澄田効率化論を契機に行政当局内で取り上げられたと一般に考えられているが、これは事実ではない。効率化論の提起はもちろん澄田局長就任にも先立って、遅くとも1966年5月にはすでに検討が開始されていた。それは中小金融課の主導で開始され、澄田の就任後、都銀等へも拡大された

のである。

と述べている。すなわち、おそらく行政の現場では、直面する現実的課題は変動する経済・金融環境下において中小金融機関の経営基盤（「居場所」）をどうするかということであったと思われる。伝統的には金融の安定性こそ金融行政最大の目的であり、したがって金融・経済の変革期における中小金融機関経営の安定性をいかにして維持するかが喫緊の課題であったはずである。その回答は前述の金融二法で手当てされた。理論的な分析や歴史的な関心からすると総合的な金融制度改革こそ本命であるようにみえるが、実務家の感覚では重点の置き方に若干の違いがあったかもしれない。先に金制調答申は「金融の効率化と中小企業金融の円滑化の二本を柱としている」と記したが、実はそのどちらが本命であるかについては同床異夢の要素がある。90年代半ばにおいても、金融の「安定化」（不良債権処理）と「活性化」（ビッグバン）の手順について類似の局面があったことが想起される（第8章参照）。

しかし澄田の認識としては、ここに至って金融効率化論議が核心に入ったとの思いが強かったことであろう。金制調では、約2年半にわたり延べ69回に達する審議を重ねた後、「一般民間金融機関のあり方等について」（1970・7・2）を大蔵大臣に答申した。この答申は、リーダーの明確な問題意識のもとに、優秀なスタッフを得て長時間をかけて完成されたものだけに、当時の金融制度に関するあらゆる問題点について幅広く分析したきわめて画期的な業績となった。

従来の金制調での論議に比べて、今回の審議の特徴としては次の3点があげられる（徳田〔F1970〕）。

① 金融全般の総点検：民間金融制度だけでなく金融全般にわたる基本的な問題が総合的に取り上げられ、審議の過程においては膨大かつ大胆な資料の提出と踏み込んだ検討が行われた。

② 金融効率化の視点：金融効率化という1つの視点を中心として進められた。その基本的手段としては適正な競争原理の導入と金利機能の活用が重視された。

③ 国民経済的ニーズの分析：金融機関の利害関係の問題としてではなく、広く国民経済的視点、特に資金供給者である一般貯蓄者および資金

の最終需要者である企業の立場が重視された。

　金融制度の改革に関するこのような包括的かつ本格的な検討は、この答申を皮切りに、その後「普通銀行のあり方と銀行制度の改正について」(1979年)、「新しい金融制度について」(1991年)と、ほぼ10年ごとに行われていることが注目される。そして「日本版ビッグバン」(1997年)によって「伝統的な金融制度改革」が完結した。[11] この答申はその30年以上にわたるプロセスの幕開けであった。

　金制調が検討の対象として取り上げた主要な問題点は、以下のとおりである（同答申「はじめに」参照）。

(i) **今後の金融をめぐる環境**
① 今後におけるわが国の経済成長の姿は、どのようなものとなることが予想されるか。その場合、企業の資金需要の動向についてどう考えるか。これに関連して、企業の自己金融力および証券市場を通ずる資金需要はどのような方向をたどると考えられるか。また、個人の金融資産選好の変化や機関投資家の動向についてどう考えるか。
② 都市再開発、地域開発、宅地開発、住宅建設等に対する金融ならびに各種賦払信用その他の消費者金融の将来についてどう考えるか。

(ii) **一般的な問題点**
① 経済金融の効率化を図るため、金利機能をより一層活用すべきであるとする考え方についてどう考えるか。
② わが国の現在の金利水準および金利体系についてどう考えるか。
③ 金融機関の規模についてどう考えるか。
④ いわゆる金融機関の業務の多様化、同質化についてどう考えるか。

(iii) **個別的な問題点**
① 長短金融の分離についてどう考えるか。

11　日本版ビッグバンは、銀行中心の金融システムを前提とするそれまでの金融制度改革路線とは異なる「市場中心の金融システム改革」の第1歩だとの主張もあるであろう。第8章、第12章第1節参照。

② 資金調達の面において、長期信用銀行と普通銀行との関係についてどう考えるか。
③ 信託業務と銀行業務との関係、また貸付信託その他の信託の現状からみて、信託業のあり方についてどう考えるか。
④ 今後のわが国をめぐる国際金融環境の推移にかんがみ、貿易金融その他の国際金融に関する現在の金融体制をどう考えるか。
⑤ 預金者保護のため、預金保険制度を取り上げるとする場合、その対象とする金融機関の範囲、預金の種類、預金の金額の限度等についてどう考えるか。

このような問題意識で審議は始まったが、実際の審議過程ではかなりの紆余曲折があった。銀行局内は、従来の伝統的な金融行政の考え方と、それへの疑念から出発する新しい効率化路線とが並存している状態であったから、両者のウェイトの変動によって、審議の進行に対する態度にもジグザグが生じた。また、証券業界や証券局との調整、金融業界内の調整も容易ならざるものがあった（財政史室〔1991b〕p377）。

1970年7月に提出された答申は、金利・金融機関の規模等、普通銀行および長期金融機関、国際金融体制、預金保険制度の5部からなっているが、そのうち金融制度に関する主要点を掲げると次のとおりである。審議開始の当初各方面から高い関心が寄せられたのに比べると、預金保険制度の導入を除き必ずしも金融制度の根幹に触れたものとはいえない。また指摘は抽象的な・常識的考え方に止まるものが多く、現状を変革するような具体的提言は乏しかった。

① 金利規制のあり方：適正な競争とは本来金利を中心とした競争が主体であるべきである。金融機関に適正な競争を導入する観点から、金利、特に預金金利規制を緩和していく必要がある。
② 金融機関の合併：国民経済的観点からみて規模の利益を生かすような合併は推進されることが望ましいが、その具体的な実行は金融機関の自主的判断に基づくべきである。
③ 業務の多様化：金融機関の業務の多様化は今後の方向であるが、専門

金融機関の根幹に触れるようなことは避けるべきであり、各種金融機関の周辺分野について適正な競争原理が導入されることによって、全体としての健全な発展がなされることが望ましい。

④　中期金融：従来期間1年を境にして短期・長期を区分する考え方が取られ、普通銀行は短期金融を行う商業銀行と位置づけられてきた。しかし金融の実態から、期間1年から5年程度の貸出については中期金融と考え、普通銀行の業務ともすべきである。

⑤　中期預金：貯蓄手段の多様化を図り、また、企業側の需要に即応して中期貸出を推進する見地から、導入は検討に値する。

⑥　CD：金融市場の現状等からその導入は適当でない。

⑦　長期信用銀行：専門制・中立性をさらに発揮し、公社債市場育成のための機能も働かせていくべきである。

⑧　信託銀行：当面は長期金融機能が主体となろうが、本来の財務管理機能の充実が図られるべきである。

⑨　国際金融体制：外国為替専門銀行の機能強化を図る必要がある。機能分担を図りつつ、一般外国為替銀行の業務も充実していく必要がある。

⑩　預金保険制度：預金者保護措置を推進する必要がある。行政上の監督強化等の間接的手段には問題点や限界があるので、直接的手段である預金保険制度を導入する必要がある。

当初の意気込みにもかかわらず、いわば「平時」においては、各業態の致命的な利害関係を乗り越えた解決策を提示することは困難であった。当時はまだ金融界に危機意識が乏しく、既得権の体系ともいえる金融制度の根幹に手をつけるだけの切迫感が欠けていた。とりわけ長期金融機関の壁[12]　に跳ね返された印象が強い。行政部内でも、このような変動期にはまず中小企業金融機関の経営安定が優先されるべきであり、このようなときに制度いじりをするのは適切でないとの実務家的感覚もあったであろう。

---

[12] 長期金融機関の代表であった日本興業銀行には、日本の金融制度の運営に関して広い立場から長期的な観点に立って貢献したとの自負が強い。その反面既得権的な要素も多くもち、金融界において大きな影響力をもっていただけに、金融制度改革にブレーキをかけた事例も少なくない。

なお預金保険制度は1933年の金融恐慌の後、アメリカにおいて整備され、その後も長くアメリカ特有の制度として発展してきた。[13] 日本においても、銀行等が破綻した場合にその預金者を救済する制度はかなり早くから検討されてきた。すでに明治時代から経済雑誌等にこれについての論説がみられ、また1927年に銀行法が制定された当時の衆議院の審議においても預金保証のための制度についての質疑が行われている。

戦後においても1954年に銀行局内部で法律の試案が作成されている。さらに1956年に創設された金制調の最初の議題の1つとして預金保険制度が取り上げられ、翌57年には「預金者保護等のための制度に関する答申」が出された。この答申に基づく「預金保障基金法案」が国会に提出されたが、大銀行と中小銀行の立場の違いなどがあって結局審議未了・廃案となっている。

その後10年を経た1967年になって、国際化の進展・産業構造の変化・個人金融資産の蓄積・企業の自己金融力向上等客観情勢の変化に伴い、金融制度・金融政策・金融行政の全面的再検討を行うべきであるとの機運が高まり、預金保険制度は最重点事項の1つとして取り上げられた。なお、この制度改正論議に決着がついた年に行われた歴代銀行局長の座談会における次のような応酬は、銀行行政・預金者保護を巡るさまざまな局面をうかがわせて興味深い（江沢ほか〔K 1970〕）。

　　石野　私のときなんかでも、悪いのがあると、・・・あらかじめ合併を指導したり、ある程度引き取ってもらったり、そういう形でやりましたから、日本では預金者は金融機関については安心しているという雰囲気は出来上がっておりましたよ。
　　舟山　それは今度の金融制度調査会の答申にもつながるのですね。金融機関保護と預金者保護と分けろということの問題提起の沿革なのですよ。いいのか悪いのか知らぬけれども。
　　河野　どこへ預けても心配ないということが長い目で見てよかったか悪かったか。少なくともいままでここまで成長させてくるにはよかったかもしれないけれども、いいのかどうか疑問があるという議論がこの預金保険制度の問題については基本的にあるわけですね。

---

[13] アメリカ以外での預金保険の創設は戦後のことである。ドイツ1966年、カナダ1967年、フランス1980年、イギリス1982年と、日本の1971年はむしろ早い方に属している。

この問題について澄田〔1992〕(p64)は後に次のように回顧している。

　適正な競争の結果つぶれる金融機関があれば、つぶれてもいいではないか。そして一定限度の預金は預金保険で保護する。これがあって本当に競争原理が導入できるのだという考え方で、取り組んだんです。

　（当時は預金保険制度をつくる必要はないとの意見もあったが、発動することも考えていたかとの問いに対し）私が銀行局長になったときは、預金保険はタブーでした。預金保険に反対する人もいた。「一度失敗したものを持ち出すものではない」という銀行局の大先輩もいて、「日本の銀行はつぶれないのだ、つぶさないのだ、銀行局はそういうつもりでやらなければいかん。救済合併でもなんでもして、とにかく預金は保護する。預金保険はアメリカの例などがあるけれども、それは日本の風土に合わない」、そういう考え方が一般的でしたよ。法律をつくるときに、「つくる以上は、それは使われることがあることを当然考えなければいけない」という政府委員の答弁があったと思うが、私自身、いつかは使われることがあるかもしれないと、常に考えてはいましたね。

5　効率化行政の成果と限界

(1)　答申を受けて実施に移された事項

「一般民間金融機関のあり方等について」は当初予想されていたほどの画期的なものとはならなかったものの、民間金融機関の各種の問題点について金融効率化の観点から掘り下げた総合的な答申であった。この答申は長期にわたる金融制度・金融政策・金融行政および経営の基本的指針を示したものとして、逐次その内容は実施に移されていくことが期待されていた。しかしそのうち実現した主な法律事項は次のとおりである（米里〔F1971〕参照）。

① 　預金保険制度の創設（1971・3・10）：対象金融機関は信用組合までであり、労働金庫・農漁協・外国銀行は除かれた。支払い限度額は100万円とし、預金者保護と金融機関保護とを峻別する趣旨から預金保険の発動は保険金支払い（ペイオフ）に限定された。

② 　貸付信託法の改正：貸付信託の資金の貸付対象業種を拡大するとともに、運用方法に証券保有を認めた。

③ 　「利率等の表示の年利建移行に関する法律」の制定（日歩から年利建てに移行）、預金金利規制形式の緩和（規制対象預金の区分簡略化など）。

④　1年6カ月もの預金の創設。

　このようにあまりにも具体的成果は乏しく、要するに、議論をはじめた時点では総合的な制度改革を目指したものの、収拾の時点では現状を変更する必要は認められなかったとの結論に達したとしか理解できない。たしかに現実の行政では、透明性の向上と責任の明確化を図るための統一経理基準の策定、配当規制の緩和、合併・転換法の積極的適用、店舗行政の弾力化など従来に比べると柔軟な行政運営がみられるが、それらは経済構造の変化に対応して金融制度の根幹を変革しようとした当初の意気込みとは次元の異なるものといわざるをえない。

(2)　効率化行政の限界とその原因

　上記のように、金融の効率化運動は精神的には大きなインパクトを与えたものの、現実問題の改革には大きな影響力をもつに至らなかった。明確な問題意識・周到な検討・強力なリーダーを得ながら、この時期における金融の効率化運動は、なぜそれに相応しい大きな成果をあげえなかったのであろうか。その原因としては3点があげられよう。

　第1に、転型期論が時期尚早で経済の実態がまだ高度成長の過程にあったことである。そのこととの関連で、金融界が改革に取り組まざるをえないような難局になかったこと、行政の問題意識が十分に熟さず方針が揺れ動いたこと、をあげることもできる。

　澄田の考え方の根底に構造不況論（転型期論）があったことについては前に述べた。しかし事実はこれらの主張とは異なり、構造変化の中で成長率の屈折が生じ景気の低迷が長引くとする構造不況論はその後に生じた事実をもって否定された。構造不況とみられたものは高度成長の終焉ではなく次の発展を前にした調整期に過ぎず、1965年不況脱出後の景気上昇は1970年7月まで実に57カ月にわたり息長く続いた。1966〜70年度の年平均成長率は11.8％であり、それも5カ年間連続して各年度の成長率実績が10％以上を示すという稀有の高度成長時代が展開された（いざなぎ景気）。この間に日本のGNPはフランス・イギリス・西ドイツを次々に追い越し、明治改元100年目の1968年には、ついに自由世界でアメリカに次ぐ第2位の経済大国となった

(内野〔1978〕p207)。

　以上のように「金融の効率化」が提唱された1960年代後半は、結果的に日本経済が最も輝きを増した時代となり、それに伴い金融機関経営も順調であった。もちろんその背景には安定成長期への円滑な移行という難問が秘められており、長期的には澄田の認識はきわめて適切だったのであるが、一般にはまだ高度成長期の延長線上での微調整で対処という意識が強かった。環境変化を先取りしてあらかじめ対応策を講ずる政策が成功を収めた事例は、わが国にはきわめて乏しい。安定成長移行に伴う本格的な金融制度改革への取り組みは、いざなぎ景気が終焉し、円高と原油価格高騰に襲われ、国債の大量発行時代に突入する時期まで待たねばならない。それでもまだ「十分に追い込まれた局面」には至らず、最終的決着は20世紀末まで待つことになる。

　第2に、効率化行政の浸透を妨げたまったく性格の異なるもう1つの原因をあげることができる。いざなぎ景気によって経済運営に自信を深めつつあった矢先に、日本経済を揺さぶる出来事が起こることになる。1971年8月15日（アメリカ時間）のニクソン・ショックである。20年間にわたり1ドル360円の固定為替レートを前提としてきた当時の日本人にとって、これは経済運営の根底を覆しかねない事態である。その影響はとりわけ金融システム、金融機関にとって深刻であった。政治や行政の責任者にとっては（論壇にとってさえ）、このような一刻を争う重大問題が生じているときに、長期的な課題である金融制度の構造的改革に取り組む気分にならないことはむしろ自然である。実際、当時の論壇をみても、国内金融制度に関する地道な議論はほとんど姿を消し、もっぱら為替レートの動向や円高に伴う不況に関心が集まった。これは第1で述べたことと矛盾するようであるが、要は金融制度改革が焦眉の問題ではなかったと同時に、別方面から焦眉の課題が発生してそちらに注意を奪われてしまったということであろう。

　1973年2月14日には変動相場制に移行した。10月に（第1次）石油危機を迎えるまでは円高が進んでいた。この頃の金融行政の慎重な舵取りぶりは、吉田太郎一銀行局長の次の新春インタビューに現れている（吉田〔1973〕p31)。

　　（金利機能の活用は重要だが）ただここで注意しなければならないのは、金

融界の常識が一般に通用しにくい社会になってきているということだ。社会の行動原理の中で、経済の優位性といった考え方が変わってこようとしている。金融の問題もこのような現実をふまえて行動しなければならないだろう。
　（金融構造が変化していることから、金融制度の改革を検討すべきでないか、との質問に対し）金融制度というのは制度を作って待ち構えようという話ではなく、現実の実体経済の動きにいちばん適応した秩序なり制度なりが積み重なって一つのものになっているということだろうと思う。……金融の制度というものは人がつくるというよりも、たくさんの人によって知らぬうちに作られていく、という性質があるわけだ。

　第3に、競争や市場原理の考え方を掲げた金融制度改革の進行を妨げた最大の要因は、おそらく金融の社会的責任論であったと思われる。1971年6月、アメリカのラルフ・ネーダーに主導された企業の社会的責任を追求する運動は日本にも波及した。ニクソン・ショック以来金融緩和政策がとられたこともあって、市中には資金があふれ、銀行貸出の積極化によって株価の上昇・地価の高騰・商品投機・買占めなどが横行した。こうして商社・証券会社・銀行を「大衆の福祉を破壊する三悪」と指摘する財界人も現われ、大蔵省や金融界は市場原理を活用しようとする「金融の効率化」という看板を下ろすほかなくなった。1973年6月12日に開催された銀行大会では"銀行の社会的責任"が大きく取り上げられている（金融財政事情研究会〔1980〕p526～）。

　1973年10月には第1次石油危機が起こり、これを契機に1974年にかけて物価は著しい高騰（狂乱物価）を示したため、銀行の社会的責任は一層激しく問われる事態に立ち至った。それに先立ち「列島改造ブーム」により、全国的な地価高騰が起こっていた。金融行政の現場では、まず1973年1月30日に土地関連融資の抑制（総貸出の伸び以下に抑えるよう銀行局長通達）さらに12月25日には選別融資規制（緊急を要しない融資を抑制し、緊要度の高いものへの資金の重点的配分に努めるよう銀行局長通達）が実施される。金融・財政一体となった引締め政策により1974年2月を境にして景気の様相は一転し、卸売物価は3月から上昇テンポを減速した。いずれにしても狂乱物価の過程において、企業や金融機関に対する国民大衆の批判の目は過敏といえるほどに厳しくなり、上記の吉田銀行局長の発言にあるように「金融界の常識が一般に通用しにくい社会になって」いた。

1974年4月16日には反社会的な行動を取った企業に対する政府関係機関の融資基準が閣議了解された。これは福田蔵相が国会で「反社会的な行為をするような企業は政府関係機関の融資を受ける資格はない」と発言したのを受けたものであった。また1974年11月14日には金制調が「大口融資規制に関する答申」を発表した。大口融資規制は伝統的な行政手法の1つではあるが、この時期にあらためて問題にされた理由は銀行経営の健全性の問題ではなく、銀行と大企業との結びつきに対する社会的な批判の昂揚と関係していた（財政史室〔1991a〕p455）。このような環境はすべて競争や市場原理を中心とした金融制度改革への取り組みを消極化したであろう。

第5節　公的金融部門（財政投融資制度）

1　金融システム改革と公的金融部門

　日本の金融システムを包括的・長期的に論ずる文献において、その体系の中に公的金融部門を織り込んでいるものはまれである。論壇において公的金融の問題点が論じられることは少なくないが、それは金融システムとの関連においてではなく、官僚システムとの関係を論点としていることが多い。戦後50年を越える金制調の審議においても、公的金融部門が正面から金融システム改革議論の対象とされることはほとんどなかった。[14]　しかしそれは日本の金融システムにおいて公的金融部門の重要性が低いからではない。逆に諸外国に比べ、日本の金融システムにおける公的金融部門のウェイトは質量ともに、かつ「入口」（資金源）、「出口」（融資）両面においてきわめて大きい。そしてそのことが、かつては日本経済の発展にとって重要な役割を果たしたと評価の対象となり、最近ではむしろ日本の金融システムの「歪み」として批判の対象となっている。

---

[14]「金融制度調査会設置法」では、「金融制度の改善に関する重要事項を調査審議するため」とされており、検討の対象を民間金融制度に限定する規定はなかった。

公的金融部門の改革が金融システム改革論議の俎上に上ることがほとんどなかったのは、公的金融部門は民間部門の原理により運営されるべきものではなく、公共部門の原理により判断されるところにこそ存在意義があるとの論理が存在していたからである。すなわち公的金融は、金融というよりむしろ財政の分野に近い領域と認識されてきたのであり、現実の重要な意思決定も予算編成に合わせて、主として財政部門により下されてきた。それは具体的には、一般の金融問題の当事者が民間金融機関と大蔵省金融部門（銀行局・証券局など）であったのに対し、公的金融問題の当事者は、当該政策分野を担う省庁・その実施部門たる政府系金融機関と大蔵省財政部門（主計局・理財局など）であったことからも推測できよう。最大の公的金融組織であった郵政事業は、大蔵省との関係でいえば圧倒的に財政部門との関係が深く、一般金融部門の立場を代表する金融部門とはむしろライバル関係に位置することが多かった。第2章第5節において述べる金利自由化を巡る交渉はその典型的な事例である。

　「出口」としての公的金融は、行財政改革の重要課題としてたびたび取り上げられてきた歴史をもつ。ただそれは行財政改革という枠組みからもわかるように、金融システムにおいてよりよい機能を発揮するにはいかなる改革が必要かという積極的な課題としてではなく、公社・公団・事業団・公庫（現行制度では主として独立行政法人）の事業運営の非効率性の問題として批判的に取り上げられることが多かった。とりわけ橋本内閣の行政改革においては、この問題はそれまでになく包括的で鋭い追及の対象となった。さらに小泉内閣に至り、公的金融の「入口」としての郵政問題が最大の政策課題に仕立て上げられ、また、公的金融の「出口」についても官僚の天下り先として批判の標的になった。それ以来公的金融問題は「入口」・「出口」を包括的に対象とする金融システム改革の一環として論じられる形となったが、問題を提起した小泉首相のねらいが必ずしも明確でなかったので、金融システム改革論として十分深められることがなかったことも事実である。

　いずれにしても、公的金融問題が最大級の政策課題として正面から議論されるようになったのは21世紀に入ってからであるが、この問題の根源はむしろ公的金融部門が整備され拡大した60～70年代にある。その頃にも金融シス

テムにおける政策金融のあり方を論ずべしとの問題は、経済同友会「政策金融改編への提言」(1968年6月)、日本経済調査協議会「政策金融今後の課題－政府系金融機関の役割」(1970年8月)として明確に提起されたことがある。そこでの問題意識は、

> 「70年代は日本経済の転換期であるといわれる。それは、新しい社会・経済情勢の課題に応えるため、産業、財政、金融など国民経済の全部門にわたって古い機構が新しい機構に再編成せられねばならない時期である。・・・ところで、金融機構の再編成については、昨年7月2日金融制度調査会の「一般民間金融機関のあり方等について」の答申が行われたことにより一応の方向が示されたが、この答申においては、組合系統金融機関を中心とする農林漁業金融機関および政府系金融機関は取り上げられなかった。」(鈴木〔1971〕)

であり、当時金融界からも、

> 「今までの金融制度調査会の成り行きやこれまで行ってきたことからいえば、第1には、この辺で政府系金融機関を取り上げてはどうかと思います。これはただ大蔵大臣の諮問機関であるという金融制度調査会にふさわしいかどうかは別として少なくともそれをする順番にきているということはまちがいないと思いますね。」(村本第一銀行副頭取発言、伊部など〔1971〕)

との催促が出ている。『週刊金融財政事情』は1971年から72年にかけて11回の特集「転機に立つ政府系金融機関」を連載しているが、当時この議論はそれ以上発展することはなかった。ここでは公的金融部門の包括的体系である財政投融資制度の生成過程を簡単に紹介することとし、その問題点と改革については第11章で取り上げたい。

2 財政投融資計画

後述のように(第11章第1節)、財政投融資制度は2001年以降大きく変更されている。本節における説明は、60年代から80年代にかけて運営されていた改正前の制度を対象としている。財政投融資とは、元来は、国による資本的な財政支出や貸付を指す一般的な概念であるが、通常、「資金運用部資金等の有償資金を中心とした政府の投融資活動であって、毎年度、財政投融資計画(以下「財投計画」)として取りまとめられているもの」を指している。政府の投融資活動のすべてが網羅されているわけではないが、財投計画は公的

金融の中核的制度として圧倒的に重要な役割を果たしていた。

　財投計画には、資金運用部資金、簡保資金、政府保証債、政府保証借入金および産業投資特別会計出資金のうちの5年以上にわたる長期の投融資が計上されていた。毎年度これらが財投計画という1つのプログラムにまとめられ、国会の議決を受けてきた。それは「第二の予算」とも呼ばれ、毎年度の予算編成の際には、「第一の予算」と並んで注目を浴びていた。財投計画がこのような機能を発揮できたのは、資金運用部資金という日本独特の財政制度が存在したからである。

　資金運用部資金は、国が管理する資金を一元的に統合する制度である。国が保有する金銭の中には、本来、1会計年度で消費しつくすことのない意思をもって保有されているもの、年度内に消費される予定はあっても年度途中において一時的に生じた余裕金として保有されるものがある。[15]　保有される目的・事情はいろいろ異なるとしても、国の財政には、必要な経費に充てるため消費される金銭のほかに、このような当面直ちに消費されないで保有される金銭が少なからずある。資金運用部資金は、このような国の保有資金を、最も効率的・安全確実に、公共の利益に沿うよう一元的に運用する制度であった。

　資金運用部資金は、1878（明治11）年に駅逓局貯金（郵便貯金の前身）を大蔵省国債局が受け入れて運用したことに始まる。このような歴史から資金運用部資金の根幹は郵便貯金であったが、その後年金制度の発展に伴い年金資金積立金も膨大な量になった。ここからもわかるように、財投制度は資金需要（「出口」）があることから創設された制度ではなく、郵便貯金や年金資金という資金（「入口」）が存在したことが出発点となっている。当時の行政担当者は、このことを指して財政投融資制度の性格を（聖書の「はじめに言葉ありき」をもじって）「はじめに資金ありき」と説明したものである。

　この資金運用部資金を政策的に活用しようとする財投計画は、1953年に始

---

[15] 最近の流行語を使えば、「埋蔵金」の概念に通ずるところがある。「埋蔵金」というといかにも隠匿された資金の印象が生まれるが、それぞれ理由があって保有されているものであるから、本来他の目的に流用することはできない性格のものである。

まる。この年は、終戦直後の疲弊し混乱した日本経済が徐々に回復し、鉱工業生産指数が初めて戦前のピークである1941年の水準を超えた年であった。戦後における財投計画が確立する端緒は、1951年に施行された資金運用部資金法（現、財政融資資金法）である。これにより、郵便貯金を中心とする各種政府資金を統合運用し、その資金を確実かつ有利な方法で運用することにより、公共の利益の増進に寄与させることとされた。高度成長期以降の郵貯・年金資金の著しい増加に伴い（図表1－5）、運用先としての公的活動範囲は急激に広がった。公団・事業団など特殊法人数が激増したのは60年代から70年代にかけてのことであり、これが後に天下り問題につながってくる（図表1－6、1－7）。

財投は60年代から70年代にかけてその規模が急速に拡大した。しかも70年代は日本経済が安定成長に移行する時期であった。経済規模をはるかに上回る財投規模の拡大の結果、各分野での経済活動における財投の相対的地位は諸外国に例をみないほど大きなものとなった。こうした拡大を生じた第一の

図表1－5　資金運用部資金の推移（各年度末）

(単位：億円)

	1950	1955	1960	1965	1970	1975	1980	1985	1990
資金運用部資金	2,560	9,012	20,781	50,539	146,297	428,096	1,000,953	1,670,681	2,452,006
うち郵便貯金	1,572	5,335	11,176	26,733	76,757	241,986	605,082	1,013,243	1,359,312
簡保資金	358	1,289	1,418	898	3,501	10,922	18,499	25,751	43,797
年金資金	325	1,420	4,504	15,945	50,607	138,958	299,020	527,973	792,006

(出所)　石川・行天〔1977〕p44に追加

図表1－6　財投対象機関数の推移

	1953	1955	1960	1965	1970	1975	1980	1985	1990	(参考) 2010
特別会計	2	3	3	5	5	7	8	7	9	3
公社	2	2	2	2	2	2	2	1	0	0
公庫等	5	6	10	9	10	11	11	10	11	3
公団等	1	2	8	25	27	28	28	28	36	21
地方公共団体	1	1	1	1	1	1	1	1	1	1
特殊会社等	3	6	8	6	5	3	4	4	9	4
計	14	20	32	48	50	52	54	51	66	32

(出所)　石川・行天〔1977〕p106に追加

原因は、財投の原資、特に郵便貯金や各種年金の預託が急増したことである。

高度成長の過程で個人所得は着実に増加し、金融機関への預貯金は急増した。とりわけ郵便貯金の増加が著しくなる事情もあった。1970年以降の高度成長期を特徴づけたのは、経済活動の発展、所得水準の向上の効果が、大都

図表1-7　財投対象機関の設立年次（1977年度投融資対象）

年	公庫等	公団等
1941		帝都高速度交通営団
49	国民公庫	
50	住宅公庫、輸出入銀行	
51	開発銀行	
52		
53	農林公庫、中小公庫	
54		社会福祉事業振興会
55		住宅公団
56	北東公庫	道路公団、森林開発公団
57	公営公庫	労働福祉事業団
58		
59		船舶整備公団、首都高速道路公団
60	医療公庫	
61		海外経済協力基金、雇用促進事業団、年金福祉事業団
62		阪神高速道路公団、水資源開発公団
63		金属鉱物探鉱事業団
64		鉄道建設公団
65		公害防止事業団
66		新東京空港公団
67	環境衛生公庫	動燃事業団、石油公団、中小振興事業団、京浜外貿公団、阪神外貿公団
68		
69		
70		本四連絡橋公団、私学振興財団
71		
72	沖縄公庫	
73		
74		地域振興整備公団、農用地開発公団、大阪周辺整備機構
75		宅地開発公団

（出所）　石川・行天〔1977〕p106

市からその周辺へ、都市から地方農村へ急速に拡散していったことである。そして、この変化を最も享受したのは、他の金融機関に比して圧倒的に広範な店舗網を全国津々浦々に張り巡らしている郵便局であった。

もとより財投計画の急速な膨張の原因は原資面のみにあるわけではない。経済成長の過程において行政需要が増大し、一般財源（第一の予算）でまかないきれない部分を財政投融資（第二の予算）が補完するという場面が増えたことも事実である。財政投融資にふさわしい分野は少なくないが、反面その活動を安易に拡大することのないよう不断の点検が必要だったのである。その点に関する問題が、日本経済の発展が限界点に達した段階で顕在化することになる。

3　政策金融

財投計画を通ずる資金供給はすべて融資または出資といった金融的形態をとっているから、ある意味ではすべて政策金融と称することもできる。しかし財投資金の供給ルートは2種類に大別できる（図表1-8）。すなわち、1つは国鉄や道路公団などの事業機関に対する投融資であって、これらの機関が事業を行うことにより政府部門へ資源が配分された。もう1つのルートは、国民金融公庫や日本開発銀行などの融資機関に対する投融資であって、これらの機関を介して民間企業等に貸付が行われることにより、民間部門へ資源が配分された。通常、政策金融とは融資機関を通ずる後者のルートを指

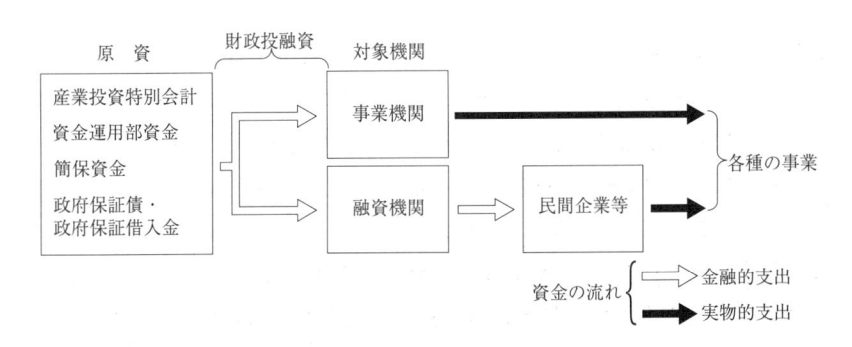

図表1-8　財政投融資による資金の流れ

すことが多い。

　ここでは狭義の政策金融について検討する。政策金融は、政府が、個別の融資という契約関係を通じて特定の政策目的を実現しようとする金融活動である。市中金融に対し強権的・直接的に介入するものではないし、また、通貨信用の量的調節を行おうとする中央銀行の金融政策とも異なる。政策金融は、金融市場を全体的にコントロールするものではなく、むしろ金融市場における資金の出し手の1人として行動する。そうした個別の融資活動を通じて企業や国民の経済活動を政策の意図する方向に誘導しようとするものである。しかし日本経済は市場経済を基本としているので、公的機関が直接経済の場に乗り出して市場原理を撹乱するような動きをすることはできるだけ避けることが望ましい。したがって政策金融についていえば、民間金融活動に期待しがたいもの、しかし政策的に必要性が認められるもの、そうした補完金融こそ政策金融の基本理念でなければならない。

　すなわち、政策金融は民間金融の困難とするところから始まり、民間金融の能力の及ばぬところを補うものでなければならない。民間金融を受けることが困難となる諸要因としては、一般的に、①融資対象者の信用度、②融資対象事業のリスク、③必要資金量の大きさ、④投資資金の回収期間の長さ、⑤融資対象事業の収益力、などが考えられる。戦後復興期において最も強く政策金融に求められた補完機能は、回収に長期を必要とする資金の量であり、日本開発銀行を通ずる電力・船舶等の産業資金供給などが政策金融の中心であった。これに対し民間金融が充実した後は、どちらかといえば資金量についての補完の必要性は薄れ、対象事業のリスク・収益力といった面での質的補完に政策金融のアクセントが移った。国民のニーズや景気対策への速効性から住宅金融の比重が高まったこともある（石川・行天〔1977〕p102）。

　60年代には日本経済はまだ発展途上にあったので、各方面の弱点を補いながら高度成長を成し遂げるには政策金融面での補完も必要であった。しかし70年代になって日本経済が成熟段階を迎えると、政府の活動や規制はむしろ民間経済活動を阻害する要因として意識されてくる。一方において折にふれ組織拡大を図る官僚制の習性により、郵貯・年金資金の増大を背景に、政策金融の肥大化が進んだ。日本経済の資金不足が解消に向かったこともあっ

て、民間金融機関との競合も激しくなり、政策金融が副作用を及ぼしているとの批判が各方面で顕在化した。

1977年度財投計画における融資機関は下記の25機関（このうち事業、融資両部門にわたるものは＊印の5機関）にのぼっていた。この頃は政策金融が最も活動の幅を広げていた時期である。

（公庫・銀行等）
住宅金融公庫、医療金融公庫、国民金融公庫、中小金融公庫、環境衛生金融公庫、農林漁業金融公庫、公営企業金融公庫、北海道東北開発公庫、沖縄振興開発金融公庫、日本開発銀行、日本輸出入銀行、商工組合中央金庫
（公団等）
年金福祉事業団＊、雇用促進事業団、公害防止事業団＊、船舶整備公団＊、地域振興整備公団＊、社会福祉事業振興会、労働福祉事業団、日本私学振興財団、中小企業振興事業団、金属鉱業事業団＊、石油開発公団、海外経済協力基金
（特別会計）
都市開発資金特別会計

第II部

70年代

２つのコクサイ化（市場リスクの登場）

≪背景Ⅱ≫　70年代とはどういう時代だったのか

ニクソン・ショック、石油危機と日本経済の曲がり角
　日本経済は1968年に西ドイツを抜き、GDPの規模で自由世界第2位となった。しかし1人当りGDPではまだ20位前後であって、日本経済は強く大きくはなったが、欧米並みに豊かになってはいないとの認識がもたれていた。前述のように、1964年の東京オリンピックから1970年の大阪万博までの過程は日本経済が最も活力に満ち溢れていた時期である。それに続く70年代前半はニクソン・ショックや石油危機で世界経済が激動した時期であったが、為替変動や石油価格高騰は日本経済にとって大きな試練であると同時に新たな飛躍の契機でもあった。円高は「安かろう悪かろう」と揶揄されていた日本の製品が世界の市場において高い品質を評価されるようになった結果であり、原油高でさえ安価な製品の大量生産に甘んじていた経済構造を付加価値の高い知識集約型産業構造に転換させる誘因を作った。
　このように、日本の経済的成果に対する世界の評価が定まったのは60年代の高度成長過程においてではなく、むしろすでに安定成長過程に入った70年代になってからのことであった。60年代の高度成長によって蓄えられた経済力が70年代に入ってから為替レートに反映され、いわば後追いで実力が顕在化し花開いたのである。これと対照的にアメリカは、ベトナム戦争の後遺症もあり政治・経済両面で自信を失っていた。この頃からアメリカ人の実質所得（週給、1982年価格）は20年間（1973〜93年）も下がりつづけたのである。覇権国・アメリカ経済の衰退に対比しての新興国・日本経済の躍進ぶりが際立ってみえた。製造業の躍進に一歩遅れて、金融の国際化への関心が高まるのはこのような時期である。
　1970年から71年にかけて、国内景気の停滞も影響して貿易のアンバランスが拡大し、巨額の国際収支黒字を抱える事態に直面した。1971年6月17日には「戦後」に終止符を打つ沖縄返還協定が調印されたが、その直後には別の意味での戦後にも終止符が打たれた。8月15日（アメリカ時間）にはいわゆるニクソン・ショックにより、長年経済運営の前提とされてきた1ドル＝

360円という対外経済関係の基盤が揺らぎ始めたのである。70年代の最初の数年間に国際通貨体制は大きな変貌を遂げた。ブレトンウッズ体制の支柱の1つであった金ドル本位制はその機能を停止した。

　その後一時的に固定為替相場制への復帰（スミソニアン体制）が図られたが主要国間の国際収支の不均衡は解消せず、ブレトンウッズ体制のもう一本の柱であった固定相場制も1973年2月から3月にかけて崩壊し、主要国通貨は全面的なフロートに移行した（行天〔F1984〕）。円高はさらに進み、急激な円高への対応策として財政政策による景気刺激が行われるとともに、公定歩合は数次にわたり引き下げられた。

　60年代はダイナミックな高度成長の時代でありながら、固定相場制と均衡財政という安定した基盤に乗っていた。70年代前半は、高度成長を続けてきた日本経済にとって成熟経済・安定成長へ転換する時期である。70年代に入り安定成長に転ずるや、一方において経常収支黒字が拡大して円の切上げを迫られ、他方において税収の伸び悩みから財政赤字が拡大した。60年代から70年代への移行は、金融にとって本格的に為替リスクと金利リスクに取り組む必要が生まれた時代への転換であった。

　これに加えて、70年代後半に起こった石油危機は資源価格の変動というリスクへの対処をも促した。さらには、狂乱物価や地価の高騰という激しい価格変動リスクを視野に入れることも必要になった。このように世界の激動に伴い発生する各方面の「リスク」に迅速に対応する必要に迫られた時代になったのであるが、これはリスク管理業としての金融業にとっては大きな飛躍のチャンスであったと考えることもできる。リスク管理といえばもっぱら信用リスクを対象にしてきた銀行中心の日本の金融システムは、本来ここで市場中心に大きく舵を切る必要があった。50年ぶりの銀行法全面改正がそのような構想をふまえたものであったならば、80年代以降世界の金融革新に遅れをとることがなかったかもしれない。

安定成長への移行と「円高の魔術」

　このような国際的な激動においては日本自身も重要なプレーヤーになっており、激動の発生はまさに日本が今や国際的な存在になったことの結果でも

図表Ⅱ-1　日本経済の成長率

	円建実質成長率	円建名目成長率	ドル建名目成長率
1960～70年平均	10.2	16.3	16.3
1970～80	4.4	12.7	18.1
1980～90	4.1	6.2	11.1
1990～00	1.0	1.3	4.3
2000～09	-0.4	-0.7	0.9

（出所）　IMF International Financial Statisticsより算出

あった。70年代前半は急激な円高や石油危機で日本経済が存亡の危機に瀕したようにみえるが、その実、円高による国際的存在感の顕示・産業構造の抜本的転換によって、むしろ世界のスーパーパワーとして認知された時期というべきである。日本経済のキャッチアップ過程としての高度成長期は60年代に終わったが、世界経済における日本経済の相対的成長は円高を通じてむしろそれ以降80年代に至るまで継続した。図表Ⅱ-1によると、ドル建てでみた（海外の評価は通常それによってなされる）日本経済の成長率は、石油危機後も高度成長期とほぼ同様の10%を越える成長率を示しているのである。これがまさに経済大国化の実相であり「円高の魔術」であったのであるが、当時そのような冷静な認識は各界に乏しかった。

　1974年に入ると、強力な物価安定政策と総需要抑制政策の実施により物価動向は落ち着きを示したが、同年の実質成長率は戦後初のマイナス成長となった。戦後の実質経済成長率をたどってみると、1955年頃から1970年までの高度成長期を経て、70年代からは「中成長」（「昭和50年代前期経済計画」）に移行していることがはっきりと読み取れる（図表Ⅱ-2）。このような転機をもたらしたのは一般にはニクソン・ショックや石油危機などの出来事だと考えられているが、吉川〔1999〕によれば、日本の経済構造がすでに高度成長期のような需要圧力を失っていたからだとされる。90年代の不良債権問題や経済停滞はバブルの発生・崩壊によって生じたようにみえるが実はもっと大きな日本経済の歴史的転換点であったと同じように、70年代における経済変動もいくつかの「ショック」によるというよりも、もっと根源的な経済・社会の構造変化を反映したものであったと理解すべきであろう。

図表Ⅱ-2　実質経済成長率の推移

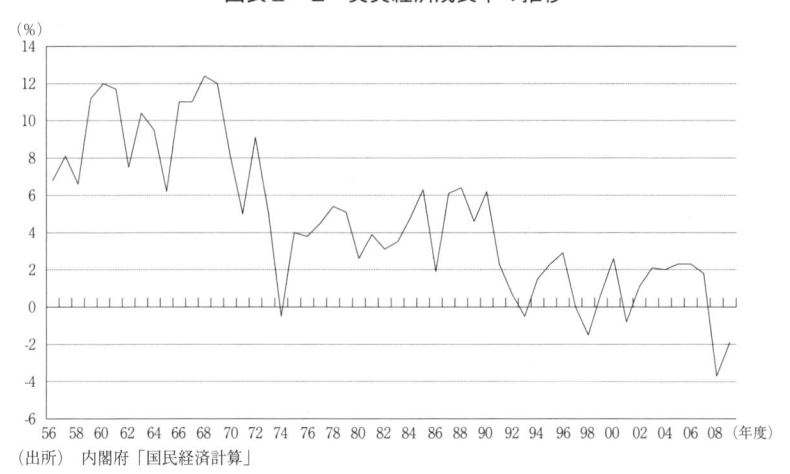

(出所)　内閣府「国民経済計算」

　70年代後半は、第1次石油危機によって生じた諸問題を漸く克服した日本経済が、再び起こった第2次石油危機に際して、他の先進諸国を上回るパフォーマンスを発揮した時代である。狂乱物価は1974年中に収束に向かったが、為替レートの上昇・エネルギーの制約は経済の先行きに対する不透明感を高め、一時はもはや日本経済の成長時代は終わったとする見解も広がった。しかし政府は、省資源・省エネルギーなどの経済構造改革を軸に年率6％強の成長を目指す「昭和50年代前期経済計画」(1976・5・14閣議決定)を掲げて、中成長へのコンセンサス作りを試みた。この結果、構造改革を進めることにより安定成長が可能であるとする見方が次第に広まって将来へのコンフィデンスを取り戻し、企業の前向きの投資行動も回復していった(土志田〔2001〕p161～)。

　しかしそれにしても、70年代の実質成長率は高度成長期の10％程度には及ぶべくもなく、4％強に止まっている。このような経済基調の大きな変化をどのように受け止め、これに対応していくかは深刻な問題であった。高度成長期から安定成長期への移行およびそれに伴う政策転換の必要性は、論理としては明確に意識されていたのである。そこではまた、法人部門の投資超過の相対的減少・政府部門の投資超過の増大・個人部門での住宅投資の増大と

図表Ⅱ-3　部門別資金過不足の推移（対GDP比率）

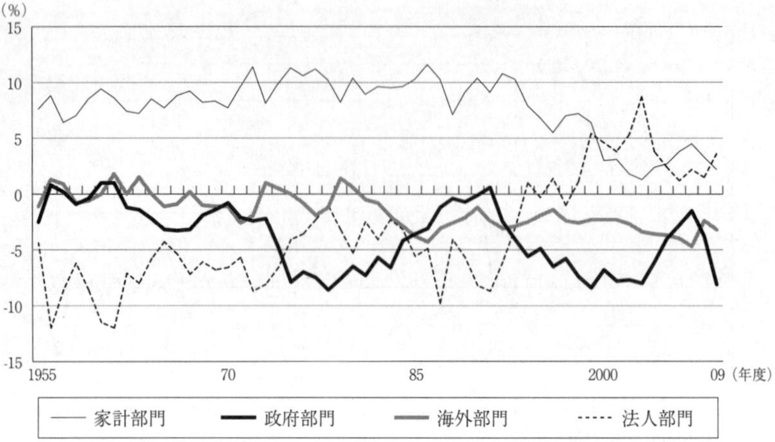

（出所）　日本銀行

　高水準の貯蓄率維持が想定されている。現実に高度成長から安定成長への移行に伴い金融構造は次のとおり変化した（図表Ⅱ-3）。

① 　円高は輸出産業を直撃し、石油危機により企業戦略は根本的な変更を迫られた。法人企業部門の資金不足が縮小して銀行借入依存度が低下し、それに伴い銀行のオーバー・ローンは解消した。

② 　政府部門は税収不足と景気対策により急速に大幅な資金不足部門に転じた。金融市場の最大の借り手は、法人企業部門から公共部門に転換した。

③ 　家計部門は依然として大幅な資金余剰を続けた。その資金は70年代には国債増発を通じて政府部門に吸収されたが、財政再建路線に転ずると結果的に海外部門がバランスを崩し経済摩擦に発展した。

　「2つのコクサイ化」が始まった背景はそのようなものであり、日本の金融システムはそれに応じて適切に変身することができたであろうか。

日本型経済システムと70年代

　70年代は日本経済が最も力を伸ばした期間と解するのが通例であるが、奥野〔2004〕（p73）は、日本は一元的価値観に固執したために70年代に日本的

システムの適切な改革を行えず、それがバブルの遠因となったとしている。日本型経済システムの基本的特徴は次の2点にある。

① 内部経営者・基幹労働者・メーンバンクなど、企業と長期関係をもったステークホルダーの利害が経営面で強く反映される長期関係の重視
② このシステムを構成するさまざまな制度的な仕組み（長期雇用・株式持合い・メーンバンク・政府と企業の関係など）が支え合う制度的補完性

このシステムは第1次・第2次大戦の戦間期に生まれ、40年につくられた戦時体制によって原型が形成された。戦後の占領軍によって大きな変革が加えられた後、最終的に60年代の高度成長期に確立した。70年代の冒頭に高度成長を支えた2つの要因が消滅することにより、このシステムの有効性も終わっていたのだが、バブル崩壊まで20年以上も継続することになった。

高度成長期の企業・経済システムは、対立と緊張を内包した多元的な価値観に支えられていたが、75年前後のある事件を契機に、異なる価値観を排除し同一の価値観を抱くインサイダーによって運営される一元的なシステムに変貌する。ニクソン・ショック、石油危機による悪性のスタグフレーションに対処するため、労働組合に実質賃金切り下げを説得するとともに、既存従業員に対して雇用保証した。このような社会的合意をふまえて、日本の企業・経済システムは変質を遂げる。第1に、企業は雇用を保証するために最大限の努力をすべきだという価値観が社会全体に共有されることになった。第2に、経営者と労働者、財界と政府、自民党と社会党などの間の多様な価値観の対立・緊張関係は消滅し、雇用保証のための一元的な価値観が生まれた（「1975年体制」）。政労使の三者協力で生まれた75年体制は、労使や官民の緊張関係を弛緩させ、消費者やアウトサイダーの犠牲のもとに、弱者・強者の区別なくインサイダーの利益を優先した。こうして企業内部で生まれた雇用保障を絶対視する一元的な価値観は、インサイダーの既得権益を守るための癒着構造に転化し、それがさらに産業や国家レベルに広がったのである。

グローバル化された世界で各国がしのぎを削って競争するなか、日本経済はバブル崩壊後20年を経ても再活性化の契機を見出せない。それは、70年代に形成され一度は経済・社会の安定性確保に成功した「インサイダーによって運営される一元的なシステム」から脱却できないからかもしれない。

第2章

2つのコクサイ（国際・国債）化

第1節　内外からの国際化圧力

1　金融の国際化

　金融の自由化・国際化の1つの要因はユーロ市場の発展である。ユーロダラー市場は1950年代末に誕生したが、60年代中ごろから活発化し、70年代中ごろにはアメリカ以外のどの国の国内金融市場よりも大きくなり、70年代末にはアメリカ市場に匹敵するほどになった。ユーロダラー市場の利用が急増したのは、基本的に、競争関係にある他の金融市場に比べて自由であり、流動性や利回りの面で魅力的だからである。ユーロ市場は各国の規制がないことを特徴としており、あらゆる意味で市場原理が支配している。この市場がこのように急速に発展・拡大し、二度の石油危機に際しOPEC諸国に移転された巨額のオイルマネーのリサイクリングを果たすなど全体としては円滑に機能して、世界経済に対しても少なからず貢献してきた（行天〔F1984〕）。

　ユーロダラーの膨張やヨーロッパ共同市場の発展によって、米銀がヨーロッパに進出するとともに、ヨーロッパの銀行は国境を越えた合併・提携によって防戦するというように、60年代半ば以降には世界的に「金融の国際化」といえるような現象が起こっていた。米銀の海外支店は、1966年末の244から、わずか2年間に5割以上の増加を示し、69年初めには380以上に達していた。この頃から世界の金融市場は1つになり始めていたのである。日本の

金融界ではまだそこまでの意識改革は進んでいなかったが、別の意味で「金融の国際化」という言葉は実感の伴ったものになってきた。

　第1に、日本の産業が世界各地に活動を広げるようになると、その支援のために金融機関が海外で活動する必要が高まってくる。特に日本企業は国際活動に必ずしも習熟していなかったため、海外における支援（総合商社に代表される）の必要性は欧米の企業に比べ大きかった。しかしこのような意味での金融機関の国際的活動は、むしろ戦後復興期や高度成長期におけるものである。その後70年代に円高が進むにつれて（ドル建ての）資産規模が大幅に膨張すると、金融機関は自らの国際的地位・実力が増大したとの錯覚に陥った。海外での金融活動はステータス・シンボルとして国内のリクルート活動のためにも必要になり、「内からの金融国際化圧力」が高まった。

　第2に、日本経済の国際的地位が高まるに伴い、海外の金融機関は世界第2の規模を有する市場への参入を求めてくる。日本は1970年9月に、金融業の資本自由化に踏み切っている。日本経済の興隆ぶりから、東京は国際金融市場の1つになるとの期待も寄せられた。この時期は世界的に金融の自由化・国際化が進められた時期でもあったことから、先進国の中でも最も国際化されていなかった日本の金融市場は海外からの開放圧力にさらされた。「外からの金融国際化圧力」（外圧）である。これはむしろ80年代に入ってから本格的な動きになってくる。

　国際化は国際通貨制度の変革や世界的な経済構造の変化に迫られて進んだ面もあるが、70年代における日本の金融界の意気は軒昂であった。外為銀行の海外支店・駐在員事務所の開設、現地法人設立の要望はいよいよ強く、都市銀行を中心として国際的な投資銀行の設立も相次いだ。従来、日本の銀行の海外業務の中心は輸出入決済にあった。しかし国際化の進展に対応していくためには、資金の調達・運用をはじめ、為替取引、海外情報の収集・提供など、広範な業務に活動を拡大していこうとの意欲に燃えていた。

　他方、国際経済における日本の比重が高まり、東京は国際金融センターになるとの意気込みも芽生えてきた。80年代後半のバブル期や96年の日本版ビッグバンでも世界の3大市場としての東京が論じられたが、そのような

テーマは70年代初めに遠慮がちに出始めている。ただ、当時は東京が遠からずロンドン・ニューヨークのような国際金融市場になるとまで自信をもっていた人は少ない。

宅間東京銀行専務取締役

「円を国際決済通貨として考えて、はたしてそれで日本の得になるのかどうかということにはまだ疑問がありますし、東京市場の現在の地位は、たとえばロンドンの金融市場なりニューヨークの金融市場を考えた場合に、まだまだそこに相当の距離があるということですから、かりにそういうことになっても相当先のことだろう・・・」

板倉三井銀行常務取締役

「私は東京が国際金融市場になるかというと、これはなかなか実現しないのではないかと思うのです。というのは、日本政府、行政当局の考え方もそうですが、円と外貨とは切り放しておこう、円は孤立させておこう、そのほうがコントロールしやすいという基本的な考え方があるからなのです。・・・こういう状況が続く限りにおいては、東京が国際金融市場になるということは、ちょっと考えられないという気がするのです。」

松沢富士銀行常務取締役

「東京が国際金融市場になるためには、まずいろいろな前提をほどいていかなければできないわけです。日本はたぐいまれなる厳格な為替管理法がまだ現存しているし、外資法もあるし、日本の経済成長がほんとうの意味で安定段階にはいっているかどうか非常に疑問ですね。」（安藤ほか〔1971〕）

80年代後半における金融関係者の意識とはかなりの差があるが、ここに指摘されている障害の多くは、70年代以降急速に解消されている。長い目でみると、日本の金融システムにも案外ダイナミックなところがあることに気づく。

いずれにしてもそれまで徐々に進んでいた金融の国際化の扉は、ニクソン・ショックによって強引にこじ開けられる。こじ開けるアメリカ側には、こじ開けられる側にそのような影響を及ぼすとの自覚はなかったであろう。当時日本人が受けた衝撃の大きさは、日常生活の一部としてインターネットを通じて海外から外貨建てで商品を購入し、休暇には家族ぐるみで国際航空便に載りなれた現代の若者には想像もつかないことであろう。

2 ニクソン・ショック

(1) 固定為替相場制度崩壊の衝撃

　日本の国際収支大幅黒字は1971年に入ってからも継続し、その結果外貨準備高が70年末の44億ドルから71年5月末の69億ドルへと急増した。アメリカをはじめとする諸外国が日本の経済運営に批判を加え始め、貿易黒字定着は日本の政策当局に対応を迫っていた。しかしこのような事態への対処方法として、日本社会では為替レートの調整は当時「最悪の手段」と考えられていたから、政府としても為替レート変更を回避して対外不均衡を是正する方策を模索した。

　政府は6月4日に輸入自由化促進や特恵関税実施などを柱とする8項目の総合対外経済政策を決定する。一方、ヨーロッパにおける通貨不安は1971年に入ってからも依然続いており、特に5月にはマルク切上げを思惑としたマルク買い投機が急増し、5日にはヨーロッパ各地の外為市場が閉鎖される。この過程で円買い投機も活発化し、10日に西ドイツが変動相場制度を採用するに及んでさらに円買いの動きは激しくなった。

　70年から71年半ばに至る時期を通じて、日本政府は現行平価を断固維持するという方針を一貫して変えようとしなかった。こうした政府方針の背後には、民間企業の円切上げに対する根強い反対論が存在していた。日本経済の急速な成長は工業製品を中心とする輸出に支えられているという認識は財界人ばかりではなく、多くの人によって共有されていた。円高が輸出産業に深刻な打撃を与え、日本経済を低迷状態に陥れるという考え方はいまだに変わっていない。

　近代経済学者グループによって「円レートの小刻み調整案」が提案されたが、政策当局には受け入れられなかった。当時政府は、日本の国際収支黒字は厳格な為替管理や内外資本移動への規制に支えられていると判断していたから、対外不均衡是正のためには、まず為替取引や資本移動を自由化すべきだと考えたのである。つまり、国内均衡と国際収支均衡という政策目標を両立させる手法として、総需要管理政策に加えて構造政策をもう1つの政策手

段として追加しようとした（財政史室〔1991a〕p377～）。

実際に政策当局が採用した政策手段は、1971年6月に政府が決定した総合的対外経済政策（8項目）に典型的に示されるような「構造調整策」、すなわち貿易自由化、輸入促進などの自由化対策であった。これらの政策は日本経済をより開放されたものにするという長期的視野からみれば望ましいものではあったが、国際収支の均衡を追及するための手段としては、その有効性は疑わしかった。

1971年に入ってもアメリカの国際収支赤字を背景とした国際金融市場の不安定な状態は続いた。ヨーロッパでは平価切上げを見越した投機を誘発し、各地の外為市場が閉鎖されたり暫定的に変動相場制が採用された。このような状況のもとで、いずれアメリカが何らかの対策を打ち出すであろうという期待が高まっていたが、ニクソン米大統領は8月15日にドル防衛策を柱とする次の内容の経済緊急対策を発表した。
① 雇用促進のための財政措置
② インフレ抑制のための物価・賃金凍結指令
③ ドルの金交換の一時停止、10％の輸入課徴金、10％の対外援助削減

この緊急対策は日本の各方面に大きな衝撃を与え、ニクソン・ショックと呼ばれた。それがたまたま太平洋戦争敗戦の日と重なっていたことは、日本の指導者たちをなおさら重苦しい気分にした。1カ月前の7月15日には、それまで中国に対し強硬な姿勢をみせていたニクソン米大統領が突如訪中計画を発表し（1972年2月21日訪中、27日米中共同声明）、アメリカの対中政策に愚直に追随してきた日本政府に衝撃を与えた。6月17日に沖縄返還協定に調印し戦後の歴史にようやく終止符を打ったと感じていた佐藤内閣は、1971年夏に「2つのニクソン・ショック」の痛撃を受けたのである。

経済緊急対策が発表されるや、ヨーロッパ諸国は外為市場を閉鎖したのに対し、日本では、8月17日の緊急閣議で
① 固定為替相場制度を維持するとともに現行円レートを堅持すること
② 6月に決定された8項目円対策を完全実施すること
が確認され、金融当局は外為市場を2週間開き続け、8月16～27日の間に40

億ドル近いドルを買い支えた（財政史室〔1991a〕p389～）。

しかし8月28日、大蔵省・日銀はこれ以上の平衡買いの継続を不可能と判断し、為替レート変動幅の制限を暫定的に停止することを決定した。その結果為替レートは12月18日にスミソニアン体制が合意されるまで上昇を続け、320.60円まで上昇した（12.3％の円高）。国内経済がデフレ状況にとどまっている時期にニクソン・ショックは起こった。特に声明に盛り込まれていた10％の輸入課徴金と変動相場制移行による円高は、日本経済に対し深刻なデフレ効果を発揮すると危機意識がもたれた。財界は変動相場制においては輸出成約が困難になると強く懸念し、円切上げはやむをえないとの判断のもとに、固定相場制度への復帰を望んだ。

1971年12月17日に締結されたスミソニアン協定に基づき、円は1ドル＝308円に切り上げられた。この切上げ幅は日本国内においては予想外に大幅であると受け止められたため、国内経済を刺激する政策が従来に増して強く求められることとなった。金融当局の政策は積極的な金融緩和政策に向かい、72年以降の過剰流動性をもたらすことになった（財政史室〔1991a〕p395～）。スミソニアン体制は短命で、73年2月に崩壊する。2月14日には変動相場制に移行し、円レートは1ドル＝270.80円に上昇した。

政府は円再切上げを防止するため3次にわたる円対策を打ち出した。たとえば1972年5月23日の円対策7項目は次のとおりである。

① 財政金融政策の機動的展開（72年度予算の公共事業等の繰上げ施行、金利引下げ）
② 輸入促進対策（輸入割当枠の拡大、割当方法の改善、輸入品の流通機構の合理化）
③ 輸出取引秩序の確立（輸出業界の自主的努力を補完するため、法令の機動的運用）
④ 資本輸出対策（外国非上場証券の取得自由化、国際機関などによる円建債券発行の円滑化）
⑤ 外貨活用対策（為銀の対外債務借入の抑制）
⑥ 経済協力の推進

⑦　迅速な法改正措置

　円再切上げを回避することは政治的責任となり、公定歩合引下げなどの金融緩和措置、財政面からの経済拡張政策に拍車がかかった。これらは当時の日本社会の危機意識からはやむをえない措置である。日本国民はこのような状況を打開するために、政府があらゆる手段を講ずることを求めていた。ある段階からはこれが過剰流動性の原因となったことは事実であるが、渦中にあって政策の転換点をみつけることはきわめて難しい。

(2)　変動相場制移行後の外為市場の変化

　ニクソン・ショック（1971年8月）、スミソニアン協定（1971年12月）、ドル再切下げによるスミソニアン体制の崩壊（1973年2月）を経て、変動相場制への移行後、円相場は各国の経済情勢を反映して大きく揺れ動いた。73年7月に253.20円まで円高になった後、第1次石油危機の影響から、75年暮には307円の円安となった。その後国際収支の大幅黒字を背景に、約3年の長期にわたり円高傾向が続き、78年10月には175.50円の戦後最高の円高相場を記録した。

　しかし、アメリカのドル防衛策や第2次石油危機の到来により、再び円安が進展することとなり、80年後半に一時円高場面がみられたものの、82年11月における278.25円まで下落を続けた。83年から84年にかけて円相場は、220円と250円の間の小幅な動きにとどまっており、80年代半ば以降再び円高の大波（プラザ合意、ルーブル合意）に揺さぶられるまでは小康を保った（第6章第2節2参照）。

　この間、外為市場にはいくつかの大きな変化がみられた。第1に、為替相場の変動に関して、企業等国内の受け止め方や当局の考え方がかなり変わった。当初は円高に対する反射的拒否反応があったが、基本的に円高は望ましいという認識が定着してきた。その背景には、円高を前提とした企業の生産性向上努力による国際競争力強化や、相場変動を前提とした為替リスクヘッジ手法の改善などがあった。他方当局は、変動相場制移行後79年頃まで相場安定の見地から大量介入を実施した。為替介入の是非は別として、当局が各国の経済実体を反映した市場実勢をより尊重した相場運営を行うようになっ

図表2-1　東京外国為替市場出来高

(単位：億ドル)

	本邦銀行間取引			国内対顧客取引		
	直物	先物	スワップ	直物	うち貿易関連	うちその他
1976年 (A)	350	286	349	1,412	1,063	349
77	623	246	604	1,611	1,191	420
78	1,179	348	1,289	1,977	1,349	628
79	1,722	518	2,210	2,628	1,661	967
80	2,118	668	3,006	3,499	2,112	1,387
81	2,964	777	5,279	5,137	2,238	2,899
82	3,653	633	7,850	9,018	3,369	5,649
83年 (B)	3,397	901	7,244	13,214	3,460	9,754
(B)/(A)	9.7倍	3.2倍	20.8倍	9.4倍	3.3倍	27.9倍

(出所)　金子〔F1984〕p33

図表2-2　米国市場における外為取引高シェア

(単位：%)

	1977年	1980年	1983年
ドイツ・マルク	27.3	31.7	32.5
日本・円	5.3	10.2	22.0
イギリス・ポンド	17.0	22.8	16.6
スイス・フラン	13.8	10.1	12.2
カナダ・ドル	19.2	12.3	7.5
フランス・フラン	6.3	6.8	4.4

(出所)　金子〔1984〕p33（原資料　ニューヨーク連銀）

ていた。円相場の年間変動幅は、77年から82年までは44～66円であるが、83年は20円弱、84年は30円弱となっている。

　第2に、東京外為市場の取引規模がかなりの速度で拡大し続けた（図表2-1）。この間の輸出入総額の伸びは3倍弱にとどまっていることと比較すると、いかに急速に拡大しているかがわかる。顧客との直物取引で見ると、76年から83年までの間に、貿易関連が3.3倍、その他が27.9倍となっており、資本取引関連の増加が著しい。このような外為市場規模拡大には、経済規模の拡大や企業等の国際活動の活発化が背景となっているが、さらに、外貨預金、インパクト・ローン、証券の発行・売買など資本取引を中心とした為替管理の緩和、自由化が大きく貢献している。

第3に、内外資本取引の増加は、単に東京外為市場だけでなく、海外外為市場での円取引の増大をもたらした。米国市場における外為取引高において、円取引は77年には5.3％にとどまっていたが、83年には22.0％とドイツ・マルクに次いで第二位を占めるに至っている（図表2－2）。円取引は米国市場のほか、香港、シンガポールなどのアジア市場や欧州市場においても増加しており、国際通貨としての円の地位は次第に高まっていると認識されていた（金子〔F1984〕）。

3　石油危機と狂乱物価

　71年から72年初頭にかけて金融の急激な緩和が行われたにもかかわらず、実質生産の水準は大きくは回復せず、それに比べると株価を中心とした資産価格は顕著な上昇を示した。すなわち、一方で「円高ショック」に対する不安には十分応えきれない中で、他方、資産価格高騰という副作用が現れていたのである。このような流れは田中内閣発足以前から兆候をみせていたことに留意する必要がある。株価は71年初頭までは2000円台を上下する動きに終始していたが、マネーサプライの急増が始まる71年3月頃から急速に上昇し始め、71年末には2500円、72年末には4900円を上回る水準に達した（71年初めから約2年間で2.5倍）。土地価格は69年頃から徐々にその伸び率を上昇させ始めていたが、72年から明らかにそのテンポを高めた。

　円高対策としての公共事業の拡大や金融緩和の進展がこのような流れを加速している中で、1972年5月15日の沖縄返還を節目に佐藤首相が退陣し、7月7日に国民の熱狂的な支持を受けて田中角栄内閣が発足した。田中内閣が高く掲げた「列島改造論」は土地価格上昇に対する期待を煽り、大都市地域に限らず全国的に地価の急騰が現出した。しかし金融当局は、株式市場などの資産価格の「異常な」活況には警戒の目を向けたものの、それが金融政策の手直しに結びつくには至らなかった（財政史室〔1991a〕p418）。当時のような経済環境下でこのように積極的な財政政策を行うのであれば、ポリシーミックスの観点から金融政策は手直しすべきとの声はあったが、すべての政策に積極的な新内閣の姿勢の前で「逆向きの政策を組み合わせる」という発想は理解されにくかった。

72年から73年にかけて地価は急騰を続け、政府はこれを抑制するため73年1月26日に「土地対策要綱」を発表した。大蔵省は金融機関に対し度重なる警告を発したが「道義的説得」の効果はあまりなかったので、さらに73年1月30日には、異例の大蔵大臣談話を付して、銀行局長通達「金融機関の土地取得関連融資について」（不動産融資総量規制）を発した。

① 土地関連の融資は業種のいかんにかかわらず融資全体の中で均衡の取れた妥当な水準とする。
② 土地関連融資の増加率を総貸出増加率以下に抑制する。
③ 四半期ごとの融資実績および計画表を提出する。
④ ただし、公的な宅地開発機関などへの融資および個人向け住宅金融は抑制対象から除外する。

　しかし2月14日には変動為替相場制に移行し円はさらに急騰しているので、円高への配慮から、緊縮財政や金融引締め政策は真剣に受け止められない雰囲気もあった。

　日本経済は73年冒頭から過熱状態に見舞われ、それに対応して急テンポで金融引締め政策がとられた。しかしインフレ抑制は容易には成功しなかった。しかも厳しい金融引締めが進行する中の73年10月に第4次中東戦争が勃発し、それを契機としてOPEC（石油輸出国機構）が原油価格の公示価格を70％、市場価格を40％引き上げ、さらにOAPEC（アラブ石油輸出機構）が石油生産削減措置を打ち出した。

　73年半ばから始まった物価の異常な高騰や、73年10月の第1次石油危機の発生を契機として、海外の石油に大きく依存していた日本経済は存立の危機に瀕し、資産価格の高騰に止まらず、物価全般にわたり「狂乱」するに至っ

図表2－3　消費者物価（全国総合）・卸売価格（総合総平均）の推移

（単位：％）

	1970	1971	1972	1973	1974	1975	1976
CPI	6.2	6.5	4.7	11.7	23.4	11.5	9.6
WPI	3.6	-0.7	0.9	15.8	31.3	3.1	5.6

（出所）　総務省統計局・日銀

た（図表2－3）。公定歩合はすでに4月から引上げに転じていたが、その後73年中に5回にわたる急激な引上げが行われ、12月には未曾有の高金利となる9.0％に達した。[1]

73年7月には「買占め防止法」、8月には「物価安定緊急対策」が実施された。さらに政府は「石油緊急対策要綱」（1973・11・16）、「当面の緊急対策について」（閣議了解）を発し、12月22日には「国民生活安定緊急措置法」、「石油需給適正化法」が施行された（灯油、トイレットペーパーなどを指定物資とし、標準価格を設定）。上記の「当面の緊急対策について」を受けて、大蔵省では「当面の経済情勢に対処するための金融機関の融資のあり方について」（12月25日銀行局長通達）を発出し、卸小売業・不動産業および旅館業向け融資の総量規制を実施した。

70年代前半は、高度成長を享受してきた日本人にとって、（90年代後半以降の慢性型とは違った）劇症型の危機を実感させられる厳しい時期であった。

石油危機、狂乱物価のような異常な経済状況においては、企業の社会的責任を求める声が強くなる。公取は74年2月、独禁法違反で石油連盟、石油元売り12社を告発した。アルミ業界に対してもヤミカルテル協定の破棄を勧告した。さらに金融機関が保有できる発行済み株式総数の割合を10％から5％に引き下げる独禁法改正案を発表した。国会では物価問題の集中審議が開かれ、大手商社や石油会社など関係業界の代表が参考人として呼ばれ、灯油・紙・木材の便乗値上げなどについて追求された。さらに石油危機に便乗した値上げ、売り惜しみ等に対する超過利得税構想がまとめられ、「会社臨時特別税法」が成立した。

74年4月には、福田蔵相の「反社会的な行為をするような企業は政府関係金融機関の融資を受ける資格はない」との発言を受けて、「反社会的な行動」をとった企業に対する政府関係金融機関の融資基準「政府関係金融機関の融

---

[1] 石油危機とニクソン・ショックの関係についてはあまり論じられることはないが、円の大幅な切上げは原油価格高騰の打撃を相当緩和する役割を果たしたのではないか。日本が先進国の中で最も石油危機の影響が軽微であったのは、産業界の対応努力だけでなく、同時期に世界最大幅の通貨切上げを強いられた結果、円建ての原油価格は大きく変わらなかったからであり、日本経済全体にとっての得失は案外巧妙なバランスを保っていた可能性がある。

資のあり方について」が閣議了承される。74年11月には金制調が「大口融資規制に関する答申」を発表した。もともと大口融資規制は銀行の健全経営の観点から議論されてきたが、この時期に大口融資規制が検討課題とされた理由は、銀行と企業との結びつきに対する社会的な批判の高揚と関係している。特定企業に対する銀行の融資集中が買占め・売り惜しみにつながり、物価騰貴に拍車をかけたという社会的な批判に応えたものであった（財政史室〔1991a〕p453〜）。この問題は1981年の銀行法全面改正の際に大きな影響を及ぼすことになる（第3章参照）。

第2節　外為法の全面改正

1　改正の経緯と基本的考え方

　外為法・外資法については、日本経済が復興し、IMF・GATT・OECDへの加盟など国際的地位が高まってくるに連れ、順次自由化措置が取られてきた（第1章第2節2参照）。しかし、制定以来約30年を経て内外の環境も大幅に変化し、為替管理制度は抜本的な再編成を迫られていた。このような状況を受けて、すでに為替管理制度において原則自由の法制を構築していた西ドイツの例などを参考にしつつ、新しい為替管理制度を作り上げるための構想が動き始める。

　外為法は「為替管理」と「貿易管理」を行う根拠法であり、資金の動きの管理が為替管理、貨物の移動の管理が貿易管理という体系になっていた。改正前の外為法は、対外取引を原則として禁止するとともに政省令によりこれを解除していく方式をとっており、また、外資法は外資および技術の導入について原則として認可制のもとにおくこととしていた。経済力の向上と対外経済関係の改善に伴い、内外の資金交流規制を緩和する措置がとられた。貿易外経常取引・資本取引についての相次ぐ為替管理の簡素化により、対外取引関係者にとってはかなりの負担の軽減となった。

　為替金融政策面では、従来その軸とされてきた円転換規制と現地貸規制に

ついて緩和・新制度への移行が行われた。すなわち、大蔵省は1977年5月27日に、①円転換規制の廃止と直物持高規制への移行、②中長期現地貸付規制の緩和、③短期現地貸付規制の撤廃を発表し、為替金融政策は大きな変貌を遂げた。非居住者が海外で円貨を使用して債券を発行することは、円の決済通貨化を通じて日本経済の運営に大きな影響を及ぼす可能性があるとの考え方から従来はきわめて慎重な態度をとってきたが、5月11日にはEIB（欧州投資銀行）による初のユーロ円債発行が認められた。

1977年春以来の国際収支の急速な黒字化とともに、対外経済関係の摩擦回避が重要な政策課題となっていた。このような事情を背景として、対外取引を原則として禁止しその解除を全面的に行政府の裁量に委ねるという法制はわが国に相応しくなく、また、対外経済政策に対する無用の批判や誤解を招いている面があると考えられた。もともと内外の取引関係者の間では、外為関係の法制がわかりにくく、また、度重なる政令・省令の改正が法体系を複雑にしているとの批判があった。このように外為法に関しては、抜本的な法体系の再検討を行い原則自由の建前に改めるとともに、全体としてわかりやすい法制とすることが各方面から強く望まれていたのである。

このような事情から、福田首相は1978年年頭の記者会見において、外為関係法制を原則自由の法体系に改める用意がある旨を明らかにした。また1月26日には、11項目からなる為替管理面の自由化、手続の簡素化措置が発表された。ここでは標準決済の見直しのほか、①為替管理上最も重要な項目である預金、先物為替取引等債権関係の規制緩和、②経常的支払に関する手続の大幅簡素化、③金取引の実質自由化、④対外直接投資・不動産取引の届出制化、等思い切った規制・手続の緩和措置が講じられた。

その後の日米交渉および日・EC交渉において、「外国為替管理制度の全面的見直しおよび特に禁止されない限りすべての取引が自由であるとの原則に基づく新制度の検討」を行うことが明らかにされた。これらを受けて、1978年3月25日の経済対策閣僚会議において「原則自由の新しい法体系を確立するため、外為法および外資法の全面的な見直しを行い、次期通常国会に法案を提出することを目途に作業を進める」ことが決定された。

このような基本法の改正のためには、通常かなりの期間を要するものであ

る。本件については本格的な作業の開始から法案の閣議決定に至るまでの過程をほぼ1年間で終えているが、これは異例の早さであった。いわば「平時」において、これだけ影響の大きい制度改正がきわめて迅速に行われえたということは、その後の調整に長時間を要する政治状況を見慣れたわれわれにとって驚きを与える。金融関連の政策的意志決定・実行過程でこれに匹敵するのは、橋本首相による日本版ビッグバンと小泉首相による郵政民営化のみであろう。

この改正のねらいについては、「単に、法の建前を改めるだけをねらいとしたものか、あるいは、実質的に自由化を進めることをねらいとしたものかいずれかを問われることがあるが」として改正作業の担当官であった福井が実に率直に述べている。

> 前記のような経緯からも明らかなとおり、取引の原則的禁止と行政府の裁量による禁止の解除という現行の法体系を改め、法律上原則自由の体系とし、制限を課する場合には、その対象となる取引、制限発動の要件等を可能な限り明らかにすることにより、行政裁量の限界を明確にするということに改正の主眼があることは明らかである。勿論、今回、法律体系を原則自由とすることにより、実質的にも自由化が進められており、この面でも前進があったことも当然である（福井〔F1980〕）。

ここには法改正のねらいの主従関係が明確に示されており、実質的な自由化推進に関心を払いつつも、まずは原則自由の法律体系を整えることが眼目とされたようである。原則が大転換されたといわれる割には、その後運営実態が大きくは変わらなかったこととの関係で興味深い。なお外為法改正後も、政府は資本流出入が為替市場に及ぼす攪乱的影響に非常に神経質であり、現実の行政指導と新外為法の掲げる有事規制原則とに乖離があるとの指摘もあった（財政史室〔2003〕p13）。

この改正を行うに際しては、経済全体に各般の影響を与えることが予想されたので、幅広い分野から意見を求めるため大蔵大臣および通産大臣の私的諮問機関として「外国為替・貿易法制懇談会」が開催された。1979年4月23日に提出された審議経過報告がこの改正の基本的考え方となっている。

① 対外取引はできる限り自由とすべきものであり、これに対する規制は必要最小限度に止めるべきである。

② しかし、為替相場の急激な変動等異常な事態が発生した場合には、迅速かつ有効な規制が発動できるようにしておく必要がある。
③ 経常取引については、ほぼ完全な自由化を図る。また、輸出認証等の貿易手続を大幅に簡素化し、決済方法規制を整理・緩和する。
④ 資本取引についても、原則自由・有事規制の仕組みとすべきである。規制は、量的な観点からの規制のほか、質的な観点からも考えられる。
⑤ 適切な有事規制を発動するためには、対外取引について的確な情報の収集に努める必要があり、外国為替公認銀行制度（為銀主義）を今後とも維持する。
⑥ 外資・技術の導入についても原則として自由とするが、日本経済に悪影響を与えるような例外的な場合にはこれを防止しうる仕組みは残す。

この改正を機会に、外為法を全面的に改め、西ドイツのように「対外経済取引法」として装いを新たにすることが望ましいとの考え方もあった。しかし、これまで定着していた用語を引き続き使用する便宜、取引の実態把握や有事規制の適時適切な発動のため為銀制度存続、などの理由により、外資法の廃止を伴う外為法の一部改正とされた。

2　改正の内容とその評価

一部改正の形はとっているが、法の目的を含め支払および取引の制限および禁止に関する条項をすべて書き改めるという30年ぶりの大改正であった。その主な内容は次の諸点である。

① 対外取引自由の原則の明定：「外国為替、外国貿易その他の対外取引が自由に行われることを基本」とすることを明示。
② 資本取引の原則自由化と有事規制：いずれかの事態を生じ、この法律の目的を達成することが困難になると認められるときに限り許可を受ける義務（有事規制）。(a)国際収支の均衡維持困難、(b)外国為替相場の急激な変動、(c)大量の資金移動による金融市場・資本市場への悪影響。
③ 役務取引等の自由化：通常の役務取引についての規制は廃止。
④ 支払および支払の受領の原則自由化。
⑤ 支払手段等の輸出および債権の回収義務の原則自由化。

⑥　外国為替公認銀行の持高規制および付利禁止。

　改正の方針が決定されてから改正の施行までに約3年間が経過している。この間の諸情勢の推移をみると、第2次石油危機の発生・世界経済の停滞と高率インフレの持続・国際収支の不均衡とオイルマネーの還流問題の深刻化等必ずしも楽観できる情勢ではなかった。このような不透明な時期に、国際情勢に迫られたとはいえかなり大胆な制度改正につき政治的決断をしたことは、当時の意思決定機構の健全さを示しているといえよう。その後の日本経済のパフォーマンスが良好であったことが、環境の激変にもかかわらず政策を成功に導いた面もある。その点は橋本内閣の日本版ビッグバンが経済環境の悪化により必ずしも所期の目的を達することができなかったのと明暗を分けている。

　改正外為法の施行によって、これまで国際金融市場から遮断されてきた国内金融市場は国際的に開かれた市場となった。この結果、金融市場は海外の金利の影響を受けることとなったため、戦後とられてきた規制金利体系、低金利政策の維持は困難になり、金利の自由化が促されるという影響をも生んだ。

第3節　内外にわたる国際化の展開

1　国際拠点の拡大

> 「70年代を迎えて、わが国経済は、いよいよ本格的な国際化時代に入ろうとしている。経済規模の拡大および国際収支の黒字増大から、資本自由化あるいは資本輸出の要請はいっそう高まり、わが国企業も国際的活動の場をますます拡大しようとしている。昨年9月からは銀行も資本自由化に組み入れられたことであるし、もはや『国際化』抜きでは日本経済を語ることはできない。日本経済の発展拡大に伴って、経済活動が世界的な基盤を広げていくことは自然の成り行きであり、そのことは、企業に限らず銀行についても例外ではない。」（宮道〔1971〕）

これは当時都市銀行経営の要に位置していた人の実感であり、おそらく多

くのビジネスリーダーに共通していた心構えだったであろう。日本経済の発展を背景に、金融界における国際化の意欲には並々ならぬものがあった。外為銀行の海外支店・駐在員事務所・現地法人の開設要望はますます強くなり、地域金融機関もコルレス網の拡充に積極的であった。都市銀行がグループを組んで設立する国際的な投資銀行（国際合同銀行、国際投資銀行など）は、外為業務という従来の枠から抜け出して世界的規模での銀行業確立を目指した。しかも個別行でなくグループで進出することについては、「これは、大蔵省が過当競争を心配していっしょにやらなくては許さないからいっしょに出たというだけのことであって、それ以外なんの理由もないのですね（笑）。」（板倉三井銀行常務発言、安藤ほか〔1971〕）との意気込みに、当時の邦銀の積極姿勢が現れている。

戦後最初に開設された邦銀の海外支店は、1952年7月の東京銀行（現、東京三菱UFJ銀行）ロンドン支店である。1960年代後半までの邦銀の国際業務は外国為替を中心とする貿易金融が大部分を占めており、海外進出も、外国為替専門銀行（東京銀行）と都市銀行が1970年までに11行58支店を開設したにとどまっていた。1971年以降、企業の海外進出が活発になったことや、国際収支が黒字基調となり日本が世界の主要な資本輸出国となったこと等を背景として、各種の銀行が積極的に海外進出を行うようになった。すなわち71年からは長期信用銀行が、73年からは信託銀行が、さらに75年には地方銀行も海外支店を開設するようになった。

その結果、邦銀の海外拠点は、海外支店23行120カ店、一般銀行業務を営む現地法人28法人にのぼっている（78年5月末現在）。これを地域別にみると、約3分の1がニューヨーク（26）とロンドン（21）の2大国際金融市場に集中している（図表2－4）。

海外へ進出した銀行の活動は、まず日系企業との外為取引に始まり、次第にこれら企業の営業全般にわたって資金を供給するようになる。さらには地場の企業をも含めたその他の企業、個人取引へとその業務を拡大してゆく傾向にあり、その業務内容は急速に多様化していた。すなわち、このころから海外におけるシンジケートローンへの参加・組成、私募債への応募等、中長期資金需要にも積極的に対応するようになっていた。また銀行業務以外に

図表2-4　銀行の相互進出状況（1978年5月31日現在）

区 分	邦銀の海外進出					外銀の日本進出		
	支店		現地法人		駐在員事務所	支店		駐在員事務所
	行数	支店数	行数	法人数		行数	支店数	
アメリカ	22	49	11	14	21	22	34	12
うちニューヨーク	22	22	4	4	2	9	15	2
カリフォルニア	15	16	8	8	2	6	11	1
カナダ	-	-	-	-	10	-	-	5
中南米	1	3	3	4	15	2	2	5
うちブラジル	-	-	3	3	7	2	2	-
ヨーロッパ	21	40	6	10	24	23	28	45
うちイギリス	21	21	-	-	2	7	9	10
西ドイツ	10	12	2	2	10	5	5	5
フランス	1	1	-	-	7	6	7	8
イタリア	1	1	-	-	-	1	1	4
スイス	-	-	3	3	-	3	3	3
アジア	8	28	-	-	33	13	18	12
うちシンガポール	8	8	-	-	7	4	4	-
韓国	4	4	-	-	4	3	4	7
香港	3	4	-	-	10	1	2	1
大洋州	-	-	-	-	14	-	-	8
その他					19			1
合計	23	120	11	27	136	60	82	88

（出所）　吉田〔F1978〕p24

も、現地法人の設立ないし既存現地法人への出資参加のかたちで証券業務・投資銀行業務等へと進出し、さまざまな資金需要に対応できる体制が整備されてきていた。

　一方、戦後における外国銀行の日本への進出は占領下に始まり、独立（1953年）までに12行33支店が開設された。その後60年代後半までは外国銀行の進出に抑制的な方針がとられたため、1970年においても在日外銀の数は18行38支店にとどまっていた。しかし日本経済の急速な国際化の進展を背景として71年に従来の方針は改められ、支店設置の要望は、レシプロ上の問題がなく、当該銀行が健全性の要件を満たしていれば受け入れられた。それ以降在日外銀の数は急速に増加し、10年後の80年には70年当時の2倍を超えるの64行85支店が営業を行っていた（図表2-5）。

　このように在日外銀は行数のうえでは当時の全国銀行84行に近い数字に

図表2−5　邦銀海外支店数・在日外銀数の推移（各年度末）

		1965	1970	1975	1980	1981	1982
邦銀	都銀	28	31	65	84	91	96
	為銀	28	39	40	46	48	51
	長信銀	−	−	6	12	13	13
	信託	−	−	4	15	19	20
	地銀	−	−	1	2	3	3
	計	56	70	116	159	174	183
外銀	進出行数	15	18	50	64	69	74
	支店数	35	38	73	85	94	100

（出所）　行天〔F1983〕p55

なっていたが、その活動の主体は国際金融およびインパクト・ローンにあり、融資残高では全国銀行の3％程度にとどまっていた。特に石油危機後の経済環境は外銀にとって厳しいものであったところから、外銀からはあらためて日本の金融慣行や当局の規制に対して疑問や批判を呼ぶことになった（吉田〔F1978〕）。

2　金融業務の国際化

金融機関の行う国際業務としては、外国為替・貿易金融・海外向けの中長期貸付などがあるが、経済の動きに対応しその内容が変化してきており、大きく3つの時期に分けることができる。1950年から60年代後半までの時期は、邦銀の国際業務は貿易金融を中心としていた。70年代前半から77年までは、日系企業向けの対外貸付が本格化し、さらに、77年以降は国際的なシンジケートローン等が着実に拡大した。国際業務の内容が徐々に多様化するとともに、金融機関の業務の中における比重が高まっている。主要邦銀の運用資産に占める外貨建資産の割合は、60年代の11％台から70年代には20％近く

図表2−6　主要邦銀の運用資産に占める外貨建資産の割合

（年平均、単位：％）

1962〜65	1966〜70	1971〜75	1976〜80	1981	1982
11.6	11.3	15.4	19.3	31.9	36.7

（注）　都市銀行、外国為替専門銀行、日本興業銀行を合計した計数
（出所）　行天〔F1983〕p56

にまで上昇し、80年代に入ると30％台に達している（図表2－6）。

(i) **貿易金融を中心とした1950年～60年代前半**

　1950年の民間貿易体制への移行により、邦銀も貿易金融を再開した。これ以後60年代後半までの国際業務は、短期貿易金融を中心とした貿易関係業務が主軸であった。また、70年当時には都市銀行海外店舗の3分の2がニューヨークとロンドンに集中していたが、これは本邦内本店等および海外コルレス先を通じて本邦企業に外貨信用の供与を行うとともに、国際金融市場から外貨資金の調達を行うことが、金融機関が実際に行っていた業務の大部分を占めていたことをうかがわせる。

(ii) **日系企業向け対外貸付が本格化した60年代後半～77年**

　海外における日系企業向け対外貸付を中心として対外貸付（短期が中心）が進展した時期であった。71年末に15億ドルにすぎなかった短期対外貸付残高（外貨建て）は77年末には約6倍の94億ドルに増加している。また72年末では約20％にすぎなかった外貨建対外貸付残高に占める海外支店貸付の割合が、78年末には50％を超していることにみられるように、海外支店の果たす役割が重要となってきている。短期対外貸付の貸出先は、日本の大商社が約50％を占めており、そのほとんどが日系企業向けと思われる（77年度上半期末調査）。この時期には海外支店等の拡充が図られ、特にニューヨーク、ロンドン以外の地域の店舗網が充実したため、海外コルレス先を通じる取引から、自行海外店舗を通じる取引にシフトしていった。

(iii) **国際的シンジケートローン等が拡大した77年以降**

　74年のユーロ危機に際して課せられた中長期対外貸付規制が大幅に緩和され、77年以降再びシンジケートローンが活発化し、中長期対外貸付残高は急激に増加した。ユーロ危機に際して邦銀は中長期貸付の基盤の弱さを露呈したが、77年までにそうした営業基盤の充実に努め、シンジケートローンは本格的に拡大し始めた。また70年代前半には現地法人によるユーロ債の引き受け業務に進出し、77年以降は邦銀の証券業務が本格化した。この時期には、都市銀行は、ニューヨーク、ロンドン、シンガポールなどの国際金融の中心地以外の地域に店舗展開を行うとともに、海外金融機関の買収をも行い、全世界的な店舗網の充実に努めている。ただしこれらの現地法人は、大部分が

バブル崩壊後に撤退した。

なお、当時欧米の大銀行は、はるかに先行して積極的な国際的業務展開を進めていた。特に米系主要銀行は、世界各地に急速な勢いで支店・子会社の設立や現地金融機関への出資を進め、世界的なネットワークを強化した。これらの海外ネットワークは、単に海外進出米系企業のみならず、現地企業との取引を積極的に進めている。要するにアメリカ経済の成長率鈍化に伴う国内のカネ余りのはけ口を海外に見出すという形でアメリカの金融業が新しい金融産業の道を模索し始めていたということであろう。自国経済のインフラとしての脇役的な金融ではなく、90年代以降本格的となる収益を追求して世界を駆け巡る海兵隊型の金融である。日本の金融界には、今に至るまでそこまでの割り切りはない。

第4節　国債の大量発行と金利機能の活用

1　国債の大量発行とその消化

　東京オリンピック後の1965年は経済の低迷により租税収入が減少したため政府は特例国債（赤字国債）の発行を余儀なくされ、戦後長く続いてきた均衡財政主義に終止符が打たれた。1966年度からは社会資本充実を掲げて建設国債が発行され、福田赳夫蔵相はこれを積極的に評価する意味で「財政新時代」と称した。当時の佐藤内閣は「社会開発」を政策目標として掲げていたので、国債発行は財政再建という後ろ向きの施策としてではなく、公私部門間の資源配分の不均衡を是正する積極的な手段として位置づけられた。

　その後10年を経た1975年には、列島改造論など拡張的財政政策がとられる一方、安定成長への移行に伴い税収が伸び悩むことによって、財政収支の大幅な構造的不均衡が発生した。1975年12月25日に「昭和50年度の公債の発行の特例に関する法律」を公布施行して以降、財政法上認められている建設国債発行のほかに赤字国債を恒常的に発行せざるをえない事態が続いた。そのような財源不足を補うための赤字国債の発行には、それまでの社会資本充実

を掲げた建設国債発行のように積極的な位置づけを与えることはできなかった。

ただ、第2次石油危機後の先進諸国はこぞってスタグフレーションに苦しんでいた。その中では日本経済は西ドイツと並んで相対的に好調であったため、世界経済を牽引する「機関車」としての役割を担わされ（ボン・サミット）、引き続き積極的な財政政策をとらざるをえなかった。その結果、70年代後半以降の財政収支はさらにバランスを崩し、一層の国債累増を招くことになった。

国債が大量に発行されるようになると、その円滑な消化が課題となってくる。1975年度の国債発行額は、当初発行予定額2兆円のうち、国債引受シンジケート団（以下「シ団」）1兆5800億円・資金運用部4200億円の分担でスタートした。この発行予定額は前年度の発行実績2兆1600億円よりも少なかったが、年度途中で税収の大幅な不足が確実となり、11月に成立した補正予算では3兆4800億円の追加発行を行わざるをえなくなった。その結果、シ団の年度間の引受額は当初予定されていた1兆5800億円から4兆6400億円へと一挙に約3倍に増加した。

こうした大量の国債引受により、シ団の構成員である市中金融機関の国債保有額は急増したが、一方証券会社を通ずる国債の個人消化額は（絶対量で

図表2-7　1970年代の国債発行の推移

(単位：億円、％)

年度	当初発行額	追加発行額	合計	国債依存度
1970	4,300	△500	3,800	4.6
1971	4,300	7,900	12,200	12.6
1972	19,500	3,600	23,100	19.1
1973	23,400	△5,300	18,100	11.9
1974	21,600	0	21,600	11.3
1975	20,000	34,800	54,800	26.3
1976	72,750	1,000	73,750	29.9
1977	84,800	15,050	99,850	34.0
1978	109,850	3,000	112,850	32.8
1979	152,700	△12,200	140,500	35.4
1980	142,700	0	142,700	32.7

(出所)　大蔵省

は前年度の約2倍となったものの)シ団引受額の6.8％に止まり、それまでの平均的なシェアである10％を大きく割り込むことになった。このため国債大量発行時代における個人消化の促進が緊要の課題となり、発行条件の見直し・販売体制の強化・流通市場の整備の問題とともに、個人消化を主眼とした新種国債の発行が具体的な検討課題として浮かび上がってくる。

1976年度には国債発行額はさらに7兆2750億円へと増加し、国債依存度は29.9％に達した。そのうち6兆2750億円をシ団が引き受けることとなったが、毎月平均5000億円程度を市中で引き受けることについてはシ団の全面的な協力が必要であり、また銀行等の負担を軽減するためには個人消化等を一層促進するための施策が必要とされた。

個人消化については、1976年3月に初めて1カ月間の消化額が500億円を越えた後は順調に推移し、5月には700億円台に乗り、さらに7月には736億円と過去最高の水準に達する。この額は前年度の3～4倍であり、こうした消化面の著しい好転は金融環境が幸いした面もあるが、証券会社の販売体制整備、税制上の優遇措置（普通マル優300万円のほか国債についての別枠マル優300万円)、累積投資制度、官民あげてのPRの浸透等によるものである。また、1976年11月の金利改定以降、国債利回りが他の債券等に比し相対的に有利になったことも寄与した。

しかし、8月以降個人消化は頭打ちの傾向をみせ始め、9～11月は600億円台で低迷した。一方懸案の中期国債については、その後シ団等関係者と協議した結果、1977年1月に5年物の割引国債が発行された。70年代後半において、発行額の急増した国債の消化は財政金融当局にとって気配りを要する問題でありつづけた。

2　国債の累増と金利の弾力化

1977年度も同様な傾向が続き、国債依存度は前年度以下に抑えられたものの、発行予定額は史上最高の規模に達する（補正後ベース9兆9850億円、依存度34.0％)。個人消化は引き続き好調に推移し、割引国債の消化も順調に行われたが、財政収入に占める国債の割合が3割にも達する状況が相当期間継続することが予想されると、さすがに国債の大量発行をめぐって種々の問題

が提起されてきた。すなわち、国債の大量発行により銀行等の国債残高は急速に増大しており、これを金融・証券市場にいかに融和させていくかが大きな問題となったのである。

銀行等の保有国債は、1974年度末1兆9052億円（総残高の19.7％）、1975年度末5兆4368億円（同36.3％）、1976年度末9兆6053億円（同43.2％）となっていた。日銀は1966年度以降金融調節の一環として国債の買オペレーションを行い、「成長通貨の供給」を行ってきた。この結果、銀行等の保有する国債は引受後1年以上経てば大部分が日銀に吸収されることとなり、国債の残高が大きく増加することはなかった。1974年度末の時点では、過去10年間に引き受けた国債のうち日銀のオペ対象国債（発行後1年以上9年未満のもの）はオペによりほとんど日銀に吸収されている。銀行等にとって国債は、まったくリスクなしに保有期間1～2年で7％程度の利回りを確保できる有利な運用対象であった。

しかし1975年度以降の国債の大量発行後においては、オペ対象国債の相当部分はなお銀行等の手元に残った。日銀の買オペの量は1973年度約2.5兆円、1974年度約1.6兆円であったものが、1975年度約0.6兆円、1976年度約0.9兆円にとどまり、引受額は著しく増大しているのにオペ量が少なくなっていた。こうした問題の解決策として、銀行等保有国債の流動化（他の金融機関や機関投資家への売却）が問題となる。1977年4月以降、銀行等手持ち国債

図表2－8　銀行等引受国債の売却制限緩和

1977年4月	特例国債の流動化開始（発行後1年経過で売却可能）
10月	建設国債の流動化開始（発行後1年経過で売却可能）
1980年5月	上場（発行後7～9カ月）以降売却可能
1981年4月	発行後3カ月を経過日の属する月の翌月月初（発行後100日程度）以降売却可能
1985年6月	商品勘定について発行後1カ月を超過した日の属する月の翌月月初（発行後40日程度）以降売却可能
1986年4月	商品勘定分：発行日の翌月月初（発行後10日程度）以降売却可能
	投資勘定分：発行後1カ月を経過した日の属する月の翌月月初（発行後40日程度）以降売却可能
1987年9月	商品勘定分：撤廃
	投資勘定分：発行日の翌月月初（発行後10日程度）以降売却可能
1995年9月	金融機関引受国債の売却自粛措置の撤廃

（出所）　浜田恵造編「国債」〔1997〕p32

の売却制限は漸次緩和され（図表2-8）、この緩和措置によって銀行等は手持ち国債を市中に売却したので国債流通市場は拡大し、需給を反映した価格が形成されるようになった。この結果、新発債の発行利回りは流通利回りに即して弾力的に変更せざるをえなくなった。

　国債の流動化を円滑に行うためには、その受け皿としての公社債市場が整備されている必要がある。従来日本の金融構造は間接金融に偏っていたため公社債市場の整備は遅れており、銀行等保有国債の流動化の受け皿として十分機能しうるか問題があった。当時公社債市場の量的拡大は著しく、売買高は1976年度で71兆円に上っているが、その内容をみると銘柄別では利付金融債・縁故地方債が60％を占めており国債は4.5％にすぎないこと、取引形態では全体の55％が条件付売買であり一般売買（往復）は30兆円程度であることが指摘されていた。

　また、公社債市場に流入している資金は比較的短期の資金が多いという特性があった。その結果、市場における債券の価格形成は短期資金の動向に影響されることが多く、さらに債券の信用度に応じた格差がつきにくいこともあって、市場の流通利回りは多くの場合一本の束となって変動していた。したがって公社債の発行条件に市場の実勢を反映させることを試みたとしても、公社債市場の実情を考慮すると適切に機能することは期待できなかった。

　それまで国債の大部分は銀行等引受によって消化され、証券会社を通じ個人によって消化されたものはシ団引受分の10％程度にすぎなかった。これは個人金融資産の大部分が銀行等に対する預貯金という形態をとっていたことに起因するが、国債の大量発行が相当長期にわたって続くことを考えると、銀行等の引受負担を緩和する必要がある。また個人金融資産の累積に伴い、資産選好がより長期かつ収益性の高いものに移っていくことが予想されたところからも個人消化を促進する必要があると考えられた。

　1976年の国会審議において、大量の国債を抱えた今後の財政展望・財政運営・国債政策のあり方等が論議された。その過程で大蔵省は「公債政策のあり方について」（1976・5・12）を提出し、新たな個人消化促進策を示唆した。10月2日には「中期割引国債案の骨格」を提示し、12月24日に総額589億円の中期割引国債（期間5年）の発行が決定された。1978年6月には同様の趣

図表2-9　国債の公募入札発行の推移

1978年6月	3年もの利付国債
1979年6月	2年もの利付国債
1980年6月	4年もの利付国債
1986年2月	割引短期国債
1987年9月	20年もの長期利付国債
1994年2月	6年もの利付国債
1999年9月	30年もの利付国債
2000年2月	5年もの利付国債
2000年6月	15年もの変動利付国債
2000年11月	3年もの割引国債

(出所)　財務省ホームページ

旨で中期利付国債（償還期限3年）が創設されている。

　中期利付国債の発行に際して公募入札方式が導入されたことは国債発行方式の画期的変化であり、金利自由化の一歩前進であった。中期利付国債の発行増加に伴い、これを組み入れた投資信託「中期国債ファンド」（中国ファンド）の創設が1980年1月4日に認可された。中国ファンドは実質的に市場金利付きの普通預金であるという意味において、その創設の金利自由化に与える影響はきわめて大きい。70年代のアメリカにおいて、銀行がレギュレーションQによって厳しい金利規制を受けているときに、証券会社がMMMF（追加型公社債投資信託の一種）などの預金類似新商品を発売し銀行離れ現象（disintermediation）が起きると同時に金利自由化の引き金になった状況に似ている（中国ファンドはまさにそれにヒントを得て開発された）。

　その後国債の公募入札の範囲は次第に拡大され、現在では、超長期国債、中期国債および短期国債が公募入札方式により発行されている（図表2-9）。

　1979年度における市況の悪化・低迷、金利水準の上昇により国債の発行環境はかつてないほどに厳しいものとなった。このような局面に対処し国債の円滑な発行を図るため、市況の推移に対応して機動的な市況対策等を展開するとともに、発行条件面でもたびたび条件改定が行われた。1979年度は、5次にわたる合計5.5％に及ぶ公定歩合の引上げに示されるように、1975年度以降の国債大量発行下ではじめて迎えた本格的金利上昇局面であった。大量

発行前に比べて量的にも質的にも変化した国債の発行・流通をいかに円滑に行っていくかについて、国債管理政策の真価が問われていた。適切な国債の管理は、市場における金利機能の活用、すなわち金利の自由化と切り離すことのできない問題であった。

3　国債相場の変動と金利自由化へのインパクト

　銀行等の保有国債は大量発行が開始された1975年度以降急増を続け、その増加額は5年間で20兆円にも達していた。こうした事態に対処して銀行等の引受負担の軽減を図るため、国債発行額の圧縮に努める一方、国債発行方式の多様化や価格変動準備金の全額取崩し等の措置が講じられた。1977年までは金融緩和が続く中で、流通利回りと発行条件の乖離が解消するなど公社債市場はきわめて順調に推移した。ところが公定歩合が3.50％と史上最低水準になるなど金利の下げ止まり感が強まると、国債の負担感が生まれてきた。そのような時期に発行されたのが表面金利6.1％のいわゆるロクイチ国債であった。

　国債発行条件は74年10月債の表面利率8.0％（応募者利回り8.414％）をピークとして低下し続け、78年4月債で表面利率6.1％（同6.180％）となっていた。ロクイチ国債は当時の市場実勢を勘案して発行されたものであるが、発行直後から公社債相場は下落の一途をたどり、ロクイチ国債が上場された後の79年3月末には流通利回りと発行条件との格差は1.10ポイントに拡大した。金融界からは発行条件改定の声が上がったが、それは当時金融機関は上場有価証券の評価を低価法で行うことが義務づけられていたため、ロクイチ国債の保有が評価損の発生に直結するためである。しかし国債発行条件の見直しは、きわめて狭い幅の中に一定の順序で多数の金利が秩序付けられている「四畳半金利」の全面的見直しにつながるため簡単ではなかった。

　伝統的な金利体系の見直し論にまで及ぶ激しい議論の末、結局、国債の発行条件は79年3月債から改定されることになり、表面利率が0.4％引き上げられた（表面利率6.5％、応募者利回り6.582％）。政保債、地方債など他の公社債の表面利率も0.4ポイント引き上げられたが、利付金融債は据え置かれ、長期プライムレートも変更されなかった。この結果、国債の利率は5年もの

利付金融債の利率（6.2％）を上回り、初めて両者は逆転した（「金国逆転」）。伝統的な金利体系に変化が生まれたのである。

　しかし発行条件改定後も金利先高感は一段と強まり、国債の消化は困難となった。日銀は1979年4月16日に、持続的な景気拡大を実現するための予防的引締めとの理由で、5年4カ月ぶりに公定歩合を0.75％引き上げた。これを端緒にして第2次石油危機に対応した厳しい金融引締め政策が展開され、公定歩合はわずか1年で2倍以上の9％に達した。国債発行条件も80年4月債では、表面利率8.7％（応募者利回り8.888％）と最高記録を記している。

　ロクイチ国債を中心にした国債相場の暴落は、国債の大部分を引き受けていた銀行の決算を大きく悪化させた。先に述べたように銀行については低価法が義務づけられており、保有有価証券の期末価格が簿価より低ければ、その差額を評価損として計上する必要があったからである。ロクイチ国債発行総額8兆8000億円のうち、都銀は約3兆円を引き受けており多額の評価損が発生することになる。各種の国債市況対策が講じられたが、基本的には経理基準の問題であるので、上場有価証券の評価に関する銀行経理基準を変更する銀行局長通達（1979・12・28）が発出されている。低価法によるとした67年の通達を改め、低価法・原価法の選択制とされた（この変更は、バブル生成・崩壊期に、このときには予想されなかった大きな影響を及ぼすことになる）。

　国債相場は80年4月をボトムとして小康状態となった。大蔵省は国債問題に関する懇談会を開催し、「当面の国債管理政策について」が了承された。その眼目は国債売却制限をそれまでの発行1年経過後から、取引所上場後（発行後約8カ月）に緩和したことである。国債売却制限はその後、81年4月に「発行後4カ月目の月初」、85年4月に「発行後2カ月目の月初」と順次緩和されていった（内田〔1995〕p30～）。

　このように、この時期における金利自由化問題は、国債の大量発行という財政面の事情に伴い金融側が否応なく受身で解決を迫られた課題であって、金融制度・金融行政側の問題意識から積極的に打って出たものではなかった。もちろん第Ⅰ部でも述べたように、金融側にも早くから金利自由化という問題意識は存在したが、複雑に利害の絡んだ問題を抵抗を抑えて実現する

には、理念や抽象論ではなく差し迫った事情に背中を押される必要があった。

　経済・金融構造変化の実情からすれば、本来は70年代から80年代初頭にかけてもっと迅速かつ本格的に金利自由化が推進されるべきであったが、実際にそれが完了したのは90年代半ばになってしまった。70年代後半において言葉としては大量国債発行が金利自由化を推進したといわれながら、実際に行われた措置がマイナーな制度・慣行の手直しに止まっているのは、この時期の金利自由化が金融側の構想力により推進されたものではなかったことも一因であろう。金融制度が経済構造の変化とグローバル化に適切に対応するための重要なプロセスとしての金利の自由化は、もっと「金融による、金融のための」ものとして行われる必要があった。

　ただ、アメリカでは70年代後半から80年代にかけて急速に新商品の開発や金利自由化が進行したのに対して、日本では90年代に至るまでステップ・バイ・ステップの自由化に止まっていた理由としては、当時の経済実態の違いも存在している。アメリカの金融革命は、競争原理が貫徹される社会の特質に由来するという側面もあるが、当時10％前後の高い物価上昇が続き、それまでは世界でもむしろ厳しい範疇に属していた金融規制の継続が不可能になったからでもある。アメリカの金利自由化は、レギュレーションQによる厳格な金利規制のため生じた銀行離れ現象（disintermediation）を契機として、経済実態に押される形で進んだものである。

　それに対して70年代後半以降の日本の経済運営は先進諸国の中で最も順調であり、とりわけ物価の安定に関しては西ドイツと並んで世界の模範生であった。国債の大量発行により長期金利が市場で形成されるという意味での金利自由化が進みながら、預金金利の自由化についてはきわめて緩慢な速度でしか進まなかった背景には、75年以降の物価安定というアメリカとは違った事情があったことに留意する必要がある。

4　現先市場の自然発生と発展

　国債の大量発行を契機に促進された金利自由化の流れと同様の動きは、企業の手元資金が豊富になったことに伴い民間部門からも発生した。金融制度の改革を現実が先取りする形で生まれた現先市場の発達はその一例である。

債券の現先売買とは、ある一定期間（通常1～6カ月）後に一定の価格で買戻す（または売戻す）ことを条件として行う債券の売買である。現先取引は債券売買の形式をとっているが、実質的には短期資金の貸借取引であり、売買される債券は担保の機能を果たしている。

　現先売買は、一方では債券を保有する法人が一時的に資金を必要とする際これを一定価格での買戻し条件をつけて売却しようとし、他方では、手元資金に余裕のある法人がその短期運用のための有利な投資物件としてこれを買入れようとする現実のニーズに即して盛んになった。戦後日本の金融は間接金融に偏り、ほとんどの金融チャネルを銀行が占拠してきたが、ようやく銀行への全面依存から脱しつつあった事業会社がこのようなループホールを作ったものである。短期債券市場の機能不全のため自然発生した現先市場の発達は、金融市場の形成や金利の自由化を促進した。

　60年代前半まではごく小規模なものに止まっていた現先市場は、60年代後半に入ると急激な発展を遂げた。1967年末には1500億円程度であった売買残高は72年末には1.2兆円台と5年間で8倍の成長を遂げ、1976年3月末には1.8兆円台とコール市場に比肩するものとなった。また、債券売買高全体に占める割合も高く、1975年以降は50％強に及んだ。現先市場は企業間の資金偏在を調整する効果を有するものであり、ここで成立するレートは企業段階の手元流動性の実勢を比較的忠実に反映していた。また現先市場は、証券会社が手持債券の自己ファイナンスの手段として証券金融制度を補完する機能を営むとともに、投資主体が一時的に換金の必要なときに手持債券を流動化しうる場として機能することにより、長期債市場発展の原動力となった（福田〔F1976〕）。

　ただ一方において、現先市場規模の拡大は証券会社の財務体質の悪化・債券価格の市場実勢からの乖離などの問題を生じた。現先市場の規模が拡大した1974年以降、証券会社の自主ルールを設定する形で規制されたが必ずしも満足な結果が得られず、また、公社債発行規模の増大、事業法人等の資金運用・調達方法の多様化などに伴いますますその役割が高まることが予想されたので、従来証券会社の自主規制の形で行われていた市場ルールの内容を通達（1976・3・10大蔵省証券局長通達）の形をもって周知徹底した。その後現

先市場は1978年1月末で3.3兆円と、コール市場を大きく凌駕するものとなった（中川〔F1978〕）。

現先売買は上記のとおり事業法人等のニーズに即して自然発生的に発展してきたものであるが、このことは安定成長時代になって資金の流動性が高まっているにもかかわらず、金融市場が整備されておらず資金の運用・調達が不便であること、金利が硬直的なため代替手段によって金融活動が行われていることを示している。硬直的な金融制度が金融経済の実情にそぐわなくなっていることは明らかであり、このような面からも迅速かつ本格的な金利の自由化が迫られていたことを裏付けている。しかしまだこの段階では民間経済における銀行の力は圧倒的であり、現先市場における企業の余裕資金運用のような動きが金融制度の根幹を揺るがすインパクトになることはなかった。

5　国債発行と金融構造

(1)　安定成長移行と金融構造の変化

実体経済の推移と金融システムの変化との因果関係をどのように捉えるかは難しい問題であるが、70年代前半は金融構造にとっても大きな変革期であった。大蔵省財政史室〔1991a〕（p3～）によると、日本の金融システムは1950年代後半にかけて「量的な」拡大を示し、経済成長の進展を支えた。しかし、高度成長期の後半には金融システムの量的な拡大はみられなかった。金融の深化が一層進むのは、高度成長が終息した1970年代前半以降である。総金融債務残高は1953年から60年代前半にかけて名目成長率を上回る速さで増加している。その後70年代前半までの高度成長後期には、非金融部門の債務は相対的にゆっくりと増加し、そのテンポ（特に法人企業部門）は名目成長率とほぼ同一であった。

70年代前半を境に経済成長率は鈍化するが、金融債務残高の伸びはあまり低下せず、その結果70年代後半以降金融部門の規模は実体経済に比べて相対的に大きくなった。その意味では「金融の深化」は急速な経済成長が達成された後に実現されたが、70年代後半以降の深化を促したのは民間部門ではな

図表2-10　主要企業の資金調達構造の変化（5年平均）

(単位：％)

期間	内部資金	借入れ	社債	株式	企業間信用
1960〜64	22.9	33.8	6.8	10.8	16.2
1965〜69	37.5	36.9	5.2	3.8	22.7
1970〜74	35.1	41.6	5.1	3.2	21.9
1975〜79	45.8	26.5	10.6	8.0	17.7
1980〜84	55.3	16.4	8.5	10.4	9.6
1985〜89	45.2	6.4	17.4	15.8	5.0
1990〜94	87.3	5.2	11.1	4.6	−7.1

(出所)　岩田規久男「デフレの経済学」〔2001〕p227

く、公共部門の活発な資金調達であった。主要企業の資金調達構造をみると、70年代半ばを境に間接金融優位の金融構造が大きく変化している（図表2-10）。ただ、それは通常の直接金融重視論が主張するように、積極的に資金需要が銀行から証券へ流れを変えるというよりも、むしろ民間部門の資金不足が解消したという受動的なものといえる。

　以上のように、日本経済は欧米先進国にキャッチアップし、新たな経済構造の中で金融に対するニーズが変化したことを受けて、70年代に金融システムは大きく変革されるべきであった。それでは70年代以降の金融システム転換の課題とはどのようなものであったのか。第1に、産業部門への量的な資金供給機能の縮小と同時に、産業構造の転換や新規企業の設立に対する質的な金融支援の強化である。第2に、増大しつづける個人金融資産を公共部門の資金需要に円滑に結びつける機能の整備である。第3に、国内では吸収しきれない資金をグローバルな資金需要に活用する機能の拡大である。

　具体的な金融システム改革の重要課題は、量的には過剰であるが質的にはむしろ乏しい金融経営資源（人材）を、いかにして需要の増大している部門に配分するかであった。しかし現実には、従来の制度・慣行は既得権益者に数々の恩恵を与えており、金融業界が自らの手で手術することは容易ではなかった。金融の需要者サイドにおいても、経済発展が順調なうちはその基盤にあえて手をつける必要に迫られなかった。80年代に至っても表面的には日本経済は順調に推移していたためそのような改革は十分に行われることな

く、90年代に入ってバブル崩壊をみた後にようやく「市場の暴力」をもってそれに取り組まざるをえなくなったのである。日本の金融システム改革が20年間の遅れを生ずることになった背景はそういうことだったのではないか。

(2) 国債発行と資金循環

　安定成長への移行に伴い民間企業部門の資金需要が鈍化していく一方、依然として家計の貯蓄性向が高水準に維持されている中で、国債発行により財政部門が資金の需給バランスを保つことはマクロ経済の運営上も必要であった。高度成長期においては、資金余剰部門としての家計部門から金融機関を経て貸出の形態で法人企業部門へ資金が流れる、という資金の流れが中心になっていた。公債発行により家計部門の資金が政府部門を通じて企業部門に流れるルートが開かれ、これにより間接金融偏重の金融構造を是正する契機となることが期待された。「間接金融から直接金融へ」という考え方はすでに60年代から掲げられていたものであるが、1965年の「財政新時代」や1975年以降の国債の大量発行時代においても強調されたのはこのような背景による。その意味では、国債の大量発行を契機に市場の機能が飛躍的に活用される大きな可能性を秘めていた。

　高度成長期以来の資金循環勘定の推移（図表2-11）をみると、戦後初めて国債が発行された1965年においては、法人企業部門の資金不足額が大幅な

図表2-11　部門別資金過不足

(単位：億円)

年度	民間部門			公共部門			国内部門	海外部門
	法人	個人	計	政府	地方など	計	計	計
1963	-18,415	18,709	294	2,971	-6,070	-3,099	-2,805	2,805
1964	-21,724	26,528	4,804	1,136	-7,668	-6,532	-1,728	1,728
1965	-14,297	25,176	10,879	969	-8,496	-7,527	3,352	-3,352
1966	-17,371	33,188	15,817	-2,757	-8,556	-11,313	4,504	-4,504
1973	-85,752	99,977	14,225	12,166	-26,709	-14,543	-318	318
1974	-115,163	138,450	23,287	9,713	-46,292	-36,579	-13,292	13,292
1975	-61,369	156,639	95,270	-40,299	-56,977	-97,276	-2,006	2,006
1976	-65,839	190,077	124,387	-54,894	-58,567	-113,461	10,777	-10,777

(出所)　日本銀行　資金循環勘定

減少となり、公共部門と海外部門がそれを埋めている。国債大量発行時代が始まった1975年以降は、法人企業部門の資金不足額は激減し、公共部門は急増している。この結果絶対額においても公共部門が企業法人部門に代わり、増え続ける家計の余剰資金を吸収した。この時期は企業部門の資金不足の縮小・公共部門の資金不足の増大・海外部門の資金不足への転換が構造的になっている。このような金融構造の変化が金融制度の自由化・国際化の背景にあることを認識しておくことは重要である。

　それにもかかわらず、この時期に間接金融中心の金融構造がなぜ大きく変わらなかったのかは、別の意味で興味ある検討課題である。「相対的に安全で均質かつロットの大きい公共債の一定のストックなしには、全体として証券市場の発達は容易でない。1970年代前半までに関してこの点を考えると、政府負債が高水準であったアメリカとイギリスには証券市場発達の基盤があり、日本とドイツがその逆であった」(伊藤〔1995〕p137)との指摘がある。そうだとすると、戦後の金融構造が間接金融中心である理由としてあげられてきた事情は、政府負債が高水準になった「２つのコクサイ化」時代以降は急速に解消されなければならなかったことになる。

　当時はそのような展開を予想した向きもあった。しかし今日に至るまで(公共債のストックは国際的に突出した水準になっているにもかかわらず)いわゆる間接金融中心の金融構造が維持されているのはなぜなのか、そのことに関して金融制度の側面がどの程度関係を有するのかは解明されるべき重要な課題である。おそらく、公共債の一定のストックは必要条件ではあっても十分条件ではなく、しかも公共債のストック・レベルがこれほど変化しても証券市場の発達レベルにほとんど変化がみられないところをみると、それ以外の条件のほうがはるかに重要なのであろう。90年代に至るまで市場における公共債の取扱いへの銀行の参入を認めてこなかったこと(アメリカでは可能)は１つの問題点かもしれない。

第5節　金利自由化の始まり

1　金利自由化の論理

　戦前は、銀行相互間で預金金利の最高限度・貸出金利の最低限度を協定し、金利秩序を維持してきた。戦後1947年4月14日に独禁法が公布され、公正取引委員会は金利協定を不当な取引制限として廃棄すべき旨の審決を行った。銀行は金利協定を自主的に廃棄したが、当時急激なインフレーションが進展しており貸出金利は上昇傾向にあったので政府はこれを放任することができず、1947年12月15日に臨金法を施行した。大蔵大臣は、「当分の間」経済一般の状況に照らし必要があると認めるときは、金利の最高限度を定め告示することになった。[2]

　1967年に「金融の効率化」が提唱されて以来、金利機能の活用は金融制度改正の中心的な視点であった。福田蔵相は1969年11月14日、臨金法に基づく預金金利の規制の仕組みを改正してこれを緩和する方針を示した。そこでは

① 　金利機能の活用が今後の金融政策のポイントになるという考え方
② 　最も枢要な金利である預金金利の自由化を進める長期的金利政策
③ 　当面の具体的施策としての預金金利規制緩和措置

の諸点が明らかにされた。

　国際化の本格的進展、労働力不足経済への移行、物価・公害・社会資本不足等各分野におけるアンバランスの深刻化など、日本経済は70年代を迎えるにあたっていくつもの難問に直面していた。これに対処していくためにはすべての分野において経済合理性に徹した効率化が求められなければならないとの認識に基づき、大蔵省は金融効率化のための諸般の施策を実施に移していた。そこでは各種の金利が資金需給の実勢に即して形成されるような環境

---

[2] 本法は、法制定後に予想された金融関係法規整備までの「当分の間」金利の調整を図ることを目的とするものであったが、諸般の事情により現在なお効力を有している。

を整備することによって、金融面から経済の合理化・効率化を推進していくことが期待された。

ところが、貸出金利に比べ預金金利はきわめて硬直的であり、1961年以来経済情勢の変動にかかわりなく預金金利はまったく動いていなかった。その理由としては次の3点が指摘されていた。

① 低金利政策：戦後日本では、企業の国際競争力を強化する見地から、貸出金利をできるだけ低位に止めておくことが要請されてきた。このため資金需給関係が概ね恒常的にタイトな状況にあったにもかかわらず、銀行等のコストの主要部分を形成する預金金利を低位に安定させておく必要があった。このような政策の前提としては、低金利であってもなお高い貯蓄性向が維持された国民的特性、海外金利の影響を遮断してきた外国為替管理などの諸事情があった。

② 財政投融資の運営：預金金利が引き上げられれば、均衡上郵貯金利も上げざるをえない。郵貯金利を引き上げるためにはその運用利回りである資金運用部資金の預託金利（当時6.5％）を引き上げなければならず、そうなると政府関係機関の貸出金利・料金体系などが引き上げられなければならない。日本の政治的風土においてきわめて困難なそうした諸問題を惹起しないためには、郵貯利率・銀行預金利率を現状のまま低位に安定させる必要があった。

③ 臨金法の規制：預金金利は、臨金法に基づく告示によって最高限金利が規制されていた。資金需給が恒常的にタイトで預金獲得競争が激しいところから、実際の預金金利はこの規制金利の上限いっぱいに固定されていたため、預金金利を変更するには、この最高限金利の変更が必要になる。規制金利の変更については関係者の意見を十分反映させるという考え方と決定手続がとられており、この結果金利は20年間にわたり概して現状維持に終始していた。

このような状況はもはや経済情勢に適応していないと考えられ、銀行等が預金金利について自主的に判断しうる範囲をできるだけ拡大することを指向して預金金利規制緩和が試みられる。具体的には臨金法に基づく告示による規制を、大まかな預金区分ごとに最高限度利率を設けるにとどめ、預金の種

類や期間別の細目にかかる利率は銀行等が自主的に定めうる建前とした。現在の判断基準からするときわめて微温的なものであったが、当時の担当者からみれば「革命」とも称すべきものであった。

> 理屈の上では、今の告示のままでも弾力的に動かしていくことは可能であり、それは、規制方式の問題というよりは政策意思のあり方であるといえる。しかし、現実問題として、20年以上の臨金法の歴史が、それがきわめて困難であったことを示しており、預金金利の弾力的運営の規制方式の考え方から変わったのだという革命が必要であったのである（後藤〔F1970〕）。

しかもこの程度の措置についても、「激変緩和」の配慮を施さなければ関係者の了解を得られなかったのである。

預金金利の自由化は必然的に預金金利の上昇を招き、その結果銀行等の資金コストは大幅に上昇し、弱小金融機関の経営破綻をもたらして信用秩序を混乱させるおそれがあることが懸念されている。貸出金利の引上げにより金利負担の増加分を融資先に転嫁することも考えられるが、優良融資対象の確保競争が激しかったので利上げは難しく、また弱小金融機関は利上げできたとしても融資内容を一層リスクの高いものとしてしまうと考えられた。

以上のような認識から、激変緩和のため、当分の間、運営の主眼を預金金利の弾力的運用に置き、預金に横並びの金利が付されている秩序に対しては急激な変更を加えないよう措置することとなった。具体的には、種類別・期間別の各種金利について、最高限規制金利の範囲内で、次の諸案が考えられた。

① 大蔵省および日銀の指導により、金融団体が預金金利協定を締結。
② 全銀協会長銀行が大蔵省および日銀と協議のうえ新預金利率表を公表し、各金融機関はこれに従って自己の新預金利率表を作成。
③ 全銀協が大蔵省および日銀と協議のうえ推薦預金利率表を公表し、各金融機関はこれに準拠して自己の預金利率表を作成。
④ 日本銀行がガイドラインとしての預金利率表モデルを公表し、銀行等はこれに従って自己の新預金利率表を作成。

いずれの案によるにしても、銀行等の預金利率表はあらかじめ当局に届出させ、その内容が上記の協定・ガイドライン等の内容と乖離することのない

よう当局が指導する必要があると考えられた。現代の感覚からみると預金金利自由化というにはあまりにも微々たる第一歩であったが、当時の実務責任者の述懐は、この問題に対する当時の金融行政の基本姿勢を表現している。

　今回の措置を機会に、金融関係者の預金金利にまつわるもろもろの偏見、固定観念が洗い流されて、ここから金利機能の活用が本格化していくことが強く望まれる。たとえば、公社債市場の育成といっても、預金金利を中心とする長期金利が活発に動くようにならなければいつまでたっても理念だけのことに終わる。また、金融効率化といっても、主要商品価格である金利について合理的な動きがなく、かなりの利鞘が保証されているような制度的環境においては、真の効率化は期待できない。金利は、その関係するところが多く、かつ、深刻であるだけに、十分慎重な配慮が必要であるが、金利機能の活用なくして金融において経済合理性を実現することはできない。70年代の金融行政の焦点が金利問題にあることを十分に認識し、ゆっくりと、しかし現実に金利機能の活用を実現していきたいと願うものである（後藤〔F1970〕）。

2　金利機能の実態

　60年代までの金融政策は、市場の実勢より低く抑えられた金利水準のもとで、超過需要を日銀の窓口指導を中心とする量的調整によって適正な供給力に合わせるという方法が中心であった。この時代には預貯金金利はほとんど動いておらず、公定歩合の引上げは都銀の日銀借入金利子の増大と窓口指導の強化をもたらし、量的引締めによって都銀の資金ポジションを悪化させ、コール・レートが極度に高騰した。このコール・レートの高騰によって都銀のコストが高まり、市中貸出金利が上昇することとなった。したがって、コール市場の出し手である中小金融機関の貸出金利の上昇は都銀に比して緩やかなものに止まっていた。

　ところが70年代以降はこのような量的調整によって金融政策を効果的に実施することはきわめて困難となってくる。都銀の日銀借入金の減少・金融界における都銀のシェア低下・企業の自己金融力の増大等の環境変化により、都銀を中心とした量的調整のみでは市中全体の資金需要を調整することは難しくなった。また国際化の進展によって、一国のみが異なった金利水準にあると資金の内外流出入を招くので、金利の国際的連動は不可避になってきた。このようにして、公定歩合の変更に伴って預貯金金利など長短金利の全

面的改訂を行うことが、金融政策の実効性を確保するための主要手段となり、金利機能の活用が金融政策の中心となるに至る（米里〔F1981〕）。

それに伴いいくつかの問題が発生し、当局者たちの頭を悩ませることになる。銀行等の収益環境がきわめて厳しくなると予想されていた時点においては、公定歩合の引下げと同時にコストとしての預貯金金利を下げなければ、市中貸出金利を下げ資金需要を喚起する実効性に乏しくなっている。しかし預貯金金利の引下げに対する国民の抵抗は強く、その引下げにより経済活動が拡大され、雇用が改善され、個人所得が増加するという経済理論で国民全体を説得することは困難であった。

また、経済を活性化するためには短期金利のみならず、設備投資資金を中心とする長期資金金利も引き下げることが重要である。ところが長期金利については長期債券市場で需給の実勢に基づいて流通利回りが形成されている。流通利回りを無視して発行条件を低位に決定すれば、新発債の消化は困難になる。そこで景気を拡大するための金利引下げの要請（規制金利）と、長期市場の実勢に応じて長期金利を決定するというメカニズム（市場金利）との矛盾の解決に迫られることになる。

このようなさまざまな問題は預金金利を規制している限り避けえないものであり、結局すべての問題を矛盾なく解決するには、預金金利の自由化を徹底する以外の方法はないとの考え方に至ったのである。

なお、当時の金利水準を先進国と比較すると、60年代前半にはかなり差があったのに比べ、60年代末では国際化を反映してか、物価上昇率の違いなどにもかかわらず意外に大きな差がなくなっている（図表2-12）。

ここで規制金利時代における低金利政策の効果についてみておこう。

銀行を中心とする間接金融が金融システムを支配する状況のもとで、預金金利や貸出金利に関する規制の存在はどのような効果を発揮したであろうか。金利規制は企業の金利負担を低下させる要因になっていたかという問題であるが、財政史室〔1991a〕（p21）は、全国銀行の経常利益率（対総資本額）と製造業の総資本利益率の推移を比較しつつ間接的にこの問題に答えてい

図表2-12　主要国の金利水準等の国際比較

国別	公定歩合	コール・レート	市中銀行・預金金利	市中銀行・貸出金利	長期国債利回り	事業債利回り
日本	(6.72)	(8.64)	(5.63)	(6.72)	(6.42)	(7.60)
	6.25	8.25	5.50	6.25	6.90	7.69
アメリカ	(3.25)	(2.53)	(3.63)	(4.55)	(4.00)	(4.61)
	6.00	8.97	6.25	8.50	6.81	8.13
イギリス	(5.08)	(3.95)	(2.95)	(5.58)	(5.88)	(6.78)
	8.00	6.88	6.00	9.00	8.94	10.71
西ドイツ	(3.28)	(3.48)	(3.68)	(5.83)	(6.07)	(6.11)
	6.00	8.35	4.00	6.50	7.60	7.80

(注)　上段括弧書きは1960～64年平均、下段は1969年12月現在
(出所)　金融制度調査会資料（財政史室〔1991b〕p386）

図表2-13　全国銀行および製造業の利益率（期間平均）

(単位：%)

期　間	製造業 （総資本利益率）	全国銀行 （経常利益対総資本比率）
1956～60年	6.62	1.11
1961～65	4.86	0.90
1966～70	5.62	0.92
1971～75	3.58	0.83
1976～80	4.05	0.49
1981～85	4.52	0.46
1986～88	4.75	0.61

(出所)　財政史室〔1991a〕p22

る。[3]　高度成長期を通じて銀行は非常に高い利潤をあげることができた。全国銀行の経常利益率は、70年代前半までは非常に高い水準にあった。70年代後半に入って徐々に規制緩和が進み、公共債市場など預金の競争相手が広がるにつれて、銀行の利潤は低下傾向をみせている。他方製造業については、高度成長期とそれ以後の時期で利潤率に大きな相違はみられない（図表2-13）。この事実は、高度成長期の金融システムが何よりも銀行の利益を増進

---

[3] これら2つの産業では財務構成が根本的に異なっており、また異なる経理基準を採用しているから直接両者を比較することはほとんど意味がないが、変化の傾向をみることはできる。

したことを物語っている。長・短最優遇金利をみると、「低金利」を目指した規制や指導があったにもかかわらず70年代半ばまでかなり高い水準にとどまっていた。この間の卸売物価上昇率は（53～54年を例外として）低い水準にとどまっていたから、実質利子率は非常に高かったといえよう。

3 譲渡性預金の創設

(1) 創設の背景

　さまざまな形で事実として金利の自由化が進むのに並行して、制度としての金利自由化への努力も試みられていた。しかし長年の慣行であった金利規制の枠を外し預金金利自由化を進めるに際しては、一般預金者がそのような発想に慣れるために予備的な制度の試行が必要であると考えられた。その場合にはまず、金利弾力化のニーズがあり自由化の発想を受け入れやすい企業金融の局面から着手することが適切である。これは現先市場の基盤となっている企業の余裕資金運用ニーズに、金融制度の面から応えるということにもなる。

　金利自由化の先兵として登場したのがCD（譲渡性預金 Negotiable Certificate Deposit）であった。なお、後述のようにCDに関する論議は国債の大量発行以前から提起されており、したがってCDの創設は必ずしも「国債化」のインパクトによるものではない。すなわち、「2つのコクサイ化」が金利自由化を推進する大きな契機になったのは事実であるが、金利自由化の必要性についてはそれ以前から十分認識され、そのための模索が広く行われていたということである。

　CDはアメリカにおいて発展を遂げた定期預金の一形態であって、預金でありながら証書が転々流通するところに特徴がある。主として企業や機関投資家の余裕資金を対象として金融機関が発行するもので、1961年2月にニューヨークの商業銀行が本格的な発行を始めてから急速に発展した。その後イギリス・オーストラリア・シンガポールでも発行され、それぞれの金融市場において重要な位置を占めるに至っていた。欧米におけるCDの発展は早くから日本にも紹介され、その導入をめぐって論議が重ねられてきた。ア

メリカにおいて本格的なCDの発行が開始されてから5年後の1966年に（イギリスではこの年CD発行が始まった）早くも日本に紹介され、1968年12月には都市銀行懇話会が法人向けCD創設について提言している。

1969年には「金融の効率化」を審議していた金制調で取り上げられ、各業態の代表からCD導入をめぐって意見の聴取が行われた。ただしこの段階では企業の余資も低水準であり金融市場における金利の弾力化も進んでいなかったため、1970年7月に出された答申「一般民間金融機関のあり方等について」（第1章第4節参照）においては、結局「企業の余裕金の実態、金融市場の現状等からは、その導入は適当ではない」との結論となってしまった。

しかしながらその後金融を巡る環境は大きく変貌し、企業等の余資の増大と現先市場の拡大、国際化の進展と海外でのCDの発行、金利の弾力化・自由化の進展等、CD導入論議に大きな影響を与える注目すべき変化が生じた。こうした状況をふまえ、金制調は1975年春に「普通銀行の業務の範囲」の審議の中でCD問題を取り上げる。このことから、CD発行をめぐる問題の本質は普通銀行の業務範囲拡大の可否（長期信用銀行の金融債と競合）であることが推察できよう。小委員会では導入を支持する意見が多数を占めたが、総会では法律上の問題等に関する慎重論も出され、ようやく1975年12月27日の総会で結論を得た。その後細部の詰めが行われ、1979年3月長年の懸案であったCDが日本の金融市場にも登場する。

CDの導入は、経済金融をめぐる次のような状況を背景としている。

① 市場原理の働く金融市場の必要性：安定成長への移行に伴い、法人部門中心の資金需要から公共部門・個人部門のウェイトが高まり、マネー・フローも複雑化した。このような中にあって、経済各セクターの流動性を調整し円滑な資金の流れを確保するためには、市場原理の活用が求められた。

② 短期金融市場の運用資産に対する需要の増大：高度成長期には企業は設備投資のため外部資金に依存していたが、経済成長の変化に伴って企業の手元資金は厚みを増し、企業は余資運用の途を求めていた。現先市場の規模は1972年3月には8800億円にすぎなかったが、1979年では5兆円近くにまで拡大していた。

③　金融市場における金利の弾力化・自由化の進展：現先市場は自由な金利による取引の場として拡大しており、国債については発行や売却について入札方式が実施され、また、コール・手形市場における金利の弾力化・自由化も進められていた。このように、金利が市場実勢に応じて変動する新しい短期市場資産が受け入れられる環境が整っていた。

④　金融の国際化の進展：「国際収支の天井」が意識されなくなった1970年前後から金融市場において国際化が急速に進み、銀行の相互進出が積極的に行われるようになった。邦銀の海外支店はCDを発行しており、在日外銀の間にも円資金調達の手段としてCD発行を望む声が高まっていた。

このような状況の中で譲渡性預金は創設されたが、長期信用銀行の金融債との関係、証取法第65条との関係など既存制度との調整を要したため、日本の譲渡性預金は欧米のCDとは異なる独特の金融商品となってしまった（ただし、本書では通称に従い「CD」という）。

(2)　具体的内容

当時の厳格なタテ割りの金融制度（専門制・分業制）との協調を図るため、CDの性格はかなり妥協的なものになった。この事例はある意味で戦後の業界調整型金融行政手法の典型ともいえ、同様の手法はその後も金利自由化・業務自由化などにおいて定着した。このことが金融業界のカルテル体質を一層強めるとともに、金融行政においても業界内の利害調整を主体とした手法を助長し、80年代以降の金融制度の健全な展開を妨げた面がある。

①　法的性格：払戻しについて期限の定めがある預金で、譲渡禁止の特約のないもの。長い間預金には譲渡禁止の特約が付され譲渡性のないのが常識となっていたが、譲渡性を有する預金を創出することには特段の問題はないとされた。

②　譲渡性：譲渡は民法の規定に基づく指名債権譲渡方式による。海外におけるCDは指図式または持参人払式の有価証券であるが、日本では証取法上の有価証券ではないことになった（有価証券になると証券会社しか取り扱えなくなる）。その結果、譲渡を第三者に対抗するためには、譲渡

人が発行銀行等に対し確定日付を付した通知書により通知を行い、銀行等は証書に捺印して返却するという煩瑣な手続を要する。
③ 発行単位：券面1枚当り5億円以上。既存預金からのシフトを防止し、中小金融機関への影響を抑える等の見地から、やや高めに設定された。
④ 期間：3カ月以上6カ月未満。1年以上には金融債が存在していたので、競合を避ける意味から6カ月未満とされた（最低預入期間3カ月は当時の定期預金と同じ）。
⑤ 発行方法：個別の相対発行。銀行等が均一の条件で不特定多数に対して公募する形はとらない。
⑥ 発行限度：自己資本の25％。既存の短期金融市場に急激な影響を与えないため、当初はややタイトな発行限度を設定し、その後だらかに発行量を逓増する。
⑦ 金利：臨金法による最高限度の適用外とし、市場における需給の実勢を反映して自由に決める。アメリカのCDも当初は金利の最高限度の定めがあったが、後に自由金利となった。

(3) 金融市場に与えた影響

上記のように欧米のCDに比べかなり制約の強いものとなったが、それでもこのCDの発行が金利自由化のさきがけとして金融市場に与えた影響は大きい。

① 従来、現先市場は一般法人が長期債の短期売買を行う場、コール・手形市場は金融機関相互間で資金調整を行う場というように、市場の構成員が相違していることもあって両市場間の金利裁定が十分に機能しなかった。CD導入により広く一般法人・金融機関等が参加する市場が育成され、短期金融市場の整備が促進された。
② 現先市場、コール・手形市場、国債発行等について金利の自由化が次第に進められたが、金融システムにおいて根幹的地位を占める預金としての法的性格をもつ自由金利商品（CD）が生まれることは、金利の弾力化・自由化を進めるうえで重要な一歩を記すことになった。
③ CDの創設は在日外国銀行の円資金調達手段を強化することになり、

図表2-14　短期金利商品の残高推移

(単位：億円)

	現　先	CD	外貨預金
1981・9	41,338	30,242	78,168
1982・3	48,640	26,285	92,833
1982・9	44,273	40,785	99,656
1983・3	45,578	38,104	86,608
1983・9	38,993	56,500	113,807
1984・3	40,908	64,663	126,030
1984・9	32,769	80,727	143,387

(出所)　金融財政事情研究会〔1985〕p100

金融面での国際協調の進展にも役立つことが期待された。

CD発行開始以来、発行条件の緩和は着実に進められた（山本〔F1983〕p61参照）。発行条件の緩和が進むとともに、CD現先の誕生に象徴される性格の変化がみられた。CD創設当初は単純な買い切りが主流であったが、1981年ごろから流通市場（CD現先）が急速に拡大した（図表2-14）。こうしたCDやCD現先（実質的にはCD期間の短縮）の拡大は、次のような影響を及ぼした。

① 　預金金利の自由化を促進し、特に発行単位の小口化により預金金利の全面的自由化を促す大きな要因となった。
② 　金融機関の資金調達面からはコール・手形市場、日銀借入といった伝統的インターバンク市場等への依存を低め、逆に金融当局からみれば銀行等の資金調達を直接的にコントロールすることが難しくなった。
③ 　自由金利であるCDは今までの預金のように集めれば集めるほどよいというものではなく、いろいろな面で金融機関経営の変化を促すことが期待された。

4　郵便貯金制度の改革論議

(1)　預貯金金利の一元的決定問題の背景

金利自由化が迅速かつ十分に進展しなかった大きな理由として、郵貯の存

在をあげなければならない。そもそも金融事業においては信用・信頼は最も重要な要素であるが、そのマーケットに国家の信用を背景とした事業者が存在すること自体、競争条件において平等ではない。そのような国営事業が何らかの事情で存在する場合には、金利等の条件でハンディキャップを課されていなければ市場における競争条件は公平とはいえない。しかるに現実には戦時以来の貯蓄奨励策の影響もあって、定額貯金など郵便貯金の商品性はむしろ民間より優遇されていた。民間金融機関が産業金融に傾斜する中で郵貯が経済的弱者である庶民の金融機関として位置づけられたことにより、ある時期までそのような優遇措置が国民の支持を受けていたことは間違いない。

しかし高度成長の結果国民の経済水準は先進国レベルに上昇し、個人金融資産の蓄積も巨額に上った。70年代における郵便貯金の増加には目覚しいものがあり、1980年末では残高で60兆円、シェアで個人預貯金総額の約30％を占めるに至っていた。郵便貯金の肥大化は、

① 銀行等の預金が伸び悩み、民間資金の供給に円滑を欠くおそれがある
② 金利の決定・変更に弾力性を欠き、金融政策の有効性が減殺される
③ 金利の自由化を推進していくうえで郵貯の存在が障害になる

といった懸念を呼び起こした。

当時預貯金金利の決定にあたっては、民間預金金利については金利調整審議会に、郵貯金利については郵政審議会にそれぞれ付議され、預貯金金利が二元的に決定される仕組みになっていた。このような方式のもとで、郵貯金利の変更については主として貯金者の利益の観点からの主張（端的にいえば、高ければ高いほどよい）がなされることが多く、金利改定のたびに大蔵・郵政両省の間での折衝が難航した。[4] 金利政策は国民経済全般の観点から行われるべきものであるとの問題意識から、金利決定の一元化・官業への資金集中の見直しなど金融分野での官業のあり方に関し種々の問題が提起されていた。これらの問題は経済運営に大きな影響を及ぼす基本的かつ緊急に対応を要する政策課題であることにかんがみ、1980年末、郵政省による新種の個

---

[4] 後に郵政民営化を実現した小泉純一郎首相は、この時期（1979年11月〜80年7月）大蔵政務次官を勤めていることは興味深い。

人年金発足をめぐる予算折衝の過程において、政府・自民党間で次の合意が行われた。

> 内閣に中立的な検討の場を設け、これらの問題にいかに対処すべきかを早急に検討し、昭和56（1981）年8月までに答申を得ることとする。この検討の結果については、大蔵大臣も郵政大臣もこれを尊重することを確認する。

「金融の分野における官業の在り方に関する懇談会」（郵貯懇）はこの合意に基づき、1981年1月に内閣総理大臣の諮問機関として設置された。預貯金金利の決定に際し郵貯懇で最も重要な論点になったのは、国民経済全体の観点から金融政策を運営していくにあたって個人預金者の利益保護をどのように位置づけていくかであった。このこと自体は当然のことであるが、預金者保護の名分のもとに金利政策の機動的・弾力的運営が阻害されることが懸念されていた。個人預金に大きなシェアを占める郵貯金利が民間金利と関係なく独自の立場で決定されるならば、各種金利が市場の需給関係のもとで自然に形成されるための条件を整備できない。金利自由化の具体的手順を進めるためには、金利形成について圧倒的な影響を有する郵貯を経済合理性に基づき統御する仕組みを確立する必要があった。

この時代において、金融問題についてこのように高度の政治的なプロセスを経る事例は多くない。当時金利自由化にまで政治的関心が高まった背景には、経済政策全体の枠組みとの関連があった。第2次石油危機の直後で安定した経済運営が強く求められていたが、そのためには金融の量的規制とあわせて金利機能の一層の活用による金融政策の機動的・弾力的運営が必要と考えられていた。また財政に多くを期待することが困難な状況下において、金融政策による景気調節機能の発揮が要請されていた。そのためには郵貯金利もその時々の金融政策の方向に応じ、民間預金金利と同時にかつ均衡のとれた形で機動的・弾力的に決定・変更するとの考え方（預貯金金利の一元的決定）を確立し、所要の法律改正を行う必要があった。

(2) 郵貯懇の考え方とその後の経緯

郵貯懇は1981年8月20日に報告書を取りまとめ、首相に提出した。その眼目は、

① 官業としての郵貯のあり方：国が行う事業は市場原理に委ねておくことが適当でない分野においてのみ、民間業務を補完すべきである。
② 郵貯への資金集中：郵貯の肥大化は民間金融機関を圧迫するとともに、適正な資源配分の観点からも問題がある。金融政策の有効性を弱める。
③ とられるべき措置：定額貯金の商品性の見直し、郵貯限度額の当分の据置き、直接運用の否定、金融行政の過剰介入排除、民間金融機関経営の改善・合理化、預貯金金利の一元的決定方策の具体化など

であった。しかし郵貯懇の検討結果は郵政側の抵抗によって実現に向かうことはなく、その後も政治的交渉が続いた。その結果1981年9月30日、政府・与党において次のような合意が行われた。

郵貯問題の取扱について
1　預貯金金利決定の在り方については、別紙1にとおり、郵政、大蔵、内閣官房長官の3大臣で合意の上、閣議に報告するものとする。
2　その他の問題については、57年度予算編成とは別に、大蔵、郵政両省及び内閣官房において、引き続き検討するものとする。
（別紙1）預貯金金利決定の在り方について
　民間金融機関の預金金利が決定、変更される場合には、郵便貯金金利について、郵政、大蔵両省は十分な意思疎通を図り、整合性を重んじて機動的に対処するものとする。
（別紙2）郵貯資金の自主運用問題について
　郵貯資金の自主運用問題は当分の間棚上げとし、とりあえず臨時国会に際しては、次の趣旨により答弁するものとする。
（大蔵省）郵貯資金の自主運用の要求が出されていることは承知しているが、57年度の予算編成は従来どおりの方針で行う考えである。
（郵政省）郵貯資金の自主運用の要求の実現を希望しているが、57年度の予算編成は従来どおりの方針で行うとの財政当局の意向は承知している。

　要するにこの問題は明確な決着をみるに至らず、金利決定方式に関しては後に1994年の預金金利自由化完了時点に至りようやく決着し、官業としてのあり方については橋本内閣による郵政改革を経て、2005年の小泉内閣による郵政民営化まで結論を待つことになった。しかし2009年の民主党への政権交代により、郵政民営化のあり方については再び議論を呼んでおり、完全に決着がついたとはいえない状況にある。

5 金利自由化の遅延

　銀行の定期預金は長い間、3カ月・6カ月・1年の3種類であった。その金利は臨金法に基づく大蔵省告示により原則として公定歩合変動のつど変更され、しかも市場金利に比べ低めに設定されていた。このように預金の商品性はきわめて限られていたが、1973年になって2年もの定期預金がようやく導入される。その間預金という商品の改良がほとんど行われなかったことは、この時代が基本的に資金不足時代（預金者の立場は本来強いはず）であったことからみると不自然な現象であった。

　このような枠組みにおいては、銀行経営は預金を集めさえすれば安泰であり、経営に創意工夫を凝らす必要はない。極論すれば郵貯に限らず日本の銀行業は農業と同様、商品性と価格を統制された実質的には国営企業であった。これは必ずしも行政側の一方的強制によって行われていたとはいえず、業界側にとっても収益率の高く安定した地位を維持できる都合のよい枠組みであったことは否定できない。このような体制が長期的に継続すると、金融システムは活力や創意を失うこととなる。金利の自由化は、この状況を打開する鍵になることが期待された。

　しかし国債の大量発行（国債化）によって相当な進展をみせるべき状況下にあった金利自由化も、すでに述べたように辛うじて現先市場・CD創設・国債の流通などの事実によって規制金利体制に風穴がこじ開けられるというような展開であり、この段階では制度としての本格的な改革はほとんど進まなかった。この状況をブレークスルーするための本格的な預金金利自由化は、もう1つのコクサイ化（国際化）の圧力、すなわち80年代半ばのアメリカからの「外圧」を待って本格的に展開されることになる。しかしこの段階においても金利自由化の基本的方策とスケジュールを設定するに止まり、結局その具体的進展は80年代後半以降に委ねることになった（第4章第2節参照）。

　金融における「価格の自由化」である金利自由化は、多様な選択肢を可能にすることにより金融改革の基盤を整えるとともに、競争環境を提供することによりさらなる改革の推進力ともなる。欧米先進諸国における金利自由化

がおおむね80年代半ばまでに実施されていることを勘案すると、日本においてもこの時期に本格的な金利自由化プロセスを開始していれば、その後の厳しい市場化・グローバル化時代を迎えてからの展開も若干違ったものになっていたのではないかと惜しまれる。

第3章

銀行法の全面改正

第1節 制度改正の背景と問題意識

1 銀行法再検討の動き

　旧銀行法は、1927年に昭和金融恐慌の混乱の中で制定された。その意図するところは、預金者保護のため、弱小不良銀行を淘汰して規模を拡大するとともに、銀行業務以外の他業の兼営を禁止し経営の安定を図ることであった。それから戦争・敗戦・占領下の激動期を経て当時の関係者が50年ぶりと意気込んで取り組んだ銀行法改正への動きは、1975年5月14日の大平正芳蔵相から金制調への諮問に始まった。特例公債の発行が決定されたのはこの年であるが、この時点では銀行法改正論議と国債の大量発行とは必ずしも直接の関係はなかった。戦後まもなくGHQの影響下で制定された金融法制の見直しは独立後の長年の課題であって、銀行法・日銀法の改正をめぐる国会での論議はそれまでも繰り返し行われてきた。しかし1974年から75年にかけての政府答弁はそれまでとは若干趣を異にした積極的なものであった。

　三木首相
　　銀行法は50年も前のものでございますから、やはり時代に即応しない面もあって、これは大蔵省に再検討してもらう考えでございます（1974・11・20衆議院予算委員会）。
　大平蔵相
　　銀行法、日本銀行法は、戦前または戦時中の立法でございまして、その後

の環境が一変した今日、このままの姿でいいものとは考えておりません。したがって、なるべく早い機会に、関係審議会首脳等と、この問題につきまして篤とご相談をはじめてみたいと考えております（1975・2・7参議院大蔵委員会）。

列島改造ブームや第１次石油危機の混乱の後、狂乱物価を加速させたと大企業・大商社の行動が社会問題とされていた中で、これらの企業に融資している銀行にも批判の矛先が向けられ、首相や蔵相の問題意識とは違った観点から銀行法のあり方が問い直されるという側面もあった。出発点は別として情勢が変化する中での議論は、金融の自由化・国際化の流れに沿ってというよりも、むしろ逆に、金融の社会性・公共性が強調される環境下ですすめられたといえる。そういう意味では、市場原理や規制緩和を掲げた80年代以降とは問題意識が若干異なっていたことに留意しておく必要がある。

1956年に金制調が設置された際、銀行法・日銀法の改正は重要な審議事項として想定されていた。日銀法については、当面の緊急課題であった準備預金制度等の問題について答申したあと、1957年には全面的見直しに着手し1960年に答申したが、両案併記の形であったので立法化に至らなかった（p38 COLUMN参照）。民間金融機関のあり方については、従来からもいろいろな角度から問題が取り上げられその都度答申されてきた。しかし銀行法そのものの改正問題は、これが金融法の中核をなす存在であるため、できるだけ金融情勢が落ち着いている時期に取り組むことが適当と考えられ、1975年に至るまで金制調として採り上げるに至らなかった。

蔵相からの諮問は「経済金融情勢の推移にかんがみ、銀行に関する銀行法その他の法令及び制度に関し改善すべき事項並びにこれらに関する事項について、貴調査会の意見を求めます。」と広範なものであった。「銀行に関する銀行法その他の法令」とは戦前の立法であった銀行法（1927年）のほかに、戦後まもなく整備された長期信用銀行法（1952年）、外国為替銀行法（1954年）、相互銀行法（1951年）に加え、貯蓄銀行法（1921年）などが考えられ、したがって「銀行制度」とはこれらの法律が形成している普通銀行制度、専門銀行制度などである。このように諮問の範囲自体は広くなっているが、銀行法改正が中心的課題と考えられていた。

蔵相が金制調に銀行制度の見直しを諮問した背景には、
① 経済が大きな転換期を迎えていること：高度成長から安定成長へ移行し、また、経済の国際化が急速に進展する等の経済情勢の変化が金融面にも反映している中で、金融機能の望ましい姿や銀行の機能発揮のあり方を見直す必要がある
② 銀行のあり方に関する国民の関心が高まってきたこと：「狂乱物価」等の現象を背景に企業や銀行の行動に対する国民の関心が高まり、それが企業批判、銀行儲け過ぎ論という形をとって現われている
③ 金融関係法令に古い時代に制定されたものが多いこと：以上のような経済的・社会的な背景との関連において、長年にわたり行政の懸案事項であった銀行法（1927年制定の片カナ書き）の改正問題が表面化し、この際見直しを行う必要がある

等の事情があった（関〔F1979〕）。基本的に「金融の効率化」以来の構造改革的な問題意識を共有しつつも、②のような70年代前半の激動期に醸成された社会の雰囲気を色濃く反映したものであった。

審議の進め方としては、
① 銀行制度の中核である普通銀行のあり方について全面的に見直す
② 各種専門銀行制度のあり方等についても検討する
③ 銀行法等の法令改正については、①、②の検討結果に基づき順次検討を進める

ことが決定された。まず着手する普通銀行制度に関する検討項目としては、次の7項目をあげている。
① 今後のわが国の経済構造および金融構造
② 銀行の役割
③ 銀行の資金配分機能のあり方
④ 銀行経営上の諸原則
⑤ 銀行の取引、サービス面における諸問題
⑥ 銀行業務の範囲
⑦ 銀行に対する監督

当時の問題意識としては50年ぶりの大改革との意気込みであったが、現時

点から振り返ってみると、当時のような経済構造の大変革期に際しての改革論議としてはむしろ保守的・伝統的な枠組みを前提にした議論に止まっている印象がぬぐえない。別の言い方をすれば、言葉では経済構造の転換期といいながら、当時日本の経済・金融がおかれていた状況に対する危機感が今ひとつ実感されていなかったからではないか。それは1975年という時点が、特例公債の発行という財政政策上は深刻な問題を抱えてはいたにしても、日本経済全体としては変動相場制移行・第1次石油危機という危機を切り抜けて、これからは混乱期に手をつけられなかった前向きの課題に取り組もうという局面（それは現実を楽観させる側面をも有する）であったからであろう。

2　諸外国における金融制度改革の動向

当時欧米主要国においても共通した問題意識に立った金融制度論議が行われ、ほぼ同時期に欧米各国でも銀行法改正が相次いでいる。第1次石油危機を契機とする世界経済の構造変化、その影響による経済問題の深刻化や金融情勢の急変等に伴い、金融機関に対する国民大衆の批判が高まるとともに、日本ではまだ直面していなかった個別銀行等の経営破綻も表面化したため、政府はこれに対応する必要に迫られていたのである。その手法としては、競争原理の導入により金融の効率化を図るという基本的な方向は維持しつつも、銀行経営の健全性確保のために必要な監督体制を整備するという点において共通項が見出される。これは1974年に発生した信用不安（ヘルシュタット銀行事件、イギリスのセカンダリー・バンク経営危機）を契機として、銀行の健全経営維持の重要性があらためて認識されることになったためである。

こうした各国の制度改革は、それぞれ各国の金融制度の沿革ないし現実の金融業界の構造を反映したものであり、改革の規模・内容は多様である。そういう意味では昨今のアメリカ基準による金融制度のグローバル化とはかなり趣を異にしている。しかし、各国がほぼ同時代に金融制度の改革に取り組まざるをえなかったのは、世界的に共通する金融情勢の変化の大きなうねりがその根底にあったためであることは事実であろう。

このようにみてくると、すでにこの時期から金融改革の世界同時進行の流れが強まっていたのであり、金融行政の展開にあたっても、世界の趨勢への

迅速・適切な対応が不可欠となっていたわけである。しかしこの段階において日本の金融界・金融行政の関心はまだまだ内向きであって、このような世界の動向を肌で感じるのは、80年代の外圧を待ってからのことになる。日本の金融産業が世界の金融市場で対等に競争していくなどという意識は、80年代以降に生まれたものである。

　欧米各国における状況をもう少し具体的にみると、アメリカとヨーロッパでは状況も問題意識もかなり違うことがわかる。アメリカではまさに、「黄金の60年代」の後、70年代の経済停滞・物価上昇期に現実に迫られて金融革命が進行する状況であった。それに対しヨーロッパでは、比較的落ち着いた雰囲気の中で金融の安定に必要な制度の整備を着実に進めるという雰囲気であり、日本にとってはこちらが望ましいモデルと考えられていた。

【アメリカ】

　60年代後半から消費者物価は上昇テンポを高め、それは二度にわたる石油ショックを契機にさらに大幅かつ継続的なものになった。インフレの定着により、市場金利は1967年以降乱高下を繰り返しつつ趨勢的な上昇傾向をたどった。それにもかかわらずレギュレーションQにより預金金利は低位に据え置かれたことから、預金金利と市場金利との格差が拡大した。証券会社による新商品MMMFの創設（1971年）などの影響もあって、銀行離れ現象（disintermediation）が起こった。

　これによって特に貯蓄金融機関は深刻な打撃を受け、このため住宅金融に支障が生じ社会問題化するに至る。このような事情を背景として金融制度の全面的な見直しを行うため大統領の諮問機関（ハント委員会）が設けられ、1971年12月に報告書が提出された。この報告書は、商業銀行・貯蓄金融機関の業務規制の緩和や預金金利規制の段階的撤廃等により金融機関間の競争を促進することなどを提言している。

　ニクソン大統領は提言に基づき1973年金融制度改革法案を議会に提出したが、結局審議未了・廃案となる。その後たびたびいろいろな方面から改革法案が提案されたが、いずれも実を結ぶには至らなかった。その後「1978年国際銀行法」の制定によって外国銀行に対する規制の強化が図られたが、それとともに「1980年金融制度改革法」の制定によって金利規制の段階的撤廃と

貯蓄金融機関の業務範囲の拡大等が行われた。

　ともすればこのような間接金融部門における動きに目を奪われ勝ちであるが、後になって振り返ると、この頃のアメリカにおける金融改革の最大のインパクトは1975年の「メーデー」（株式手数料の自由化）だったのかも知れない。また日本ではこの頃のアメリカにおける住宅金融について関心が寄せられていたが、真に注目すべきは間接金融を通ずる住宅融資の充実ではなく、住宅金融に関する証券化技術の発達だったと思われる。

【イギリス】

　経済環境の変化に伴う金利協定の廃止と競争原理の導入による銀行経営の効率化・活性化の必要性を最初に指摘したのは1967年の物価・所得委員会報告「銀行手数料」である。こうしてイギリスにおける金融自由化は新勢力の台頭に対するシティの打開策として始まった。このような問題意識はサッチャー首相による1986年のビッグバンを想起させるが、それよりも20年以上前から問題提起されていたのである。1971年には預貸金金利協定の撤廃やイングランド銀行による市中貸出規制の撤廃等を主要内容とするC&CC（Competition & Credit Control）政策が導入されたが、銀行金利はなかなか弾力化しなかった。イングランド銀行の公定歩合をTBレートに連動させる措置等により、ようやく自由化の実があがり始めた。

　他方1976年9月には、労働党大会において金融機関の国有化に関する提案が可決された。政府はこれを受け入れなかったが、その代案との意味合いで金融制度見直しのための首相の諮問機関（会長・ウィルソン前首相）を設ける。また大蔵大臣は「預金取扱機関の免許制と監督」（1976年8月）を発表し、預金者保護や銀行経営の健全性の強化を目指した。こうして金利弾力化・競争促進措置がとられる一方で、1979年にはイギリス史上初の銀行法が制定され、従来の登録制に代わって免許制が導入されたほか、預金保険制度の創設をみている。

【西ドイツ】

　西ドイツでは60年代に入ると、高度成長に伴い銀行間の預金獲得競争が激化し協定逸脱行為が横行したこと、1961年の対外経済法により為替管理が撤廃され内外資金交流が活発化したこと、等により金利規制の維持が困難に

なった。1965年に期間2年半以上の預金金利の自由化から始まり、1967年には金利調整令廃止により預金金利上限規制が撤廃された。その後業態ごとに標準金利勧告制が導入されたが、これも1973年の競争制限禁止法改正により撤廃され完全な金利自由化が実現した。金利自由化により金融機関の競争は激化傾向をたどり、利鞘は圧縮された。金融機関の整理・淘汰が進行し、70年代の10年間で商業銀行数は71行の減少をみた。自由化直後の1974〜75年に地方個人銀行の倒産が急増したのを契機にさまざまな信用秩序維持策がとられ、1974〜76年にかけて預金者保護制度の拡充も実施された。

1974年11月、アペル蔵相の私的研究会(アペル委員会)が発足し、ユニバーサル・バンク主義の当否、銀行に対する監督のあり方を中心に審議された。その背景としては、1974年のヘルシュタット銀行の倒産以降、一般的に信用制度のあり方について見直し機運が強まったことや、労働組合を中心に大銀行の企業支配批判の声が高まったことがあげられる。1976年1月、信用秩序と銀行に対する預金者の信頼回復を目的として、信用組織法が改正され、大口信用規制の強化、個人銀行の制限、連邦銀行監督局・ドイツ連邦銀行の監督権限の強化措置がとられている。

【フランス】

1946年の大銀行国有化により、この当時の3大銀行は国有となっていた。1966年の金融制度改革により銀行の業務分野の制限が緩和され、その結果、合併・提携・系列化等の動きがみられた。1974年ごろの世界的な銀行危機もフランスの銀行は大過なくしのいだ。ジスカールデスタン政権下では1979年に金融制度改革の方向について「マユー報告」が発表され、民間部門主導型の競争原理活用を金融面でも支援するとの考え方から、金融機関相互間の自由競争、金融効率化が提言されていた。それに対し1981年の政権交代により生まれたミッテラン社会党政権下では、むしろ規制が強化され、銀行国有化も進められた。

総じてみるとアメリカとヨーロッパでは金融自由化の進め方に若干の違いがみられた。欧州各国では自由化の影響が比較的緩やかに、かつ相当の時間をかけて現れている(フランスではさらに政治的要因による規制強化があった)

のに対し、アメリカでは「金融革命」とも「金融の混乱」とも称される金融の激動が引き起こされた。こうした差異の背景としては、以下のような事情が考えられる（高橋〔F1982〕）。

④ 欧州各国の金融界では中央銀行と大銀行との間に協調関係があり、過当競争が抑止され秩序ある競争状態が確保されている。一方アメリカでは金融機関の競争が激烈であり、また監督当局との関係についても自主独立の気風が強いという風土から、法律や規制の網の目をかいくぐった新商品の開発競争を激化させた。

⑤ イギリス・ドイツとも基本的には銀行・証券の垣根問題がない。そこでは銀行が銀行業務と証券業務のバランスをとりながら経営しているため、アメリカのように証券会社が新商品を開発して銀行に対して積極的に攻勢をかけるといった事態は起こりにくい。

⑥ 欧州では規制金利の問題点が明らかになると比較的早期に対策がとられたが、アメリカでは経済情勢に合わなくなった金利規制を長年にわたり固持したため、結局実態面との摩擦が一気に表面化した。

第2節　答申の基本的な考え方

　金制調答申「普通銀行のあり方と銀行制度の改正」は1979年6月20日に大蔵大臣に提出された。この答申は約4年間、会合合計112回にわたる広範な審議の成果である。通常のこの種の答申に比べると、本文・付属資料などきわめて大部のものであり、当時の関係者の意気込みが強く感じられる。その膨大な内容を簡潔に要約するのは難しいが、概要は以下のとおりである。

1　望ましい金融機能の実現

　答申は総論の最後の部分に「新しい金融効率化の展開―効率化と社会的公正の調和」という表題を掲げ、社会的公正に配慮した新しい金融効率化の展開を図っていくべきであるとの考え方を明らかにしている。すなわち、金利や業務範囲の弾力化による適正な競争原理と金利機能の活用・銀行等の経営

の効率化を強く求める一方、国民経済的観点に立った資金供給・国民のニーズに適合した金融資産の提供等の公共的機能の発揮が強調されている。

そして結論的に、「金融機関が、単に経営の効率性を追求するにとどまらず、国民経済的見地および社会的公正の観点から望ましい方向にその諸機能を効果的に発揮するとともに、その成果を国民に還元していくことがますます重要」であり、「今後、経営健全性を確保しつつ、経営の効率性の追求と国民経済的見地から見た適切かつ公正な機能発揮の両面の要請に調和の取れた形で応えていくことが金融機関にとっても行政当局にとっても重要な課題である」と答申全体を通じる基本的な考え方を示している。

この答申では、1970年答申（「一般民間金融機関のあり方等について」）が提唱した「金融の効率化」という理念を基本的には受け継いでいる。ただ、この答申では「金融の効率化」という考え方は「経済全体の効率化を金融面から推進していくため、金融に期待される各般の機能をより効果的に発揮していくこと」と非常に広い意味をもって使われている。銀行等がその仲介コストをできるだけ小さくするという意味における効率性よりも、金融機関の社会的有用性（公共性）を重視していることに注意する必要がある。

2　社会的公正への配慮と「公共性」の明確化

この答申では、金融の効率化という理念のみでなく、「公正」という理念を加えて「効率性と社会的公正の調和」を図るべきであるとされている。社会的公正が具体的に問題になるのは、中小企業および個人に対する融資機会の公正な提供や、個人取引の適正化および歩積・両建預金の解消である。このような問題意識は必ずしも新しいものではないが、答申ではこのような考え方が「効率」を修正する理念として掲げられ、競争原理や金利機能を活用しても必ずしも国民経済的に望ましい資金配分が実現することにならないという基本的な問題意識を明確に述べている。[5]

---

[5] このような考え方は、亀井静香金融相の主導で2009年に制定された「金融円滑化法」に共通するものがある。79年10月に初当選した亀井議員は、この答申に基づく銀行法改正論議において、自民党新人議員の論客として活躍した経緯があることは興味深い。

銀行は私企業として経営されるものであるが、資金仲介等の国民経済的に重要な諸機能を担っていることから公共性の高いものとしてとらえられてきた。この答申においては、「銀行が…その経営の健全性を維持しながら国民経済的・社会的に要請される各般の機能を十分に発揮して経済社会の効率的な運営に寄与していくことを確保」するという観点から、「公共性」の意味内容を、「銀行については、信用秩序の維持と預金者保護を図るためその経営の健全性を維持することが基本的に要請されるが、さらに国民経済的観点に立った資金供給、国民のニーズ等に適合した金融資産の提供等国民経済的・社会的な諸機能の適切な発揮が図られていく」ことを明らかにしている。この趣旨は銀行法冒頭に第1条第1項として、「この法律は、銀行の業務の公共性にかんがみ、信用を維持し、預金者等の保護を確保するとともに金融の円滑を図るため、銀行の業務の健全かつ適切な運営を期し、もって国民経済の健全な発展に資することを目的とする」と定められた。
　このようにこの答申では、預金者保護、信用秩序の維持を図るという静態的にとらえた公共性だけでなく、資金配分面等の機能の適切な発揮をはかるといういわば動態的・積極的にとらえられた公共性の概念が強調されている。銀行の公共性の重視は、大企業性悪論を基調とする当時の社会的な風潮を背景としているが、このことは結果的に従来の枠組みを温存し改革を不徹底に止めることにつながった。70年代前半から80年代にかけての日本経済は高度成長の成果を満喫した時期であって、自由化・国際化を唱えながらも抜本的な変革を迫られることのない環境でもあった。改革論議がこのような域に止まったのは、いろいろな意味で社会の雰囲気を反映したものである。

3　自己責任と自主性発揮の必要性の強調

　このように公共的な機能を発揮し社会的要請に対応していくための方策として、
① 　金利機能を一層活用すること
② 　業務範囲の弾力化により銀行の創意工夫の発揮を可能にすること
③ 　個別銀行の特色や各業態の専門性の発揮を促進すること
④ 　銀行経営の効率化を推進し成果を顧客に還元すること

⑤　許認可等を弾力的に運用すること

が強調されている。ただ、それが具体的にどのような方策により実現されるのかについて、必ずしも明確なイメージが示されているとはいえない。金融の公共性という概念にとらわれているため、金利機能の活用や業務範囲の弾力化という方策が迫力を伴って伝わってこないのである。

この答申では、銀行業務に関する規制にあたっては、銀行の自主的かつ創造的な努力を妨げたり過保護といわれるようなことのないよう留意すべきことがあげられている。[6]　しかし銀行法第１条の規定の順序(第１項　公共性、第２項　自主性)に端的に表れているように、考え方の基本は金融の公共性重視であり、それは列島改造ブームや狂乱物価の後遺症でもあった。

一方、ディスクロージャーの活用についてはきわめて積極的な姿勢を示している。ここでは、株主や投資家のために企業内容を正確に開示するという商法や証取法に基づくディスクロージャーが株式会社である銀行に適用されることは、当然の前提になっている。金制調であらためて銀行のディスクロージャーが審議されたのは、国民経済的に重要な銀行の諸機能が自主的に発揮されていくことを促進する具体的な手段として、ディスクロージャーを活用するという問題意識に基づくものであった。

答申ではまず、銀行は、

①　国民経済的・社会的に大きな影響力を有し公共性、社会的責任の高い企業であること

②　国民の預金を託されている機関として免許を得て成立している企業であり、国民の支持と理解を得る必要があること

にかんがみディスクロージャーを実施する必要性が一般企業以上に強いと指摘されている。さらに、ディスクロージャーは銀行が各方面のニーズを明確に把握するための手段としても有益であるとともに、「銀行がディスクロージャーにより自らの行動と成果を国民に開示しその判断を受けることは、銀

---

[6] この趣旨は銀行法第１条（目的）第２項に規定されている。「この法律の運用に当たっては、銀行の業務の運営についての自主的な努力を尊重するよう配慮しなければならない。」

行の自己努力を促進する自己規正策として有効である」と評価されている。

このような問題意識に基づくため、ディスクロージャーの重点は国民の預金を託されている機関としての性格および社会的要請等を考慮して、銀行の資金運用状況（必ずしも資産の健全性ではない）に置かれている。また、特定の分野への融資比率の法定等法令による規制を行うことなく、ディスクロージャーを通じる銀行の自己努力と自己規正により銀行に対する社会的要請と銀行の私企業性との調和を図っていくことが適当という判断も示されている。

すなわち、ディスクロージャーは金融機関が「自ら利益を追求するだけではなく、自らが生存し、機能する権利について社会の信任を得る必要があるという視点から、広く一般民衆の理解と支持を得るための具体的な方策として」主張されている。この点は現在の問題意識とは若干異なり、ここではディスクロージャーも銀行の社会的責任や金融の公共性と結び付けられていることに注目すべきである。主要銀行が情報開示を義務づける銀行法の規定に対し強い抵抗を示した背景には、[7] 公共性を根拠にした行政介入に対する危惧があったものと推察される。

4 健全性の確保と監督規定の整備等

この答申では、銀行の健全性の確保が経営や行政において基本的な課題であることも認識されている。特に銀行を巡る経営環境の深刻化、競争原理・金利機能活用の促進、リスクの高い国際業務の比重増大等からこの問題の重要性は一層高まることになる。銀行経営の健全性確保の見地からは、自己資本の充実、資産の流動性の維持、資金の運用・調達における期間対応の確保、資産運用の安全性への配慮、大口信用供与の抑制等が重視されている。

金融の国際化については、基本的には一層進展するという見通しのもとに、銀行の業務面においてこれに対する適切な対応が必要であり、また、金

---

[7] 銀行法改正においては当初義務的開示規定が考えられていた。これは金融界の強い反対により、結局全銀協による自主的開示規定に改められた。義務的開示規定は、1992年の金融制度改革法により導入された。

融制度・金融行政等を国際化の状況にふさわしいものとすることの必要性が強調されている。ただしこの当時の金融の国際化に関する認識はきわめて抽象的であり、後になって当時日本が置かれていた状況を振り返ってみると、到底この程度の認識で十分であったとはいえない。結局本格的な対応は、1984年以降のアメリカからの外圧を待ってはじめて進展することになる（第4章第2節参照）。

　以上のような基本的考え方に基づき、当時金融界で強い関心がもたれていた事項について、それぞれ処理の方向が一応打ち出されている。しかし、この膨大な答申は当時の基準では画期的なものであったにしても、「・・・のあり方」といったような総論的・抽象的な方針を述べたものに止まっていたり、複利預金の導入といった50年ぶりの銀行法改正というにはあまりにも控えめな前進であるとの印象はぬぐえない。1992年の金融制度改革における「業態別子会社方式による相互参入」や、日本版ビッグバンにおける"Free, Fair, Global"のように、その結論を一言で表現することは難しい。強いて言うならば「証取法第65条を巡る攻防」（後述）ということになるが、それは金融システム改革の理念としてはあまりにも生々しすぎる。

　答申の内容をさらに小委員会において検討した結果、銀行法改正の具体的内容としてあげられたものは次のとおりである。
　① 銀行法の基本理念を示す目的規定を設ける。
　② 営業免許・店舗認可等について免許または認可の基準を設ける。
　③ 銀行の業務範囲に関する規定の整備を行う。
　④ 銀行経営の健全性を確保するため、銀行経営上の原則を定める。
　⑤ 銀行の業務、特に資金運用に関するディスクロージャーについて規定する。
　⑥ 銀行監督の適正を期するため、監督に関する規定の整備を行う。
　⑦ 金融の国際化に伴い、在日外国銀行に関する規定の整備を行う。
　⑧ 銀行の週休2日制の実施を可能にするよう銀行の営業日に関する規定を弾力化する。

　長期にわたる広範・詳細な検討がなされたにもかかわらず、この答申では

行政当局において詰めを要する問題がかなり残された。このうち特に重要なものは次節で述べる銀行の証券関係業務の取扱いであり、この答申および証取審報告に基づいてさらに調整が行われる必要があった。また、中小企業金融専門機関のあり方については別途検討されることになった。

第3節　銀行法の改正と証取法との調整

1　問題の経緯

　銀行の証券業務取扱いを巡る複雑で長期にわたる調整過程は、銀行法改正論議が控えめなものに終わってしまった当時の事情を理解させるケース・メソッドの素材である。この問題は確かに銀行・証券両業界にとって存立にかかわる大問題であったかもしれないが、政界・官界・学界・言論界・業界のすべてがこのような業際的利害調整に時間とエネルギーを浪費し尽くし、しかもそのこと自体に違和感を覚えなかったところに、当時の金融制度論議の水準が表れている。市場を重視した金融システム（あるいは、間接金融から直接金融へ）との主張は議論としては古くから存在していたが、いざ金融制度改革が現実の課題となるとこのようなレベルの調整に終始することになるのは、むしろ当時金融界に活力があふれていたことの現われというべきであろうか。

　証取法第65条問題が公式に議論されたのは、証取審答申「内外の金融情勢の変化に伴う公社債市場のあり方について」（1973年2月5日）の審議が最初であった。特に議論が紛糾したのは、いわゆる「4社寡占」問題である。銀行を含め新規参入を促進すべきだとの意見が金融界から強く出された。証券界がこれに強く反対し、結局「広く金融制度全般にとってもその基本に触れる問題を含んでいるので、将来にわたる問題として国民経済的視野から長期的見地に立って考察すべきものである」として、「現段階で直ちに結論を出すのは適当でない」ということに落ち着いた（内田〔1995〕p43）。

　この問題はその後も銀行・証券界の論争の課題であり続けたが、銀行法改

正に際しても最大の争点となった。それはこの時代が「2つのコクサイ化」と呼ばれたことに象徴されているように、当時の金融界において天王山ともいうべき戦略的位置に置かれていたのが、国債の大量発行および国際業務の展開といういずれも証券業務への銀行の参入に絡む問題であったことからも理解できる。

> 銀行と証券会社の分野調整——これほど難しい問題はない。…銀行が、国民大衆に国債を売ることをどう考えるか。有力大銀行は主張し、証券界は防衛する。どちらにも数十年来の体験と言い分がある。大蔵省はこの難問をさばかなければならない立場に追い込まれた。折りも折、国債の大量発行が続き、借換問題が現れた。利害は利害。筋は筋。一時の利害を離れて国民経済全体の立場から十年の計を図る。その苦心から産まれたのが3原則である（土田〔1981〕）。

土田は銀行法改正時の調整に奔走した担当課長であったが、まさに銀行の証券業務の取扱いの背景には、1927年（銀行法制定）以来の歴史的な経緯と論争があることを実感していたわけである。旧銀行法第5条は銀行に対して他業を禁止しつつ、「保護預リ其ノ他ノ銀行業ニ附随スル業務」を認めていた。明文はないが、証券業務はここにいう附随業務にあたるものと解釈され、実際にも戦前の一部の銀行は社債の引受け等の営業を行っていた。

1947年に制定された証取法はその施行前に全面改正され1948年法となる（第1章第3節参照）。この法律の第65条は、銀行その他の金融機関による証券取引行為の営業を原則として禁止した。この規定はアメリカの金融制度を直輸入して、金融業と証券業とを分離する政策を打ち出したものである。ただし、アメリカと違って日本では銀行に株式の保有を禁じておらず、また社債保有について量的制限はなかった。一方アメリカと同様、公共債（国債・地方債・政府保証債）については（法文上は）銀行・証券の分離政策をとらなかった。いずれにしても証取法制定後は、銀行の付随業務としての証券業務は公共債を対象とするものに限られていた。

国債の窓販・ディーリング問題が世間の注目を浴びることになったのは、銀行の定期預金と競合するおそれのある中期割引国債の発行が決定された1976年頃のことである。それに反対する銀行への見返りとして、国債の一般投資家への販売（窓販）と国債のディーリングを認める方向で検討が始めら

図表3-1　銀行の国債窓販・ディーリング開始までの経緯

1966年1月	戦後初の国債発行。「銀行は当面募集の取扱いはしない」との覚書を証券界と交わす。
1973年2月	証取審答申「内外の金融情勢の変化に伴う公社債市場のあり方について」
1975年	国債大量発行が始まり、銀行界から国債窓販の声高まる。
1979～80年	国債価格の暴落で都銀は巨額の売却損・評価損を計上、国債窓販の声一段と。
1982年4月	銀行に「証券業務」を認めた新銀行法が施行される。
	蔵相の私的諮問機関「三人委員会」が1983年4月からの窓販開始を答申
1983年4月	国債（長期利付国債等）窓販開始
10月	中期国債の窓販開始
1984年6月	ディーリング（期近債に限定）開始
1985年6月	フル・ディーリング開始
1987年9月	超長期国債の窓販開始

（出所）　後藤〔1990〕p218

れた。銀行界でも、業務の中心であった大企業への融資が伸び悩み、新たな業務分野として大量発行時代に入っていた国債を中心とする証券業務が注目されていた。この問題については翌1977年には都銀懇から要望書が出され、それ以後各界において活発な議論が続けられた（図表3-1）。

　このように複雑な展開をしたのは、この問題が制度論・実体論として大きな問題であったことに加え、法制上の取扱いが必ずしも明確でなかったことにもよる。1965年に山一證券などの証券危機が起こったとき、証券業は登録制から免許制に切り替えられた。また1965年は財政運営について戦後の非募債主義から国債を抱えた財政への転換がなされた年でもあった。さらに1975年度以降国債の大量発行時代を迎え、また、公社債市場の規模も急速に拡大した（公社債売買高　1970年：8兆円、1975年：52兆円、1980年：281兆円）。証取法下では初めての国債発行の再開にあたり、銀行等は証券会社とともに国債引受シンジケート団を組織した。その契約によれば、シ団メンバーは「共同して募集を取り扱い応募額が発行総額に達しない場合にはその残額を引き受け」ることとされていた。ただその際、シ団の内部では引受契約のつど覚書が作成されており、これに基づき実際上は証券会社のみが募集を取り扱う習慣が続いていた。

　銀行界の見方によれば、このとき銀行は契約により当然に募集の取扱いができるはずであったが、証券不況後の証券界育成の見地からこの仕事に手を

出すことを自粛した。その後15年間の事実としては、証券会社のみが募集を取り扱っており、他方、国債の消化は銀行等の力なしでは不可能であった（土田〔1981〕）。

　証券界の見方によれば、銀行等の証券業務は証取法第65条により原則として禁止されているが、この禁止は公共債には適用されないことになっている。しかし、これは単なる禁止の解除に止まり積極的に行為能力を付与するものではなく、銀行等が公共債に関する証券業務を営みうるかどうかについてはそれぞれの業法の規定を合わせてみる必要がある。この点旧銀行法には特に明文の規定がなく、ディーリングまで「付随業務」に含まれるかどうか等について議論がなされてきた。また仮に銀行等が公共債に関する証券業務を営んだとしても、投資者保護を目的とする証取法上これについての取引規制や監督の規定が欠けているという法制の不整合、一種の法の欠陥がある（大津〔F1981〕）。

　その後70年代後半に至り国債の大量発行が続く情勢下にあって、国債の最大手の消化先である銀行等にも募集の取扱いをさせることを検討することになった。窓販問題の登場である。銀行等の証券業務の位置づけをめぐる審議は、銀行・証券問題を取り扱う2つの諮問機関で同時並行的に行われた。1979年の金制調答申では「これらの問題については、公社債市場のあり方の問題と密接な関連を有しているので、そのような視点からの論議をも総合勘案の上、行政当局において、検討を行い、適切に取り扱われることを希望する」とされた。それに対し証取審では批判的な意見が多かったが結論を出すことを控え、「今後行政当局において、…実体面、制度面から検討を行い、適切に取り扱われることを希望する」ことになった。両者の主張に配慮した妥協点の模索である。

　これを受けて大蔵省内で検討が進められ、関係部局の間で解決案の大枠として以下の合意（3原則）がなされた。
① 　公共債（国債、地方債、政府保証債）の証券業務について、銀行法上に明文の規定をおく。
② 　証券取引法上の認可を要し、所要の規制を適用する。
③ 　これは制度の整備であり、実施面の問題とは別である。

こうした基本的考え方に沿った証取法の一部改正法案は1980年5月25日にようやく成立した。

2　証取法・銀行法改正の内容

証取法改正のポイントは、次の3点である（大津〔F1981〕）。

① 銀行等が公共債に関する証券業務を営もうとするときは、大蔵大臣の認可を受けなければならない：銀行法改正によって銀行等が公共債について証券業務を営みうる旨の明文の規定が設けられることになったことに対応し、証取法においても新たに第65条の2を設け、銀行等についても認可を要することとした。

② 銀行等の証券業務について、所要の規定を準用する：証取法は投資者保護のため証券取引行為に関する監督・規制を行うこととしており、銀行等の証券業務も当然その対象となるべきである。しかし証取法は証券業務を専業として営む証券会社についての業法的側面があり、他方、銀行等は銀行法等による一般的監督を受けていること、証券業務の対象が公共債であること等から、証取法に全面的に取り込むのではなく必要な範囲で規定を準用することとし、かつ、その範囲も免許の種類、不公正取引の禁止等10ヵ条に絞った。

③ 証券会社の兼業制限を緩和する：改正外為法施行に伴う外国のCD・CP取引について、これを証取法上の有価証券に指定しないと証券会社は取り扱うことができず、指定すると銀行等は取り扱うことができないという矛盾があった。証券会社の兼業制限規定を緩和することによって銀行・証券両業界が取り扱えるよう措置した。

銀行法に関しては、公共債の残額引受とそれと一体として行う募集の取扱いを銀行の付随業務として規定した。この結果、公共債の窓販・ディーリングは（証取法第65条が銀行に対して禁じる）証券業務となり、これを行うためには新たに加えられた証取法第65条の2により大蔵大臣の許可を受けなければならない。

以上のように法制の整備がなされたが、実際にいつから銀行などに公共債の窓販・ディーリングを認めるかは、大蔵大臣の私的諮問機関として設けら

れた「三人委員会」にゆだねられた。現在の情勢からは理解に苦しむ回りくどい行政運用であるが、当時としては利害対立の激しい問題の解決方法としてしばしば使われた手法である（その状況については本章第5節参照）。

銀行・証券分離制度の本家であるアメリカでは認められていた公共債の窓販・ディーリングを銀行にも認めるための作業は、実現に8年以上もの歳月を要した。大企業の銀行離れを目のあたりにして新分野に進出したい銀行と、それを食い止めて既存の権益を擁護したい証券会社の間の対立が制度改革にブレーキをかけた。産業部門から公共部門への資金需要のシフトに対応するための金融制度整備は安定成長以降後の金融システムにとって最大の課題の1つであったが、その解決はきわめて難航したのである。

岡崎・星〔2002〕は、銀行は70年代後半から始まった金融自由化とそれに伴う大企業の銀行離れに対応するためユニバーサル・バンキング戦略を打ち出したが、規制緩和が進まず不動産融資にのめりこまざるをえなかったとしている（p313〜）。銀行としてこれが唯一の選択肢であったかどうかについては議論があろうが、銀行部門に蓄積された経営資源が活用されるためには、銀行の業務の市場部門（投資銀行業務を中心とした証券業務）への拡大は不可欠であったと思われる。その重要な端緒がこの時の銀行法改正であったが、金融行政はこの課題に十分応えることはできなかった。

業態別子会社方式によって銀行が証券部門に参入するには1992年金融制度改革法を待たなければならないが、80年代が世界的には金融革命の時期であり、他方国内的には不動産融資によるバブル発生の時期であっただけに、この時の市場重視の金融システムへの改革の遅れは後々まで大きな影響をもたらした。なお、銀行等による公共債の窓販業務は1983年4月から、また公共債のディーリング業務は1984年6月から段階的に開始された。

第4節　中小企業金融専門機関制度の改正

1979年6月に「普通銀行のあり方と銀行制度の改正について」を答申した後、金制調は1975年5月の諮問に対する第2の答申として、1980年11月に「中

小企業金融専門機関等のあり方と銀行制度の改正について」を提出した。この答申の背景および基本的考え方は次のとおりである（白石〔F1981a〕）。

① 普通銀行制度を中心に金融機関全般のあり方についての総論をまとめた1979年の答申に対し、これは中小企業金融分野についての各論として位置づけられる。

② 経済情勢の推移にあわせて制度の見直しを行うことおよび銀行法改正の考え方を中小専門機関制度に反映させることという2つの視点からの検討が行われた。

③ 1953年の制度発足以来見直しの機会がなかった労働金庫について、他の協同組織金融機関制度との権衡に留意しつつ見直しが行われた。

中小企業金融分野において専門機関が必要かどうかについては、従来は資金供給・需要の両面において、強者と弱者の棲み分けというやや情緒的な暗黙の理解が存在していた。しかし安定成長への移行に伴う大企業の資金需要減退に対処して、今までは強者の立場から中小企業や個人に関心を示さなかった都市銀行等も中小企業分野への積極的意欲を示していた。このような状況の下で、制度的に中小企業金融に専念する機関を設けておくことの意義は何か、その専門制とは何か、という問題が正面から検討の課題とされたわけである。

中小企業金融専門機関の必要性については、次のような検討がなされている。最近の「リレーションシップ・バンキング」を巡る議論を想起すると、金融論議は歴史的に繰り返されることを痛感させられる。

(1) 経済社会構造の変化と中小企業：わが国の中小企業は、欧米主要国と比較して経済全体に占める比重は高く、経済に大きな影響を及ぼしている。国民のニーズの多様化や多品種少量生産技術の進歩を背景に個々の企業の特質を発揮していくことが期待される。

(2) 中小企業金融の今後のあり方：中小企業は規模別・業種別に多種多様であり、様々な金融ニーズに適切に対応していくためには、各種の金融機関が重層構造をとりつつ、適正な競争等を通じて資金供給の質的な向上を図っていく必要がある。

(3) 中小専門機関の必要性：次の3点から中小専門機関の必要性が認めら

れる。
① 資金供給の安定性：銀行による中小企業への資金供給が安定的な構造を備えるに至ったかについては、しばらく推移を見守る必要があり、普通銀行以外に安定的供給者としての専門機関が必要である。
② ホーム・ドクターの機能：長い間の取引を通じて個々の業態ないしは企業の経営内容に精通している金融機関が、企業に役に立つ情報やきめ細かな経営上のアドバイスを与えながら、ホーム・ドクター的な役割を果たすことが期待できる。
③ 地域密着性：取引先である中小企業には地域経済に密着した活動を行っているものが多いことから、資金供給者としても地域の経済・社会の動向に深いかかわりをもった金融機関が大きな役割を果たしていくことが望ましい。

中小専門機関の今後のあり方としては、次のような指摘がなされている。
① 3種類の専門機関の必要性：中小企業の規模別・業種別等の差異に応じて重層的に活動する必要などから、相互銀行・信用金庫・信用組合の3種類の中小専門機関が並存する体系の維持が望ましい。ただし答申は、銀行も含めて各業態間で重複部分が拡大し、同質化が進展していく傾向を競争の促進につながるものとして評価している。
② 各専門機関のあり方：相互銀行は比較的大きな規模ないし中規模の中小企業等、信用金庫は中小規模の中小企業等、信用組合は小規模・零細企業等、をそれぞれ取引先の中心とする金融機関として位置づけている。

答申を受けて、中小金融関係改正法案が銀行法改正案とあわせて通常国会に提出され、1981年5月25日に成立した。金融制度改革といえば通常、大規模金融機関の国際競争力や市場機能の強化に焦点が当てられることが多い。しかし金融制度改革を実際に進めるにあたっては、中小専門機関への配慮はきわめて重要である。実際、60年代後半の「金融効率化」においても、現実的施策に結びついたのは遠大な理想・構想よりも伝統的な中小企業金融問題であった（第1章第4節参照）。1990年前後の金融制度改革論議においても、改革の焦点は大規模金融機関の関心事項である銀行・証券相互参入であった

が、その際中小・地域金融機関という弱者への配慮は不可欠であった（第5章第2節参照）。銀行法の全面改正にあたっても同様の発想がとられ、2つの法案がセットで提出されて審議促進の梃子とされていることが注目される。このような手法は、日本社会の精神構造をふまえた実践的調整の極意である。

第5節　1981年銀行法のもとでの自由化・弾力化の推移

1981年6月1日に新銀行法をはじめとするいわゆる金融四法（銀行法、中小金融機関法、整備法、証券取引法改正法）が公布された。従来の銀行法はきわめて簡潔な法文構成をとっており、その結果銀行行政は通達による行政指導に多くを依存してきた。新銀行法のもとでは、主要事項は法律による行政に移しかえるとともに、それ以外の事項については行政の自由化・弾力化を推進することとしていた。しかしこのような主張にもかかわらず現実には、以下に述べるように、80年代に進められた金融自由化は銀行法改正そのものに依らず、従来どおり行政上の措置を通じて行われたものが多い。以下の施策は主として80年代にとられたものであり、時系列的には第4章で述べるべき部分が多いが、銀行法改正の実施状況という性格もあるので本章で取りあげることとする。

1　法律による自由化・弾力化

新法の施行に伴い、法制面において次のような自由化・弾力化ないし銀行の業務範囲の拡大が図られた。今日の視点からみると、50年ぶりの銀行法改正としては技術的な手直しに終わったとの印象が強い。国債の窓販・ディーリング問題にエネルギーを使い果たし、内外を通ずる金融の転換期に求められていた大きな枠組みの再構築には必ずしも成功したとはいえない。

① 授権資本変更の認可制を廃止し、自由に変更しうることとする。
② 増資について、認可制から事前届出制に改める。
③ 店舗設置等について、省令により認可を要しない場合を定めうることにする。

④ 海外駐在員事務所設置について、省令により認可を要しない場合を定めうることにする。
⑤ 付随業務の中に、「金銭債権の取得または譲渡」（ファクタリング業務）を加える。
⑥ 公共債関係の証券業務を行いうる旨を明示する。
⑦ 復代理店禁止条項を廃止する。
⑧ 監査書を廃止する。

2 行政面における自由化・弾力化

　銀行法改正後の動きの中では、むしろ行政的措置を通じての自由化・弾力化が目立っている。このことはある意味では金融制度改革の不徹底さを意味するものといえるが、各方面の抵抗により法律改正に至らなかったものを補うための行政的努力の成果とみることも可能である。しかし根幹だけを法定した旧銀行法の手続を法律上明確化・透明化するとの方針を掲げながら、結局は行政による裁量的な措置が中心になって自由化・弾力化が進められたことは皮肉な現象であった。もとよりそれには大きな限界もあった。

　新銀行法により、公共性と私企業性の調和を目指した行政が実施に移されたが、その実態はどのようなものになったか。法制的に可能な範囲で極力自由化・弾力化を進め経営の自主性発揮を促そうとの意図のもとに、数次にわたり「自由化・弾力化措置」が発表された。第1次から第4次に至る措置は、新たに実施することになった措置に加え、過去1年間に実施に移された措置をあわせて取りまとめたものである（いわば金融行政の決算報告的な性格）。以下、新銀行法制定以降3年間における金融行政の自由化・弾力化の進展状況を跡づけてみる。

(1) 店舗行政の弾力化

　店舗問題はこの時期、金融行政の自由化・弾力化における大きな眼目となっていた。まず、第1次措置においては、経営者の自主的判断の余地を拡大する趣旨から店舗振替制が導入された。これは規模の大きな店舗を1カ店設置する代わりに、規模の小さな店舗を数カ店設置しうる仕組みであり、多くの

銀行で活用され、各行の店舗展開はバラエティーに富むものとなった。また、簡易で効率的・機動的な店舗展開を可能とするため、小型店舗・機械化店舗の設置基準が大幅に緩和された。第2次措置においては、店外CD（Cash Dispenser、現金自動支払機）の設置場所が弾力化され、原則自由となった。

第3次措置では、店舗の設置枠拡大（1行2年度当り小型店舗2→4、機械化店舗4→6）、人員規制の緩和（小型店舗10人→15人）、店舗の配置転換についての配転枠の撤廃、代理店設置場所の規制緩和等の措置が講じられた。また機械化への対応に関連する措置として、従来の店外CDに加え店外ATM（Automatic Teller Machine、現金自動預入支払機）が認められ、ポータブル端末機も導入された。第4次措置においては、代理店について設置枠を拡大（1行1年度当り5→8）するとともに、法人代理店の設置が新たに認められている。

(2) 証券業務の取扱い

銀行等による証券業務については、中立的立場にある有識者による三人委員会が設置され、その意見に基づき大蔵省の方針が段階的に進展した。

第2次措置においては、銀行等が長期国債の窓口販売を開始できること、中期国債の窓口販売・ディーリングについては引き続き検討すること等が盛り込まれた。第3次措置においては、1983年4月からの長期国債の窓販実施を控え、都銀・長信銀・信託・地銀・相銀の全行（157行）および農中に対し認可されるとともに、信金についても段階的認可が始められた。

第4次措置では、中期国債や割引国債の窓販は1983年10月から開始され、ディーリング業務についても84年6月から業務が開始された。これによって銀行等の証券業務については、新銀行法のもとにおける体裁が整った。1983年度における銀行等による長期国債の窓販実績をみると開始早々1年後にして証券会社を凌駕し国債の安定的消化の促進に寄与した。

(3) 国際業務の進展

70年代後半以降、経済の国際化に伴う金融の国際化は著しく、金融機関の相互進出が進展すると同時に、金融機関の国際業務も拡大・多様化しつつあっ

た。邦銀の対外進出の形態も、支店・駐在員事務所の開設、現地法人の設立、外国企業の買収といった形で多様化している。

海外における邦銀の証券業務については、証券現法の設立に関するいわゆる「三局合意」は第1次措置以降漸次撤廃の方向で弾力的に取り扱われてきた。「三局合意」とは、1974年8月、銀行・証券・国際金融の大蔵省三局間で合意されたもので、邦銀が海外で証券業務を行う現地法人を設立する場合に、その出資比率や銀行免許の取得について、業態別に、また、当該行の支店の有無によって行政指導することを指していた。[8] 要するに、国内における銀行・証券間の業務の秩序を海外活動において乱すことのないよう、大蔵省の関係部局が各業界の立場を代弁して調整したものであったが、国際化の進展に伴い実情に沿わなくなったため撤廃することになったものである。

金融機関の国際業務の進展に伴い外貨資金調達の多様化の道も開かれ、発行枠保証方式によるCDの発行あるいは5年間の長期預金の受け入れにより外貨資金調達の多様化・安定化が図られた。また、海外現地法人の外債発行による調達資金について資金使途の制限が緩められた。この間、邦銀による対外貸付の増大に伴ってカントリー・リスク問題が表面化し、第3次措置においては特定海外債権引当勘定が設けられた。さらに第4次措置においては税制面で海外投資等損失準備金制度の拡充が盛り込まれている。

(4) 付随・周辺業務の拡大、取扱商品の多様化

新銀行法のもとでクレジットカード業務が銀行本体の付随業務として明確に位置づけられた。クレジットカード会社のキャッシングサービスについて銀行のCD・ATM利用による取扱いも認められた。銀行の周辺業務についても、特定大口先からの集金業務、消費者ローンの相談・取次ぎ業務、抵当証券業務を、銀行の100％出資関連会社の業務として可能にした。貸金業を営む関連会社の設立も認められた。このような関連会社業務の弾力化もあって、関連会社の設立がきわめて活発に行われた。

---

[8] 1975年にトゥーム・ストーンの行政指導が行われ、これを含めて三局指導と呼ぶことがある。三局指導は最終的には、1993年金融制度改革法成立の際に廃止された。

図表3-2 おもな新商品・新業務

	商品関係	業務関係
1979	CD（譲渡性預金）	
1980	中期国債ファンド	外為法改正（インパクトローン等自由化）
1981	期日指定定期預金 ビッグ（収益満期一括受取型貸付信託） ワイド（利子一括払型利付金融債）	
1982		都銀等による定期積金業務 金の取扱開始
1983	変動金利住宅ローン	国債等の窓販
1984	資金総合口座（普通預金と中国ファンドの振替サービス） 海外CP、CD	公共債ディーリング 円転規制撤廃 短期ユーロ円貸付自由化
1985	MMC（市場金利連動型預金） 円建BA手形 大口定期預金金利自由化開始 ヒット（1年据置型金銭信託）	ICカード実験 債券先物市場発足
1986	トップ（長期国債ファンド） 変額保険 短期国債	消費者金融店舗 CD機の土曜稼動 外銀信託の参入 オフショア市場発足
1987	国内CP	海外金融先物自己取引開始
1988	住宅ローン債権信託	海外金融オプション自己取引開始 株価指数先物取引開始
1989	小口MMC	金融先物取引開始 株価指数オプション取引開始
1990		国債先物オプション取引開始

（出所）大蔵省

　この時期には新種商品の開発が進み、取扱商品が多様化した（図表3-2）。国民のニーズに即した魅力ある商品を提供するとの観点から、1981年6月、新たに預入元本方式、3年の預入期間、期日指定解約、1年複利等を内容とする期日指定定期預金が発足した。これは金利自由化への道程としても重要な措置である。同じ時期に新型貸付信託（ビッグ）が発売され、10月には新型利付金融債（ワイド）も登場した。1982年には都銀等による定期積金業務や付随業務としての金の取扱業務が開始され、また財形個人年金制度が発足した。

図表3-3　金融行政の自由化・弾力化措置（第1次～第4次）の骨子

項　目	第1次措置	第2次措置	第3次措置	第4次措置
Ⅰ　店舗	・店舗振替制の導入 ・店舗形態の簡素合理化 ・店舗設置基準の弾力化	・臨時店舗の設置期間の延長 ・店舗認可等の簡素合理化 ・店外CDの設置場所の弾力化	・設置枠の拡大 ・人員規制の緩和 ・配置転換の弾力化 ・代理店規制の弾力化 ・相銀体質強化店舗の存続 ・信金店舗規制の緩和 ・店外ATMの設置 ・企業内CD・ATMの設置 ・ポータブル端末機の導入 ・代理店主によるCD・ATMの設置 ・MTデータのオンライン搬送 ・NCSの見直し	・法人代理店の導入 ・店舗外現金自動設備の拡充 ・ポータブル端末機の拡充 ・企業のCD機利用によるオンライン処理 ・POSシステム利用によるオンライン処理 ・顧客のプッシュホン利用によるオンライン処理
Ⅱ　業務 1　証券業務の取扱い		・国債窓販の実施 ・ディーリング等の検討	・長期国債の窓販 ・中期国債の窓販およびディーリング	・長期国債の窓販 ・中期国債・割引国債の窓販 ・ディーリング
2　国際業務の進展	・海外における証券業務の取扱いの弾力化	・邦銀の対外進出の進展 ・海外における証券業務の取扱いの弾力化 ・海外駐在員事務所設置の弾力化 ・相互銀行協会海外分室の設置 ・信用金庫の外国為替業務の開始 ・外銀の対日進出の大幅増加	・邦銀の対外進出 ・海外における証券業務の弾力化 ・外銀の対日進出 ・外貨資金調達の多様化 ・特定海外債権引当勘定の創設	・邦銀の対外進出 ・外銀の対日進出 ・海外における証券業務の弾力化 ・カントリーリスク債権に係る準備金制度の創設
3　付随・周辺業務の拡大		・100％出資の関連会社業務の弾力化 ・周辺業務等を行う関連会社の業務の弾力化	・クレジットカード業務の取扱い ・100％関連会社の規制緩和 ・関連会社の設立の活発化	・クレジットカード業務 ・クレジットカード会社のキャッシングサービスの取扱い
4　業務提携の進展			・オンライン提携の進展 ・全銀データ通信システムの拡大	・貸金業を営む関連会社の設立 ・関連会社による抵当証券業務の取扱い ・関連会社の増加 ・オンライン提携の拡大

					・全銀データ通信システムの拡大 ・オンラインシステムの共同開発 ・金融機関と証券会社間の業務提携の進展
Ⅲ	取扱商品	・期日指定定期預金制度等の発足	・新型利付金融債の発売 ・期日指定定期預金の勤労者財形貯蓄制度への適用 ・各種年金商品の勤労者財形貯蓄制度への適用 ・都銀等の定期積金の取扱開始 ・金の取扱業務の開始 ・海外CD・CPの取扱い	・財形年金商品の発売 ・アキュム型特定金信の創設 ・変動金利付住宅ローンの導入 ・CDの発行限度の引上げ	・国債との組合せ商品 ・金融機関と証券会社による業務提携商品 ・自動振替サービス ・金の延取引 ・CDの発行条件の緩和 ・海外CD・CPの発売
Ⅳ	法令・諸報告	・店舗通達関係資料の簡素化 ・その他所報告の簡素化の検討	・届出等の簡素化 ・業務報告書等諸報告の記載事項の簡素化 ・銀行検査における徴求資料等の見直しと簡素合理化	・業務報告書様式等の簡素化 ・決算状況表の制定 ・歩積・両建預金自粛措置に関する諸報告の簡素合理化 ・検査徴求資料の簡素化	・貸金業規制2法の施行 ・海外CD・CP関係の通達等の整備 ・ディーリング関係の省令等の整備 ・大口融資状況報告の簡素化 ・土地取得関連融資報告の簡素化
Ⅴ	その他	・時価発行増資に係るプレミアム還元措置の緩和 ・配当の自主性尊重 ・全銀協による屋上看板撤去自主申合せの一部手直し ・広告自主規制の見直し ・内認可制度の整理・簡素化 ・国内の事務所設置の届出制への移行 ・仮営業所の位置変更認可不要期限の延長 ・役員賞与および報酬枠の事後届出制への移行	・休日の弾力化 ・営業時間承認等の簡素合理化 ・記念配当の弾力化 ・預金保険料率の引上げ ・大口信用規制の弾力化 ・経理基準通達の検討	・週給2日制の実施決定	・第2土休による週給2日制の実施

(出所) 福田〔F1984〕p36〜 一部修正

第4次措置においても、国債の窓販開始に伴い国債定期口座・国債信託口座・国債割引債口座が発売された。金融機関と証券会社による業務提携商品として、普通預金と中期国債ファンドを組み合わせ相互にその振替が行われる商品の取扱いも開始された。普通預金から定期預金への自動振替を行うサービス（スイングサービス、社員総合口座など）、金の現先価格差を利用した金投資口座の取扱いも始まっている。

　取扱商品が多様化する一方で、自由金利商品の拡大も進む。金利選好の高まりを背景にCDの最低発行単位は1984年1月に5億円から3億円へ引下げられた。発行限度についても自己資本の50％から75％に段階的に拡大された後、1984年4月に自己資本の100％へ引上げられた。また1984年4月から海外CP・CDの国内販売も開始されている。

　その他の措置をも含め、金融行政の自由化・弾力化措置の概要は図表3－3のとおりであり、小さな事項ながらさまざまな努力が積み重ねられている。いかにも日本的手法であり、また、政治的決断というより行政官的努力の集積をあらわしている。ここにはわが国の金融制度改革の特徴と限界が如実に表現されているとみることもできよう。

第6節　資本市場の発展

1　社債の無担保化

　この時期には、銀行法改正という大きな流れのほかにも、市場の整備という観点からの改革努力が重ねられた。しかし1965年の証券危機によって証券ブームは冷水を浴び、60年代後半以降ますます銀行中心の傾向が強まったこの段階では、そのような議論が主流になるに至らなかったことも事実である。高度成長から安定成長に移行したこの時代こそ、市場中心の金融システムへの再編成に最も相応しい時期であった。しかし、一方において銀行業が規制によって保護され恵まれた環境の中で十分な収益をあげえたこと、他方において銀行・証券分離制度や外資への参入障壁のため市場関係ビジネスに

十分な経営資源が投入されなかったことにより、この時期の日本において市場中心の金融システムが主流となるには至らなかった。

　ニクソン・ショックを間近に控えた1970年12月、戦後初めての円建外債が発行され、その後時価転換社債の発行や時価発行増資も盛んに行われる。経団連・資本対策委員会は1971年6月に「事業債発行市場の弾力化推進に関する申合せ」を行い、同年10月に大幅な金融緩和を背景に起債量の自由化が行われた。11月には証取審に有識者17名からなる特別委員会が設けられ、73年2月に「内外の経済・金融情勢の変化に伴う公社債市場のあり方について」を答申した。経済環境の変化と金融構造全体との関連をふまえた視野から公社債市場の諸問題を網羅的に検討したという点でこの答申は画期的な意義を有しており、また、証取審の審議が諮問−答申という形をとったのもこれが初めてのケースであった。この審議と呼応して、発行条件の弾力化、償還期限の長期化・多様化、起債量の大型化とスポット発行の定着、質的基準を重視した新格付基準の採用など、公社債市場の弾力化が着々と進展した（有沢〔1995b〕p239）。

　社債無担保化の流れは、貸付まで含めた有担保原則という日本の金融慣行の転換を迫ると同時に、受託業務を基盤に社債市場で主導権を発揮してきた銀行の役割の再検討にまでつながっていった。この意味で、銀行対証券の色彩を濃密にもった問題の1つであり、その起源は1933年の「社債浄化運動」において起債関係者の間で「今後の社債は担保付きとし、償還を確実にするため減債基金を設ける」との申し合わせが行われたことにさかのぼる。社債の有担保原則は社債への信頼確保に大きな役割を果たしたが、無担保が一般的な海外市場で社債を発行する日本企業が増えたことにより、70年代に入って次第に揺らぎ始めた。

　国内市場で無担保債の議論が始まったのは72年である。三菱商事や証券会社は、商社は担保物件には乏しいが収益力に問題はなく、海外市場のように無担保債の発行を認めるべきだと主張した。受託銀行は有担保原則を掲げて反対したが、優良会社の転換社債に限定し、財務制限条項（担保制限条項、配当制限条項）をつけることで妥協が成立した。三菱商事、丸紅、日立製作所などが78年1月に無担保転換社債を発行している。

日本の円建外債市場の拡大も、無担保化への流れを促進する要因となった。円建外債の発行は1970年12月のアジア開発銀行の円建債発行を契機に始まったが、本格的に拡大するのは経常黒字が拡大し円高が進行した1977年である。当初発行主体は政府、国際関係機関、優良な地方自治体など公的機関に限られていたので、有担原則とは無関係であった。一般事業会社については、1979年3月には戦後初めての無担保公募社債がシアーズ・ローバック社により、次いで4月には国内企業についても松下電器産業により初の完全無担保転換社債が発行された（内田〔1995〕p59～）。

2　「間接金融から直接金融へ」

　本格的な制度改正論議としては、「2つのコクサイ化」という環境変化に対応して、証取審では「安定成長期における公社債・株式市場の在り方について」調査審議するため基本問題委員会が設置された。この頃は、「間接金融から直接金融へ」という問題意識が非常に高まった時期であった。[9]　ここでは「高度成長時代から安定成長時代への移行といわれるような日本経済の変化をふまえて、中長期的展望のもとに、国民経済的観点から、公社債・株式市場のあり方について理論的に解明し、基本問題を調査審議する」こととなった。このテーマはこの後30年間にわたり、常に「新たな喫緊の課題」であり続けたのである。約1年間の検討の結果、「望ましい公社債市場の在り方に関する報告書」（1977・10・18）が発表され、その内容は大胆・率直な提言として大きな話題になった。

　基本問題委員会における議論においては、企業の資金調達形態を5つに分類している（長富〔F1977〕）。

　①　鉄鋼や電力のように、常に大量の外部資金調達を必要とする「大型企業」は今後とも直接・間接両金融市場で大量の資金を調達していく。

　②　松下電器やトヨタ自工のように、外部資金をすべて返済して、今後の所要資金もまず自己資金で十分に賄うことができる企業は、「脱外部資

---

[9] たとえば当時閣議決定された「昭和50年代前期経済計画」でも、従来の間接金融中心の金融から直接金融の拡大などを重要な課題として掲げている。

金調達企業」といえる。
③ ②の段階に達していなくとも、自己資金の比重も高く財務内容も良好な「成熟企業」群は、2つのグループに分かれる。堅実型企業は内部蓄積を高めることにウェイトを置き、積極型企業は直接金融市場で時価発行増資や時価転換社債の発行により資金を調達する。
④ 「成長段階企業」群は、高度成長期に一般の企業が行ったように、初期段階においては間接金融に依存せざるをえないが、ある程度著名になってくると時価発行増資等を行う。
⑤ 業績の振るわない企業や一般投資家に広く名前を知られていない企業は、自らの信用により直接金融を行うことは困難なので、間接金融に依存せざるをえない。

当時の公社債市場の特徴としては、次の4点があげられていた（大塚〔F 1977〕）。
① 信用割当・資金割当的な色彩が強くみられてきたこと：新発債の消化主体は銀行等であり、発行条件なども銀行等の諸金利とのバランスを考慮して人為的に決定されてきた。
② 発行市場と流通市場とが分断されていたこと：公社債の発行条件は総じて低位に固定化され、その結果発行利回りと流通利回りとの間に乖離が存在するのが常態であった。
③ 市場は広さ・深さに欠けていたこと：公社債の消化層の偏り、保有層の広がりの欠如、短期証券市場の未発達などの傾向がみられた。
④ 国債については流通市場が実際上存在しなかったこと

このような特徴は、企業にとって公社債市場は結局のところ限界的な資金調達の場以上のものではありえず、また個人投資家にとっては公社債（とりわけ新発債）が投資対象として魅力に乏しいという変則的な事態を生じてきた。しかし、70年代以降の経済構造の変化に伴い、国民経済の中における資金の流れは従来の個人部門から法人部門へという流れから、個人部門から公共部門へという流れに比重が移るとともに、今後法人部門においては従来のように大幅な基調的資金不足の状態が生じることはないと考えられた。

こうした構造的な変化を背景に、公社債市場を取り巻く諸条件も著しい変

貌を遂げていた。まず国および地方公共団体等が発行する債券の規模が従来に比べ多額になり、その残高の大幅な増加が予想されたことである。また個人は金融資産の増大に伴い資産選択を多様化する傾向を強める一方、企業においては余裕資金が生じ、現先取引をはじめとした債券への運用傾向を高め、機関投資家や金融機関も公社債への運用比率を高めていた。そしてこれらは公社債の売買を活発化させ流通市場を拡大するとともに、現先市場の急速な発達をもたらした。このようなさまざまな変化は、公社債市場の変革を行うために必要な客観的条件が熟しつつあることを示していると考えられた。

公社債市場改革の処方箋としては、この種の報告には異例なほどの具体的で論争的な提言をしている。

(i) 発行条件の弾力化・競争的決定
　① 国債発行条件の弾力化：市場における需給実勢を発行条件に反映する最も直截な方法は公募入札制であり、基本的な目標として公募入札制の導入を志向すべきである。
　② 事業起債方式の改革：起債会を中心とする起債調整のあり方に問題があるのでこれを廃止し、起債を自由化すべきである。
　③ 引受業務の集中化傾向の阻止と競争の促進：事業債の発行・募集については4社寡占の状況にあり、新規参入等が必要である。
　④ 債券の多様化：国債の多様化は進んでいたが、事業債については7年・10年利付債だけが発行されていた。

(ii) 流通市場の拡大と深化
　大口の店頭取引を中心として売買量が著しく増大しており、発行市場と比べればより競争的な価格形成が行われていると評価し、発行市場改革の優先度が高いことを指摘している。

(iii) 投資家保護
　基本的には自己責任の原則を主張しつつ、それが実現されるための環境整備として、起債会にかわる格付機関の機能充実・情報開示の拡充・無担保社債の発行等を提言した。

このように非常に的確で意欲的な報告であったが、この時点では議論はそれ以上発展することはなかった。その理由の1つとして証取審の委員改選期であったことがあげられているが、おそらくそれ以上に、この提言が（当時の枠組みとしては）必ずしも金融全体の展望を取り扱う場でない証取審の議論に止まったためであろう。基本問題委員会自体は学者のみを構成員とする中立的で視野の広い組織であったが、証取審という場はどうしても金融界の主流である銀行に対する証券会社としてのアンチテーゼを主張する場とみられ、そこでの議論の成果が金融界全体で取り組む課題となることは少なかった。折に触れ主張された直接金融重視論は、証取法を盾に証券会社中心で市場における金融活動を取り仕切ろうとの守りの姿勢に結びつきやすかった。市場機能活用論を金融制度全般に決定的な影響力のあるものとするためには、金融界で圧倒的な比重を占めている銀行の経営資源や外国資本を正面から組み込んでいくことが不可欠であったと思われる。

　この頃、制度や行政の本格的な改革は脇に置かれたままでも、資本市場の量的拡大は急速に進んでいた。1973年に37兆円であった上場株式の時価総額（東証一部）は、1983年には110兆円と10年間で3倍に延びている。公社債市場はさらに拡大のテンポが早く、1973年度末に7兆円台であった国債発行残高は、1983年6月には100兆円を超えた。年間発行量をみても1973年に1兆円台であったものが10兆円の大台を超えている。これを受けて1973年度に24兆円であった公社債の売買高も、1982年度には350兆円と10倍を超える拡大を遂げている。この間の経済指標をみると、GDPは120兆円から280兆円へと2.5倍、個人金融資産残高は130兆円から430兆円へと3倍強であり、これらに比べ資本市場の量的拡大ははるかに大きかった。

　このような量的拡大は同時に質的な変化をもたらしており、金利選好の高まりに伴う資産運用対象の拡大、企業の資金調達・運用形態の多様化といった現象がみられた。それにもかかわらず、この時期に市場を一層重視した金融構造に再構築できなかったことは、わが国金融のその後の展開をみるとき大きな悔いの残るところである。その原因は多様であろうが、基本的には80年代はそれ以前の発展成果の華やかな収穫期であり、世界的に進行していた金融革命や近い将来に潜む経済の屈折点に対する感受性が飽食感によって

鈍っていたということであろう。

第7節 この時期の金融制度改革の評価とその後

1 銀行法全面改正の評価

　この当時の金融行政担当者が想定していた銀行等のあるべき姿（ここでは、金融機関とは銀行等を指している）がどのようなものであったかは、次の記述から推測される。

> 　金融機関の機能は、信用秩序を維持し、預金者保護に徹するとともに、資金の供給者にはより有利な貯蓄手段を提供し、資金の需要者にはより低利の安定的資金を適正に供給することである。このような当然の前提の上に立って、金融機関に要請されるものは、まず、経営各面における効率化の推進であるが、・・・適正な競争というのは、社会的にみて不経済な競争を行うことではなく、わが国民経済全体からみて合理的なやり方での競争でなくてはならないのは当然のことである。
> 　また、競争条件を作り出す必要があると言っても、現実に都市銀行、信託銀行、長期信用銀行、相互銀行、信用金庫等の各種の金融機関があり、現実にそれぞれの働きを行っている以上、その与えられた分野を乗り越えて、他の分野に野放しに進出していくことが、この競争条件を作るという意味ではない（石川〔F1978〕）。

　また、「経済社会から要請される効率化」として述べられている以下の記述も、狂乱物価などの後に企業・銀行が厳しい社会的批判を受けた当時の金融当局の問題意識を反映したものとして興味深い。

> 　金融効率化の問題について、昭和40年代における検討の際には、社会全体に対して円滑な資金配分を可能とするため、金利の弾力化を進め、金利機能を活用することが必要であるとされていた。もちろん、そのような方法によって資金の円滑な配分を図ることは、今日においても必要であろうが、社会経済全体としての円滑な運営という見地からする資金の効率的配分という意味では、金利弾力化だけでは不充分であり、これに加えて、場合によっては更に高次元の見地から効率的な資金運用を考える必要のあることが、今後大いにありうるのではないか。

従来の金融効率化がどちらかといえば、金融機関自体の効率化に重点が置かれていたのに対して、社会が金融機関に求める公共性は何かという国民経済的視点からいかにして金融機関の機能を効率的に発揮していくかという検討を進めていくということ、即ち金融機関内部の論理に基づく効率化と国民経済的見地からの効率化とを調和させていくということをもって、新しい金融効率化と呼ぶことができる（同上）。

　銀行等は国民から広く預金を預かってそれを公共部門・企業部門・個人部門に融資している。また相互のネットワークによって一国の信用秩序を形成している。このため一般産業と異なり、預金者保護・信用秩序の維持等を図るため法律によって免許業種とされ、同時に種々の規制を受けている。また金融制度として、中小企業金融・長期資金供給・外国為替業務等の専門機関が設けられていたのも、国民経済的に必要とされるこれらの分野に対する資金の円滑な供給を確保しようとする目的に由来していた。

　しかし他方で、銀行等も私企業であり、その活力を十分に活かして金融サービスを拡大するためには、自由主義経済体制のもとで自由な競争をすることによって、資金の調達・運用両面において国民のニーズに応えていく必要がある。そして経営の効率化を図り、預金者にはできるだけ高い金利を付し、借入者にはできるだけ低い金利で資金を供給することができる効率的な経営を行うことが要請されている。

　金融行政には常にこの公共性と私企業性という、往々にして相反する要請が併存しており、その具体的な調和が難しい課題となる。金融の公共性に偏すると私企業としての活力・創造力を失わせることとなる反面、自由競争に徹すると金融秩序の混乱を招き中小企業等に対する円滑な資金供給が阻害されるという批判を生ずる。当時の社会には大銀行は経済的強者であるとの警戒感があり、その支配力を抑制すべきとの主張がむしろ強かった。金融行政は各方面からの要請の調和に苦慮することとなる。

　この「調和」という点に関しては、銀行法改正当時においても規制強化との批判があったようである。これに対する金融当局の考え方は、次のようなものであった。

　　公共性と私企業性との関係でいえば、法律で定められる事項は、法理というものの性格から当然に、公共性の観点からの具体的な監督規制に関する規

定である。したがって法律の条文だけをみて今回の改正は監督強化を意図したものであるとか、私企業としての効率性の思想が出ていないとか、法律にビジョンがないとかいう批判は当たらない。監督強化になるか否かは、法の運用と行政指導の進め方とを総合的に判断すべきであるが、法改正にあたっては、従来の多数の行政指導の中で主要な事項は法律に取り入れ、その他の行政指導は今後できるだけ簡素化し、行政の自由化・弾力化を図っていくという基本的考え方のもとに立法作業が行われた。・・・これを要するに、今後の金融行政は、公共性の観点から定められる法令のルールの範囲内で、行政の自由化・弾力化を進めることによって効率化を促進し、一方、ルール違反に対しては検査の充実によって防いでいくということが、考え方の大筋となろう（米里〔F1981〕）。

　金融の効率性（あるいは私企業性）と公共性のバランスについて、現在の感覚で金融制度改革の方向性を考えると、公共性を抑制し効率性を徹底する（規制緩和）ということになろう。しかし当時の行政のスタンスとしては、列島改造・石油危機・狂乱物価直後の社会的風潮を反映して、どちらかといえば従来以上に公共性を強調する方向にあった。すなわち、（ことの良し悪しは別として）金融制度改革は今日の通念である自由化・国際化の方向で一貫して進められたのではなく、70年代後半には若干軌道修正された時代があったように見受けられる。

　このような考え方を反映した1981年の銀行法改正は、(その後20年以上を経た「後知恵」としてみると) 当時必要とされていた金融制度改革の方向とは若干のズレがあったかもしれない。しかし実のところ、金融革命の混乱の中にあったアメリカを除いて、70年代における世界的な金融の流れはむしろこのようなものであった。すなわち、70年代半ばの金融制度改革としては必ずしも世界の流れから大きく外れてはいなかったが、80年代以降世界的に経済構造の変化と金融革命の流れが急に加速したときに、大きく舵を切ることができなかったのである。

　金制調の審議が始まったころの経済的背景を振り返ってみると、公取は1974年2月5日に石油連盟の生産制限と石油元売12社の価格協定の破棄を勧告し、さらに、19日に独禁法違反で最高検察庁に告発した。そして、値上がりが激しい業界代表を参考人として国会に喚問し、マスコミもこぞって石油会社、大商社、大企業の行動に集中砲火を浴びせた。大企業の超過利潤を吸

い上げるための「会社臨時特別税法」は2年間の臨時措置として、一定金額を超える会社利益について法人税を10％加算徴求することとした。「狂乱物価」と「商社批判」を契機として、銀行の特定企業に対する融資集中が買占め、売り惜しみにつながり、物価騰貴に拍車をかけたとし、銀行の大口融資が国会で取り上げられた（後藤〔1990〕p95～）。

このような社会的雰囲気の中で金制調の審議は4年をかけて続き、答申（1979・6・20）の段階では銀行の社会的責任を問う消費者運動も下火になっていたが、それに伴い金融界からの銀行の公共性を強調する改正法の方向性に対する反発が顕在化し、また、国債の大量発行に伴い証券業務の取扱いという垣根問題が最大の争点として提起される状況となり、50年ぶりの銀行法改正も結局明確な方向性を示すことができなかったように思われる。これは30年前の日本における出来事であるが、リーマン・ショック以来のアメリカにおける世論の動向や「ボルカー・ルール」が「金融規制改革法」に取り入れられていくプロセスをみていると、若干の既視感も浮かんでくる。

2　金制調の再開

金制調答申がまとめられた70年代末の解説では銀行法改正の背景として、①内外の環境変化、②銀行行動に対する国民の関心、③戦前制定の古い法律、があげられている（関〔F1979〕）。これに対し80年代に入ってからの説明では、①厳しい経営環境、②銀行業務の多様化、③公共債の大量発行、④国際化の進展、があげられている（宮本〔F1982a〕）。社会的公正への指摘が落ち銀行業務の多様化・国際化が強調されており、同じ銀行法改正に対する説明のポイントが微妙に異なってくる。経済環境の変化に対応して、この間に金融行政の問題意識に若干の変化があったように思われる。

銀行法改正については、金制調に対する諮問が1975年、答申が1979年、法改正が1981年、施行が1982年と、足掛け8年を要している。環境変化がきわめて激しい時期に時間をかけすぎたことのほか、企業批判が吹き荒れた70年代の社会的風潮の影響を受けすぎたとの印象はぬぐえない。宮本〔F1982b〕は、さらに問題意識を明確化し、次のように述べている。

半世紀ぶりに銀行法の全面改正が行われ、1982年4月から新しい金融制度

の体系が実施の緒についたところであるが、最近における内外金融情勢の進展にはますます著しいものがある。アメリカにおいてはインフレと高金利の影響で新金融商品が続出し、従来の金融秩序が大きく揺さぶられている。わが国においてはこのようなアメリカの情勢がそのまま影響を及ぼすとは考えられないが、国際化の進展、長短金融市場における自由化・弾力化の動き、大量国債発行を背景とする公社債市場の拡大等により、金融面における自由化が１つの流れとなっている。さらに高度情報化社会における技術革新の進展と結びついた金融サービスの拡充、金融大衆化の方向の中で、新しい銀行の機能および経営のあり方をどうとらえるかも課題となっている。

金融環境の変化はきわめて早く、新銀行法の施行を待って直ちに次の検討が必要になったのである。金制調は銀行法等に関する審議終了後約１年間開かれていなかったが、1982年５月に活動を再開し、国際化・自由化・機械化等著しい金融情勢の変化にかんがみ、国民経済的にみて望ましい金融の姿を長期的な視点に立って検討することとなった。その審議事項としては、

① 経済金融の国際化や金融市場の自由化等が進展しつつある現状からみて、金利を含む広い意味での金融の自由化についてどのように対処したらよいか

② 近い将来、わが国金融に重大な変化をもたらすような技術革新の進展が予想されるが、これにどのように対処していくか

が決定された。すなわち当時の問題意識の柱は「国際化」を迫られる中での「自由化」（具体的には金利の自由化）と「機械化」（現在の用語で言えば情報化）であった（藤田〔F1983〕）。

金制調の作業としては、金融自由化の総論部分については、まず第１次中間報告「金融自由化の現状と今後のあり方」（1983・4・20）がまとめられた。また、金融の機械化については専門委員会において1982年10月から審議が行われ、専門委員会報告「金融機関における技術革新の現状と今後のあり方」（1983・5・31）が提出され、さらに1984年３月には「金融機械化システムの安全対策」が発表された。これに続いて金融自由化の各論部分について審議が行われ、まず第１弾として第２次中間報告「金融の国際化と今後の対応」（1984・6・5）、さらに１年後には第３次中間報告「金融自由化の進展とその環境整備」（1985・6・6）が取りまとめられている。80年代におけるガイ

アツによる国際化、金利の自由化、機械化と情報革命、の推移については、第Ⅲ部における検討に委ねたい。

第III部

80年代

ジャパン・アズ・No. 1

≪背景Ⅲ≫　80年代とはどういう時代だったのか

世界史の中で日本が最も輝いた日々

　80年代は、日本にとって戦後の経済発展の成果を収穫した黄金時代であったかもしれない。歴史統計学者A. マディソンによると、世界のGDPに占める日本の地位はこの時期がピークとなっており、2000年の歴史の中で日本がこのように高い地位を占めたことはない。世界史において、日本は決して小国ではなかったが、超大国になったことはない。覇権国・中国とは若干の距離を置きながら、20世紀初頭まではGDPシェア2〜3％の中堅国の地位を保ってきた。そういう意味では世界第2の経済大国として8％のシェアを占めるに至った1960〜90年の30年間は史上初めての経験だったのである（図表Ⅲ-1）。

　そのような時期を迎えてE. ヴォーゲル（ハーバード大学教授）の「ジャパン・アズ・ナンバーワン」（1979）がベストセラーになり、（本書には日本人への警告が数多く込められているのであるが）日本人の自信過剰を助長することになったのはまことに皮肉である。当時の日本人の認識を表現する一例として、「財政金融80年代の回顧と今後の展望」と題する特集記事の冒頭の一文を引用する。おそらくこれは政治家・行政官・学者・ジャーナリストを含め多くの日本の知識層に当時共有されていた認識に近いと思われる。

　　80年代の日本経済は、第2次石油危機やプラザ合意以降の急激な円高といった困難があったものの、後半には内需主導型のインフレなき成長が持続するという形に転換できた。他方、わが国財政にとり財政再建元年（1980年）から始まった80年代は、特例公債依存体質からの脱却をめざし歳出の節減・合理化の努力に明け暮れた10年間であった。また、所得、消費、資産等に対する均衡が取れた税体系の構築に向けて抜本的税制改革が実現されていった10年間でもあった。・・・わが国経済の世界経済に占める地位は向上し、対外不均衡問題も引き起こされたが、88年には世界最大の債権国となった。外為法の全面改正で幕開けした80年代は、金融の自由化が進展するとともに、市場規模の拡大のみならず、オフショア市場、金融先物市場が誕生する等わが国の国際金融センターとしての役割が高まった（大蔵省広報誌・ファイナンス1990年12月号　p2）。

図表Ⅲ-1　世界のGDPに占める日本のシェア（1990年国際購買力平価換算）

(単位：％)

西　暦	0	1000	1500	1820	1870	1900	1950	1960	1970	1980	1990	2000	2008
日本	1.1	2.6	3.1	3.0	2.3	2.6	3.0	4.4	7.4	7.8	8.6	7.3	5.7
イギリス	0.3	0.7	1.1	5.2	9.0	9.4	6.5	5.4	4.3	3.6	3.5	3.3	2.8
アメリカ	0.3	0.4	0.3	1.8	8.9	15.8	27.3	24.3	22.4	21.1	21.4	21.8	18.6
中国	25.4	22.7	24.9	33.0	17.1	11.1	4.6	5.2	4.6	5.2	7.8	11.8	17.5
インド	32.0	27.8	24.4	16.1	12.2	8.6	4.2	3.9	3.4	3.2	4.0	5.2	6.7
全世界	100.0	100.0	100.0	100.0	100.0	100.0	100.0	100.0	100.0	100.0	100.0	100.0	100.0

（出所）　A. Maddison（HP）：Historical Statistics for the World Economy

　このような実績と将来に対する自信・楽観主義は、欧米のみならずソ連・中国などの東側陣営に至るまで他の諸国が自らの存亡をかけて苦闘していた激動の80年代において、むしろ日本の改革を一時休眠させてしまった。70年代までは、日本人はキャッチアップする対象としての欧米に対して謙虚であったし、他方アメリカは政治・経済両面における覇者としての自信を維持していた。しかし80年代になると、アメリカの経済・社会が迷走していたこととの対比もあって、経済的には近い将来に日・独が米・英に代替するとの幻想を抱くものもあった。盛田昭夫・石原慎太郎「NOといえる日本」（1989）にみられるように、「目先しか見ないアングロサクソン型の経済運営方式に対する、長期の展望を視野に入れた日独型経済運営方式」の優位が誇らしげに主張された。

　しかしその80年代から90年代にかけての政治・経済・社会・技術などあらゆる面における変化はすさまじかった。1990年前後の出来事をたどってみると、（バブルの生成・崩壊などという些細なことではなく）1989年のベルリンの壁崩壊・1991年のソ連邦解体・1992年の中国の市場経済への本格的参入など、まさに世界の政治・経済の構図は瞬時にして一変してしまった。国境の存在が希薄になった政治的グローバル化の状況の中で、急速な情報化の進展が世界の一体化を実質的なものとし、ルール（いわゆるグローバル・スタンダード）

を支配するものの優位性が顕著になった。情報化・グローバル化の本格的な幕開けは、集団主義的・社会民主主義的な日独の強みを失わせるとともに、覇権を象徴するドル・英語・ペンタゴンを擁したアメリカの優位を顕在化させた。

80年代の日本経済の立ち位置

そのような状況が到来することへの対応は、本来もっと早くから認識されていなければならなかったのであろう。しかし、70年代前半に通貨価値と原油価格の高騰によって戦後体制が大きく揺らいだ際に日本がとった基本的スタンスは、政府による規制・介入によって国際的影響を極小化しようという内向きの対処策であった。すなわち、経済成長で増加した貯蓄を基に低生産性部門を支える一方で、輸出指向的な製造業の国際競争力を一層強化するという形で立て直しを図る。まさにそれこそ一時期賞賛の対象になった日本型経営であった。

国際体制についても、G5や経済サミットといった先進国間の多国間協力に基づくバードン・シェアリングによって自由貿易体制の維持を図ろうとした。これに対して欧米は戦後体制を再建する努力を行いつつもグローバリゼーションを受容し、自国の体制そのものを変えていかざるをえないという認識を強めていった。特に米英でのカーター・レーガン・サッチャーの登場は、戦後コンセンサスの変革を政権の基本方針とするようになった（中西〔2002〕p308～）。

同時に、この頃は日独伊の社会が先進諸国の中でも特に顕著な少子・高齢化によって発展のエネルギーを失う方向に転じた時期でもあった。敗戦を乗り越えて驚異的な経済発展を成し遂げたこれらの3国が、21世紀初頭に人口減少問題に最も厳しく直面するのは真に皮肉な現象である。20世紀中に3倍になった日本の人口は、1995年の生産年齢人口のピーク（総人口のピークは2004年）を境にして、現在の出生率を前提にすると21世紀末には3分の1に減少する。量的変化はさらに質的変化として人口構造の少子・高齢化となって経済社会の活力を失わせる要因となる。

そのような意味において80年代は、戦後の驚異的な高度成長を実現した国

の経済社会にとっての大転換を目前にした瀬戸際であった。しかし時あたかも日独は、当初は成功の証しのようにみえた日本のバブル・ドイツの東西統一によって、ただでさえ耐えがたい激変期への対応能力にさらに大きな負担を上積みしてしまった。20世紀末における政府の失敗は、この状況のコントロール（まさにこれ以上のものは考えられないような国家・社会としての危機管理）にほとんど自覚がなかったことである。人口構造の変化については高齢化問題として早くから指摘されていたが、それはもっぱら財政支出の増加要因に対する財政当局的問題意識にとどまっており、必ずしも問題の本質を的確に捉えたものではなかった。冷戦終結や情報革命によるグローバル化の影響を基本政策の次元で的確に理解していたリーダーも見当たらない。

そのようにみてくると、K. ウォルフレン『日本・権力構造の謎』（1990）の指摘がきわめて核心を突いたものであったことが今にして理解できる。日本にとって最も致命的な問題点は、高度成長を達成した後の進路に関する国家としての戦略の欠如であったのではないか。80年代の問題としてとらえてみても、一般にはバブル期の失敗は金融の側面に焦点が当てられることが多いが、根源的な敗因はもう少し根深かったように思われる。

バブル発生のインパクトとしては、いろいろな意味でプラザ合意後の急激な円高によるところが大きい。あの円高は（それ以前の人為的ともいえるドル高と併せ）アメリカの国際通貨政策によるものであるが、日本としてあのような急激な為替変動をもう少し上手くコントロールする方策、すなわち極端な為替レートの調整によることなく国際収支のアンバランスを解消することはできなかったのかという問題である。

二度にわたる石油危機を克服した日本経済は、70年代後半になると国内の資金余剰のみならず世界から資金が流入するようになった。ところがその資金を有効に使う方法（内需拡大）を知らなかったため、いわば血液中のコレステロール濃度が極端に高まってしまった。バブルについては金融機関の責任も大きいが、やはりマクロ経済政策の戦略不足は否定しがたい。高度成長期における輸出主導型の日本経済は、消費を切りつめ資金を蓄積し、その資金を設備投資に振り向け経済発展を加速する経済であった。日本がミクロの存在である間はそれでもよかったが、世界第2の経済大国にもなるとその仕

組みは他の経済との調和を保つことができなくなる。

危地における総合設計師不在

　80年代に入ると、財政再建が政府の重要な政策目標となった。鈴木首相は中曽根行政管理庁長官とともに行財政改革路線を最重要政策として掲げ、政権を引き継いだ中曽根首相はそれをより強化し、これを実現した。このような政策が中長期的に必要であったことに疑いの余地はない。しかしこれを80年代前半に強力に推進することによって国内需給の不均衡を助長し、経常収支黒字を極端に拡大させた可能性は強い。その結果、対外不均衡是正を求める国際世論を引き起こし、結局プラザ合意による極端な円高およびそれへの対応が80年代後半以降の経済的混乱の原因になったとすると、この時期におけるマクロ経済政策の進め方に対しては厳しい評価も成り立つであろう。[1]

　「各界の指導者やエリート達は、わが国が、自国に甚大な被害をもたらすことなく、プラザ合意をはじめとする国際政策協調を担うことのできる制度配置、政策能力、および政治指導者と政策エリートの質あるいは水準を擁しているかどうかについて無自覚であった」（伊藤〔2002〕p231）との指摘は真に痛烈である。

　プラザ合意以降のあまりにも急激な円高容認は、いずれにしても避けることのできなかった20世紀末の経済社会の大きな曲り角（人口減少とグローバル化）において、必ずしも適切な対応ではなかった可能性がある。村松・奥野〔2002〕（p13）はプラザ合意前後の状況を、「強い経済をどうすればいいのかというやや逆説的な難問」との巧みな表現をしている。さらに敷衍すればこのときわれわれは、各種の好条件に恵まれて今は強さを満喫しているが次の段階ではそのツケが回って苦境に立つことが予想される経済をどのよう

---

[1] プラザ合意による円高はわが国が受身で追い込まれたものではなく、むしろ中曽根首相の戦略であったとの説明もある。船橋〔1992〕は、「中曽根の円高志向は、ただ単に当面の日米経済摩擦を乗り切るための便法という次元にはとどまらなかった。日本の1980年代に入ってからの巨大な経済社会変動と国際的地位の変化、そしてそれに応える政治的表現としての中曽根政治の一つの象徴が円高だったと言える」（p164〜）。と分析している。もしそうだとすれば、それは日本人離れをした大構想というよりも、80年代におけるわが国の歴史的位置づけと実力を見誤った可能性がある。

に国民を説得しながら先手を打って改革していくか、という難問に直面していたのである。それはリーダーシップに対して傑出した洞察と決断を要求する事態であったが、わが国にその備えはなかった。

　これを経済・金融的側面に焦点を当ててもう少し深読みしてみると、80年代に直面していたのは、安定成長移行後の日本経済の過剰貯蓄をどのように処理・活用していくかという問題であった。日本は高度成長の終焉に伴い、70年代以降慢性的な貯蓄超過問題を抱えており、これが異常事態の原因や適切な政策発動の障害として一貫して作用してきた（深尾〔2002〕p217〜）。巨額の民間貯蓄を使う方法としては民間投資・財政支出・対外投資のいずれかしかないが、80年代の日本の場合それぞれ問題があった。その結果慢性的な貯蓄超過・需要不足に陥り、高度成長の終焉の後には日本は常にデフレに陥る危険を抱えているというわけである。1980〜90の資金過不足状況を振り返ってみると（p82図表Ⅱ-3参照）、マクロ経済の枠組みがどうなるかに十分な目配りをすることなく、一途に財政再建に突き進んだ後遺症がみてとれる。企業部門の資金不足が解消しているにもかかわらず、家計部門の貯蓄超過状態を転換できないのであれば、財政部門の資金不足解消は経常収支の黒字幅拡大を意味し、必然的に実力以上の円高につながる。日本経済はそれによって空洞化してしまい、90年代になってわれに返ってみると、バブルの後遺症を癒す基礎体力は失われていたのである。

　このように考えると、90年代を迎えるまでに講じられるべきであった金融システムの改革とは真に根の深いものであった。それは単に金融制度だけではなく、日本の経済社会全体の総合戦略であり、そういう意味では、わが国の統治機構が80年代という国家の大きな曲り角において鄧小平氏のような「総合設計師」を欠いていたことが最大の問題であったのかも知れない。

第4章 金利の自由化と情報システム革命

第1節 「ガイアツ」による自由化の進展

1 日米円・ドル委員会の設置

　80年代の日本経済は絶頂期にあり、特に経常収支の大幅黒字に代表される国際経済面での好調は世界から注目を浴びていた。これに応じて金融・資本市場においても非居住者が相当の役割を果たすようになっており、また円の国際化も進展していた。当時金融業務に関しては、海外では国内に比べて制約が少なかったところから、金融機関の国際業務の規模・比重が拡大するという制度的な歪みも指摘されていた。これに伴い業務内容も「国際化」しており、都銀の中には国際業務部門が総資産の40％程度を占めるものもあった。しかし率直にその実態をみれば、これは国際化というよりむしろ空洞化である。国内の制度が硬直的であるため、ロンドンへ行かないと自由に金融業務の展開を図れないので海外へ進出するというのが真相である。[2]　当時そのような問題点はすでに指摘されており、これが金融制度改革への圧力の1つとなっていた。

---

[2] 日本での臓器移植が制度的に困難であるため、日本人の子供が外国人からの臓器移植に頼らざるをえず外国へ治療に出かける報道に接すると、証取法第65条を回避するため日本の銀行がロンドンに出かけていたことを想起させられる。

日本の金融市場への国際的関心の高まりから、金制調小委員会では在日外銀の代表者からも意見が表明されている。1983年11月にはレーガン米大統領訪日時の日米蔵相間の共同新聞発表により日米円・ドル委員会が設置され、この場で円・ドルレート問題やユーロ円市場の拡大、日本の金融・資本市場へのアクセスの改善、金融・資本市場の自由化、資本交流の促進といった米側関心事項、さらにはユニタリー・タックス問題等日本側関心事項が話し合われた。経済の国際化に対応して、各種の局面で金融の国際化が進んでいる。たとえば、国際収支面では短期資本・長期資本の流出入が活発になり、国内の金融・資本市場でも非居住者の参加が拡大した。また、ドル・コール取引、外貨預金、インパクト・ローンといった外貨建ての取引が増加し、企業の海外での資金調達・運用も頻繁に行われた。円の国際的信認の高まりや外貨資産多様化の動きなどにより、円の国際化も進展した。

　このような金融の国際化を促進する諸要因はさらに強まると考えられたので、信用秩序に混乱を生じないよう配慮しながら、自由化に前向きかつ漸進的に対処するとの基本的な考え方が示された。具体的な方策としては、アメリカにおいてドル建貿易金融の中心となっていたBA（Banker's Acceptance）市場に倣い、円建BA市場の創設が提案されている。しかしこのような自己努力はいわば国際化の前座であって、後に詳しくみるように、本格的には「外圧」によって大きく進展することになる。

　レーガン米大統領は、1983年11月に訪日し、いわゆる円・ドル問題がその主要テーマの1つとしてとり上げられた。両首脳のプレス・リマークスを受けた形で、竹下登蔵相とリーガン財務長官による円・ドル問題に関する共同新聞発表が11月10日に行われた。この日米合意ではまず第1に、両国が世界経済の安定と発展のために協調してとるべき3つの政策が掲げられている。

① 両国は、インフレの抑制、金利の引下げおよび生産的投資の増大を図りつつ、持続的な実質経済成長を確保するため、適切な財政・金融政策を進める。

② 両国は、債務国側における効果的な調整およびこのような調整努力を支援するために必要とされる資金の流れを促進するため、発展途上国の累積債務問題に関して緊密に協力する。

③　為替レート政策に関し、両国は、外国為替市場の動向についてより密接に協議するとともに、市場の乱高下に対しては協調して介入を行う。

次に日本側が講ずべき措置として、まず総合経済対策（1983・10・21）に織り込まれていた円の国際化、金融資本市場自由化を促進する措置について迅速かつ十分に実施することが確認された。これに関しては4項目が掲げられている。

①　先物為替取引における実需原則の撤廃
②　指定会社制度改革
③　「中曽根ボンド」発行の道を開く法案の次期通常国会提出
④　円建BA市場創設の検討

さらに総合経済対策には含まれていない新たな3項目（CD発行単位の引下げ、CD発行限度枠の拡大、居住者のユーロ円債発行ガイドラインの緩和）が掲げられた。また、外銀による日本の銀行の買収について差別的な制限がないことが確認された。

最後に、「日米共同円ドルレート、金融・資本市場問題特別会合」（以下「日米円・ドル委員会」）を設けることが合意された。大蔵大臣・財務長官が共同議長となり、その下に次官レベルの作業部会が設置されている。米大統領訪日を受けてのこととはいえ、きわめて具体的な問題について決着の場を設定することまで含んだ合意となっており、この種の国際交渉としては異例の手法と内容である。

委員会の冒頭、アメリカ側から、
①　資源の最適配分を達成し、経済の効率性を高め、生産の極大化をもたらすためには、市場の力、すなわち価格メカニズムを利用すべきであるが、日本の経済をみると、日本の金融・資本市場は、種々の規制の結果、幅・深さ・弾力性がなく、日本国内および他の国の間で、市場が資本の配分を効率的に行うことを妨げてきた
②　国内金融市場の規制、および対外資本取引の規制は単に資源配分の効率性をゆがめているだけでなく、円に対する国際的な需要をも減少させてきた

との見解が示された。

日米の見解の相違は、円安・ドル高の是正と金融自由化がどのように関係するかをめぐる点にあった。日本政府は、金融・資本市場の自由化や円の国際化が円安の是正に結びつくとは考えず、アメリカの高金利政策がドル高の

> **COLUMN**
>
> ### ガイアツ（外圧）
>
> 　80年代には、世界的に自由化（現在の用語では規制緩和）の潮流が強まった。その旋風の中心はアメリカであったが、覇権国アメリカの場合、自国の論理とペースでそれを進めるから、自由化は必ずしも国際化を意味するものではない（おそらく、アメリカには国際化という概念がない）。しかし辺境国日本にとっては、自由化とは往々にして伝統的なシステムを支えてきた諸規制の世界標準への移行を意味する。すなわち、日本では自由化と国際化は表裏一体の関係となる。このような意味では、市場の開放＝自由化＝国際化という等式が成立する（国際金融情報センター「東京金融資本市場の国際化構想」1984年12月）。次節で述べる金利の「自由化」が上記の円・ドル委員会による「国際化」要求によって推進された図式などはその典型であろう。
>
> 　外圧は日本の政策決定に強い影響を与えてきたが、80年代以降の日本に対する外圧を検討する際、以下の3点に留意する必要がある（古城〔2010〕p48）。
>
> ① 日本政府が国外からの政治圧力を感じるのは、主として米国政府からである。米国政府からの圧力によって譲歩を迫られる日本という構図が日本の政策選択を説明する際、採用されてきた。
>
> ② 外圧は常に日本の政策決定に効果的に影響を与えているわけではない。外圧が効く場合には、日本国内で外圧と同じ政策選好をもつアクターが外圧と呼応・利用して政府に圧力をかける。国内に外圧と同様の選好をもつ集団が存在しない場合には、外圧は逆に国内の反発を引き起こし、効果的に作用することは少ない。
>
> ③ 外圧として扱われるのは主として政治的な圧力であるが、国際的な市場からの圧力も政策決定に影響を与えることもある。石油危機に際して日本はアラブ寄りに中東政策を変更したが、これは市場の圧力によるものとみなされる。
>
> 　80年代における金融自由化に関し「日本国内で外圧と同じ政策選好をもつアクター」は、比較的国際情勢に通じた官僚であったのではないか。
>
> 　80年代に通産省の対外交渉責任者であった天谷直弘氏は「金融の自由化にしろ、通信の自由化にしろ、米国の圧力は日本にとってプラスであった。これまで米国からの圧力でいろいろ改革を行ったが、日本にマイナスになったものはほとんどなかったと思う。……日本国民が恥じるべきは、米国の圧力ではなく自発的意思によって改革を遂行しなかったことである。日本の政治家はこのことに責任を感じなければならない。」（「さらば、町人国家」〔1990〕p120）とまで言い切っている。

原因であると主張した。それに対しアメリカ側は、財政赤字・高金利・ドル高の関連性を否定し、日本が金融・資本市場の自由化および円の国際化を進めれば、円レートに日本経済の力がより的確に反映され円安が是正されるとの認識を表明した。さらにアメリカ側は、アメリカの銀行や証券会社の日本市場への参入を強く主張し、日本の金融の規制緩和を要望した。

84年5月には円・ドル委員会報告書が取りまとめられ、日本政府は、大口預金金利の自由化・外貨の円転換規制の撤廃・外国銀行単独での信託業務進出の承認などに合意した。日本国内では、大手銀行等を中心に金融自由化を望む声が多かったが、国内での利害錯綜し調整が困難であったことを考えると、円・ドル委員会における報告書は、護送船団方式をとってきた金融行政の転換を迫る外圧として機能した（古城〔2010〕p61）。

2 「現状と展望」と日米円・ドル委員会報告書

80年代前半に金融の自由化はいろいろな形で進展しつつあった。国内では自由金利商品の拡大等を背景に金利の自由化が進展するとともに、金融業務面でも多様化が進みつつあった。金制調においてはすでに1982年秋より金融の自由化への対応に関する審議が開始され、いくつかの報告が出されていた。他方、海外（とりわけアメリカ）からは、いわゆる円・ドルレート問題に関連させて金融・資本市場の自由化や円の国際化について強い関心が示され、上記のように日米円・ドル委員会が設置された。

こうした状況のもとで、金融の自由化や円の国際化を外圧に身を委ねるのでなく自主的に進めていくためには、政府としても今後の指針となるようなものを示すことが望ましいと判断され、その策定につき検討が重ねられていた。当初「金融の自由化及び円の国際化についての現状と展望」（以下「現状と展望」）は、「金融の自由化の展望と指針」という形で1984年4月に公表される予定であった。しかし「現状と展望」の作成と同時並行的に行われていた日米円・ドル委員会において円の国際化問題が急浮上したため、密接な関係を有するこの2つの問題（金融の自由化、円の国際化）を含めた総合的な展望を作成発表することとなった。「日米円・ドルレート、金融・資本市場問題特別会合報告書」（以下「日米円・ドル委員会報告書」）との重複部分につ

いては表現等の整合性をとり、1984年5月30日に「現状と展望」と日米円・ドル委員会報告書は同時発表された（鏡味〔F1984〕）。

「現状と展望」では最初に金融の自由化および円の国際化に対する基本的考え方を述べたうえ、現状、今後の展望、対応がそれぞれ述べられている。

① 金融の自由化：安定成長への移行に関する現状認識を確認したうえ、金融自由化は不可避であるとともに、有意義なものとして積極的に評価している。金融自由化の方策については、預金金利の自由化に関する具体的な内容・スケジュールについて述べ、また、円建BA市場の創設、店舗・営業日の規制緩和、外銀の信託業務参入などの具体的方策について詳細に論じている。

② 円の国際化：経済力の向上に応じて円が国際化することは不可避であり、日本経済に利点をもたらすものと評価している。政府としては障害の除去や環境の整備を図っていくが、他方、為替相場・金融政策・金融制度等への影響に配慮する必要がある。実需原則の撤廃・円建対外貸付の自由化・円転規制の撤廃・指定会社制度の廃止・東京オフショア市場の創設などの具体的方策について踏み込んだ提言をしている。

一方日米円・ドル委員会報告書は、大別すると3つの問題についてそれぞれ基本的な考え方と今後とられるべき措置について述べている。

① 金利の自由化：大口預金から金利の自由化を進め、小口預金についてはそれに引き続いて検討する。CDの発行単位をさらに引き下げるとともに、発行枠についても一層拡大するよう努める。

② 日本の金融・資本市場への参入：東証の会員権問題、外銀の信託参入問題に最も関心が示された。その他、外国の証券会社や銀行が日本の市場で活動しやすい状況を作り出すよう努力する。

③ ユーロ円市場：アメリカ側はユーロ円市場をまったく規制のない自由な市場として発展させていくべきとの考え方をとった。日本側は、国内市場の自由化・国際化の進展とバランスのとれた形で徐々に規制を緩和していくとの考え方をとっている。

従来論じられてきた国際化は、欧米の市場等世界の市場において本邦証券会社や銀行の活動が拡大・多様化してきた「内から外に向かっての国際化」

という面が強かった。これに対し日米円・ドル委員会において議論された国際化は、日本市場あるいは円市場そのものの国際化（市場開放）という点で従来の国際化とは趣を異にする「外から内に向かっての国際化」であった。このように国際化という言葉の意味が変化してきた背景には、第1次石油危機以降世界経済が停滞していた中で、日本経済が特にドルベースで評価した場合、10％を超える成長（ドル換算、p80図表Ⅱ−1参照）を示した結果、日本経済の世界経済に占める比重が顕著に増大したという事実があった。

　日本経済の拡大に伴い東京市場が世界の金融・資本市場に占める比重も増したことから、外国金融機関の東京市場への関心が高まっていた。しかし外国金融機関が日本市場に参入を試みた場合、単に制度が異なるのみならず慣習等も非常に異なるので戸惑いを感じることとなった。これに対し、外国金融機関が東京市場でなるべく活動しやすい状況を作り出すよう努力していくということが報告書の根底に流れている思想であった（佐藤〔F1984〕）。

　戦後の金融行政において、行政当局が将来にわたる基本的な考え方や対処方針をこのように具体的・包括的に公表したのはそれまで例のないことであった。その契機が貿易摩擦を原因とするアメリカとの交渉であったとはいえ、外圧は国内を説得する手段として活用された面もあった。実際、金融制度が内容を伴って大きく改革されたのは、80年代半ばの外圧と90年代後半の金融危機をインパクトとするものであった。日本社会においては、このような外から加えられる一種の暴力なくしては大きな改革を進めることが難しいことを痛感させられる。ただこの際、中曽根康弘首相の政治的リーダーシップが明確に発揮されたことも評価しておかなければ公平を欠くであろう。

3　「展望」と「報告書」の実施状況

(1) 実需原則の撤廃

　外国為替の先物取引における実需原則とは、銀行が顧客と外国為替の先物取引を行う場合には、将来の貿易・資本取引による為替取引（実需）があることを確認しなければならないという規則である。輸出入や外債の発行に伴う為替リスクをカバーするための先物取引はよいが、純粋に為替投機を目的

とした先物取引は為替相場の安定を損なうおそれがあるので禁止するという趣旨であった。このような規則があるため、輸出入の成約や外債発行の調印前の段階では取引内容が実質的に固まっているにもかかわらず為替リスクをカバーすることができないなど、実際の取引上きわめて不便であるとの不満が産業界に強かった。

当時は東京外為市場の取引量も多くなり、一部に投機的な取引が行われたとしても為替相場への影響をそれほど心配する必要はなくなっていた。またニューヨークをはじめ海外の為替市場での取引が増加し円の先物取引も自由に行われている状況のもとで、東京市場においてだけ先物取引を制限しておく理由は乏しく、それが東京外為市場の今後の発展を妨げる要因になりかねないことを考慮して1984年4月に撤廃された。

(2) 円転規制の撤廃

円転規制とは、銀行が直物の外貨を売越しにできる限度を定めたものである。銀行は円資金が不足したときドルを売って円を調達し、これを国内の貸付等に充てることができるが、これを自由に認めると国内に資金が急激に流入し為替相場や国内金融市場を混乱させるおそれがあるという理由で、銀行ごとに一定の限度額が設けられていた。同様の理由から、銀行が海外店で円転するなどして本支店間で円をもち込むことも規制されていた。しかし国内での円資金調達が困難な在日外銀等は円転を重要な円資金源と考えており、規制撤廃を希望していた。また東京外為市場における直先スワップ取引が拡大したこともあって、銀行は為替リスクを避けるため直物のドル売りを先物買いでカバーすることが通例となっており、円転が増加しても為替相場や国内金融市場への影響は心配する必要がなくなっていた。銀行の円転規制は1984年6月から撤廃された。

(3) 円建対外貸付とユーロ円貸付・ユーロ円債など

1984年4月から邦銀および在日外銀の円建ての対外貸付も自由化された。銀行から当局に対して行われていた事前協議や業務計画の提出は取りやめられ、届出手続は簡素化された。邦銀の海外支店や外銀が行う円建ての貸付

（ユーロ円貸付）についても、短期（1年以内）のものは1984年6月から完全に自由化された（非居住者向けの貸付は従来から自由）。

海外市場での円建ての債券発行（ユーロ円債）については、世銀等の国際機関や外国政府に対し限られた範囲で認められてきたが、1984年4月からは本邦企業（12月からは外国企業等）にも発行が認められた。また、邦銀の海外支店や外銀は1984年12月から海外で円建ての譲渡性預金証書（ユーロ円CD）を発行できるようになった。

(4) 信託業務への参入と東証会員権の取得

外銀の信託参入問題は、企業年金市場をねらいとした野村證券とモルガン銀行の合弁による信託会社設立構想の発表（1983年）が契機となった。信託業界は強く反対したが、日米円・ドル委員会報告書で「資格ある外国銀行が、日本の信託銀行により行われているものと同範囲の信託銀行業務に参入すること」（内国民待遇）が認められた。外銀9行から申請があり、1985年6月22日に9行（米6、英1、スイス2）の認可がされている。

金利の自由化、円建BAなどその他の項目を含め日米円・ドル委員会報告書の内容と実施状況を整理して示すと図表4-1のとおりである。要するに、日米間の合意は迅速かつ完全に実施に移されたのである。

4 アクション・プログラムの策定

1981年以降政府は7次にわたる対外経済政策を講じたが経常収支黒字の累増は収まらず、欧米からの圧力はますます高まった。プラザ合意に先立つ1985年7月30日、政府・与党対外経済対策推進本部は「市場アクセス改善のためのアクション・プログラムの骨格」（以下「アクションプログラム」）を決定した。このアクション・プログラムは民間の有識者10名で構成される対外経済問題諮問委員会（座長　大来佐武郎元外相）の政策提言の中に盛り込まれていた重要項目の1つであり、これを受けて政府・与党が一体となって策定作業が行われた。通貨による調整を避けるための最後の努力である。

当時直面していた対外経済摩擦は、①日本経済の国際化の問題（どのよう

なテンポ、方法で達成するか)と、②これとは重複しつつも完全には一致しない別の問題(経常収支の不均衡是正)、の2つがその要因となっており、両者が相互に絡み合いながら推移していた。アクション・プログラムは経常収支の不均衡是正の問題と密接に関連しつつも、「日本経済を世界経済で最も開かれた市場の一つにする決意」(7月30日中曽根首相談話)のもとに、直接には①の問題についての解答を内外に示すことを意図していた(小泉〔F1985〕)。

図表4-1　日米円・ドル委員会報告書の概要と実施状況

項　目	実施時期
Ⅰ　ユーロ円市場の拡充	
1　非居住者ユーロ円債の発行	
ⅰ　外国の民間企業などへの認可	1984年12月
ⅱ　適債基準の緩和	1985年4月
2　居住者ユーロ円債ガイドラインの緩和	1984年4月
3　外国金融機関へのユーロ円債引受主幹事業務の開放	1984年12月
4　非居住者が取得する居住者ユーロ円債の利子所得に対する源泉徴収税問題	1985年4月に源泉課税を廃止
5　ユーロ円CDの発行認可	1984年12月
6　ユーロ円貸付	
(ｱ)　非居住者向け短期貸付の自由化	1983年6月
(ｲ)　居住者向け短期貸付の自由化	1984年6月
(ｳ)　中長期貸付の自由化	非居住者向け　1985年4月 居住者向け　1989年7月
Ⅱ　金融・資本市場の自由化	
1　定期預金金利の上限の撤廃	
(ｱ)　CD発行単位の引下げ(3億円→1億円)	1985年4月まで
(ｲ)　CD発行期間の短縮(最低3カ月→1カ月)	
(ｳ)　市場金利連動の新型大口預金の取扱認可	
(ｴ)　大口預金金利規制の緩和および撤廃	
(ｵ)　小口預金金利自由化の検討	
2　外銀による国債ディーリング業務の開始	1984年10月以降外銀にも認可
3　円建銀行引受手形(BA)市場の創設	1985年6月市場発足
4　外貨の円転換規制の撤廃	1984年6月
5　円建外債の発行・運営ルールの一層の弾力化	1984年7月
6　円建対外貸付の規制撤廃	1984年4月
Ⅲ　外国金融機関の日本市場への参入	
1　信託業務への参入	85年6月、9行に参入認可
2　東京証券取引所会員権の開放	1985年12月外国証券6社に開放決定

(出所)　日本銀行金融研究所「新版　わが国の金融制度」p42

当時、対外経済政策として最も重要なのは市場アクセスの改善なのか、経常収支黒字の縮減なのか、については2つの考え方があった。対外経済問題諮問委員会では、市場アクセスの問題と貿易不均衡の問題を峻別すべきであるとの点では意見の一致があった。次に、2つの問題は密接に関連するが、より重要な問題は市場アクセスの改善であるとの主張が最終的には有力となった。黒字減らしという観点で議論すると市場アクセス改善のほかに内需振興・直接投資といった種々の問題が生ずるが、緊急かつ最重要の課題は、中長期的な国際化・自由化への取組みを明確にすることである（結果として黒字が残ることとなろうとも、諸外国と同程度の水準まで国際化・自由化を進めておくことこそ先決）という主張である。

　当時、市場アクセスの改善を行っても経常収支黒字の大幅な削減には必ずしも結びつかないとの見解が大勢を占めていた。その理由として指摘された点は、

① アメリカの高金利等によるドル独歩高の影響
② 欧米企業の国際競争力の不足
③ 日本経済に構造的黒字が存在する可能性

等であった。これらは基本的に日本経済の国際競争力を高く評価したものであるが、現段階で振り返ってみると、80年代半ばにはすでに日本経済の国際競争力はピークアウトしていた可能性があり、その後の円高がさらに国際競争力低下に追い討ちをかけることになったと思われる。そのように考えるとこのような「正論」は結局、プラザ合意以降の過度の円高を招き、今日の日本経済疲弊の遠因を作った可能性がある。

　アクション・プログラムの内容はきわめて幅広く、関税、輸入制限、基準・認証・輸入プロセス、政府調達、金融・資本市場、サービス・輸入促進等の6分野ごとに策定されている。そのうちの金融・資本市場に関する事項の中には、すでに述べた「現状と展望」や日米円・ドル委員会報告書の内容を実現するためのスケジュールも含まれている。

図表4-2 アクション・プログラムにおける金融・資本市場に関する措置

項　目	主要スケジュール	備　考
1　預金金利の自由化等		
(1)　大口預金金利規制の緩和および撤廃	87年春までに	
これを混乱なく実施するため、		
・大口定期預金金利規制の撤廃（2年以内10億円以上）それ以降、順次段階的に預入単位を引き下げ	85年秋	
・MMCに関する規制の緩和	85年秋～87年春	・最低預入単位の引下げ ・預入枠の拡大（本年秋から段階的拡大） ・最長預入期間の延長（87年春までには2年まで延長） ・上限金利については預入期間・預入金額等に対応した弾力化
・CDの発行条件の一層の緩和	85年秋～87年春	・発行枠拡大（85年秋から段階的拡大） ・最長発行期間の延長（87年春までには1年まで延長）
(2)　小口預金金利の自由化	大口預金金利自由化に引き続いて推進	・預金者保護、郵貯とのトータル・バランス等の環境整備を前提として具体的問題について早急に検討を進める
(3)　インターバンク預金金利の自由化	大口定期預金金利自由化の一環として推進	・金融政策の有効性確保に留意
(4)　短期金融市場の整備	引き続き推進	・インターバンク市場の慣行の見直し（日銀等に要請、85年7月末から無担保コール導入） ・短期の国債市場の整備
2　債券先物市場の創設	1985年10月	・証券取引法改正法成立（85年6月14日）
3　国内における債券発行市場の整備	85年秋目途	・無担保普通社債の適債基準の緩和および10年債12年債についての満期一括償還制度の導入（85年秋目途） ・事業債の年限の多様化 ・円建外債、外貨建外債の発行市場の整備
4　証券会社による円建BAの流通取扱い	1986年4月	・円建BA市場の創設（85年6月）
5　外銀の信託参入	申請あり次第速やかに免許手続を進める	・9行について参入が決定（85年6月）

6　東京証券取引所会員権 　　東証の「会員制度に関する特別委員会」において、すでに正会員数枠（83社）の拡大方針を固めたところであるが、定数枠拡大の具体的内容について同委員会で結論を得る。	85年8月具体的内容決定	・年内には新規参入者（10社）が決定される見込み
7　ユーロ円債等の発行の弾力化	86年春から 国内CD発効条件の緩和状況を勘案しつつ実施	・居住者発行ユーロ円債について変動利付債の自由化等、商品の多様化（86年春から） ・ユーロ円CDの最長発行期間の1年までの延長
8　金融自由化の環境整備	法改正を要するものについては、次期通常国会以降改正案提出	・金融制度調査会答申等をふまえ、預金保険制度の整備・拡充等を行う。

（出所）　小泉龍二〔F1985〕p52

5　東京オフショア市場の創設

　「現状と展望」に含まれていることからもわかるように、オフショア市場[3]の創設はかねてから検討されていた。外為審答申「円の国際化について」（1985・3・5）では、円の国際化を進めるための具体的方策として、①金融の自由化、②ユーロ円取引の自由化、③東京市場の国際化、があげられた。このうち東京市場の国際化の問題は専門的・実務的性格が強いので専門部会を設けて検討することとなった。専門部会は報告「東京オフショア市場の創設について」（1985・9・18）を公表し、東京市場の一層の国際化を進めるためにオフショア市場の創設を提言した。
　非居住者の資金運用面をみると、長期運用市場である株式市場・公社債市場における非居住者の利用状況はアメリカ・イギリスと比べても遜色はなかった。ところが短期運用市場である預金市場およびCD・現先等の短期金

---

[3]　非居住者からの資金調達および非居住者に対する資金運用（いわゆる「外－外取引」）が、金融上・税制上の制約の少ない自由な取引として行われている市場。

図表4−3　非居住者の資金運用

	長期（億ドル）		短期（億ドル）	
	公社債市場	株式市場	預金市場	短期金融市場
日本（84年末）	316 (3.4)	442 (6.6)	171 (2.0)	80
アメリカ（83年末）	2,121 (9.8)	972 (4.5)	1,298 (8.0)	863
イギリス（82年末）	− (−)	86 (3.6)	4,222 (58.6)	−

(注)　（　）は市場全体に占めるシェア、％
(出所)　宮村〔F1985〕p53

図表4−4　各国市場における外国銀行の参入状況

(単位：行)

	日本	アメリカIBF	ロンドン	シンガポールACU	香港
参入行数	76	292	346	108	104
時点	1985・3	1984・9	1985・2	1984・12	1984・12

(出所)　宮村〔F1985〕p53

融市場における非居住者の利用は少なく、国際化は遅れていた（図表4−3）。資金調達面でも、長期調達市場は順調な拡大を続けていたが、短期調達市場はきわめて限定的な機能しかもっていなかった。

外国金融機関の進出・活動状況をみると、東京市場は内外無差別を原則に開放されているものの、現実に東京市場に進出している外国金融機関の数は米英等に比べ少なかった（図表4−4）。またその活動状況も、預貸金のシェアの低さにも表れているように、諸外国における外国金融機関の活動に比べると低調なものにとどまっていた。

非居住者が短期市場において資金の運用・調達を機動的に行いうることは国際金融市場の不可欠の要素であり、東京市場の一層の国際化を進めていくためには短期市場を早急に整備することが課題であった。このためにはアメリカのTB市場のような大型でオープンな短期金融市場を整備・拡充していく必要があった。もう1つの方策は、非居住者にとって金融上・税制上の制約ができるだけ少ない預貸金市場の整備である。この場合国内の金融制度・税制度との調和をいかに図っていくかが問題となる。報告は、この問題を克服するため、国内市場と切り離して、いわゆるオフショア市場という形のファシリティを設け、取引の円滑化に資するための措置を提言した。

図表4－5　世界の金融センターの重要度

上段：加重評点、下段：（1位度数）

	ロンドン	ニューヨーク	東京	フランクフルト	チューリッヒ	香港	シンガポール
10年前 （1975年）	32.3 (57)	29.5 (31)	4.9 (－)	5.8 (－)	8.0 (－)	11.4 (－)	3.9 (－)
現在 （1985年）	30.2 (38)	31.8 (53)	12.5 (－)	2.9 (－)	5.3 (－)	8.2 (－)	5.4 (－)
10年後 （1995年）	28 (28)	32.1 (59)	21.2 (3)	2.2 (－)	3.7 (－)	3.9 (－)	4.9 (－)

（注）　重要度に応じ1位～5位選択（選択対象14都市）。加重評点：1位5点、2位4点、3位3点、4位2点、5位1点、で合計。各都市合計＝100％として、都市ごとに％表示。1位度数：1位にあげられた数
（出所）　国際金融情報センター調査

　東京オフショア市場の創設は、その立地条件からみてニューヨーク・ロンドンという2大市場の時差を埋める役割を果たし、世界の金融システムを強化する。日本の金融機関にとっても経費節減や収益拡大の機会となり、より広く日本企業にとって円の国際化を通じて為替リスクの軽減等を期待することもできる。専門部会報告は日本の金融制度・税制度を前提とすれば、内外一体型のロンドン型市場よりも、ニューヨークIBF型をモデルにすることが適当とした。これには外－外取引に限定することのほか、市場で行われる業務を銀行業務に限定し証券業務を含まないという意味もあった。有価証券はその性格上転々流通するものであり外－外取引に限定するのが困難であること、また、銀行と証券の垣根といった難しい問題も絡むことから、ニューヨークIBFは証券業務を含めなかったのに倣ったものである。

　当時、国際金融情報センターが実施した在日外国金融機関等に対するアンケート調査によれば、東京市場は世界の金融センターとしての重要度を急速に高めていくと予想されていた（図表4－5）。しかし残念ながらその後のバブルの崩壊、わが国経済の体力低下、中国の台頭といったさまざまな要因により、現段階ではこのような予測は大きく狂っている。現在ではこの表に出ていない上海が多くの分野で東京を追い抜いている。

6 「金融自由化の進展とその環境整備」

　このように80年代には金融の自由化・国際化が急速に進展し、金融機関の経営環境が大きく変化すると予想される状況のもとで、いかにして預金者の保護を図り、信用秩序を維持していくかが重要な課題になってきた。また、こうした努力にもかかわらず、一部の金融機関が経営危機に直面した場合でも、それが信用秩序に及ぼす影響を極力小さなものとするための方策を整備しておく必要性が再認識された。金制調は総合的な状況の把握と対応策を取りまとめ「金融自由化の進展とその環境整備」（1985・6・6）として答申している。

　経済・金融構造の変化に伴い銀行経営をめぐる環境には大きな変化が生じていた。特に、

① 銀行を通ずる資金供給のウェイトの低下
② 銀行業務における国際業務のウェイトの増大
③ 国内の資金調達における市場性資金の割合の高まり
④ 国債の窓販・ディーリングの開始等銀行業務の多様化
⑤ 金融機械化の進展

等の変化が生じ、業態間・他業界との競争が活発化していた。

　答申は金融自由化の今後の課題として、預金金利の自由化とこれに関連し制度問題を掲げている。あくまでも最大のターゲットは預金金利の自由化であり、制度問題はそれに伴う副次的な課題と位置づけられているところに当時の問題意識が読み取れる。当時は日米円・ドル委員会報告において「今後2〜3年以内に大口預金の金利規制の緩和ないし撤廃を行うよう努める」とされていた時期であるが、答申ではすでに小口預金金利についても自由化を進めていかざるをえないという認識を示している。しかしそれを進めるにあたっては信用秩序維持のための方策整備が前提条件であるときわめて慎重な姿勢をとった。現に金利自由化が完了するのはこれから10年後のことである。

　制度問題については、預金金利の自由化を進めていけばいずれは長短分離の問題をも検討していくことが必要となると述べている。また、中小企業金融等の専門機関と普通銀行との業務面での同質化をも指摘している。

他方、金融自由化は銀行の経営環境を一層厳しくする側面を有しており、銀行の健全経営確保および経営危機に対する対応策の整備を通じ信用秩序の維持を図ることは、本格的な金融自由化の到来にあたり不可欠との認識を示している。そのための方策としては次のような提言がされている。

(i) **経営諸比率指導**

金利・業務両面の直接的な規制は緩和・撤廃されていくが、すべてを銀行の自主性に委ねることは適当でなく、経営諸比率による指導を重視していくことが必要となる。このような方針は先行して自由化を進めている欧米諸国においても一般的な潮流となっていた。特に答申では、金融自由化の進展に伴うリスク増大を銀行自らの責任において負担する能力を高める等の観点から、自己資本比率の充実を強調した。銀行に対しては、1954年以来預金の末残に対して10％以上の広義自己資本（資本勘定＋引当金）を保有するよう指導が行われてきたが、これはどちらかといえば形式的なものにとどまっており、1983年度末には都市銀行で3.4％、地方銀行で4.9％となっているのが実情であった（図表4－6）。

(ii) **銀行検査**

銀行検査の重要性は一層高まっており、検査体制の拡充・整備（検査手法の一層の工夫、検査事務の機械化、検査官の増員）とともに、銀行が自己の業務運営の実体を常時適格に把握しこれを経営改善のために活用していくことの重要性を指摘している。ディスクロージャーについては、従来進められて

図表4－6　自己資本比率の推移

(単位：％)

年度	都市銀行	地方銀行	長期信用銀行
1955	6.3	6.7	5.1
1960	6.0	7.4	5.7
1965	5.8	7.2	5.7
1970	7.2	7.8	5.3
1975	5.6	6.8	4.4
1980	4.2	5.5	3.9
1983	3.4	4.9	3.4

(注)　自己資本比率＝資本勘定（外部流出文を除く）＋貸倒引当金等の引当金の期末残高/ 預金＋CD＋債券の期末残高

(出所)　内田〔F1985〕p33

きた方針に加え、基本的開示内容について業態を越えある程度統一的な基準が作成されることを求めた。

(iii) **合併・業務提携、相互援助制度**

金融自由化の進展や金融機械化に対応するための投資コストの増大等を勘案すれば、個々の銀行が自己努力のみでこれに十分対応できない場合も生じうる。このような場合に対処するため、合併・業務提携・相互援助制度について前向きの姿勢を示している。

(iv) **預金保険制度の拡充**

少額預金者の保護という従来の制度の趣旨から、むしろ同制度を一般預金者の保護を通ずる信用秩序維持のための制度として位置づけるとの考え方に立って、保険限度額の引上げ（300万円→1000万円）を提案し、これに伴い保険料率も引上げている（0.008%→0.012%）。機能の多様化としては、直接支払（ペイオフ）方式のみでは緊急の事態に対し必ずしも機動的に対応しうる仕組みとなっていないとの考え方に基づき、アメリカの例をも参考にしつつ資産負債承継方式、合併等に伴う資金援助の導入を提案した。

この答申に基づく預金保険法の改正は1986年5月21日に成立した。上記答申の内容は法律・政令・行政措置を含めおおむね実現されているが、資産負債承継（P&A）方式の導入は見送られた（1998年の預金保険法の改正で実現）。そのほか、保険事故が発生した場合預金者の当座の生活資金に充てる資金を迅速に支払うため、仮払金の支払い制度が導入されている。

第2節　金利の自由化

1　金利自由化政策の本格化

金利自由化が70年代後半以降の国債大量発行に伴い大きな課題となったことについては第2章で述べたとおりである。1979年には譲渡性預金の販売が開始され、また国債の流通が日常化することなどを通じて、金利が市場において形成される環境もある程度は進展した。しかし最も重要な預金金利その

ものの自由化については、それ以上のはかばかしい進展をみることなく80年代半ばを迎える。そのような局面を転換する契機となったのは日米円・ドル委員会（すなわち外圧）であり、同委員会報告書（1984・5・29）には「定期預金金利の撤廃」として次のような具体的記述がある。

　作業部会は、日本の金融市場の自由化の必要性についての議論の一環として、金利が日本国内および世界各国における資源配分に与える影響（為替レートを通ずる影響を含む。）を検討した。金利規制の撤廃は、金融自由化のプロセス全体の中で中心的な位置を占めるものであるという点で合意がなされた。
　大蔵省は、市場の混乱を回避しつつ、環境の許す限りすみやかに預金金利の規制緩和を進めていくとの意向を明らかにした。大蔵省は、まず大口預金金利の自由化を進め、それから小口預金金利に移るという手順を説明した。
　こうした手順の下に、大蔵省は、
　―国内CDの発行単位を1985年4月までに3億円から1億円に引下げる。
　―国内CDの発行枠を一層拡大する。
　―市場によって金利が決定される新型大口預金の取扱いを1985年4月までに認める。
　―大口預金金利規制の緩和および撤廃を2〜3年以内に図る。
　よう努めていくこととしている。

これをふまえ日本政府は「市場アクセス改善のためのアクション・プログラムの骨格」（1985・7・30）を作成し、その中で「預金金利の自由化等」として次のような政府の方針を明らかにしている。

(1) 昭和62（1987）年春までには、大口預金金利規制の緩和および撤廃を実現することとし、これを混乱なく実施するため、以下の措置を講ずることとする。
　① 大口定期預金金利規制の撤廃
　　本年秋、預入期間2年以内の定期預金のうち、預入単位10億円以上のものについて金利規制を撤廃し、それ以降、順次段階的に預入単位を引下げる。
　② MMCに関する規制の緩和
　　昭和62（1987）年春までには、MMCの最低預入単位の引下げ、預入枠の拡大を図る。このため、本年秋から、預入枠の段階的拡大を図る。
　　また、MMCの最長預入期間は、昭和62（1987）年春までには、2年まで延長する。
　　なお、MMCの上限金利については、預入期間、預入金額等に対応した

弾力化を行う。
③ CD発行条件の一層の緩和
CDの発行枠は、本年秋から段階的に拡大する。
また、CDの発行期間の弾力化を図ることとし、最長発行期間を昭和62(1987)年春までには、1年まで延長する。
(2) 小口預金金利については、預金者保護、郵便貯金とのトータル・バランス等の環境整備を前提として、具体的諸問題について早急に検討を進め、大口に引き続き自由化を推進する。
(3) インターバンク預金金利については、金融政策の有効性確保に留意しつつ、大口定期預金金利規制の撤廃の一環として、自由化を推進する。
(4) 短期金融市場について、引き続きその整備を推進する。このような観点から、インターバンク市場の慣行の見直しを日本銀行等市場関係者に要請するとともに、短期の国債市場の整備に努める。なお、インターバンク市場の慣行の見直しとして、市場ニーズも踏まえ、今月末から無担保コールが導入された。

このような経緯は、経済問題に関する国際交渉としては異常なほど具体的・一方的である。その後の金利自由化の進捗状況をみると、この方針決定がいかに大きなインパクトを与えているかが理解できる。ただ、この方針は形の上ではアメリカの要求に押されてやむをえず日本政府が決定したようにみえるが、かねてから金利自由化の必要性を痛感していた金融当局が、外圧を奇貨として中小金融機関を中心とする慎重派を説得したという面もある。日米貿易摩擦がいかに深刻であったにしても当時の日本経済は世界で最も活力に溢れ優位を保っていた時期であり、日本自身がメリットを認識しないまま一方的に要求を押し付けられることはありえない。

ただし、この点に関して日本の金融当局の積極的意図を過度に強調することも適当でない。当時の環境からみて、金融行政が金融業界との協調関係を決定的に犠牲にしてまでそのような決断をしたと考えることは現実的でない。金融業界の中でも大手金融機関は金利自由化に積極的であったし、日米関係を重視する中曽根首相の強い指示も効果があった。いずれにしても、日本経済（とりわけ金融部門）のパフォーマンスが絶好調にみえた90年代初頭までの段階において、着実に進捗し最も現実的な影響を与えた領域は預金金利の自由化であった。金融業務の自由化論議はいかにも前向きで華やかであったが、この段階では議論の域にとどまっていた。

金利の自由化とは、一般の経済分野でいえば価格の自由化に当たる。市場経済の時代に価格が統制されていること自体異例にみえるが、70年代までは預金金利規制は欧米諸国でもむしろ一般的な行政手法であった。その自由化が金融機関経営に与える影響はきわめて大きいから、西欧諸国では（時期はアメリカよりもむしろ早いが）かなり時間をかけて慎重に行われている。他方アメリカの金利自由化への取組みは西欧よりも遅かったが、いったん自由化が始まるとスケジュールを大幅に短縮して実行された。

　日本における金利自由化の手法は典型的な護送船団行政であるが、経済状況が良好な期間であったことも幸いして、ある意味では日本的な行政手法が成功した事例であるといえよう。これだけの大きな変化を、ほとんど金融機関の破綻なしで完了したことは注目に値する。ただ、犠牲者がないということは現状を打破するための改革としての意義も少なかった、との解釈もありうる。市場原理にとって自由化はもともと「創造的破壊」（淘汰の一手段）であり、日本流の混乱のない改革はおそらく矛盾に満ちた概念なのであろう。金利自由化はそのこと自体にも意味はあるが、その実施プロセスにおいて金融システムの新陳代謝が進むことに、より大きな意味がある。日本においては皮肉なことに、step by stepの金利自由化政策が「成功」したため、金利の自由化が金融システム改革や金融再編成などを触発する十分なインパクトとならなかった。

　預金金利自由化のプロセスを大きく短縮していた場合には、かなりの金融機関の淘汰と一定期間の金融システムの混乱は避けられなかったであろう。ただ、安定成長への移行に伴うオーバーキャパシティーを解消するにはそれは早晩避けられなかった（現に90年代後半に現実化した）との観点に立てば、日本経済に復元力のあった70・80年代の段階で適度の「市場の暴力」に身を委ねた方が得策だったとの判断もありうる。しかし、経済運営が順調な中で国民があえてそのような混乱を許容したかを考慮すると、これは机上の空論であるかもしれない。

　預金金利自由化の必要性に関する総論的な論議は、70年代半ばから主として金融問題研究会（銀行局長の私的諮問機関）の場においてすでに尽くされている。当時、預金金利自由化の意義は次のようなものと考えられていた（金

融問題研究会報告(1993・12・22)、寺田〔F1994a〕)。

① 効率性の観点:預金金利自由化による経営効率化の促進は、銀行等自身の経営体質の強化に資するほか、金融仲介費用の引下げを実現し、国民経済的観点から好ましい効果をもたらす。また、競争の中で新たな金融商品・サービスの開発が進み、金融サービス水準の一層の向上・高度化が実現する。

② 公平性の観点:預金金利が市場の需給を反映した水準に決定されることにより、預金者・銀行等・借入者間の公平な所得分配の実現に資する。貸出金利が自由金利である以上、預金金利が規制されたままでは公平な所得分配がゆがめられる。

③ 国際化の観点:世界の金融市場がますます国際化・一体化していく中で、主要な先進国の中でわが国のみが金利規制を継続すれば、金融市場が国際的に開かれた市場として発展していくことを妨げる。

このような考え方自体は金融関係者の共通の理解となっており、(立場上の建前論は別として)金利自由化の必然性についても認識は一致していた。

図表4-7 預金金利自由化による預金金利上昇

(単位:%)

年　月	金利自由化措置	新金利	旧金利	上昇幅
1985年3月	MMC(最低預入金額5000万円)の導入(6カ月物)	MMC 5.75	規制定期 4.75	1.00
1987年10月	MMCの最低預入金額を3000万円に引下げ(1年物)	MMC 3.65	規制定期 3.39	0.26
1989年6月	小口MMC(スーMMC)(最低預入金額300万円)の導入(1年物)	小口MMC 4.14	規制定期 3.39	0.75
1989年10月	大口定期預金の最低預入金額を1000万円に引下げ(1年物)	大口定期 5.25	MMC 4.20	1.05
1990年2月	小口MMCの最低預入金額を100万円に引下げ(1年物)	小口MMC 5.78	規制定期 5.63	0.15
1991年5月	スーパー定期預金(最低預入金額300万円)の導入(1年物)	スーパー定期 5.85	規制定期 5.75	0.10
1992年6月	貯蓄預金の導入	貯蓄預金40万円型 2.46	普通預金 0.50	1.96

(出所)　全銀協調査部「図説　わが国の銀行(改訂版)」〔1993〕p91

問題は金利自由化の金融機関経営に与える影響（図表4－7）およびそれへの対処方法であった。小口預金金利の自由化が初めて具体的政策論議として俎上に上った1986年の金融問題研究会報告では、

　　　小口預金金利の自由化は金利変動リスクの増大等を通じ、金融機関の経営環境を一層厳しくする側面を有しており、個別金融機関の経営の誤りが経営破綻に結びつく可能性も増大するものと予想される。特に完全自由化が行われた場合、金融機関相互で金利をめぐる「破滅的」競争が行われ、ひいては金融市場全体の安定性に悪影響を及ぼしかねないとの意見があるが、これに対し、金融機関の長期的観点からの行動により、このような競争はもたらされないとの意見が多かった。

と述べられている。しかしこれは金融学者の間での結論であって、金融機関経営者（特に相銀・信金・信組・農協など中小金融機関）の危機感には厳しいものがあり、預金保護が絶対的と考えられていた当時の社会通念のもとではきわめて慎重を要する課題であったことは、今日のように金融機関の破綻を日常的に経験した時代からは想像できないであろう。[4]

2　諸外国の金利自由化

　主要先進国では70年代以降、小口預金を含め預金金利の自由化が着実に進展した。1960年末においてはすべての国が金利規制を行っていたが、西ドイツは1967年、イギリスは1971年、イタリアは1984年、スペインは1987年に完全自由化され、80年代後半には日本とポルトガルを除く国々が実質的に完全自由化に踏み切っている。一部規制が残っている国についても、主として当座預金についての付利禁止など例外的措置であった。OECD諸国では金利規制はほぼ撤廃されたとみてよく、これは80年代における規制廃止の最も重要な例といえる（貝塚〔1994〕p36）。

　先進国のみならず、近隣アジア諸国を含むその他の諸国においても、金融制度そのものが旧宗主国の体系になっていたこともあり、1990年当時日本よりも金利規制の緩和・撤廃が進んでいる国が多かった。たとえば、シンガポー

---

[4] 預金金利自由化のインパクトの実証的研究としては、「地・相銀の自由金利設定能力の測定」（週刊金融財政事情1985・1・7）参照。

図表4-8　OECD諸国の金利規制緩和

国　名	1960年末	1980年末	1990年末
オーストラリア	×	×	○
ベルギー	×	×	△
カナダ	×	○	○
デンマーク	×	×	○
フランス	×	×	△
ドイツ	×	○	○
ギリシャ	×	×	△
アイルランド	×	×	○
イタリー	×	○	○
日本	×	×	×
オランダ	×	○	○
ポルトガル	×	×	×
スペイン	×	×	○
スウェーデン	×	×	○
スイス	×	×	○
イギリス	×	×	○
アメリカ	×	×	△

（注）　×：公的規制あるいは協定あり
　　　　△：規制ほぼ廃止（例外あり）
　　　　○：規制廃止
（出所）　貝塚〔1994〕p37（原資料　OECD）

ルは1975年、マレーシアは1978年、フィリピンは1981年、インドネシアは1983年、台湾は1989年に完全自由化が行われている。

このうち、日本の政策に最も大きな影響を与えたアメリカにおける金利自由化の経緯は次のようなものであった（北村〔F1986〕）。金利自由化は、1970年代後半のインフレによる銀行離れ現象（disintermediation）を背景とした大口預金金利中心のなし崩し的な預金金利の自由化から始まった。まず大口預金金利については、1970年6月に期間30～89日の10万ドル以上の定期預金の金利自由化が実施され、1973年5月の期間90日以上の大口定期預金の金利自由化をもって完了した。

小口預金金利については、第1段階として1978年6月に6カ月物MMCの創設から始まった。80年代からは立法措置を伴う段階的な預金金利自由化の過程をたどる。まず1980年3月に「1980年金融制度改革法」が成立し、預金金利上限規制を6年間で撤廃することが定められた。1982年5月から預金金

利上限規制の段階的撤廃が開始され、この金利自由化過程は1983年10月におおむね完了したが、短期小口預金等に残された金利規制はその後も段階的に緩和され、1986年4月1日の通帳型預金（passbook saving account）の規制撤廃をもって終了した（要求払い預金に対する連邦法による付利禁止の規制は存続）。

この間、預金金利自由化に対する金融関係者の懸念・反対は次第に収まっていった。その背景には、金利といえども市場メカニズムに抗することは不可能というアメリカ社会における基本的な認識があったことのほか、

① 規制緩和が段階的に行われたこと
② 金利自由化後半の過程がインフレの収束、金利水準の低下局面と重なったためインパクトが緩和されたこと
③ 1982年のMMDA導入、1983年の定期預金金利の規制撤廃に際しては一時的に作為的な金利競争が生じたが、結局は市場実勢に応じた水準に収斂し過度の競争に対する懸念が薄れていったこと

等の事情があった。このような動きは、アメリカの預金金利自由化がソフトランディングに成功したことを示し、「預金金利自由化は消費者の偉大な勝利」（レーガン大統領）と評価されている。金利自由化に関する段階的手法は、必ずしもわが国独特のものではない。

預金金利自由化の過程では個人向けの各種金融商品が続出した。MMC（1978年）、SSC（1979年）、NOW勘定（1980年）、MMDA（1982年）、スーパーNOW勘定（1983年）等をはじめとして各種の預金口座が現れた。また70年代後半から90年代初頭にかけては、アメリカの銀行等に多くの経営危機が生じ、金利の自由化はある時にはそのための対策であったり、ある時にはその原因となったり、複雑な展開を示した。

このようにアメリカでさえ金利の自由化は先を読んだうえでの政策的決断によるものというよりも、70年代後半の10%を越えるインフレにより30年代以来の安定性重視の金融制度が破綻した結果として実行を迫られたものであった。したがって90年代初頭まではアメリカにおいても金利自由化のプロセスは常に肯定的に受け取られていたわけではないが、結果的にはアメリカの金融制度を強靭なものに鍛え直し、その後世界を制覇するに至る基礎を

作ったものと評価できる。

　ヨーロッパにおいてはアメリカよりも早い段階において金利の自由化が完了しているが、その段階における金利の自由化は必ずしもドラスティックな結果を想定したものではなく、実態としては非公式の競争回避装置（たとえばスイスでは、4大銀行による金利協定）を伴ったマイルドなものであった。したがって、日本経済が世界の中でも最も順調に運営されていると多くの国民が感じていた70・80年代という時点において、経済的混乱を引き起こす可能性のあるアメリカ流の競争手法を採用しなかったとしても不思議ではない。

3　大口預金金利の自由化

　1979年5月のCD導入に始まり（第2章第5節参照）、1996年10月に完了する預金金利自由化の経緯は図表4－9のとおりである。

　これをみてあらためて気がつくのは、プロ対象の商品である大口預金（1000万円以上）の金利自由化プロセスが諸外国の事例に比べ非常に長いことである。先導商品として位置づけられたCDが、証券業界および長期信用銀行との関係で不完全な商品に終わってしまったことがその原因の1つかもしれない。外圧により進展し始めた1985年以降のプロセスにおいても大口預金金利自由化の完了まで4年半を要しており、CD創設から数えれば10年以上の時間をかけている。激動する80年代の金融環境の中で、あまりにも長い時間を消費しすぎたというべきであろう。

　80年代後半の金利自由化過程を事実上決定する機能を果たした「現状と展望」（1984年5月、第4章参照）は、次のような段階（大口から小口へ）を経て自由化していくと述べている。

　　第1段階　CDの発行単位の小口化
　　第2段階　市場金利連動型大口預金の導入
　　第3段階　大口預金の金利規制の緩和
　　第4段階　小口預金金利の自由化検討

　こうした段階的自由化論の背景にあるのは、次のような考え方であった（金融財政事情研究会〔1985a〕p106）。

図表4-9 金利自由化の推移

年月	CD	MMC	大口定期預金	小口MMC	小口定期預金	流動性預金
79・5	導入、最低預入金額5億円、期間3月～6月、自己資本に対する発行枠10%					
84・1	3億円、75%					
85・4	1億円、1月～6月、100%	導入、5000万円、1月～6月、金利CD－0.75%、75%				
85・10	150%	150%	導入、10億円、3月～2年			
86・4	1月～1年、200%	1月～1年	5億円			
86・9	250%	3000万円、250%	3億円			
87・4	300%、外銀枠撤廃	2000万円、1月～2年、1年までCD－0.75%、2年まで－0.50%	1億円			
87・10	枠撤廃	1000万円	1月～2年			
88・4	5000万円、2週間～2年		5000万円			
88・11			3000万円			
89・4			2000万円			
89・6				300万円、6月・1年		
89・10		上限金利告示廃止（大口定期に吸収、自然消滅）	1000万円（大口金利自由化完了）	3月・6月・1年・2年・3年		
90・4				100万円		
91・4				50万円		
91・11					300万円、3月～3年	
92・6			最低預入金額制限撤廃			新型貯蓄預金導入、大口定期金利連動
93・6			（小口定期に吸収）		定期預金金利完全自由化、1月～3年	
93・10					3年までの変動金利、4年までの固定金利導入	
94・10					5年までの固定金利導入	流動性金利（当座以外）完全自由化（金利自由化完了）
95・10	2週間～5年				固定金利型定期預金の預入期間制限撤廃	

（出所）大蔵省資料を基礎に加筆修正

① 金利自由化がコール・手形市場等のインターバンク市場の自由化から現先・CD等のオープン・マーケットの自由化へと進展してきた過程の延長として、オープン・マーケット商品の小口化から大口預金の自由化を経て小口預金の自由化へと進むほうが無理が少ない。
② 小口預金者である個人は金利動向について十分な情報をもっておらず、銀行等に対するバーゲニング・パワーも弱いことから、ある程度金利規制を残さざるをえない。
③ 小口預金は1件当りの事務コストが相対的に高く、銀行等の収益からしても金利規制が必要である。

こうした段階的自由化論に対しては大手都銀などからは反論もあった。信託銀行のビッグ・長期信用銀行のワイド・証券会社の中国ファンドといった半自由金利商品と預金との競合のため、小口預金の自由化を早期に迫られる可能性もあった。小口預金者といっても1世帯当りの預貯金額が600万円を超え個人の金利感応度は高まっており、零細貯蓄保護を主眼とした従来と同じ行政手法で小口預金の自由化を遅らせる理由はないとの見方もあった。段階的自由化論は、利用者側への配慮というよりも、どちらかといえば中小金融機関の事情に配慮したものといえる。

大口預金金利自由化は、1979年のCD導入と同様に先導的商品から試みることとし、まずMMC（money market certificate、市場連動型金利預金）の導入から始められた。MMCは、アメリカの証券業界において開発されたMMMF（money market mutual fund）が急激な伸びを示し、銀行離れ現象（disin-termediation）が問題となってきた1978年にそれへの対抗商品として銀行・貯蓄金融機関において取扱いが開始された6カ月ものTB金利連動定期預金である。わが国においてMMCが提唱された理由としては、

① 資金運用単位がCD等に満たない地方公共団体や中小企業等からの自由金利商品への要求
② 証券会社による中国ファンドや現先など運用単位に制限のない金融商品への対抗措置
③ 銀行と信用金庫のはざまで、金利自由化時代に独自の活路を見出そうとする相互銀行の決意

などがあった（金融財政事情研究会〔1985〕p100）。MMCは当面次のようなかたちで発行されることになった。

　　金　　利　　CD金利を0.75％下回る水準
　　期　　間　　CDにあわせて1〜6カ月
　　最低単位　　5000万円
　　譲 渡 性　　なし
　　発　　行　　個別の相対発行ではなく金利は一律適用

　大口預金金利は1989年10月に完全自由化され、MMCはこの段階で通常の自由金利定期預金に吸収された。ここに至るまでに1985年4月のMMC導入から数えると4年半（1979年5月のCD導入から数えると実に10年）の長い時間を要した。中小金融機関経営への配慮は別として、大口預金金利の迅速な自由化の障害はどこにあったのであろうか。最も根本的な理由は、大口預金金利自由化のプロセスであった80年代の日本経済が、あまりにも順調であったので国民の間に金融面での深刻な不満が少なかったからではないか。

　預金者は所得の上昇に加え金利水準は比較的高かったので、あえてリスクを負ってまでハイリターンを求めるような金融システムの変革を求める必要がなかった（供給サイド）。資金需要者は日本の金融市場の硬直性に不満をもっていたが、海外市場を利用しての資金調達によりコストの低い資金を得られた（需要サイド）。金融機関は他部門への進出を望んではいたが、それぞれの業務分野を守っていれば十分に収益をあげ、事業の発展を図れる時代であった（仲介機関）。

　このように各当事者の満足度の高い環境においては、既存の枠組みを変革するエネルギーを得ることは非常に難しい。金利の自由化に限らず、80年代が金融改革という観点からは物足りない時代であった根底にはこのような事情があったと思われる。競争によって敵を倒して勝ち残ったものを賞賛するよりも、与えられた環境の中で「足るを知る」ことを美徳とする日本社会の特質も背景となっている。

4 小口預金金利の自由化

(1) 小口MMCの導入

　大口預金金利の自由化スケジュールについては、先に述べた日米円・ドル委員会およびアクション・プログラムの段階ですでに大筋は決定されていたが、問題は中小金融機関経営に一層大きな影響を与える小口預金金利の自由化につき、どのような手順でコンセンサスを得るかであった。通常、金融制度に関するコンセンサスを形成する場は金制調であるが、そのメンバーは金融各業態の代表のほか、どちらかといえば保守的な考え方をもった有識者で構成されていた。小口預金の金利自由化に関する政策は、中立的な立場にある比較的若手の学者で構成された金融問題研究会において検討が進められた。その作業は大口預金金利自由化が始まった1985年に着手され、第1弾として「小口預金金利の自由化について」(1986・5・22)が提言されている。

　この報告書では市場金利連動型預金の商品性、自由化の進め方等具体的な内容にわたる検討まで行われている。それにもかかわらず小口MMC導入が3年後の1989年に遅れたのは、民間金融機関側の足並みの問題もあるものの、主として郵貯との調整難航に原因があった。小口預金金利自由化にあたっては、残高130兆円に達し個人預貯金の30％のシェアを有していた郵便貯金の存在を無視することはできなかった。[5]　民間金融機関側は郵便貯金（預入限度額1988年3月まで300万円）との競争条件が不均衡であるとして、郵貯との金利競争をおそれていた。また税制面でも少額貯蓄非課税制度（マル優）との関係で検討が必要であった。小口MMC導入には「郵便貯金と民間預金とのトータル・バランスの確保」が前提であり、これが確保できない場合には官業である郵貯が肥大化して民業を圧迫するおそれがあった。

　トータル・バランスの具体的内容は、流動性と金利リスクの面で民間では提供不可能な定額貯金の商品性の見直しと郵貯の金利決定についての民間と

---

[5] 個人預貯金に占める郵便貯金のシェア　1965年　16.2％、1975年　23.1％、1987年　32.0％

の不均衡防止の2点であった。大蔵省は小口MMC導入の環境整備のため1987年頃から郵政省と協議を重ねたが、最初の1年間はマル優廃止問題もあって議論が進展しなかった。マル優廃止が決定（1987年9月25日改正所得税法公布、1988年4月1日施行）されて以降、具体的な協議が行われたが、定額貯金の商品性の抜本的見直しを求める大蔵省に対し、郵政省は定額貯金のMMC化を主張し折衝は難航した。

しかし民間金融機関側は1988年夏以降、マル優廃止後の規制金利預金の不振が決定的となって、小口MMCの導入が緊急の課題となる状況となり、また郵政省も1980年に大量に預入された定額貯金の集中満期を1990年に控え、その受け皿として魅力ある新商品が必要な状況となってきて、相互に歩み寄る機運が生まれてきた。このような状況の中で大蔵省から、小口MMCの導入により官民の間で大幅な資金シフトが生ずることのないよう、①官民共通商品としての小口MMCの導入、②定額貯金の肥大化防止策としての上限金利の設定、を骨子とする考え方が示されたところ、1988年12月に関係者の合意に達した。

1988年末には小口定期預金金利自由化の第1歩として小口MMC導入が決定され、1989年6月に実施された。中小金融機関に強い抵抗のあった小口金利自由化が、この時点で小口MMCという形で導入された背景としては、次のような事情があった。大口預金金利自由化は1989年秋に完了することが決定されており、残るは小口預金（1000万円未満）のみになっていた。また、1988年4月のマル優廃止後の規制金利預金不振の中で、大口の自由金利商品が好調に推移したことが民間金融機関側に小口預金金利自由化に円滑に対応する素地を作る一方、小口預金者サイドにも速やかな小口預金金利自由化の期待を生んでいた（中原〔F1989〕）。

(2) 定期預金金利自由化の完了

金融問題研究会ではさらにその後の預金金利自由化のあり方について検討が続けられ、小口預金金利の自由化スケジュールを具体化するため「1千万円未満の定期性預金の金利自由化について」（1990・5・29）がまとめられた。そこでは「あらかじめ政策当局において定期性預金金利完全自由化の時期と

図表4-10 自由金利預金構成比の推移

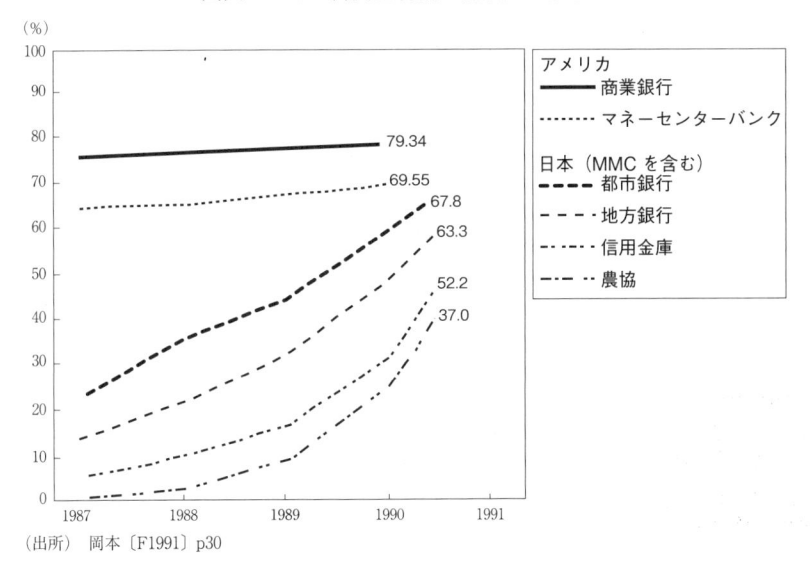

(%)

凡例:
- アメリカ
  - 商業銀行
  - マネーセンターバンク
- 日本（MMC を含む）
  - 都市銀行
  - 地方銀行
  - 信用金庫
  - 農協

数値（1990年付近）:
- 79.34
- 69.55
- 67.8
- 63.3
- 52.2
- 37.0

(出所) 岡本〔F1991〕p30

これに至る大筋のプロセスについて展望を示すことが必要」と提言され、それを受けて同年6月大蔵省は「極力早期に、遅くとも今後3年程度で」定期性預金金利完全自由化を行うこと等を内容とする預金金利自由化スケジュールを公表した。このような自由化措置により自由金利商品の比重は急速に高まり、都市銀行においては90年代初頭にはすでにアメリカの大手銀行並みの水準に達していた（岡本〔F1991〕）。

1991年11月には従来のMMCに加え、自由金利定期預金（いわゆるスーパー定期）が導入された。また預入金額300万円未満の小口MMCについても1992年6月よりその最低預入金額制限（それまで50万円以上）が撤廃された。さらに1993年6月には、預入金額300万円未満の小口定期預金金利が自由化され、これに伴い金利自由化までの過渡的商品であった小口MMCは廃止された。これに先立ち1992年12月、定額貯金の金利決定ルールに関する大蔵・郵政省間の合意が成立し、定期預金金利の完全自由化実施にあわせた定額貯金の金利自由化対応がスタートした（寺田〔F1994a〕）。

これらの自由化の進展により預金に占める自由金利商品の割合（自由化比率）は着実に上昇し、これが預金コスト上昇を通じ銀行等の相当な経営圧迫

要因となったことは否定できない。しかし当時は金利低下局面であったため、貸出金利と預金金利の引下げタイムラグがその影響をある程度緩和した。その後現在に至るまで長期にわたり金利低下局面が続いているため、金利自由化の銀行経営に与える影響が本格的に現れる機会はいまだに経験していないことになる。それは将来金利上昇局面を迎えたときに、中小金融機関の経営危機など予期しない金利自由化の影響の出現に対応を迫られる可能性があることを意味している。

(3) 預金の商品性多様化

定期預金金利の自由化は完了したが、金利は預金の商品性の1側面にすぎない。金利面での自由な競争が可能になると、次には銀行等の創意工夫に基づき、預金者ニーズに対応した多様な金融商品の提供が行われることが期待される。定期預金の分野においてはすでにその商品設計は原則自由化されていたが、1993年10月に中長期預金および変動金利預金が導入されたことはこうした流れの中において意義深いものであった。

中長期預金・変動金利預金は預金商品の多様化としての側面をもつとともに、他方では金融制度改革に伴う諸規制・諸慣行の見直し（第5章第5節2参照）としての性格をも有しており、定期預金金利の完全自由化および金融制度改革法の施行が行われる時期に導入することが適当であるとの考え方に基づき調整が進められてきた。すなわちそれまで固定預金金利は長短分離制度のもとで預入期間3年までのものに限られていたが、1992年金融制度改革法の実施に伴い各業態間の相互参入が進むことをふまえ、1993年10月に預入期間4年までの中長期預金が導入された。さらに1994年10月には期間5年まで、1995年10月には期間5年超の中長期預金が導入された。

なお、80年代から90年代にかけて、間接金融から直接金融への転換がたびたび指摘されながら実際にそのような進展をみなかったのは、預金金利自由化によって間接金融部門で商品の自由化・多様化が進んだこと、それに比べると直接金融部門での商品開発が適切でなかった（1980年の中国ファンドのようなヒット商品がその後生まれなかった）ことと関係があろう。少なくとも物価安定のもとで預金金利水準が常識的なものであった段階では、利用者は総

合金融商品としての預金の安定性と適度の収益性に満足し、あえて直接金融へ移行する誘因が乏しかった。

5　流動性預金金利の自由化

預金金利自由化の最終段階では流動性預金金利の取扱いが問題となる。これに関しては、金融問題研究会報告「流動性預金の金利自由化について」（1991・5・21）をふまえ、流動性預金自由化の第1歩として1992年6月に官民共通商品としてMMC型の貯蓄預金（新型貯蓄預金）が導入され、1993年10月には最低預入残高制限の緩和（40万円型→30万円、20万円型→10万円）およびスイングサービスの付与によりその商品性が改善されている。

金融問題研究会は1993年9月から金利自由化の最終プロセスを検討し、「定期性預金の金利自由化の実施状況および流動性預金の金利自由化について」（1993・12・22）が提出された。ここでは流動性預金金利自由化にあたって配慮すべき点として、決済システム[6] の安定性と郵便貯金の存在の2点をあげている。

決済性預金の分野ではネットワークを確立することによりはじめて円滑なサービスの提供が可能になるのであり、またそういったサービスの提供こそがこの分野における最大の預金者ニーズである。したがって銀行等が決済性預金を提供するにあたっては、こういったサービスの安定的提供にも十分配慮することが望ましい。そのような観点から、決済性預金については付利禁止を継続することが適当であるとされた。また、将来このような付利禁止にすべきものの範囲に関する検討課題として、

> 将来、貯蓄性の資金が貯蓄預金に吸収されることによって普通預金が決済性預金に特化した場合、そのような普通預金も性格上当座預金と同一と考えられるため、その時点でそれらを含めて付利禁止ないし低利規制とすることを検討する必要があるという意見もあった。

と述べている。この考え方は、この時点では具体化されることなく終わった

---

[6] ここで決済システムとは、「銀行間」の日々の貸借の清算のためのシステムおよび「預金者間」の手形・小切手、送金、口座振替等による債権・債務関係の解消手段の双方を指している。

が、その後2002年8月に金融審議会がペイオフ解禁問題について決済性預金の恒久保護を打ち出した際に大きな影響を与え、預金保険法改正として法制化されている（第9章第3節参照）。

郵貯について同報告は、

> 流動性預金金利の自由化を進めるにあたっては、国自らが金利・商品性を決定する郵便貯金という国営企業が個人預貯金市場において3割という巨大なシェアを占めているというわが国固有の事情があり、この問題を抜きにしては流動性預金金利の自由化はあり得ない。
>
> 郵便貯金が民間の自由な金利決定を阻害することがないよう、民間の流動性預金の金利決定が十分尊重されるようなルールを作ることが適当であり、またそのようなルールを実効あらしめるため、基準となるべき共通商品及びその特性をベンチマークとして定めておくことは意味がある。

と述べている。このような指摘に基づき、1994年4月に郵貯の通常貯金等の金利設定ルールに関する合意が大蔵・郵政両省間で成立した。この合意の成立を待って、民間の流動性預金金利は、付利禁止として残る当座預金金利を除き1994年10月17日に自由化された。

大蔵・郵政合意では、
① 郵便貯金が民間の預金金利に連動することを原則とし、
② 民間の自由な金利決定を阻害しないよう金利体系全体の整合性の保持を図るとともに、
③ 預金者利益の確保にも配慮することにより、

郵貯を含めた全体の金利自由化の円滑な実施に資することとされている。いずれにしても金利自由化の完成には1985年4月のMMC導入から9年半（1979年のCD導入から足掛け15年）の歳月を要したが、金融の分野における最大の規制緩和として大きな意義を有した。

金利の自由化はここにようやく長期にわたるプロセスを終えたが、この問題に関しその後もなお2つの難問が残った。第1は、郵便貯金の金利との関係である。金利改訂手続については前述のような協議が成立していたが、普通預金（民間）と通常貯金（郵貯）の金利には、当時1％程度の差が存在していた。本来、国家保証付きの郵貯金利は民間の同種金利より低利で提供されるのでなければ金融システムとしては整合性を欠く。しかし従来の経緯や

政治力学から、現実的目標としては表面的に水準をあわせる方向で妥協を図るのが限度であった。

この時点では逆に郵貯金利のほうが高かったのであるから、少なくともその状況を早急に是正する必要があったが、郵政省としては社会の反応や郵貯利用者の立場を考えると気の進まない問題である。この問題を解決するために大蔵省は1994年秋以降さらに郵政省との交渉を続けねばならなかったが、ここからもわかるように、護送船団方式を廃して民間金融機関が自らの信用を国家の支援なしに市場で評価される体制に転ずるためには郵貯の存在はきわめて大きな足枷になったのである。

第2は、懸賞金付き定期預金の問題であった。1994年11月7日に信用金庫業界第1位の城南信用金庫は、10万円の定期預金1口ごとに抽選権を付け懸賞金5万円が当たるという新商品を売り出した。アメリカでは、金利が自由でないときにはテレビを商品につけるなどの過剰競争があったが、金利自由化後はもっぱら金利で競争されるようになった。利用者がサービスの比較をするうえでも金利競争が最も透明性があるので、金利自由化が完成した以上競争は金利によって行われることが望ましい。ただ、この頃金利水準は急激に低下し、自由化されたといっても金利はほとんど横並びであった。せっかくの金利自由化完了も十分にその効用が発揮されていなかったところに、このような変則的商品が人気を博する基盤が存在していた。

6　金利自由化後の預金の位置づけ

(1)　預金とは何か

金利自由化の完了とともに、それまであまり意識せずに金利規制によって行われていた預金の商品性・信頼性の根拠規定も、結果的に失われることになった。金利自由化が完了してみると、今や預金に関するルールは何もなくなっていた。「預金とは何か」もわかっているようで実は定義もあいまいだったのである。当然の前提と思われている銀行預金の元本保証にしても、法律上の明確な根拠があるわけではない。1994年10月からは、懸賞金付きでも、株価連動金利でも、いかなる預金も商品化できるようになった。実際、イチ

図表4−11　預金金利自由化に伴い改廃された通達

預金金利自由化で改廃された通達	措　置	内　　容
(臨時金利調整法関係) ・預貯金等の特利について 　(1992・4・1蔵銀第454号)	廃止	金利規制下において、上限規制の徹底や金利規制の趣旨を逸脱するような行為(利息以外の金品の提供、顧客に対する不当な便益提供といったいわゆる「特利行為」)を禁止するもの
・金融機関の預金金利に対する規制の緩和等について(1970・3・3蔵銀第411号)	廃止	1970年臨金法告示の簡略化(細目は日銀ガイドラインに移行)が行われた際、同ガイドラインの尊重と、それに基づく預金金利表の掲示および遵守を定めたもの
・預貯金利率等の最高限度の引下げに伴う預貯金等の取扱いについて(1993・10・8蔵銀第1078号)	廃止	従来、規制金利の改定が行われた際に、預金利率表の掲示・提出や、金利改定に伴う経過措置を定めていたもの
(商品関係) ・預金、貯金および定期積金の商品性およびその取扱いについて(1992・4・1蔵銀第521号)	一部改正	それまで金利規制上定められていた貯蓄預金の「種類」の規定や市場金利連動型定期積金(MMC定積)の商品性についての規定等を、預金金利自由化に伴って自由化

(出所)　木下〔F1995〕p34

ロー(野球選手)の打率に連動する預金もできた。

　それまではあまり明確に意識されたことはなかったが、預金の最も重要な商品性である付利方式・利子水準は金利規制によって規定されていた。預金の商品のもう１つの構成要素である金融サービスも、金利規制の実効性を確保するための特利行為の禁止という形で規制されてきた。したがって、預金金利の自由化によってこのような制約が不要になり規制を取り払ったとき(図表4−11)、預金は定義すらはっきりしないものになってしまったのである。預金という長い歴史を有する最も根幹的な金融商品も、これを金融制度という観点からみるときわめて曖昧で脆弱な基盤のうえに成り立っている。このことは論理的には当然なのであるが、これまで預金者保護を重視してきた金融行政にとっても、預金金利自由化を推進してきた人たちにとっても、意外な事態であった。

　長い間国民の間に絶対の信頼を得てきた預金というものに関する金利自由

化後の社会的管理のあり方については、必ずしも十分な検討が行われてこなかった。その結果、金利自由化が完了した段階では、一方において、商品設計の自由度が拡大したことの確認を公式に行うことにより商品の多様化を進める必要があった。他方においては、金利完全自由化後に預金という最も基本的な金融商品の設計についてどのような枠組みが必要なのか（たとえば、きわめてハイリスク・ハイリターンであって、場合により預入額のほとんどが返還されなくなるようなものまで預金という金融商品に含まれるべきか）、もし必要だとすればどのような方法によってそれを確保するのか、といった問題の整理をしておく必要が生じた。

実際にはそれが行われる以前に懸賞金付き定期預金が発売され、行政当局の対応が金融商品の多様化に逆行するものと批判を受けた。懸賞金付き定期預金に関する論議の本質は、金利自由化後における預金のあり方を問うものである。すなわち、金利自由化後の預金をめぐる金融機関間の競争については、従来主として金利競争が念頭におかれていたが、実践段階になってまず目立った動きとなったものは非金利競争であった。アメリカでは金利自由化後は本来の価格競争（金利競争）になったが、日本では逆の展開になってしまった。[7]

(2) 預金を考える懇談会

これは金利自由化の準備が不十分であったということでもあったので、遅ればせながら「（金利自由化後の）預金を考える懇談会」が設けられた。この間東京の2信組の経営破綻が起こり、その処理方法をめぐる意見の対立も預金というものの性格を改めて考えさせる契機となった。すなわち、預金は個別の金融機関が提供する民間の商品ではあるが、一金融機関の預金に対する信頼低下が預金全般に対する信頼低下にまで連鎖的に拡大するリスクを内包している。預金がその役割を十分に果たすためには、預金に対する信頼低下

---

[7] その後さらに具体化した事例として、仕組預金（特約をつけるかわりに金利を上乗せされた定期預金。中途解約した場合元本割れの可能性がある。）がある。元本割れリスクを十分に説明することなく販売され社会問題に発展したため、現在では金融商品取引法が規制対象としている。

を引き起こすような問題の発生を防止する方策が求められる。また、預金保険による保証に限度があるという法律上の制度と、国民の間に存在した預金への絶対的信頼との間のギャップを、当面どう処理するのかという深刻な問題にも直面していた。

　懇談会報告では上記の課題に完全な答を出すには至っていないが、問題の所在は以下のように明確にされた。預金保険との関係を整理するのは「金融システムの機能回復について」(1995・6・8) まで待たなければならない。また、金融商品相互間の連続性の問題は1999年以降金融サービス法の検討の中で論じられ、一応2000年5月に「金融商品販売法」という結論が出されたうえ、金融商品取引法に引き継がれている。

(i)　預金の商品性と他の金融商品との関係

・出資法・銀行法等により預金の受入は銀行等に限定されており、検査・監督体制、預金保険制度、決済ネットワークなどが整備されている。こうしたことから、預金については、元本保証があるという国民のコンセンサスが形成されている。

・こうした国民のコンセンサスとその背景にある預金のインフラストラクチャーを前提とすれば、銀行等は預金の商品設計にあたり元本を保証するという前提を維持すべきである。

・預金の商品設計に関しては、民法・刑法等の一般法令や他商品の商品性を定めた法令に抵触する場合を別として、金融機関の自己責任に基づく創意工夫により、一層多様な預金が提供されることが期待される。

・預金と他の金融商品の多様化により金融商品相互間の連続性が一層高まり、利用者の幅広いニーズに切れ目なく対応した金融商品が提供されることが期待される（図表4−12、第12章第1節参照）。

(ii)　金融機関間の競争促進

・金利自由化終了後、預金をめぐる非金利サービスの多様化が進展しており、これを大別すれば、決済サービスのように金融機関なればこそ提供しうるサービス（金融サービス）と、景品の提供のように企業一般が行っているサービス（非金融サービス）に区分できる。

・金融機関は技術的フロンティアの拡大を最大限に活用して、多様な金融

図表4−12 連続性のある金融商品体系

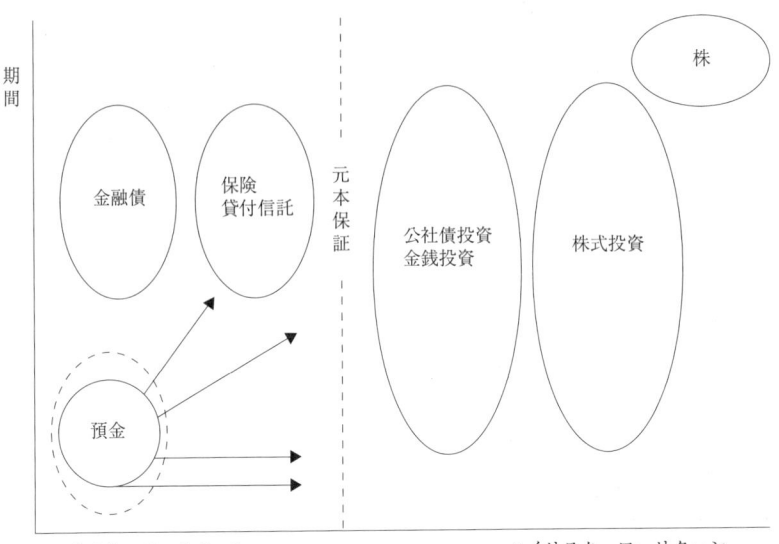

期間　　　　　　　　　　　　　　　　　　　　　　　　　株

　　　　　　　　　　　　　元
　　　金融債　　保険　　　本　　公社債投資　　株式投資
　　　　　　　貸付信託　　保　　金銭投資
　　　　　　　　　　　　　証

　　　　　預金

ローリスク・ローリターン　　　　　　　ハイリスク・ローリターン

(出所) 木下〔F1995〕p38

サービスの提供に取り組むことが期待される。
・景品を用いた競争は、競争促進の観点から一石を投ずる効果はあるが、公正な競争を阻害するという問題がある。
・金融機関および行政当局は、規制金利時代の意識から早急に脱却する必要があり、競争制限的な機能を有している慣行や通達の見直しが求められる。

競争促進に関しては、預金の商品設計に関する議論と併せ、預金をめぐる銀行等の取引について論点整理が行われた。この考え方は、後に「金融サービス法」論議の際の基盤になっている。

(3) 預金金利自由化政策の評価

金利自由化は80年代から90年代にかけての金融システム改革の最大の課題であったが、それは長期間をかけながらも一応成功裏に終わったと考えられる。しかしこの点についてはわが国の金融自由化が価格メカニズム利用による効率化に重点をおきすぎたために全体としての金融自由化が遅れたとの指

摘もある（寺西〔2003〕p314〜）。すなわち、わが国の経済システムは業態間・省庁間の枠組みを変えることを苦手としていたため、1980年頃から進められた金融自由化にはバイアスがみられ、もっぱら銀行の資金調達面の金利自由化を中心に進められた。有利な金融資産運用手段を求める預金者・消費者の要望に応えることが優先され、結果的に銀行の業務範囲の拡大にはほとんど手をつけられることなく、その資金調達コスト面の自由化だけが進行した。

わが国にとどまらず先進各国とも、金融自由化はまず価格の自由化である金利自由化を中心として進められている。そのプロセスにあまりにも長時間をかけすぎ、業務の自由化というステップに全力投入するのが遅れたことは事実であるが、金融技術や金融経営手法で遅れをとったのは、業務分野規制が原因というよりも（アメリカでも業務分野規制撤廃は90年代後半）むしろ競争原理の運用手法にあったと考えるべきである。そういう意味では、価格メカニズム利用に重点をおきすぎたというよりも、金利自由化という価格メカニズムの利用の仕方が不徹底であったことが問題であったと考えるべきであろう。しかしそこには、預金者保護を絶対視する伝統的な金融行政や国民の意識とのジレンマがある。その点に結論を見出すには90年代後半の金融危機を待たなければならない。

特にわが国では長い間、預金は群を抜いた金融商品の代表的存在であり続けている。その前提には、伝統的な銀行業モデルの繁栄があった。銀行は、貸出先企業の信用リスクをとり、ポートフォリオとして管理し、利鞘を得る一方、資金の出し手である預金者にはリスクを配分せず元本・利子保証商品を提供している（蝋山〔2002〕p7）。このモデルが順調に機能するためには、信用リスクが過度に高くないことが前提条件となる。しかし90年代においては、信用リスクはきわめて高く、しかも利益率が大きく低下したため、銀行は大数の法則（リスクの分散）だけでは対処できず、このモデルは一時破綻した。

大企業融資の収益は薄く、中堅・中小企業も採算割れ、預金収益は悪化し、個人ローンは伸び悩み、住宅ローンのみが辛うじて収益を稼ぎ出すという構図になっている。銀行等は安定成長移行後まもなくこのような構図に陥ったが、当面は規制とバブルによりヴェールがかけられていた。しかしバブルが

崩壊してみると、預金を基盤とした伝統的な銀行業モデルそのものが崩壊していることに気づかされることになる。その後も日本経済の低迷が続いたことにより、銀行等は基本的にはそのような状況を脱却しておらず、預金を取り扱う金融機関の経営環境は厳しい。このような状況下では、かつては特権的な業務であった銀行業も、むしろ預金の束縛を受けないノンバンクに収益力において差をつけられている。預金金利の自由化という政策課題は、金融商品としての預金の優位性を前提としていたが、金利自由化が完了した直後からその前提が危ういものになっていたのである。

第3節　機械化と情報システム革命

「情報化」は今ではあらゆる分野における日常的な現象になっているが、コンピュータが普通の人にも身近なものとなったのはこの20年ばかりのことである。この間の経済・社会における「情報」の位置づけ・技術・影響力の変化にはきわめて大きなものがある。とりわけ金融と情報との関連は不可分となり、金融業はあらゆる側面において情報技術・コンピュータネットワークに依存している。

そのような問題意識が芽生え始めたのは比較的早く、日本では60年代のことであるが、その頃の問題意識は「機械化」という言葉が象徴しているように、主として事務の合理化であった。その後日本の電子産業は世界をリードする存在に発展し、それに伴い金融における情報技術の活用においてもわが国は世界の最先端を走っていると自負していた。1984年末のCD・ATMの人口1万人当りの設置台数は、アメリカ（2.4台）、イギリス（1.3台）、フランス（1.1台）、ドイツ（0.3台）に対し日本（3.7台）は大きくリードしていた。しかし80年代から90年代にかけて、「情報技術」というよりも「情報活用技術」ともいうべきソフトウェアの分野での飛躍的発展の時期が、日本ではバブルの生成・崩壊の時期に重なったこともあって、日本の金融はいまだ「情報化」の本質に迫りきれていないようにも感じられる。

70年代から80年代にかけて、「自由化・国際化・機械化」は金融の発展方

向を指し示すキャッチフレーズであった。今では「機械化」はほとんど死語となってしてしまったが、当時は「自由化・国際化」が外圧に押しつけられてのお題目だったのに比べ、「機械化」は新鮮な響きをもった達成目標であった。80年代後半になると「自由化・国際化・証券化」と並べられることが多くなったが、その場合の「証券化」とは、実は情報技術を駆使した最先端の金融領域を意味していたのである。「機械化」が「証券化」に置き換えられたことには、金融と情報の関係に関する深い意味が含まれている。

1 アメリカの金融イノベーションと日本の認識

　アメリカの金融機械化は、1960年代から70年代にかけて銀行経営者に対する業績管理のための情報サービスと小切手処理の合理化の歴史であった。行内情報システムについては、顧客層別・商品別情報管理や資産・負債管理等の著しい進展がみられたが、小切手処理については磁気文字読取装置の営業店・地区センターへの導入など部分的合理化にとどまっていた。金融革命に先行して70年代初頭より開始された通信の自由化は、VAN（value-added network）サービスの出現・発展を促し、金融業界はおもにVAN業者によるネットワークを使い、それまで郵便で行っていた小切手集配サービスをオンラインで提供するようになった。

　インフレ経済下における市場金利の急騰等により70年代後半より顕著になった銀行離れ現象（disintermediation）は、コンピュータと通信技術を活用した他業界の新商品攻勢により加速された。たとえば1971年に証券会社が創設し74年以降本格化したMMF（Money Management Fund）がそれであり、MMFは、1977年にはCMA（Cash Management Account）のような複合商品へとつながっていった。これは高金利商品と小切手、クレジットカードの決済口座が連動したシステム商品のさきがけとなった。

　一方、銀行業界は他業界からの攻勢に対する新商品として、1972年に小切手振出可能の貯蓄性預金であるNOW（Negotiable Order of Withdrawal）勘定を創設し、以降1978年のMMC（Money Market Certificate）に代表される市場金利連動型の新商品を次々と開発する。そして1982年、銀行版MMFともいえるMMDA（Money Market Deposit Account）を創設した。これらの新商

品も、コンピュータと通信技術が活用された成果である。

　銀行離れとほぼ並行して発生した大手米銀の対外債務問題は、リスク分散・経営効率化等の目的から、国内の法人・個人分野の取引を再度見直させることになった。それは機械化の側面としてはいわゆるエレクトロニック・デリバリー・サービスの拡充へと発展した。またこれらのサービスの推進は、マクファーデン法による州際業務禁止に対し金融サービスを州外に展開することを可能とし（ATMは店舗とみなさない州が多い）、小切手の電子化とともに金融機関にとってインセンティブとなった。アメリカではすでにパソコンがかなり普及しており、また、VANサービスも発展していたことから、これらサービスの本格的普及も遠くないと感じられていた。

　アメリカでは、持株会社を利用して証券業務・保険業務等を含めた総合金融サービスを目指す動きが急であり、外部ネットワークや汎用ソフトウェアを利用しながら、商品の複合化・情報サービスの拡充を図ることが金融機関の主要戦略となりつつあった。同時に銀行の基本的機能である資金仲介機能・資金決済機能も変化しつつあったので、この動きを受けて、FED-WIRE、CHIPS等の公的決済システムもそのサービス内容、運営方法等を再検討しつつあった（妹尾〔F1985〕）。

　日本においても黒田〔1982〕は、すでに80年代初頭において金融システム改革における情報革命の重要性について的確な問題提起をしている。すなわち、上記のように当時アメリカではフィナンシャル・イノベーションに関する議論が盛んであったが、日本ではこれを金利の自由化、ないしはその帰結としての金融の変化と捉える見方が多かった。しかしフィナンシャル・イノベーションには、急速な発展をみせている情報技術（コンピュータ、データ通信、衛星通信等）が金融サービスの供給にも用いられるようになったという別の側面があり、これが既存金融秩序を根底から揺さぶっていた。むしろ、金利規制の緩和・撤廃といった制度変更自体、技術進歩によって既存の利害関係のバランスが崩れた帰結という側面があったのである。

　こうした技術革新は金融に特有のものではなく、「情報革命」と呼ばれる一般的な技術革新の一環として生じている。金融技術革新は、情報社会の展開という大きな時代の流れの中で生じていたのである。これによって

① 金融の装置産業化が進む。技術進歩に伴い、金融サービスは紙を用いた人手によるサービスから、コンピュータ、ソフトウェア等を組み合わせたシステムに基づくサービスへと移行する
② 競争条件の抜本的変化が起こる。金融技術進歩が事務の合理化にとどまっていた間は、競争条件の変化はもっぱら組織内部のコストダウンを通じてのみ生じていた。これに対して、最近の技術革新はむしろ新しい商品・サービスの供給が焦点となっている。有力な新商品・サービスの出現は、直接競争条件を変え、既存秩序を崩してゆく

金融技術革新に対応していくためには、通信手段の保有・利用のあり方の規制緩和が必要であり、当時の日本の場合、電電公社という官業体制は大きな制約を課していた。もとより金融規制の緩和も不可欠である。

　これは当時としてはきわめて先見性のある問題提起であり、そのころこのような認識を明確に有していた金融機関経営者は必ずしも多くはなかったであろう。金制調では82年10月から「技術革新の進展に関する専門委員会」を設け、この問題について検討を開始しているが、委員の顔ぶれなどをみると「経営的・制度的」というよりも「技術的・専門的」課題との位置づけをされていることがうかがえる。この問題が「金融の機械化」という名称を付されていたことからも、アメリカにおける「情報革命」との認識とは大きな格差があったように思われる。なお当時は、日本の電機産業は世界を制覇しており、アメリカから輸出自主規制を求められるほどの時代であったことを念頭においておく必要があろう。そのようなモノづくり面における日本の優位との比較において、金融技術などソフトウェア面での立ち遅れが後々の発展に響いてくる。

　ただ、82年9月の金制調総会では、
① 金利を含む広い意味での金融の自由化についてどのように対処したらよいか
② 金融に重大な変化をもたらす技術革新の進展が予想されるが、これにどう対応していくか

の2点を中心に審議を進めることとなっており、当時の金融関係者にとって金融技術革新が大きな関心事項であったことは間違いない。もっとも、審議

の場については総会の下に小委員会を設けたうえ、さらにその下に専門委員会を設けることとされた。相当の専門的知識を要することから、さしあたりこの問題に関する専門家を中心に検討を行うべきものとされたのである。

　金融面における技術革新の現状と今後の展開の見通しのうえに立って、金融機関業務・金融取引・金融政策等への影響、また、安全性の確保やプライバシー保護等の問題、さらには金融機関経営や金融行政の対応の仕方等について、専門家からの意見聴取をも含め、広範にわたる検討がなされた。こうした審議を経て、専門委員会報告「金融機関における技術革新の進展の現状と今後のあり方」(1983・5・31) が取りまとめられている (高橋〔F1983〕)。

2　日本における金融情報システムの発展[8]

(1)　コンピュータの登場と金融機関への導入

　20世紀最大の技術革新ともいうべきコンピュータがアメリカに登場したのは1946年で、まず第1世代は1950年に完成した世界初の商用コンピュータUNIVAC-1に代表される真空管を論理素子とするものであった。1957年ころからトランジスターを論理素子とした第2世代のコンピュータが登場し、さらに1964年にはICを論理素子とする第3世代が登場した。処理速度・信頼性は飛躍的に高まり、ソフトウェアの共通化が進み、またOSが本格的に導入され、操作をコンピュータ自身が処理するようになった。

　こうして加速度的な進歩を遂げたコンピュータは、1959年ころから金融機関への導入が始まった。当時はバッチ処理(オフライン集中方式)による預金・貸出の利息計算や給与計算などの分野での利用で、システムの対象も限定され、コンピュータの利用は金融機関業務のごく一部の事務処理を担うにとどまった。

　日本の金融業の業務機械化の歴史は古く、1950年にアメリカのパンチカードシステムが紹介されると、1952年ころから都市銀行や一部の地方銀行で、

---

[8]　以下の記述については、「25年史」(2009　財団法人金融情報システムセンター) に多くを負っている。

まず統計情報業務から、次第に普通預金・当座預金管理業務へと活用されるようになっていった。アメリカでの動きをいち早く取り入れており、この問題には世界の中でも迅速に対応したといえる。その後、日本経済の高度成長と技術の進歩・普及を背景に、オンラインシステムの時代へと移行していく。

(2) 第1次オンラインシステム時代

　1965年に三井銀行が日本IBMに委託開発したオンラインシステムの稼動により、日本の金融業務の機械化はオンラインシステムの時代（情報システム化、IT化）の時代に入る。第1次オンラインシステムは、あくまで同一金融機関内の科目別オンラインであって、普通預金等の預金業務のシステム化から始まり、次第に内国為替業務、手形割引・貸付業務、証書貸付業務などの科目にも広がっていった。同一金融機関内の科目別システムにとどまるとはいえ、大量の事務を正確かつ即時に処理するとともに、同一金融機関であればいずれの支店でも預金の出し入れができるようになり、さらに70年代に入るとCD、ADの導入とも結びつき、画期的なサービス向上をもたらした。

　その後はおおむね10年サイクルで世代交代・革新を遂げてゆく。保険・証券等他業態においても、ほぼ金融機関と同様のペースでそれぞれの業態固有のニーズに適応したオンライン化が進んだ。

(3) 第2次オンラインシステム時代

　1975年ころになると、第2次オンライン時代が始まる。まず金融機関本支店内では、顧客の名寄せを行う顧客情報ファイル（CIF）を中核として、預金や融資など各元帳ファイルを関連付け、科目間連動処理が実現した。また通帳も磁気ストライプが貼付されたものとなり、CD、ADなどの自動化機器も普及・進化してATM時代になっていく。

　一方、金融機関相互間のデータ通信システムは、1968年に地方銀行のデータ通信システムと預金の相互受払いがいち早く開始されたのを皮切りに、1973年に全国銀行データ通信システム、1976年に全国信用金庫データ通信システムと続いた。1980年にはこれを利用した金融機関相互間のオンラインキャッシュサービスが、SICS（6都銀キャッシュサービス）、TOCS（都銀オ

ンラインキャッシュサービス)、SCS（全国相互銀行CDネットサービス)、ACS（地銀CD全国ネットサービス)、しんきんネットキャッシュサービスと、次々に開始された。

第2次オンラインサービスでは、営業店の事務合理化・省力化だけでなく、経営全般の効率化推進や顧客サービスの拡充にも力点が置かれ、新商品、新サービスのニーズに対応する柔軟性、顧客管理の充実、ダウンレスシステムが目標とされた。

(4) 第3次オンラインシステム時代

第2次オンラインシステムの構築により、金融機関では全科目・全店ベースでの勘定系の総合オンライン化が完成し、また対外的には、全銀システムやCD提携網といった各種の外部金融ネットワークとの接続が進んだ。こうした第1次、第2次のオンラインシステムを通じての金融機関のコンピュータシステム化は、内部の事務合理化と顧客サービスの向上を目標とするものであった。これに対し、80年代から大手行を中心に、やがて第3次オンラインシステムとなる次世代システムの開発が胎動をみせる。当初はコンピュータ処理能力向上に合わせ、業務処理の一層の効率化・省力化を目指した勘定系システムの再構築から構想が練られたが、折からの金融自由化・国際化の進展による金融環境の大きな変化と、情報通信技術の飛躍的進歩・通信の自由化とが重なり、本格的金融情報システム時代へつながっていく。

第3次オンラインシステムは、社会全体の情報化が進行する中で、顧客ニーズに応じて、外部の産業界・個人顧客と金融機関の間を接続し、情報の授受・取引を行うエレクトロニック・バンキングをスタートさせるとともに、金融自由化・国際化に対応すべき新しいニーズ、変化する経営環境にも柔軟かつ機動的に対応できるような金融機関内部のシステム再構築も目指すものであった。

日米円・ドル委員会報告書を契機として、金利の自由化、金融業務の自由化、国際資本移動の自由化は急速に進展した。こうした金融自由化・国際化の急速な進展は、コンピュータ・システムや第3次オン開発に3つの重い課題を突きつけた。

① それ以前の機械化やオンラインシステム構築が、人手による作業をコンピュータが置き換える省力化目的の投資であったのに対して、第3次オンでは、同時進行する金融自由化や業務範囲拡大、取引量の増大に即応できるように、システムが柔軟性や拡張性、弾力性を備えた設計思想を採用し、新商品・サービスの短期開発および新規業務の早期提供を支えることが求められた。

② 各金融機関が、伝統的な商業銀行業務とは異なる証券業務、国際業務、信託業務、デリバティブなどに新規参入した結果、新規システム需要が発生した。具体的には、これら新規業務のフロントおよびバックオフィス事務を処理するためのシステムのほか、増大する顧客情報を統合管理できる情報系システム、収益やリスクを把握・管理するためのシステムが新たに構築された。

③ 第3次オンは、それまでのオンラインシステム開発とは異なり、銀行の収益モデルをエレクトロニックバンキング（EB）化するという戦略転換の目的を担わされていた。すなわち先進的な米銀を模範として、わが国銀行も装置産業化と情報産業化を2本柱とするEBへ脱皮しようという問題意識である。

　3次オンの開発が進むのと平衡して、CD/ATMオンライン提携が順調に拡大していった。同一業態内のオンライン提携は、84年1月に都銀の2系列（SICSとTOCS）がBANCSとして1本化されたのに続き、87年4月にSANCS（信組ネットキャッシュサービス）が開始したことをもって完成した。次に業態間のCD/ATMオンライン提携は、90年2月にMICS（全国キャッシュサービス）を介して都銀のBANKSと地銀のACS（地銀CD全国ネットサービス）とが接続されたのをはじめとして、91年2月にはMICSを介した相互接続は7業態（都銀、地銀、第2地銀、信金、信組、労金、農協）にまで拡大し、さらにはLONGS（長信銀・商中キャッシュサービス）、SOCS（信託銀行オンラインサービス）にもMICS経由で接続が及んだ。このように3次オンの開発が進んだ95年ころには、金融業界の対預金者取引の側面におけるオンライン化は完成した。

　第3次オンは、ハードウェア技術の性能向上や通信技術革新のメリットは

十分に享受している。具体的には、
① 口座数や取引量の増大に対応する処理能力増強
② オンライン営業時間の拡大
③ ファームバンキングなどのチャネルインフラの拡充やCD/ATM網の整備

など目覚しい改善をみている。しかしその一方で、3次オン開発の当初構想にあった「外部環境変化にも柔軟に即応できるような設計思想」は必ずしも期待どおりにはならなかった。

(5) ポスト3次オン

その後金融ビッグバン、金利自由化の完成、BIS規制の導入等のさらなる金融環境の変化と債券・株式の電子化、決済のRTGS（Real Time Gross Settlement）化などの決済インフラの進化、インターネットとモバイル機器の爆発的普及等を背景に、いわゆるポスト3次オンの世代が到来したといわれる。しかし基本的には、第3次オンラインシステム時代に構築された基幹システムがさまざまな機能の追加・修正が加えられながら使用され続けており、広い意味では現在も第3次オンラインシステムの時代が続いている。

ポスト3次オンの特徴は、むしろ3次オン時代以前に誕生していた要素技術や技術思想（ネットワーク、オープン化、ダウンサイジング、マルチベンダーなど）が、本格的かつ急速に実装・適用されていることである。とはいえ、ポスト3次オンの金融機関システムの変化は、その間の金融業務の多様化と制度環境の変革と無縁ではない。特に日本版ビッグバンによる規制緩和を背景に金融機関の業務範囲・業務内容は広がったが、その結果、生損保を含む広義の金融機関はデリバリーチャネルとそれらを支えるシステムの充実に取り組む必要が出てきた。さらに、デリバティブや資産流動化・証券化商品など、各金融機関が投資・保有する金融資産の内容は格段に多様化・複雑化しているほか、バーゼルⅡが本格適用されたことなどを背景に、信用・マーケット・オペレーショナルの各リスクの統合的管理も喫緊の課題であり、こうしたリスク管理業務も高速計算処理システムの整備を必要としている。

有価証券取引の分野においても、電子化、ペーパーレス化が進んだ。09年

1月には株券電子化が実現した結果、日本における有価証券のペーパーレス化は完了している。さらに08年12月施行の「電子記録債権法」は、従来は紙ベースであった手形の電子化を可能とするとともに、売掛債権の流動化を容易にするものであり、企業の資金調達の円滑化に資するものと期待されている（第12章第2節参照）。このように今世紀に入ってからの金融システムに対する需要や期待は、質・量両面で3次オン以前の時代とはまったく異なるものとなっている。

第5章

子会社方式による相互参入

第1節 金融構造の変化と銀行経営

　80年代の銀行経営については岡崎・星〔2002〕による優れた分析がある。そこでは次のような仮説を設けたうえで、それを明晰に検証している。

> 　1970年代後半から始まった金融自由化は、大企業の資金調達の選択肢を広げたが、家計の資産選択の自由度はそれほど拡がらず、また銀行が伝統的銀行業（預金の獲得と貸出）以外の分野へ進出する可能性も依然として非常に限られていた。企業の資金調達の選択肢が拡がった結果、・・・大企業の多くは、徐々に銀行借入を離れて、社債や新株発行などによる資金調達に移っていった。しかし、銀行業務に対する規制緩和が遅れたため銀行が市場調達関係の業務に乗り出して、ユニバーサル・バンクとして大企業に引き続きサービスを提供することはできなかった。こうして貸出の分野で大企業の銀行離れが生じた一方、預金の分野では家計部門は依然として金融資産の大部分を預金で保有した。・・・銀行は大企業の銀行離れによって生じた貸出金の減少を、土地関連融資を増加させることによって補おうとした。こうして新しく不動産市場に流れ込んだ資金が地価を高めることになり、地価高騰の一要因となった（p314）。

　このような考え方は三木谷〔2001〕（p204）など多くの論者によってすでにおおむね共有されている。筆者も従来から大枠については同様の理解に立っているが（西村〔1999〕p39～）、金融自由化との関係などについて若干の補足と修正が必要と思われる。以下においては、基本的には上記論文に多くを負いつつ、論点を再整理してみたい。

第1の論点は、銀行に対する資金需要の減退であり、この問題にはさらに2つの側面がある。1つは安定成長移行に伴う企業部門の資金需要の低下（資金需要の総量の問題）であり、もう1つは金融の自由化・国際化に伴う市場化・証券化の流れ（資金需要の業態別シェアの問題）である。前者の側面を考えると、金融システム全体の安定化・活性化のためには、パイの分割方法である投資業務の銀行への開放だけでは答えにならなかったことがわかる。

　第2の論点は、安定成長移行後も銀行に対して資金が流入しつづけたという資金供給の超過である。この問題も、貯蓄の総額が引き続き増加したという総量の側面と、そのうち銀行に向けられる割合がどのように変化したのかというシェアの側面がある。第1、第2の論点をあわせると、80年代の銀行経営者は、収益率が低下しつづける日本企業と貯蓄率が低下しない家計とのギャップに翻弄されたといえる。

　第3の論点は、上記のような金融構造の変化との関連において金融自由化が与えた影響である。この場合の「影響」という意味にも、自由化が進んだことによる影響（たとえば金利自由化による銀行の収益追求志向）と自由化が十分進まなかったことによる影響（銀行への証券業務の解放の遅れによる不動産融資志向）の2つの側面を区別して分析する必要がある。

1　銀行に対する資金需要の減退

　日本経済は高度成長の終焉に伴い、以下のいくつかの理由により民間投資が大幅に減少した（深尾〔2002〕p217）。

① 60年代を過ぎると生産年齢人口の増加率が大幅に鈍化し（50年代1.9％、60年代1.8％、70年代1.0％、80年代0.9％、90年代0.1％）、資本収益率の低下を通じて設備投資が抑制される。

② 欧米の生産技術水準へのキャッチ・アップ過程が60年代までに達成され、全要素生産性上昇率が低下した。それは資本収益率の低下を通じて、民間投資を減少させる。

③ 労働者1人当りの資本装備率を高めることによって高度成長が達成されたが、資本装備率の上昇は資本の過剰により資本収益率を低下させ、投資の減退を招く。

④ 80年代中ごろから製造業の対外直接投資が急増したが、このことは国内での設備投資を縮小する働きをした。

第Ⅰ部・第Ⅱ部でも述べたように、安定成長移行に伴う資金需要の減退という認識は金融関係者の間では早くから共有されており、60年代から金融制度改革の必要性が説かれてきた背景には常にこの問題への対応策という意識が存在していた。

次に、総体として減退した資金需要がどのような割合で銀行に向かったかの問題である。戦後の資金不足時代においては、社債発行はごく一部の大企業にのみ許され、しかも有担保原則は巨額の資産担保を有していた重化学工業中心の大企業へ優先的に資金を配分する結果になった。法律・行政指導など各種の市場への規制により、企業は資金調達を銀行に頼ることになった（社債の発行も形を変えた間接金融の一種であった）。

70年代後半から社債市場の自由化が始まり、戦後一貫して続いてきた有担保原則が崩れた（1979、82年）。当初は非常に厳しかった無担保債の適債基準は80年代を通じて徐々に緩和され、また1980年には外為法が改正されて海外との金融取引が原則自由になった。1984年の実需原則の撤廃により為替変動リスクをヘッジすることが可能になり、大企業は盛んに海外市場で起債するようになった。その結果、厳しい規制の存在によって金融活動が海外へ逃避するという形での歪められた「国際化」（空洞化）が流行したほどである。

安定成長化と金融自由化の影響を受けて、大企業（特に製造業）は銀行への資金依存度を急速に低下させ、70年代後半には総資産の35％を超えていた銀行借入金が1985年までには25％以下に低下し、1990年までには15％以下に落ちた（岡崎・星〔2002〕p319）。それに対して主要企業の社債発行による資金調達比率は、80年代初めの8.5％から89年には17.4％に上昇した。ただ80年代を通してみれば、内部資金比率の上昇と株式市場の活況を背景とする株式発行の増大のほうが大企業の銀行離れの要因としては大きかった（岩田〔2001〕p231）。

なお、金融構造の間接金融から直接金融への移行という問題に関しては、日米の間には大きな事情の違いがあることに留意すべきである。すなわち、アメリカで預金から他の金融資産に大きくシフトしたのは、70年代のインフ

レ期に金利規制のため銀行離れ現象（disintermediation）が起こったことによるものである。いわば原資不足に起因する間接金融の資金供給力低下の結果である。これに対し日本では、預金という間接金融の原資は過剰であり資金供給力にまったく問題はないにもかかわらず、資金需要者側が資金コスト低下のため銀行を離れ市場経由の資金調達に移行したものである。同じ銀行離れといっても、まず家計が離れるのか、それとも企業が離れるのかによって問題の性格は大きく異なる。アメリカの場合は金融自由化の遅れ（金利の硬直性）による影響であり、金融自由化政策実施の積極的影響という意味では日本のケースのほうが大きかったともいえよう。

2　銀行への資金供給の持続的増大

　日本の貯蓄率は先進諸国の中で際立って高かったが、60年代半ばまでの高度成長期には民間投資がきわめて活発であったため貯蓄超過は生じなかった。むしろ投資超過による「国際収支の天井」が問題にされた。70年代に入ると、日本経済は一転して貯蓄超過基調へと変化した。貯蓄率は人口構造の高齢化に伴い次第に低下するといわれながら、その後も高率を続けた。

　貯蓄率を引き下げて（消費性向を引き上げて）経常収支黒字を減らそうという試みは、内需主導型経済構造への転換として前川リポートによって提唱されたが、必ずしも所期の効果をあげず、むしろバブルの助長要因になった可能性がある。いずれにしても80年代において経済は慢性的な貯蓄超過・需要不足状況にあった。

　家計の資産選択に関する規制や金融機関の業務範囲に関する規制緩和の速度はきわめて緩やかであった。家計の資産蓄積が進んできた60年代になっても証券市場での規制が運用多様化の制約になっていた。公社債は流通市場が存在しないに等しく実用的な投資対象とはならなかったし、株式市場も規制によって手数料が高かった。また投資信託も家計の金融資産の重要な部分には成長しなかった。結局家計にとっても、その金融資産の保有形態として預貯金以外には有効な選択肢がなかったのである（岡崎・星〔2002〕p316）。ただし、仮にある程度の選択肢が示されていたとしても、持続的な所得上昇に満足していた当時の日本人が、あえてリスクとコストをかけてまで預金以外

の投資機会を求めたかどうかには疑問もある。

3 金融自由化が銀行行動に与えた影響

　都市銀行の総資産利益率をみると、1973年以降急速に低下し、80年には0.5％を割っている。安定成長移行による資金不足から資金余剰への転換に加えて、金融自由化の結果、銀行は急激な利益率の低下に見舞われた。規制のレントが縮小し、大企業を証券市場に奪われ始めた銀行には（個別企業の選択肢としては）、①有価証券買い増し戦略、②ニッチ戦略、③ユニバーサル・バンキング戦略、④伝統的拡大戦略の4種類が考えられる（岡崎・星、前掲p324）。

　①については、国債大量発行時代突入後しばらくこの方法はある程度可能にみえたが、結局銀行はそのような戦略はとらなかった。その理由は第1に、これは戦前の貯蓄銀行（または郵便貯金）の役割に後退することを意味し、誇り高き都市銀行には従来演じてきた日本経済の司令塔の役割を自ら放棄することはできなかったということである。第2に、80年代には財政再建路線が厳しく実行され、国債が金融資産として十分な分量を確保できなかったこともあげられる。バブルと財政政策の関係については、主として実物経済の需要効果の側面に注意が向けられてきたが、急激な財政再建路線によって従来国債を通じて流れていた資金運用の道が急に閉ざされたことにも一因があった（第6章第2節2参照）。

　②については、膨大な人数のジェネラリスト集団である大銀行がこのような方向転換をすることは実質的な退場を意味し、組織の選択としてはほとんど現実的ではない。ただ、長期信用銀行の中にはこのような道の1つとしてむしろ積極的に投資銀行への転換を探る試みもあったようである。たとえば水上萬里夫（元長銀副頭取）は、1983～84年の金融自由化・国際化の流れの中で投資銀行への転換を目指したが主流派であった融資担当者に抵抗があったこと、ちょうどバブルが発生し従来路線でも生き残りが図れる雰囲気が生じたことが支障になって計画は挫折したと述べている（鹿島平和研究所「平成大不況を考える」〔2002〕p138～）。いずれにしても金融界における国際派の第1人者であった黒澤洋（元興銀頭取）が絶頂期においても、「興銀が目指す

のは、日本型インベストメント・バンク。目標到達点に米国のインベストメント・バンクが待っているわけではない」（日経新聞1987・4・27）と言わざるをえなかったところに、邦銀の特色というより限界があった。

③については、「銀行デパート化論」がすでに60年代に提起されている。しかし本格的にユニバーサル・バンキング戦略が追求されたのは、一方において邦銀が経済環境の変化に対応して従来路線の転換に迫られると同時に、他方において内外における自らの地位に確固たる自信をもっていた80年代初めのことであった。[9] 経営環境の変化に対してほとんどの都市銀行・長期信用銀行が選択したのは、ユニバーサル・バンキング戦略であった。しかし国債の窓販・ディーリングや三局合意問題の経緯（第3章第3節参照）からもうかがえるように、業際規制の緩和は証券界の強い抵抗などがあってその実現までに非常に長い年月が費やされた。ユニバーサル・バンキング戦略に取り組む基盤が整備されたのは、子会社方式による相互乗入れ制度が実現された1992年のことである。

80年代において邦銀はそれを待ちあぐねて、安定成長化と金融自由化による大企業の銀行離れに対処するため戦略④をとる結果になったのである。ただし設備投資や不動産投資に過大な融資をした要因を金融制度のみに帰することは公平ではなく、80年代後半の好況の中でむしろ金融機関経営の側に、経営構造の改革なくしても日本の金融業は世界で活躍できるような気分が生じたことに主因があるとみるべきであろう。また、金融機関側のみに責任を求めることは公平ではなく、日本経済への楽観的見通しから過剰設備投資・財テクなどに走った借り手側の問題も多い。

いずれにしても、80年代にはすでに安定成長路線は定着し、経済全体としては金融機能への需要減退期だったのであるから、業態間の業務分野調整によって銀行への証券業務の開放がもっと速いテンポで行われていた（投資銀行への転換）としても、国内の金融業務需給の問題としては根本的な解決に

---

[9] その頃の雰囲気を示す銀行経営者の論稿としては、小松康「ユニバーサル・バンキングの構築がワールドバンクの条件」（週刊金融財政事情1985・8・19）、伊夫伎一雄「内外にわたるユニバーサル・バンクを展開する」（週刊金融財政事情1986・11・3）等がある。

はなっていなかったであろう。グローバル化・情報化の進展を活用してアメリカの一部金融機関のように、世界的な金融需要を取り込んでパイを大きくする方策（国際化路線）は理論的には可能であったが、日本の金融機関の国際競争力がそれを可能にする水準に達していたとは思えない。基本的には供給力の削減によって伝統的な銀行業務のオーバーキャパシティーを解消せざるをえなかったのであって、他の金融業務分野への参入を認めることによってすべての金融機能を温存するという打開策はもともと非現実的だったのである。

第2節　金融制度改革論議の始まり

1　6年がかりの論議と争点

　金融制度の改革とは、きわめて広い意味をもっている。金利の自由化はもとより、外国為替制度の改正、セーフティーネットの整備もその中に含まれる。しかし70・80年代の日本においては狭義に、金融業務分野の自由化、すなわち専門制・分業制の緩和を意味することが通例であった。金融関係者の間で「金融制度改革」といえば、従来、「大規模な法律改正を伴う金融業務規制の制度変更」を指していた。それはアングロ・サクソン系の国（米・英・加）および日本（戦後アメリカの銀行・証券分業制を導入）が、80年代から90年代にかけて取り組んだ課題であった。ヨーロッパ大陸諸国の金融システムは、実態としては必ずしも英米より弾力的・効率的とはいえないが、制度的にはユニバーサル・バンクの体制をとっているためこのような意味での制度改革という問題意識はあまりなかったように見受けられる（フランスでは長短金融に関し同様の議論があった）。本章においては「金融システム改革」ではなく「金融制度改革」の語を用いることが多いが、これは上記の事情を反映したものであって、ニュアンスとしては若干狭義になる。

　金融業務の自由化を「金融制度改革」として総合的に検討しようとの考え方は、1985年の「専門金融機関制度をめぐる諸問題研究のための専門委員会」

（以下「制度問題研究会」）発足以来、専門金融機関制度の見直しという形で着実に進められていた。しかしその検討がようやく本格的に進展を始めた80年代の後半は、不幸にもバブル発生後の金融の「全盛時代」となってしまった。この金融制度改革の出発点は、安定成長への移行に伴う間接金融のオーバーキャパシティーを解消するとともに、市場を中心とした金融機能の強化を図るためには金融部門の経営資源をどう再配分すべきか、との厳しい現実をふまえた問題意識に立つべきものであった。それは本質的には、安定成長期の金融システムの構築作業であると同時に、高度成長期の金融体制からの撤退作戦という側面をもっていた。

ところが円高バブルのユーフォリアとともに、金融業は製造業に代わって次代の日本を担う華やかな成長部門の位置づけを与えられる時代（今日でいう「金融立国論」）になってしまった。金融界では足元をみつめ直そうとの危機意識や改革意識が稀薄になり、日本を代表する一般企業までもが先を争って金融部門に参入を試みるような雰囲気になる。一時は「財テク」（財務テクノロジー）に関心を示さない経営者は鈍感・無能のそしりを受けかねない風潮があった。その結果、本来は間接金融部門の戦線整理と金融経営資源活用のための再編成が密かな目的であった金融制度改革が、「隣の芝生は青い」とばかりに戦線を拡大して他者の領域に参入するための規制緩和論議一色になってしまう。それを端的に表しているのがこの時代の金融制度改革を特徴づけている銀行・証券・信託の垣根争いであり、相互参入という名の業務拡大競争である。

このような垣根争いは、銀行・証券分離以来のものではあるが、80年代前半までは危機感に立脚した抑制が効いていた。国際市場をも視野に入れた金融制度改革論議が実現可能な政策として熱を帯びてくるのは、プラザ合意の後、金融界にとっては円高がむしろフォローの風と感じられた80年代後半から90年代前半にかけてである。そのような環境はもともとの危機対応的な問題意識を、拡大志向の攻撃的なものに変質させた。

具体的には、制度問題研究会報告が1987年12月に発表され問題の輪郭が明確になった後、これをさらに現実的課題として検討するため1988年2月に金制調に金融制度第1・第2委員会が設けられ、それに対抗する形で同年9月

に証取審に基本問題研究会が設置されたのが出発点である。第1ラウンドでは1989年5月にこれらの委員会から相次いで中間報告が提出された。第2ラウンドでは証券・金融不祥事というハプニングを伴いながら証取審基本問題研究会にも第1・第2部会が設けられ、1990年6月に銀行・証券それぞれの2組織、合計4つの部会報告が提出され、垣根争いに拍車をかけるとともにその収拾を模索した。第3ラウンドでは1991年6月に銀行・証券両部門の調整が図られ、1992年金融制度改革法の基礎となる答申が提出された。

　足掛け7年に及ぶ金融制度改革の歴史は、おおむね銀行（特に都市銀行・長期信用銀行）が攻め込む立場で主導し、証券・信託業界が少し遅れて受け

図表5-1　相互乗入れに関する金融・証券・保険関係審議会の検討経緯

年　月	金融制度調査会	証券取引審議会	保険審議会
1985・9	制度問題研究会設置		
1987・12	制度問題研究会報告「専門金融機関制度のあり方について」		
1988・5	金融制度調査会答申「相互銀行制度のあり方について」		
1988・9		基本問題研究会設置	
1989・4			総合部会設置
1989・5	第1委員会報告「協同組織形態の金融機関のあり方について」第2委員会中間報告「新しい金融制度について」	基本問題研究会中間報告「金融の証券化に対応した資本市場の在り方について」	
1990・7	第1委員会中間報告「地域金融のあり方について」第2委員会第2次中間報告「新しい金融制度について」	第1部会報告「金融の証券化に対応した法制の整備等について」第2部会報告「国際的な資本市場の構築を目指して」	総合部会報告「保険事業の役割について」
1991・6	金融制度調査会答申「新しい金融制度について」	証取審報告「証券取引に係る基本的制度の在り方について」	総合部会経過報告「保険会社の業務範囲の在り方について」
1992・6			保険審答申「新しい保険事業のあり方」
1997・6	金制調答申「わが国金融システムの改革について」	証取審報告「証券市場の総合的改革」	保険審報告「保険業の在り方の見直しについて」

（出所）　著者作成

身で対応した後、最後に保険業界が追随するという形で、広く金融業界全体を巻き込んだものであった。その関係が審議会の検討状況に明確に表れていることは興味深い（図表5－1）。なお、1992年に一段落した金融制度改革は、1996年の日本版ビッグバンにより市場機能拡充の側面を飛躍的に強化したうえ、制度的枠組みとしては1997・8年にかけて完結したということができる。しかし、皮肉なことに、それは金融機関の破綻が相次ぎ、日本の金融界の体力がすっかり衰える中でのことであった（第8、9章参照）。

2　制度問題研究会報告

　戦後日本の金融制度は、多くは戦前から引き継がれ50年代前半にさらに精緻化された銀行制度内での専門制・分業制のほか、アメリカから導入された銀行・証券分離がそれに加わり、先進諸国の中でも最も細分化されたものとなっていた。それだけに、専門制・分業制の金融制度をその後の経済環境の変化に合わせて見直す必要があるとの考え方はかなり古くから存在し、たとえば1970年の金融制度調査会答申（序章第1節1参照）においても明確に間接金融と直接金融とのバランスの必要性を述べている。

　このように議論としては長い歴史をもつのであるが、具体的な政策として専門制・分業制の改正が取り上げられるようになったのは、安定成長化・国際化に直面し金融業界が業際問題を解決すべき切実な課題として認識するようになってからのことである。金融自由化の他の項目については海外からの要求が大きなインパクトになっているが、業際問題に関しては、その最大の課題である銀行・証券分離制度がもともとアメリカからの直輸入品であり当時アメリカでもその制度の可否が争われていたこともあって、いわゆる「外圧」はほとんどなかった。業際問題の解決はその国の金融機関・市場の国際競争力を強化する性格をもつものであり、各国はむしろ競争力強化のため他国に先んじて自国の制度改革を行おうとしのぎを削ってきた。

　まず、安定成長への移行に伴い大企業の資金需要が低下し、銀行がこぞって中小企業金融に関心を示すようになると、従来の中小企業金融専門機関制度をどのように位置づけるかが問題になってくる。次に、国債の大量発行下で国債の取扱いが大きなビジネス・チャンスになってくると、国債の窓販・

ディーリング問題（すなわち銀行業務と証券業務の業際問題）が重要な論点になった。経済の成熟化と金融の自由化が大企業の銀行離れを加速し、さらにエクイティー・ファイナンスが流行するようになると、銀行側の証券業務への拡大要求は一層切実になる。バブルの発生によって信託手法を使った土地・株に関する金融取引が脚光を浴びると、銀行は信託業務にも強い関心を寄せるようになる。このような事情のもとに80年代半ばには、専門制・分業制の見直し（いわゆる垣根問題）が注目を浴びることになった。

専門制・分業制の金融制度を改革する必要性については、金制調答申「金融自由化の進展とその環境整備」（1984・6・5）が長短金融分離等の検討を指摘していた。また臨時行政改革推進審議会「行政改革推進方策に関する答申」（1985・7・22）も、①金融機関間の長短分離・信託分離については、預金金利自由化・円の国際化の進展状況をふまえ制度のあり方の検討を行うこと、②銀行・証券の業際問題については、内外の諸情勢の推移に応じて適宜そのあり方を見直すこと、を提言した。

金制調はこのような情勢を受けて1985年9月に制度問題研究会を設置し、長期信用銀行制度・信託銀行制度などの専門金融機関制度をめぐる諸問題について約2年間にわたる審議を行った。「専門金融機関制度のあり方について」（1987・12・4）はその成果である。発足当初はどちらかといえば行政改革や外圧に対して金融側は受身で対応していたようであるが、バブル発生に伴い世の中の金融への関心が昂揚するにつれ、この論議は積極化し攻撃的性格をもつようになった。

「金融」とは、一般的には証券・市場・保険などを含んだ広い概念であるが、この当時の行政上の慣例的な区分としては銀行を中心とする間接金融のことを指していた。したがって「金融」制度調査会の審議対象は「金融制度の改善に関する重要事項」（金融制度調査会設置法第1条）であるが、証券や保険に関する項目は除外されていた（証券取引審議会、保険審議会の領分）。このような枠組みからすると、専門制・分業制（銀行・証券分離はその最右翼）をこの場で議論することは、従来の慣例を破るものであった。

この報告書においても、とりわけ証券業務との関係についてはきわめて慎重な配慮が払われている。序論の冒頭において

> わが国の金融制度は、①長短金融の分離、②信託分離、③外国為替専門銀行制度、④中小企業専門金融機関制度、⑤銀行・証券分離、など金融機関の行う業務について専門制に根ざした様々な分離がなされ、今日に至っている。

と遠慮がちに「証券」という語をもち出している。本論全18章の中でも、銀行・証券分離そのものに正面からは触れていない。第4章で欧米において発展している「金融の証券化現象」を取り上げ、第8章では「直接金融・間接金融の視点」として政策論抜きで客観情勢を述べているにすぎない。制度改革論としては第16章において、イギリスのビッグバンなど証券業務の取扱いを課題とした欧米諸国における情勢を詳しく説明するにとどまっている。現在の感覚からすれば、この程度のものは金融制度改革論議には程遠いが、当時の金融界の感覚では、他者の領分にまともに踏み込んだ刺激的な手法なのであった。

実際、この問題提起を契機として、従来具体化できなかったいわゆる「垣根論議」が盛んになった。金制調では、1988年2月から91年6月にかけて金融制度改革の具体化方策についてさらに熱のこもった検討が続けられた。前にも述べたように当初の問題意識は、戦後まもなく形成されたわが国金融制度を環境変化にいかに適合させるか、自由化・国際化の流れの中で海外との競争にいかにして立ち向かうかであった。しかしバブルが膨らみ、金融活動が魅惑に満ちたビジネス・チャンスになってくると自らの力量に関する不安は置き去りにされ、伝統的な金融関係者のみならず一般産業部門をも巻き込んだ形で、垣根を越えて他人のビジネス・チャンスにどうして乗り込むか、それをどう防御するかに血眼になった。

戸矢〔2003〕の興味深い分析によると、制度変化の枠組みは次のようなものである（p308）。制度変換の背景には、環境のより早い変化と国内政治経済における制度のより緩慢な変化との間に生まれるギャップが存在する。このギャップは「失敗」（政策の失敗やスキャンダル）という形で現れ、アクターは制度の「自明」性に疑問をもち始める。クリティカル・マスの公衆が「世の中の仕組み」についての見解を変化させたとき、新しい制度が「自明」のものとなり、「制度変化」となる。ここで「世の中の仕組み」についての共有された予想が、「失敗」の出現によって「逸脱者」から一層の疑問をもた

れていく状況を制度の「衰退」と定義している。

　このような枠組みで考えるならば、80年代後半から90年代当初にかけての状況はいまだ「失敗」が顕在しておらず（バブル発生によって覆い隠され）、アクターにとって制度の「自明」性に深刻な疑問をもつことを一時停止した状態だったといえよう。それが顕在化したのが1991年の証券・金融不祥事（第6章第5節参照）だったのである。1990年前後に人口構造の変化とグローバル化という瀬戸際に立たされていた日本経済にとって、バブル期の5年間は方向転換のための貴重な時間であったのだが、このようにして「制度変化」は延期されてしまったことになる。

3　相互銀行の普銀転換

　上記のように制問研報告では専門金融機関制度をめぐる問題点が広範な観点から整理されたが、同時に個々の専門金融機関制度について具体的な検討をし「今後、これを1つの拠りどころにして…専門金融機関制度のあり方に関して具体的な方策が示されること」が期待された。

　相互銀行（現、第二地方銀行）は中小企業金融専門機関という位置づけを与えられていたが、高度成長が終焉したのち大企業の資金需要が低下すると、中小企業に対する融資はあらゆる金融機関が収益源としてねらいを定めた分野になっていた。そのため相互銀行は普通銀行と協同組織金融機関との狭間で苦戦しており、金融システムの安定を最重視していた当時の金融行政にとって相互銀行という業態が将来その生き残りをかけてどのような展望を切り開いていくかはきわめて切実な課題であった。したがって相互銀行のあり方を冒頭のテーマとして取り上げることは、専門制・分業制改革を単なる議論のための議論に終わらせないためにはきわめて巧妙な作戦だったといえる。ここでも、大規模な金融制度改革に取り組むにあたっては中小金融機関への目配りを欠かさないという金融行政の伝統的手法が生きている。

　相互銀行法は、戦後復興期の慢性的な資金不足下において、信用力に劣る中小企業への資金確保を図るという観点から制定されたものである（1951年6月）。法制定当初、相互銀行は普通銀行に比べ、

① 相互掛金業務の独占的な取扱いが認められている

②　最低資本金が異なる
③　為替業務ができない
④　営業区域に制限がある
⑤　大口信用供与の制限、預金支払準備の規定がある

等の特色をもっていた。しかし相互銀行と普通銀行の法制面における差異は、その後の数次にわたる相互銀行法改正および1981年の銀行法抜本改正を経て縮小し、残された制度上の差異も実際の業務運営ではきわめて同質化していた。当時相互銀行と普通銀行を制度上区分していたものは、

①　資本金の最低限度（普通銀行10億円、相互銀行4億円）
②　相互掛金業務の独占的な取扱い
③　融資対象が原則として中小企業者に限定

という3点にすぎなかった。しかもこれらの点についても、実態としては必ずしも明確な区分はされていなかった。このため、普通銀行と相互銀行を制度的に区分しておく意義は乏しくなっているとの認識が一般的であった。

　金融の自由化・国際化の進展の中で、業態ごとの縦割りの枠組みはできるだけ除去し銀行経営の効率化を進めることが望ましいとの基本認識に立ち、相互銀行を普通銀行化するための現実的な方策が模索された。制度問題研究会報告は、

> 相互銀行の普通銀行への転換については、これを前向きに捉え、特別の立法による全行一斉転換か、または現行の相互銀行法は存置した上で合併転換法による転換かいずれかの方法を取ることが望ましい。

としている。これを受けて全国相互銀行協会は1988年2月18日に相互銀行法廃止による全行一斉転換は困難と判断し、転換希望行の合併転換法による転換という現実策を選択した。

　制度問題研究会報告で提起された問題についてさらに検討を進めるため、金制調は1988年2月、新たに金融制度第1委員会・第2委員会を設けた。第1委員会は「相互銀行制度のあり方について」（1988・6・9）を答申し、相互銀行のうち普通銀行への転換を希望するものについては、合併転換法の規定に従いこれを認めていくこととされた。

　この答申を受け金融当局は転換の具体的な手順等について検討に入り、

1989年2月1日相互銀行52行（全68行のうち）は普通銀行に転換した。残されたものもその後逐次普通銀行への転換を終え（東邦相互は吸収合併）、相互銀行法は1992年金融制度改革法により廃止された。すでに制度の実態は薄弱になっていたとはいえ、相互銀行という政治的にもかなりの影響力を有していた業態が「平時」において「暴力」なくして消滅した。関係者の利害対立を見極めつつ、時間をかけ周到な根回しによって「熟柿の落ちるのを待って」目的を実現する手法は伝統的な政治・行政技術であったが、これはその典型的な事例といえるであろう。

第3節　制度改革論議の拡大と具体化

1　複数の処理案の提示

前述のように1988年2月には、制度問題をさらに具体的に論議するため金制調に2つの委員会が設けられた。第1委員会は主として地域金融機関の金融制度を、第2委員会は金融制度全般の改革を取り扱った。明らかに後者が主たるテーマであるのに、あえてこれを「第2」委員会としているところに、制度改革の恩恵を受けることが少ない立場への目配りが感じられる。

第1委員会中間報告は、「協同組織形態の金融機関のあり方について」として第2委員会報告と同日に提出された。ここでは金融自由化の進展の中で協同組織形態の専門金融機関の存在意義を確認するとともに、協同組織金融機関の業務・組織のあり方、連合組織の役割や合併転換について検討しているが、金融制度改革全体の枠組みとは直接の関連は少ない。

第2委員会中間報告（1989・5・26）は、金融制度改革[10]の必要性として、①時代の流れの変化、②国民の金融に対するニーズの多様化、③金融技術革新の進展、④各国市場の一体化、⑤金融の証券化、⑥金融リスクの増大、⑦

10　当時はこれが実現する1992年まで、「改革」とはいわず、穏便な印象のある「見直し」との表現を用いて無用の刺激を避けていた。

国際的な位置づけ、の7項目が指摘されている。このような金融をめぐる環境の変化に対応して金融制度改革に取り組む際の基本的な姿勢としては、次の3視点をあげている。

① 利用者の立場：新しい制度が競争を促進し金融サービスの向上、金融商品・サービスの多様化、市場の発展・活発化に資することとなるか。

② 国際性：海外の利用者・金融機関にとっても市場への参加が容易で国内市場の空洞化を防げるか、諸外国の制度と整合性がとれているか。

③ 金融秩序の維持：信用秩序維持の観点から問題はないか、利益相反等の弊害を防止できるか、金融機関相互間の実質的な競争や企業と金融機関の間の対等な取引関係が阻害されないか。

このうち特徴的なのは③であって、①、②が改革を促進する側の論理であるのに対し、③はその急速な進展にブレーキをかける意味をもっている。この論拠を元にして、現状維持的制度や激変緩和措置が採用された事例は多い。

この報告において画期的であったのは、証券業務をも含めた金融制度改革の具体的方策が提案されたことである。先にも述べたように、従来「金融」といえば銀行を中心としたいわゆる間接金融の分野を指し、「証券」は別の世界であった。金制調が金融・証券会社の死活問題である業務分野を調整する具体的な提案を提示することは、伝統的な金融行政の発想としては型破りであった。

報告では選択肢として5つの方式をあげている。

A（相互乗入れ）方式：普通銀行・長期信用銀行・信託銀行・証券会社等の各業態固有の業務を尊重しつつ、それ以外の分野について漸次相互に乗入れを進めていく方式。従来の対応の延長線上にあるもの。

B（業態別子会社）方式：各業態のそれぞれの業務分野は現行制度を維持するものの、それぞれの業態が子会社により他業態の業務に参入する方式。カナダにおける金融制度改革の方式と基本的には同じ考えに立っており、イギリスも制度としてはユニバーサル・バンク方式であるが、実態上はこの方式に近い。

C（特例法）方式：銀行業務・信託業務・証券業務（ただし各業務についてはホールセールに限るなど一定の制限を課す）を行える新しい金融機関の制度を創

図表5-2 金融制度見直しにあたって考えられる5つの方式

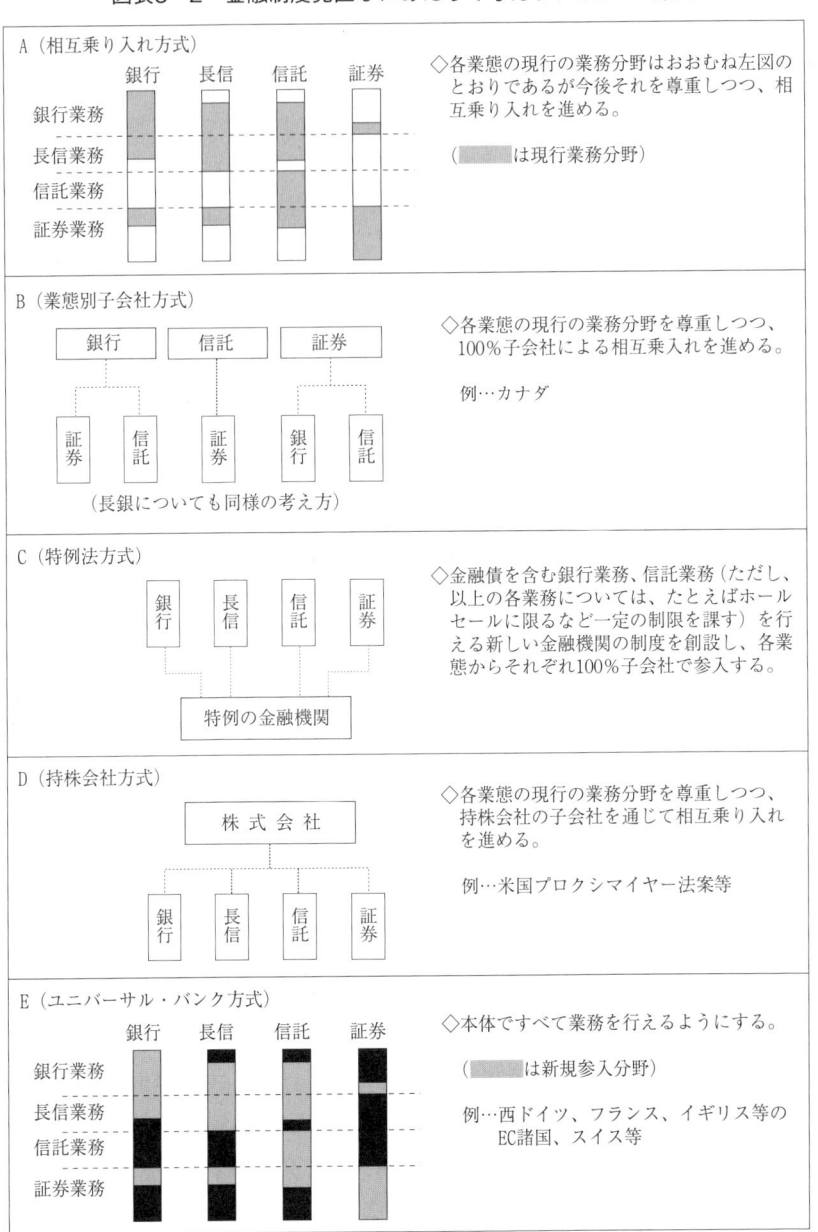

A（相互乗り入れ方式）

	銀行	長信	信託	証券
銀行業務				
長信業務				
信託業務				
証券業務				

◇各業態の現行の業務分野はおおむね左図のとおりであるが今後それを尊重しつつ、相互乗り入れを進める。

（■は現行業務分野）

B（業態別子会社方式）

銀行 ― 証券・信託
信託 ― 証券・銀行
証券 ― 銀行・信託

（長銀についても同様の考え方）

◇各業態の現行の業務分野を尊重しつつ、100％子会社による相互乗入れを進める。

例…カナダ

C（特例法方式）

銀行・長信・信託・証券 → 特例の金融機関

◇金融債を含む銀行業務、信託業務（ただし、以上の各業務については、たとえばホールセールに限るなど一定の制限を課す）を行える新しい金融機関の制度を創設し、各業態からそれぞれ100％子会社で参入する。

D（持株会社方式）

株式会社 → 銀行・長信・信託・証券

◇各業態の現行の業務分野を尊重しつつ、持株会社の子会社を通じて相互乗り入れを進める。

例…米国プロクシマイヤー法案等

E（ユニバーサル・バンク方式）

	銀行	長信	信託	証券
銀行業務				
長信業務				
信託業務				
証券業務				

◇本体ですべて業務を行えるようにする。

（■は新規参入分野）

例…西ドイツ、フランス、イギリス等のEC諸国、スイス等

(出所) 金制調中間報告1989・5・26

設し、各業態からそれぞれ子会社により参入する方式。特例法方式では、1つの特例金融機関の設立により、その中で他業態の業務をも総合的に行うことができる。

D（持株会社）方式：各業態の現行の業務分野を尊重しつつ、持株会社の子会社を通じて相互乗り入れを進める方式。アメリカのプロクシマイヤー金融近代化法案等がこの考え方である。日本では独占禁止法により持株会社が全面的に禁止されている。

E（ユニバーサル・バンク）方式：金融機関本体において銀行業務・信託業務・証券業務を幅広く兼営する方式。欧州大陸諸国など世界各国で広く採用されている制度であり、EC統合ではこの方式を前提として金融制度を統一化する。

第2委員会においては、この5つの方式のいずれが適当であるかについて審議された。

A（相互乗入れ）方式：現実的な考え方であり現行制度との連続性は維持されるが、往々にして利用者利便の観点を見失う（業界本位の考え方に陥る）可能性が大きいので適当ではない。従来のやり方の延長線上では問題の解決にはならないと考えられた。

E（ユニバーサル・バンク）方式：制度としてはきわめて簡明であり最も弾力的・効率的である。ECはこのような統一銀行制度をとろうとしており、当時はこの方式が最も競争力の高い金融制度と考えられていた。しかし現行制度との連続性という観点からは距離がありすぎ、また寡占・利益相反・預金者保護等の課題についての検討が必要である。アメリカの改革の方向もここまでを視野に入れてはいなかったので見送られた。

D（持株会社）方式：銀行の健全経営・預金者保護・利益相反の防止を比較的図りやすい。この方式はアメリカで実施されていることもあって金融関係者の間では人気の高い考え方であったが、日本においては財閥の支配という「歴史的教訓」から持株会社の設立が禁止されたという事情があった。公正取引委員会の姿勢や独禁法第9条を民主化の象徴と考える「革新勢力」の存在からみて、当時このような法律改正の可能性はほとんどないと考えられた。[11]

C（特例法）方式：ユニバーサル・バンク方式の短所を補完するとの立場から考えられた。本命と考えられていたホールセールを切り口とした特例法方式の場合、最大の問題点はホールセール業務とリーテイル業務との区分が難しいことである。[12]

B（業態別子会社）方式：親会社も子会社も、ともに現行制度に基づいた業務にそれぞれ従事することとなり、現行制度との連続性という点で優れている。また、子会社を通じて他業態の業務を行えることから、業態間の利害対立が生じることが少ない。子会社を通ずる相互乗入れにより各業態に他業態からの新規参入が起こり、競争が促進される。利益相反の防止等についても、親会社と子会社が別会社である点ではユニバーサル・バンク方式等に比べれば工夫がしやすい。さらに、証券業務等のリスクが一応銀行から切り離され、預金者保護や信用秩序の維持も図りやすい。しかし、業態ごとに子会社を作る必要性などで難点がある。

以上のような審議の結果、中間段階として次のように意見が集約された。すなわち、新しい金融制度として、現時点ではB（業態別子会社）方式、C（特例法）方式が比較的問題が少なく、今後具体的な案を詰める段階では、これらの2つの方式のいずれかに絞るか、あるいは、これらの2つの方式の考え方を組み合わせるか、個々の金融機関がこの2つの方式のいずれかを選択することができる仕組みにするかなどが考えられる。

この問題の具体化を進めるに際しては、いくつかの課題が残されていた。

① 最大のものは証券界との意見の調整である。中間報告ではこの点に配慮し、「銀行・証券分離制度のあり方については、証券取引法にも関連する問題であるので、今後、証券取引審議会の場でも十分な審議が行われることを期待したい」と述べられている。証取審は1988年9月以降、

---

11 その後10年も経たない間に、独禁法第9条が根底から改正される事態が訪れようと予想するものは当時ほとんどいなかった。

12 この方式は、企業との関係・証券業務・国際業務などの点で強みをもつが資金量・支店網などの点で都市銀行と比べ非力であった興銀の生残りをかけた願望であったが、もし実現していれば世界に類例のない業態となり、国際摩擦の種になっていたであろう。

金融の証券化の観点からこの問題に参画していた。
② 保険業の取扱いについては、審議の過程で保険業界から保険業を含めた形で金融制度改革を行うべきであるとの意見が出された（当時保険業界には、制度改革の動きから取り残されるとの危機意識があった）。今後保険審議会（以下「保険審」）で保険事業のあり方等について検討が行われるのであれば、その検討結果をふまえつつ審議を行うこととされた。
③ 小規模な金融機関は流れに取り残されるのではないかとの地域金融機関の不安・不満にも配慮して、1988年6月には「相互銀行制度のあり方について」が答申され、また1989年5月には「協同組織形態の金融機関のあり方について」が報告された。さらに地域住民の利便を図るなどの観点から金融機関が補完的にどのような機能を担っていくべきか（要するに地域金融機関への特別な配慮）について、金制調の中に検討の場を設けることとされた。

2　証券部門の金融制度改革論議への参加

金融制度改革については、大企業の資金需要減退などに強い危機感をもつ大規模銀行（都市銀行・長期信用銀行）が積極的であったのに対して、中小規模の銀行等には関心が薄く、参入の対象とされる証券・信託業界では警戒感が強かった。80年代における金融の活況は預貸業務中心の伝統的な銀行業ではなく、主として金融業界では従来傍流の地位に甘んじていた証券・信託業界を潤していた。これらの業界が、自分たちが長年育んできた領域の権益防衛に危機意識をもったのは当然であった。しかし世界的な金融制度改革の流れは不可避であり、また、当時は両業界とも業績好調で自信を深めていたので、銀行業界とともにこの問題の土俵に乗ることになった。

証取審では1988年9月（金制調が制度問題研究会を設けた1985年9月に遅れること3年）、証券取引制度等に関する諸問題について基本的な検討を行うことを目的として基本問題研究会が設置された。ここではまず、金融の証券化（securitization）をめぐる諸問題について検討が行われ、中間報告書「金融の証券化に対応した資本市場のあり方について」（1989・5・19）が取りまとめられた。

企業等の資金調達は従来の相対取引による銀行借入に加えて証券形態により資本市場から資金調達を行う方法が進み、株式・社債などの伝統的商品のみならずCPの発行や資産の流動化により資金調達が行われた。これらは広く金融の証券化と呼ばれていた。日本における金融の証券化現象は2つの異なった流れから成り立っており、これらを区分して認識する必要がある。

　第1は企業金融の証券化であり、銀行借入から社債発行へというような大企業の銀行離れはこのような意味での証券化を促進している（企業金融型証券）。第2は資産金融の証券化である。これは債権等のキャッシュフローを裏付けとする新しい形態の資金調達であり、リスク管理やリスク評価の手法の発達により発展した（資産金融型証券）。

　第1の意味での、銀行を通ずる融資から市場を通ずる資金調達への移行（いわゆる間接金融から直接金融へ）という問題意識はある意味では日本特有のものであり、欧米ではそのこと自体が金融制度改革上の大きな課題になったことはない。しかしこの局面で証取審が「証券化」を主たるテーマに選んだのは、むしろ第1の意味での証券化（銀行から証券へ）に高い関心がもたれていたからであった。もちろん、知的刺激や世界の新たな動向という意味では第2の意味の証券化により強い関心をもつ委員はいたであろうが、それはまだ大きな金融業務分野にまでは育っていなかった。現実的な金融制度論議としては、金制調における相互乗り入れ問題を証券サイドとしてどのように裁いていくかに関連して、もっぱら第1の問題に強い関心が寄せられた。

　しかし業界の致命的な関心事項でない第2の領域（証取法の枠外にある新しい種類の「証券化関連商品」）を金融制度論議にもち込んだことは、まさに深謀遠慮であったといえよう。第1の問題に関する議論はあまりにも単純でしかも長い歴史をもちすぎていただけに、議論の焦点がそこに集中すると身動きがとれなくなってしまう。第2の問題は海外での新しい動向に関心を寄せながら銀行・証券両業界の「融業化」を図る領域として、既成概念にとらわれない議論の展開を期待できた。そこでは既存の領域に「攻め込む」という性格ではなく、ともに「新天地を拓く」という発想で取り組む余地があった。そして実際日本の金融が本当に立ち遅れていたのは、まさに新しい金融技術を駆使したこのような分野だったのである。

金融の証券化が求められる背景には、金利の自由化に伴い金利の変動幅が増大し、金融機関等における調達・運用の期間ミス・マッチのリスクが高まったという事情があった。したがって、金利の自由化をはじめとする金融の自由化の進展が不可避とすれば、金融の証券化の進展も不可避である。また別の背景としては、BIS規制など金融機関の自己資本比率規制の強化に伴い分母としての総資産圧縮を迫られるという事情があった。このような事態への対応は、日本の金融にとって緊急の課題であった。

　しかし専門制・分業制が長年にわたって定着し、行政・業界・学界を含めタテ割りになっている中で、証取審という従来はどちらかというと証券界の権益を守る立場の議論が多かった場でこのような問題が取り扱われると、学識経験者の努力にもかかわらず業界の論理（既得権益の擁護）が強く現れ、結果的に現状維持的な結論にならざるをえなかった。特にわが国のように、変革にあたり弱者の立場に理解を示す傾向（いわゆる「判官びいき」）が強い社会では、市場原理という強者の論理を貫徹することは非常に困難であることが多い。

　そのような問題はあるにしても、世界的な証券化の流れに対応することが緊急の課題であることは銀行・証券両業界を通じた問題意識として定着していた。この問題に取り組む場合、まず直面する難問が有価証券の定義であった。アメリカにおいては、1933年証券法および1934年証券取引所法において「証券」が包括的に規定され、きわめて広い範囲について投資家保護が図られている。また、イギリスでは株式・社債等のみならず投資物件一般に対する投資家保護法として1986年に金融サービス法が制定された。

　これに対し日本においては、証取法上の有価証券は株式・社債等に限定されており、新しい流れとしての証券化現象に伴い登場している証取法の枠外にある新商品（証券化関連商品）については、①投資家一般に対するディスクロージャー制度、②取引の公正確保のための規制、③市場における取引のルール等投資家保護のための措置が法的に十分手当てされていなかった。しかも金融の証券化の進展に伴い種々の商品が登場してくる可能性があるため、これらに関してあらかじめ法制上の枠組みを定め所要の投資家保護の措置を講ずる必要があった。

その場合、証券化関連商品の法制整備にあたっては基本的には証取法の仕組みを活用することが適当であるが、証取法上の有価証券とされるとその取扱業者は証券会社に限定されるという法律的構造になっている。したがって証券化関連商品について銀行・証券の融業化を図ろうとすると、その取扱業者に関する証取法の規制の枠組み（証券会社の縄張り）を再検討する必要が出てくる。1981年銀行法に関してすでにみたように、これは金融制度改革に際して調整の最も難しい問題である。この中間報告の段階では金融の証券化に対応した法制整備のあり方などの基本的方向付けを行うにとどまり、さらに掘り下げた具体的問題は次の場に委ねることとされた。しかし従来は銀行を中心とした当事者の間で論議されてきた金融制度改革が証券制度を中心として検討する場（証取審）で正面から取り上げられた意義はきわめて大きい。

3　足踏み続く意見調整

　以上のように1989年5月には金融制度改革上の最大の関心事項であった銀行・証券分離制度を再構築する準備は整ったが、大企業に対する預貸業務の沈滞を打開するため証券業務に参入する意欲を強くもっていた銀行業界と、グローバル化に加えバブル発生により成長分野となった証券業務を分業体制の中で守ろうとする証券業界との間には大きな意見の食い違いがあった。同様の図式は銀行・証券と信託との間にもあった。1989年12月29日に東証平均株価が3万8915円の史上最高値をつけたことからもわかるように、このころの日本経済は前途洋々であるようにみえた。金制調では第2委員会が1989年5月に示された方向を具体化するための審議を続けたが、はかばかしい進展はみられないままに第2次中間報告（1990・6・26）が提出された。

　他方第1委員会では、地域金融機関の制度改革に対する関心を繋ぎ止める努力がなされた。地域金融機関は社会的・政治的には主要金融機関を凌ぐ影響力をもつ存在であったが、金融制度改革は大規模な金融機関のためのものとの醒めた認識が強かった。ただ他方では、バブル期には金融に対する社会の関心が著しく高まったため、地域金融機関もその流れに乗り遅れることに不安を感じていた。しかし当時有力になっていた子会社方式が採用された場合には独力で参入する力はなく、金融制度改革の利益が大規模金融機関に独

占されないための配慮を求めていた。第1委員会中間報告「地域金融のあり方について」(1990・6・20)では、子会社方式による参入が経営コスト等の面で困難な地域金融機関については、(業務範囲は限定されるが子会社を通じなくても) 本体で他業態業務へ乗入れを認める地域金融機関への配慮が打ち出された。

このようにこの時期の金制調での議論は停滞気味であったが、銀行側ではすでに議論は出尽くし、証券側の方向感が出るのを足踏みして待っていた。議論の進展が期待された証取審では、1989年5月の中間報告をさらに具体化するため、同年7月に第1部会・第2部会を設置した。1990年6月15日には、第1部会は「金融の証券化に対応した法制の整備等について」、第2部会は「国際的な資本市場の構築をめざして」をそれぞれ取りまとめた。証券側でも金融制度改革論議が具体的内容を伴って進み出し、この頃になると「金融制度改革」という場合に証券・市場制度も不可欠の要素になっている。

第1部会報告では、証券化関連商品について証取法の枠組みを活用していくため、「幅広い有価証券」概念の導入・ディスクロージャー制度の充実・取引の公正確保のための規制等の見直しについて方向を明らかにした。証取法の枠組みを前提にするということは、(証取法は証券業法の性格をももっているので) 基本的には証券業界の領域を守ることを意味し、そのうえで、その領域への銀行の子会社 (あくまでも証券会社として) の参入を認めるとの論法になる。また、公募・私募概念のあり方、銀行による証券化関連商品の取扱い、資産金融型証券の規制のあり方等については、さらに掘り下げた検討が必要としている。

第2部会報告では、国際的な観点から資本市場のあり方について検討している。金融の自由化・国際化の進展により、内外の発行企業・投資家は各国の市場を比較して最も有利な市場を選択できるようになった。日本企業は当時、資本市場における資金調達のうち4割程度をより制約の少ない海外市場で調達しており、しかもその多くは発行者・最終投資家とも本邦居住者となっている。このような状況の中で、①国内市場の空洞化の回避、②証券化への対応、③投資家保護の徹底と市場の透明性・公正性の確保、④市場仲介者に関する規制のあり方、という新たな課題が生じていた。報告においては、資

本市場を望ましい姿に近づけるためには、まずすでに実情に合わなくなった諸規制・諸慣行の見直し・撤廃を行い競争が行われるための条件を整えるとともに（本章第5節2参照）、証券取引全般について包括的・統一的な法的枠組みを整備して自由な競争と商品開発を促し、全体として資本市場が健全に発展できるような市場整備を行う必要があると指摘している。

第4節　金融制度改革論議の決着

1　アメリカの金融危機と邦銀の隆盛期

　80年代後半から90年代初頭にかけて、日本経済のパフォーマンスは先進諸国の中でも際立って良好にみえた。欧米にはもはや学ぶものはない、21世紀は日本の世紀だ、との声が国内に満ちていた。ロサンジェルスで黒人暴動が起ったのは1991年4月のことであるが、アメリカ社会は病んでおり、日本型の経済社会運営はアメリカ型よりも優れているとの議論がもてはやされていた。金融の世界もその例外ではなく、むしろアメリカが自信を失い日本が力強さを誇った典型的な分野だったかもしれない。

> 「銀行が危ない」……景気低迷が続く米国で、金融不安につながりかねない論議が、突然盛り上がってきた。中小銀行の倒産や大銀行の経営不振が報じられ、財政負担が数千億ドルに達する貯蓄貸付組合（S&L）の破綻を目のあたりにした米議会やマスメディアは、「S&Lの次は銀行か」と危機感をつのらせる。議会の公聴会では1万4千の銀行が乱立する米国の特異な金融界の弱点や預金保険の矛盾が次々と指摘され、金融制度改革の動きに弾みをつけようとしている（朝日新聞1990・10・6）。

　アメリカでは、次のような発言もあった。その後日本でも国際通貨としての円の戦略的失敗を批判する論調（たとえば「マネー敗戦」論）が流行した時期があったが、アメリカでも似たような議論はあったのである。

> 今日の世界の金融界は、日本の拡大とアメリカの衰退という動きの中できわどい綱渡りをしている。…現在はじまっているのは金融戦争である。ドルと円の動きを追ってみると、日本帝国がますますはずみをつけ、アメリカの

旗色がますます悪くなっていることがよくわかる（D. バースタイン「Yen！円がドルを支配する日」〔1988〕邦訳p32）。

　1991年2月5日にブレイディ財務長官は記者会見でアメリカ金融界の危機につき、（世界の銀行ランキング表を2つ示して）「1969年の表には、トップのバンク・オブ・アメリカ以下米銀が9行並ぶ。1989年の表では27位のシティバンク1行という寂しさだ。金融制度改革案を練る間、この表が常に頭にあった。」と述べている。この時の財務省案の標題は、「金融システムの近代化を目指して―より安全で、より国際競争力のある銀行にするための提案」（Modernizing the Financial System: Recommendations for safer, more competitive banks）であった。まさに数年後日本が立ち遅れを取り戻そうとの危機意識から取り組んだ橋本首相の日本版ビッグバンと同じ問題意識である。当時米財務省は、米銀は安全でもなく国際競争力もないとの危機感をもっていたのである。

　80年代後半から90年代初期には、世界の金融市場はロンドン・ニューヨーク・東京の3大市場を中心として国際金融取引が増大するとともに、市場の一体化（グローバル化）が進展していた。3大市場の周りにはそれぞれ複数の市場が形成され、中心となる市場と連携してそれぞれの市場の機能を高めようとしていた。アジアにおいては東京市場の規模が圧倒的に大きく、東京市場の動向はアジア・太平洋地域の他の市場（香港・シンガポール・シドニー）に大きな影響を及ぼしていた（図表5-3）。東京市場は円高の効果もあって80年代後半に至り急速に膨張したものであり、国際市場としての長い伝統を有するロンドン・ニューヨークに比べると取引慣行・ルールの整備・人材などの点において相当立ち遅れていたのであるが、目前の活況によりそれらの弱点は覆い隠されていた。

　このような雰囲気の中で金融制度改革に関する6年がかりの議論に決着をつける方針が1990年7月に定められ、金制調および証取審ではそれぞれ2つの部会に分かれて審議していた体制は制度問題専門委員会および基本問題研究会に統合された。1991年6月25日には子会社方式による相互参入を基本とした金制調および証取審の最終的な答申・報告が発表され、金融制度改革に関する結論が出された。

図表5-3　世界の金融・資本市場の規模比較

(単位：億ドル)

	銀行の債権残高			外国為替取扱高（1日平均）	証券取引所の時価総額	
	国内市場	国際市場	計		株式	債券
ロンドン	12,044	10,690	22,734	1,870	8,682	8,763
ニューヨーク	42,713	6,539	49,252	1,289	26,921	16,102
東京	42,031	9,506	51,532	1,152	28,216	9,739
香港	N.A.	4,638	N.A.	約500	776	N.A.
シンガポール	228	3,714	3,942	約800	343	987
シドニー	2,229	187	2,416	約270	1,086	464

(注)　多くは1990年末の数値、当局者からのヒアリング結果を含む。
(出所)　渡辺〔F1992〕p29

2　金融制度改革の背景と必要性

　金融制度改革の必要性については6年にわたる金融制度改革論議（p241図表5-1参照）においてその都度展開されてきたが、この答申では3つの観点からあらためて整理されているので、一連の論議の集約として掲げる。

① 経済・金融環境の変化：縦割りの金融制度は戦後の資金不足時代に限られた資金を経済各分野に安定的に供給するために整備されたものであるが、その後の経済の構造変化および安定成長の定着に伴って金融の基調が資金過剰になり、これを維持する必要性は薄れてきている。また経済の各分野における規制緩和による競争の促進を図ることが時代の要請になっており、競争原理を一層活用して、資金の効率的な配分を促進するとともに、より良質な金融商品・サービスを利用者に提供することが重要となっている。このような観点から金利の自由化等金融の自由化が進められてきたが、業務面においても自由化を推進し、金融機関間の競争を促進することが必要となっている。

　さらに、大企業・中堅企業の資金調達が銀行等からの借入形態から証券発行による調達形態へと大幅に移行していること、金利の自由化が急速に進展していることなどにより銀行等の収益構造は大きく変化してきている。このような状況の中で、銀行等の経営の健全性を確保するため

には、銀行等が経営上の創意工夫を発揮し、自らの特性を活かしつつ金融環境の変化に応じた業務展開を可能とすることにより、その経営の安定化を図る必要がある。こうした観点から、現行制度を見直し、銀行等が取り扱うことができる業務の選択の範囲を拡大する必要がある。

② 国民の金融商品・サービスに対するニーズの多様化：金融資産の大幅な蓄積に伴い、個人・企業の金融商品・サービスに対するニーズが多様化している。一方、金融技術革新の進展により、利用者の多様なニーズに応えることが技術的には可能となってきている。いわゆる金融の証券化は、このような高度化する技術と多様化する投資家、企業等のニーズとが相まって進展しているものである。

しかし縦割りの制度や慣行に基づく制約が大きく、特に業態をまたがる新金融商品・サービスの開発・提供は、主として担い手をめぐる問題から十分に進んでいない。また海外で開発された商品の国内の利用者への提供や種々の金融商品の多様化・社債発行市場の活性化・三局指導の撤廃など利用者利便向上のため必要とされる諸規制・諸慣行の見直しが円滑に進んでいない。このため各金融機関の取扱商品の範囲を限定するタテ割りの金融制度を見直し、金融機関が金融技術革新の成果を活かして創意工夫を行い、多様化する国民の金融商品・サービスに対応できるような制度を構築することが必要となっている。

③ 各国金融・資本市場の一体化：情報通信技術の発達等を背景に、世界各国の金融・資本市場の一体化が進展するに伴い、企業等の資金運用・調達はより自由な市場に集中する傾向を強めている。このような状況に対応して、自国の市場を一層自由で利便性の高いものとする観点から、金融制度改革等による金融の自由化・国際化を図ることは世界的な潮流となっている。日本においても金融・資本市場を内外の利用者や金融機関に一層使いやすいものとするため、タテ割りの制度を見直し一層の自由化・国際化を実現していくことが必要である。このことは日本が世界の主要金融センターとしての責務を果たし、世界経済の発展に貢献していくうえでも意義を有している。

長期にわたる検討と調整の結果、相互参入の方式として選ばれたのは業態

別子会社方式であった。業態別子会社方式はすでにカナダが同様の金融制度改革を行っており（したがってカナダ方式とも呼ばれた）、イギリスも建前は違うが実態は似ていた。この方式は、①金融機関が利用者の多様なニーズに応えていくことを可能とする、②金融機関の健全性維持、利益相反による弊害防止等の金融秩序維持や証券市場における公正性確保等の観点から優れている、と判断された。

　なぜ子会社なのか、どうしてヨーロッパ大陸のように銀行が本体で証券や信託の業務をできないのか。利益相反などの説明は一応可能であるが、結局その問題を突き詰めれば弱者への配慮・激変緩和という発想に帰着する。当時アメリカでも、銀行・証券の垣根を取り払おうとして金融制度改革の努力が長い間続いていたが、改革案が議会を通らないのは攻め込まれる側の地方銀行や保険会社が反対したからであったから、そのような事情があるのは日本だけではなかった。ただ日本ではそのような傾向がとりわけ顕著であり、激変緩和という点に関しては（妥協案としての）業態別子会社方式を実行するうえでもなお、業務範囲に関する多くの経過措置を付け加えなければならなかった。

　この時の処理については2つの問題点をあげることができる。まず第1に、1991年の証券・金融不祥事が発覚したときに、金融制度改革を一時断念して不良債権処理に全力を注いでいれば、バブルの処理が何年か前倒しで実行できたのではないか。しかし、おそらく6年がかりの改革論議を一旦中断すれば、再開するのにまた何年も要したことであろう。バブルの処理に着手するのが遅れるのも問題であるが、やはりあの時点で制度改革を中断する選択はなかったと思われる。しかも、この段階では不良債権処理に関する問題意識が十分に醸成されていなかったから、金融制度改革を遅らせても不良債権処理が画期的に進展することにはならなかったであろう。

　第2に、バブルの昂揚感が残っているあの時期に攻撃的な相互乗り入れを可能にする金融制度改革を実施したことは、金融界のオーバーキャパシティーを一層大きくしたことにならないか。金融制度改革を受けて設立された数々の証券子会社や信託子会社にはその後合併・統合の対象になったものが多い。当時すでに存在した伝統ある主要金融機関でさえその後大きく再編

成された。子会社の設置は個々の経営判断によるとはいうものの、制度の枠組みとしても金融ユーフォリアの影響を受けすぎていたかもしれない。

もっと基本的な視点も必要である。80年代以降の経済運営の反省点としては金融問題に強い関心が寄せられているが、むしろ問題の核心は経済構造自体にあったと考えるべきである。70年代に安定成長に移行した時、金融システムはもとより、経済実体としての大幅な貯蓄過剰構造そのものを是正すべきであった。過剰な資金を国の内外に効率的に運用するための金融システム改革が必要であったのは確かであるが、80年代半ば以来の改革論議には、金融部門だけでこの巨大なテーマに取り組んだ点に無理があった。

3 相互参入の内容

多様化・高度化する利用者のニーズに対応し、また国際的な整合性をとるためには、各業態の金融機関が相互に他業態の業務にも幅広く参入できるようにする必要がある。その場合にも金融秩序維持の視点からは、預金者保護・信用秩序の維持・利益相反による弊害の防止・参入段階における競争条件の公平性等にも配慮する必要がある。そのような趣旨を総合的に検討した結果、相互参入の方式については以下のような結論に達した。

① 相互参入の形態：業態別子会社方式を主体としつつ、本体での相互乗入れ方式を組み合わせる。

② 各業態が設立できる業態別子会社：銀行子会社・信託銀行子会社・証券子会社のうち、自分自身の業態以外[13]のもの。子会社は新規に設立されたものを原則とする。

③ 各業態別子会社の業務範囲：各子会社に関する業法において認められるすべての業務。実施当初は制約を設けるが、できるだけ早期にすべての業務を開放する。

④ 本体での相互乗入れ：私募債・証券化関連商品など業務の性格上子会社方式による必要がないと考えられる業務については、本体で乗り入れ

---

[13] 法律化の段階で、銀行が破綻銀行を子会社にする道が開かれた（銀行法第16条の2第1項）。

可能とする。
⑤　地域金融機関の特例：地域金融機関は、土地信託、公益信託など地域住民の金融ニーズ充足に資する他業態の業務を本体で行うことができる。

　他方、証取審では市場仲介者についての検討の基本的前提として、免許制は維持することとしている。この段階においては証券業務の他業態による取扱いを論ずること自体画期的であって、証券会社や証券取引所そのものの位置づけに手を触れることは検討対象にすらならなかった。わずか5年後の日本版ビッグバンにおいて免許制から登録制へ移行し、この点は根本から覆された。この一事からしても、1992年の制度改革が間接金融サイドからの発想が原点になっているのに対して、1997年の制度改革が市場サイドの発想を原動力としていることが理解できよう（第8章第3節参照）。
　証取法は証券業者に対し証券業以外の業務を営むことを原則として禁止している。これは一見証券会社の行動を制約しているようにみえながら、実質的には、証券業者以外が証券業務をできないようにすることにより、きわめて競争制限的な機能を果たしている。多種多様な証券化関連商品の出現が予想されることを考えると、一定の証券化関連商品については証券業務以外の業務を営むものが取り扱うことができるよう兼業制限等を緩和する必要があった（限定免許制の導入）。
　従来銀行がCP・CD等の短期の証券を用いて行ってきた金融取引については、これらを有価証券概念に取り入れた後も銀行が引き続き行えることとされた。同様に、私募の取扱いは、有価証券の仲介業務であるという性格にかんがみ証券業務とするが、利益相反等の弊害が比較的生じにくいと考えられること、融資の変形の側面をもつ私募債の発行に銀行等がこれまで関与してきたことをふまえ、銀行等が引き続き行えることとされた。
　新規参入については、証券業に免許制がとられている趣旨（一定の資格を備える者にのみ参入を認めるとともに、参入者に対しては自由な退出を認めない）をふまえるとともに、新規免許の付与は証券市場を通ずる資金の仲介機能の拡大に資するものでなければならないとの基本的考え方が維持された。とこ

ろが資本市場の状況をみると、
① 発行市場においては、大手証券会社のシェアは依然高水準であり、また、主幹事の移動が少ない等の状況がみられることから、有効で適正な競争を促す必要がある
② 流通市場においては、金融資産の蓄積や顧客のニーズの多様化に対応した市場の整備が進められるとともに、大手証券会社のシェアは漸減傾向にあることから、新規参入の必要性は発行市場に比して小さい
③ 以上の点をふまえると、有効で適正な競争を促進するという観点から、発行市場を中心に新規参入を図ることが適当である

とされた。

銀行による証券業務への参入については、銀行が証券業を営むことを禁止している証取法第65条の基礎にある考え方（利益相反の防止、市場支配・企業に対する影響力の防止、銀行の健全性の確保等）は重要な意義をもつとし、銀行が本体で広く証券業務を行うこと（ユニバーサル・バンク方式）は適当でな

図表5-4　当時の金融制度のもとでの金融業態

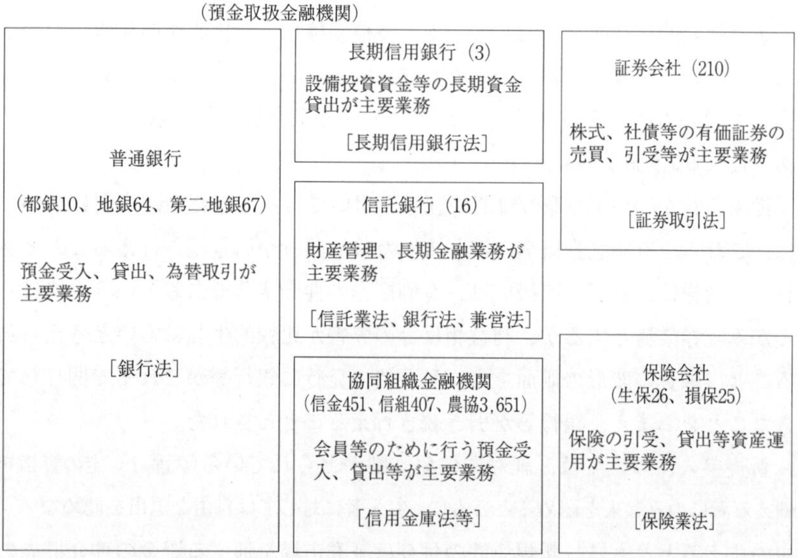

（預金取扱金融機関）

普通銀行 （都銀10、地銀64、第二地銀67） 預金受入、貸出、為替取引が主要業務 ［銀行法］	長期信用銀行（3） 設備投資資金等の長期貸出が主要業務 ［長期信用銀行法］	証券会社（210） 株式、社債等の有価証券の売買、引受等が主要業務 ［証券取引法］
	信託銀行（16） 財産管理、長期金融業務が主要業務 ［信託業法、銀行法、兼営法］	
	協同組織金融機関 （信金451、信組407、農協3,651） 会員等のために行う預金受入、貸出等が主要業務 ［信用金庫法等］	保険会社 （生保26、損保25） 保険の引受、貸出等資産運用が主要業務 ［保険業法］

（注）　1991年4月1日現在。なお上記のほか、外国為替専門銀行1、相互銀行1があった。
（出所）　著者作成

いとの判断が示されている。銀行の子会社による証券業務への参入については、次のような指摘がされたとおり、影響力の大きい都市銀行への警戒感がうかがわれる。

① 銀行が企業に対し影響力を及ぼしうる特別な地位を有していることから、銀行による影響力の行使により市場に悪影響が与えられないよう規制する（たとえば、親銀行が影響力を及ぼしうる企業の発行する証券の証券子会社による引受け）。

② 参入の分野・テンポについては、銀行の本来業務との関係・各金融業態の実情・各証券の市場の状況等を勘案するとともに、一時期の過度の参入によって市場に混乱をもたらすことのないよう配慮する必要がある。株式のブローカー業務への参入は、法律上の規定により当分の間は認めない。

なお、以上のような攻防が繰り広げられた当時の金融界の勢力図は図表5－4のような状況であった。

第5節　1992年金融制度改革法とその具体的進展

1　1992年金融制度改革法

この法律は16の法律[14]を一括して改廃する大掛かりなものであるが、金制調・証取審で長い時間をかけて調整が図られた結果であり、個別業界の利害を超えればもともと反対すべき理由は乏しい法案であった。当時審議会は利害対立を孕んだ関係者のコンセンサスを得る場でもあったから、答申・報告がまとまった以上それを実現する法律は当然それに誠実に沿ったものとな

14　銀行法、長期信用銀行法、外国為替銀行法、信用金庫法、中小企業等協同組合法、協同組合による金融事業に関する法律、労働金庫法、農業協同組合法、水産業協同組合法、農林中央金庫法、商工組合中央金庫法、普通銀行の信託業務の兼営等に関する法律、金融機関の合併及び転換に関する法律、証券取引法、外国証券業者に関する法律（以上一部改正）、相互銀行法（廃止）。

る。その内容を端的に表現すれば、①タテ割りの金融制度を業態別子会社による相互乗り入れ方式で弾力化すること、および②証取法上の有価証券の定義を広げると同時に証券化関連商品の取扱業務を証券会社・銀行等が共有することであった。なお、ここで証取法の改正として規定された事項は、2006年の金融商品取引法制定（証取法全面改正）の際に新しい法体系の中に織り込まれている。

(1) 業態別子会社

この制度改革では、業態別子会社として、銀行は証券子会社と信託銀行子会社を、信託銀行は証券子会社を、証券会社は銀行子会社または信託銀行子会社を保有することができる（図表5-5）。

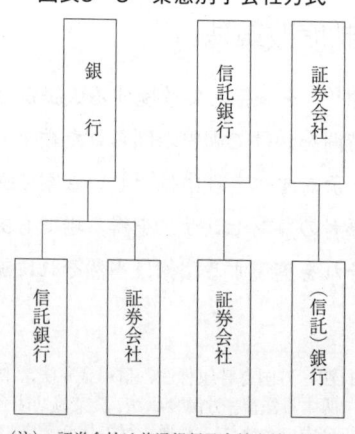

業態別子会社方式については、その最大のねらいであった銀行の証券子会社を証取法第65条との関係でどう折り合いをつけるかが法制上の難問であった。証取法第65条の基礎にある考え方に十分留意しつつ銀行の証券業務参入を可能にするとの趣旨から、子会社方式が採用されるとともに一定の弊害防止措置が講じられた。さらに証取法第65条との関係を明確にするため同法第65条の3を設け、「第65条の規定は、大蔵大臣（現行：内閣総理大臣）が、銀行、

図表5-5　業態別子会社方式

```
        銀行              信託銀行        証券会社
      ┌──┴──┐            │              │
   信託銀行  証券会社      証券会社      (信託)銀行
```

（注）証券会社は普通銀行子会社を持つこともできるが、信託業務をも行える信託銀行子会社の設立が常識的である。

信託会社その他政令で定める金融機関が過半数の株式を所有する株式会社に、第28条第1項の免許（1997年法改正により第28条の登録および第29条第1項の認可）をすることを妨げるものではない。」と規定された。子会社を保有する親会社の側についても、銀行法に第2章の2が設けられ、子会社での業務展開に関する規定が加えられた（1997年にさらに大幅改正）。

業態別子会社の業務範囲については、「法制上それぞれの子会社に関する業法において認められるすべての業務とすべきである」とする金制調答申をふまえ、証券子会社の株式ブローカー業務以外の業務に関する法律上の制限は設けられていない。しかし新制度の実施当初は、預金者・投資者の保護、金融秩序の維持、競争条件の公平性の確保等に配慮する必要があったことから、経過的な行政措置としてかなり厳しい制限を行う約束なしに法案を成立させることはできなかった。

このため妥協策として、法律上の規定としては、銀行等の証券子会社に免許を付与する際当分の間ブローカー業務をしてはならない旨の条件を付することになった（附則第19条）。また（法律上制約はないが）実施上の行政措置として、株式のブローカー業務以外の業務範囲についても広範囲の制約が加えられた。信託銀行子会社も法律上はフルラインの業務が可能であるが、行政上の措置として、当初段階では金銭の信託等の一部および不動産売買・貸借の媒介に係る業務を除くこととされた（図表5-6）。強者と見られていた銀行への他業態からの参入に関してはこのような措置はなく、銀行子会社の業務範囲は運用上も当初からフルラインとなった。

弊害防止措置は、銀行が子会社等を有する場合に、当該子会社等との関係によって銀行の業務の健全かつ適切な執行が阻害されることを防ぐ目的で設けられるものである。業態別子会社方式そのものが相互参入に伴う弊害防止に有効な仕組みであるが、さらにこれを補完するものとして新たな弊害防止規定が設けられた。銀行法等における弊害防止措置としては、中心的な意義をもつものとしていわゆるアームズ・レングズ・ルール[15]が法律で定めら

---

15 当該子会社等との間でも、独立企業間と同様の取引または行為を求めるとの基本的な考え方を「取引の条件」の面で明確に表現したもの。

図表5-6　業態別子会社の当初の業務範囲

① 証券子会社

	発 行	流 通	
		ディーリング	ブローカー
公共債	○	○	○
普通社債・金融債	○	○	○
投資信託	○	○	○
エクイティもの (転換社債、新株引受権付社債、新株引受権証券)	○	×（97下期）	×（97下期）
株価指数先物 株価指数オプション	－	×（97下期）	×（97下期）
株　式	×（99下期）	×（99下期）	×（99下期）

(注)　(　)内は後にビッグバンで決められた解禁時期

② 信託銀行子会社

信託業務	
(1) 金銭の信託	
貸付信託	×（97下期）
年金信託	×（99下期）
合同金銭信託	×（99下期）
特　金	×（97下期）
指定単	×（97下期）
ファントラ	○
証券投資信託	○
(2) 金銭以外の信託	
有価証券の信託	○
金銭債権の信託	○
動産の信託	○
不動産の信託	○
(3) 併営業務	×（未解禁）
銀行業務	○

(注)　上記に同じ
(出所)　大蔵省

れている。弊害防止措置は主として証券業界の要求により設けられたものであるが、証券側の都市銀行に対する警戒感がいかに強かったかは、1991年6月の証取審報告において弊害防止のため必要として次の11項目が指摘されていることから推察できよう。

① 親会社のリスクが証券子会社に及ぶこと。
② 証券子会社の経営が特定の者との取引に過度に依存すること。
③ 経営不振に陥った企業への親会社の債権の回収に充てるために当該企業の発行する証券を、証券子会社が引き受け、販売すること。
④ 親会社が発行する証券を証券子会社が引き受けること。
⑤ 親会社が発行会社・投資者に直接の影響力を行使すること。
⑥ 証券子会社からの証券の購入を条件として、親会社から顧客に信用を供与すること。
⑦ 証券子会社と親会社との間で、証券子会社に有利な条件で取引を行うこと。
⑧ 証券子会社が引き受けた証券を、引受後一定期間内において親会社が購入すること。
⑨ 発行会社、投資者等に関する非公開情報を親会社から証券子会社に伝達すること。
⑩ 取締役等を兼任し、あるいは、店舗を共有すること。
⑪ 親銀行が影響力を及ぼすことができる企業が発行する証券を、証券子会社が引き受けること。

これらは弊害防止のためという建前ではあるが、実質的には子会社の活動を制約するために設けられたものも多い。その後90年代後半に至り銀行によ

図表5－7　弊害防止措置違反の勧告事例

社　名	勧告時期	内　容
新生証券	2006年1月	顧客の同意を得ずに借入残高などの非公開情報を受領
しんきん証券	2003年6月	顧客326先の財務情報を親法人から受領
農中証券	2003年3月	社債発行による調達資金が親法人への弁済に充てられることの不告知
みずほ証券	2001年5月	引受有価証券を親法人に売却
ドイチェ証券	2000年5月	通常の取引条件と著しく異なる条件で親法人と取引
ABNアムロ証券	1999年11月	同上
住友キャピタル証券	1998年5月	要請なく複数の顧客を共同訪問

（出所）　週刊東洋経済2007・11・10

る証券会社の救済が増え、銀行と証券会社が「範囲の経済」を追求せざるをえなくなってくると、このような弊害防止措置は撤去されていく。

実際に弊害防止措置違反として勧告された事例は図表5－7のとおり、悪質なケースが頻繁に起っているわけではない。

(2) **本体での取扱業務**

① 地域金融機関本体による信託業務への参入：地域金融機関については、本体での業務範囲を限定的に緩和する方式も認められた。このため信託兼営法が改正され、従来普通銀行と長信銀だけであった兼営法の対象となる金融機関に、協同組織金融機関も含められた。地域金融機関が本体で行う信託業務は、土地信託および公益信託に限定された。

② 証券化関連商品の取扱業務：証取法改正により、証券化関連商品を幅広く証取法対象有価証券とし、また、銀行等がそれらを本体で取り扱えるようにされた。これに対応して銀行法等においては、CP等新たに有価証券となるものの取扱いに関する業務の規定が整備された。この改正により有価証券となる証券化関連商品（CP・住宅ローン債券信託受益権等）は、従来どおり銀行等の付随業務として本体で取り扱えるよう規定が整備された。

③ 私募の取扱業務：有価証券の私募の取扱いは証取法上の証券業務として不公正取引規制等の対象とされると同時に、銀行等が本体で私募の取扱業務を行うことができるようにされた。これに対応して銀行法等においては有価証券の私募の取扱いに関する業務の規定が整備された。

(3) **協同組織金融機関の業務規制の緩和**

法令改正を伴わずに実現可能なものについてはすでに実施されていたが、法令上の措置が必要なものについては金融制度改革法で実現された。業務規制の緩和ないし業務範囲の拡大（社債募集の受託・国債の窓口販売業務・外国為替業務等）と組織規定の見直し（員外理事の拡大・総代会の特例等）に大別できる。

(4) 金融機関の健全性の確保

縦割りの金融制度を見直すことは、リスクの分散を通じて金融機関経営の健全性確保に積極的意義があるとの基本的な考え方がとられている。

① 自己資本比率規制等の経営諸比率規制に対する法的根拠の付与：自己資本比率規制は、従来法律上の根拠を有していなかったが、世界的な潮流や行政の透明性向上の見地から、法律に根拠を置くこととされた。

② 大口信用供与規制の拡充：大口信用供与規制は従来から法律に基づき実施されていた。金融制度改革法では、信託銀行子会社を含めた連結ベースの規制が導入された。

③ ディスクロージャーの推進：従来ディスクロージャーの規定が設けられていなかった農林中金・商工中金・農協などにも銀行法と同様の規定が設けられた。

④ 金融機関の合併・転換に関する法律改正：従来合併転換法の対象とされていなかった長期信用銀行・外国為替専門銀行・労働金庫が同法の対象となった（1995年の三菱銀行と東京銀行の合併はその成果）。

(5) 有価証券概念の整備

有価証券定義の改正について特記すべき事項は次の2点である。

① 権利概念の導入：証券または証書が存在しない権利そのものを証取法の対象にするという改正は、証券または証書の存在を前提にしてきた従来の考え方の大きな転換であった。

② 政令指定の考え方の明記：米英のような包括条項は法案には盛り込まれなかったが、政令指定の基準が明らかにされたことから迅速な政令指定が可能になると考えられた。

証取法上、有価証券の仲介業務は原則として証券会社のみ行うことができるとされている。証券化関連商品が新たに有価証券とされることにより、その仲介業務についても自動的に証券業務となる（証券会社のみが行える）こととなるが、これらの商品は、従来から銀行も取り扱ってきた。この法律改正では、満期1年未満の短期商品（CP等）、銀行の資産を流動化した商品

（CARDs等）などについては、証取法第65条の2の認可を受けて銀行が本体で取り扱えることとされた。

(6) 公募概念の見直し・私募についての法整備

公募概念について証取法が改正された点は次のとおりである。
① 人数基準の明確化：公募の要件を「多数の者を相手方として（勧誘を）行う場合として政令で定める場合」とし、また人数基準を法令上明確にした（50名以上）。
② 勧誘対象者の属性への配慮：勧誘対象者が専門的な知識・経験を有する者（適格機関投資家）のみである場合には、人数基準を上回っても募集に該当しないこととした。
③ 募集に係るディスクロージャーの回避防止措置：①、②により勧誘する場合にはディスクロージャーが免除されるが、その回避行為を防ぐための転売制限などを定めている。

私募の定義を「新たに発行される有価証券の取得の申込みの勧誘であって有価証券の募集に該当しないもの」とし、その取扱いを証券業務とすることにより、証取法による不公正取引規制の対象とした。また、従来銀行が私募債の斡旋業務を行ってきたことにかんがみ、証取法上の認可を受けて、銀行が本体で私募の取扱いをすることができることとした。

(7) ディスクロージャー制度の整備

有価証券概念の見直しにより、これまで証取法の対象とされていなかった資産金融型証券が対象となった。資産金融型証券については発行体に係る情報ではなく当該証券の価値の裏付けとなる資産の内容等に係る情報が投資者にとって重要となるので、（発行体の事業年度ごとにではなく）資産の計算期間ごとの開示、証券の価値の裏付けとなる資産内容等に関する情報の開示が的確に行われるよう規定が整備された。

2 諸規制・諸慣行の是正・撤廃

一般にこの金融制度改革の眼目は、業態別子会社方式による相互参入とし

て認識されている。たしかにその点は専門制・分業制に初めて正面から手を加えたものとして評価されるべきであるが、金融の実態としてそれと並んで大きな影響を与えたのはいわゆる「諸規制・諸慣行の見直し」であった。金制調答申は主題としての業態別子会社方式による相互参入に加えて、補足的に次の8項目について従来の規制・慣行の是正を明言しているが、これはこの問題の根深さを熟知する当時の金融関係者にとっては驚くべき進展であった。しかもこれらがすべて数年を経ずして実現されていることの意味を軽視すべきではない（第4章第2節4参照）。

① わが国の金融・資本市場において自由な競争を阻害する要因となっている諸規制・諸慣行には、いわゆる業際問題として改善が進んでいないものが多いが、その見直しを速やかに行うことが必要である。具体的な項目及び見直しの内容は、たとえば、次のとおりである。

(i) 中長期預金の導入：普通銀行等において、預入期間3年超の預金を導入する。

(ii) 変動金利預金の導入：資金調達方法の多様化というニーズに対応して、変動金利預金を導入する。

(iii) 金融債の多様化：償還期限の多様化等、金融債の多様化を行う。

(iv) 信託商品の多様化：信託期間1年未満の短期信託商品、実績配当型合同運用金銭信託等を導入する等、信託商品の多様化・規制緩和を行う。

(v) 三局指導の撤廃：本邦企業の外債発行にあたり、邦銀系証券現地法人は引受主幹事となることができない等を内容とする三局指導は、これを撤廃する。

(vi) 中期国債ファンドの商品性の改善：決済システムの安定性という観点等にも留意しつつ、中期国債ファンドの商品性を改善する。

(vii) 社債の多様化：償還年限の多様化、変動利付債等の導入等により社債の多様化を図る。

(viii) 資産担保証券の多様化等：たとえば、海外で組成された資産担保証券について、国内での販売を広く行えるようにする。また、ローン等の銀行資産を裏付けとした証券については、銀行の自己資本比率向上等の観点からも、その多様化および商品性の改善を行う。

② また、受託制度及び社債発行限度規制については、現在、法制審議会商法部会社債法小委員会において、その見直しが検討されているところである。同委員会においては、受託会社の権限の明確化を図り社債発行後の管理を受託会社の法定権限の中心とすること、商法の社債発行限度規制および社債発行限度暫定措置法を廃止すること等についての審議が行われてお

り、(金融制度) 調査会としても、社債発行市場の活性化のため、所要の見直しが早期に実現されることを期待する。

(「新しい金融制度について」(1991・6・25))

　この問題はとりわけ公社債市場との関連で重要な意味を有する。公社債市場は久しく間接金融中心の金融体系の中にあって整備が遅れていたため、80年代後半から90年代前半にかけては空洞化の懸念が高まっていた。しかし国債の大量発行、銀行・証券の相互参入等を背景に、公社債市場における諸規制・諸慣行の見直し・撤廃が積極的に推進され、90年代半ばには公社債市場は活況を呈している。以下、債券発行・流通市場を中心に諸規制・諸慣行の見直し・撤廃状況を少し詳しく観察してみよう（有吉〔F1996〕参照）。

(1)　**適債基準・財務制限条項の設定義務づけの撤廃**

　戦後長きにわたり国内発行の社債は有担保が原則であったが、1979年より適債基準[16]　および財務制限条項[17]　の設定の義務づけによって、優良企業に限り無担保債を導入した。適債基準および財務制限条項は社債発行のルールとして機能してきたが、一方において資金調達側の企業からは過剰な手順を課し発行コストを高める要因として是正を求める声が強かった。終戦直後の証取法制定の経緯や収益源を失うことから一部の大銀行からは強い抵抗があったが、市場原理を基本とした自己責任原則の一層の徹底を図る観点から以下のような見直しが行われた。

①　適債基準を撤廃し、社債発行の自由化を図る。
②　財務制限条項に関するルールを撤廃し、今後は財務上の特約として当事者間で自由に定める。
③　店頭登録会社の新株引受権付社債についても発行を認める。

---

[16]　社債権者保護の観点から、企業が公募社債を発行する際に充足しなければならない基準であり、具体的には、たとえば企業が国内無担保普通社債を発行する場合には、当該社債についてBBB以上の格付を取得していることを要するものとされた。
[17]　無担保社債について投資家保護を図るため、社債契約において一定の財務内容を借り手たる発行体に課し、元利払の安全性を高めるためのものであり、①担保提供制限条項、②純資産額維持条項、③配当制限条項、④利益維持条項、の4種類が定められていた。

(2) 商品の多様化

社債の償還年限については、かつては7年ものしか発行できない制約があったが、その後多様化が進められ、4年・2年・20年債が発行された。1993年には金融債との関係で遅れていた5年債の発行が行われ、これにより償還年限の制約はなくなった。

社債の商品性についても、親会社保証付社債・デュアルカレンシー債・ステップアップ債・他社株転換可能債・居住者による外貨建債・景品付社債・コーラブル債の発行が行われるなど、商品性の多様化が着実に進んだ。さらに前述のように適債基準等が撤廃されたことにより法令上の問題がない社債については自由に発行できるようになった。

(3) 私募債市場の整備

公募債の適債基準が撤廃され公募債の発行に関しては自由化が完了したことにかんがみ、私募債の発行ルールについても1996年4月から1回当り発行額・年間発行額・起債回数の制限が撤廃された。私募債の転売制限については、債券および発行体に関する一定の情報が入手可能である場合には、機関投資家間の転売を即時に行うことができることとされた。

(4) CP市場の整備

1995年10月に償還期間2週間未満のCPが解禁されたのに続き、1996年4月から、
① 発行適格基準のうち上場要件を撤廃、格付基準についてもA−3格相当以上に引下げ
② 償還期間について短期金融手段としては最も長い1年未満にまで延長
により発行主体に関する制限はなくなり、取得すべき格付も投資適格としては最低限度のものとなったため、発行適格基準は実質的には撤廃された。

(5) 社債の受渡し・決済制度の改善

社債等登録制度は市場の変化に対応しての規制緩和が十分ではなく、流通

市場が活発でない原因の1つと指摘されていた。社債発行市場の整備・自由化はほぼ完了し社債発行量は拡大していくものと見込まれたので、その受け皿となる流通市場の整備が急務と考えられた。受渡し・決済制度の整備が進められた結果、決済日当日に名義書換が完了し、DVP（証券と資金の同時決済）も実現され、決済リスクの解消が図られている。さらにペーパーレス化・窓口の一本化等によって決済にかかる事務負担やコストも軽減された（ペーパーレス化については第12章第2節4参照）。

3 相互乗入れの実施

1993年4月1日の金融制度改革法施行によって、金融機関の業態別子会社による証券業務への参入が可能になった。その時期に関しては1993年12月に、親金融機関の営む業務と証券業務との間における親近性・親金融機関の店舗数等の格差を勘案し、当面の参入の対象を長期信用銀行・信託銀行・系統中央機関とするとの方針が発表された（要するに、競争力の強い都銀は後回しとなった）。これを受けて1993年7月には興銀・長銀・農中に、1993年10月には住友信託・三菱信託に、1994年7月には安田信託に証券子会社の免許が交付された。業態別子会社の免許付与は、図表5－8のとおり段階的に行われている。

都銀の参入に関しては、制度改革の趣旨・改革実施後の情況・市場の状況・経営に与える影響等を勘案しつつ、当初参入からおおむね1年程度をメドとしてさらに検討することとされていた。1994年7月に至りあさひ銀行、11月には大手6行、1995年には東海銀行等4行が参入している。

銀行子会社については、実際には業務範囲がより広い信託銀行子会社として参入することになる。したがって証券子会社の場合と同様、相対的に体力の弱い信託銀行業界の経営状況を勘案せざるをえず、免許付与にあたっては一時期に集中することのないよう配慮されている。

都銀の証券業務参入に対する証券界の警戒感は、都銀系証券子会社の商号において「銀」の字を避けることが求められたところにも示されている。その理由としては、

① 親銀行の企業に対する影響力等を背景に業務が展開されることとな

図表5−8　業態別子会社の当初の参入状況

証券子会社	1993・7	日本興業銀行 日本長期信用銀行 農林中央金庫	興銀証券 長銀証券 農中証券
	1993・10	住友信託銀行 三菱信託銀行	住信証券 三菱信証券
	1994・7	あさひ銀行 安田信託銀行	あさひ証券 安田信証券
	1994・11	第一勧業銀行 さくら銀行 富士銀行 東京三菱銀行 三和銀行 住友銀行	第一勧業証券 さくら証券 富士証券 東京三菱証券 三和証券 住友キャピタル証券
	1995・3	東海銀行	東海インターナショナル証券
	1995・4	北海道拓殖銀行	北海道拓殖証券
	1995・5	三井信託銀行	三井信証券
	1995・11	東洋信託銀行	東洋信証券
	1996・11	全国信用金庫連合会 横浜銀行	しんきん証券 横浜シティ証券
信託銀行子会社	1993・9	野村證券 大和證券 日興證券 山一證券 東京銀行	野村信託銀行 大和インターナショナル信託銀行 日興信託銀行 山一信託銀行 東京信託銀行
	1994・3	全国信用金庫連合会 日本債権信用銀行	しんきん信託銀行 日債銀信託銀行
	1995・9	東海銀行 農林中央金庫	東海信託銀行 農中信託銀行
	1995・10	日本興業銀行	興銀信託銀行
	1995・12	第一勧業銀行 三和銀行	第一勧業信託銀行 三和信託銀行
	1996・1	さくら銀行	さくら信託銀行
	1996・3	あさひ銀行	あさひ信託銀行
	1996・6	富士銀行	富士信託銀行
	1996・7	住友銀行	すみぎん信託銀行
	1996・12	日本長期信用銀行	長銀信託銀行

(出所)　大蔵省

り，公正な競争ひいては市場機能が歪められる
② 取り扱う商品の性格につき投資者に安全確実等の誤認を与えるおそれがあるとの見解が述べられている（1992・6・2衆議院大蔵委員会証券局長答弁）。その後数年を経ずして銀行・証券の垣根を超えた金融再編成が起こり，このような制約はまったく無意味となった。

1994年後半に入るとバブル崩壊が深刻化し，不良債権処理が緊急の課題となった。金融界は1994年12月の東京2信組の破綻を皮切りに金融機関の破綻処理に追われ，金融制度改革の実施は小休止の状態とならざるをえなかった。金制調においても，預金保険制度の改正を中心とする金融機能安定化委員会の審議が優先され，将来の発展を目指した金融機能活性化委員会は持株会社論議を地道に進めるという状況にとどまった。

4　1992年金融制度改革法の評価

1992年金融制度改革法の眼目は，第1に業態別子会社方式による相互乗入れであり，第2に有価証券概念と証券業務取扱いの弾力化であった。前者は，直接にはシナジー効果により金融業務の効率化・活性化を図ることであったが，もっと直截的にいえば，経済構造の変化により銀行部門において生じた余剰経営資源を市場中心の金融機能で活用し，ひいては間接金融偏重の金融構造を変革しようとしたものであった。後者は，市場機能をより広く活用するため，従来型の証券のほかに銀行部門の機能と密接に関連する資産担保型証券などの発展基盤を整え，単に伝統的な証券業者の業務を奪い合うのではなく市場機能の新たな分野を開拓しようとしたものであった。

後者については結局，CPなどすでに銀行が取り扱っていた商品が新たに証取法上の有価証券になり，また，私募の取扱いなどすでに銀行が行っていた業務が証取法上の証券業務になるという既成事実の法律的追認にとどまった。これに対して前者は，従来認められていなかった業務を他業態に新たに認めることとする改革であり，激変緩和のための各種経過措置が設けられたのは事実であるが，少なくとも制度的には大きな改革であった。

しかし神田〔1994〕（p121）が指摘しているように，制度改革にあたって各国の制度や実態をよく研究し，それを参考にして改革を行うという点で日

本のやり方には利点があるものの、規制や規制緩和に関する基礎的な理論構築が欠如していた憾みがある。日本での議論は、業態別子会社方式がよいかどうかといった形式についての議論が中心で、将来銀行業務や証券業務はどうなっていくのか、それに応じた銀行規制や資本市場規制のあり方は何かといった議論はほとんどなされないまま制度改革が行われるに至っている。[18]

　これはきわめて痛烈な指摘であって、この時の制度改革がバブルの昂揚感の中で進められたため現状認識や将来見通しが甘くなりがちであっただけでなく、そもそも政策立案がスペシャリストの十分な検討を経ることなく、ジェネラリストの交渉・妥協の中で形成されていくという事情を反映している。このような体制は、金融がグローバル化し金融技術が飛躍的に発展した後には、もはや通用しなくなっている。垣根争いと称されたこの制度改革は、そのような意味での旧体制の成果であるとともに制約を負ったものであった。この問題の解決は、1998年の金融監督庁発足以降のスペシャリスト体制による金融行政に委ねられることになった。そしてその成果は2006年6月の金融商品取引法成立で実を結んでいる。

　ともあれ1992年金融制度改革法は、従来の金融の枠組みを前提とすれば、相当画期的な改革である。長年の議論の積み重ねの成果により、子会社を通してではあっても銀行業と証券業が相互に乗入れるという事実はきわめて大きな変化であった。しかしまさに従来の金融の枠組みを前提にしているところに、この制度改革の限界もあった。80年代から90年代にかけては、グローバル化と金融技術の発展によって従来の金融の枠組みが大きな変革を遂げた時期である。金融工学の発達もあって、金融業はリスク管理という共通の目的をもった連続的な業務の体系であって、それまでの業態という区切りは意味を失いつつあった。

　それにもかかわらず業態を前提にした相互乗入れを実現するという発想

18　このような主張に対して実務家からは、金融機能論ではなく「相互参入の方式」を論点とした金融制度改革議論は、すべての業界関係者に参加意欲をもたせるきわめて巧妙な戦術であったとの指摘もある。たしかにわが国の現実的政策策定プロセスにおいては、論理の争いで決着がつくことはほとんどなく、既得権の譲り合いにより結論が見出されることが多い。

は、熾烈な垣根争いを終えて冷静になってみるとやや時代遅れのものであったように感じられる。そのような業務の弾力化が必要であったことは間違いないにしても、リスク管理業としてアンバンドリング・リバンドリングされつつある金融業務の新しい流れを十分にふまえた制度改革であったとは必ずしもいえなかった。しかし「業法」によって組み立てられている日本の金融制度の枠組みを根本的に組替えることは容易なことではない。このような挑戦は、96年の日本版ビッグバンを経て00年代に入ってからの金融商品取引法制定に至る過程において行われることになる。

第6節　保険制度の改革

1　保険部門への制度改革の波及

　保険事業は80年代まで、生産年齢人口の増加と高度成長に伴う所得の上昇という追い風を受け、順調な発展を遂げた。その結果、生命保険事業では1990年度の保有契約高は1595兆円（国内生命保険会社計）で世界第1位、損害保険事業についても同年度の元受収入保険料は9兆8181億円（国内損害保険会社計）でアメリカに次いで世界第2位を占めていた。また生損保あわせた総資産は約156兆円に達するなど、内外金融市場に与える影響も大きくなっていた。80年代から90年代初頭にかけては、「セイホ・マネー」は世界の金融・資本市場でも注目される存在であった。

　一方、護送船団方式といわれた戦後金融システムの中でも保険事業の領域は最も保守的であり、[19]　戦後まもなくこのような制度が形成された後、約半世紀にわたりほとんどそのまま温存されてきた。保険業法をはじめとする保険関係法規は、制定以来抜本的な見直しが行われておらず、弾力的な運用

---

[19] 金融界の中でも保険事業は、生命や財産に関するリスクから国民を守るのは国家・社会の役割だとする観念や、（特に生保会社が）必ずしも利潤を追求しない相互会社形態であったことなどが原因となって、かつてはビジネスというよりも公益的事業との意識から経営に当たられることが多かったように見受けられる。

により環境の変化に対応してきた。しかし金融自由化・国際化の流れは保険業界にもおよび、バブル発生により金融業が隆盛を極める雰囲気の中で、保険業界は一面では他業界からの参入をおそれながらも、他方、時代の流れに取り残されまいと保険制度の改革に取り組み始めた。このように保険業界の制度改革に取り組む姿勢はあくまでも追随的・防御的であった。

　人口の高齢化・金融の自由化・国際化の進展など保険業を取り巻く環境が大きく変化したことを受けて、保険審は1989年4月から「保険業のあり方及び保険関係法規の見直し」について検討を開始した。銀行・証券の世界ではすでにかなり検討が進んでいた次のような基本的な事項について、ようやく業界全体の問題意識が目覚めてきた感があった。

　① 保険事業の役割
　② 保険会社の業務範囲のあり方
　③ 保険経理の見直し、ディスクロージャーの整備
　④ 保険会社形態のあり方
　⑤ 保険募集のあり方
　⑥ 保険事業の監督のあり方

　銀行・証券間の垣根争いを横目で睨みながらの約3年間の審議を経て、「新しい保険事業のあり方」(1992・6・17)が答申された。銀行・証券の子会社方式による相互乗り入れを認めた1992年金融制度改革法が国会で成立する2日前のことであったことがこの保険制度改革構想の性格をよく表している。商法学者等からなる法制懇談会において「法制懇談会報告」(1994・5・13)が取りまとめられ、これを受けて保険審は改正法案の骨格と今後の進め方についての考え方を示した「保険業法等の改正について」(1994・6・24)を大蔵大臣に提出した。

　1995年3月24日に国会に提出された「保険業法案」は、「保険業法」(1939年)・「外国保険事業者に関する法律」(1949年)・「保険募集の取締に関する法律」(1948年)の3法を一本化したものであり、本則第338条・附則第126条・合計464条に及ぶ膨大なものであった。しかも半世紀ぶりの大改正であるので、内容的にも多くの重要な要素を含んでいた。これらの制度改正の内容は、銀行についていえば1981年と1992年の2回に分けて行われた大規模な制度改

正を1回に集約して行ったものと考えることができる。

2 保険制度改革の内容

この保険制度改革の大きな柱は、①規制緩和・自由化の推進、②保険業の健全性の維持、③公正な事業運営の確保、の3本である。

(1) 規制緩和・自由化の推進

「保険業」を、不特定の者を対象に①人の生死に関し定額給付を行う保険（生命保険）、②一定の偶然な事故による損害を填補する保険（損害保険）、③障害・疾病・介護保険（第3分野）の引受を行う事業と定義している。生命保険会社は上記①と③の保険の引受を、損害保険会社は上記②と③の保険の引受を行うことができる。

①と②の保険の引受を同一の保険会社が行ってはならないという生・損保兼業禁止は維持されたが、子会社方式による生・損保相互参入は認められた。③の第3分野の保険の引受については、生・損保本体による相互乗り入れが可能となっている。すなわち保険制度においては、融業部分（本体乗入れ）と分業部分（子会社乗入れ）が明瞭に区分されており、銀行・証券間の業務区分が妥協の歴史のためあいまいになっているのと対照的である。

改正前の保険業法では、保険商品・料率について保険契約者等の保護を図るため、一律認可制となっていた。しかし社会の構造変化・経済活動の多様化等に伴い保険に対する契約者ニーズも複雑多岐なものになってきており、保険会社は契約者の多様なニーズに迅速に対応していく必要があることが指摘されてきた。改正保険業法では、規制緩和・競争促進の観点から、保険契約者等の保護に欠けるおそれの少ない特定の保険商品・料率については届出制を導入した。ただアメリカ等において自由化の結果生じた引受拒否や料率の乱高下といった事態が生じないよう、主として大企業を対象とする大口企業物件や国際的な取引に係る保険・専門的知識を有する事業者が契約者となる保険といったものから徐々に拡大していくとの考え方がとられた。

生命保険募集人については1社専属制がとられてきた。しかし利用者の立場からは商品特性に応じた販売チャネルの多様化・効率化が望ましく、募集

人が複数の会社の商品を取り扱えない場合には利用者の商品選択の幅が制限されるおそれがある。そこで1社専属制は引き続き維持しつつも、保険契約者等の保護に欠けるおそれがないものについては1社専属制を適用しないこととされた。また国際的な整合性の確保・販売チャネルの多様化・競争促進による利用者利便の向上を図る観点から、中立の立場で保険契約の締結の媒介を行う者として保険ブローカー（保険仲立人）制度が導入された。

保険料率については、従来は算定会が算出し損害保険会社はこれを基に上下10％の範囲内で自由に料率を設定できる制度（範囲料率）となっていたが、契約者保護上問題の少ない保険種目について、新たに付加率アドバイザリー制度[20]が導入された。

(2) 保険業の健全性の維持

銀行等においては健全性を判断するための基準である自己資本比率がすでに導入されており、保険会社についても同様の趣旨でソルベンシー・マージン基準[21]が導入された。ソルベンシー・マージン基準が一定水準を下回り、適切な改善措置を講じなければ経営の健全性を損なうおそれがあると認められるときは、大蔵大臣（現、内閣総理大臣。以下同じ）は期限を示して経営の改善計画の提出を求めることができることとされた（早期是正措置）。

保険会社が経営危機に陥った場合の対応については、包括移転・合併等により破綻した保険会社の保険契約をできる限り継続させるため、大蔵大臣が積極的に関与して迅速に処理する制度が導入された。具体的には、

① 破綻した保険会社に対し、大蔵大臣が保険契約の包括移転・合併等の協議をするよう命じ、または、大蔵大臣が選任する保険管理人による経営の管理等を命じる

② 保険管理人は包括移転等の必要な措置を定める計画を作成し、大蔵大

---

20 営業保険料のうち保険会社の経費部分等に相当する付加保険料率については、算定会のアドバイザリー・レートを参考としつつ、各保険会社が自ら判断して使用することができる。

21 保険会社が、保険契約者等に対する将来における保険金等の支払のために積み立てている責任準備金を超えて有する支払余力を指標として把握するもの。銀行の自己資本比率規制に相当する。

臣の承認を得て実施する
③ 包括移転等に際し、保険契約者の異議申立て手続を経て、保険金額の削減等の契約条件変更を行うことができる

等を規定した。さらにこれらの包括移転等がスムーズに行われるよう、資金的バックアップをするための制度として保険契約者保護基金に関する規定が設けられている。

(3) 公正な事業運営の確保

相互会社における経営チェック機能を強化するため、事実上の最高意思決定機関である総代会に関し明確な規定を整備し、かつ、少数総代権や少数社員権について絶対数基準を導入する等行使可能なものとしている。また、保険会社は事業年度ごとに業務および財産の状況を説明する書類を本支店に備え置き、公衆の縦覧に供することを規定し、銀行法と同様にディスクロージャーの根拠規定が置かれた。

この保険制度改革は、金融の自由化・国際化に対応するとともに保険業の健全性を確保することを目的とした56年ぶりの画期的な大改正であった。しかしある意味ではそうであるがゆえに、1994年6月の保険審報告は保険制度改革の進め方について「新制度への移行によって混乱が生じ契約者等の保護に重大な影響を及ぼすことのないよう、漸進的かつ段階的に制度改革をすすめていく必要がある」と慎重な姿勢も示している。このため、たとえば他業態との相互参入については「まず子会社方式による生・損保の相互乗り入れを含む保険制度の自由化を進めるとともに、健全性維持のためのソルベンシー・マージン基準や新しい経営危機対応制度の導入などの法制化を急ぐことが必要であり、その定着を見極めた後に子会社方式による他業態への進出を含めた制度改革が完了するよう、段階的に行うことが必要である」とした。

もともと保険業界は金融界の中でも最も保守的であったから、制度改革に関してもきわめて慎重に進められた。しかしこの抜本改正が行われた90年代半ばはすでに資産価格の下落によるバブル崩壊が本格化し始めた時期であり、長期的な資産運用をおもな内容とする保険事業は地価・株価の下落によ

り大きな打撃を受けた。そのため保険業界はその後まもなく現れたバブル崩壊後の嵐の中では、銀行・証券業界に劣らず激動に見舞われることになる（第9章第1節7参照）。

3 保険制度改革をめぐる日米摩擦

　保険制度改革に関しては、一般の金融制度改革における「外圧」とは違った形での日米経済摩擦の対象となった。それはアメリカの個別利益を代弁したきわめて具体的な（それだけに熾烈な）要求・交渉の典型であった。

　日米間の保険問題は、保険制度改革が金融制度改革の最終走者として検討されている頃、いわゆる日米包括協議の優先3分野の1つとして協議の対象とされた。保険問題が通商交渉の重点課題となること自体やや唐突な印象を与えたが、1994年10月1日に武村正義蔵相とカンター米通商代表との間でいったんは決着をみ、その内容は日米両国政府がそれぞれ実施する措置を記載した文書（「保険に関する措置」）として取りまとめられた。この文書は、当時すでに検討が進みつつあった上記の保険制度改革を視野に置き、わが国の実施する措置として同改革に伴う諸般の規制緩和措置等が記載されていた。このような事情から、個別利益が密接に絡んだ外交交渉が国内問題である保険制度改革の実行プロセスに大きな影響を与える複雑な展開をもたらした。

　保険制度改革については、改正保険業法が1995年6月に公布、96年4月に施行され、これに伴う諸措置（料率等の届出制の導入・付加料率アドバイザリー制度の導入・ブローカー制度の導入等）もすべて予定どおり履行された。しかしアメリカの関心項目であった第3分野への生損保子会社の相互参入に関しては両国の立場が異なり、これがその後の「補足的措置」につながる一連の協議の発端となった。

　第3分野とは疾病や障害に伴う保険金の支払いを内容とする保険であり、生保が医療保険・ガン保険等を、また損保が傷害保険等を提供することが認められている（図表5-9）。アメリカ政府は、米系保険会社の第3分野業務に対する経営上の依存度が高いこと、同分野への大手生損保の相互乗り入れにより米系保険会社の市場シェアの低下が懸念されたこと等の理由から、同

図表5-9　保険事業の概要

生保会社の取扱商品		損保会社の取扱商品	
生命保険 （第1分野）	（第3分野）		損害保険 （第2分野）
養老保険 終身保険 等	がん保険 医療保険 等	傷害保険 等	火災保険 自動車保険 等

（出所）　市川・宮原〔F1997〕p62

　分野の相互参入を進める前に「主要分野」（第3分野以外の生損保業務）における規制緩和を先行させ、外国会社が商品・料率の差別化を通じて主要分野で十分に競争しうるようにすることを求めた。

　1994年の文書は、第3分野について生損保が子会社方式により相互に参入する場合、本体方式と異なり第3分野への参入自体が制限されるのではなく、取り扱う第3分野商品が「商品の新規あるいは拡大された導入」にあたる際には「激変緩和措置」（＝子会社の一定業務の制限）を講ずることとされ、同趣旨は改正保険業法附則第121条に明記された。その場合の「商品の新規あるいは拡大された導入」については、日本では医療保険やガン保険は含まれても、明治時代から国内外の損保会社が等しく取り扱ってきた傷害保険は含まれないと考えられてきた。

　他方アメリカは1994年の協議決着直後からこれとは異なる解釈を示した。両国は1995年12月以降、このような解釈の相違を現実的に解決するため、調整を開始したが隔たりはきわめて大きく、調整は難航した。通商摩擦の主要議題である日米半導体協議が合意に達し、また橋本首相とクリントン大統領の首脳会談で議論されたにもかかわらず、なお決着はつかなかった。個別利益に関する保険制度改正の一部分が日米通商交渉の最大のネックになるという、交渉が始まる頃にはだれも予想しなかった事態が生じた。

　この間国内では改正法に基づき生・損保の子会社が設立され、免許が付与された。その際第3分野については実質的に凍結する一方、交渉期限を1996年12月15日とすることが確認された。1996年秋はアメリカ大統領選挙等のため協議は進展しなかったが、11月7日に橋本首相がいわゆる「日本版ビッグバン」構想を示したため、これを契機に協議は急速に進展した。すなわち

2001年にビッグバンを完了することを前提にすれば、第3分野の激変緩和措置の終了も遅くとも2001年までとする必要がある。また保険主要分野の規制緩和もより積極的に進める必要がある。

　このようなスケジュールを念頭において閣僚レベルの交渉が繰り返され、1996年12月15日にようやく１年にわたった保険協議は決着した。橋本首相をも巻き込んだ保険協議における激しい交渉とその結果である規制緩和の対米公約が、保険領域に限らず日本版ビッグバン全般の実現をプッシュしたことは非対称的な日米関係を象徴する興味ある現象である。なお、第3分野は段階的に解禁され、01年７月には国内大手も販売できるようになった。

第6章

プラザ合意と金融の活況

第1節　プラザ合意とバブルの生成

1　国際収支の不均衡とプラザ合意

　80年代に入ってからも、主要通貨間の為替相場の変動は激しかった。その主たる原因は、「双子の赤字」（財政赤字と貿易赤字）への対処に苦しみ、不安定さを増していたアメリカ経済にある。1979年10月にボルカーFRB議長はインフレ収拾のため、マネーサプライを重視する新金融政策を実施した。1980年以降アメリカの金利は高騰し、同時に米ドルが主要通貨に対して上昇して、高金利とドルの全面高が出現した。円・ドル相場は大きく波動し、1981年初には198.70円の円高に達したかと思うと、1982年11月には278.25円という5年ぶりの円安となる状況であった（その後は1983年平均237.61円、1984年平均238.05円と円安・ドル高基調が続いた）。

　他方、第2次石油危機後の世界的不況が長期化し、1次産品市況の低迷と高金利の持続により開発途上国の経済運営が困難となる。特に市中銀行からの借入に大きく依存していた中南米諸国では累積債務問題が顕在化し、米欧金融機関の経営不安や国際金融不安が懸念された。しかし1983年に入ってからのアメリカの景気回復と中南米諸国の引締め政策により主要債務国の当面の資金繰りにはメドが立ち、債務問題はようやく一息つく。こうした世界経済の推移の中で、各国の経済・金融の統合と自由化が一段と進展した（行天

〔F1984〕)。

　経常収支は、1979・80両年度は第2次石油危機の影響で赤字を示していたが1981年度に黒字に転じ、それ以降年々黒字幅を拡大してGDP比4％を超える勢いであった。輸出は伸びやすく輸入は伸びにくいという貿易構造に加えて、レーガノミックスによるアメリカの需要増大に吸引される形で輸出は顕著な伸びを示し、他方、原油等1次産品価格の低下は輸入額の減少をもたらした。またこの間、為替相場が円安・ドル高で推移したことも対外不均衡拡大の原因となった。その結果、80年代前半において日本の経常収支黒字は大幅に拡大したのである。

　アメリカにおいては経常収支赤字幅の拡大が続く中で保護主義圧力が高まり、アメリカ政府は為替調整による対外不均衡の是正を企図する。1985年9月15日、G5の蔵相・中央銀行総裁はニューヨークのプラザホテルで会合を開き、共同声明を発表した（プラザ合意）。まず、為替レートが国際収支不均衡是正の手段として重要な役割を果たすべきものと位置づけたうえで、「ファンダメンタルズの現状および見通しの変化を考慮すると、主要非ドル通貨の対ドルレートのある程度の一層の秩序ある上昇が望ましい」とした。また、ファンダメンタルズ改善のため、経常収支黒字国（日・独）には内需拡大が、一方アメリカには財政赤字の縮小が要請された。

　プラザ合意以降の主要国通貨のレート調整は予想を上回るテンポで進展した。プラザ合意直前には238円であった円・ドルレートは、1985年末には200円、1986年3月末には177円となった。急激な円高はいわゆる円高不況を引き起こし、深刻な国内問題となった。他方、円相場上昇に伴うJカーブ効果に加え原油価格低下もあり、円高にもかかわらず1985・86年度の経常収支黒字はさらに拡大した。1986年5月の東京サミットにおいては主要先進国間の経済政策協調の重要性が強調され、新たにイタリアとカナダを含む7カ国蔵相会議（G7）を創設し、経済指標を用いた各国経済の多角的サーベイランスが合意された。

COLUMN

通貨切下げによるソフトランディング

　アメリカはしばしば日本流のソフトランディング路線を批判し、市場原理に基づき競争で決着をつける自国の手法を見習えと主張するが、それではアメリカは本当にハードランディング路線で成功してきたのであろうか。実は、アメリカ経済も60年代の黄金期（Golden 60's）の後、「失われた20年」を経験した。アメリカの賃金（平均週給、1982年価格）は72年の315.44ドルをピークに、93年の254.87ドルまで下がり続けた。この間為替レートもドイツ・マルクと日本円に対して下がり続けている。

　90年代前半にアメリカ経済が再生したのは、アメリカ人が自慢するようにS&L（貯蓄貸付組合）の破綻処理を果断に行ったからではなく、むしろそれ以前の20年にわたる生活水準切下げが効果を発揮し、ようやく国際競争力を回復したからではないか。そのようにして生み出した時間を利用して、繊維・鉄鋼・自動車・半導体産業などの淘汰と再生を実施するとともに、情報・金融産業への転換を行った。そういう意味では当人が意識しているかどうかは別にして、アメリカは長い時間をかけたソフトランディング路線を採用した。そのような路線を実現するうえで最も効果を表したのが、アメリカならではの腕力を発揮した85年9月のプラザ合意であった。

　アメリカは広大な自給自足の国であり輸出依存度は10％に満たない。マルクと円以外の主要通貨に対しては長期的にはむしろ切り上げられている。したがって、アメリカ人の生活水準が対マルク・円ほど低下していないのは事実であろう。しかし経済的苦境に際して、物価の上昇によって痛みを緩和し、通貨の対外価値を調整手段として使ったことは間違いない。

　それはイギリスも同様である。1979年のサッチャー首相登場までの間、ポンドの切下げによるイギリス人の生活水準切下げの積み重ねがサッチャーの構造改革に基礎を提供した。1966年までは1ポンドは1008円であったが、今では約130円程度に下落している。イギリス人は1979年まで長い間「失われた数十年」を耐え忍んできた。それを解き放ったのは決してサッチャー革命だけではない。経済の苦境をを打開するためには、何らかの形で国民に痛みを求めることはどうしても必要である。世界の現実としては、構造改革というよりも通貨調整による生活水準の切下げにより実行されることが多い。

2　円高への過剰反応と経済構造調整

　プラザ合意の後、10月に中曽根首相の私的諮問機関として「国際協調のための経済構造調整研究会」（前川委員会）が設けられる。国際収支の調整を為

替レートに依存することには限界があり、貿易不均衡問題解決のためには経済構造にまでさかのぼって改革する必要があるとの問題意識の下に検討が始められた。1986年4月に取りまとめられた報告書(前川リポート)においては、①内需拡大、②国際的に調和のとれた産業構造への転換、③市場アクセスの一層の改善と製品輸入の促進等、④国際通貨価値の安定化と金融の自由化・国際化、⑤国際協力の推進と国際的地位にふさわしい世界経済への貢献、⑥財政・金融政策の進め方、の6項目にわたる提言がまとめられた。

その基本的な発想は、「今後、経常収支不均衡を国際的に調和のとれるよう着実に縮小させることを中期的な国民的政策目標として設定」するとの旗印のもとに、輸出主導型成長という日本の経済構造を内需主導による経済構造に改め、経常収支黒字幅を縮小しようとするものであった。内需主導型への転換の具体的方策としては、民間活力の活用や規制緩和による住宅対策・都市再開発、所得税減税、労働時間の短縮があげられたが、キャッチフレーズの羅列との印象もあり、必ずしも体系的な政策メニューではない。

それでもこの報告書は日本が従来の政策を転換したものと理解され、当時内外に大きな反響を呼んだ。経済構造調整をさらに推進するため、1986年9月には首相の公式な諮問機関である経済審議会の中に前川春雄氏を座長とする経済構造調整特別部会が設けられ、1987年4月に「構造調整の指針」(新前川リポート)が取りまとめられた。さらに中曽根内閣から竹下内閣への移行に伴い、1988年5月には新しい経済計画として「世界とともに生きる日本」が決定されたが、その内容は前川リポート・新前川リポートの経済構造調整政策を一層具体化・体系化したものであった。

経済構造調整は適切な構想であり、もしこれを実現することによって日本経済の構造を内外情勢の変化に対応したものに改革することができていれば、その後「失われた90年代」といわれるような事態は若干姿を変えていたかもしれない。しかし現実には、経済構造調整の提唱はむしろ効果より大きな副作用を及ぼした可能性がある。すなわち、急激な円高にもかかわらず、日本経済は1986年11月には景気の谷を過ぎ回復に向かっていた。経済構造調整はいずれにしても必要なのであるが、当面の内需拡大という意味では自律的な拡大が始まっていたのである。このような情勢のもとでなお構造調整・

内需拡大を声高に唱え、実際にはむしろ単純な需要拡大策に依存したことは、本来の目的を達成するよりもバブルを助長する結果を生んだのかもしれない。

本来の意味での経済構造調整は長期的な政策であり、当面の内需拡大や黒字減らしには大きな効果を期待できない。しかし速効的な政策を要求するアメリカへの配慮もあって、内需拡大策は次第に構造政策よりも総需要政策に重心を移していくことになったのである。それが金融政策への度重なる圧力や景気回復後の1987年に至っての大型財政支出追加に結びつくことになった。80年代末期になるとバブル経済によって輸入が拡大し、経常収支黒字も1990年にはGDP比1.2％にまで下がるというように改善をみせたが、これは必ずしも真の意味での経済構造調整の効果とはいえない。

バブル経済は実体のないもののようにいわれているが、内需主導型成長が実現する兆しをみせていた面もある。とりわけ設備投資は3年連続2桁の伸びを示し（87年度8.6％の後、88年度16.8％、89年度14.3％、90年度11.2％）、89・90年度の対GDP比は20％を上回った（増加率、GDP比とも高度成長期並み）。成長率も87年度以降90年度まで連続して5％前後を記録し、この結果大変な労働力不足となった。92年の労働白書によると、いざなぎ景気の5年間（1965～70年）に労働力人口は366万人（7.6％）増えたが、86年から91年までの5年間では485万人（8.1％）とそれ以上に増えている。国民生活は必ずしも暗かったわけではない。

3 株価・地価の急激な上昇

「バブル」という言葉には、資産価格の現実値と理論値が乖離しているという意味だけではなく、さらに、早晩崩壊すべきものであり経済に深刻な傷痕を残す可能性があるとの警戒感が込められている。しかしそのような認識は、（バブル生成時には常にそうであるように）当初からもたれていたわけではない。むしろ低金利政策など一般にバブルの原因といわれているものは、プラザ合意による急激な円高不況に対し世の中から強く求められて発動された、むしろ防衛的な反応であった。

動機や原因はともあれ、株価は80年代後半に顕著な上昇を示した。1985年

末の日経平均株価は1万3113円であったが、2年足らずで1987年10月には約2倍の2万6000円台に達する。この月に起こったブラック・マンデーには世界的な株価の暴落が生じたが、諸外国の市場が時間をかけて地固めをする中で、日本市場だけは再び急上昇に転じた。1987年末には世界の株式市場時価総額に占める日本のシェアは41.7％に達し、日本の株式市場が初めてアメリカを抜き世界最大になった。その後も活況が続き、1989年末の株価は85年末に比べ約3倍の3万8915円に上昇し、時価総額は630兆円と同年のGDPの1.6倍にも達した（1985年末の時価総額は196兆円、GDPの60％）。

一方、地価（公示地価、以下同じ）は1983年頃から東京都心部を中心に上昇し始め、80年代後半には、東京圏→大阪圏→名古屋圏→地方圏へと、また用途別には商業地から住宅地へと波状的に広がった。六大都市の商業地は、ピークを迎えた1990年には、1985年当時に比べ約4倍の高水準にまで上昇した。こうした大幅な地価の変動は、戦後の混乱期を除けば三度目である。[22] 地価の上昇率としては第1回目が最大であり、日本人はバブル期における地価上昇を当時はそれほど異例なものと感じていなかった。

列島改造論の際の地価上昇（1973年）は全国的な現象であったのに対して、バブル期のそれは主として大都市部におけるものである。特にその初期には国際都市・東京のオフィス不足を理由としていたので、地価の上昇は東京における現象であり他の地域の人達からは羨望の目でみられていた。その後地価の上昇は関西や中京圏にも波及していったが、それは日本経済の繁栄が地方にも波及してきたものと歓迎された。大幅な地価上昇の結果、1985年末に1004兆円であった土地資産総額（国民経済計算による推計値）は、1990年末には2.4倍にあたる2389兆円となり、この間の増加額1385兆円は名目GDPの約3倍に相当する。

80年代には、日本を含めアメリカ・イギリス・北欧・韓国・台湾など世界

---

[22] 1回目は1960〜61年、当時日本経済は「岩戸景気」として高度成長を謳歌していた。2回目は1972〜73年、ニクソンショック後の過剰流動性により上昇を始め、田中内閣発足と列島改造ブームによってピークに達した。

図表6-1　金融自由化、金融政策、資産インフレの程度の主要国比較

	金融自由化時点	金融緩和のピーク	資産インフレの時期	資産インフレの程度
日本	1985年以降 徐々に自由化	1985～89年初	土地：85～90年 株価：85～89年	強
アメリカ	1970年代後半以降 段階的に自由化	1983～88年	土地：85～89年	中
イギリス	1980年以降	1983～88年	土地：90年以降	強
ドイツ	1967～69年に金利規制撤廃	1985～88年	土地：90年以降	弱
フランス	1980年以降	1986～88年	土地：88～90年	中
スウェーデン	1985年に規制緩和	1986～87年	土地：85～91年 株価：88～89年	強
ノルウェー	1984～85年に規制緩和	1987～90年	土地：86～89年	強
フィンランド	1984～86年に規制緩和	1985～87年	土地：85～87年	強

（出所）　深尾〔2002〕p90

　の各地において地価・株価の上昇がみられた。こうした現象の共通の背景としては、①プラザ合意後の各国の協調利下げ、②石油価格の下落、③マネーゲームの興隆といった事情がある。従来は実体経済の動きに連動していたマネーが、国際的な資本移動の自由化などの影響によって世界中を駆けめぐるようになった影響もあろう。

　しかしその内容を具体的にみると、各国の事情にはそれぞれ異なった面もみられる（図表6-1）。確かに国際的な資金移動が活発になると各国間の金利の相関が高まり、それに伴い株価もある程度までは連動するが、株価の動向には金利に加えて各国固有の要因も作用する。地価についても、80年代後半の動きをみると、日本・韓国・台湾・スウェーデンについては年率20％を超える上昇を示した。しかし、地価上昇のきっかけは各国さまざまであり、株式よりも各国個別の事情による相違が際立っている。

第2節　バブル生成の要因

80年代後半に生じた資産価格の急激かつ大幅な上昇の原因としては、
① 長期にわたる景気拡大や円高による国際的地位の上昇の過程で、経済の先行きについて強気の期待が高まったこと
② 歴史的な低金利やマネーサプライの高い伸びなど金融緩和が長期にわたるなど、マクロ経済政策に適切さを欠いたこと
③ 金融機関のリスク管理体制などの整備が不十分なまま、金融自由化が過渡期を迎え、その中で金融行動が著しく活発となったこと

があげられる。以下、項目ごとに検討する。

1　日本経済への強気の期待

(1) 難局克服と予想を越える景気拡大

バブル生成の過程においては、経済の先行きが明るいとみられたことやこの間日本経済の国際的地位が飛躍的に高まったようにみえたことなどから、多くの人が株価・地価について楽観的な期待を抱き強気が市場を支配した。第1次石油危機に際しては、戦後急速な発展を成し遂げた日本経済は壊滅的打撃を受けると思われていた。ところがこれは短時日のうちに克服され、むしろ石油資源に依存しない経済構造に転換する契機となった。1985年9月にはプラザ合意による急激な円高が日本経済を襲い、円高不況は国民を強い危機感に陥れた。しかしこの難局も、結局は大きな混乱なく乗り切られた。

それに比べ欧米の先進諸国は相変わらずスタグフレーションに苦しんでいた。円高の結果、ドル表示の日本の1人当りGDPは世界最高水準に達し、先進国へのキャッチアップ時代は終わったと感じられた。日本中に「もはや欧米に学ぶものなし」、「ジャパン・アズ・ナンバーワン」の雰囲気が拡がった。ベストセラーになった「NOと言える日本」（盛田昭夫、石原慎太郎著1989年）が、経済の領域にとどまらず強気になった当時の雰囲気を代表して

いる。そこでは「10分先を見ないアメリカと10年先を見る日本」と比較し、「仮に日本が、半導体をソ連に売ってアメリカに売らないと言えば、それだけで軍事力のバランスががらりと様相を変えてしまう」と自信に満ち溢れている。レアアースをめぐる最近の中国の姿勢を想起させる。

　景気は1986年11月に底を打ったのち着実な拡大を続け、実質経済成長率は1987年度以降4年連続して政府見通しを上回った。これはいざなぎ景気(1965〜70年)以来のことであり、この間における経済成長の予想外の高さを物語っている。日本型経済運営は世界的にもてはやされ、実際にはすでに高度成長期を終えていたにもかかわらず、日本経済の奇跡はどこまでも続いていくようにみえた。

　このような予想を上回る景気の好調は経営者の判断を誤らせ、過剰投資を招く。バブル期（1986〜91年度）には、民間設備投資は毎年10％のペースで伸び5年間で60％も増加している。その前の5年間（1981〜86年度）が34％、その後の5年間（1991〜96年度）がマイナス13％であったのに比べると、いかに設備投資ブームであったかがわかる。また株価についても、次第に強気の予想が支配的となっていった。たとえば、日本経済新聞社が1989年末に行った企業トップに対する株価アンケート調査によれば、4万8000円を最高に多くは90年末に4万円超えることを予想し、安値が3万4000円を割るとしたものは皆無であった（実際には1990年初から暴落）。報道の姿勢も、株価の動向に関しては必ずしも警戒的ではなかった。「日経平均は予想株価収益率等に基づく理論値を上回ってはいるものの、東西融合等による日本の潜在成長力の上昇等を考慮するなら、それは理論値の日経平均株価を上方シフトさせ、現在の株価もまだ割安ということになるかもしれない。」（日経新聞「株式相場を読む」1989・12・29）

　それは90年初に株価が崩壊しはじめた後にも、大きくは変わらなかった。「今回の株価下落は過去数年に膨らんだバブルが破裂したにすぎない。技術開発、合理化など競争力強化を目指すわが国企業の積極的姿勢はこれからも続き、長い目で株式投資を見たとき、楽観論は禁物だが、過度の悲観論もまた当たらない。」（日経新聞・社説1990・3・23）これは不動産融資総量規制直前の論調である。当時はまだ、株価の下落にもかかわらず、地価はまだまだ

上昇するものと考えられていた。わが国経済の先行きに対する強気は続いていたのである。

(2) 土地神話と規制緩和

地価の高騰については、土地神話の存在を無視できない。戦後の高度成長により土地1単位当りの生産性が大幅に上昇したうえ、人口の都市集中のため特に大都市の地価は経済発展をはるかに上回るテンポで上昇した。70年代以降においては個人申告所得ランキング（いわゆる長者番付）の上位を土地成金が独占したことなどを通じ、土地神話はますます定着した。広範な人々が、土地が他の資産に比べて有利な商品であると信じていたことは、以下の例からうかがわれる。

- 代表的な日刊紙のアンケート調査において、「長い目で見た場合、モノの値段は下がることがあっても、土地の値段は下がることはない」と74％の人が答えている（朝日新聞1987・11・30）
- 総理府が1988年6月に行った「土地に関する調査」の中で、「土地は貯金や株式などに比べて有利な資産である」という質問に64.1％の人が「そう思う」と答えている。

さらに、地価は戦後1回（1974年）しか下がったことがないという事実があった。しかも、これは第1次石油危機後の例外中の例外であると考えられていた。そのうえ日本の金融システムにおいては、土地はこれを利用して高い収益をあげながら同時に借入れのもっとも確実な担保となるという、他に例のない万能の資産であった。このいわゆる「土地本位制度」がバブル発生の原因となり、そして崩壊期にはそれがゆえに経済の心臓部である銀行システムにダメージを与えることになった。

80年代は、サッチャー首相やレーガン大統領によって主唱された新保守主義と規制緩和が世界的に関心を呼んだ時期であった。中曽根首相は、サッチャー・レーガン路線を踏襲したが、その成果の象徴は1985年4月の国鉄の分割・民営化である。土地・金融・通信などに関する規制緩和が現実に進められ、また今後もさらに進められていくという期待が盛り上がり、人々の行動に積極性を与えた。

経済社会の自由化・国際化は時宜に適った政策目標であった。また、規制

緩和による経済の活性化は第2次石油危機後の沈滞した雰囲気を明るくした。しかしそれは同時に、強気の期待を加速する要因にもなった。中曽根路線は、一時は日本経済を活性化させたようにみえながら、結局はバブル経済を推し進めることにより大きな傷痕を残す結果になったのではないか。

(3) 円高に伴う大国化意識

急激な円高の襲来はいったん日本人の危機意識を高めた。しかし結局思ったほどの打撃はなく、それどころか円高は日本経済の国際的地位の著しい上昇をもたらした。1人当りGDPを比較すると、1985年では日本1万1000ドル、アメリカ1万7000ドルであったが、1990年には日本2万5000ドル、アメリカ2万3000ドルと逆転し、日本は主要国の中で第1位となった。しかし、これは為替レートの激動による数字の魔術である。円ベースでみると、日本のGDPは1985年には325兆円であった。バブルを経て1990年になっても3割増の443兆円であり、これが実態である。ところがこれをドル建てでみると、1985年の1.46兆ドルが1990年には3.10兆ドルと5年で倍増となる。海外ではドル建てで評価されるから、国際的には日本の膨張ぶりに強い警戒感がもたれ円高はますます加速し、また日本人は実力を過信することになったのではないか。

この頃、日本の金融業が国際金融市場で占める地位も急速に上昇した。円高前の1982年には、わが国第1位（資産額）の第一勧業銀行も世界では第8位であった。しかるに、プラザ合意による円高後の1988年には、資産額を4倍にして世界のトップバンクになった。単純化すれば、不動産融資で2倍・円高で2倍・合わせて4倍という形で、80年代後半には世界の銀行総資産額上位を邦銀がほぼ独占した。しかしこのような邦銀のオーバープレゼンスも、円高の魔術によるイリュージョンの要素が強かったわけである。

邦銀のランクアップ（図表6－2）は、実はソニーやトヨタをはじめとする製造業の実力で獲得した円の価値上昇の反映にすぎなかった。舵取りにあたる金融行政の側にもその点の認識が不足していた。その後80年代の後半になると、円高による邦銀の資金の膨張によって、日本の金融の実力は過大評価されることになった。その頃の「国際化」とは外国に進出すること自体で

図表6-2　世界の20大銀行（総資産）

順位	1970	1980	1990
1	バンク・オブ・アメリカ（米）	シティ・コープ（米）	第一勧業（日）
2	シティ・コープ（米）	パリ国立（仏）	住友（日）
3	チェース・マンハッタン（米）	バンク・オブ・アメリカ（米）	三井太陽神戸（日）
4	バークレイズ（英）	クレディ・アグリコル（仏）	三和（日）
5	ナット・ウエスト（英）	クレディ・リヨネ（仏）	富士（日）
6	マニ・ハニ（米）	ソシエテ・ジェネラル（仏）	三菱（日）
7	イタリア労働（伊）	バークレイズ（英）	クレディ・アグリコル（仏）
8	J・P・モルガン（米）	ドイツ（独）	パリ国立（仏）
9	ユナイテッド・カリフォルニア（米）	ナット・ウエスト（英）	日本興業（日）
10	ロイヤル・カナダ（加）	第一勧業（日）	クレディ・リヨネ（仏）
11	ケミカル（米）	チェース・マンハッタン（米）	ドイツ（独）
12	パリ国立（仏）	富士（日）	バークレイズ（英）
13	カナダ・インペリアル（加）	三菱（日）	東海（日）
14	西ドイツ（独）	住友（日）	農林中金（日）
15	ドイツ（独）	三和（日）	三菱信託（日）
16	クレディ・リヨネ（仏）	ドレスナー（独）	ナット・ウエスト（英）
17	ケミカル（米）	ミッドランド（英）	ABNアムロ（蘭）
18	バンカース・トラスト（米）	西ドイツ（独）	東京（日）
19	富士（日）	スエズ（仏）	ソシエテ・ジェネラル（仏）
20	住友（日）	農林中金（日）	住友信託（日）

（出所）　The Banker, American Banker

あった。地方銀行までが競ってニューヨーク、ロンドンに支店を出した。81年3月には、邦銀の海外拠点は337ヵ所であったが、10年後の91年3月には、752ヵ所と2倍以上になっている。製造業についても、たとえばフォーチュン誌のアメリカを除く大企業500社に入る日本企業の数が、80年の121社から85年147社、88年159社と着実に増えた。この時期には海外旅行者の数が急増し、多くの人々が海外でわが国の経済力の大きさを実感した。

　また、それまではむしろわが国の前近代性と結びつけられていた終身雇用制、メインバンク制、株式の持ち合い、企業間の長期的取引関係等の慣行が、日本的経営の名のもとに積極的に評価されるようになったりもした。世界の論壇でも、日本型経済論がもてはやされた。こうしたさまざまな事態は、債

権大国・資産大国・金融大国など、「大国」という当時の流行語に象徴されている（19世紀末、日清・日露戦争に勝利した頃の日本では「一等国」が流行語であった）。世界史上バブルの事例は多数あるが、そこで人々を強気にした要因は一様ではない。これらの中で、経済的地位の急速な興隆が背景となった例を探すと、17世紀前半のオランダのチューリップ狂と1920年代のアメリカの大恐慌に先立つブームがある。18世紀前半のイギリスの南海泡沫事件もこうした事例に入る可能性がある。今回の日本のバブルは、これらの事例とともに、急速な経済的興隆が人々の強気を産んだ例として記憶されよう。

COLUMN

「日本を売れば、アメリカが4つ買える」

1989年8月、三井銀行と太陽神戸銀行が合併を発表した。第一勧業銀行（現・みずほ銀行）と並ぶこの世界一の銀行（現・三井住友銀行）の誕生に対しては、国内では経営者の英断に対する賞賛が相次ぎ、国際的には日本の脅威が一段と増したと警戒された。その頃の新聞・経済誌を取り出してみると、日本にもつい先日、こういう眩しいような時代があったことをしみじみ想いおこすことだろう。あの頃には、アメリカの金融システムは明日にも崩壊しかねない、との報道が続いていた。89年といえば、全米の学者・経営者が協力して日欧の先進事例を分析し、「メイド・イン・アメリカ」という産業再生のための報告をまとめた時期である。なぜ米産業に異変が生じたのか、どうしたら事態を打開できるのか、アメリカ経済はまったく自信を喪失していた。日本企業のアメリカにおける勢いは盛んで、それに対するアメリカ側の反応も激しかった。とりわけソニーによるコロンビア・ピクチャーズ、三菱地所によるロックフェラー・センターといったアメリカの象徴の買収は、アメリカ人の感情を逆なでした。そのうち日中間で長期にわたりこれを上回る状況が続くであろう。

89年末に東証平均株価は3万8915円の歴史的な高値をつけた。「日本を売れば、アメリカが4つ買える」という冗談は地価の上昇に浮かれた心情を反映している。まさにバブルの絶頂であった。あの頃の自信に比べ、今は日本的なものはすべて否定的に考えるという極端な振幅を見せている。20年前には世界を制覇するかのように言われた日本の金融・経済が、なぜわずかの間に世界の落伍者になったのか。この20年間に何が起ったのか。どうしたらこれを防ぐことができたのか。80年代末に日本経済のピークとアメリカ経済のボトムが重なった。また逆に、90年代半ばに日本経済の停滞期とアメリカ経済の繁栄期とが重なった。そのことがバブル生成期のユーフォリアとバブル崩壊期の敗北感を一層際立たせている。

2　マクロ経済政策の対応

(1)　プラザ合意後の円高と経済運営

　80年代半ば以降、為替レートはアメリカの対日経済戦略の主力兵器になった。対外価値の基準が揺れ動く中で、日本経済は翻弄されることになる。1年足らずの短期間における約60％の円高（28カ月で102％）は、過去における円高のスピードと幅（1971年〜73年・18カ月で35％、1977〜78年・21カ月で67％）をはるかに上回るものであった。ドル建輸出比率が高いこともあって輸出型産業への影響が大きく、景況感は急速に悪化した。1985年6月をピークとして自律的景気後退局面に入っていたことも、急激な円高によるデフレの懸念を一層高めた。

　このいわゆる「円高不況」に対し金融は大幅に緩和された。公定歩合は1986年1月から87年2月までのほぼ1年間に、5.0％から2.5％という（当時としては）史上最低の水準へと引き下げられた。この水準は1989年5月に3.25％へと引き上げられるまで2年3カ月継続し、また、マネーサプライが1987年度から90年度にかけて4年間連続して2桁増となるなど、量的にも大幅な緩和が行われた。

　一方財政面でも、1986年9月には総額約3兆6000億円の総合経済対策が決定された。しかし雇用指標は悪化を続け、失業率は1987年5月には初めて3％を超えるに至った。いまでこそ失業率は5％を超えているが、それまでは2％程度が常識であった当時では失業率が3％を超えたことは世の中にきわめて大きな危機意識を与えた。1987年1月には臨時円高対策本部が設置されるなど円高不況への懸念はその後も長く続き、5月には総額約6兆円の緊急経済対策が決定された。

　円高が1ドル150円まで進む中、1987年2月22日には為替相場を当面の水準に安定させるべく6カ国蔵相・中央銀行総裁が共同声明を発表し（ルーブル合意）、ようやくドル安促進の姿勢が転換された。ルーブル合意以降の円・ドルレートは1987年10月までの間、おおむね130円台から140円台で比較的安定的に推移している。景気の回復が明確になり、市場金利は反転上昇し始め

た。この動向がそのまま続いていれば、その後のバブルの発生・崩壊過程は違った展開になっていたかもしれない。しかし、1987年10月19日のアメリカでの株価暴落（ブラック・マンデー）に端を発し、世界的な株価とドルの暴落がみられた。「アメリカ発の世界恐慌」をどう防ぐかが世界の関心事となり、先進各国は株の連鎖安とドルの下落を防止するため協調して金融を緩和した。このため日本は金融引締めへの政策転換の機会を逸してしまった。

COLUMN

グリーンスパン発言とその評価

　金融政策のみならず、経済政策発動のタイミングはきわめて難しい。特に現状に満足しているときに、金融引締めで国民の頭から水を掛けるということは、言うべくして難しいものである。転換のターニングポイントとなる時点では、決定的な指標が出ているわけではない。政策決定者はよほどの見識と決断力と、そして確固たる地位が必要である。このような意味において、中央銀行の政治からの独立性が世界各国で尊重されている。

　1996年11月にグリーンスパン米FRB議長が、アメリカの株価が6000ドルを超えたことに懸念を表明したことがあった。日本のバブルの例をも示しつつ、「根拠のない熱狂」（irrational exuberance）という文学的な表現で、市場の強気に注意を喚起したが、彼の発言は必ずしも経済界に歓迎されなかった。グリーンスパン氏の発言も効果はなく、彼はむしろ「現在の現象は、100年に一度か二度の事態かもしれない」（1997・7・22下院銀行委員会での証言）と発言を改めた。その後3年にわたってアメリカ経済は好調を続け、株価は1万ドルを超えた。当時は、あの警告は早まった判断だったと批判された。

　89年に入りドルが円に対し強含みに転じ、金融政策に対する為替面からの制約が小さくなった。一方、国内では人手不足と輸入物価上昇による国内物価上昇が懸念されるに至った。89年5月、公定歩合は2年3カ月ぶりに引き上げられた。以後90年8月に至るまでの計5回の引上げにより、その水準は短期間のうちに6％となる。当時の日銀総裁は「平成の鬼平」と賞賛されたが、この急激な金利引上げはあまりにも急激にブレーキをかけたものとして、後にはむしろ批判の対象となる。

　リーマンショック以後の金融危機において、グリーンスパン前連銀総裁は議会などで厳しい批判の矢面に立たされた。グリーンスパン氏は米下院公聴会において今回の出来事を「100年に一度の信用津波」（once-in-a-century credit tsunami）と表現し強い印象を与えたが、「100年に一度」は彼の口癖でもあるようだ。100年に何度も舞台が暗転するため、同じような政策転換をめぐる評価もそのつど変わることになる。

1989年5月、インフレ未然防止のため公定歩合は2年3カ月ぶりに引き上げられた。こうして金融政策は1980年3月以来9年ぶりに引締めに転じ、以後1990年8月に至るまでの計5回の引上げにより短期間のうちに公定歩合は6％となった。

(2) 財政政策との関係

　当時の財政については、今後進行する人口の高齢化や国際化等の社会・経済の変化に適切に対応していくために、財政の対応力を回復すべく財政改革が強く要請されていた。財政再建は、鈴木・中曽根内閣の最大の政治課題でもあった。こうした財政再建ムードの中ではあったが、円高不況の深刻化に伴い、内需を中心とした景気の着実な拡大・対外不均衡の是正といった要請が強まった。そのため、1986年9月に総合経済対策（総事業規模約3兆6000億円）、1987年5月に緊急経済対策（公共投資等5兆円　減税1兆円　合計6兆円）が打ち出された。この政策については、発動のタイミングが遅れたとの批判がある一方、景気が回復してきた1987年5月に相当規模の経済対策が行われ、バブル発生の一因となったとの指摘もある。

　理論的には、おそらくもっと早めに思いきった財政上の景気対策を打ち出し、そしてもっと早めにそれを打ち切る決断をすべきであったかもしれない。しかし金融政策についても述べたように、経済情勢の認識から経済政策の効果が発現するまでのタイムラグの存在は、経済政策を判断するうえで難しい問題である。景気の動向が不分明である間は、世論は引き続き景気対策を催促する。これを制するのが政治家にとって大変な難題となることは、アメリカでも最盛期のグリーンスパン米FRB議長でさえ苦労したことからもわかる。

　そもそも財政再建という政策目標の取扱い自体、きわめて難しい。1996年以降の推移を見ても、政・財界、マスメディアを問わず財政再建は国民的コンセンサスとなり、歴代首相・蔵相から成る財政再建顧問会議まで開いて政治的意思決定をしたものの、不況が深刻化するとそのような経緯は忘れられがちである。景気が回復過程に入った後も、いつ財政健全化（歳出削減・増税）への政策転換を図るのか、それについて誰が責任を負うのかは、難しい問題

として残る。

　このようにバブルと財政政策との関係については主として、財政発動の時期や程度というような実物経済の需要効果の側面に注意が向けられてきた。しかしバブルへの影響という意味では、従来国債を通じて流れていた銀行の資金運用の道が強力な財政再建路線によって急に閉ざされたことにも一因があった。中・長期国債の発行額は80年代前半には毎年約10兆円をかなり超えていたが、財政再建路線により1985年から急速に落ちている。政府部門の資金過不足でみると、1984年までは約10兆円の資金不足であったのが1985年から不足幅は急速に縮小し、バブルのピーク時である1987・88・89年には1兆円台の不足幅になっている。民間金融機関の資産構成における国債・地方債の比率は、80年代前半には11％程度であったものが後半には徐々に低下し、1990年には10％程度となった。鈴木・中曽根行財政改革路線は大きな成功を収め1991年度には念願の赤字公債発行ゼロの目標を達成したのであるが、その裏側にはこのような金融問題もはらんでいたわけである。

　バブル発生の頃を今から振り返れば、別の対応もあったといろいろ反省点はある。しかしあの段階において、何といっても日本全体が自信に満ち溢れて、向かうところ不可能なことはないといった気分に満ちていたことも配慮される必要がある。単に短期的な経済変動を微調整することなら、ある程度マクロ経済政策によって可能であったかもしれない。しかしバブルが発生するときとは、過去の事例をみてもその国が経済的繁栄のピークに達しユーフォリアに陥っている時である。そのような乾燥しきった空気の中で、必ずしも適切とはいえなかったマクロ経済政策によって枯れ草に油が注がれ、金融機関によって火が点けられたということである。逆に、現在のように国民が経済の先行きにまったく自信を喪失している中では、湿った枯草に火を点けることはほとんど不可能である。

3　金融活動の積極化

(1)　銀行行動の積極化とその背景

　不動産業の土地投資は80年代後半に急増した。この間の不動産業の所要資

金81兆5000億円のうち、約4分の3にあたる62兆3000億円が銀行からの借入れによってまかなわれた。これを銀行の側からみると、銀行の不動産業への貸出は1985年度から89年度にかけて年率19.9％で増加、その結果総貸出に占める不動産業向けシェアは1984年度末の7.6％から1989年度末の12.1％に高まった。

ノンバンクは銀行以上に不動産融資に積極的であった。バブル期におけるノンバンクの節度なき活動は、いわば日本版「影の銀行」(shadow-banking)問題である。金融機関が大口融資規制・店舗規制などのさまざまな営業上の規制を受けているのに対し、ノンバンクに対する規制はきわめて緩やかであった。このため、80年代後半には金融機関の貸出を補完するだけにとどまらず、他社に追随して安易に融資を拡大する例がみられた。この時期急激に拡大したノンバンク融資（1985年度末22兆円→89年度末80兆円）の内容は、事業者向けが全体の9割弱を占め、また、不動産業向けが約4割にのぼる。銀行はノンバンクの積極的活動を資金面から支えており、総貸出に占めるノンバンク向け融資シェアは1984年度末の10.2％から89年度末の16.7％に高まった。

ただ、全国銀行の総貸出残高は、第1次石油危機以降バブル崩壊に到るまでの約15年間、10％前後の増加率で安定した推移を示していた。このように銀行を通ずる資金供給という意味では、バブル期に特に顕著な増加があったわけではない。むしろ問題は、80年代に入って資金の需給関係に変化が生じたことである。安定成長への移行に伴い、企業は資産・負債の増加を抑える減量経営を志向した。その結果、たとえば製造業の主要企業全体では内部資金化率が高まり、1976年以降、全体としては設備投資資金を借入れに依存する必要がない状態となる。こうして70年代半ばを転機に製造業の金融機関借入金依存度は急速に低下し、80年代に入ってもこの傾向は続いた。さらに80年代には証券形態での資金調達の自由化（起債条件の緩和、国内CP市場の創設、海外起債の自由化など）が進行したことも、銀行離れを促進した。

他方、預金金利自由化は1985年10月の大口定期預金金利の自由化を節目に大きく進展し、全国銀行の資金調達に占める自由金利比率は急速に上昇した（1984年度末7.5％→1989年度末53.0％）。これは金融機関の資金調達コストの

上昇を招き、銀行は運用収益をあげざるをえなくなった。まず銀行は新しい融資先として中小企業や個人マーケットを重視した。また80年代後半には、短期貸出に比べ相対的に厚めの利鞘を確保しうる長期貸出を積極化させ、さらに不動産関連融資を著しく増大させた。銀行は、金融緩和と預金金利自由化で資金が継続的に流入する環境に押し流されたのである。

(2) 金融に対する関心の拡大

　80年代後半には、企業は設備投資に加え、収益重視の観点から積極的な金融資産の運用（いわゆる「財テク」）を活発化させた。特に大企業は、資金不足額を大幅に上回る大量の資金を調達し積極的に金融資産を積み増す、いわゆる「両建て取引」を行う。1985年から89年の間における企業の資金調達の内訳をみると、エクイティー・ファイナンスを中心とする有価証券とCP発行が大幅に伸びたのが特徴的である。企業の調達総額におけるシェアをみると、借入金は1985年の80％から1989年には60％に低下する一方で、有価証券は17％から29％に急上昇している。ある意味ではこの時期、間接金融から直接金融へという流れが実現されている。

　企業の財テクが株式市場に与えた影響はどうであったか。東証の部門別株式売買代金シェアでみると、1985年から89年の間に個人が49％から31％へ、外人が17％から11％へ低下した。これに対して、事業法人が10％から14％へ、銀行部門が11％から25％へ急上昇している。事業法人と銀行のシェア上昇分約19％のうち、かなりの部分が企業の財テク資金によるものであり、株価上昇の大きな要因になった。このことは、バブルが崩壊して逆回転を始めたとき、企業経営の大きな圧迫要因になったことを示している。バブル崩壊後の実体経済活動（設備投資など）の消極化はその後遺症といえる。

　企業の財テク資金は特定金銭信託・ファンドトラスト（特金・ファントラ）などの流行の手法を使って証券会社・投資顧問会社・信託銀行によって運用された。また、金融緩和による低金利のもとで、マル優の原則廃止や多様な金融商品の出現などの影響もあって、個人の金利選好意識が高まる。その結果、個人の資金が株式投資信託や一時払い養老保険などの金融商品の購入を通じて機関投資家に集まった。このほか、自主運用の認められた簡易保険・

厚生年金などの公的資金が機関投資家に運用を委託した。機関投資家はこうして集まった巨額の資金を積極的に株式市場で運用し、株式市場の取引における機関投資家のシェアが上昇した。

　個人部門でも、年間資金調達額が1985年の9兆円から1989年には32兆円に増加した。借金をしてまで金融活動に参加しようとの姿勢がみられる。一方運用面では、規制金利預金から自由金利預金へのシフト、投資信託や一時払い養老保険を中心とする保険の急増が顕著であり、個人がより収益性に敏感になったことがわかる。新聞でも主婦向け財テク欄に大きな紙面が割かれ、テレビで株価や為替レートが毎日報道されるようになった。

　株式投資については、個人株主数（延べ数）が1985年度末の1600万人から1989年度末には2400万人に増加した。また、個人の年間株式売買高も、80年代前半の年平均580億株から、80年代後半は1000億株を超える水準にまで増加している。個人が積極的に株式投資を行うようになった1つの契機としては、1986年から87年にかけてのNTT株式の売却および上場後の株価急騰がある。NTT株の売却が、株式投資に係る自己責任原則が十分に理解されないまま、多くの個人の株式投資に対する関心を煽る結果になった可能性は否定できない。

第3節　証券・資本市場の発展

1　80年代における直接金融の状況

　80年代の資本市場の発展には目覚しいものがあり、東京はニューヨーク・ロンドンと並ぶ世界3大資本市場としての地位を確立したかにみえた。80年代における資本市場の発展をみるため、10年間の主要指標を比較してみよう（図表6-3）。資本市場での公社債発行額は10年間に2.6倍となっている。これは国債発行額が増加したことや企業の資金調達が従来の銀行借入中心から大企業を中心として資本市場からの資金調達主体へと大きく変化したことによるものである。本邦企業の内外資本市場からの増資や社債による資金調

図表6-3　1980年代における資本市場関係指標の変化

(単位：億円)

項　目		1980年3月末	1990年3月末	倍　率
発行市場	公社債発行額	261,729	684,750	2.6
	(うち国債発行額)	(109,555)	(216,685)	(2.0)
	本邦企業の資本市場からの資金調達額	30,616	283,116	9.2
	(うち国内資本市場からの調達額)	(23,121)	(168,465)	(7.3)
	(うち国内普通社債発行額)	(12,981)	(7,290)	(0.6)
流通市場	上場株式時価総額（東証）	688,948	4,791,439	7.0
	日経平均株価指数	6,556.19円	32,838.68円	5.0
	上場株式売買金額（東証）	368,860	2,917,167	7.9
個人金融資産残高		3,115,113	8,984,767	2.9
(うち有価証券残高)		(520,522)	(1,859,119)	(3.6)
証券投資信託純資産額		58,648	528,918	9.0
証券会社	一般証券会社の純資産額	10,309	57,257	5.6
	外国証券業者の対日支店設置社数	3	53	17.7
	本邦証券会社の現地法人設立社数	34	138	4.1

(出所)　「財政金融80年代の回顧と今後の展望」(ファイナンス1990・12 p29)

達額はこの10年間に9.2倍と著増した。この中にあって、国内資本市場での普通社債発行額が逆に4割減になっていることは「諸規則・諸慣行」(第5章第5節2参照)といわれた資本市場の問題点を端的に示している。流通市場に関しては、東証上場株式時価総額は10年間に7倍(479兆円)となっている。同時点のニューヨーク・ロンドンの証券取引所時価総額は298兆円・90兆円であったので、この頃東京市場の大きさに世界の関心が集まったのも当然といえよう。また上場株式売買金額は7.9倍(292兆円)に急増し、個人金融資産に占める有価証券残高・投資信託純資産額も飛躍的に増大した。

　ちなみに、20年後(2009年)の国際資本市場の状況をみると、東京はニューヨークと比較すべくもなく、株式売買代金では上海に抜かれている(図表6-4)。また、上場株式時価総額では従来ニューヨークに次いで第2位であったが、2010年9月末には米ナスダック市場と英ロンドン証券取引所に抜かれ、東証は第4位に後退している。

　80年代は日本経済の体力がピークに達していた時期に当たり、金融分野で

図表6-4　09年の株式売買代金

(単位：兆ドル)

証券取引所	売買代金	時価総額
ナスダック市場	28.9	3.2
ニューヨーク	17.7	11.8
上海	5.0	2.7
東京	3.9	3.3
ロンドン	3.4	2.7

(出所)　朝日新聞2010・1・14

は市場を通ずる手法（いわゆる直接金融）が飛躍的に発展していてもおかしくなかった。しかし実際には、そのようなエネルギーはむしろ規制の多い国内市場ではなく、ロンドンを中心とする海外市場に溢れ出た。この時期の「国際化」には国内市場にとっては「空洞化」の側面がある。国内市場が発展しなかったのは規制（金融制度）に帰すべき点もあるが、それによって保護されたプレーヤーの能力・意欲の不足に起因する要素も多い。

　バブルが発生した80年代後半は、社会全般に金融に対する関心が集まり、個人も企業も自ら資産の運用に当たる財テクの時代となった。日本経済について楽観ムードが支配していた80年代後半には、個人金融資産がリスク資産に向かう動きが高まった。そのような動向は証券・市場関係の金融自由化の結果でもあり、またそれを推進する原動力ともなった。80年代後半には、特に市場を活用したいろいろな新しい金融手法・金融商品が生まれている。ある意味では、80年代は懸案であった市場中心の金融システムへの転換を現実のものとするのに最も相応しい環境であったかもしれない。

　企業金融の運用面では、設備投資から金融資産に大きくシフトしていったのがこの時期の特色である。その大きな部分を特定金銭信託（特金）、指定金外信託（ファンド・トラスト、ファントラ）が占めていた。これらの金融商品は特に目新しいものではなかったが、盛んに利用されるようになったのは、1980年の法人税法基本通達で簿価分離が認められてからである。これによって、新規売買によるキャピタル・ゲインへの課税がすでに保有している証券とは切り離されるため、投資家にとっては税制上きわめて有利な商品となった（内田〔1995〕p169）。

証券・資本市場の活況を反映して、この時期に以下に述べるような各種の制度整備が行われている。しかし議論としての直接金融市場の重視・実態としての取引の活況が存在しながら、この日本経済の絶頂期にも証券・資本市場の発展が伝統的な金融の枠組みを打破することはなかった。欧米においてはもともと市場を中心にした金融が盛んであったうえ、この時期には金融技術の発達を反映して大きな変貌を遂げた。しかし日本においては金融界が当面の活況に安住したこと、金融行政や金融業界のリーダーの理解力・対応力が十分でなかったこともあって、個々にはさまざまな工夫はされながらも、市場インフラの体系的な整備に成功するには至らなかった。金融システム全体としては世界的な金融改革・技術革新の流れに遅れてしまったとの印象は否めない。

2　累積した国債の管理

この時期の市場動向については、大量発行により累積された国債の重圧を無視することはできない。先に述べたように、当初は、金融機関が引き受けた国債の市場売却は事実上自粛されてきたが、国債大量発行を契機に流動化が進められることとなり、金融機関の市場売却の自粛は逐次解除されることになった（1977年4月～）。また、国債を安定的に消化していくためには、投資家や金融機関の保有ニーズに合った国債発行（種類・発行方式の多様化）を行う必要が高まった。このため、

① 個人消化が期待できる新しい国債として5年割引国債をシ団引受けにより導入（1977年2月～）

② 投資家の多様なニーズに応えるとの観点から期間2～4年の中期国債の発行を公募入札方式により導入（1978年6月～）

③ 信託・生保等機関投資家の長期安定的な資金運用ニーズに応え、数回にわたり15年変動利付債、20年固定利付債を発行（1983年2月～）

等の措置が講じられた。

80年代に活況を呈した株式市場とは別の意味において、国債は直接金融の展開に重要な役割を果たしている。アメリカのMMMFを見習って証券会社が開発した中国ファンドを通ずる個人預金の市場への流出はその一例であ

る。こうした銀行離れに対処するため、保有国債の販売による銀行の資産内容の改善、顧客への規制金利商品以外の魅力ある商品の提供、自己売買取引による収益機会の利用などができるように国債取引に関する規制緩和を要請する機運が高まった。1983年4月には銀行法改正を受けて、銀行等による国債の窓販・ディーリングが開始されたが、これにより銀行等も幅広い階層の金利選好意欲への対応が可能となった。

　80年代後半になると、1975年度以降大量に発行した国債が1985年以降満期を迎えることから、国債の大量償還・大量借換への対応がなされた。すなわち、借換債の弾力的な発行を可能にするとの観点から、1985年度に借換債の前年度における前倒し発行および短期借換債の発行を可能にする法令整備が行われた。この際、国債の償還財源の充実に資するためNTT株式の売却収入を国債償還財源に充てることとされている。

　また、外国金融機関による国債市場へのアクセス改善要求にみられるように、金融の自由化・国際化への対応が大きな課題となってきた。そのため、外国金融機関のアクセス拡大、部分的競争入札の導入等の措置が講じられている。

　しかし結局大勢としては、大量の国債は銀行の余剰資金の運用先や安定的な収益源以上の存在にはならず、日本の金融が市場を中心として機能する契機にまではならなかった。

3　社債発行市場の活性化

　社債発行市場のあり方については1977年の証取審でも取り上げられたが、あらためて公社債特別部会において検討が行われ、1986年12月12日に「社債発行市場のあり方について」が提出された。ここでは、わが国企業による起債の大半が海外市場へシフトしている現状をふまえ、社債発行市場の自由化・弾力化を進め、その活性化を図るための具体的方策が提言されている。金融改革の遅れによりわが国金融市場が空洞化するとの問題意識があった。

　資本市場は著しい発展を遂げており、公社債発行額は年間50兆円を超え、その売買高は年間2800兆円強（先物市場を含めると年間4700兆円、いずれも1986年）に達する勢いであった。しかしそうした中にあって国内の社債市場

（特に普通社債市場）は発行が低調であり、1975年度に1兆5000億円であった普通社債の発行量は1985年度には9000億円台にまで減少している。この間の企業の資金調達自体は堅調であり、社債形態での資金調達も順調に増加していたから、原因はその多くが海外市場で発行されたことにあった。1975年度には8割を占めていた国内での社債発行比率は80年代半ばには4割台に落ち込んでいる。

　普通社債が海外へシフトしている要因としては、海外のほうが資金調達コストや発行手続の面で発行者に有利という事情があった。すなわち、これには内外金利差や為替動向等市場要因に係るものや企業活動の国際化に伴うものもあるが、その他に有担保原則・月末一括起債・幹事持回りなど、制度・慣行面での制約が原因となっていることが多い。世界最大の資本余剰国であるにもかかわらず社債発行が海外へシフトしている状況はきわめて不自然であり、制度的な制約を早急に改善する必要があった。

(1)　有担保原則の見直し

　有担保原則（社債の発行に際し担保付発行を原則とする考え方）は、長年にわたり企業金融における基本的な仕組みとして機能してきた。企業は国内市場で無担保債を発行することはできなかったが、70年代以降は転換社債の分野が先行する形をとりつつ、この原則は少しずつ緩和された。1979年には無担保債に係る「適債基準」が作成され、これに基づいて無担保債の発行が行われるようになった。しかし転換社債に係る無担保債の発行適格企業数は全企業の1割程度にとどまり、また普通社債の無担保適格企業数は一層限られたものにすぎなかった。

　こうした有担保原則については、従来から担保の有無のみをもって社債発行の適否を判断することは適当ではないとの指摘が多かった。また海外市場への起債シフトにより国内市場の低迷を招いており、しかも海外で発行された無担保債は国内に還流している。国内で発行される円建外債等は無担保で発行されており、金融機関貸出の分野においても無担保化が進んでいた。産業構造の変化に伴い物的担保が相対的に少ない産業に成長性・収益性の面で優れた企業が多く、社債発行ニーズが高かった。こうした状況が幾重にも重

なり有担保原則の見直しが強く求められていたのである。

社債発行の適否および発行条件は発行者と投資者の判断を基本とする市場原理に委ねることが適当であり、具体的には発行者が担保付社債か無担保社債かを自由に選択し、担保の有無は発行条件に反映される仕組みが目指された。しかし当時の状況では一層の自己責任の徹底と投資者保護の充実が必要であり、直ちにこのような仕組みへ移行し難い面があったので、当面次のような方策を講じることとされた。

① 適債基準の見直し：普通社債については無担保適債基準を一層緩和する。転換社債については無担保適債基準の大幅緩和と格付の活用を図り、その後速やかに廃止する。
② 財務制限条項[23] の見直し：透明性・国際性に配慮し、また発行会社の信用度等に応じたものとする。
③ 格付け制度の充実：格付機関による格付けの充実とその格付情報の利用の定着を図る。[24]

(2) 起債の仕組みの改善

戦後の社債発行市場においては、受託銀行・引受証券会社からなる起債会において、起債銘柄・発行量・発行条件等に関し調整が行われてきた。起債会の役割は次第に形式化していたが、なお社債発行の基本的枠組みの策定や具体的な発行銘柄の持寄り・確認の場としての役割を有していた。このような仕組みは企業の機動的な社債発行を困難にし、硬直的な金利決定は社債発行を魅力のないものにしていたため、随時発行方式・プロポーザル方式への段階的移行、さらに起債会の廃止が提言された。

---

23 財務制限条項とは、無担保債の元利払いの確実性を確保するため発行会社の財務面に一定の制約を加えるものであり、具体的には担保提供制限・追加的債務負担制限・配当制限等が規定されていた。
24 当時日本では格付機関として3社設立されており、また海外の格付機関2社が進出していたが、国内普通社債についての格付は行われていなかった。

(3) 受託制度のあり方

　受託会社の設置は、担保付社債については担保付社債信託法上義務づけられているが、無担保債については義務づけられていなかった。しかしかつて（証取法制定以前）社債発行市場では銀行が中心的役割を果たしたこともあり、事実上受託会社（受託銀行）が社債発行全般に幅広く関与していた（デフォルトが生じた場合には受託会社による社債の買取が行われる慣例）。引受証券会社と受託会社の役割分担の明確化や発行コストの低減が指摘されている。

(4) 引受業務のあり方

　大手証券会社のシェアが高く、ほとんどの普通社債について大手証券会社が幹事をもち回りしていた。このことは引受業務への参入を困難にし、引受責任を不明確にしている面があった。発行条件の決定に関し発行会社と証券会社が個別的・競争的に交渉を行うプロポーザル方式などが提言されている。

(5) 社債の多様化等

　償還期間については12年債・15年債発行の弾力化や15年超債・変動利付債の導入を、償還方法については定時償還と満期一括償還の選択制や定時償還方法の弾力化が提言されている。

　この報告に含まれた具体的な提言については、1987年4月実施をメドに検討が行われ、CDの発行・無担保適債基準の緩和のように直ちに実現されたものもあったが、社債発行限度枠の撤廃は1993年、適債基準そのものの撤廃は1996年に至ってようやく実現された。ここにも、資本市場の整備や直接金融への移行といった総論については容易に賛同が得られるものの、その実現になると金融業界内の利害関係が大きな障害になって多くの時間を要する実例が示されている。

4　コマーシャル・ペーパー（CP）の創設

　CPは信用力のある企業等が短期資金調達のため公開市場において発行す

るものであり、アメリカでは企業等の重要な資金調達手段として定着していた。日本ではそれまでもCP市場の創設についてさまざまな議論が積み重ねられてきたが、80年代後半金融・資本市場の自由化・国際化が一層進展する中で次のような動きが加わり、CPが導入されることとなった。

① 企業における資金調達・運用の多様化・効率化ニーズの高まり：企業は、銀行借入、インパクト・ローン取入れ、売り現先、BA市場の利用等により短期資金の調達を行ってきたが、それぞれ制約があり満足していなかった。

② 金融の無担保化の流れ：無担保普通社債の発行適格企業は数次の適債基準の緩和により1987年夏には約170社となった（1979年には2社）。無担保の商品であるCPについても、導入をめぐる論議が活発になった。

③ 海外におけるCP市場の拡大：CPはアメリカ・カナダ・ユーロ市場において定着し、さらに1986年から87年にかけてフランス・イギリス等においてCP市場が創設され、主要先進国中CP市場を有していないのは日本と西ドイツのみとなっていた。また、日本企業の海外現法によるCP発行事例が増加していた。

公の場でこの問題が取り上げられたのは1981年における銀行法全面改正の際の国会論議であった。1982年9月には産業構造審議会産業金融問題小委員会において報告書が取りまとめられ、CP導入を求める産業界の意見と銀行界の反対意見の双方が紹介されている。従来から産業界にはCPの早期導入について強い要望があったが、これに対し金融界としては、①有担保原則を崩し信用秩序に悪い影響を及ぼす、②メインバンク制への影響も無視できない、③手形信用秩序に悪い影響を与える、等の観点から慎重論が強かった。

しかし1986年に入るとCPに関する議論が活発化し、まず2月に経団連が資本市場部会を設置してCP導入を当面の重要課題とした。4月には前川リポートにおいても関心が示され、5月には産業構造審議会産業資金部会答申において積極的な意見が述べられた。この問題は金融界の中でも銀行・証券両業界の利害が激しく対立する問題であったので、証取審および金制調の中立委員により構成されるCP懇談会が設置され、その検討結果をふまえ1987年11月20日に国内CPの発行は解禁された。

諸外国においてCPは不特定多数の者から資金の調達を行う社債的な実態を有していたが、CP市場の創設は緊急の課題としてできる限り早期に整備するとの観点から、当時の法制の枠内で処理することとされた。その場合、CPは機動的・弾力的な発行が可能であることが重要と考えられ、（当時の法制の枠内では社債発行は制約が多かったので）CPの法的性格を手形として構成することとなった。取扱業者については、CPが一方で証券としての性格を有しつつ、他方で短期金融分野における商品であることを考慮し、銀行・証券会社がともに取り扱うこととされた。

　CPは原則として無担保で証取法上のディスクロージャーを課されない金融商品となることから、投資家としては機関投資家、発行者としては優良企業に限ることとされた。発行に際しては原則としてバックアップラインまたは金融機関の保証を付することとなった。このような制約は、利用者の利益を考慮したものというよりは、むしろCPが銀行・証券両業界の妥協の産物として生まれたことを背景としている。この種の配慮は、社債やCDとのバランスからCPの期間を1カ月以上6カ月以内としたり、最低額面を1億円としたことなどにも表れている。利用者の観点よりも金融業界内部の利害関係を優先したこのような妥協は、金融制度の健全な発展をしばしば阻害した。

5　先物市場の創設

(1)　債券先物市場の創設

　1948年に制定された証取法においては、GHQのいわゆる証券取引3原則に「先物取引を行わないこと」とされていたことを受けて証券先物取引は認められていなかった。[25]　しかし80年代になると資本市場の自由化・国際化が進む中で公社債・株式等の有価証券の価格変動リスクが増大し、機関投資家を中心にこのようなリスクを効率的にヘッジする手段が不可欠になっていた。またアメリカをはじめとする世界の主要な資本市場においてはすでに各

---

[25] こうしてみると、わが国金融制度の硬直性の中には、持株会社禁止、銀行・証券分離、先物取引禁止など占領軍によって導入されたものが多いことに気づかされる。

種の先物・オプション取引が行われ、先物市場は現物市場と並んで市場としての定着をみていた。

　1971年のニクソン・ショック以降、各国経済は市場メカニズムに多くを依存するようになり、それに伴って為替・金利・債券価格の大幅な変動は避けがたい状況になっていた。このような情勢のもとでアメリカでは、1972年にシカゴ商業取引所（CME）で金融先物として各国通貨が上場され、それ以後シカゴ各地の取引所で1974年に金、75年に政府住宅抵当証券（GNMA債）、76年に財務省短期証券（TB）、77年に財務省長期証券（T－BOND）が上場された。また、77年にはCP、79年に財務省中期証券（T－NOTE）、81年にCDおよびユーロダラー預金、82年には株式指数が先物取引の対象として登場した。取引市場もシカゴに始まり、シドニー（1979年）、トロント（1980年）、ニューヨーク（1980年）、ロンドン（1982年）、シンガポール（1984年）に開設されていた。

　日本の資本市場を国際的にみて遜色のないものとするためには、このような市場を整備することが必要となった。証取審は1983年12月に公社債特別部会を設け公社債市場のあり方について検討することを決定したが、まず流通市場の問題から検討が始められた。1984年7月からは流通市場の中でも当面の大きな課題であった債券先物市場の問題に絞って審議され、その結果は「債券先物市場の創設について」（1984・12・11）として発表された。ここでは①取引の対象を長期国債として、②証券取引所に、③機関投資家中心の、債券先物取引市場を創設すべきことが提言されている。

　当時、国債の大量発行を背景として公社債市場は急速に拡大していた。国債等の大量発行・流通に伴い公社債市場の拡大が著しく、債券売買高は1975年度の55兆円から1986年度の3740兆円へ10年あまりで約70倍の急成長を遂げていた。公社債残高が累増すれば公社債の価格変動リスクが債券の保有者に大きな影響を及ぼすことになるので、金融機関・証券会社・機関投資家・事業法人等の間には債券の価格変動がもたらすリスクをヘッジする必要性が高まっていた。

　先物取引の対象とする債券としては、
　①　債券発行主体の支払能力が高く、支払不能等の危険がないこと

② 発行量や発行残高が多く、現物市場において取引高が大きいこと
③ 現物市場における価格情報が広く継続的に提供され、その情報に対する信頼が大きいもの

が適当であり、この条件を満たすものは長期国債であると判断された。そこでまず長期国債に限定した市場を創設し、それを十分に根付かせたうえ他の商品に拡大していく方針がとられた。

取引の場は戦前の経緯・コンピュータシステムの管理等を勘案し証券取引所とされたが、そうすると売買取引は証券取引所の会員に限り、また会員は証券会社に限られることになる。しかし海外市場の事例にあわせ多様な取引を可能にするためには、参加者の範囲を拡大する必要がある。当時、各国の債券・金融先物市場には2つの類型があった。1つはシカゴのように膨大な個人投資家や投機家に支えられた市場であり、もう1つはロンドンのように金融機関・証券会社・事業法人・生命保険会社・年金基金といった機関投資家中心の市場であった。日本は投資家・投機家の層が厚くないという実情に照らしロンドン型が適切と考えられ、証券会社に加え銀行等にまで広げることとされた。

この提言に沿って1985年6月に改正証取法が成立し、債券先物市場が創設された（10月1日施行）。その骨子は次の3点である。
① 銀行等に証券取引所の債券先物市場で直接取引できる資格を与える。
② 国債の先物取引に関し、その対象として標準物を設定できることとする。
③ 証拠金の預託等を規定する。

この法律改正により、先物取引市場としてはまず1985年10月に東京証券取引所において、償還期限等の条件を標準化した架空の「標準物」を用いた国債先物取引が導入された。

(2) 証券・金融先物市場の整備

株式市場の規模は80年代に入り急速に拡大した。全国上場株式の時価総額は1975年度末に約50兆円であったが1986年度末には約350兆円と7倍になった。市場規模の拡大とともに株価の変動も大きくなったほか、株式の保有や

売買に占める内外の機関投資家の割合が急速に増大し、内外の機関投資家を中心に株価変動に対するリスク管理の重要性とそのためのリスク・ヘッジ手段の必要性に対する認識が高まった。こうした状況をふまえ、大阪証券取引所において証取法上実施可能な現物株式50銘柄のパッケージ方式による株式先物取引(「株先50」)が開始された(1987・6・9)。この取引は最終決済においては対象有価証券の受渡しを伴うものであるため、法律的には従来から存在する「有価証券の売買取引」に含まれる取引として扱われるという妥協的なものであった。

資本市場の機能を一層強化し、特に株価変動に対するリスク管理機会を一層充実するためには、海外におけると同様に株価指数先物および有価証券オプション取引を制度として早期に整備する必要性が認識されており、証取審ではすでに「証券先物市場の整備について」(1987・5・20)を報告し基本方針は確定していた。これを受けて、証取法改正が行われたがおもな内容は次のとおりである。

① 有価証券指数等先物取引や有価証券オプション取引についての法律上の定義規定を新設し、これらの取引を行う行為等を証券業の一環として位置づけた。
② これらの新しい取引について必要とされる投資者保護のための規定を設けた。
③ 新しい取引の導入に伴い、銀行等が行うことができる証券業務の範囲を拡大した。
④ 証券取引所の特別参加者や市場管理に関する規定等を整備した。

このように証券先物・オプション取引は証券の現物市場とともに一元的な監督下に置かれ、証取法によって規制され、店頭市場を除き証券取引所において取引される制度となった。証券先物・オプション取引は受渡し決済や裁定取引を通じて現物取引との関連が深く、先物・オプション市場を現物取引と類似の規制のもとにおき同一の主体が市場を管理することが望ましいと考えられたためである。諸外国では先物市場の制度が現物市場と切り離された形となっていることが多い。[26]

(3) 金融先物取引法の制定

 金融先物取引制度の整備については、金制調・外為審において1987年7月に審議が開始された。その背景には、証券先物取引制度が証券界主導で進められ、先物取引全般がそのような流れで進むことに対する銀行界の懸念があった。その後双方の審議内容に共通する部分があることから合同審議され、合同報告書（1987・11・26）では金融先物取引受託業者に対する規制・金融先物取引所の創設・海外金融先物取引の一層の自由化が提言されている。この場合、証券業界・銀行業界の業務分野との関連において、証取法関係の先物と金融先物との関係を調整する必要があった。このため先に述べた証取法改正に先立ち、1988年1月には次のような内容を織り込んだ基本方針が決定され、証券先物・オプション市場と金融先物・オプション市場との間の区分が明確にされている。

① 証券先物取引（オプションを含む）については証取法で、金融先物取引については金融先物取引法で法規制を行う。

② 証券先物取引は証券取引所に、金融先物取引は金融先物取引所に上場する。

③ 金融先物市場および証券先物市場については、その参加者をできるだけ広範囲なものとする見地から、金融先物取引所においては先物取引（ただし通貨の現物オプション取引を除く）への証券会社の参加（取次を含む）を認め、証券取引所においては国債先物取引および外国国債先物取引への銀行等の参加（取次を含む）を認める。

 以上の方針に基づき、改正証取法および金融先物取引法が1988年5月25日成立した。

 90年代に入っての動きにも触れると、金利自由化の進展やクロスボーダー取引の拡大等の下で金利・為替リスクに対応したヘッジ機能を強化する必要

---

26 アメリカでは、証券の現物取引は1933年証券法および1934年証券取引所法のもとで証券取引委員会（SEC）が所管し、証券取引所で取引されている。証券先物については1936年商品取引所法のもとで、商品先物取引委員会（CFTC）が所管し、商品取引所において取引されている。

図表6-5　証券・金融先物・オプション市場の整備状況

導入時期	取引所・取引名
1985年10月	長期国債先物取引（東証）
1987年6月	株式先物取引（株先50）（大証）
1988年9月	東証株価指数先物取引（東証）
	日経平均株価先物取引（大証）
1989年4月	選択権付債券売買取引（店頭オプション）
1989年6月	日経平均株価オプション取引（大証）
	日本円短期金利先物取引、米ドル短期金利先物取引、日本円通貨先物取引（金融先物取引所）
1989年10月	東証株価指数オプション取引（東証）
	オプション25（名証）
1989年12月	外国国際証券（Tボンド）先物取引（東証）
1990年5月	債券先物オプション取引（東証）
1994年10月	FRA、FXA

（出所）　河野〔F1989〕p44を追加修正

があったため、1994年7月1日に大蔵省令が改正され、すでに海外の市場で活発な取引が行われていた相対型の金融派生商品であるFRA（金利先渡取引）・FXA（為替先渡取引）が導入された（10月1日施行）。FRA・FXA取引の導入はかねてから要望されていたものであるが、当事者間の契約に基づく相対取引であるから柔軟に対応できることと刑法（賭博罪）との関係が不明確なため関係者が躊躇するという側面があり、膠着状態にあった。そこでオフバランス取引を含めた国際的な金融取引手段の多様化とリスク管理手段の調和の観点から、銀行等が一定の範囲で行うFRA取引等については、銀行法等に基づく法令行為であることを明確にする行政措置を講じることにより、事態の打開が図られた（可部〔F1994〕p6）。

　なお、外国為替証拠金取引については、消費者保護の観点から04年12月に金融先物取引法が改正され（第12章第2節5参照）、また同法は06年6月に金融商品取引法に吸収されている。

6　証券市場の基盤整備

　80年代後半に金融・証券部門は活況を呈するが、そこには後にバブルといわれたように異常な要素も混在しており、市場においては各種の不明朗な問題も発生した。これへの対応に促される形で、結果的に市場関係のインフラストラクチャーともいうべき制度が整備された。この時期には以下のように数々の証券市場の健全な発展を目指した制度見直しが行われたが、この段階では日本の証券・資本市場はグローバルに通用する高度のシステムとして整備されるには至らなかった。伝統的な金融規制手法では、市場という「競技場」におけるルールの体系を確立するというよりは、金融業者（供給者）の行動を規制・指導することに主眼を置く手法をとってきたが、そのような考え方まで見直そうとの方針転換は日本版ビッグバンあるいは金融商品取引法まで待つことになる。

(1) インサイダー取引規制

　有価証券の発行会社の役員等は、投資家の投資判断に影響を及ぼすべき情報について、その発生に自ら関与し、または容易に接近しうる特別な立場にある。これらの者が、そのような情報であっても未公開のものを知りながら行う有価証券に係る取引はいわゆるインサイダー取引であり、このような取引が放置されれば証券市場の公正性と健全性が損なわれ、証券市場に対する投資家の信頼を失うことになる。こうした問題は以前から指摘されていたが、1987年10月に起きたタテホ化学工業株式の財テク失敗をめぐる一連の事件を契機として、社会的関心が一段と高まるに至った。他方諸外国においては、アメリカ・イギリスを中心に内部者取引の規制強化ないし新規立法の動きが相次ぎ、規制強化の方向は世界的な潮流となっていた。

　このような情勢のもとで1987年10月に証取審に不公正取引特別部会が設けられ、1988年2月24日に提出された報告を受けて、インサイダー取引についての改正内容は、①上場企業に対する大蔵大臣の調査権の拡充、②会社役員等の自社株売買の報告義務、③刑事罰関連規定、を内容とする証取法改正が行われた（1988・5・31）。インサイダー取引規制は、刑事罰関連規定を含め

て1989年4月1日から全面施行された。

(2) 企業内容開示制度の改正

　企業内容開示制度とは、有価証券の発行者が、投資判断に有益な材料としてその企業情報を正確・適時・公平に投資者に提供することにより投資者の合理的な投資判断を可能にする制度である。この制度では、発行体が開示義務を怠った場合や開示書類に虚偽記載があった場合には民事・刑事両責任が発行者に科される反面、制度に沿った適法な開示が行われれば発行体の責任は解除され投資リスクは投資者の自己責任に委ねられることになる。この制度は発行体と投資者双方の市場における責任の追及と責任の限界をルールづけるものであり、自己責任を前提としたルールとして、投資者保護の理念の根幹をなしている。

　証取法に基づく企業内容開示制度は次の2種類の開示制度により構成されている。

　① 発行市場における開示制度：有価証券の募集または売出しの際に、そのつど有価証券届出書の提出および目論見書の交付により行う発行開示。

　② 流通市場における開示制度：定期的報告としての有価証券報告書等の提出により行う継続開示。

　当時この企業内容開示制度を取り巻く環境は大きく変化しており、それに伴い制度の見直しが必要となった。

　① 企業の証券形態による資金調達の活発化・多様化が進展する中で機動的・弾力的な資金調達が可能となるよう、発行開示手続の簡素化を要望する声が高まった。

　② 多角化・国際化が急速に進展している企業経営についてその実態を適切に反映した有益な投資情報の提供を確保するため、開示内容の充実が必要と考えられた。

　この問題については1986年以来開示手続の簡素化・開示内容の充実の両面から幅広い検討が加えられていたが、さらに企業会計審議会（以下「企業会計審」）や証取審において具体的な制度の改善策について提言された。発行

登録制度の導入・発行開示対象証券の拡大・効力発生期間の短縮・等について、証取法第2章に規定する企業内容開示制度全般の改正が行われた（1988・5・31）。

(3) 株式等の大量保有状況に関する情報開示

証券市場の活性化に伴い、経営参加・取引関係の強化・高値による売抜け等各種の目的をもって公開会社の株式等を買い集める事例が増加した。公開されている株式等については売買が自由に行われる必要があるが、買集めや肩代わりに伴い株価が乱高下することが多く、これらに関する情報を十分に有していない一般投資家に不測の損害を与えかねないという問題があった。また証券市場の国際化が進展していく中で、株式等の大量の保有状況に関する情報の開示について欧米証券市場で採用されているルールが日本の証券市場には導入されていないため、国際的な市場として発展していくうえで必要な市場の透明性に欠けているのではないかという問題もあった。

先進諸国においては、証取法や会社法等において株式等の大量保有状況に関する情報公開制度があり、おおむね5％の株式等の保有に至れば保有状況およびその後の保有状況の異動に関する情報を開示する制度が導入されている。証取審は1989年5月31日に「株式等の大量の保有状況に関する情報の開示制度のあり方について」を報告し、特定者または特定グループが発行済株式総数の一定割合以上の株式等を実質的に保有することになったとき、および一定割合以上の実質的保有状況の異動について行政当局等に届け出ることとし、行政当局等はこの情報を公衆に開示するという制度の導入を提言した。①株券等の大量保有の状況に関する開示制度（いわゆる5％ルール）の導入、②公開買付制度の見直し、③外国証券規制当局に対する調査協力、を内容とする証取法改正は1990年6月15日に成立した。

(4) 投資顧問業法の制定

投資顧問業は、日本では比較的新しい業務分野に属する。過去において投資顧問業が話題となった事例の多くが投資家被害を伴った社会的事件に結びつくものであっただけに、当時この業務はマイナス・イメージで受け止めら

れる面があった。しかし欧米ではその歴史も古く、証券業・投資信託業等と並んで個人・機関投資家等の資産運用および有価証券の市場形成において大きな役割を果たしてきた。日本においても投資顧問業に対するニーズが高まっていたが、その背景としては次のような点が指摘されていた。

① 金融資産の蓄積に伴い投資家の収益性指向が強まり、有価証券投資が顕著な伸びを示している。
② 内外の資本交流が進み、国際的な分散投資が各国共通の現象として盛んになっている。
③ 自由化・国際化の進展に伴い有価証券の価格変動要因も複雑さを増しているため、資産運用に関する専門家の知識・判断を求める動きが強まっている。

このようなニーズに対応して多くの投資顧問会社が設立されたが、他方では悪質な投資顧問業者による犯罪（「投資ジャーナル事件」など）が発生し大規模な投資家被害が生じたことが1つの契機となり、投資顧問業に関し法制を整備すべきとの問題提起がなされた。ただ、それは1つの契機になったということであって、私的年金資金の急速な増大を受けて、これを効率的に運用する健全な投資顧問業の制度整備は不可欠と認識されていた（たとえば相田〔1984〕）。しかし既得権益を有する信託銀行や生命保険会社はこれに強く反対していた。

こうした状況をふまえ、証取審は「証券投資顧問業のあり方について」（1985・11・25）を報告し、これを受けて「有価証券に係る投資顧問業の規制等に関する法律」が成立した（1986・5・27）。法制定に際しては、投資一任業務（顧客が所有権を留保したままでその運用のみを投資顧問業者に委任する委任契約）の位置づけが最大の焦点となった。投資一任業務は、所有権まで移転する信託業務や、証券会社による売買一任勘定取引とも異なる。欧米では投資顧問業務の大半は投資一任業務であり、この機能は投資顧問業務に不可欠であるが、顧客の財産に重大な影響を与える業務であるから、一般的な投資顧問業務に比べて厳しい規制が必要である。

結局、投資顧問業法では、投資顧問業は登録制とするが、投資一任勘定は登録を受けた投資顧問業者のうち財産的基盤・人的構成など一定の要件を満

たすものに対し認可することとされた。

(5) 抵当証券業の規制

抵当証券法は金融機関の不動産担保債権の流動化を図ることを目的として1931年に制定されたが、その後長期にわたってほとんど利用されることもなく、また抵当証券を専門に扱う抵当証券会社も1973年になってようやく1社が誕生したという状態であった。ところが1983年以降抵当証券が再び社会の注目を浴びることとなり、抵当証券会社が次々と設立されるとともに抵当証券の販売額も急増した。このように抵当証券取引が急速に発展した理由としては、

① 専門業者が登場し、抵当証券を個人投資家に買いやすい商品として提供したこと
② 抵当証券の金利が他の金融商品に比べて高めに設定されていたこと
③ 個人事業主や中小企業に対して社債類似の長期資金の調達手段を提供したこと

などがあげられる。特に、①の抵当証券自体を購入者に対して交付せず、いわゆるモーゲージ証書による販売方式を採用したことによる取引コストや事務負担の軽減が抵当証券取引の拡充に大きく寄与した。

他方、こうした抵当証券取引の発展に伴って一部に悪質な抵当証券会社が出現し、多くの購入者が被害を受けた。このような状況にかんがみ大蔵省と法務省が合同で設置した「抵当証券研究会」の報告書に基づき「抵当証券業の規制等に関する法律」が成立した（1987・12・15）。この法律では、抵当証券業の設立に関する大蔵大臣への登録、抵当証券の抵当証券保管機構による保管、立入り検査・業務改善命令・登録の取消等の規定を設けている。

このような一連の証券市場の整備に関する措置について共通しているのは、社会的事件が起こり業者および行政に批判が向けられたときに、対処療法的にこれらの制度が新設・拡充されていることであり、これは日本における制度改正の1つのパターンとなっている。もともとこの時期は証券・資本市場の発展を期して自由化・国際化の流れに沿った制度の充実がなされるべ

き時期であった。それにもかかわらず、社会的問題が制度改正の契機となったこと、もともと行政には規制強化・権限強化を求める体質を有していることから、中には時代の流れに逆行した要素を含む制度改正が行われた面があることは否定できない。

　特に、規制方式として、ルール設定・事後処罰でなく、主として参入規制・事前予防という考え方をとったことが、利用者側の自己責任意識の醸成を妨げるとともに、事業者側の自主的な技術革新意欲を減殺することとなった。金融制度・金融行政の側においては、依然として供給規制・預金者保護の発想が原点となっており、70年代以降先進諸国の金融システムにおける流れとなっていた市場原理に基づく適者生存の考え方に踏み切ることができなかった。しかしこれは単に金融行政の方針にとどまらず、基本的には社会の自己責任原則に対する姿勢にかかわる問題である。最近再び消費者保護的な視点を強調する傾向がみられるように、社会の意識には移ろいやすいところもある。

第4節　BIS規制

　80年代後半において多くの先進国は、銀行・証券・保険などの業務分野規制の緩和によりそれぞれの金融制度の国際競争力強化を競い、日本もそのような世界的な流れに乗り遅れることのないよう自国の金融制度改革に取り組んだ（第5章参照）。しかし日本の金融界にそれをはるかに上回る影響を与えたのは、米英を中心とした銀行監督規制のグローバルなスタンダードを作ろうとする流れであった。もともと金融の国際標準を形成してきたとの自負を有する米英側にとって、このような働きかけは自国の金融が国際競争力を維持するための土俵作りの戦略であったと思われる。BIS（Bank for International Settlements、国際決済銀行）の場を借りて進められた国際標準としての自己資本比率規制（BIS規制）は、その代表的かつ最も顕著な効果を発揮した事例であった。20世紀後半における金融システム改革の歴史を論ずる際には、単に各国内制度の流れを追うだけではなく、国際的な金融統制（BIS規

制のほか国際会計基準など）にも目を配る必要がある。

1　自己資本比率規制強化の経緯

　自己資本比率規制とは、「他人の金を預かり、それを他の人に貸す銀行業では、信用の基礎として、一定の元手をもっていなければならない」という金融業務としては当然の考え方にすぎない。銀行経営の健全性を維持するための方策としての自己資本比率規制は、各国において古くから用いられて伝統的手法の1つである。[27]　これは大口融資規制とともに金融機関の健全性確保のための重要な規制手段ではあったが、戦後の金融行政においてはどちらかといえば資産の健全性（すなわち分子である自己資本の手厚さよりも、分母である資産の質の高さ）を重視する傾向があった。信用の最終的拠り所として高い自己資本を求めるということは、ある意味では銀行等の破綻可能性を想定していることになるが、そのような前提は預金者保護を絶対視する戦後金融行政の理念にはなじまなかった。破綻に至らないように資産の健全性維持を重視し、また銀行の信用の基礎は企業自らが獲得するというよりも免許・監督などを通じて政府への信頼を通じて確保するという行政手法（事前予防行政）が主流をなしてきた。

　自己資本比率規制は1954年以来、預金残高に対する広義自己資本の比率が10％を超えていることを目標として行われてきた（広義自己資本＝資本勘定＋引当金勘定）。その実績をみると、60年代までは都市銀行約6％、地方銀行7％台であったが、1970年以降大幅に下落し、80年代央にボトム（都市銀行3％、地方銀行5％）となった。一貫して目標が未達成だったのは、規制の真の目的は経常収支率や配当の規制であって、自己資本比率はその成果を反映する間接的な結果指標にすぎないと考えられていたからである。その後、金制調答申「金融自由化の進展とその環境整備」（1985）において、比率の定義を対預金から対総負債または対総資産に変更する提案がなされ、1986年の通達

---

[27]　健全経営維持のための公的介入手段としては、①各種規制・レギュレーションを銀行に一律に課すること（諸比率規制）、②実地検査や日頃のモニタリングを通じて、銀行経営の健全性をチェックすること、③セーフティー・ネットを構築すること、があげられえている（館龍一郎編〔1994〕p717）。

により対総資産4％以上ないし6％以上（海外支店を有する場合）に変更された（伊藤〔1995〕p201～）。

　日本では自己資本の充実という考え方がもともと希薄だったわけではない。昭和の初期までは主要銀行の自己資本は20％を上回っていた。戦前の三井財閥の重鎮・中上川彦次郎は、三井銀行の支店長会議では常に「預金は借金なり」と言ったと伝えられる。他人の金に過度に依存しては、安定した銀行経営はできない、との考え方である。欧米と戦前のわが国の考え方には共通したところがある。

　その比率が低下したのは第2次世界大戦中であり、さらに敗戦時には軍需産業に対する貸出がすべて不良債権になってしまったため一時ゼロに近くなった。この状況は占領下のアメリカの統治者には異常と感じられ、GHQはその正常化（最終目標10％以上）を指示した。日本の金融当局と金融界は資本の調達に奔走したが、終戦直後の経済情勢のもとでは5％程度しか集めることができなかった（松沢〔1985〕p29～）。

　そのような状況は根本的に改善されずその後も続いたが、邦銀の自己資本比率が最も低下したのは高度成長期を過ぎた70年代半ば以降のことである。この時期に邦銀は、自己資本以上のテンポで貸出（特に海外部門）を伸ばした。このようにわが国の銀行経営の手法としては戦後約40年の方がむしろ異例だった。自己資金は充実せず、預金（他人の金）を集めて貸出を伸ばすという手法は、非常に効率的な金融仲介方式ではあるが、必ずしも邦銀の伝統ではない。このようなことが特に問題とされなかったのは、戦後長く続いてきた護送船団方式の金融行政の中で、信用の根拠は金融機関が自ら得るものとの考え方が希薄になっていたからである。80年代になって邦銀が国際的に活躍するようになると、そのような金融機関経営は通用しなくなった。

　とりわけ最近では金融当局の手法が世界的に、直接的な規制・監督によるものから、規制緩和を進める一方で個々の銀行が健全性を自主的・継続的に保持していくことを求める考え方に移ってきている。そのような健全性規制の中で中核的な位置を占めているのが自己資本比率規制である。金融取引の自由化・国際化・高度化が進展する中で、銀行業務は多様で複雑なリスクを抱える。そのような多様なリスクを共通の尺度でリスク量に換算し、そのリ

スク量に見合った損失吸収バッファーの保有を義務づける。ここで損失吸収バッファーの役割を担うのが自己資本である（佐藤〔2007〕pⅲ）。

そういう状況の中で80年代半ばに、各国で自己資本規制を導入し国際的に調和を図っていこうという動きが強まったわけである。それはもっぱら日本の金融活動をターゲットにした措置であったわけではないが、その背景の1つとして欧米諸国が邦銀の海外市場での攻勢に我慢しきれなくなったという面があったことも否定できない。当時、日本の銀行は緩やかな自己資本比率規制を利用して（低金利の膨大な預金を集め）世界の金融市場を混乱させている、とのダンピング批判が随所で聞かれた。

自己資本比率規制は、銀行の信頼性は銀行自らが獲得すべきものとの考え方の強い欧米（特に英米）においては、従来から金融規制の本流であった。しかしその英米においても、これが特に注目されるのは金融の自由化・国際化が盛んになった80年代以降のことであった。各国の銀行監督当局が銀行に対する自己資本比率規制を国際的に統一する必要があるとの認識を共有するに至った背景は次のとおりである（石井〔F1988b〕）。

(1) 増大するリスクへの対応

主要国の銀行監督当局は急速に進展していた金融の自由化・国際化の流れ、あるいは累積債務国問題の深刻化という事態の中で、金融機関をめぐるリスク、ひいては世界の金融システム全体を脅かすリスクが急激に増大しているとの問題意識を強く抱いた。このような認識のもとに、米英をはじめとして先進諸国の金融監督当局は銀行資産内容について厳しい点検を求めるとともに、最終的な信用の担保として自己資本比率規制の強化を図ることが銀行経営の健全性を維持するための重要な監督手段だと考えるに至った。

このような考え方に従い、（米英主導の下に）各国の監督当局はほぼ時を同じくして自己資本比率規制の強化を図った。日本においてもかねてから、金制調答申「金融自由化の進展とその環境整備」(1985年6月）において、「資産・負債の規模の拡大は、当該金融機関のリスク負担能力と均衡の取れた形で行うことが必要である」旨指摘され、1986年5月いわゆる「経営諸比率指導」の一環として新たな自己資本比率の基準を設定して指導が行われていた。

(2) 金融のグローバリゼーションへの対応

　世界経済の相互依存関係が深まる中で、金融取引・金融市場の世界的な一体化が急速に進展した結果、一国の金融システムの安定性維持が一国経済を超えた重要性をもつことになった。そのため世界の銀行監督当局は従来以上に緊密な協力を行い、銀行監督の手法および基準について各国の統一を図り、これにしたがって各国監督当局が共通した指導を行うことが有益であると考えられた。国際的に重要性を増しつつあった東京市場を抱える日本としても銀行監督の国際的協調を積極的に進める必要があった。

(3) 銀行間の平等な競争条件確保の要請

　金融のグローバリゼーションが進展する中で、欧米各国からは邦銀の海外業務の急速な進出の背景に自己資本比率規制の相違（日本の基準が緩い）があり、競争条件をゆがめているとの認識がもたれていた。各国銀行間の平等な競争条件（level playing field）を確保する見地から、自己資本比率規制の共通化を求める声が高まっていた。このような状況を背景に進んだBIS規制の合意に至る経緯を具体的に述べると、次のとおりである。

① 1987年1月8日、「銀行の自己資本比率規制に関する米英共同提案」の発表があり、日本に対しても参加を要請してきた。それは銀行の貸出債権に加えオフ・バランス取引も規制対象として一定の自己資本の維持を義務づけ、銀行の健全性を維持しようというものであった。

② BISの銀行規制・監督委員会（クック委員会）では従来から銀行の自己資本比率規制の国際統一について検討を重ねていたが、米英共同提案の発表に伴いその検討を本格化することになった。

③ クック委員会は1987年11月に報告書を取りまとめた。BIS総裁会議もクック委員会報告書を支持し、12月10日クック委員会提案をそのまま盛り込んだ文書が公表された。各国当局は6カ月以内に自国の金融界との協議を終えることとされた。

④ 1988年6月27・28日のクック委員会において各国金融界との協議結果をふまえた総合調整が行われ、自己資本比率規制の国際統一に関する基

本的枠組みについて最終的な合意が得られた。7月15日にはBISおよび各国当局から合意内容の詳細が公表された。

2 BIS規制の影響

わが国では、90年代に金融システムが苦境に陥った原因の1つとしてBIS規制をあげる向きが少なくない。しかし金融危機はBIS規制によってもたらされたわけではなく、またそれがあるから問題を解決できないわけでもない。邦銀の自己資本比率が戦後かなり低い水準にあったことは事実であるが、90年代に顕在化した問題はそのこと自体よりも、不良債権の継続的増大を通ずる損失の累積によって、国際的にはもともと過少な自己資本が急速に食いつぶされていくことにあった。前述のように伝統的な金融行政では、自己資本の額よりもむしろ資産の健全性に関心が払われてきたが、90年代に生じていたのはまさにそのような伝統的課題だったのである。

戦後の金融システムにおいては、金融機関の最終的な信頼は金融制度・金融行政によって担保され、良かれ悪しかれそれが強さの源泉であった。自ら信頼性という経営基盤に相当なコストを費やさねばならぬ欧米の金融機関に比べると、邦銀は国際金融市場で有利な立場にあるとみなされていたのである。90年代初頭までは日本経済の好調を背景に邦銀の資産内容は健全であったから、このようなシステムの下支えを認識することなく、自由化・国際化を強く主張する一方、不十分なリスク管理体制のままに資産の拡大を続けることができた。邦銀は自由化・国際化と裏腹の関係にある国際基準での自己資本の充実（自力での信頼性確保）という問題を十分自覚していなかったのである。

80年代後半以降、規制金利、専門制・分業制、参入・退出規制を特色とする金融制度（いわゆる護送船団方式）は大きく変わり、従来の制度・行政による金融機関の信頼性の補完機能は期待できなくなった。折悪しくそれと時を同じくして、バブル崩壊と日本経済の競争力低下による資産の急激な劣化に見舞われた。BIS規制はこのような状況の中で実施され、邦銀が陥りつつあった弱点が直撃されることになったわけである。

BIS規制の衝撃が大きくなった原因は、このようなタイミングの悪さと同

時に、BIS規制への対応策として銀行が保有する株式の含み益に過度に依存するという戦術的誤算によるところもあった。その後の株価の長期低落により自己資本の継続的減少を招き、クレジット・クランチと不良債権増加の悪循環を通じて銀行経営の不安定性を助長したことを考えると、株式含み益の自己資本参入（45％相当分）を認めさせることにより妥協を図ったことは大きな禍根を残すことになった。

いずれにしても、1980年頃までは金融制度には各国の歴史や国民性により特色があり、各国がそれぞれの実情に適した独自の制度を整備すべきものであるとの考え方がもたれていた。わが国では金融制度の改革を進める際に先進諸国の例を調査するのが常であったが、それは必ずしもそのとおりの制度にすることを意味していなかった。金融制度の理念として国際化が論じられてからの歴史は長いが、金融制度が国際的な枠組みに組み込まれていることを実感したのはBIS規制が初めての経験ではないか。

BIS規制は、80年代に金融の世界がグローバル化してきたことの象徴であった。これを契機に、金融活動のみならず金融規制・監督に至るまでグローバル化に伴う枠組みの再構築が求められてきた。情報開示や会計基準についても、国際基準が強く主張されるようになった。その枠組みの中では、日本の金融機関が従来信頼性の基盤としてきた安定性重視の金融制度や免許という国家の裏書は以前ほど通用しなくなった。そのような流れの中で、ルールの設定に圧倒的な実績を有する米英の優位がますます明確になっている。

自己資本比率に関するBIS規制はその後現在に至るまで、たびたび改定を重ねられてきている。最近における見直し作業は、1998年に始まり2002年10月1日には新たな自己資本比率の計算方法の全体像を公表し、2006年末には新規制（バーゼルⅡ）が導入された。金融グローバル化の一層の深化に伴い、今後もこのような動きはさらに進展して行くものと思われ、金融機関としてはグローバルな金融活動に参画する際にはこれに対応していかざるをえない。グローバルな金融活動に携わろうとするものにとっては、従来のように国内の金融規制・金融行政に注目するにとどまらず、BIS規制・SEC開示基準・NYSE上場基準のような国際組織、他国の基準の動向にも気を配っていかなければならない時代がきている。

第5節　バブル崩壊の兆し（証券・金融不祥事）

1　証券・金融不祥事の発生

　バブル崩壊の金融への影響を考える際、1991年春から顕在化してきた証券・金融不祥事をどのように認識するかは重要な論点である。イトマン事件などバブルの後始末と関係の深い問題が表面化してきたのは、地価がピークを打った1990年（6大都市）から1991年（全国）にかけてのことであった。しかしそれらは個々の金融機関の経営判断の誤りや内部管理の歪みから生じた特異な問題であると受け取られ、金融システムの健全性そのものを脅かすほどの問題とは考えられなかった。ところが1991年6月に金融制度改革に関する金制調および証取審の答申・報告が発表された後、相次いで証券会社・銀行の大規模な不祥事が発覚した。これによって低下した金融機関や証券市場に対する不信感を払拭することなしには、金融活動を弾力化・活性化する内容の金融制度改革法案を成立させることは不可能であると認識された。

　1991年6月に年金福祉事業団に対する野村證券の損失補塡が報道されて以来、証券各社による多額の損失補塡・暴力団との深いかかわりなどが次々と明るみに出た。大蔵省は7月18日から証券大手4社に対する特別検査を実施し、9月24日に国会にその中間報告を行ったが、直前の1991年3月期においても損失補塡が行われていたことが明らかになって世論の批判は一層強まり、日本証券業協会は損失補塡先と金額の公表を余儀なくされた（図表6-6）。また、暴力団関係者との取引については証取法第125条違反（株価操作の禁止）の疑いがもたれた。これら一連の不祥事は、証券市場の公正性・健全性に対する投資家の信頼感を大きく損なったばかりでなく、国民の間に広く不公平感をもたらすこととなった。

　7月に入ると都市銀行の不正融資事件が次々に発覚した。7月25日には富士銀行、26日には協和埼玉銀行、28日には東海銀行と、異様な不祥事が連続的に発生した。さらに8月10日には東洋信用金庫（大阪）の偽造預金証書事

図表6-6　証券会社による損失補填の概要

公　表	証券会社	損失補填額（億円）	損失補填先（件）
7月	大手4社	1,283	231
	準大手中堅13社	437	386
8月	中小4社	9	92
	計	1,729	709
9月	大手4社	436	78
計		2,165	787

（出所）　日本証券業協会

件が続いた。損失額が巨大であり経営破綻に直結することは必至であったが、地域金融のみならず預金への信頼喪失による信用秩序に大きな混乱を引き起こすおそれがあったため、結局、興銀と三和銀行が支援し、周辺の信用金庫に吸収されることで収拾された。

　これだけ異例の事件が連続して起ったのであるから、金融当局にもバブル崩壊を背景とする根深い問題だとの認識はあったが、この段階でそれを今日認識されているような金融システムの構造問題に結びつけて理解していたとはいえない。そのためこれらの事件を、不良債権の抜本的処理や破綻処理制度の整備に取り組む契機とするには至らなかった。そうならなかった1つの原因は、大きな金融機関にはまだ余力があって自分自身の不祥事で破綻するおそれもなく、また、小さな金融機関を吸収する余裕をもっていたことにより、金融システムとしての危機意識に発展しなかったことにある。社会全般にも、バブル崩壊が経済そのものを揺るがすとの認識はまだ乏しかった。

　次項に述べる金制調報告においては、金融機関の内部管理体制が十分に機能していなかったこと、企業として当然に求められる倫理や個人のモラルが低下したことが厳しく指摘されている。しかしおそらくこの事態は、個々の経営を超えた金融制度・金融行政・運営原理の見直しまでを求めており、それは不祥事発覚以前に合意されたレベルの金融制度改革だけでは対応できないものであった。しかしその点は1997年の日本版ビッグバンでも十分認識されず、金融危機を経た後1998年以降に至ってようやく退出を含んだ市場原理を中心とする金融制度の再構築に着手されたのである（第9章参照）。

2 証券・金融不祥事と金融制度改革

　証券・金融不祥事はかねてから潜在していた世の中の金融に対する批判を燃え上がらせ、金融行政にも大きな衝撃を与えた。大蔵省は再発防止および金融システムに対する内外の信頼回復を期して5項目からなる総合的な対応策「金融システムの信頼回復のための措置」(1991・8・31)を策定した。国会においては、衆議院・参議院に「証券及び金融問題に関する特別委員会」が設置され、国会審議や証人喚問を通じて事実関係の解明・再発防止策の検討が進められた。損失補填禁止等を内容とした証取法等の改正が10月3日に成立している。

　臨時行政改革推進審議会も迅速に「証券・金融の不公正取引の基本的是正策に関する答申」(1991・9・13)を取りまとめた。ここでは証券行政の見直しと競争の促進、自主規制機関の機能の充実・強化、検査・監督体制のあり方および自己責任原則の徹底等について提言されている。この中では、大蔵省から証券行政を分離してアメリカ型のSEC（証券取引委員会）を設置すべしとの議論が焦点となった。

　大蔵省ではこれを受けて1992年2月に「証券取引等の公正を確保するための証券取引法等の一部を改正する法律案」を取りまとめた。これにより、証券取引および金融先物取引を公正中立的な立場から監視する証券取引等監視委員会が設置された。委員会の具体的な権限としては、

① 証券会社・証券業協会・証券取引所等に対して大蔵大臣が有する報告徴取権および検査権のうち、取引の公正の確保に係る規定や業務に関するものの委員会への委任

② 取引等の公正を害する犯罪に係る強制調査権たる犯則事件調査権の委員会職員等への付与

を規定した。

　証券不祥事と前後して金融不祥事が相次いだことから、金融取引についても証券取引と同様に、同委員会が監視すべきであるとの考え方もみられた。しかし金融取引は経済一般を律する民法・商法に基づいて相対取引で行われており、特別のルールに基づいて運営される市場を前提とする証券取引等と

はその性質を異にするとして、銀行検査は従来どおりの体制で行われることになった。また証券検査についても、財務状況に関する検査や証券業協会・取引所への検査は、取引の公正確保のための取引ルールの遵守に係るものではなく委員会の機能になじまないとして、引き続き大蔵省内部に残された。ただ、従来大蔵省の３局（証券、銀行、国際金融）に分かれていた検査に関する事務は、大臣官房に金融検査部を設け統合された。

　次に金融制度改革との関連が問題となる。証券・金融不祥事が発生した時点（1991年６～８月）は、金制調・証取審が６年をかけた金融制度改革案が結論を得た直後であった。まさにそのときに、未曾有の証券・金融不祥事が発生し、法案作成に向けて前進することが危ぶまれる事態になった。不祥事の再発防止について審議が依頼された金制調では制度問題専門委員会フォローアップ会合が設置され、「金融システムの安定性・信頼性の確保について──金融制度改革と金融機関経営のあり方」（1992・１・29）が取りまとめられた。そこでは、

> 不祥事の再発の防止等金融システムの安定性・信頼性を確保するためには、金融制度改革を早期に実施し、金融・資本市場における適正な競争を促進することが重要な前提である。

との結論になっている。

　証取審においても新規参入の促進、株式等委託手数料の自由化を中心に審議が重ねられ、「証券市場における適正な競争の促進等について」（1992・１・28）が報告された。この報告の背景には、業者の保護・育成という行政の姿勢、行政に依存しがちな業者の体質およびそれに伴う競争制限的な制度・慣行について「見直しを行うことが求められている」という認識があった。このため、

> 一連の問題の再発を防止するとともに、投資者の信頼を回復し、証券市場の発展を図っていく見地から、証券業務への新規参入の基準、委託手数料のあり方等について見直しを行い、証券市場に一層の競争原理の導入を図ることが必要と考える。

とされた。

　このように証券・金融不祥事は金融制度改革に対する停止信号ではなく、

むしろそれを推進するためのバネにされたわけである。不祥事の発生によって法案作成作業は予定より大幅に遅れたが、そのような考え方が受け入れられて1992年3月17日にようやく「金融制度及び証券取引制度の改革のための関係法律の整備等に関する法律案」（1992年金融制度改革法案）が国会に提出され、国会終了1日前のきわどいタイミング（6月19日）で成立した。

　証券・金融不祥事は制度改革法案作業の阻害要因にもなったが、おそらくこのような不祥事がなければ、既得権を失う業界のロビー活動により法案は修正を余儀なくされたり成立が遅れた可能性がある。後に日本版ビッグバンの実現に際しても、不祥事を逆手にとって改革推進の梃子にする手法が用いられている。ただ、①金融行政そのものは直接の批判対象になっていなかったこと、②大蔵省分割運動がそれほど具体化していなかったこと、③自民党政権の基盤が強固であったこと、の諸点において、1996・97年の事態とは異なっていた。いずれにしても、金融業界の混乱・弱体化が生じた時期に大きな制度改正が実現するのは皮肉な現象である。しかしこのことは、金融システム改革の本質が業界の仕切りを変えたり取り払ったりする作業であるとすれば、不思議なことではない。

第IV部
90年代

破綻処理とビッグバン

≪背景Ⅳ≫　90年代とはどういう時代だったのか

ピークアウトした日本経済

　80年代以前の金融制度は今よりはるかに不完全であったが、日本の金融システムは世界的にもきわめて強固であると認識されていた。個々のプレーヤーの国際競争力は現在と比べむしろ乏しかったが、国家の信用を背景にして護送船団を組むことにより集団としての信用力が強化されていたからである。何よりも、日本経済の実力上昇がそれを確実なものとしていた。それに比し90年代以降、金融制度はグローバル・スタンダードに向けて急速に整備されたが、その結果プレーヤーは個別に行動することを求められ、個々のプレーヤーは国際競争力の欠如を露呈した。同時に、金融活動の基盤となる日本経済の実力の低下は金融機関の体力を著しく弱体化させてしまった。要するに、弱体化したプレーヤーが個別に行動することにより金融システムとしては不安定となったということであって、これを金融システム改革の遅れに帰することは当を得ていない。

　90年代以降の日本経済の不振に関しては、金融部門が過大な責任を負わされている。むしろ現下の金融問題の多くは、実体経済の不振に起因する。間接金融中心の金融システムはある時期まで過去の蓄積を吐き出すことによって実体経済の激変を緩和する役割を果たしてきたが、90年代後半に至りついに力尽きた。あえていうならば、金融部門がもっと早く実体経済を突き放すことによって自分自身の経済環境変化への適応を図らなかったところに、その後の金融不振の原因が潜んでいたのである。

　80年代までは世界の経済発展モデルとして賞賛されてきた日本経済が、90年代に至りなぜこのように急に失速することになったのか。このような問題意識は通常、「日本経済はなぜうまくいかないのか」と設問されている。しかし本来この問は、「日本経済はなぜあんなにうまくいっていたのか」と置き換えられるべきである。戦後日本の驚異的な経済発展は日本人が努力した結果には違いないが、そのような努力が「奇跡」を起こすような恵まれた環境のもとにあったことを忘れてはならない。しかしその恵まれた条件は90年

代以降一変してしまった。寺西〔2003〕(p29〜)は、1900年ころから1920年代半ばまで成熟したかたちで存続した明治大正経済システム、および1950年代半ばから1980年代はじめまでほぼ順調に機能した高度成長期経済システムを外生的に規定する条件として、

① 時間的に、欧米諸国と比べて後発的に工業化をスタートさせたキャッチ・アップであったこと
② 空間的に、アジアにおける単独の工業化であったこと
③ 経済思想の面で、資本主義経済の矛盾ないし自動調整機能への懐疑が高まり、1930年ころから政府介入容認の時代に入ったこと

をあげている(図表Ⅳ-1)。1980年代半ば以降これらの3条件が消滅した。すなわちキャッチ・アップが終了し、新技術・新産業を自前で開発しなければならない状況が到来するとともに、アジア諸国の急成長により比較生産費構造の劇的な変化が生じつつある。このため、比較生産費構造を無視して構築されてきたフルセット型産業構造の欠陥や、資本市場との間に適切な分業関係を構築していない銀行中心の金融システムなどが、多大の経済的コストをもたらすに至っているというわけである。

戦後、日本経済がこれまでのやり方を根本的に変えることを迫られたのは、今回が初めてではない。石油危機の時には、路線転換の必要性をもっと

図表Ⅳ-1　経済システムの歴史的推移

年	1880	1895	1910	1925	1940	1955	1970	1985	2000
出来事	明治維新	日清戦争	日露戦争	第一次大戦		太平洋戦争		石油危機	バブル期
経済システム		明治大正経済システム				高度成長期経済システム			
時間・空間および思想的条件		アジア諸国の経済停滞						アジアの成長	
		キャッチ・アップ期					技術的不確実性の時代		
	移行期	政府介入思想の時代						グローバル至上主義	

(出所)　寺西〔2003〕p30

明確に意識させられた。ところが実際には1年程度で難局を克服し、それがかえって日本人の自信過剰の原因になったほどである。しかし90年代以降日本経済が置かれている状況は、あの当時よりもはるかに複雑である。石油危機当時は、問題は明快かつ単純であった。不況の原因が原油価格の高騰だということがはっきりしていた。今回も90年代の初めは、原油価格の高騰に相当するものとして、バブルの発生・崩壊、あるいは金融機能不全に経済的不調の原因を求めて一応納得してきたのだが、ここへ来て、実はいまだその真因は解明されていないとの感を深くする。

　バブル崩壊後すでに20年の長いトンネルをくぐってきて、多くの人はかなり以前から、現在経験している事態は単にバブルの後始末にとどまるものではないと感じている。これは、日本経済の転換期、世界政治の変革期がたまたまバブルの崩壊期に重なって、日本経済に三重の重荷がのしかかっているということではないだろうか。第1は、たしかに、80年代後半におけるバブルの後始末である。

　第2には、単に戦後経済の構造変化などという問題にとどまらず、縄文時代中期以降初めての経験である劇的な人口減少過程に入ったことである。人口構造からみると、高度成長期に一貫して上昇してきた生産年齢人口比率が1995年以降急速に低下し、今や世界一の高齢化社会となってしまった。いわばエンジンの力が急速に衰えたにもかかわらず、積荷が重くなっているのである。

　第3は、冷戦終結による世界の政治構造の変革である。冷戦終結とグローバル化によって、高品質のものを大量に安く供給するという日本が得意としてきたビジネスモデルへの新規参入者が続出した。かつて日本は「欧米人のできることは日本人にもできる」ことを戦後の高度成長期に示したが、今では中国が10倍の規模で「日本人のできることは中国人にもできる」ことを実証している。

　日本経済にとって、90年代がバブル崩壊という大規模な景気後退過程であったことは間違いない。しかし、その後の長期経済停滞をもたらしているより根源的な要因は、急激な人口減少社会への歴史的大転換であり、また、冷戦終結・情報革命によるグローバル化の進展ではなかったか。人口ボーナ

スと国民国家間競争という「日本経済の奇跡」にとって有利な条件はいつまでも続くものだと錯覚していたが、90年前後を境にいつの間にか終焉していたのである。90年代に日本経済は、相互に関係はあるが異質な複数の問題に同時に直面した。このような重い課題が同時に3つも重なってしまったのは、何という間の悪さか。第1のバブルの後始末の問題は後に詳しく論ずるので、ここでは日本経済が直面している難局の最も根深い原因であり、90年代を特徴づける第2、第3の問題について考察してみたい。

人口の減少と将来の見方の変化

　日本経済の構造転換は戦後何回か繰り返されてきたことであるが、80年代以前と90年代以降との違いは、将来の見通しの問題である。高度成長の時代とは、いま成長しているということよりも、将来も成長が続くという見通しのもてる時代、「将来性を買う時代」であった。将来性を買えたからこそ、地価は収益還元レベルを超えていた。そのうえさらに将来の発展を見込んで地価は上昇した。それに比して90年代になると、「現実をふまえてその延長線を見つめざるをえない時代」になった。バブルの修正をはるかに超える地価・株価の下落が続いたことは、バブル以前から内在した日本経済・社会の軌道修正が進んでいたことを意味している。

　このような意識変革の最大の要因は、20世紀末の日本が史上経験したことのない人口の屈折点に差し掛かっていることである。租税負担の増加、年金財政の崩壊など漠然たる将来への不安も、根底には日本の社会が人口減少によって縮小均衡に向かうことを国民が感じているからであろう。量的な拡大が峠を越えたとの前提に立てば、個人消費・設備投資などの経済活動は知らず知らずの間に大きく変化するに違いない。いままさにそういう変化が日常的に起っている。

　日本の人口は、20世紀の100年間で約3倍に増加した。幕末以来の経済発展、国力伸張の背景には、人口増加圧力があった。長い間日本人は、「国土は狭く、資源が乏しいのに、人ばかり多い貧しい国」だと教えられてきた。人口の増加は、一方で日本人の心のゆとりを奪ってきたが、他方、口では和を尊ぶなどと唱えながら日本人を激しい競争に駆り立てる背景にもなってき

た。それは労働力供給という意味でも、精神的な向上心という意味でも、20世紀における活力の源泉であった。

　総人口の減少に先立つ出生数の転換はすでに半世紀前にきわめて急激に起っていた。第2次世界大戦が終わって間もない時期にベビーブームがあり、その直後、出生率は49年から59年のわずか10年間で4.32から2.04へと、世界的にも例をみないほど急速に低下した。当時そのことは、それまでの「人ばかり多い貧しい国」から脱却するための施策が成功したものと考えられた。しかし人口の増加がわが国の成長・発展にとってむしろ原動力であったことを、今日、人口の屈折点に立って痛感させられている（図表Ⅳ-2）。

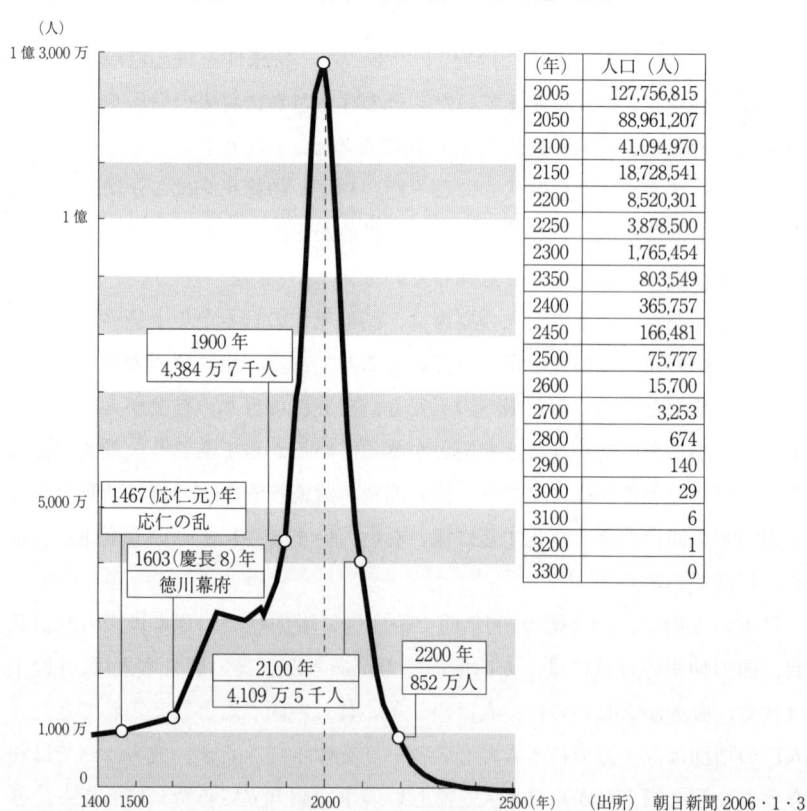

図表Ⅳ-2　日本の人口減このまま進んだら

(年)	人口（人）
2005	127,756,815
2050	88,961,207
2100	41,094,970
2150	18,728,541
2200	8,520,301
2250	3,878,500
2300	1,765,454
2350	803,549
2400	365,757
2450	166,481
2500	75,777
2600	15,700
2700	3,253
2800	674
2900	140
3000	29
3100	6
3200	1
3300	0

グラフ注記：
- 1900年　4,384万7千人
- 1467（応仁元）年　応仁の乱
- 1603（慶長8）年　徳川幕府
- 2100年　4,109万5千人
- 2200年　852万人

（出所）朝日新聞 2006・1・3

冷戦終結とグローバル化

　90年前後に、時期を同じくして冷戦が終結したことは、日本経済にとってまことに皮肉なことであった。89年11月のベルリンの壁崩壊、91年12月のソ連邦解体、92年12月の中国の社会主義市場経済宣言。冷戦の終結は、日本経済の発展の環境を大きく変えてしまった。まず冷戦の終結は、世界の人口の3分の1が市場経済に参入し、それだけヒト・モノのバランスが変化したことを意味する。その頃日本経済はキャッチ・アップのプロセスを終えさらなる発展の壁にぶつかっていたので、先頭集団の壁と追随集団の追い上げの挟み撃ちにあったかたちになったのである。しかもグローバル化の進展は、国民国家単位の閉鎖的社会を強さの源泉としてきた日本社会にとって、それが弱みに転ずる背景となった。

　冷戦終結はたしかに大きな転機であったものの、アジアにおける日本の経済的地位（アジアにおける単独の工業化であったこと）の変化はすでに80年代には現れていた。1870年以降1970年までの100年間、日本以外のアジア諸国の世界GDPに占めるシェアは継続して低下している。それに対しこの間日本のみが、アジア唯一の先進工業国としてシェアを高めてきた。ところが中国およびその他のアジア諸国のシェアは、1980年ころを境にして上昇に転じている。これは先進国からの資本輸出と各国の適切なインセンティヴ政策の採用により、アジアで急速なキャッチアップが生じてきたことに対応している（寺西〔2003〕p32）。1980年以降は円高や労働力不足に促されて、日本の生産拠点がアジアに脱出していったことはその結果である。それに伴い、日本のシェアは90年代から低下を始め、21世紀には高度成長以前の相対的地位に戻ることになる。90年代は単にバブル崩壊の時期にとどまらず、まさにその転換点だったのである（p177図表Ⅲ-1参照）。

　20世紀最後の約20年間に、グローバル化・情報化、人口構造の転換期、バブルの発生という別々の波が押し寄せることによって日本経済の優位は失われ、邦銀の足場は予想外の脆さを露呈してしまった。日本経済は銀行中心の間接金融システムであり、経済運営が順調なときはその成果がシステムの心臓部である金融部門に集まった。ただしそのときには公共性の名のもとに金融がそのすべてを自ら収穫することは抑制された。しかしいったん経済が逆

境に転ずると、すべてのリスク・損失はやはり金融部門に集積されることになった。しかもこのプロセスでは同じ金融の公共性の名のもとに、そのすべてを経済社会の保険機能を担うものとして金融部門が受け止めなければならない立場に置かれた。不良債権処理における母体行負担や中小零細企業への貸し渋り批判などはその一例である。

このように、90年代はそれまで日本の経済・社会の中枢に位置していた金融部門にとってきわめて厳しい時代になり、その状況はいまだに続いている。ただ、「90年代を『失われた10年』と呼ぶことがあるが、無為に過ごしたわけではなく、制度変化の10年だった」（青木昌彦　日経新聞2006・1・1）と積極的に受け止めることもできるのではないだろうか。

「折り返し点」としての90年代

さて、ここで先にあげた「日本経済はなぜあんなにうまくいっていたのか」との問いに戻ってみよう。作家・山田風太郎の直感は鋭い。

>「いまの日本のこういうところに注文がある、もの申すみたいなことはございませんか。」
>「ないねえ。初めあると思ってたけれども、いまはない（笑）。よく言うことだが、日本にこれほど幸福な50年は、いままで、一回もないからね。平安朝を見ても、室町時代をとっても、江戸時代をとっても、明治時代をとっても、どの時代をとっても、いまが一番幸福な時代ですよ（「いまわの際に言うべき一大事はなし。」1998年）。

80年代までは、日本経済はいろいろな問題点を内包しつつも、団体戦の強みを生かして（80年代までの国民国家の競争時代はそれが可能であった）、1人当りGDPでも欧米に追いついた。その状況は為替レートによる過大評価を除いて（購買力平価換算で）考察すると、90年をピークとしている。それにしても20世紀後半における「日本人の値打ち」の急上昇には目を見張るものがある。戦後の高度成長期に日本のGDPが世界第2位になった理由は、アメリカ以外の先進国に比べ人口および人口増加率に勝っていたこともあるが、なんといっても2000年の世界史において平均程度に甘んじてきた日本人の1人当りGDPが、きわめて短期間に3.65倍にまで上昇したことにある（図表Ⅳ-3）。諸条件に恵まれた急激な生産性上昇こそが「日本経済の奇跡」

図表Ⅳ-3　日本人の1人当りGDPの推移（世界平均比）

西　暦	0	1500	1870	1950	1960	1970	1980	1990	2000	2008
日本	400	500	737	1,921	3,986	9,714	13,428	18,789	20,738	22,816
世界比（倍）	0.86	0.88	0.85	0.91	1.44	2.60	2.98	3.65	3.43	3.00
世界平均	467	566	870	2,111	2,773	3,729	4,512	5,150	6,038	7,614

（出所）　A.Maddison（HP）：Historical Statistics of the World Economy

を生んだのであり、この状況が異例であるだけに今後もそれを維持することは容易なことでない。

　日本人は順風を受けた奇跡の20世紀から逆風に立ち向かう苦難の21世紀に転ずることになる。イギリスは、1870年に世界の9.0％（大英帝国では24.3％）を占めていた経済が140年をかけて2.8％にまで後退する苛立たしい過程を経験した（p177図表Ⅲ-1参照）。日本は、90年の8.6％から数十年をかけてイギリスの轍を踏む可能性が高いのであるが、いずれにしても90年代はその分岐点に位置していたのである。

第7章 バブル崩壊と護送船団方式の終焉

第1節　バブルの崩壊とその対応

　バブル崩壊以降、不良債権処理が一応の解決をみるまで約15年間のおもな出来事は次のとおりである。

図表7-1　バブル崩壊後の不良債権問題の推移

1989.12	株価ピーク（日経平均38,915円）
1991.09	地価ピーク（90.3不動産融資総量規制）
1992.08	株価急落、バブル崩壊明白に（宮沢首相軽井沢発言）
1994.12	東京2信組破綻処理（95.6ペイオフ凍結の政府方針）
1995.12	住専処理策発表（公的資金6,850億円投入）
1996.11	橋本首相、日本版ビッグバンを指示
1997.11	拓銀、山一破綻
1998.10	金融再生法、長銀破綻
1999.08	第一勧業・富士・興銀統合計画発表
2001.04	小泉首相就任、構造改革路線
2002.01	「景気の谷」（以後、「いざなぎ」を越える景気回復）
2002.10	竹中金融相就任、「金融再生プログラム」不良債権04年度半減目標
2003.05	りそな銀行公的資本投入
2005.03	不良債権半減目標達成

1 バブル崩壊と初期の対応

(1) バブル崩壊のきっかけ

　バブルの発生を避けられればよかったのはもちろんであるが、それが起こってしまった以上、せめてバブルの崩壊過程をもっとうまく乗りきれなかったのか、との指摘は多い。バブル崩壊過程における対処については、どこに問題があったのであろうか。

　1987年2月以来（当時としては）史上最低の公定歩合（2.5％）が2年以上も続き、日銀は金利引上げの契機を探り続けていたが、通貨情勢・対米関係等各般の情勢からなかなかそれを見出すことができなかった。1989年5月にようやく「政策転換ではない」とのコメント付きで公定歩合の引上げに踏み切った。当時は地価の異常な高騰が全国的に広がりつつあり、国民の間に資産保有の多寡による不平等拡大への不満が高まっていた。そのような社会の空気を背景にして、この頃からバブル的風潮への強い反感が世の中を覆う。ジャーナリズムの間にバブルつぶしの先陣争いが起こり、政治家や行政当局もその流れに乗った。

　日銀の発想法にはもともと「利下げを負け・利上げを勝ち」と評価する傾向があるが、80年代後半にたびたび利下げを強いられたことへの反動のごとく、いったん利上げに転ずるや1年あまりの間に5回・合計3.5％に及ぶ急激な公定歩合の引上げを行った。三重野日銀総裁はバブルつぶしに大ナタを揮う「平成の鬼平」と賞賛される。公定歩合は1990年8月に6.0％に引き上げられて後、1991年7月まで10カ月にわたり高水準に留められる。金融政策による引締め効果はきわめて有効に働いたが、その後バブル崩壊の影響が懸念されだすと、第4次引上げは必要なかったのではないか、との意見も出てきた。

　景気は1991年2月を山にして下降に向かい、生産や設備投資の伸びもマイナスに転じていた。東京圏の地価はすでに1989年頃からほぼ鎮静化していたが、大阪圏・名古屋圏の地価も1991年には下落の兆しをみせる。株価は1989年12月末をピークとして、1990年3月には3万円を割り込むなどほぼ一貫し

て下落を続ける。しかしながら、人手不足などを理由に物価は1990年夏から騰勢を強めており、また1991年夏には湾岸危機を背景とする原油価格上昇があった。1989年半ばから90年にかけて為替レートは円安傾向で推移し、金融緩和がさらなる円安をもたらすと輸入価格の上昇からインフレにつながるおそれがあった。1

　いろいろと政策転換の根拠や反論をあげることは可能であろう。しかし何といっても当時の社会的な流れが決定的な力をもっていた。地価や株価の高騰がバブルであるとの認識が次第に広まり、金融引締めはバブル潰しとしてメディアからも積極的な評価を受けた。バブルが資産所得格差を拡大し経済の歪みを増幅させた、したがってこれを早急に是正することが社会的公正のために必要であるとのキャンペーンが繰り広げられた。国会や与党の会合では、地価抑制のための一層強力な税制上・金融上の措置を求める声が相次ぎ、各方面の声に応える形で1990年3月に不動産融資総量規制が導入され、1991年4月に地価税法が成立した。

　終戦直後の復興期はともかく、高度成長期以降は、個別部門への資金配分にまで介入することについて金融行政はきわめて消極的であった。しかもバブル崩壊前には国際的にも高い評価を受けていた金融界の意気は軒高であり、80年代後半は金融自由化・国際化・規制緩和のムードが最も高まっていた時期である。銀行の融資行動を政府が強権的に規制する措置は、とても歓迎される雰囲気ではなかった。そのため土地融資については1986年から数次にわたり、強権的行政介入を避けつつ投機的な土地取引につながるような融資の「自粛」を求める通達が出されている。しかしその効果はあまりなく、結局、1990年3月20日に日銀がマクロの政策として4度目の公定歩合引上げを行い、その直後の27日に大蔵省がミクロの政策として不動産融資規制通達を出した。

1　当時はそのように説明されたが、その後90年代のデフレを経験してみると、このような発想はそれまでの経験にとらわれた固定観念であったかもしれない。

(2) バブルの崩壊とその受け止め方

　設備投資・住宅建設・耐久消費財需要が一巡したことによるストック調整と金融引締めの影響等から、景気は1991年2月を山として下降に転じる。これにバブル崩壊による企業収益の悪化・不良債権の増加などが加わって、日本経済は戦後最も長期にわたる経済停滞に苦悩することになった。現在ではこの頃の経済状況に関する金融関係者の認識が甘かったこと、そのような楽観的な見通しに立った不良債権等の処理方策が問題解決を先送りする結果になったことが厳しく批判されている。しかしバブル崩壊が始まった当時の景況判断は、各界ともむしろ楽観的であった。月例経済報告での政府見解をみても、1991年の夏までは「わが国経済は、拡大局面にある」としていた。「調整過程にあり、景気の減速感が広まっている」となったのは、ようやく1992年3月のことである。

　1992年度の経済白書は、冒頭「日本経済は難しい局面に立っている」としながらも、「<u>短期的には</u>、景気が調整過程にあり、……各経済主体にとまどいが見られる。そして、高い成長から調整過程に入った時の落差感が大きく、<u>実態以上に</u>マインドの冷え込みにつながっている」（下線、筆者）との認識を示し、「このような、日本経済の直面する、短期的、中期的、長期的問題およびそのグローバルな意味合いについて、過度にその困難や不透明さを強調し、悲観的になることは賢明でない」と論じている。

　石油危機など過去にいくたびも難局を克服してきた記憶が強く残っており、日本人全体がまだ日本経済の復元力について大きな自信をもっていた。日本の製造業は世界一であると、ことあるごとに強調された。バブルについて経済白書は、「バブルの崩壊自体は設備投資の回復を緩やかにする要因ではあるが、回復に深刻な悪影響を与えるものではない」と述べている。政府の景況感は、楽観主義として当時すでに批判を受けてはいたが、民間のエコノミストの間でも意見は分かれていた。

　1993年度になると、経済白書は「バブルの教訓と新たな発展への課題」と標題をつけている。その冒頭では「長引く景気低迷、浸透するバブルの崩壊の影響、経常収支黒字の急増など、1992年から93年前半にかけての日本経済

COLUMN

当時の日本経済観

　すでにバブル崩壊が明らかになっていたとはいえ、90年代前半における日本経済の先行きについてはむしろ比較的明るいものが多かった。そのような見解は枚挙にいとまないが、代表的な事例として日本経済新聞・経済教室の「2010年の経済構造」（1994・2・23）をあげてみよう。そこでは「日本経済は今後成熟期に入るものの、21世紀初頭の10年間に平均3.5％の成長を達成できる。ただしそれには、財政改革、市場開放、地方分散などさまざまな制度改革の実現が前提となる。」として、次のような成長経路を描いている。この中で最大の目算違いは、成長率もさることながら、物価上昇率（すなわちデフレ）ではないか。2010年の卸売物価指数が90年対比128になっていれば、不良債権問題も財政赤字も大部分解消していたことであろう。

図表7-2 「2010年の経済構造」

	予測値			年平均伸び率		
	1992	2000	2010	1975/90	1990/00	2000/10
GNP（兆円、85年価格）	424.4	531.5	751.6	4.3	2.7	3.5
世界GDP（兆ドル、87年価格）	20.2	25.8	34.0	2.9	2.5	2.8
卸売物価指数（90年=100）	97.4	106.9	128.0	1.1	0.7	1.8
為替レート（円/ドル）	125	90	110	-4.9	-4.4	2.0
乗用車生産台数（万台）	930	858	900	5.2	-1.5	0.5
人口（百万人）	124.5	126.2	125.9	0.7	0.2	0.0
失業率（％）	2.2	3.3	1.8	0.5	4.8	-6.1

は多くの課題に直面することになりました。しかし、低迷を続けてきた景気にも、93年に入ると最悪期を脱し、回復に向けた動きが現れてきております」と述べている。情勢判断の前提となる当時の景況感は、経済白書をはじめとして早晩バブルの影響から脱却できるとの見方が多かったのであり、銀行等が景気回復まで企業に時間を与えたことは、必ずしも独断的な見通しによる先送りと断ずることはできない。

2 「当面の運営方針」と「行政上の指針」

　1991年11月に宮澤喜一内閣が発足した。しばらくの間、政府の景気に対する見方は依然として強気が続いたが、1992年も半ばになると地価の下落傾向

が明白になり、また株価の動向に不安が生じたため政策運営はさすがに慎重になった。かねてから不安定さを増していた株価は8月18日に1万5000円を割る。政府が不良債権処理という問題を明確に意識して具体的な取組みを始めたのはこの頃からである。ただ、ようやく景気の先行きに慎重な見方が生まれてきたとはいえ、それはバブル崩壊の影響を認識し始めたということであって、日本経済の基礎体力や回復力について疑問をもたれたわけではない。バブル崩壊の影響についても、金融システムを揺るがすような構造的なものではなく、「当面の」対策を講ずべき性格のものと認識されていた。したがって1992年から93年にかけて打ち出された諸措置は株価低迷への対応策や会計的に不良資産処理を促進するための税制措置の弾力化が中心であり、1994年以降金融問題が深刻になってから講じられたような公的資金の投入を含む本格的な対応策ではなかった。

　しかしそれは当時の経済状況についての認識からすればやむをえないことである。当時世間（特に財界・言論界）には不良債権処理のために公的資金投入を容認する声はほとんどなかった。ようやくそれまで主流であった「バブル退治」の論調が少し変わって、景気低迷に対するマクロ経済政策の必要性が強調されるようになった段階であった。仮に後講釈が許されるとしても、当時必要かつ実行可能であったのは宮澤首相が提起した銀行への公的資金投入というような唐突な政策ではなく、それを必要とする事態に至らせないためのマクロ経済政策ないしは経済構造改革であったと思われる。当時の金融行政の姿勢は、「金融行政の当面の運営方針」（以下「当面の運営方針」）（1992・8・18）によく表れている。

> 　いわゆるバブル経済の崩壊が金融機関に与えた影響は極めて大きく、その克服には厳しく真剣な取り組み努力が必要であり、かつ、相当の調整期間を要することは事実である。しかしながら今日のわが国金融システムを取り巻く基礎的諸条件は、高い水準にある産業の国際競争力、増大した資産の蓄積、整備された制度的枠組み等に見られるように、かつてとは比較にならない程強固なものとなっている。従って、金融システムが機能障害を生じ、これによって国民経済に過重な負担を余儀なくされるようなことはないと確信している。状況をいたずらに悲観視することなく、冷静にして沈着、着実にして真剣な対応努力を積み重ねることによって問題を解決していくことが可能である。

これは、株価・地価の大幅な低下によって金融機関がかつてみられなかった厳しい状況に直面していることにかんがみ、政府が国民に対し冷静な対処を呼びかけたものである。この文書では、こうした状況のもとで金融システムの安定性に問題が生じているのではないか、また、資金の供給が円滑に行われていないのではないか、との懸念についても取り上げられている。しかし基本的には日本経済の回復力・対応力を信頼し、過剰反応することなく着実な対策を積み重ねていくことの必要性を説いている。当時このような考え方は十分説得力のあるものとして世間に受け入れられた。実際にはその後長い間「金融システムが機能障害を生じ、これによって国民経済に過重な負担を余儀なくされる」ことになった。しかしそれは主として少子高齢化の進行などにより「わが国金融システムを取り巻く基礎的諸条件」が当時の認識に反して決して強固でなく、その後中国の台頭などによってますます脆弱なものになってしまったからである。

　この「当面の運営方針」では、
① 株式売却による安易な益出し抑制
② 期限付き劣後ローン・永久劣後債等を利用した自己資本充実や債権流動化による融資対応能力確保
③ 不良債権の早期処理促進のための、担保不動産の流動化方策及び税務面での環境整備

を図ることとしている。この方針に従い、1992年9月18日には「認定による債権償却と区別勘定の設定に関する運用上の留意点について」（国税庁通達）が出され、税務行政上の運用が改善された。また1993年1月27日には担保不動産流動化策の一環として共同債権買取機構（以下「買取機構」）が設立され、この機構に対する債権の売却損については無税での処理が認められている。

　買取機構に設けられた価格判定委員会によって不動産の価格査定をし、買取を実行し、買取資金は持込銀行がバックファイナンスを行った。買取機構はこの不動産を売却し、その時点で元金と利息を一括返済した。この仕組みのメリットは売却時点における売却損の確定・不良債権の優良債権への転化等であるが、他方、そこから先の最終的売却ができなければ利息は入らずメリットはなくなる。実際には買取機構による回収は必ずしも順調ではなく、

当初の買取期限である1998年3月末（1998年に2001年3月まで延長）までの発足以来の実績は、買取元本14兆9750億円、買取価格5兆7642億円、回収額1兆3846億円で、所期の目標を達成したとは言いがたかった。

その後細川護熙首相の非自民6党連立内閣の発足（1993・8・9）という戦後政治史の転換点を迎えるが、金融問題への対処方針に大きな変化はない。1994年2月8日に発表された総合経済対策においては、従来実施されてきた施策をさらに1歩進め、景気浮揚策とともに土地の有効利用促進策や金融・証券市場に関する施策を幅広く実施しようとした。経済の先行き不透明感の一因ともみられていた不良債権問題については、総合経済対策の決定と同時に「金融機関の不良債権問題についての行政上の指針」として公表された。

そこでは金融機関の経営上の問題が信用秩序に対する信頼に影響を及ぼすことのないよう、不良債権を計画的・段階的に処理していく考え方が示されている。不良資産は次の3つのカテゴリーに分けられ、それぞれに応じた対応が必要とされた。これらを同一視しすべてについて償却等による処理が必要であるかのように論ずるのは適当でない、と考えられていた。ここに当時の不良債権問題に関する現状認識がよく表れている。

① 融資先企業の業績低下等により、通常に比べて留意を要する債権：金融機関の経営に直ちに影響を与えるわけではないが、各金融機関が自らの判断により、留意していく必要がある。

② 経営上の困難に直面した融資先に対して金利減免等により支援を行っている債権：元本が回収されるという前提で再建計画が実施されている。③と同列に扱うことはできないが、金融機関の収益圧迫要因として問題がある。

③ 破綻先・延滞債権：その一部につき回収不能が見込まれ、今後時間をかけて処理していく必要がある。

この施策の眼目は、③の処理促進と②の流動化である。前者のためには、不良資産についての無税償却の促進に税務行政上の配慮を示すとともに、買取機構の活用を促している。②のノンバンク等に対する金利減免債権については、特別目的会社（再建計画の実行を管理する会社）を設立し、これに対し

て流動化することを促している。これにより、金融機関は金利減免債権を市場実勢価格で現物出資することを通じ、簿価（金利減免前の債権の帳簿価額）と時価（金利減免後の債権を現在価値に割り戻した市場実勢価額）との差額をロスカットすることとなる。

この段階での対応が将来の経済情勢の回復に期待しての当面の措置という性格のものであったことは明白である。このような発想は不良債権処理の先延ばし、あるいは子会社への隔離の原因となったとの批判もある。

3　当時の邦銀の国際的評価

80年代までは世界から経済発展モデルの模範として研究対象とされた日本経済は、90年代半ば以降一転して厳しい批判にさらされる。たとえばIMD（経営開発国際研究所、スイス）の競争力格付けにおいて、1989年から93年までは47カ国の中で第1位であったのに対し、2002年には30位に下落している（2010年では27位）。

金融に関していえば、邦銀の世界制覇というような90年代初頭までの認識は、かなりの部分円高に惑わされたイリュージョンであった。80年代後半の状況を振り返ってみると、まず第1に低金利政策によって海外への融資のダンピングができた（銀行経営者の立場では、資金の需給状況からみて、そうせざるをえなかった）。海外からも、少ない自己資本で低利の預金を集め海外でダンピング（「ハラキリ融資」）をするとの批判があり、これが後にBIS規制の導入に結びついた。第2は継続的傾向としての円高であり、当時はドル建資金の調達に際し将来の為替差益を織り込むと金利はほとんどゼロになり、そのため海外でのエクイティ・ファイナンスが盛んになった。また円高は海外資産の円建てでの縮小をもたらし、自己資本比率を計算上押し上げ、邦銀の海外活動を身軽にする効果があった。80年代における邦銀の「国際競争力」の基盤はこういうことであって、金融技術や情報収集力が優れていたからではない。したがって、不良債権の痛手と円の先行きへの不安でこの強みがなくなったとき、日本の金融機関の国際競争力も急速に低下していった。

90年代前半における日系金融機関の活動状況については、次のような現地での観察がある（大村〔F1994〕）。80年代前半に中南米諸国の累積債務危機

などの打撃を受けた国際金融市場では、1993年頃になると、次のような共通項をもつ新たなビジネスの核（デリバティブズ、エマージング・マーケット）が育ってきた。

① 国際市場のトップ・プレーヤーにとって、これらの分野がもっとも有力な収益源となっている。
② 豊富な情報・高度な専門家集団を必要とし、競争力を身につけるには先端分野への積極的な取組みを要する（機器の整備、プログラムの開発・導入、スタッフの引抜きなど）。
③ 80年代に借り手側の放漫な経済行動と金融機関側のリスク管理の甘さを痛感させられ、市場参加者の行動・市場の性格が大きく変化した結果である。

国際金融市場の活況の背景には市場の構造的変化があり、この潮流にどのように対応するかはグローバルに活躍する金融機関にとって重要な課題であった。しかし80年代に順風を受けてきた日系金融機関にはこのような問題意識が十分育たず、激変した流れに必ずしも的確に対応できなかった。日系金融機関のオーバープレゼンス批判は次第に影を潜め、むしろその国際競争力に疑問が投げかけられた。ユーロ市場においては債券・貸出ともに日系金融機関のシェアは80年代後半のピーク時に比べ大きく低下した。

金融専門誌等による市場利用者間の人気投票等でも日系金融機関の評価は低下し、次のような問題点があげられている。

① ビジネスチャンスには果敢に取り組みリスクが増大したら思い切って撤退するという、組織としての戦略的・機動的対応に欠ける。確実な収益分野だとだれの目にも明らかになるまで踏み切れない。
② さまざまな商品のグローバルなリスクをクロス・マーケットで適格に把握するリスク管理体制が立ち遅れている。このことが収益性とリスクを的確に判断し効率的なトレーディングを行うことを困難にしている。
③ 国際的な投資家・資金調達者に対するネットワークがメジャー・プレーヤーに比べ見劣りする。この結果顧客ニーズの把握が不十分となり、また、専門知識を有するスタッフの不足はマーケティング力や商品開発が劣る原因になっている。

このような問題を招いた原因は必ずしも規制の存在ではなく、市場関係者の多くは日系金融機関・企業のカルチャーが最大の要因と考えていた。また規制の影響についても、金融機関の行動を直接束縛するという側面よりも、規制の存在によりリスク管理や商品開発の充実への強いインセンティブが働かない点を重視する意見が多かった。長期安定重視のカルチャーは日系の資金調達者・機関投資家についても同様であった。

　デリバティブズやエマージング・マーケットでは専門家集団の存在が不可欠であるが、年功序列の人事システムの中では彼らを高給で遇することは困難であった。またトレーディングにおいても利益に応じた報酬が支払われず、失敗のときにのみ責任が問われる結果となるため、積極的にポジションをとる意欲は生じなかった。さらに国際金融市場においては取引が高度化・複雑化するにしたがって1つの取引が複数の分野にまたがっていく傾向が強く、縦割りの組織では顧客のニーズに迅速に応えられなかった。

　こうしてみると、「日系金融機関の国際業務の現在の姿は、対応の遅れというよりも、対応の違いという方が正確かもしれない」（大村〔F1994〕）。アングロ・サクソン系の社会においては、企業の存在自体を含め大胆にトレーディングの対象とし、また、リスクよりも収益が上回ると判断すれば果敢に進出し、危ないとみればあっさり引き上げるというカルチャーがある。これに対し日本社会では、事業の永続性や顧客との長期的関係をとりわけ重視し、これを反映して金融セクターの役割についても、金融機関の国際競争力そのものより、いかに国内のマクロ経済安定に貢献し、自国産業に安定した資金を供給するかが重視されてきた。

　高度成長期以降の日本においては、すべての分野で世界の先端部門を担っていないと気の済まない傾向があった。金融部門においても日系企業が合併・統合により体力を強化し、アメリカ型の金融技術・経営手法を取り入れ国際競争力を回復すべきであるとの考え方が根強く存在する。しかし、おそらく日系金融機関が一気にアメリカ型の金融ビジネスのスタイルに転換することは不可能であろう。もともと同様の社会基盤をもつヨーロッパの金融機関ですらそのような転換に成功せず、結局アメリカの金融機関を合併することにより必要とされる機能を補完しようとしているが（ドイツ銀行によるバ

ンカース・トラストの買収など)、その試みも成功したとは言い難い。

　日系顧客の維持にとどまらずグローバルなマーケットで世界の顧客を相手にして国際業務を行う一流プレーヤーを目指すのであれば、社会・企業のカルチャーから変えていく必要があることを認識した上で取り組むほかはない。これは単に金融の領域にとどまらず、外交・報道・大学の分野においても同様である。この問題を金融制度の立遅れだけに帰する議論は必ずしも核心を衝いているとはいえない。

第2節　破綻処理の始まり

1　戦後における破綻処理の経緯

　1994年に入ると、予想を越える累積的な地価下落の重圧に耐えられず経営危機に陥る金融機関が続出した。バブル崩壊が顕在化して金融機関経営に与える影響が深刻になる中で、安定性を重視する従来の金融制度の枠組みが想定していなかった事態が次々と現れ、目前の個別破綻処理と新たな事態に対処するための制度整備を同時並行的に進めざるをえなくなる。90年代以降の金融制度改革は、日本版ビッグバンのように従来型の自由化・国際化という性格のものもあるが、むしろ金融システム安定化のための制度整備が特色となっている。その状況を述べる前に、預金保険制度の整備を中心に戦後における金融システム安定化政策について簡単に振り返っておきたい。

　終戦直後の不良債権問題の深刻さは今日の比ではなく、経済自体が壊滅状態にあった中で、多くの金融機関は破綻の危機にさらされた。すなわち敗戦の結果、政府は民間企業に対し当時の一般会計予算規模に匹敵する859億円の戦時補償債務を負ったが、GHQはその支払いを禁止した。そのため民間企業への銀行融資はほとんど不良債権化し、金融機関は深刻な経営危機にさらされる。これに対し政府は銀行の経理を新旧の2勘定に分け、旧勘定で第2封鎖預金の切捨てを含む不良債権の処理を行った。この際、旧勘定で処理しきれなかった損失については、第1封鎖預金（一定金額以下の少額預金）に

影響を及ぼさないよう政府が補償（総額165億円）した。この仕組みは複雑であるが、要するに預金の一部切捨てや公的資金投入が行われたのである。少額預金の保護措置などは現在の預金保険の仕組みに類似しており、金融危機をめぐる日本人の発想は実はそれほど変わってはいない。

　その後は経済復興・高度成長の過程を通じて、資金不足に悩みながらもわが国の金融は経済発展に大きな役割を果たした。この間大きな金融危機はなく、たとえ一部の金融機関が経営破綻に瀕しても余力のある大銀行が救済するという対応が可能であった。経済成長と金融規制によって金融システム内部に余力を留保し、日本全体のリスクを社会化して相互扶助的に処理してきたのである。こうした中で、銀行は倒産することはないという見方が定着し、金融行政においても金融システムの安定は大前提とされ、その不安定化につながる個別金融機関の破綻はいろいろな手法を駆使して回避された。

　1971年には「預金保険法」が成立した（第1章第4節参照）。預金保険制度の創設については、1957年に「預金保障基金法案」として国会に提出されたことがあるが、当時は政府・日銀の規制下で金融機関の経営は相対的に安定していたのでセーフティー・ネットの必要性が認識されることは少なく、実現をみなかった。1971年の時点でもなお金融システムに対する不安感は実感されてはおらず、金融界（特に破綻には縁遠く、限界的な金融機関のために保険料負担を負わされるだけと考えた大銀行）には設立に消極的な意見が強かった。

　その後1984年にはアメリカからの金融自由化・国際化の圧力が強まり、それを実行する上での環境整備として、1986年に預金保険法の改正が行われた。それまでは破綻処理の方法として1預金者当り300万円（当時）を上限とする保険金支払（ペイオフ）方式しかなかったが、破綻金融機関を救済合併によって処理する現実的な処理方法として資金援助方式が追加された（この際、保険金支払限度額は300万円から1000万円に引上げ）。しかし制度創設後20年を経た1991年に伊予銀行により東邦相互銀行が救済合併されるまで、預金保険が現実に発動されることはなかった。

　金融自由化以前の競争制限的な枠組みのもとでは大きなフランチャイズ・バリュー（免許業種としての特権的価値）が存在しており、吸収による営業規

模の拡大（特に店舗網の獲得）によって救済金融機関の負担は十分回収されうると考えられていた。このような手法の典型的な事例が、1986年の住友銀行による平和相互銀行の吸収合併である。法律上は金融機関が破綻したときには一定額以上の預金者には負担を求める（ペイオフ）ことになっていたにもかかわらず、国民の間には預金は全額保護されるものとの通念が定着しており、一般国民はペイオフという概念すら知らなかった。

その後金融自由化によって金融機関のフランチャイズ・バリューは著しく下落し、破綻金融機関の受け皿となる価値がなくなる。またバブル崩壊の影響が深刻化すると、破綻の増加・損失額の巨大化のため、吸収合併するコストは膨大なものとなる。その結果、吸収合併のメリット、コストの両面において、従来の破綻処理方式の適用は難しくなった。他方行政側の問題としては、規制緩和が進められた結果、店舗認可など民間金融機関の協力を得るための裁量的手段がなくなった。そのため吸収合併コスト軽減の方策として、それまでは「伝家の宝刀」にすぎなかった預金保険制度の発動を余儀なくされる。

その初期段階においては、従来の預金保険制度が前提とする破綻金融機関の「受け皿」（救済金融機関）を辛うじて見出し、それに対し資金援助することによって預金全額保護を守りながら処理することができた。東邦相互銀行・東洋信用金庫・大阪府民信用組合などはこのような吸収合併方式で対処されている。1993年6月の釜石信用金庫のケースでは遂に受け皿を見出すことが不可能になり、吸収合併でなく清算したうえ事業譲渡された。この場合には債務超過になっているとペイオフが不可避となるが、このケースでは信金業界の協力もありそのような事態には至らなかった。

1994年になると明らかに債務超過であり破綻処理を要する金融機関が現れ、そのまま放置するとペイオフ実施を迫られる可能性が強くなった。しかしバブル崩壊が顕在化した段階では従来型の軽装備の事後処理策しか用意されていなかったため、預金保険制度の建前と預金全額保護という現実的要請が両立しえなくなった。大蔵省・日銀は、とりあえず法律改正を要しない緊急避難措置として、公的資金（日銀出資）による受け皿銀行の創設を検討した。

2　東京2信組の破綻処理

　1994年6月30日に自民・社民・さきがけ3党による連立政権が発足した。非自民6党の連立から、首相は社民であるが実質的には自民主軸の連立政権へ180度の転換である。銀行の破綻がなく預金に対する信頼は絶対であった時代の終焉の時期が、戦後政治の大きな転換期・混乱期と重なったことは大変不幸なことであった。昭和金融恐慌のときと同様、このような政治情勢は、金融機関の破綻処理という最も政治的安定が求められる政策実行の舞台として適したものではなかった。

　当時いくつかの小規模金融機関の経営が危機的状況にあり、従来のような吸収合併手法の適用が不可能であることを金融当局は1993年頃から認識していた。預金保険による資金援助は救済金融機関に対して講じられるものであるため、受け皿がない場合にはペイオフ方式に依らざるをえない。しかしそのような処理をした場合には、一般国民が長年絶対視してきた預金への信頼を突如崩壊させ社会的大混乱を招くことが予想される。政府の対応として現実的でなく、大蔵省・日銀は一種の公的資金導入構想（昭和金融恐慌時の昭和銀行にならった「平成銀行方式」）を準備した。しかしそれを実際に、いつ、どのような金融機関に適用するか、行政が先手を取って打ち出すのか受身で対処するのかの判断は難しかった。

　そのような状況の中で、東京協和信用組合と安全信用組合は約1100億円の債務超過を抱え自力再建は不可能と判断された。直接の監督当局である東京都は、大蔵省・日銀との何回かの協議を経てようやく破綻処理に合意したので、民間金融機関・日本銀行が出資する「東京共同銀行」を設立し、清算した2つの信用組合の事業を譲渡する、という破綻処理構想が1994年12月9日に発表された。このスキームでは、東京都は全国信用組合連合会や民間金融機関とともに損失処理額の一部を負担することになっていた。戦後初めてであった預金受入金融機関の破綻処理のための日銀出資（民間金融機関と同額の200億円）が波紋を呼んでも不思議はなかったが、破綻信組を管轄する地方公共団体が公的資金を出すことにはすでにいくつかの前例があり特に問題はないと思われていた。しかし実際にはこれが最大の難関になった。

年が明けると1995年1月17日に阪神・淡路大地震が起り、国会論議の前半はもっぱら震災への政府の対応を批判する点に集中していたが、政府批判の焦点は次第に2信組問題に移る。信組経営者と与野党政治家・官僚との不適切な関係も取りざたされ、時には政争の臭いも感じられた。さらに都知事選の候補者選びが複雑に絡み、多数の党が推薦する統一候補がようやく決まったかにみえた時点で、2信組への都の財政支援拒否を旗印に青島幸男氏が対立候補として名乗りをあげ当選する。この問題は1994年末の破綻処理から約半年間国会と都議会を舞台に迷走を続け、1995年6月になってようやく終息した。

3 「金融システムの機能回復について」

　東京2信組の破綻処理に伴う混乱はようやく収拾されたが、金融当局はバブルの後始末をするためには同様の処理を何回か迫られることを認識していた。安定的な経済運営を前提とした従来の金融行政においては、法的規制と行政指導による破綻の未然防止を基本としつつ、個別・例外的な経営危機に対処するための体制が一応用意されてはいた。しかしバブル崩壊後に経験するような多数の金融機関を同時期に処理しなければならない事態に対処する体制はできていなかった。

　2信組問題をめぐる半年に及ぶ国会審議が一段落した1995年6月8日、政府の金融問題に取り組む姿勢を包括的に示した「金融システムの機能回復について」（以下「機能回復」）が発表された。この文書は形式的には行政当局の対処方針を体系的に説明したものにすぎないが、その内容には法律改正を必要とする重要な事項が多数含まれ、実質的にその後数年間の破綻処理政策の方向を決定するものである。この文書で提案された方針は、半年間の議論を経たうえ、ほぼ同じ内容で金制調答申「金融システム安定化のための諸施策」（1995・12・22）としてオーソライズされている。

　基本的な立脚点は、

　　　健全で活力ある金融システムは、わが国経済の安定的発展のために必要不可欠な前提である。わが国経済が今後21世紀に向けて、豊かで創造的な経済社会を築いていくために、残されたおおむね5年の間に、金利減免等を行っ

ている債権を含め、従来の発想にとらわれることなく金融機関の不良債権問題に解決の目処をつけることとする。

に表現されている。「機能回復」で提示されたおもな論点は次のとおりである。

(1) 不良債権概念の拡大：従来は不良債権として主要銀行の破綻先・延滞債権（約12.5兆円）が公表されていた。金利減免等債権をも含め、また主要銀行のみならず預金取扱金融機関全体に広げると不良債権額は約40兆円にのぼり、今後はこれを政策の対象とすることを明らかにした。その後若干の修正はされているが、政府の公表不良債権額は基本的にはこの線に沿っている。

(2) ディスクロージャーの拡充：ディスクロージャーは経営の透明性を高め経営の自己規正を促すうえで大きな効果を有するものであり、不良債権の早期処理の促進に資する。また、預金者の自己責任原則確立のための基盤である。このような考え方に立って、業態ごとにディスクロージャーの拡充目標を提示した。

(3) 自主的な経営健全化努力：金融機関の自助努力が先決との考え方のもとに、経営の合理化、再建・支援計画の見直し、担保不動産・資産の流動化、合併・転換の促進などを掲げた。

(4) 金融機関の破綻処理原則：

① 預金保険の発動によって保護されるのは、預金者・信用秩序であって、破綻金融機関、経営者、株主・出資者、従業員ではない。

② 預金保険の発動方式としては、ペイオフ方式でなく、社会的コストの小さい資金援助方式をとる。5年以内に、ペイオフ方式を実施しうる環境を整備する。

③ 預金保険の発動要件

・経営者の退陣を基本とし、破綻の原因を招いたものの経営責任を厳格に追及する。

・株主・出資者は保有している株式・出資について損失を負担する。

・徹底的な合理化計画を策定する。

・関係金融機関による、可能な限りの支援を実施する。

④ おおむね5年間は、民間金融機関への資金拠出要請・付加保険料の

徴収・日銀法第25条による支援などの、特別の対応もやむをえない。

　このように金融機関の破綻処理に果断に取り組むことを示すと同時に、預金者に不安を与えないため、5年間は預金を全額保護する（ペイオフ凍結）との方針が打ち出された。

(5) 検査・監督の充実と早期是正措置の導入：特に注目すべきは早期是正措置の提案である。検査の結果多額の不良債権が認められた場合でも、従来は必ずしも迅速に厳格な措置がとられてこなかった。破綻処理については行政の裁量の余地を極力削減することが必要と考えられ、アメリカで導入されたばかりの早期是正措置が提案されている（1998年4月実施）。

4　コスモ信組・木津信組・兵庫銀行の破綻処理

　政府の東京2信組処理案への反対を旗印に掲げて圧勝した青島東京都知事は、6月20日に施政方針演説の中で300億円の財政支援拒否を公式に表明した。それでは同様に経営が危機に瀕していたコスモ信用組合はどうするのか。2信組に関する青島知事の主張からすれば、破綻させてペイオフによる預金カットを行うという結論にならざるをえない。しかし社会的な影響を考えるとそう簡単にこの方策を実行に移すわけにはいかなかった。新聞報道が契機になった同信組店頭での混乱に押し切られた形で東京都は8月1日にコスモ信組に対して業務停止命令を発し、青島知事は事態収拾について政府に協力を要請したうえ東京都としても財政支援を決断した。

　当時経営危機が懸念された案件としてはこの他に兵庫銀行、木津信用組合（大阪）があった。阪神・淡路大震災という特殊な事情もあったが地域経済に与える影響を考慮して、兵庫銀行についてはいったん銀行を消滅させたうえ地元や金融界の協力を仰いで新たな受け皿銀行（みどり銀行）を設けるという処理がされた。[2]　これが木津信組へ波及することは必至であったので、次期国会で所要の法律改正を行うことを前提として、兵庫銀行と同時に（8

---

[2]　みどり銀行は再度破綻の危機に瀕し、1999年4月、阪神銀行に吸収合併され「みなと銀行」となった。

月30日）破綻処理された。このための預金保険法の改正は、翌1996年年6月に成立し、9月には信組の破綻処理機関として東京共同銀行を拡充・改組した整理回収銀行が設立されている。これは1999年に住宅金融債権管理機構と合併し、預金保険機構の100％子会社である整理回収機構（RCC）となっている。

COLUMN

青島都知事の決断

　東京2信組の破綻処理が迷走した原因の1つに、都知事選挙との関係がある。国会でのこの問題への賛否と、与野党の都知事選候補者選びが複雑に絡んでいた。そして多数の党が推薦する統一候補が決まったかにみえた時点で、2信組への都の財政支援拒否を旗印に青島幸男氏が対立候補として名乗りをあげ、あれよあれよという間に当選してしまった。6月20日に青島東京都知事は施政方針演説の中で、2信組処理に関する300億円の財政支援拒否を公式に表明する。

　かねてから噂のあるコスモ信組について各紙が取材を進める中で、東京都はこの信組が経営危機に瀕していると判断していることが明らかになった。青島知事の選挙公約からすれば破綻させざるをえないが、さすがに東京都はペイオフ実施を躊躇した。都には万が一混乱した場合の収拾手段がないのだから、責任感のある人ならば、とてもペイオフという結論は出せなかったであろう。

　そうこうするうち、95年7月29日（土）朝刊で、毎日新聞がコスモ信組の経営危機を取り上げた。日曜日には他の新聞もフォローした。そうなると月曜日に店を開くのかどうかが問題となる。信組経営者は破綻していないと頑張っていたが、月曜日には店頭に預金者の長い列ができ、取り付け騒ぎの様相を呈した。東京都は8月1日（火）、コスモ信組に対し業務停止命令を出した。

　青島知事は武村蔵相、松下日銀総裁を訪れ事態収拾について協力を要請したうえ、東京都としても財政支援を決断した。二信組の処理との違いについては、「乱脈経営を続けた信組をそのまま救済するのと、破綻した信組にその後、預金者保護のためにカネを使うこととは明確に目的が違う」と苦しい釈明をした。

　青島氏は不人気を承知で、行政として負わねばならない責任を引き受けたのであるが、この問題は公約違反として後々まで青島知事を苦しめることになる。99年4月22日に任期満了を迎えたとき、在任中最も苦しかった決断を3つあげてほしいとの問いに、都市博中止・2期目不出馬と並んで信組への財政支出をあげた。あのような立場にある人にとっては、ずいぶん辛い決断だったことであろう。

第3節 住専問題

1 住専問題の経緯と処理策の概要

　高度成長の成果により70年代には国民生活にようやくゆとりが出始め、国民の持ち家への願望が一層強くなった。しかしこの頃はまだ銀行の主たる関心は産業への資金供給にあり、個人の住宅資金需要に応じる態勢にはなっていなかった。このような状況に対処するため、金制調は住宅金融部会を設け先進諸国の事例をも参考にしつつ、その対応策を検討した。1973年12月には、住宅貸付金利のあり方や住宅貸付債権流動化の手法にまで及ぶ意欲的な報告「民間住宅金融のあり方について」が提出されている。この報告では、当時個人に対する住宅ローンの提供をおもな目的として金融機関（母体行）の共同出資により設立され始めた住宅金融専門会社（以下「住専」）の発達に期待をかけている（窪田〔F1973〕、〔F1974〕参照）。しかしこの報告は必ずしも十分に活用されず、その後住宅金融は民間金融ではなく住宅金融公庫を中心とした公的金融を軸に進められた。

　母体行は資金の供給・主要役員の派遣など住専の経営に深く関与し、住専各社は設立当初は個人住宅ローンを中心に業績を伸ばした。しかしその後銀行自身が個人向住宅金融の分野に取り組むようになるとともに、住宅金融公庫も事業を拡大した。こうした流れの中で、住専は当初の目的である個人向けの住宅ローン業務を展開する機会を失っていく。住専は失地回復を図るため、次第に住宅開発業者・不動産業者への融資へと傾斜することになった。

　バブル期になるとこのような住専の転身は成功したかのようにみえた。住専の事業は一層拡大され、資金に余剰を生じていた金融機関は積極的に融資した。特に農協系統金融機関は不動産向け融資の総量規制が行われた前後において融資量を顕著に増加させている。一方行政当局（大蔵省、農水省）も、住専の急激な事業者向け融資への傾斜や農協系統金融機関の偏った融資姿勢に適切な指導を行いえなかった。住専問題は、金融関係者の間ではバブル崩

壊後早々に認識されていたが、新聞紙面に頻繁に登場し一般に注目を浴びるようになったのは1992年半ば以降のことである。当初は金利減免と融資額維持を中心とする経営再建計画により対処されたが、住専の経営が立ち直ることはなかった。

住専7社の負債総額は10兆円を上回り、その処理の行方は日本の金融システムに大きな影響を与えると海外からも注目を浴びていた。特に1994年12月の東京2信組処理をきっかけに金融機関の破綻が現実の課題になってくると、世の中の関心を受けてこの問題は国会論議でもたびたび取り上げられた。このため、「機能回復」において住専問題への対処は明確に意識されていた。従来、住専に対する債権は、債権者が合意した再建計画が存在する以上最終的には回収されるとの考え方に基づき不良債権として取り扱われていなかったが、不良債権の定義を拡大して金利減免債権を含めた結果、住専に対する債権は公的に初めて不良債権と認知された。「機能回復」には「公的資金」との直接的な表現はないが、

> 金融機関の不良債権処理は、厳しい自助努力が前提であるが、最大限の努力を尽くした後になお解決すべき問題がある場合をも念頭に置きつつ、公的な関与のあり方をも含めた多角的な視点から広く議論が行われ、本問題に対する理解が深まることを期待する。

と述べられ、公的資金の投入が示唆されている。

政府は、不良債権問題の象徴として内外から注目を集めていた住専問題を解決することが金融システムの信頼性を取り戻すためには不可欠であるとの方針を定めた。その場合、民間同士の債権・債務関係である住専問題は本来当事者間で解決されるべきものとの考え方に立ち、まず当事者間の協議が促された。しかし第1に、多数にのぼる関係金融機関の利害関係がきわめて錯綜し厳しく対立しており、第2に、強い政治力を有する農林系統金融機関という住専7社に共通の貸し手が存在していたため、当事者間の協議はまったく進展をみなかった。住専問題はまさにそういう性格の問題であるからこそ、長い間当事者だけでは解決を図りえなかったのである。このため政府は公的資金の投入を含む抜本的な処理方策を決断した。

緊急集中検査の結果、住専7社の約13兆円の債権のうち6兆2700億円

図表7-3 住専の資産・借入金の状況（7社計）

	区分	金額（億円）	比率（%）
資産の内訳	正常資産	34,900	26.7
	第2分類資産	20,500	15.7
	第3分類資産	12,400	9.5
	第4分類資産	62,700	48.0
	合計	130,500	100.0
借入金の状況	母体行	36,400	28.2
	一般行	38,200	29.6
	農協系統	54,500	42.2
	合計	129,100	100.0

（出所） 大蔵省

（48.0％）が回収不能であることが明らかになり、このことは直ちに公表された（図表7-3）。住専の経営を持続することが不可能なことは明らかであり、破綻処理は実質的にこの時点で決まったといえる。後はこの6兆4100億円[3]（当時のフィリピン1国のGDPに相当）を上回る巨額な損失をだれが負担して、どのように処理するかであった。

　最終的には公的資金を投入せざるをえない（したがって国会の議決を得る必要がある）ため、この問題の処理は開かれた政治的検討過程を経ることが必要と考えられ、与党3党（自民・社民・さきがけ）の政策責任者からなる住専問題プロジェクトチームが設置された。しかし、9月に与党3党の政策決定プロセスが従来の3党合議型から自民党主導型に移行し、このプロジェクトチームの政治的地位は著しく低下した。その後は自民党政務調査会を中心とする収拾が図られ、金融問題というよりも農政問題としての性格が表面化した。予算編成過程の最終段階に至り、農協系統金融機関の損失負担がきわめて低く抑えられたため、不足額を公的資金の直接的投入により補填する処理策が決定された。

　政府は住専問題処理にあたっての基本的姿勢・損失負担の要請・財政資金の導入などを盛り込んだ政府・与党合意「住専問題の処理について」（1995・

---

[3] 資産のうち回収不能が確実なもの（第4分類）6兆2700億円のほか欠損見込み額1400億円があり、少なくとも合計6兆4100億円の確定した損失の処理が必要であった。

図表7-4　住専処理策の概要

	損失分担額（億円）	損失分担比率（％）	融資比率（％）
母体行	35,000	54.6	28.2
一般行	17,000	26.5	29.6
農協系統	5,300	8.3	42.2
公的資金	6,800	10.6	－
合計	64,100	100.0	100.0

（注）　公的資金にはこの他に預金保険機構に対する出資50億円があり、合計6850億円となる。
（出所）　大蔵省

12・19）が成立したことを受け、同日、「住専問題の具体的な処理方策について」を閣議決定した。ここでは、住専の回収不能な不良債権（6兆4100億円）を処理することとし、

① 母体行および一般行に対し債権放棄等を、農林系統金融機関に対し贈与等を要請すること
② 預金保険機構に住専勘定を設け、同勘定を通じて財政資金を導入すること
③ 政府は預金保険機構に対して追加出資を行うこと
④ 住専の債権回収を強力に行うこと

等、住専問題の早期処理に向けた方策が示された（図表7-4）。

　金融機関の破綻に関連して、当年度の歳出予算という最も明確な形で公的資金が投入されたのは、終戦直後の混乱期を除いては初めてのことであった。[4]　2年後には金融システムの安定を図るため住専処理の100倍を超える公的資金を準備せざるをえない事態に至ったが、この当時は政府の説明不足やメディアの過剰反応もあって、不良債権問題処理への公的資金の投入に国民はきわめて強い抵抗を示した。

---

[4] 「公的資金」は、広義には預金保険の資金を含めることも可能であるが、その財源が金融機関の保険料であるところから一般にはそのようには認識されていない。日銀資金（東京共同銀行への出資など）は、最終的にはそれが国庫納付される資金であるところからは税金を財源とするものと実質的に変わりはないが、これも一般には公的資金とは呼ばれていない。予算審議を経て税金を財源とする資金が支出されること（支出の可能性を許容する交付国債や政府保証を含む）を公的資金の投入というのが一般的な用語法であろう。

一般世論や野党の反対論には、この措置が放漫経営をした住専を税金で救済するものであるとの誤解に基づくものもあったが、学界・言論界においてはより理論的な反対論もあった。その論旨は、預金受入金融機関ではない住専の破綻処理に公的資金を投入することは適当でない、仮に投入するとしても住専への債権が回収できなくなった預金受入金融機関が破綻したとき事後的に預金者を保護するためとすべきである、というものである。しかしこのような論法は、その後1997・98年に大規模な金融破綻が連続して金融不安が深刻化した段階で修正を余儀なくされ、さらに2008年の金融危機に際してアメリカ政府も膨大な公的資金投入を決断せざるをえなかったことから、現在では事前予防的公的資金投入は世界的に認知された手法となっている。

いずれにしても極度に世論を意識する政治的な場で、だれもが明確な利益を受けることのない膨大な損失の穴埋めをする不良債権処理に、長期を見通した理性的な解決策を迅速に打ち出すことはきわめて困難な課題である。このような事情は諸外国においても同様であることは今回のアメリカ発金融危機の際に実証されたが、特に日本の社会的・政治的風土のもとにおいて問題は深刻になりやすい。[5]

2 住専処理の手法とその実施

1996年5月10日に住専処理策に係る6850億円の財政支出を盛り込んだ1996年度予算が成立したのに続き、6月18日に「特定住宅金融専門会社の債権債務の処理の促進等に関する特別措置法」（住専処理法）が成立した。7月26日には、住専7社から財産を譲り受けそれらの財産の管理・回収・処分を行う住宅金融債権管理機構（中坊公平社長　以下「住管機構」）が、預金保険機構

---

[5] バブル崩壊期の政策運営に調整役として重要な役割を果たした与謝野馨元通産大臣は、自らの体験をふまえ次のような感想を述べている。「日本人の考え方には致命的な欠陥があって、体験主義でないと物が分からないという国民性がある。抽象的な次元で物事を解決すると、ああいう騒ぎ（住専問題を指す）になる。2年後に長銀や日債銀が破綻して初めて、…漸く、金融安定化に公的資金の投入はやむをえない、自分たちの問題だということが分かった。第二次世界大戦でも、最後の最後まで日本が負けるのではないかと気が付いた人はほんのわずかしかいなかった。」（日本経済新聞社編〔2000b〕p210）

の全額出資により設立された。以下、住専処理法を説明する形で、住専処理策がどのような形で実施に移されたかについて述べる。

　住専処理法は、住専問題を財政資金の投入により早期に処理するとともに、住専の不良債権等の強力な回収および関係者の責任追及のための体制整備を図ることを目的としている。住専自体は預金取扱金融機関ではないから、この措置は事後処理的に預金者保護を図る本来の預金保険制度とは趣旨を異にする要素がある。この措置にはまず第1に、関係者だけでは解決できない象徴的な不良債権問題を迅速に処理する役割が期待された。また第2に、処理すべき損失が巨額でその影響が広範囲に及ぶため、一種のToo Big to Failの考え方により、預金者保護と金融混乱回避を図ることを目的としている。住専を救済するための措置ではなく、放漫経営をしてきた住専そのものは破綻・消滅させるが、その破綻処理の農協への波及を事前措置により防止しようとするものであるから、対象金融機関の存続を前提とした1998年以降の大規模な事前的公的資金投入よりもむしろ厳格な処理策といえる。

　住専処理法の具体的手法は、多方面からの思惑が錯綜していろいろな要素が混入されたため、きわめて複雑で一般には理解が困難なものになった。

(i) **住管機構の設立**
　① 預金保険機構は、住専7社から譲り受けた貸付債権等の回収等を行うことを目的とする住管機構を設立するために出資する
　② 住管機構は、十分な調査や必要な民事手続の迅速かつ的確な行使により、住専から譲り受けた貸付債権について適切に回収・処分を行う
　③ 預金保険機構は、住管機構に対し指導・助言を行う

(ii) **財産の譲渡に伴う支援のための助成金の交付**（確定ロス対策）
　① 預金保険機構は、住専が住管機構に譲渡した貸付債権等について、その譲渡の対価をもってしてもなお不足する債務処理の財源として、緊急金融安定化基金から住管機構に対し助成金を交付する
　② 政府は預金保険機構に対し、緊急金融安定化基金に当てる資金を補助する

(iii) **譲受債権等に係る損失についての助成金の交付**（2次ロス対策）
　① 預金保険機構は、住専各社から譲り受けた貸付債権等（譲受債権等）

につき取得価格を下回る金額で回収すること等により住管機構に損失が生じた場合には、当該損失の一部を補填するため住管機構に対し助成金を交付する
- ② 政府は預金保険機構に対し、譲受債権等に係る損失の2分の1に相当する金額の補助金を交付する（ロス・シェアリング）

(ⅳ) **住管機構の業務遂行のための助成金の交付等**（民間金融機関の追加負担）
- ① 預金保険機構は金融安定化拠出基金から住管機構に対し助成金を交付する
- ② 拠出基金の一部は、預金保険機構が住管機構に対し行う出資の一部に充てる
- ③ 預金保険機構は住管機構の債務保証を行うことができる

(ⅴ) **財産の調査、債権の取立て**
- ① 預金保険機構は、譲受債権等の債務者の財産の調査を行うことができる
- ② 預金保険機構の職員は、債務者等に質問を行い、帳簿・書類の提示等を求め、立ち入り現況確認を行うことができる
- ③ 預金保険機構は、住管機構から委託を受けて譲受債権等の取立てを行うことができる

(ⅵ) **その他**
- ① 譲受債権等について取得価格を超えて回収が行われた場合には国庫に納付する
- ② 住管機構は、犯罪があると思料するときは直ちに告発に向けて所要の措置をとる
- ③ 預金保険機構に対する政府出資（50億円）、日銀出資（1000億円）

3　住専問題のその後の推移と意義

住専問題処理をめぐる混乱は、その後の不良債権処理において公的資金投入をタブーにしてしまい、金融問題の解決を困難にしたと批判されている。その場合、公的資金投入はやむをえないと認めながら、それが農協のためであったことを明確に説明しなかったことを批判の対象とするものが多い。し

かし当時の一般的批判は税金投入そのものへの反対（母体行に負担させるべき）であり、また、破綻予防措置としての公的資金の事前的投入に反対（農協の破綻後に投入すべき）する理論的批判もあった。農協への予防的財政支援なら理解を示されたわけではない。

しかし後にみるように、1997年以降の金融混乱期に際しては総額70兆円に及ぶ公的資金が用意され、その枠組みは住専処理と同様、不良債権問題の処理促進・金融システム不安への波及防止を目的としている。後に新生銀行との関係で政府の過大な負担が問題になった2次ロス処理費用の分担についても、住専処理の枠組みでは負担の限度が明確に法定されていた。このように住専処理策は「不良債権処理の突破口」（橋本首相答弁）として活用されるべき要素が多く含まれていたが、説明が不十分なうちに政争に巻き込まれたのは不幸であった。結果としてその後の円滑な不良債権処理の障害となったことは否めない。

住専問題は政治的には一応1996年7月に決着をみたが、当時このスキームが円滑に機能すると予想したものは少なかった。損失見積もりは過小であり、直ちに多額の2次ロスが発生してスキームは綻びを露呈するとみる向きが多かったのである。しかし、（引き続く地価の下落によって実際に2次ロスは発生したが）住管機構社長に就任した中坊公平氏の尽力等によって、住専債権の処理は大方の予想に反して比較的順調に推移した。実際に住専処理活動に大きな影響を与えた意外な側面も指摘できる。それまで金融問題（不良債権、不祥事なども含めて）は金融部門内の民事案件として処理されてきたのに対し、住専問題を契機に刑事責任追及をも含む司法権力の直接的な介入を余儀なくされたことであった。これは不良債権問題の処理に暴力の影（住友銀行名古屋支店長射殺事件など）が感じ取られ、民事案件として金融界や金融行政だけで対処することが不可能になっていたことを反映している。

その功罪はともかく、住専処理の制度的枠組み整備の中で司法・警察的要素が強く打ち出され、人的にも司法・警察関係者が枢要なポストを占めた。[6]

---

[6] たとえば、日野金融庁長官は前名古屋高検検事長、松田預金保険機構理事長は前最高検察庁刑事部長、中坊住管機構社長は元日本弁護士連合会会長。

不良債権処理の手法にも刑事案件を含めた法的処理が多用されるようになった。①公的資金を使用するため国会議決が必要となり政治が金融問題処理に主導権を握るようになったこと、および②それまで「民事不介入」の姿勢を保ってきた司法・治安当局が金融問題に関与せざるをえなくなったこと、が住専問題を境にして金融問題処理の手法を大きく変化させたことに注目すべきである。

住専処理策は、発足当初は中坊社長の陣頭指揮のもとで国民の支持を受けつつ順調に推移したが、経済の低迷や地価下落が長引くにつれ、整理回収機構（RCC）が引き継いだ不良債権の回収が困難になってきた。RCCの活動は2011年度をメドに事業を終了することが法定されているが、その時点までに住専勘定の債務超過（2次ロス）を解消できない場合には国庫と民間金融機関が折半するかたちで負担することになっている（ロス・シェアリング）。住管機構（RCCの前身）が1996年に買い取った債権は約4兆6500億円であったが、RCCの発表によると、2010年9月末時点で2次損失は累計1兆2124億円に達している（日経新聞2010・11・27）。

第4節　金融システム安定化への制度整備

1　金融三法

住専問題は、「多数の母体行あるいは一般行の入り乱れております中にまさに1つの横の大きな桁あるいは柱のような形で系統金融機関が関わっている」(1995・2・13衆議院予算委員会橋本首相答弁)。そのため、個々の金融機関の不良債権処理への意欲と努力だけでは解きほぐすことができず、早期処理の必要性から政治・行政が関与して解決せざるをえなかったのである。しかしあくまでも、住専は不良債権問題処理の「突破口」であった。それは重要なステップではあったが、この突破口を過ぎた後は個々の金融機関が自力で不良債権を処理していかなければならない。量的には、ノンバンク関連の不良債権など残された不良債権の方が多いということは、多くの金融関係者

に認識されていた。

　金融行政当局にとって最も本質的で重要なターゲットは、住専処理法よりも「金融三法」[7]と呼ばれた不良債権処理の一般的手法に関する制度の整備であった。それに関する議論は「機能回復」を受けて1995年6月以来金制調で精力的に行われ、12月には具体策が答申されていた。住専問題に翻弄されて政治家も官僚も金融案件には食傷気味になっており、一時は先送りされそうな雰囲気もあったが、1996年度予算が衆議院を通過した4月12日になって、ようやく金融三法案は国会に提出された。金融三法案は、国会閉幕前日の6月18日にようやく成立した。

　このうち更生手続特例法は、破綻処理の迅速化のため裁判手続を活用できるよう、監督当局による手続開始の申立てや預金保険機構による預金者の代理を可能とするものである。バブル崩壊後、破綻金融機関数・破綻の程度などが飛躍的に増大し、従来からの手法に加えて、私法上の倒産手続により早期に破綻金融機関の処理を行う必要が出てきた。更生手続特例法はそのような転換点に位置するものである。過渡期における立法であるがゆえに、法務関係者などにも従来の法的枠組みにこだわる考え方が根強く残っており、不徹底になったところがあるのはやむをえない。

　更生手続特例法では、破綻処理手続を迅速に開始するため、破綻原因たる事実（支払不能と債務超過）が生じているとき、または生ずるおそれがあるときは、監督当局に更生手続開始の申立権が認められている。また、金融機関の債権者である預金者の数は膨大（銀行の平均預金口座数は約600万口）であり通常の手続により更生手続を進めることは不可能に近いため、預金保険機構が預金者を代理して更生手続に属する行為を行うことができることとしている。この法律は十分に機能したとはいえないが、破綻処理促進のために会社更生手続そのものにまで修正を加えようとする画期的な試みであり、その後の制度整備の糸口として大きな意義を有している。

---

[7]「金融機関等の更生手続の特例等に関する法律」、「金融機関等の健全化確保のための関係法律の整備に関する法律」、「預金保険法の一部を改正する法律」。

2　早期是正措置

(1)　早期是正措置の導入

　経営健全性確保法は、透明性の高い手法で適時に行政措置を発動できるよう、新しい金融機関監督手法を導入するものである。また、金融機関のリスク管理や外部からの経営チェック強化を図るため、デリバティブ取引などトレーディング業務への時価会計の導入や信用組合への外部監査制の導入を内容としていた（松村〔F1996a〕）。

　早期是正措置（prompt corrective action）は、アメリカにおいて80年代後半から90年代初頭にかけて金融機関の破綻が急増し預金保険基金の残高が枯渇した状況を背景に、金融機関の破綻をなるべく未然に回避するため、主として問題金融機関に対する早期介入によって預金保険基金の損失を抑制することを企図し、1991年の連邦預金保険公社改善法（Federal Deposit Insurance Corporation Improvement Act、FDICIA）により導入された（1993年7月実施）。「機能回復」でこの手法の導入が提案され、金制調答申「金融システム安定化のための諸施策」（1995・12・22）において認知されたうえ、経営健全性確保法による銀行法改正で法制化された。

　早期是正措置の導入により、次のような効果が期待された。

① 適時に是正措置を講じることにより、金融機関の経営の健全性確保と破綻の未然防止を図ること。
② 是正措置の発動ルールの明確化を図ることにより、行政の透明性確保に資すること。
③ 金融機関が破綻した場合の破綻処理コストの抑制を図ること。

　早期是正措置の導入にあたっては、まず金融機関が自らの責任において企業会計原則等に基づき適正な償却・引当を行うことにより、資産内容の実態をできる限り客観的に反映した財務諸表を作成することが前提となる。すなわち、各金融機関が行う資産の自己査定は、適正な償却・引当のための準備作業として重要な役割を果たすことになり、この際会計監査人には財務諸表の適正化についての深度ある監査を行うことが求められる。こうした一連の

作業を経て作成された財務諸表が開示されることにより、金融機関経営の透明性向上に資するとともに、市場規律による経営の自己規正効果が働くことになる。おそらく早期是正措置の効果としては、行政手法に与えるものよりも、むしろ会計処理など自己規律に与える影響のほうが大きいであろう。

(2) 早期是正措置の適用基準

アメリカの早期是正措置においては、金融機関は主として自己資本比率により5つのカテゴリーに分類され、それぞれのカテゴリーに応じた是正措置が講じられている。早期是正措置発動の指標としてアメリカのように自己資本比率を用いることが適当かどうかについては導入当時に議論があった。金融機関の健全性は自己資本比率だけでは評価できず、他の指標をも活用して金融機関の健全性を総合的に評価すべきとの考え方もありうる。たとえばアメリカの監督当局は銀行検査の評価基準としてCAMEL方式[8]をとっていたが、このような要素をも加味したほうがよいかどうかである。

しかしこれは行政の透明性・指標の客観性という視点からすると、精緻であるだけにかえって、当局の裁量の余地を残しすぎるのではないかとの懸念もあった。導入当時の問題意識においては、行政の透明性を高め金融機関自らが経営の判断を行う上での予測可能性を重視するとの観点が重視されていたこともあって、早期是正措置の発動基準としては、客観性があり金融機関経営の基本的な拠り所として国際的にも認められている自己資本比率という単一の指標を用いることが適切と判断された。もとよりそのように単一の判断指標を用いる場合には、経営状況の評価が単純化されすぎるとの問題点は避けられない。

早期是正措置の措置区分は、自己資本比率の状況に応じて定められている。当初は3段階であったが、98年10月に成立した早期健全化法において早期是正措置との効果的な連携を確保するべきものとされたことを受けて見直

---

[8] 金融機関の経営状況を次の5つの視点から評価する方式。
C＝資本金の妥当性（CAPITAL ADEQUACY）、A＝資産の質（ASSET QUALITY）、M＝経営陣の質（MANAGEMENT QUALITY）、E＝収益性（EARNINGS）、L＝資産流動性（LIQUIDITY QUALITY）

図表7-5 早期是正措置の概要

区 分	自己資本比率		措置の概要
	国際統一基準	国内基準	
1	8％未満	4％未満	原則として資本の増強に係る措置を含む経営改善計画の提出およびその実施命令
2	4％未満	2％未満	資本増強計画の提出および実行、配当または役員賞与の禁止または抑制、総資産の圧縮または増加抑制、高金利預金の受入れの禁止または抑制、営業所における業務の縮小、営業所の廃止、子会社または海外現法の業務の縮小、子会社または海外現法の株式の処分等の命令
2の2	2％未満	1％未満	自己資本の充実、大幅な業務の縮小、合併または銀行業の廃止等の措置のいずれかを選択した上当該選択に係る措置を実施することの命令
3	0％未満	0％未満	業務の一部または全部の停止命令 ただし、以下の場合には第2区分の2以上の措置を講ずることができる。 ① 金融機関の含み益を加えた純資産価値が正の値である場合。 ② 含み益を加えた純資産価値が正の値と見込まれる場合。 なお、同区分に属さない金融機関であっても、含み損を加えた純資産価値が負の値である場合や、負の値となることが明らかに予想される場合は、業務停止命令を発出することがありうる。

(出所) 金融庁HP

しを行い、現在は4段階となっている（図表7-5）。また、98年12月の金融システム改革法の施行に伴い、早期是正措置の発動基準について、国際基準・国内基準にかかわらず、連結ベースおよび銀行単体ベースそれぞれの自己資本比率に基づくこととなった。さらに、02年12月の事務ガイドラインの改正により、早期是正措置に係る命令を受けた金融機関の自己資本比率改善までの期間を3年から1年へ短縮するなどの厳格化が行われている。

(3) 早期是正措置の実施

早期是正措置は1998年4月から実施されることになった。[9] しかし1997年11月以降金融情勢がきわめて厳しくなると、それまでの早期是正措置に積

---

[9] 1999年5月15日、破綻懸念がある幸福銀行に対して初めて発動された。

極的であった雰囲気は急変してしまう。この措置は事前に金融機関の経営状況を公表し、早期の段階で果断に行政措置をとることを想定していたが、金融不安が広く世の中を覆っている環境下では、不利な事実の公表が金融機関を一層苦境に追い込むことになるとの判断から、金融当局は個別金融機関の経営状況の評価・開示に消極的にならざるをえなくなった。

　不良債権問題が深刻化する中で、BIS規制の浸透や早期是正措置の導入により、金融機関は自己資本比率の一層の確保に迫られた。自己資本比率維持のためには総資産を減らすのが早道であるため、金融機関は融資を控えるいわゆる「貸し渋り」を行ったといわれている。その結果、経済全体としてクレジット・クランチが起こり経済活動の停滞が懸念されたため、政府は、貸し渋り対策として、国内業務のみを行う金融機関の自己資本比率が4％未満であっても、1年以内に4％を確実に達成できる場合には、早期是正措置の発動を1年間猶予する措置を講じざるをえなかった。

　早期是正措置が導入された後においても早期段階で発動できず、結局は破綻に至る直前（あるいは事後）に発動されたため、必ずしも本来予定された効果（処理コストの軽減など）をあげることができたとはいえない。この頃には長銀の処理方式をめぐって政治を巻き込んだ金融行政上の混乱があり、このような時期に早期是正措置に乗り出すことは金融機関の命運を一気に決してしまうことになるため慎重にならざるをえなかったのであろう。現実にこの措置を活用するに際しては、財務状況の把握・資産査定の方法について関係者（金融当局・金融機関・会計監査者）の間で意思統一を図りうる環境整備が前提になる。繰延税金資産の取扱いについてすら金融当局と金融機関の間に十分な信頼関係が確立していないような状況は、早期是正措置が適切な機能を発揮する環境とはいえなかった。

　なお、02年の「金融再生プログラム」により、自己資本比率に表されない収益性や流動性等、銀行経営の劣化をモニタリングするための監督体制を整備することを目的として、早期警戒制度が導入されている。このような手法は、自己資本比率規制における繰延税金資産算入の適正化などとともに、金融機関に対して金融再生プログラム実施を迫る上できわめて強力な武器と

図表7-6　早期警戒制度

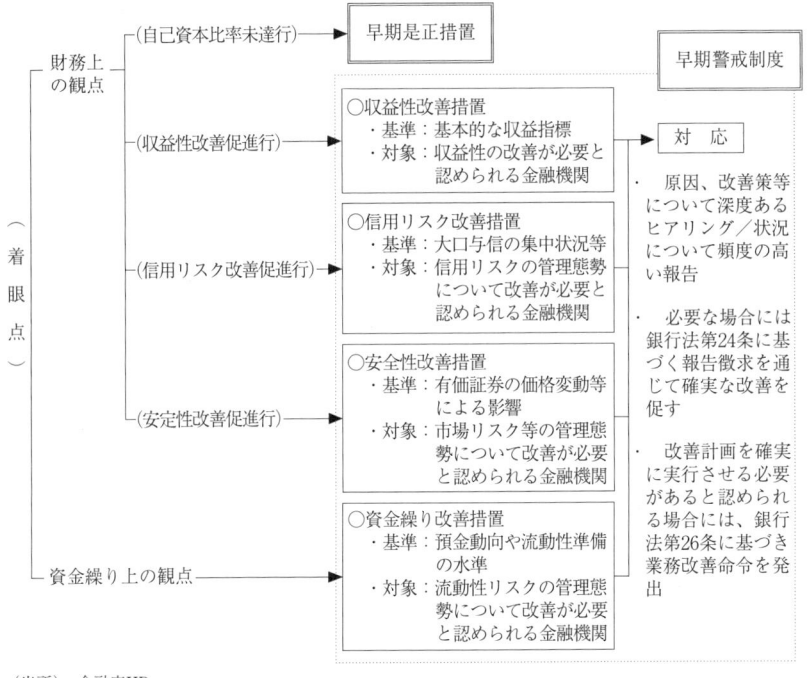

```
                                    ┌──────────────┐
          ┌─(自己資本比率未達行)──→ │ 早期是正措置 │
          │                          └──────────────┘                    ┌──────────────┐
  ┌財務上 │                                                                │ 早期警戒制度 │
  │の観点 │                        ┌─────────────────────────┐           └──────────────┘
  │       │                        │ ○収益性改善措置         │
  │       ├─(収益性改善促進行)──→│ ・基準：基本的な収益指標│           ┌──────┐
  │       │                        │ ・対象：収益性の改善が必要と│──→  │ 対 応 │
  │       │                        │   認められる金融機関     │         └──────┘
  │       │                        └─────────────────────────┘
  │       │                        ┌─────────────────────────┐       ・原因、改善策等
（着       │                        │ ○信用リスク改善措置     │         について深度ある
  眼      │                        │ ・基準：大口与信の集中状況等│       ヒアリング／状況
  点     ├─(信用リスク改善促進行)→│ ・対象：信用リスクの管理態勢│         について頻度の高
）      │                        │   について改善が必要と   │         い報告
  │       │                        │   認められる金融機関     │
  │       │                        └─────────────────────────┘       ・必要な場合には
  │       │                        ┌─────────────────────────┐         銀行法第24条に基
  │       │                        │ ○安全性改善措置         │         づく報告徴求を通
  │       │                        │ ・基準：有価証券の価格変動等│       じて確実な改善を
  │       ├─(安定性改善促進行)──→│   による影響             │         促す
  │       │                        │ ・対象：市場リスク等の管理態│
  │       │                        │   勢について改善が必要   │       ・改善計画を確実
  │       │                        │   と認められる金融機関   │         に実行させる必要
  │       │                        └─────────────────────────┘         があると認められ
  │       │                        ┌─────────────────────────┐         る場合には、銀行
  │       │                        │ ○資金繰り改善措置       │         法第26条に基づき
  │       │                        │ ・基準：預金動向や流動性準備│       業務改善命令を発
  └資金繰り上の観点─────────────→│   の水準                 │         出
                                    │ ・対象：流動性リスクの管理態│
                                    │   勢について改善が必要   │
                                    │   と認められる金融機関   │
                                    └─────────────────────────┘
```

（出所）　金融庁HP

なったと思われる。

3　預金保険制度の改正

　金融三法の中でも、預金保険制度の改正はその中心となる。預金保険制度は1971年に保険金支払（ペイオフ）方式を規定した預金保険法が制定されて以来、長年にわたり実際に活用されることはなかったが、1986年の改正で導入された資金援助方式が1991年に東邦相互銀行に対して初めて適用されて以降は、金融機関の破綻処理において主要な役割を果たしてきている。

　1995年に入ると、不良債権問題が深刻化し相当数の金融機関の経営破綻が顕在化するなど、金融システムが抱える構造的問題への取組みが緊急の課題となった。このような状況のもと、まず「機能回復」によって問題提起された後、金制調において「金融システム安定化のための諸施策」が答申された。

この中では金融機関の破綻処理のあり方に関し、一方で市場規律の発揮と自己責任原則の徹底を基本とした透明性の高い金融システムの構築を目標に掲げつつ、他方でおおむね5年間は信用不安を醸成しやすい状況にあることから預金者保護・信用秩序維持に最大限努力すべきとしている。これをふまえて1996年6月に預金保険法が改正され、金融システム不安定期における預金保険制度の運用に向けて大きく姿を変えることになった。

1996年の預金保険制度の改正内容には3種類の性格のものが含まれている。第1は、2001年3月までの約5年間の金融不安解消期における特例であり、附則に規定されている。第2は、経営状況が特に悪化していた信用組合に関する特別の制度であり、同じく附則に規定されている。第3は、過渡期が経過した後の正常期(ペイオフ解禁後)に、ペイオフによる社会的コストをできる限り低く抑えつつ円滑に処理するための本則の改正である(松村〔F1996b〕)。

(1) 当面の対応のための預金保険制度の時限的な拡充

① 特別資金援助の導入:5年間に限り、大蔵大臣が信用秩序の維持のため必要と認めたときは、預金保険機構はペイオフコスト(保険金の支払いに要すると見込まれる費用)を超えて、救済金融機関に対する資金援助(特別資金援助)を行うことができる。

② 預金等債権の特別買取の導入:過渡的な5年間においても、受け皿が見出せない場合にはペイオフ方式(本来の意味での、預金保険機構による直接支払い)による処理を行わざるをえない。その場合にも預金の全額を払い戻すことを可能にするため、5年間については、新たに創設された預金等債権の買取制度を時限的に拡充する。

③ 特別保険料の徴収:預金保険機構の時限的な業務のために必要な費用に充てるため、1996年度から2000年度までの間、従来の保険料(0.012%から0.048%へ引上げ)に加えて特別保険料(0.036%)を徴収する(保険料全体の水準0.084%は従来の7倍)。

④ 特別勘定:預金保険機構の時限的な業務は、通常の業務とは区分して経理する。また時限的な業務の内容の違いに応じて、「一般金融機関特

別勘定」と「信用組合特別勘定」に区分する。

(2) 信用組合の破綻処理への対応

　信用組合の破綻を円滑に処理するとともに他の分野の金融機関に過大な負担を課すことのないよう、特別な制度的枠組みが準備された。この方式は、80年代末のアメリカにおいて、商業銀行については預金保険制度の枠内で破綻処理を行ったのに対し、S&L（貯蓄貸付組合）については財政資金を投入しRTC（整理回収公社）を設立して不良債権処理と金融システムの再構築に取り組んだ事例を参考にしたものである。

① 協定銀行制度の創設：預金保険機構と協定を締結した協定銀行（整理回収銀行）が、破綻信用組合の事業を譲り受け、預金払い戻しや資産の回収を行う。また、受け皿に対する資金援助の一環として、破綻信用組合の不良債権等を買い取り、その回収を行う。預金保険機構は、協定銀行に対し資金援助・出資・債務保証・損失補填などの援助を行うほか、債務者の財産調査など回収業務の遂行を支援する。

② 政府保証：金融機関の破綻処理に要する費用は金融機関が拠出した資金（すなわち預金保険料）の範囲内でまかなうことが原則と考えられていた。しかし、信用組合の大型破綻が続いてその処理に要する費用が膨大となり、預金保険財政を危機に陥れるおそれがあった。そのような事態を避けるため、信用組合に関する経理を区分し、当該勘定の借入については政府が債務保証できることとした。信用組合破綻による過大な負担を他業態に及ぼすことを回避するため、信用組合の破綻処理に限定して公的資金の導入に踏み切ったものである。

　このような制度改正に基づき、東京2信組処理のために設けられた東京共同銀行を改組し、下記の事業を行う整理回収銀行が1996年9月2日に発足した（2000年10月に住管機構と統合され、整理回収機構として再編成）。

① 既存金融機関の中から受け皿となる金融機関を見出せない場合に、破綻した信用組合の事業を譲り受けてその預金の払戻しや資産の回収等の事業の整理を行う。

② 破綻した信用組合の事業の譲受等を行う受け皿に対する資金援助の一

環として、預金保険機構にかわって破綻信用組合の不良債権等を買取り、その回収等を行う。

(3) 預金保険制度改善の恒久措置

5年間の過渡期を終えた後は、自己責任原則と市場規律に立脚した透明性の高い恒久的な金融システムを運営することになっていた。そのような新しい金融システムのもとにおいては、金融機関の破綻に際しペイオフも選択肢の1つとなる。このため、ペイオフによる社会的コストをできる限り低く抑えつつ、円滑に処理できるよう、預金保険制度を整備する必要がある。

① ペイオフ制度の改善：保険金の支払いを現金の交付だけでなく、預金を健全な金融機関に移管する方法を可能にする。

② 預金等債権の買取制度の創設：預金保険機構が、保険金支払いの対象とならない預金（1000万円以上など）に係る債権を、最終的に預金者が払い戻しを受けることができる金額で買い取る制度を創設した。これにより預金者は、倒産手続等による処理を経ることなく払い戻しを受けることができる。

③ 預金保険機構の組織の強化等：専任の理事長を置く（従来は日銀副総裁兼務）など、破綻多発時代においても預金保険が機能しうる体制に改めた。

4 金融安定化・破綻処理制度改正の考え方と推移

1994年末以来数多くの金融機関の破綻に直面し、金融当局は従来精神論にとどまっていた信用秩序の維持を現実の課題として処理する必要に迫られた。信用秩序とは、金融システムが広く経済社会において担っている決済機能と金融仲介機能が、それをインフラストラクチャーとする実体経済のニーズに照らして全体として有効に働いている状態であると捉えることができる。そのような信用秩序という概念を広く捉えるか狭く捉えるかにより、破綻処理行政の守備範囲や具体的な破綻処理の態様に相当の差異が生じうる（佐藤〔2003〕p106）。

狭義に捉えた場合、信用秩序の維持とはシステミック・リスクの顕在化防

止であり、このことに関しては広くコンセンサスが得られている。ある金融機関の経営破綻は次々と他の金融機関に波及し、本来は健全であった金融機関をも経営困難に追い込むなど、金融システム全体に及ぶ深刻な機能低下を引き起こしかねない。このような連鎖を遮断して金融システムが機能不全に陥る事態を回避することが信用秩序維持政策の課題であるとの考え方に従えば、個別の金融破綻が生じた場合、それへの対処の要否および方法はそれが金融システム全体に及ぼす波及の大小によって判断される。個々の金融機関破綻そのものが及ぼす実体経済への悪影響（地域経済における連鎖的破綻など）は第二義的問題となる。

　この考え方を徹底すると、預金者保護についても一般の感覚と若干の乖離が生ずる。金融危機の説明の際には、1930年代の金融恐慌において取り付け騒ぎ（bank-run）が起こり群集（小口預金者）が銀行の周りに長蛇の列を作っている写真を示して説明することが多い。一般には、一定額までの預金保護のパニック防止効果が預金保険制度の根拠と考えられている。しかし安定化政策の目的としてシステミック・リスク顕在化防止を重視するならば、実際には問題はむしろ大口預金者の行動にある。この問題に正面から取り組もうとすると、伝統的な預金者保護の概念や預金保険に限度を設けることと矛盾が生じることになる。

　信用秩序の維持を広義に捉える場合には、ある金融機関の破綻による悪影響が他の金融機関へ連鎖的に波及していく懸念（システミック・リスク）は軽微であっても、当該破綻金融機関の担っていた金融機能消滅の影響そのものが問題となる。当該破綻金融機関の担っていた金融機能（決済機能、金融仲介機能）を維持し、その利用者（預金者、借り手）への影響を抑制する必要があると考えるかどうかである。ある金融機関が特定の地域または特定の産業分野で高いウェイトを占め、それが破綻した場合、当該地域または産業分野にその影響が集中的に生ずるようなケースでは特に深刻な問題となる。ただ、信用秩序の拡大解釈はモラル・ハザードと膨大なコストを生ずるため、社会的要請の強さとの対比をふまえた慎重な判断が要求される。

　金融機関の破綻が現実の問題になってくると、狭義の預金者保護を中心として構築されてきた従来の金融行政は、ある意味では机上論の域にとどまっ

ていたことに気づかざるをえない。金融システムの機能維持のうえでより難しく深刻な問題は、金融機関への貸し手（預金者）よりもむしろ金融機関からの借り手（取引企業）の保護であることが明らかとなってきた。借り手保護は信用秩序の概念を広く捉える考え方に結びつきやすい。金融機関が破綻して借り手への資金の循環が滞れば借り手の経済活動はストップしてしまい、連鎖倒産ということもありうる。借り手の従業員の雇用・その家族の生計・地域経済へのショックと波紋は拡大し、経済・社会への波及という意味では預金者よりも借り手を経由する影響のほうがはるかに大きい（西村〔1997〕）。

従来、破綻処理における借り手保護という目的は信用秩序維持や預金者保護に比べ、それらと同程度に明確な位置づけがなされてきた訳ではなかった。1998年秋になると広範な金融不安を反映しこれを明確化する必要が生じ、金融再生法では破綻処理原則のひとつとして「金融機関の金融仲介機能を維持するものとすること」を掲げるに至っている。しかし、このような時代の要請に応じた「適時適切な」制度の対応によって、信用秩序維持制度（預金保険制度）の基本理念はかえってあいまいなものになった可能性もある。

いずれにしても、1971年の預金保険法制定以来実際には発動されなかった金融安定化・破綻処理制度は90年代半ば以降頻繁に発動され、また破綻処理の実務を経験することを通じて制度も飛躍的に整備された。しかし金融情勢はこれによって安定化することはなく、この後さらに頻繁な制度改正を余儀なくされた。その内容については第9章で詳述するが、その後の推移をも含め全体的な状況を把握するために1986年以降の金融安定化・破綻処理制度改正の推移を整理すると図表7－7のとおりである。

以上を通観してみると、90年代半ば以降に顕在化した金融機関の連続的破綻に対処するため講じられた預金保険制度の改正は、2つの問題処理をめぐって進められたといえる（佐藤〔2003〕p128～）。

① 上限つき預金保護という制度的枠組みと預金全額保護という事実上の政策目標との乖離が、主として財源面から現実の課題となったこと。
② 救済金融機関が現れないケースが例外でなくなり、資金援助方式による破綻処理が重大な制約にぶつかったこと。

図表7-7　金融安定化・破綻処理制度の整備

1971年	・預金保険制度創設（100万円までの保険金支払い）
1986年	・1000万円までの保険金支払い ・資金援助（金銭贈与、資産買取、貸付等）の創設 　資金援助は吸収合併、営業譲渡、株式取得のケースを対象 　資金援助は受け皿金融機関、株式取得金融機関に対してのみ実施可能 　資金援助金額は保険金支払いにかかるコスト（ペイオフコスト）の範囲内
1996年	・住宅金融債権管理機構の創設 　住専問題処理のため、「特定住宅金融専門会社の債権債務の処理の促進等に関する特別措置法」に基づき、預金保険機構の出資により設立 ・金融3法による時限措置（2000年度まで） 　預金の全額保護のため、受け皿金融機関に対しペイオフコストを超える資金援助を可能にする（その財源として特別保険料を徴収） 　信組に破綻が相次いで発生している状況にかんがみ、 　① 破綻信組の受け皿金融機関として整理回収銀行を創設（買取資産の回収機能も付与） 　② 破綻信組処理のための資金として、預金保険機構が行う借入に対し政府保証 ・金融3法による恒久措置 　早期是正措置の導入 　更生手続等における預金保険機構の預金者代理制度
1997年	・不良債権買取を行えるケースの多様化（新設合併） 　① 恒久措置：受け皿金融機関と経営が悪化した金融機関との新設合併 　② 時限措置：経営が悪化した金融機関同士の新設合併（金融再生関連法により98年度で終了）
1998年	・金融安定化2法による時限措置 　信組のみならず銀行の破綻が相次いで発生している状況にかんがみ、 　① 整理回収銀行を一般金融機関の受け皿金融機関とする 　② 破綻金融機関の不良債権回収にあたり、預金保険機構に対し、罰則付財産調査権を付与 　③ 破綻金融機関処理のための資金として、預金保険機構に7兆円の国債交付、10兆円の政府保証付与 　金融の危機的な状況に対処するための緊急措置として、公的資金を活用して金融機関の発行する優先株等を引受、金融機関の自己資本を充実させる（金融再生法により廃止） 　① 優先株引受にあたっては金融危機管理審査委員会が厳正な審査 　② 財政上の措置として、預金保険機構に対し3兆円の国債交付、10兆円の政府保証付与 ・金融再生関連法 　信用秩序の維持と預金者の保護のため、以下の制度の整備を図る 　① 金融整理管財人制度 　② ブリッジバンク制度 　③ 特別公的管理制度 　④ 金融機関の資産買取制度 　⑤ 金融再生委員会 　⑥ 整理回収機構

1998年	ブリッジバンクの設立、特別公的管理、金融機関等の資産買取等の金融再生業務を行う金融再生勘定の資金の借入等について政府保証（18兆円の保証枠設定） ・金融機能早期健全化法 　金融機関の資本増強に関する緊急措置の創設 　① 普通株式の引受による資本増強の仕組み 　② 優先株式の引受等による資本増強の仕組み 　③ 減資手続の特例等 　金融機能早期健全化勘定の資金の借入等について政府保証（25兆円の保証枠設定）
2000年	・破綻処理の迅速化・多様化を図るため、以下の制度整備 　① 資金援助の適用範囲の拡大（営業の一部譲渡（付保預金移転）の場合の資金援助、追加的な資金援助、破綻金融機関に対する資金援助、ロスシェアリング） 　② 金融整理管財人制度（恒久化） 　③ ブリッジバンク制度（恒久化） 　④ 金融危機に対応するための措置（資本増強、特別資金援助、特別危機管理） ・預金全額保護の特例措置を1年延長、流動性預金については2年延長 ・預金保険機構に対する交付国債6兆円増額（合計13兆円） ・96年改正前の破綻処理に伴い信組業界が行っている債権回収業務を整理回収機構に一元化
2002年	・破綻時においても決済を円滑かつ確実に完了する措置 　① 預金保険法の目的に「破綻金融機関に係る資金決済の確保」を加える 　② 決済性預金の恒久的全額保護 　③ 仕掛かり中の決済の履行確保 ・金融機関等の組織再編成の促進に関する特別措置 　① 信金等の持分消却・簡易合併に関する手続の簡素化 　② 預金保険機構による資本増強 　③ 合併等の場合、1年間に限り預金保険基準額の特例措置
2004年	・金融機能強化のための資本の増強等に関する特別措置 　金融機関等の業務の健全かつ効率的な運営および地域における経済の活性化 ・金融機関を子会社とする銀行持株会社に対する資本増強措置
2008年	・金融機能強化のための資本の増強等に関する特別措置 　国による株式等の引受等に係る期限の延長 ・組織再編成の促進に関する特別措置 　協同組織中央金融機関等に対する資本の増強に関する特別措置の新設
2009年	・中小企業者当に対する金融の円滑化を図る臨時措置 　金融機関等に対して貸付条件の変更等に努める義務を課する

（出所）　金融庁HP等に基づき筆者作成

　すなわち、従来の預金保険制度の考え方（いわば「小さな預金保険」）を守りつつも、激動する経済・金融情勢の中で、国民の現実的意識にいかに適応させるかという矛盾を孕んだ現実的努力であった。

　①については、預金全額保護という事実上の政策目標を時限的に追認したうえで、事態の推移に合わせ制度的枠組みを修正していくという対応がなされた。1996年の預金保険法改正により、2001年3月までの時限措置として、

ペイオフコストを超える援助を可能とする「特別資金援助」が付加され、そのための追加的な財源として特別保険料（0.036％）が徴収された。一般保険料も4倍（0.012％→0.048％）に引き上げられ、保険料は全体として7倍（0.084％）となった。

　1997年11月に発生した一連の金融破綻では1996年に整備された措置では足りず、付保対象預金の全額保護のみならず、付保対象外の預金や預金類似の金融商品をも実質的に保護するとの方針が示された（1997・11・24「金融システムに関する大蔵大臣談話」）。また銀行の貸出姿勢が極端に慎重化し金融システムの機能不全が懸念されるに至ったことを受けて再度預金保険法が改正され（1998・2・16）、17兆円の公的資金（交付国債7兆円と政府保証枠10兆円）によりペイオフコスト超の特別資金援助は（特別保険料に加えて）公的資金の財源的裏付けをもつこととなった。

　②の受け皿が現れない場合の対応については、1994年12月に東京共同銀行の設立という個別の応急措置により対処されたが、1996年の預金保険法改正によってこれが改組・制度化され、破綻信用組合の常設的な受け皿としての整理回収銀行が設置された。また1997年の預金保険法改正では、破綻処理手法の多様化の観点から新設合併等が資金援助の対象に加えられた。さらに1998年2月の預金保険法改正によって、整理回収銀行を破綻金融機関一般（信組に限定せず銀行を含む）の受け皿と位置づける見直しが行われた。1998年10月の金融再生法においては、金融整理管財人制度やブリッジバンク制度が設けられ、経過的な受け皿の役割を果たすことになった。

　さらに2000年の預金保険法等の改正により、金融整理管財人制度・ブリッジバンク制度など金融機関の破綻処理に係る恒久的な制度の整備を図ることによって、これまでの制度整備を一応完結させている（第9章第3節参照）。

第5節 ディスクロージャーの進展とその意義

1 ディスクロージャー問題検討の経緯

　金融システムが安定し金融機関や金融行政に対する信頼が高かった時代においては、金融機関の情報開示が強く求められることはなかった。金融は専門的な分野であるので一般人には理解しがたく、またそのためにこそ専門家である金融機関や政府を信頼し処理を委ねていると理解されていた。しかし、その金融機関が破綻の可能性を孕み各人が自己責任で選択を迫られることになると、にわかに金融機関のディスクロージャーは重要な課題となってくる。ただ、わが国においてこの問題が法律改正の対象になった歴史は古く、すでに1979年には金制調において本格的に議論されている。その答申で述べられていることは、現在の視点からも十分的確なものである。

　　　銀行は　①国民経済的・社会的に大きな影響力を有し、公共性、社会的責任の高い企業であること、②国民の預金を託されている機関として免許を得て成立している企業であり、国民の支持と理解を得る必要があること等にかんがみ、ディスクロージャーを実施する必要性が一般企業以上に強い。また、銀行がディスクロージャーにより自らの行動と成果を国民に開示しその判断を受けることは、銀行の自己努力を促進する自己規正策として有効である。
　　　銀行の公共的機能の発揮については、銀行に対する法規制や指導・監督により社会的要請に対応するよう求めていくことよりも、銀行がディスクロージャーを通じて自発的に対応していくことが望ましい。
　　　　　　（金制調〔1979〕「普通銀行のあり方と銀行制度の改正について」）

　この答申に基づいて1981年に銀行法が全面改正され、この時ディスクロージャーに関する規定（銀行法第21条）が創設された。しかし行政介入の強化を懸念する金融界の強い反対により、その規定はきわめて弱い（自主申告的な）ものに止まった。その後1985年に全銀協による開示基準の統一化が行われたが、内容的に特段の進展はなかった。80年代は邦銀の業績は順調で国際的にも評価の高かった時代であるが、このような局面で積極的にディスクロージャーに取り組みそれが必要となる時代に備えておかなかったことには

悔いが残る。

　この問題が再び脚光を浴びだしたのは、バブルが崩壊して巨額の不良債権など今まで目にふれていなかったさまざまな問題が顕在化し、公的資金を使ってでも預金の保護に乗り出さなければならなくなってからのことである。そういう意味では金融界が自ら進んでというよりも、事態が切迫してからやむをえず行ったという印象はぬぐえない。

　1992年以降不良債権の開示は逐次進められたが、その歩みはたしかに遅かった。その理由の1つは、この時点では邦銀の信用は国内でも国際的にもきわめて低くなっていたが、そのような状況下では、本来は信頼を得るための情報の開示がかえって不安感を増幅させてしまうとのジレンマにある。情報開示は金融システムが安定しているときに整備しておかなければ、いざというときの役に立たない。

　それにしても、実際に情報開示に取り組んでから、なぜこのように開示範囲を逐次拡大する手法がとられたのか（図表7-8）。このような方法は国民に不良債権額が際限なく増大していく印象を与え、不安感・不信感の原因となりやすい。この問題は不良債権問題の本質およびそれに対する行政・金融機関の認識と関係がある。

　開示が始まったころ（90年代初期）には不良債権の発生は主としてバブル崩壊によるもの（過去の後始末）と認識され、一方、日本経済の復元力と銀行の経営基盤に大きな信頼が寄せられていたので、金利減免債権以下については経営努力と銀行の支援によってある程度の時間をかければ健全化は可能と考えられていた。したがって銀行が支援を決定した債権については、回収が不可能になるという意味での「不良債権」との認識はなかった。銀行という病院に入院が認められれば、いずれは退院できるとの理解が前提になっていたわけである。

　実際80年代までの実績では、銀行が本腰を入れて支援を決意した場合には延滞債権ですら時間はかかるが最終的にはそのほとんどが回収されていた。ところが90年代後半に次第に開示範囲の拡大を迫られていった背景には、従来ならば回収できていた「軽度の」問題債権も、地価の下落・国際競争力の低下・地域経済の崩壊等継続的な経済環境の悪化によりむしろ時間の経過と

図表7-8　ディスクロージャーの進展（金融制度調査会答申・報告の推移）

1979年6月	答申「普通銀行のあり方と銀行法改正について」 ・ディスクロージャーの意義、銀行法上の規定の必要性等につき提言 ・1981年に改正された銀行法にディスクロージャー制度の規定創設
1985年6月	答申「金融自由化の進展とその環境整備」 ・比較可能性の観点から、基本的な開示項目についてある程度統一的な基準が作成されることが望ましいとし、各業態ごとに統一基準が自主的に作成されることを提言 ・この提言を受け、1987年全銀協統一開示基準を作成
1992年1月	答申「金融システムの安定性・信頼性の確保について」 ・ディスクロージャーのあり方について、より専門的に検討を行い、開示内容の一層の充実を図っていくことを提言
1993年1月	作業部会中間報告「金融機関の資産の健全性に関する情報開示について」 ・すべての銀行（都市銀行、長期信用銀行、信託銀行、地方銀行、第二地方銀行）において破綻先債権額の開示を行うことを提言
1994年10月	作業部会中間報告「ディスクロージャー誌の充実について」 ・金融機関が抱えるさまざまなリスクの内容、リスク管理に対する基本方針、リスク管理手法・指標およびリスク管理体制等、リスク管理に関する情報の開示を提言 ・金融機関本体のみならず、子会社も含めた企業集団としての経営・業務の状況を的確に把握することが重要であり、子会社関連情報の開示の充実を提言
1995年6月	作業部会報告「金融機関の資産の健全性に関する情報開示範囲の拡大について」 ・都市銀行、長期信用銀行、信託銀行、農林中金、商工中金、全信連においては、破綻先債権・延滞債権に加え、金利減免等債権の金額についても開示することを提言 ・地域金融機関（地方銀行、第二地方銀行）のうち、少なくとも海外の視点・海外の現地法人を設けて銀行業を営んでいる金融機関については、従来の破綻先債権に加えて延滞債権額の開示を行うことを提言
1995年6月	作業部会報告「金融機関のデリバティブ取引の情報開示について ・デリバティブ商品全般（先物、先渡、オプション、スワップおよびこれに類する取引）に関する①取引規模を把握するための情報としての想定元本額、②金融機関がデリバティブ取引を行っていくうえで基本的に管理すべき各種のリスクに関する情報、③現時点における損益状況を把握するための情報としての公正価値（時価）等の開示を提言
1995年12月	答申「金融システム安定化のための諸施策」 ・原則として1998年3月期までには、全業態につき、すべての不良債権（破綻先債権、延滞債権、金利減免等債権）の開示を提言
1997年6月	答申「わが国金融システムの改革について」 ・銀行等の経営内容がより正確に反映された財務諸表が作成されるため、会計制度の改善（具体策は企業会計審議会で検討）を提言 ・1998年の銀行法改正により抜本的拡充（訓示規定から義務規定へ、業界自主ルールから行政当局による開示項目設定へ、連結ベースでの開示義務づけ、刑事罰の導入）

（出所）　金融制度調査会資料等に基づき筆者作成

ともに回収不能額が増えていったという事情がある。

　さまざまな試行錯誤もあったが、今や日本の情報開示は制度としてはアメリカと並ぶ透明性の高いものとなっている。それはヨーロッパ大陸諸国に比べれば進んでいることを意味するといってよいであろう。もともと情報開示は投資家の利益を守るために必要とされたものであり、市場中心のアメリカ型金融システムにおいて発達したものである。日本やヨーロッパ大陸諸国のように銀行が金融システムの中心を占める国では、融資の対象である企業に関する情報は主として銀行がモニターすればよいと考えられてきた。

　さらに、その銀行の経営状況に関する情報は監督当局が金融検査などを通じて把握し、その結果に基づき指導・是正される体制がとられてきた。このような金融システムの下では、銀行の経営内容（不良債権等）をそのまま公表するという発想法自体に違和感があったといえる。不良債権が多量に存在するような事態を生じないよう、予防的に金融行政・銀行経営が対応することを想定した金融システムだったのである。

2　不良債権の開示

　政府が金融機関の不良債権額をはじめて公表したのは1992年4月のことであり、主要21行（都銀・長信銀・信託）の「破綻先・延滞債権」（現在の基準に比べるとかなり狭義）の概数を推計して発表された。約8兆円、対総資産比1.13%（1992年3月末）であり、現状と比較するときわめて少ないようにみえるが、当時の認識では平常時の不良債権比率は0.3%程度と考えられていたので、金融関係者の常識からすればこれでも文字どおり桁外れであった。

　1992年8月における株価の大幅下落以来、にわかに不良債権問題が切実な課題として意識されるようになった。これに伴って不良債権のディスクロージャーに対する関心も高まり、また海外からは日本の金融情勢に関するさまざまな憶測が伝えられた。そこで大蔵省は1992年10月、従来のような推計ではなく各銀行へのヒアリングを通じて把握した係数を集計した主要銀行21行の不良債権額（破綻先債権および6カ月以上の延滞債権）を公表した。その額は約12兆3000億円であり、そのうち担保・保証でカバーされていないもの（最終的な損失見込額）は4兆円程度と認識されていた。これ以降半期ごとに同

様の計数が発表される。

その後銀行の経営状況が悪化するにつれ、情報開示に対する世間の見方はさらに厳しさを増した。特に、すでに返済・利払いに支障が生じている債権だけでなく、金利減免・棚上げ先に対する債権額についても開示すべきであるとの意見は強かった。しかし従来の考え方からすればこれらは元本の回収が前提となっており、破綻先債権・延滞債権とは基本的にその性格を異にしていると考えられていた。これを開示することによって、将来再建の可能性のある企業に対する金融機関の適正な資金の供給が抑制されることが心配されたのである。

ここには不良債権に対する大きな見方の違いがある。すなわち、不良債権とは元本の回収が不可能になるものとの理解に立つ場合には従来のような定義になるが、そこではもっぱら銀行の破綻との関係が意識され経営効率という観点は希薄である。それに対して、銀行経営の効率性・収益性という観点を重視すると、金利減免債権やさらにはリスクに見合った利息をとっていない債権も問題のある債権（不稼動債権）との認識になる。「不良」債権とnon-performing loanとは、このような意味で同列の概念ではなく、不良債権議論ではこの点に混乱がみられる。[10]

市場原理や競争が強調されるようになると、金融機関の破綻の可能性を前提とした金融システム設計をとることとなり、預金者にも自己責任原則に基づく行動を求めざるをえない。その場合金融機関のディスクロージャーは、預金者が自らの判断で預託先を選ぶ前提となる情報を提供するということであり、金融システム運営の基礎的条件となる。預金者が金融機関経営の健全性を判断する見地からは、元本の回収可能性に問題のある債権（破綻先・延滞債権）に加えて、金融機関の現在および将来の収益に影響を与える債権（金利減免等債権）に関する情報の開示も必要となる。このような観点から、当初の約定条件を変更した債権額などについても広く開示することになった。

頻発した信用組合の破綻や住専問題に関する関心の高まりもあって、主要

---

[10] 不良債権の定義と開示基準については、岩崎美智和「不良債権処理制度と貸出条件緩和」（伊藤〔2010〕所収）が詳細に分析している。

図表7-9 主要銀行(都長銀信託)における不良債権ディスクロージャー範囲の推移

	93・3	94・3	95・3	96・3	97・3	98・3	99・3	00・3
破綻先債権	○	○	○	○	○	○	○	○
延滞債権	○	○	○	○	○	○	○	○
金利減免債権				○	○	○	○	○
経営支援先債権				○	○	○	○	○
貸出条件緩和債権						○	○	○
連結ベース							○	○

(注) 延滞債権は、97・3までは6カ月以上、98・3以降は3カ月以上。98・3以降、金利減免・経営支援先債権は貸出条件緩和債権に含まれている。
(出所) 星岳雄ほか〔2001〕を簡略化

銀行だけでなく協同組織金融機関も含めた全金融機関の不良債権を開示すべきとの意見が強くなった。他方、それらの金融機関はいわば仲間内の組織であるからその経営情報は組織の構成員に知らせればすむものであり、一般社会に公表する必要はないとの意見もあった。しかし協同組織金融機関の預金も金融機関の拠出により運営される預金保険の保護対象となっており、破綻の影響は組合員・会員のみでなく広く他の金融機関およびその預金者にも及ぶ。このため、協同組織金融機関についても銀行と同様、経営の健全性に関する情報開示を行うこととなった。

　このような考え方から、1995年6月に不良債権の定義を拡大し、その結果それまで約13兆円とされていた不良債権額は、総額約40兆円と修正・公表された(「機能回復」)。その後も不良債権の定義は若干拡大されたが、基本的考え方はこの時設定されたといえる。従来の自主的開示という基本的考え方を法律上の義務とするとともに罰則を科すべきとの議論も提起された。この時には法律改正(1996年金融三法)に盛り込まれなかったが、この問題は日本版ビッグバンにおいて再度取り上げられ、1998年の銀行法改正においてディスクロージャーに関する規定の抜本的な拡充が行われた。まず、従来の訓示規定から義務規定に変更され、ディスクロージャーの位置づけがきわめて重要なものとなった。また開示項目の設定について従来は業界自主ルール(全銀協統一開示基準)に依っていたが、行政当局(省令)に定められることになった。開示義務違反に対しては罰則の強化・刑事罰が導入されている。

これによってディスクロージャーは制度としてはほぼ完成されたが、その実施については金融機関および行政当局の努力に待つことになる。その後1997年秋から大規模な金融機関の破綻が連続し、一方において情報開示の必要性が一層痛感されながらも、他方情報の氾濫が一層の金融不安を呼ぶという矛盾も生じた。さらに2002年の「金融再生プログラム」においては、金融機関の資産評価にDCF方式が導入されたため、ともすれば不良資産額を過大評価するケースが見受けられた。このことはいたずらに金融危機の雰囲気を醸成したり、必要以上に金融再編成を促す結果になった可能性もある（第10章第2節参照）。現代社会においてはディスクロージャーの影響はきわめて大きいだけに、その取扱いには慎重さも求められる。

第8章

日本版ビッグバン

第1節　日本版ビッグバンの提唱

1　提唱の背景

　イギリスのビッグバン（直訳すれば「宇宙大爆発」。大規模で迅速な改革の意味）は現在では広く知られているが、1996年以前の日本ではなじみの少ない言葉であった。しかし金融関係者の間では1986年の実施直後から強い関心が寄せられ、すでに1987年12月の制度問題研究会報告において金融制度改革のモデルとして取り上げられている。1992年金融制度改革法も、ある意味では東京をロンドン並みの金融市場にすることをねらったものであった。したがって、ロンドンに倣い東京でビッグバンをやろうという発想そのものは特に目新しいものではないが、（第2次橋本）内閣の重点施策として掲げられ政治的にも大きな関心を呼ぶことになった点は日本の金融制度改革としては珍しい展開であった。

　住専問題が半年以上にわたる政治的混乱を経て1996年7月に一応の決着をみた後、日本経済はようやくバブル崩壊の影響を克服して明るさを取り戻しつつあるようにみえた。1995・96年度の実質経済成長率はそれぞれ3.0％、4.4％（当時の統計）と先進工業国の中でも最高水準に達するほどの好調ぶりであった。この頃阪和銀行が破綻したが、業務停止命令を発動して処理するという強い手法は、金融当局の自信と積極性の発露とむしろ好意的に受け止められ

た。経営に不安があるとされていた銀行についても相次いで果敢な対応策が発表された。拓銀は北海道銀行と合併し北海道大連合を形成する構想を発表し、また、日債銀は大胆なリストラを発表したうえバンカース・トラストとの業務提携にこぎつけた。市場ではいずれも好感をもって受け止められ、金融システム再建は着々と進んでいるようにみえた。

経済が再び軌道に乗れば、いつまでも大幅な地価の下落や不良債権の追加的な発生は続かないだろう。過去に生じた金融機関の不良債権は量的にはまだまだ残されているが、足枷になっていた住専・信組問題を処理する仕組みは一応整備された。残された問題は、個々の金融機関の自主的な努力によって解決可能である。これまで不良債権の後始末に追われて実施が遅れていたが、ようやく21世紀に向けての金融改革に取り組める時期が来た。橋本首相と同様、国民の気持もこのようなものであったと推測される。東京２信組から住専問題に至るまで、わが国の金融は過去の清算で足踏みを続けてきたが、これからは未来と世界に向かっての課題に取り組めるとの期待が集まった。

官僚の牙城としての大蔵省解体に意欲を燃やす加藤自民党幹事長や新党さきがけの攻撃に対して、それまで防戦一方であった大蔵省は体制を立て直す契機をも探っていた。しばらく金融問題に押されて脇に置かれていた財政再建キャンペーンを復活させ、同時に金融についても「閉塞状態打開のため」という当時の日本社会に受け入れられやすい前向きのテーマに入れ替え、それまでのマイナス・イメージの払拭を図ろうとした。

総選挙で勝利を収めた後11月７日に発足した第２次橋本内閣は、行政・財政構造・金融システム・社会保障制度・経済構造・教育の６大改革を掲げた。ところが橋本内閣としては政治的要請から早急に６大改革の具体的成果を示す必要があったにもかかわらず、金融以外の分野では準備が整っていなかった。それに対し金融制度については長い間の検討の蓄積があり、いわば部品はそろっていたので、決断さえすれば短期間に立派な結論を出すことも可能であった。いきおい、金融システム改革は６大改革の中で早々に実績を示す役割を担うことになったのである。

2 検討経緯

　橋本首相は1996年11月11日に、三塚大蔵大臣・松浦法務大臣に対し金融システム改革に全力をあげて取り組むよう指示した。首相からこのような個別分野（特に金融という専門的な）について担当閣僚に直接具体的な指示があること自体、日本の内閣制度のもとでは変則的である。さらに、法務大臣に対しても指示がなされたことは一層異例なことであった。指示の内容は次のように具体的で明確な問題意識をもったものである。

　　わが国金融システムの改革―2001年東京市場の再生に向けて

　1　目標：2001年にはニューヨーク、ロンドン並みの国際市場に
　　(1)　優れた金融システムは経済の基礎をなすものである。21世紀の高齢化社会において、わが国経済が活力を保っていくためには、
　　　①　国民の資産がより有利に運用される場が必要であるとともに、
　　　②　次代を担う成長産業への資金供給が重要。
　　　③　また、わが国として世界に相応の貢献を果たしていくためには、わが国から世界に、円滑な資金供給をしていくことが必要。
　　　このためには、1200兆円ものわが国個人貯蓄を十二分に活用していくことが不可欠であり、経済の血液の流れを司る金融市場が、資源の最適配分というその本来果たすべき役割をフルに果たしていくことが必要。
　　(2)　欧米の金融市場はこの10年間に大きく変貌し、これからもダイナミックに動こうとしている。わが国においても、21世紀を迎える5年後の2001年までに、不良債権処理を進めるとともに、わが国の金融市場がニューヨーク・ロンドン並みの国際金融市場となって再生することを目指す。
　　　これには、金融行政を市場原理を機軸とした透明なものに転換するだけでなく、市場自体の構造改革を成し遂げ、東京市場の活性化を図ることが必要。
　　(3)　上記の目標を実現するため、政府・与党をあげて、次の課題について直ちに検討を開始し、結論の得られたものから速やかに実施し、今後5年間の内に完了することとする。
　2　構造改革への取り組み：2つの課題（「改革」と「不良債権処理」）
　　目標達成に向けて、市場の活力を甦らせるためには、市場の改革と金融機関の不良債権処理とを車の両輪として進めていく必要がある。
　　(1)　改革：3原則（Free, Fair, Global）

① Free（市場原理が働く自由な市場に）——参入・商品・価格等の自由化
② Fair（透明で信頼できる市場に）——ルールの明確化・透明化、投資家保護
③ Global（国際的で時代を先取りする市場に）——グローバル化に対応した法制度、会計制度、監督体制の整備

(2) このような徹底した構造改革は、21世紀の日本経済に不可欠なものとはいえ、反面さまざまな苦痛を伴うもの。金融機関の不良債権を速やかに処理するとともにこうした改革を遂行していかなければならないので、金融システムの安定には細心の注意を払いつつ進めていく必要がある。

上記の首相指示を受け11月15日に証取審・金制調・保険審・外為審・企業会計審議会（以下「企業会計審」）の5審議会に対し、2001年までの間に金融システム改革が完了するプランをできる限り早急に取りまとめるよう要請された。内外の金融界は、わが国では珍しく迅速で具体的な政治的決定に興奮し、日本版ビッグバンの動向には大きな関心と期待が寄せられた。各審議会では図表8－1のような検討が開始されたが、当時の問題意識と検討対象はきわめて広範かつそれまでに例のないほど意欲的であることがわかる。

各審議会での検討においては、この金融システム改革は21世紀における金融・証券市場全体のあるべき姿を念頭において推進していく必要があることが強調された。そのため、各審議会がそれぞれの分野について脈絡なく議論を進めるのではなく、相互に関連する問題について5審議会の検討状況を持ち寄って意見交換を行うため、各審議会の代表者による金融システム改革連絡協議会が設置される。各審議会ではこのような課題に関する従来の手法にとらわれることなく、きわめて精力的に検討が進められた（図表8－1）。1997年1月には外為審から「外国為替及び外国貿易管理法の改正について」が答申されたことを受け、早くも3月には外為法改正案が国会に提出され、5月に成立した（次節参照）。

4月の中間時点では、審議会の検討状況や措置内容を、Free・Fair・Globalの3原則に従いわかりやすく整理した「金融システム改革の現状整理」が公表され、内外の関心を引き付け続けることに成功する。6月には証取審・企業会計審・金制調・保険審の総会が相次いで開催され、金融システ

図表8-1　金融システム改革に関係する5審議会の審議状況

審議会名	審議会（部会）の1997年2月までの進捗状況
証取審	総合部会において、論点整理に示された以下の検討項目等について今後検討を深めていき、97年6月までに報告を取りまとめる予定。 ○持株会社の活用　○仲介業者の参入・退出の円滑化 ○投資信託の利便性の向上　○業務の多角化　○手数料自由化 ○株式の持合いの解消促進　○資産運用業（投資顧問、投資信託）の強化　○有価証券定義の見直し　○企業活力の向上（ABS、MTN、DR、ストック・オプション等の導入・利用の拡大） ○情報提供の充実　○監視・処分および紛争処理体制の充実　○ディスクロージャーの充実 デリバティブ特別部会において、デリバティブ取引拡大のための環境整備（個別株オプション、株式関連の店頭デリバティブ取引等）について、97年春までに報告を取りまとめる予定。
金制調	96年12月26日の金融機能活性化委員会において、金融システム改革のプランに盛り込むことについて、今後検討することが必要ではないかと考えられる項目（関連する他の研究会等で検討されている項目を含む）について以下のように例示的に列挙。 ○金融持株会社制度の導入　○専門金融機関制度にかかわる規制の撤廃　○銀行本体で取り扱える業務の範囲　○債権流動化　○電子マネー・電子決済等　○金融先物取引のあり方　○短期金融市場の整備　○地域金融機関の役割　○ノンバンク問題　○顧客・消費者保護　○早期是正措置の導入　○金融市場改革に関連する所要の体制整備（リスク管理のあり方、監督体制のあり方、会計制度の改善等） 今後、金融制度活性化委員会においては、上記項目を中心に検討を行い、97年6月までに審議を取りまとめる予定。 電子マネーおよび電子決済に関する懇談会（外為審と共同開催）において、電子マネーおよび電子決済をめぐる諸問題に関して、97年春頃をメドに取りまとめを行う予定。
保険審	96年12月20日に総会を開催。総理指示を受けて保険業および保険監督行政における基本的な問題を検討するための「基本問題部会」の設置を決定。基本問題部会では以下の項目を中心に検討を進め、97年6月までに何らかの報告を取りまとめる予定。 ○算定会の改革等、自由化措置　○業態間の参入促進　○持株会社制度の導入　○銀行等による保険販売等　○トレーディング勘定への時価評価の適用
外為審	法制特別部会において、為銀主義撤廃等を内容とする外為法の改正について、鋭意審議を行い、96年12月19日総会への報告を取りまとめ、97年1月16日に外為審議会において答申。 大蔵省としては、本答申をふまえ、今国会への外為法改正法案を提出すべく準備中。これにより内外資本取引等の自由化および外国為替業務の自由化を実現すべく、欧米先進諸国並みのグローバルな基準に沿った制度の完成を目指す。
企業会計審	第1部会において、連結情報の充実と連結手続の抜本的見直しに関して、95年10月より審議。近く連結会計基準の改定方針を取りまとめ、これを公表したうえ、97年夏をメドに報告書を取りまとめる予定（引き続き、連結手続等の実務規定を整備する必要があるため、1年程度をメドに、連結手続・開示の基準を取りまとめる予定）。 特別部会において、金融商品、企業年金、研究開発に係る会計基準に関して、国際的動向（98年3月をメドにして作業が進められている国際会計基準の動向、それに基づく諸外国での検討）をもふまえ、98年夏をメドに意見書のとりまとめを予定。なお、金融商品に係る会計基準については、中間報告をできるだけ早い時期（できれば97年夏）に公表予定。

(出所)　平沼〔F1997〕p53

ム改革に関する最終報告書・答申が取りまとめられる。金融システム改革の各部門の状況が明らかになったことを受け、6月13日にはこれらを総合的に体系化した「金融システム改革のプラン―改革の早期実現に向けて」が策定された（内容については第3節参照）。内外の金融界はこのような迅速な進行状況を見て世界の3大金融市場としての東京市場の復活に大きな期待を寄せ、一時香港やシンガポールにアジア地域の拠点を移した外資系金融機関も再び東京へ回帰する動きを見せた。

第2節　先行して検討されていた改革

1　外国為替管理制度の見直し

(1)　検討の経緯と基本的考え方

　外為制度の抜本的見直しについては、1995年秋以来、外為審において検討が重ねられ、日本版ビッグバン構想に先立ち1996年6月には報告書「国際金融取引における現代的展開と取引環境の整備―外国為替管理制度の抜本的見直しについて」が取りまとめられていた。その冒頭では

> 外国為替管理制度の抜本的な見直しによるわが国の金融・資本市場の一層の活性化は、わが国経済のみならず世界経済の発展にとっても喫緊の課題である。このため、必要な検討を早急に開始し法律改正を含む所要の措置を講ずることが適当である。

と述べられている。背景にはバブル崩壊への対処に追われる日本市場の空洞化への危機感と焦慮があった。この報告を受けて大蔵大臣・通産大臣は1996年9月12日（すなわち日本版ビッグバン宣言より2カ月前）に外為法の改正について諮問し、外為審法制特別部会において集中的な審議が行われた。一般的な意味での金融システム改革とは無関係にそのような検討がかなり進んだ段階で橋本首相により日本版ビッグバンが構想され、このテーマはその重要な構成要素として取り込まれることになった。首相指示直後の12月19日には

早くも特別部会報告が発表され、次いで1997年1月16日には外為審答申として決定された背景にはこのような事情があったのである。

この答申では「外為制度の抜本的見直しは、金融システム改革のいわばフロントランナーとして位置付けられるべきものであり、これが成功裏に実施されることにより、後に続く金融システム改革の流れに好ましい影響を与える」とされている。外為法改正はもともと日本版ビッグバン構想以前に準備されていたものであるが、取りまとめの時期がタイミングよくビッグバン構想に合致したため、外為法改正はビッグバンの先導役を担うことになった。

外為法は1979年に全面改正され、内外取引を原則自由とする体系に改められた（第2章第2節参照）。その結果日本の外為制度は1980年当時においては欧州諸国よりもむしろ自由化の進んだ制度となったが、80年代後半に欧州各国でEU統合に向けた内外取引の急速な自由化が進展したことにより、90年代では欧米先進諸国と比較して自由化の遅れがみられるようになっていた。すなわち、外国為替公認銀行（為銀）や指定証券会社を通じる取引については個人や企業は自由に行うことができるが、それらを通じない場合には事前の許可・届出が義務づけられていた（いわゆる為銀主義）。この制度は歴史的には一定の役割を果たしてきたが、企業活動がグローバル化し金融取引のエレクトロニクス化が進む中では、事前の許可・届出制度を廃止し自由で迅速な内外取引が行えるよう対外取引環境の整備を図る必要があった。

ただし、内外取引や外為業務が自由化された後においても、国際的な資金の流れの的確な把握や国際収支統計等の作成が必要であり、また、国際情勢に対応して経済制裁等を機動的かつ効果的に実施しうるメカニズムを確保しておく必要がある。このような要請に応えるためには各国とも必要な手段を留保しており、わが国もその例に倣うことになった。

(2) 外為法改正の概要

法律改正の主要点は、次のとおりである。
① 法律名の改正：法律の題名から、統制経済時代の名残であり強い規制の意味をもつ「管理」の語を削除し、「外国為替及び外国貿易法」とした。
② 外為業務の自由化と為銀制度等の廃止：外国為替公認銀行制度・指定

証券会社制度・両替商制度を廃止した。これにより、外為業務への自由な参入・撤退が実現された。
③　資本取引等の自由化：海外と自由に資本取引・決済等を行うことができるよう、事前の許可・届出制度を廃止した。これにより円建ても含めて海外預金を自由に保有することができるようになり、海外向け代金を小切手で支払えるようになった。
④　経済制裁等の国際的要請への対応等：自由化後においても経済制裁等を機動的かつ効果的に実施するため、海外送金等についての許可制発動要件が法律上明確にされ、また、マネーロンダリング防止のため銀行等の本人確認義務が規定された。
⑤　事後報告制度の整備：国際収支統計の作成や市場動向の的確な把握等のため、資本取引に関する事後報告制度が整備された。

(3)　**外為法改正の意義と影響**

　前述のように、外為法改正は日本版ビッグバンの「フロントランナー」として位置づけられた。欧米先進諸国においてはすでに実施されている外為規制の自由化を導入することにより、市場間の国際競争が活性化されることが期待された。また外為規制の撤廃は、それ自体の効果のみならず、金融関係者の意識変革をもたらす契機となると考えられた。
　そのような意識改革のショック療法として外為法改正が与えた影響はきわめて大きかった。それは橋本首相により日本版ビッグバン構想が打ち出されてから1月ばかりで手品のように大胆な政策が具体化されたため、ビッグバン構想の実現可能性や衝撃力を内外金融界に強く印象づけたからである。その一方、海外預金や対外証券投資が自由に行えるようになると資本の海外流出が加速され、日本の市場が空洞化するのではないかとの懸念が示された。他方においては、ビッグバンへの強い期待から、日本の市場が国際競争力を復活させる契機となるとみて、外資系金融機関が香港やシンガポールから東京へ復帰する動きもみられた。
　しかし実際にはこの制度改正のみによって、日本の市場が大きな衝撃を受けることも劇的な復活をすることもなかった。外国為替市場の自由化により

図表8-2　外為法の沿革

年	内　容
1932	資本逃避防止法の制定
1933	外国為替管理法の制定（「外国為替銀行制度」の導入）
1936	大蔵省令により貿易為替の管理を開始
1941	外国為替管理法の改正（戦時体制に移行するため為替管理の強化）
1949	外国為替および外国貿易管理法、外資法の制定
1952	外国為替管理委員会の廃止と外国為替審議会の設置
1954	外国為替専門銀行に関する外国為替銀行法の制定に伴い、外国為替専門銀行が外国為替公認銀行に改められる。
1964	外国為替予算の廃止
1972	外貨集中制の廃止
1973	対内直投につき例外業種を除く原則的自由化を行う閣議決定
1978	為替管理の実質的な自由化を図るための政省令の全面的自由化
1980	外為法の全面的改正、外資法の廃止
1984	条例改正により、先物外国為替取引に関する実需原則の撤廃
1986	オフショア勘定の創設に伴う外為法の一部改正
1987	ココム規制違反行為に係る罰則・制裁の強化に伴う一部改正
1992	対内直投について事前届出制から原則事後報告制への移行に伴う一部改正
1997	外為法の抜本改正

(出所)　湖島〔F1997〕p39

　円が支配的な資産からドルが支配的な資産へとポートフォリオが急速に変化するであろうと推測する見方もあったが、実際のところ、そのようなことは起こらなかった（蝋山〔2001〕p294）。それはある意味では当然であって、この措置はビッグバンとは無関係に早くから予定されていた国際金融取引の規制緩和の終着点である（図表8-2、8-3参照）。今回の外為法改正はその「総仕上げ」ではあるが必ずしも従来の路線を大きく「変革」するものではない。メディアなどが予測したような激変や混乱が起こらなかったのは、経済実体やそのプレーヤーが早い段階からすでにグローバル化や情報化の流れに対応していたからである。

　そうではあっても、この法律改正が心理的に与えた影響は決して小さくない。その心理的インパクトによって、その後の金融システム改革が大きく推進されたことは高く評価されてよい。逆に、ビッグバンによる国際競争力復活に幻想を与えた可能性も孕んでいる。

図表8-3　90年代における国際金融取引関連規制緩和の推移

年	内　容
1989年6月	海外金融先物取引自由化
1990年7月	居住者外貨建海外預金の自由化（3000万円まで許可不要）
1993年7月	非居住者ユーロ円債適債基準を廃止
1994年3月	居住者外貨建海外預金の許可不要限度額を1億円に引上げ、対外直接投資および居住者・非居住者間の金銭の貸借契約の届出不要限度額を1億円に引上げ
10月	FRA、FXA取引の解禁
1995年7月	寄付・贈与に係る海外送金の許可不要限度額を1000万円に引上げ
1996年4月	居住者外貨建海外預金の許可不要限度額を2億円に引上げ、居住者ユーロ円債の還流制限の緩和（90日→40日）
9月	期間に関する特殊決済方法を原則自由化
1997年3月	交互計算制度に係るマルチネッティングの解禁および業種制限・記載限度額の撤廃、相手方の範囲の拡大

（出所）　湖島〔F1997〕p45

2　持株会社の解禁

(1)　金融持株会社問題の経緯

　金融制度改革論議の中で、持株会社方式はかなり古くから検討の対象とされた（第5章第2節参照）。特に、銀行・証券分離制度をとりながら持株会社方式を使って弾力的な金融機関経営を行っているアメリカの例をみるとき、日本においてなぜ同様の手法がとれないかとの問題意識はかねてから切実であった。しかし、日本には（日本の影響を受けた韓国を除いては）世界に例のない純粋持株会社の禁止（独禁法第9条）により、このような方法をとることは不可能であった。銀行・証券分離制度も独禁法第9条も、占領期におけるアメリカの指示によって設けられたことは真に皮肉である。

　独禁法第9条は財閥復活の抑止という趣旨から出たものであるだけに、日本経済が順調に推移し国際競争力に不安をもたれていない段階においては、憲法第9条ほどではないにしても、「進歩的」風潮の強い学界・論壇においてその改正を主張することは非常に難しかった。ましてや、当時は強い産業支配力を有しているとみられていた金融界自身がその力を一層高める純粋持株会社の解禁を主張しても、到底実現は望みえないと考えられていた。

ところがバブル崩壊とともに国際競争力に不安がもたれるに至り、1994年頃には産業政策の観点からの純粋持株会社禁止の見直しが現実的な政策課題となってきた。通産省が1995年2月に「純粋持株会社規制及び大規模会社の株式保有制限の見直し提言」を取りまとめたことが契機となり、独禁法第9条の改正が「規制緩和推進計画」(1995・3・31)に加えられた。そのような情勢の中で金融持株会社についても実現の可能性が出てきたため、金制調金融機能活性化委員会でも1995・6年における金融制度改革論議はもっぱら持株会社方式に焦点が当てられていた。舘龍一郎金制調会長が独禁法改正においても重要な役割（独禁法改正検討委員会委員長）を果たしていたことも、金融関係者の迅速な反応に影響を及ぼした。

　日本版ビッグバン構想に先立つ1996年6月11日に独禁法が改正され、1947年以来禁止されていた持株会社の設立が全面的に解禁された。ただし金融分野における持株会社の活用については、金融システム改革構想との関連、預金者・保険契約者・投資家の保護等の観点からの検討が必要であるところから、金制調において銀行を保有する持株会社を中心に検討が行われ、また保険審・証取審において保険会社または証券会社を保有する持株会社に関してそれぞれ検討が行われた。その検討結果は日本版ビッグバンに関する1997年6月13日の各審議会からの答申に盛り込まれ、これをふまえて銀行持株会社等に関する関係業法の改正作業が行われ、持株会社関連二法[11]となった。この法律改正は金融システム改革一括法の成立(1998・6・5)に先立ち、1997年12月5日に成立している。

(2) 銀行持株会社等整備法の概要とその意義

　銀行持株会社とは、銀行を子会社とする持株会社をいう。持株会社の子会社となる銀行の経営の健全性を確保する観点から、子銀行に対する経営管理能力やグループ全体の財務状況等を事前に審査するため、銀行持株会社は大蔵大臣（現在・内閣総理大臣）の認可を受けなければならない。認可にあたっ

---

[11] 「持株会社の設立等の禁止の解除に伴う金融関係法律の整備等に関する法律」および「銀行持株会社の創設のための銀行等に係る合併手続の特例等に関する法律」

図表8－4　銀行持株会社の子会社の範囲

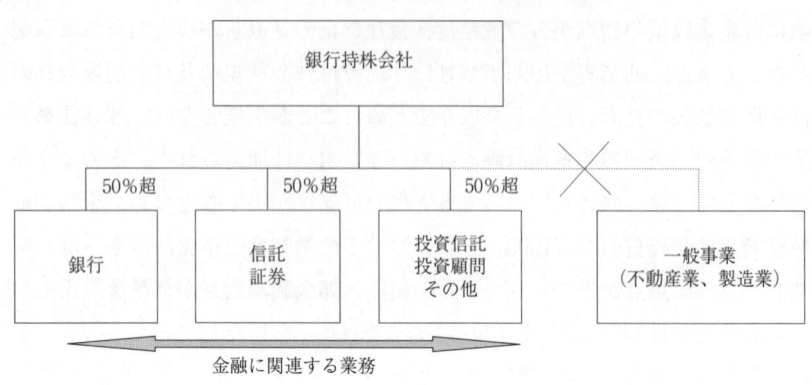

```
                    ┌─────────────┐
                    │ 銀行持株会社 │
                    └─────────────┘
         50%超      50%超      50%超       ×
     ┌──────┐ ┌──────┐ ┌──────┐    ┌──────────┐
     │ 銀行 │ │ 信託 │ │投資信託│    │ 一般事業 │
     │      │ │ 証券 │ │投資顧問│    │(不動産業、│
     │      │ │      │ │その他 │    │ 製造業) │
     └──────┘ └──────┘ └──────┘    └──────────┘
       ←――――――――――――――――――――→
             金融に関連する業務
```

(出所)　川嶋〔F1998〕p55

ての審査基準を明確にする観点から、グループ全体の収支の見込みが良好であること等の審査基準が法定されている。

　銀行持株会社の業務範囲は、子会社である銀行の経営健全性を確保する見地から、銀行に対して他業制限が課されている趣旨をふまえ、子会社の経営の管理を行うことおよびこれに附帯する業務に限定されている。他方、銀行持株会社の子会社の業務範囲については、銀行に他業制限が課されている趣旨をふまえるとともに、金融の効率化や利用者利便の向上の観点も考慮し、金融または金融に関連する一定の業務[12]　に拡大されている（図表8－4）。

　銀行持株会社が子会社とすることができない会社（一般事業会社）の株式等の取得または所有については、銀行持株会社およびその子会社は、合算してその発行済み株式の総数等の15％を超えることができない（合算15％ルール）。銀行持株会社に対しては、連結ベースのディスクロージャーを要求している。銀行持株会社創設特例法は、銀行等による銀行持株会社の創設を円滑にするための措置として銀行等の合併手続の特例（いわゆる三角合併）そ

---

[12]　銀行（信託銀行を含む）、長期信用銀行、証券会社、銀行業を営む外国の会社、証券業を営む外国の会社、銀行業または証券業に従事し、付随しまたは関連する業務として内閣府令で定める者をもっぱら営む会社（クレジットカード会社、投資顧問会社等）、新たな事業分野を開拓する会社として内閣府令で定める会社（投資先のベンチャービジネス企業等）、これらの会社を子会社とする持株会社。

の他の所要の措置を定めている。

　保険会社を子会社とする持株会社に関しては、認可、業務範囲の制限、報告・検査等保険会社に準じた規制を課している。ただ、保険会社は銀行と異なり決済システムを担っていないことや外国における制度等を考慮し、子会社の業務範囲について基本的に制限を設けず、また合算15％ルールも課さない等銀行持株会社に比べ緩やかな規制内容としている。証券会社を子会社とする持株会社については、基本的には現に取引行為を行う証券会社（子会社）への規制で対応可能であるとの考え方に立ち、報告・検査以外の規制は課していない。

　この法律改正によって持株会社方式が金融機関経営の選択肢となった意義はきわめて大きい。ただ、持株会社方式の採用はその検討経緯からみて、日本版ビッグバンよりもむしろ1992年金融制度改革法の延長線上の成果と理解すべきものである。

　いずれにしても、すでに世界の大規模金融機関の大勢は持株会社方式を活用して規模・範囲の経済性と分権的・効率的な経営を両立させる方向になっていた。わが国でも金融環境の変化に伴い、そのような要請が強まっていた。特にこの頃から金融界は激動の時期に入り、今までは考えられなかったような大規模な再編成が行われた。それは従来の業態を越え（住友銀行と大和證券の例）、江戸時代から続いてきた企業グループの枠を越える（三井住友フィナンシャルグループの例）ものであった。3つの大規模金融機関が経営統合をする例（みずほ＝第一勧業・富士・日本興業）もあった。これらは明らかに金融持株会社という経営形態が可能になったことによって促進された。

第3節　日本版ビッグバンの基本的考え方と特徴

1　金融システム改革のプラン

　金融システム改革に関連する5審議会の連絡・調整の場として金融システム改革連絡協議会が設けられていたが、各審議会の報告・答申が出揃ったの

を機会に共通する問題意識が総論的に取りまとめられ、「金融システム改革のプラン」(1997・6・13)として公表された。その基本的考え方の大筋は前年の橋本首相指示に沿ったものであるが、特に具体的措置を実行するためのタイムスケジュールを明確にすることとした点が注目される。

　　プラン策定にあたっての基本的考え方
　　① タイムスケジュールの明確化
　　　　改革を一体的にすすめるためのタイムスケジュールを明確にする。
　　② 明確な理念のもとでの広範な市場改革
　　　　・Free（市場原理が働く自由な市場に）
　　　　・Fair（透明で信頼出来る市場に）
　　　　・Global（国際的で時代を先取りする市場に）
　　の3原則に照らして必要と考えられる改革をすべて実行する。
　　③ 利用者の視点に立った取組み
　　　　各審議会の報告書のおもな内容は、利用者の立場に立った改革という観点から、
　　　　　i　投資家・資金調達者の選択肢の拡大
　　　　　ii　仲介者サービスの質の向上および競争の促進
　　　　　iii　利用しやすい市場の整備
　　　　　iv　信頼できる公正・透明な取引の枠組み・ルールの整備
　　の4つの視点を網羅しているものである。
　　④ 金融システムの安定
　　　　本改革の実現にあたり、金融機関の不良債権問題の速やかな処理を促進するとともに、早期是正措置の導入やディスクロージャーの拡充などを通じて金融機関等仲介者の健全性確保に努め、金融システムの安定に万全を期すことが重要である。

　こうした基本的考え方に基づき、関係審議会はそれぞれの分野において、金融システム改革の具体的措置とその内容、スケジュールを示した。従来の金融制度改革においては、わが国の金融システムの中で最も大きな影響力を有する銀行（特に都市銀行、長期信用銀行）が解決を迫られている課題を中心として展開され、どちらかといえば攻め込まれる立場にある証券・信託・保険が防衛的姿勢をとりながらもやむをえず追随するという図式が多かった。したがって議論の展開されるおもな舞台は金制調であり、事務局の中心は大蔵省銀行局であった。しかし日本版ビッグバンについては、銀行および銀行局が住専問題の処理などで疲弊し官民が一体感をもって課題に取り組む体制

が崩れるとともに、銀行界の主たる関心が目前の不良債権処理に向かわざるをえない状況にあったため金融システム改革の主導権を握ることはなかった。

また、アメリカの金融界が世界を制覇する勢いを示すのに対し邦銀が不良債権問題の重圧に苦しむ状況は、あらためて市場中心の金融システムへの転換の必要性を多くの人に認識させたこともあって、日本版ビッグバンはグローバル化・市場中心の競争という視点で進められることになった。間接金融から直接金融へという問題意識は30年来言い古されたものではあったが、そのこと自身が改革のメインテーマとなったことは、日本の金融システム改革史において日本版ビッグバンの顕著な特徴といってよい。

日本の金融部門において市場の改革が最も遅れていた理由の1つは、従来、証券業界・証券行政など市場関係のプレーヤーが弱者・被害者の立場で対応してきたため、ともすれば防御的・現状維持的になりがちだったことも影響している。日本版ビッグバンにおいて市場関係のプレーヤーが初めて攻める立場に置かれたことは、従来の金融システム改革に欠けていた資本・証券市場関係の改革を一気に実現するためにはきわめて有意義であった。ただ、日本版ビッグバンはたしかに証券・市場主導型なのであるが、必ずしも既得権を守り抜くという従来の意味での証券サイドの勝利にはならなかった。

他方において、金融部門における経営資源は依然として圧倒的に銀行界に存在し、これをどのように淘汰・活用していくかは日本の金融システムにとって重要かつ不可避の課題であった。海外におけるわが国金融の評価も主として邦銀を対象としたものであったから、評価を確立するためには銀行の体力を回復・強化し体制を立て直すことが急がれていた。日本版ビッグバンがもっぱら市場化やグローバル化を中心的課題としてやや理念の勝ちすぎた姿勢に徹したことは、金融界のその後の推移をみるとき若干悔いの残るところもある。

2　答申・報告の内容

各審議機関における検討結果は膨大な量にのぼるが、要点は次のとおりで

ある。

(1) 証取審報告「証券市場の総合的改革―豊かで多様な21世紀の実現のために」

先にも述べたように、日本版ビッグバンの牽引車は市場中心の金融システムを目指した証取審・証券局であった。その意味において証取審報告は日本版ビッグバンの総論の位置を占めるものであり、証取審報告によって日本版ビッグバンの基本的スタンスを知ることができる。特に証取審が、他の審議会の検討がいまだ途上にある段階において「論点整理」(1996・11・29) を発表し、証券市場の問題点と改革の基本的方向を示したことは、この金融システム改革の方向付けに大きな影響を与え、証取審がその後の主導権を握る契機となった。

総論においては、次のような方向が示されている。

① 漸進的規制緩和から抜本的市場改革へ：海外において活発に取引が行われいまだわが国に導入されていない商品・サービスの導入は急務であるが、単に海外で開発された商品等を後追い的に導入するだけでは、わが国市場をニューヨークやロンドンと並ぶ国際的市場とするという目的は達しがたい。事前的な商品・業務規制は極力なくし、多様な創意工夫の発揮を促す枠組みを整備する必要がある。

② 市場の枠組み整備の必要性：事前予防型行政から事後チェックを中心とした行政へ転換する必要がある。そのうえでディスクロージャーおよび公正取引に係るルールの整備や監視・処分体制の充実を図るべきである。金融取引については、民商法・税制・会計制度についてデファクト・スタンダード（事実上の基準）と乖離した市場は利用者から見放される。

③ 証券市場改革の進め方：今回の証券市場改革は、行政手法の改革や市場の制度的基盤の整備などを出発点としつつ、市場利用者・仲介者・運営者など市場にかかわるすべてのものがそれぞれの問題に取り組むことを求めた総合的なパッケージになっている。これを一体的に進めることが重要である。

改革の具体的内容としては、次の事項が指摘されている。

① 魅力ある投資対象：投資家の多様化・複雑化したニーズに応えられる多様な投資商品の供給が可能な仕組みの構築が必要である。ABS等の利用拡大、証券デリバティブの全面解禁、証券総合口座の導入、私募・会社型投資信託の導入、銀行による投信の窓口販売、有価証券取引税・取引所税の撤廃。

② 信頼できる効率的な取引の枠組み：公正取引ルールを定めたうえで、できるだけ自由に取引が行えるよう、さまざまな市場間で競争が行われる仕組みを整備する必要がある。取引所集中義務の撤廃、店頭登録市場の機能強化、証券取引・決済制度の整備、証券取引等監視委員会の機能強化、虚偽報告等に対する罰則強化。

③ 顧客ニーズに対応した多様な投資サービス：多様で価値のある商品・サービスを開発・提供する活力ある仲介者がより多く生まれる枠組みを整備する必要がある。証券会社の専業義務撤廃、持株会社の活用、手数料の完全自由化、証券会社の免許制から登録制への移行、業態別子会社の業務規制撤廃。

(2) 企業会計審・意見書

橋本首相指示においては、Fair、Globalの原則に関し、「ディスクロージャーの充実・徹底と国際的調和」が重要課題として指摘された。日本版ビッグバンおよびその後の金融・市場改革において、企業会計上の改革が大きく推進されたことの影響には注目すべきものがある。企業会計審は、かねてから審議を進めてきた連結財務諸表制度の見直しに加えて、21世紀に向けた会計上の重要課題（金融商品の時価評価、企業年金の将来支払い原資確保状況のディスクロージャー等）を同時並行的に審議する体制を整えた。その成果は1997年6月6日に公表され、次の事項が指摘されている。

① 連結財務諸表制度の見直し：1977年に連結財務諸表制度が導入されて以来約20年ぶりの大改正であり、連結子会社等の範囲の見直し・有価証券報告書等の企業情報開示の連結主体への転換・連結財務諸表作成手続の見直しの3局面にわたっている。

② 金融商品に関する会計基準：金融商品の会計処理のあり方については

国際的にも検討中の段階にあるが、時価評価導入に向けての基本的考え方を明らかにし、時価評価の範囲については国際的な動向等を考慮しつつ検討することを提言した。
③　企業年金・研究開発費に関する会計基準：高齢化の進展に伴い企業の年金コストが増大する中で、運用利回りの低下・運用資産の含み損発生等により、将来の年金給付のため現在必要とされる基金の積立資産不足が問題となっている。
④　会計・ディスクロージャーの適正性の確保：高度化した会計基準等に対応し、ディスクロージャーの適正性が確保されている必要がある。また、オンラインによる開示書類の提出やディスクロージャーの電子化が必要である。

(3) 金制調答申「わが国金融システムの改革について─活力ある国民経済への貢献」

　日本版ビッグバンでは金制調は証取審に追随する立場になったが、それは金制調が主として担当する間接金融に関する制度問題は、1992年の制度改革によってすでにほとんど片付いていたという事情にもよる。たしかに数々の経過措置が設けられ具体的な進捗状況がはかばかしくないという問題はあったが、法律上の制度としては単純明快な業態別子会社方式がすでに実現されていたのである。積み残された大きな課題は持株会社方式であったが、それも独禁法改正論議の進展により、日本版ビッグバンに先駆け実現していた。したがって金制調答申の内容は、従来は証券サイドが強く抵抗したため進まなかったが今回は証取審の積極姿勢の結果調整が大幅に進んだため、それを受けて制度整備が実現したという性格のものが多い。
①　持株会社の活用：銀行持株会社の子会社の業務範囲については、銀行本体の分社化の場合や、証券会社・信託銀行のようにすでに業態別子会社方式により相互参入が図られているもののほか、保険会社・投資信託委託会社・投資顧問業務等金融の効率化や利用者利便の向上に資する業務を営む会社についても、広く子会社化しうるような柔軟な制度とする。他方、銀行経営の健全化確保の観点から銀行に他業禁止が課せられ

ている趣旨にかんがみ、一般事業会社の保有は否定されている。
② ABS（資産担保証券）など債権等の流動化：債権譲渡に関する第三者対抗要件の具備方法の簡素化、ABSの特性に適応した投資者保護のあり方、SPCの設立等に係る負担の軽減、SPCについての課税上特別な取扱い、金銭債権信託受託権の流通性の改善等、所要の法的措置を講ずる。ABS流動化業務の銀行等による取扱いを広く認める。
③ デリバティブの取扱い：有価証券関連の店頭デリバティブ取引についても、原資産の受渡しを伴わない範囲であれば、銀行等が行える業務とする。また商品関連の店頭デリバティブ取引の営業の担い手についても、原資産を取得することになる取引を除き、銀行等による取引を広く認める。
④ 証券投資信託の販売：銀行等の本体による投資信託の販売、投資信託委託会社が銀行等の店舗を活用した直接販売が可能となる措置を講ずる。
⑤ 保険商品の販売：銀行等による保険商品の販売を認める。
⑥ 業態別子会社の業務範囲：1997年度下期には証券子会社に現物株式に係る業務を除くすべての証券業務、信託銀行子会社に年金信託・合同金銭信託を除くすべての金銭の信託業務を解禁する。残余の業務制限についても、1999年度下期中に解禁する。保険会社による銀行・信託・証券業務への参入、銀行等からの保険業務への参入は業態別子会社方式により2001年までに実現する。
⑦ 普通銀行における長短分離制度に係る業務上の規制の撤廃：普通銀行による普通社債の発行等を解禁する。ノンバンクの融資業務向け社債等の発行禁止（出資法第2条第3項）に係る制約は廃止する。

(4) 保険審報告「保険業のあり方の見直しについて」

保険業界は従来から最も護送船団的な行政手法に守られてきた分野であったため、金融制度改革論議においては常に保守的・防御的な姿勢をとり、必ずしも積極的に参加してきたとはいえなかった。しかし90年代に入って金融環境の変化とそれへの対応が世界的な流れとして定着し、金融業界において

もそれに乗り遅れまいとする考え方が主流になってくると、保険業界においても同様の問題意識が急速に醸成された。1992年金融制度改革法が成立した後4年のタイムラグを生じたが、業態別子会社方式の導入を含む保険業法の全面改正が1996年に行われることにより、ようやく他の金融業界に追いつくことになった。

橋本首相により日本版ビッグバン論議が提起されたのはその直後であったから、保険業界にとってはようやく他業態に追いついた制度改正を円滑に実行に移すことが先決問題であった。しかしビッグバン発表当初は日本全体が金融改革の熱気に包まれていたので、保険業界には新たな船に乗り遅れないようにとの焦燥感もあった。このような複雑な立場で参加した制度改革であったがゆえに、保険審報告の姿勢は必ずしも鮮明でない。1996年の法律改正をめぐる日米間の困難な協議が並行していたことも、保険業界の立場を一層複雑にした。

① 算定会の改革等の自由化措置：任意自動車保険・火災保険・傷害保険については、損害保険料率算出団体（算定会）料率の遵守義務を廃止し、算定会が遵守義務のない標準約款および参考料率を作成・算出する制度とする。ただし、家計向け保険に関しては事前認可制を含む必要最小限の監督を継続する。

② 業態間の参入促進：保険会社と金融他業態との間の参入については、制度面では2001年までに実現を図る。その中で、保険会社による銀行・信託・証券業務への参入、証券会社による保険業務への参入、破綻保険会社の銀行等の子会社化は時期を早めて実施する（銀行から保険業への参入は遅らせる）。

③ 持株会社制度の導入：組織形態の選択肢を拡大することにより積極的な意義を有する反面、保険会社の経営に影響を与えることにかんがみ、株式保有が一定割合を越える場合の適格性審査などについて監督の枠組みを設ける。

④ 銀行等による保険販売：2001年をメドに、銀行等がその子会社または兄弟会社である保険会社の商品を販売する場合に限定したうえで、住宅ローン関連の長期火災保険および信用生命保険を認める。他方、保険会

社による投資信託の販売は無条件で認めている。

第4節　1997年金融システム改革法

1　金融システム改革法の全体像

　金融システム改革のために必要となる法改正は広範・多岐にわたるが、改正の趣旨・目的は共通していることおよび改正条項は相互に密接に関連していることから、改正法律を可能な限り一括化することが、改革の全体像を明らかにする観点から適当と考えられた（1992年金融制度改革法と同方式）。「金融システム改革のための関係法律の整備等に関する法律」（1997年金融システム改革法）は23本の法律改正[13]　を一括化したものであり、金融システム改革関連法律の中核をなしている。

　1997年金融システム改革法における改正内容は、次の４つの柱に集約できる。1992年金融制度改革法が金融業態相互間の業務の自由化（相互乗り入れ）を中心としたものであったのに対し、今回は（業態間の自由化は法制上はすんでいたので）市場機能の活性化を中心としたものとなっている。

(ⅰ)　**資産運用手段の充実**

① 投資信託の整備：会社型投信・私募投信の導入、商品設計等の自由化、銀行等による投信の窓口販売の導入

② 有価証券店頭デリバティブの導入：従来法制上疑義のあったこの取引方式について、違法性の疑義を法令上明確に解消

---

[13] 証券取引法、外国証券業者に関する法律、金融制度および証券取引制度の改革のための関係法律の整備等に関する法律、金融機関の更生手続の特例に関する法律、証券投資信託法、有価証券に係る投資顧問業の規制等に関する法律、銀行法、長期信用銀行法、信用金庫法、労働金庫法、中小企業等協同組合法、協同組合による金融事業に関する法律、農業協同組合法、水産業協同組合法、農林中央金庫法、商工組合中央金庫法、保険業法、損害保険料率算出団体に関する法律、金融先物取引法、信託業法、租税特別措置法、地方税法（以上は一部改正）、外国為替銀行法（廃止）。

③　有価証券定義の拡充：証券投資法人の投資証券、カバードワラント、DR等まで拡大
(ii)　活力ある仲介活動を通じた魅力あるサービスの提供
　①　サービス提供の自由化：証券会社の専業義務の見直し、ラップ口座（個人投資家向け資産運用サービス）の導入
　②　価格の自由化：株式売買委託手数料の完全自由化、損害保険の算定会が算出する保険料率の使用義務廃止
　③　参入の促進：証券業の原則登録制への移行、銀行の証券子会社に対する業務制限の撤廃、他業態からの保険子会社による参入
(iii)　多様な市場と資金調達チャネルの整備
　①　取引所集中義務の撤廃
　②　取引所市場のあり方の見直し：設立・合併に関する規定の整備、複数の有価証券市場の開設
　③　店頭登録市場の機能強化
　④　私設取引システムの導入
(iv)　利用者が安心して取引を行うための枠組みの構築
　①　ディスクロージャーの充実と公正取引ルールの整備
　②　仲介者の健全性確保：金融機関等の情報開示制度の整備、子会社規定の整備、保険会社の早期是正措置
　③　証券会社の分別管理義務と退出規制の見直し
　④　破綻処理制度の整備：投資家保護基金の創設、保険契約者保護機構の創設

2　その前後の情勢と金融システム改革への影響

　1996年11月に日本版ビッグバンが提唱された頃は経済の先行きについて明るい展望が描かれていた。国民は日本経済再興を図るための改革の断行を求め、政治的にも橋本首相のリーダーシップが確立した時期であった。しかしその後の推移はいろいろな局面において必ずしも順調ではなかった。まず第1に、金融関連の不祥事が続出し、国民の間に金融機関や行政に対する強い不信感を植えつけることになった。1997年1月には、野村證券が総会屋への

利益供与事件を公表した。その資金の出所に関連し、5月には第一勧業銀行本店が家宅捜査されるという金融界では前代未聞の事態が起こった。そのことは後に大蔵官僚への接待疑惑に結びつき、金融行政を一時麻痺させることになった。

　第2に、1997年半ばから東アジア諸国の経済情勢が激動し、それとの関連において世界から日本の金融システムの安定性確保が強く求められる事態が生じた。7月にはタイ・バーツが管理フロート制に移行しアジア通貨危機が始まった。そのような動きは韓国・インドネシア・マレーシアなどへ伝播し、これら諸国へ多額の融資をしていた邦銀への影響が懸念された。邦銀の格付は急速に引き下げられ、欧米では日本発の金融危機発生について不安視する声があった。

　第3に、橋本内閣の改革路線の柱である財政構造改革に関して、消費税率の引上げ（3％→5％）・先行減税の打ち切り・社会保険料の引上げなど9兆円にのぼる国民負担の増加が、回復しかけていた経済に冷水を浴びせた。さらに10月から11月にかけての大型金融機関（三洋証券、拓銀、山一証券）の連続的破綻により日本経済の先行きに大きな不安を与える結果となった。

　このような逆風の中ではあったが、日本版ビッグバンは着実に進められた。1991年の証券・金融不祥事がむしろ金融制度改革を促進する効果を生んだこととと同様の図式であったともいえよう。それは第1に、事件再発防止のためにこそ抜本的な制度改革が必要であるとの大義名分論に結びつきやすかったことである。第2に、平常時には発言力・抵抗力の強い金融業界が、逆風の中で権益弁護の主張・活動を封じられてしまったことである。いずれにしてもこのような環境は、わが国ではいわゆる「正論」が通りやすい皮肉な状況を生むことが多い。

　日本版ビッグバンの実施状況について述べると、外為法改正の部分は1997年5月に先行したが、包括的な金融システム改革の具体的措置とスケジュールは1997年6月13日に関連審議会の答申・報告により明らかにされた。そのメニューの法制的手当てとしては、すでに6月11日に成立していた独禁法改正を金融制度面で実現するための金融持株会社関連二法は12月5日に成立した。また、証券総合口座の導入（1997・10・1）、銀行等の投資信託委託会社

への店舗貸しによる直接販売の導入（1997・12・1）等の法律改正を要しない措置もスケジュールにのっとってそのほとんどは1997年度中に逐次実施された。

　法律改正が必要な項目については、この改革の集大成ともいうべき金融システム改革法が1998年6月5日に成立し、同年12月1日より一部の規定を除いて施行された。このとき同時に、「特定目的会社による特定資産の流動化に関する法律（SPC法）」、「SPC法の施行に伴う関係法律の整備等に関する法律」および「金融機関等が行う特定金融取引の一括清算に関する法律」が成立している。

　さらに1999年10月1日には、残された項目について、以下の措置が講じられた。

　①　株式売買委託手数料の完全自由化：売買代金5000万円超の部分が1998年4月1日よりすでに実施されていたが、1999年10月1日に完全自由化。
　②　銀行・証券の相互参入に係る業態別子会社の業務範囲制限の撤廃：1997年10月1日に一部緩和、1999年10月1日より残余の業務範囲制限についても解禁。
　③　普通銀行による普通社債の発行：1999年10月1日より解禁。
　④　保険会社の子会社形態での銀行業務への参入：1998年12月1日より部分実施、1999年10月1日より制限撤廃。

　金融システム改革はこのような一連の法律改正によって大きな歩幅で前進したが、この頃の金融界の変化はきわめて激しく、次々に生ずる新しい情勢に対応して見直しを迫られたのは単に枠組みとしての金融制度にとどまらなかった。そのため金融当局は、金融システム改革法の成立・実施を促進する傍ら、金融商品の時価評価等金融商品に係る会計基準の取りまとめ、電子マネーおよび電子決済の環境整備、早期是正措置の実施などの課題への取組みに追われることになった。

　日本版ビッグバンで掲げられた改革の内容は、ほぼ完全かつ迅速に実施された。その内容は図表8－5のとおりである。この改革のスピードは真に驚くべきものであり、日本の改革は欧米のようには迅速に進まないとの批判は日本版ビッグバンに関する限り当たらない。日本版ビッグバンの内容は広範

図表8-5　金融システム改革の進捗状況

項　目	実施時期
1　資産運用手段の充実等	
(1)　投資信託等の整備	
①　証券総合口座の導入	1997・10
②　会社型投信の導入	1998・12
③　私募投信の導入	1998・12
④　未上場・未登録株の投信への組入れ解禁	1997・9
⑤　銀行等の投信窓口販売の導入	1998・12
(2)　証券デリバティブの全面解禁	1998・12
2　企業の資金調達の円滑化・多様化	
(1)　社債発行の円滑化（MTNの利用促進）	1997・6
(2)　SPCの制度整備	1998・9
(3)　上場・公開等の円滑化（株式の上場承認の事前届出製への移行）	1998・12
(4)　店頭登録市場の機能強化	
①　借株制度の導入	1997・7
②　店頭市場の補完的位置づけの見直し	1998・12
③　マーケットメーカー制度の導入	1998・12
(5)　未上場・未登録株式市場の整備（証券会社による未上場・未登録株の取扱いの解禁）	1997・7
3　多様なサービスの提供	
(1)　証券会社の専業義務の撤廃	1998・12
(2)　株式売買委託手数料の自由化	1999・10
(3)　保険算定会両立の遵守義務の廃止	1997・7
(4)　普通銀行による普通社債の発行解禁	1999・10
(5)　金融業者の資金調達の多様化	1998・5
(6)　資産運用業の強化	
①　外部委託の導入	1998・12
②　信託約款の承認制から届出制への移行	1998・12
(7)　証券会社の免許制から原則登録制への移行	1998・12
(8)　証券子会社・信託子会社の業務範囲制限の撤廃	1999・10
(9)　保険会社の子会社形態での銀行業務への参入	1999・10
(10)　持株会社の活用	1997・3
4　効率的な市場の整備	
(1)　取引所集中義務の撤廃	1998・12
(2)　PTS（私設取引システム）の導入	1998・12
(3)　貸株市場の整備	1998・12
(4)　証券取引・決済制度の整備（社債受け渡し・決済制度の整備）	1997・12
(5)　一括清算ネッティングの整備	1998・12
5　公正取引の確保等	
(1)　公正取引ルールの整備・充実	
①　新商品導入等に対応した公正取引ルールの整備等	1998・12
②　空売り規制の見直し	1998・10
(2)　罰則の強化等	
①　インサイダー取引等の罰則強化	1997・12
②　インサイダー取引等による不正利得没収規定の整備	1998・12
(3)　利益相反防止に関する行為規制の整備	1998・12
(4)　紛争処理制度の充実（あっせんの法制化）	1998・12
(5)　有価証券定義の拡充	1998・12
6　仲介者の健全性の確保および破綻処理制度の整備	
(1)　金融機関等のディスクロージャーの充実	1998・12
(2)　銀行・保険等の子会社規定の整備	1998・12
(3)　破綻の際の利用者保護の枠組み整備	
①　分別管理の徹底（全般的法制度整備）	1998・12
②　投資者保護基金の創設	1998・12
③　保険契約者保護機構の創設	1998・12
7　証券税制の見直し	
(1)　有価証券取引税・取引所税の撤廃	1999・4

(出所)　大蔵省　財政金融統計月報2000年3月号p29～

多岐であり、ビッグバンの本家イギリスよりもはるかに大掛かりであった。それだけにこの構想が現実のものとなればその影響も甚大なものとなるはずであった。しかし、経済停滞などによって金融機関の体力・信用力が低下しこの制度改革を生かしきれなかったため、少なくとも当面、現実には予想されていたほど大きな効果を発揮していない。

　この改革の枠組みの中で実質的に最も大きな影響力をもったのは、おそらく株式売買委託手数料[14]　の完全自由化であろう。歴史的・世界的にみても、金融システム改革と委託手数料自由化の関係は深い。アメリカの金融革命は、ニューヨーク証券取引所が1975年5月に固定委託手数料制度の自由化に踏み切ったこと（いわゆるメーデー）に始まるといわれている。1986年におけるイギリスのビッグバンの眼目も、株式売買委託手数料の自由化であった。日本でも、銀行業界における価格自由化（金利の自由化）は1994年に完了していたのに対して、証券業界ではなかなか進まなかった。証券会社の経営に致命的な影響を与える手数料自由化が、日本版ビッグバンにより一気に進んだことは、わが国の伝統的な意志決定方式と比較すると驚くに価する。

　この時期には情報革命が進行中であり、インターネット取引が急速に普及したこともあり、株式売買委託手数料自由化の影響は予想を越えるものとなった。市場の活性化が日本版ビッグバンの構想者が想定したようには実現しなかった理由としては、市場において価格の自由化、業務の自由化、退出・参入の自由化が同時に訪れ、古い体質をもった既存の証券業界がそれに対応し切れなかったことによるのではないか。それは改革の効果が大きかったことを意味するものであるが、現実のプレーヤーの対応力の評価が楽観的過ぎた可能性がある。逆に慎重に進めすぎたようにみえる金利の自由化と対比すると、きわめて興味深い。

3　日本版ビッグバンの位置づけ

　日本版ビッグバンを改革の内容面からみると必ずしも目新しいものではな

---

[14]　委託手数料率・徴収方法は証取法に基づき証券取引所が受託契約準則（大蔵大臣認可）で定めており、実態として固定・全国一律であった。

く、たびたび指摘されながら既得権（特に市場関係者の）との妥協によって実現が難しかった課題の滞貨一掃であったともいえる。ただ、従来の銀行中心の金融制度改革では、現代の金融にとって最も重要な要素である市場機能の充実が欠落していたので、日本版ビッグバンによってそれが迅速に整備されたことはきわめて重要な意味をもっている。伝統的な銀行中心の金融制度改革の発想を根本的に転換して、日本の金融システムを市場中心に変革する本格的な構想として高く評価することができる。取引所集中義務の撤廃や未上場株の取扱解禁など市場における取引の仕組みの自由化、証券会社の免許制から登録制への移行や委託手数料の完全自由化など仲介者の資格や業務範囲の見直し、店頭デリバティブや私募投信・会社型投信など多様な投資対象の品揃えといった画期的な市場の整備が迅速に行われた。

　しかし欠落した部分の補完であったがゆえに、金融システム全体の改革としての位置づけにわかりにくいところもある。たとえば図表8－5をみても、金融改革の全貌を論理的・体系的に理解することは必ずしも容易ではない。たとえば、銀行業と一般企業（bankingとcommerce）の関係をどのように整理するかという根本的な問題は十分に詰めきれていない。当時アメリカのグラス・スティーガル法改正論議においては、その問題は中心的検討課題の1つになっていた。わが国においてもその後退出・参入の自由化が進む段階で必要に迫られ、一応の答は出されているが（第9章第3節参照）、残された問題は多い。

　さらに重要な問題は、郵貯・簡保および財政投融資をはじめとする公的金融部門の取扱いである。安定成長移行後の民間金融機関の重要な収益基盤であるべき住宅金融の分野における住宅金融公庫の極端な肥大化も大きな課題であった。日本における金融制度論議は従来から民間金融部門に限定される傾向があり、公的金融部門の問題はどちらかというと行政改革論議の中で行われ、金融問題としての検討が欠落してきた。今やこれこそ日本の金融システムの最大の課題といっても過言ではなく、それが欠落していては21世紀を迎えるに際しての金融ビッグバンとして物足りないところもある。

　しかしそれらは長年課題として残されてきたものであり、日本版ビッグバンはこれまで業界のコンセンサスを得ながら漸進的に進められてきた改革の

歩みを一気に推し進めた画期的な試みといえよう。はじめに明確な改革の工程表を提示し、それを政治課題として迅速に達成していった手腕は高く評価されてよい。しかし先にも述べたように、その後の経済情勢は必ずしも予想したような回復をみせなかった。財政改革や社会保障制度改革自体は正しいものであったにしても、そのための国民負担増は折悪しく景気に冷水を浴びせ、市場原理重視の金融改革は混乱を増幅した。地価は下がり続け、企業の倒産は史上最高を記録し、金融機関の不良債権は増え続ける。

結局、特に拓銀・山一破綻後の1997年秋以降は、金融システム改革と不良債権処理の二正面作戦となってしまった。日本版ビッグバンには「不良債権処理を進めるとともに」と記されているが、その後の推移をみるとむしろ不良債権処理、金融危機への対応が金融行政の主たる課題となっている。バブルの後始末としての不良債権処理と21世紀を目指しての将来構想としての金融改革に同時に取り組むのは、資産価格の下落で体力の低下したわが国の金融にとって重すぎる課題であったのではないか。

この問題は、金融自由化と金融危機の関係を考える際にも重要な論点となる。一般的には、1980年代に世界各地で金融危機が起こった１つの要因として、同時期に金融自由化が進み金融機関がリスク管理などそれに十分対応できなかったことがあげられる。これに対し、わが国の金融危機は金融自由化が不十分であったからとする見方も存在する（たとえば堀内昭義「金融システムの未来」）。80年代における金融行政は、金利自由化政策に典型的に表れているように、金融自由化を進めながら金融機関がそれに対応することができるようにそのテンポを調節（激変緩和）しようとした。そのような配慮はともすれば金融システム改革を不徹底なものにした。

90年代後半には、そのような従来の手法の反省に立って、金融機関経営に与える金融自由化の影響を考慮することがむしろ意識的に回避された面があった。不良債権問題の迅速な処理が日本経済の最大の課題であるとの姿勢（たとえば、金融再生法や小泉内閣の「骨太の方針」）の根底にはそのような考え方がある。「危機の発生による改革の実行」という手法はたしかに効果的であるが、場合によってはそれが実現したときに実体経済の体力が衰えて金融の弱体化を招くとのジレンマが生ずることがある。この点については、

2008年のアメリカ発金融危機以後大きく発想が転換され、現在では事前的な混乱回避策の有用性が世界的に認められている。

いずれにしても日本版ビッグバンの発想は、直面する金融問題の性格は経済構造にかかわるものでなく金融の分野で処理できるものとのやや楽観的な認識に立っていたことになる。日本版ビッグバンにより金融システム改革自体は大きな成功を収め、今や制度的にはほとんど制約のない（あとは個々の金融機関経営者の意欲と実行力にかかっている）状況が生まれたが、そのような土俵が完成したときには、わが国の金融機関（さらには、その依って立つ基盤たる日本経済）は疲弊してその制度を十分活用するだけの体力を失っているという皮肉な結果となった。

第9章で検討するように、90年代半ば以降の金融システム改革の特徴は、伝統的な金融制度改革の集大成である日本版ビッグバンに代表されるものというよりは、むしろ日本経済の構造変化と競争・市場原理への転換に伴う新たな均衡の模索（さしあたり破綻処理・金融安定化制度の整備）ともいうべきものであったのではないか。ただし第12章で述べるように、日本版ビッグバンを出発点とする市場中心の金融システムへの転換の試みは00年代の金融商品取引法へと受け継がれていく。

第5節　金融危機の収拾と新たな金融制度整備の試み

1998年12月には日債銀が特別公的管理に移されたのち金融再生委員会が発足し、初代金融相に就任した柳澤氏の評価は国際的にもきわめて高く、金融行政は新たな一歩を踏み出したように思われた。1999年には景気の動向にやや明るさがみえてきたこともあって1997年から98年にかけて連続した破綻処理には一区切りをつけ、ようやく平時を前提にした金融の流れを取り戻そうという積極的な動きが出てくる。世界の3大金融市場というような高ぶった発想は抑えつつも、金融危機によって中断していた金融システム改革を着実に実施していこうとする動きであった。以下に述べるいくつかの制度改正は必ずしも華やかなものではないが、新しい金融の流れへ対応しようとした当

時の着実な努力の成果である。時系列的には、次章と前後することになるが、日本版ビッグバンの延長線上にある金融システム改革各論として、本章で述べておきたい。

1 ノンバンク社債法の制定

金銭の貸付業務を営む株式会社が、社債の発行により不特定かつ多数の者から貸付資金を受け入れることは「出資の受入、預り金及び金利等の取締りに関する法律」(出資法)により禁止されてきた。しかしこのような仕組みは銀行等の権益を擁護すると同時に、市場中心の金融システムへの発展を妨げる作用を及ぼす面も指摘された。現在では商法や証取法による市場ルールや投資家保護のための制度が整備されており、社債をめぐる環境は出資法制定当時とは大きく異なっていることからも、金融業者の社債発行による貸付資金の調達を全面的に禁止する意義は失われている。

むしろ出資法による規制を撤廃して金融業者の直接金融による貸付資金の調達を自由化することは、間接金融による金融仲介機能が低下している状況における企業等への資金供給ルートの拡充・多様化に資する。またこのことは市場を通ずる資金調達の増大を通じ、金融構造の変革につながることも期

図表8-6 ノンバンク社債法制定までの経緯

1995年12月	行政改革委員会第1次意見でリース、クレジット会社の社債、CPによる調達資金に係る規制緩和が指摘され、出資法第2条第3行の改廃に向けての検討を早急に開始することが求められる。
1996年3月	規制緩和推進計画(閣議決定)に同規制の見直しが盛り込まれる。
11月	大蔵省にノンバンクに関する諸問題を検討するため「ノンバンクに関する懇談会」設置
1997年5月	ノンバンクの資金調達の多様化に伴い、最低限の人的構成や財産的基礎を求めることが考えられるとする懇談会報告まとまる。
6月	金制調答申で、金融システム改革の一環として、ノンバンクの資金調達を自由化するための法整備の必要性が指摘される。
1998年2月〜5月	与党において検討(自民党金融問題調査会にノンバンク・ワーキングチーム設置)、5月法律案国会提出、11月緊急経済対策において早期成立が求められる。
1999年4月	可決・成立(4月21日交付、5月20日施行)

(出所) 長田〔F1999〕p41

待された。このため「金融業者の貸付業務のための社債の発行等に関する法律」(ノンバンク社債法) が成立し (1999年4月14日)、従来貸付資金の原資を銀行等からの借入に依存していた貸金業者等が社債・CPによって自主的に市場から調達できるようになった。

この問題が具体化に向けて進展する過程 (図表8-6) では、主として行政改革や規制緩和を推進する場で議論が始められた。実現に向けて動き出すには金融業界内部からの動きというよりも、金融業界へ参入を図ろうとする外側からのインパクトが大きかった。そういう意味では、金融業界内部からの金融システム改革の限界を示す一例ともいえる。

2　集団投資スキームに関する法整備

投資者から資金を集め市場で専門家が管理・運用するいわゆる集団投資スキームについては、「特定目的会社による特定資産の流動化に関する法律」(SPC法) が1998年9月1日に施行された。ここでは、SPC (特定目的会社) を利用して指定金銭債権および不動産を流動化する仕組みを定めており、特定の資産を投資の拠り所とする資産流動化の特質をふまえて投資者保護の枠組みを定める一方、流動化の器としてのSPC自体は簡素な組織となるよう規定されている。[15]

1999年には金融審第1部会において、経済のストック化や高齢化社会を背景とする国民資産運用ニーズの高まり、経済が成熟化する中での新規産業への円滑な資金供給等の課題に対して重要な役割を果たしうる集団投資スキームについてあらためて踏み込んだ検討が行われた。その検討結果 (1999年12月報告) をふまえて、「特定目的会社による特定資産の流動化に関する法律等の一部を改正する法律」が成立した (2000・5・23)。この法律は①資産の流動化の仕組みを定めた上記のSPC法の改正、②資金運用のための仕組みを定めた「証券投資信託及び証券投資法人に関する法律」の改正から成ってい

---

[15] これに先立ち証券化関連法制のさきがけとして、1992年6月に「特定債権等に係る事業の規制に関する法律」(特債法) が制定されている (2004年改正信託業法成立により廃止)。

る。

(1) 資産の流動化に関する法律

　1998年のSPC法では、SPCを利用して指名金銭債権および不動産を流動化する仕組み（図表8－7A）を定めたが、2000年の改正ではこの基本的性格を維持しつつ、流動化対象資産は財産権一般に拡大された。また、SPCに関する規制を簡素・合理化するほか、信託を利用した流動化の仕組み（図表8－7B）を創設している。これは、資産の原所有者が資産の管理・処分・収益分配等を行うことを信託会社に委託し、この信託契約（特定目的信託契約）に基づく受益権を分割して投資者に販売することにより資産の流動化を図る制度である（これに伴い法律名を改称）。

図表8-7　資金の流動化のための仕組み

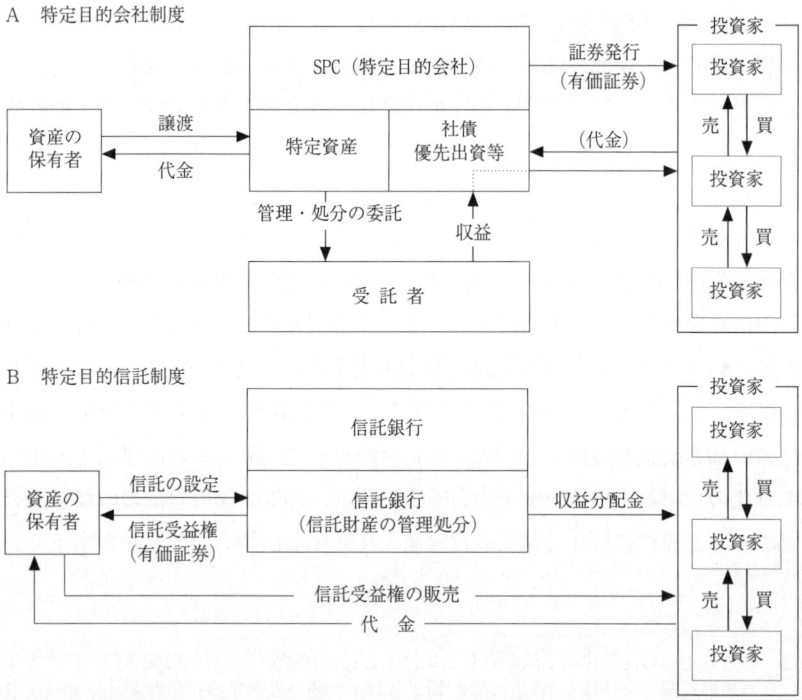

A　特定目的会社制度

B　特定目的信託制度

（出所）　乙部〔F2000〕p3

旧法では流動化対象資産は「不動産、指名金銭債権、これらの信託受益権」に限定されていたが、金融イノベーションを促進し自由な商品設計が可能となるよう、新法ではすべての財産権が対象となるよう単に「資産」と規定している。また、SPCの設立・業務開始手続の改善、出資者の恣意的影響力の排除措置、借入制限の緩和等、規制の簡素・合理化措置が講じられた。

　資産対応証券は証取法上の有価証券であり、SPCの証券発行に際して、投資者への証券販売は証券会社等でなければ行えなかった。他方、本法により創設された信託を用いた資産流動化においては信託法理上資産の原保有者が当初の受益証券の保有者となることから、証取法上は資産の原保有者が投資者への証券販売を適法に行える。同じ経済実態でありながらこのような取扱いの差が生ずることは合理性を欠くので、取扱いを信託型に統一し資産の原保有者が募集の取扱いをすることとされた。

(2)　投資信託および投資法人に関する法律

　資金運用スキームは投資者から集めた資金を合同して専門家が各種資産に投資運用し、その利益を投資者に配分するものであり、資金運用という金融サービスを提供するための仕組みである。旧法は有価証券の発行によって広く一般投資者から資金を集め、これを信託または投資法人という器を利用して、主として有価証券に投資運用する仕組みを定めた法律であった。そこでは投資者保護を図る観点から、運用業務を担当する投資信託委託業者に関する認可制・兼業制限・利益相反による弊害防止のための禁止行為・情報開示等を定めていた。

　新法では、従来「主として有価証券」とされていた主たる運用対象を不動産等にも拡大するとともに、この拡大に伴い、投資信託委託業者の認可規定・利益相反防止措置・投資者に対する忠実義務・善管注意義務・損害賠償責任等の規定の整備を行っている。また、信託を利用したスキームについては、投資信託委託業者が運用指図する仕組みに加えて、信託銀行自らが運用する仕組みも整備している（これに伴い法律名を改称）。

3　金融商品販売法の制定

　日常生活における預金・保険・年金などの金融取引の重要性が次第に高まり、そうした金融取引への人々の関心が以前にも増して大きくなった。また、情報技術の急速な高度化等によって、きわめて多様で複雑な金融商品が開発され、人々に提供される。これに伴い、顧客の金融商品に対する知識の不十分さ等から金融取引をめぐる訴訟がしばしば提起されている。他方、高齢化社会の到来に伴い金融資産の有利な運用が求められるとともに、リスク負担を伴う新規産業への円滑な資金供給も重要な課題となる。こうした状況にかんがみ、金融審第1部会では、今後予想される多様な金融商品の登場等にも備える横断的な販売・勧誘に関するルールの整備等について審議し、その結果を1999年7月および12月に公表した。これを受けて2000年5月に「金融商品の販売等に関する法律」（以下「金販法」）が成立した。

　金融サービスの利用者保護を図るため、金融商品販売業者等の顧客に対する説明義務、説明しなかったことによって生じた損害の賠償責任を民法の特例として定める等の措置を講じたものである。金融商品販売業者等の説明義務の明確化に関しては、対象金融商品は預貯金・信託・保険・有価証券等を幅広く対象としている。金融商品販売業者に対しては、元本欠損が生ずるおそれがある旨および元本欠損を生ずる具体的な要因・権利行使期間の制限・解約期間の制限などの説明を義務づけている。金融商品販売業者等が顧客に重要事項を説明しなかったときには自らの過失の有無を問わず損害賠償責任を負う。[16]　金商法のような業者の行政的監督という規制手段をとらず、損害賠償責任という司法上のエンフォースメントの手段を使っていることに金販法の特色がある。この法律は、私法的性質を有する法律なので、業者にこの法律上の説明義務違反があったとしても監督当局が行政処分を課す等のかたちで出動できるわけではなく、被害を受けた顧客が自ら業者に対して損害

---

[16] 金販法が制定されるまで、販売業者の説明責任をめぐる裁判では、民法第709条（不法行為責任）や第416条（債務不履行）の規定が適用されていた。しかし、民法においては原告（顧客）が被告（販売業者）の過失を立証しなければならず、この点が裁判の長期化をもたらすとして問題となっていた。

賠償請求をするという手法で顧客保護の強化を目指している（山下・神田〔2010〕p12、383）。

金販法の発想の原点はイギリスの金融サービス法（Financial Services Act、1986年）にあるが、これはその後抜本的に改正され金融サービス・市場法（Financial Services and Markets Act、2001年）となっている。わが国の金販法は、そのうち顧客保護の観点に限定して共通ルールを設定したものである。金商法は預金・保険という主力金融商品を一元的な規制対象にするには至っていないので、対象金融商品の一元性という意味では金販法のほうが進んでいる。

なお、06年の金商法制定時に、利用者保護ルールの徹底と利用者利便の向上のため、金販法の拡充を行っている。

4 取引所の株式会社化

情報通信技術の発展やクロスボーダー取引の拡大等を背景に、取引所相互間および取引所と電子証券取引ネットワーク等との間において、売買注文の獲得等をめぐる競争が内外で活発化している。こうした中で諸外国では、円滑な資金調達や迅速な意志決定を可能とすることを目的として、取引所の非会員組織化（de-mutualization）を図ろうとする動きが急速に高まっていた。NASDAQ（アメリカ店頭株式市場）やLSE（ロンドン証券取引所）は株式会社化されている。また、欧州では2000年9月にパリ、アムステルダム、ブリュッセルの3証券取引所が合併して、ユーロネクスト（Euronext）が誕生し株式会社化している。

金融システム改革の進展につれて取引所は、証券会社等の仲介者のみならず、投資者・発行会社も含めた市場利用者のニーズに的確に応えていくことが一層強く求められている。こうした状況の中で金融審第1部会は取引所の組織形態のあり方等に関する報告を取りまとめ、これをふまえて証取法・金先法が改正された（2000・5・23）。これにより取引所の組織形態として、従来の会員組織に加え株式会社の形をとることが可能となった。01年に大阪証券取引所（以下「大証」）と東証が、02年に名古屋証券取引所（以下「名証」）が株式会社に移行した。さらに東証は07年8月1日に株式移転し株式会社東

京証券取引所グループを設立し、同社の子会社となっている。

　会員制から株式会社への組織変更によって、公益性と利益追求という方向の異なる2つの目標の間で、利益相反が先鋭化するおそれがある。上場審査・不正取引の防止・適時開示の推進などにおいて、規制コストの節減や短期的な売上拡大のために、投資者の保護が損なわれるリスクが生じる。株式会社化と自主規制機能に関する諸外国の状況をみると、イギリスでは、1986年に上場承認権が政府からLSEに委譲され、LSEが歴史的にもっていた上場審査機能が法的に明確化された。しかし、2001年の株式上場前の1999年には、LSEは上場承認権限を監督当局の金融サービス機構（FSA）に返上した。ただし、売買監視・業者規制・上場管理などはLSEで行なっている。アメリカでは、NASDAQは、1996年に持株会社の下に市場会社と規制会社を分離している。ドイツでは、経営主体と自主規制機関は歴史的に分離されている（小池〔2005〕p3）。

　日本の取引所については、06年の金商法制定に際して、自主規制機能に係る制度の見直しを行い、自主規制業務の独立性を確保する仕組みとして、①現状の維持、②「自主規制委員会」（同一法人内の別組織）、③「自主規制法人」（別法人）の設立という3つの選択肢が用意された。なお、株式会社化に伴う利益相反防止に関しては、金商法制定時に、取引所株式の保有規制についても厳格化されている。その契機となったのは05年6月のいわゆる「村上ファンド」事件であるが、いったん規制緩和された保有規制が公益性の観点から再度見直され、取引所株式の20％超の取得が原則禁止となった（鳳〔2007〕p8）。

5　銀行業・一般企業の分離

(1)　銀行業と一般企業

　従来の金融システム改革は既存の金融界内部の流動性を高めるものであったが、90年代後半以降金融界が低迷を続ける中で、金融界の外部から金融業務に参入しようとの動きが活発になった。かつてのように金融に対する規制が厳しく金融行政が強力であった時代には、金融秩序維持の理念のもとで法

律の運用によって金融外部からの参入は厳しく規制されてきた。ところが規制緩和・金融自由化の流れの中で、従来のそのような考え方を変えようとする行政姿勢の転換とともに、参入の可能性が生まれたことに対応してこれに挑戦しようとする民間側の動きも盛んになった。また、情報技術や流通ネットワークを活かすことにより、伝統的な金融業よりも効率的に決済サービスなどを提供することが可能になっている。これに加えて、破綻金融機関の処理過程で海外の非金融機関（投資ファンド）が邦銀を買収し、結果的に非金融機関が金融に参入した例も生まれた。

そのような状況になってみると、金融制度上この問題に関する明確な方針が確立されておらず、法制上の規定が欠けていることがあらためて認識されることになった。銀行による企業の持株比率の制限は存在した（独禁法第11条）が、逆に、一般企業が銀行の株式を保有することについては法律上特段の制限はなかった。金融行政には健全性確保の見地からいわゆる「機関銀行」は望ましくないとの考え方が存在し、銀行免許の付与や行政運営上の行動原理とはなっていたが、それは法律上の明文に基づいたものではなかった。90年代後半に至り裁量的な金融行政が批判を受け法律上明確でない行政手法の実行が難しくなる一方、金融機関の破綻処理の必要性からは金融業以外の資本にも依存せざるをえない事態が生じた。また一般企業側にも、店舗網や情報革命の成果などを活用して金融業に参入する試みも出てくる。このような状況のもとで、従来銀行業と一般企業（bankingとcommerce）の関係に関し、銀行業から一般企業への参入に対する規制だけが存在する制度の欠陥が顕在化した。

ここでの区分の仕方には2とおりの方法がある。1つは銀行業と非銀行業とを区分する方法であり、この場合には証券や保険等の他の金融業との関係、すなわち金融分野における業務規制のあり方の問題となる。これについては、すでに述べてきたように、アメリカにおけるGLB法を含め金融業務を一体として規制緩和を進める流れが定着しているので、ここではあらためて取り上げない。一般的には、銀行を含む広義の金融サービス業と非金融業との関係を問題にすることが多い。このような意味でのbankingとcommerceの関係については、3つの論点がある。

① 銀行本体で銀行業と一般の事業とをあわせて行うことができるか。
② 銀行が事業会社の株式を保有することと許容限度。
③ 事業会社が銀行の経営主体となることの可否。

②、③と関連して、銀行持株会社の傘下にどの範囲の事業会社をもちうるか、も論点となる（栗原〔2004〕p114～）。

(2) 異業種参入の基準

　一般企業による銀行の所有を認めるべきかどうかについては、金融システムの安定性・健全性確保の要請と顧客の利便性向上との調和が問題となる。IT革命の進展により銀行業への参入コストが低下するとともに、銀行の提供する金融サービスの質・チャネルが変化した結果、銀行業と一般企業とのシナジー効果が拡大する可能性が大きくなっている。このような状況下では、銀行業と商業との兼業を認めないことは顧客利便にとっても多大な損失を招くおそれが出てくる。[17]

　イギリスでは、条件付きで銀行業と一般企業との間での相互参入を許容しつつ、必要な場合に銀行業に対する規制を一般企業にも適用する方式を採用している。その結果、スーパーマーケットや小売業から銀行・保険・投資信託販売を含めた金融サービス業への参入が行われている。一方アメリカでは、厳格な分離を図る一方で、インターネット等のバーチャルベースでの規制を緩やかにしたり、金融付随業務・金融補完業務という概念を設けて金融業務そのものを拡大し、金融システムの健全性と効率性との調和を図っている（金融財政事情研究会〔2000b〕p210～）。

　この問題は、いわゆるナロー・バンク論とも関連している。預金保険制度論議との関連において、ナロー・バンク論は近年大きな関心を寄せられるよ

---

[17] この問題についてグリーンスパンFRB議長（当時）は1997年の議会証言で、金融と非金融の間の将来のシナジー効果がはっきりしない状況下で、分離制度を変えることは、利益よりも損害のほうが大きいので慎重に進めるべきと述べている。その後、99年11月にGLB法が成立し、銀行業と一般企業との分離がさらに徹底されることになったが、その背景にはグリーンスパンが指摘したような問題意識がある（金融財政事情研究会〔2000b〕参照）。

うになっている。従来ナロー・バンクには「範囲の経済性」が損なわれ収益確保が難しくなるという問題が指摘されてきたが、最近では、情報技術革新を活用して決済業務に経営資源を集中した銀行形態（インターネット銀行）や流通業との範囲の経済を活用して決済機能の一部を分担する経営手法（コンビニ銀行）が一種のナロー・バンクとして進出している（ただし発想の原点は、決済機能のリスクを低下させるという本来のナロー・バンク論とは異なる）。

2000年8月3日に金融庁は、異業種による銀行業参入等新たな形態の銀行業に対する「基本的な考え方」および「免許審査・監督上の対応（運用上の指針）」を公表した。そこでは、こうした動きが金融技術の革新・競争の促進等を通じて金融の活性化や利用者利便の向上に寄与する可能性を認めるとともに、

① 子銀行の事業親会社等からの独立性確保
② 事業親会社等の事業リスク遮断
③ 事業親会社等と総合的な事業展開を図る場合の顧客の個人情報保護
④ 資産構成が国債等の有価証券に偏っている場合のリスク管理や収益性
⑤ 有人店舗をもたずに非対面取引（インターネット・ATM等）を専門に行う場合の顧客保護

等、従来の伝統的な銀行業においては想定されていなかったさまざまな観点からの問題を指摘している。

この問題に関し、当時の法令上は免許付与後、銀行の主要株主の変更を事前に把握し健全性確保に支障をもたらすような不適格な株主を排除する権限は監督当局に付与されていなかったので、主要先進国の制度等をふまえ、所要の措置を金融審で検討することとなった。金融審は「銀行業等における主要株主に関するルール整備及び新たなビジネス・モデルと規制緩和等について」（2000・12・2）を発表し、これに基づき2001年11月2日に銀行法等改正法が成立した。[18]

---

18 この銀行法改正の際に、あわせて次の措置が講じられている。①銀行等の支店設置について認可制から届出制に。また、銀行免許審査における需給調整規定を削除。②普通銀行等の本体での信託業務を解禁。③銀行の子会社については、従属業務と金融関連業務の併営を認める。

IT革命の進展などを背景とする異業種からの銀行業への参入の動きなどをふまえて、銀行の健全性を確保しつつ、わが国金融の活性化を図ることにより、安定的な金融システムを構築するため、所要の措置を講じている。
① 「主要株主」等の位置づけ：銀行の株式を5％超所有する株主に、株式取得に関する届出制を導入。銀行経営に実質的な影響力を有する株主（原則20％以上の株式を所有する株主等）を「主要株主」と位置づけ、認可制とする。
② 「主要株主」の適格性：「主要株主」の財務面の健全性や株式所有の目的、社会的信用等に基づき判断。
③ 「主要株主」等に対する報告徴求・検査：銀行の業務の健全かつ適切な運営を確保するため特に必要があると認められる場合に、必要な限度で実施。「主要株主」以外の5％超所有の株主に対する報告徴求・検査は、届出事項の確認等に必要な場合に限り実施。
④　銀行経営悪化時の対応：銀行の経営が悪化した場合で、何らかの措置により経営改善が見込まれる時には、50％超所有の主要株主に対しては、子銀行経営の健全性確保のための措置を求めうる。

第9章

金融危機とその対応

第1節 金融危機の発生と金融システムの安定化

1 三洋・拓銀・山一の破綻とアジア通貨危機

　橋本内閣の6大改革の中では金融システム改革が先陣を切った形であったが、橋本首相自身の政策的優先課題は財政構造改革（およびそれと密接な関連のある行政改革）にあったと思われる。中曽根内閣において自民党行財政調査会長として活躍して以来、これは橋本首相が最も得意とする分野であった。1997年度予算は「財政構造改革元年予算」と銘打たれ、政府は画期的な歳出削減に取り組んだ。1997年1月21日には橋本首相を議長とし与党幹部および歴代首相・蔵相をメンバーとした財政構造改革会議が設置され、6月3日には財政構造改革の推進方策が決定された。ここには2003年までに財政健全化目標（財政赤字対GDP比3％、赤字国債発行ゼロ）を達成するなどの意欲的な施策が含まれている。これはアメリカのグラム・ラドマン・ホリングス法に倣ったものであるが、ヨーロッパでも通貨統合との関連で各国に厳しい財政赤字削減の実行が迫られ、世界的に財政健全化ブームが起っていた。

　このようななかで1997年5月16日に改正外為法が成立し、6月13日には金融関係3審議会からビッグバンに関する答申が提出され、日本版ビッグバンは世界から注目を浴びていた。要するに、1996年秋から97年夏までの約1年間は、財政についても金融についても、日本全体が自信を回復して「正論」

に取り組んでいたのである。この頃には「失われた90年代」という意識はない。日本経済の「地力」に対する信頼は揺らいでいない。現に1995・96年度の経済成長率が先進7カ国中最高であったことからもわかるように、日本経済は順調に推移していた。金融問題は解決に向かい、経済的苦境は克服されたようにみえた。

ところが、1997年半ばになると消費税引上げ前の駆け込み需要の反動もあって、景気動向に暗雲が漂い、さらに11月には金融機関の連続的破綻が日本経済の先行きに大きな不安を投げかけた。1995年においても一連の破綻があったが、1997年から98年にかけての様相はこれとかなり異なる。1995年前後の状況は個別金融機関の経営危機ではあっても金融システムとしてのパニックに陥ることはなく、市場からも事態は当局のコントロールの範囲内にあると捉えられていた。それに比べ1997・98年の状況は、アジア通貨危機が欧米金融界の危機感を醸成していたこともあって、アジアの中心的存在であった日本までもが、世界から金融恐慌を懸念される事態に陥った。

1997年11月3日には、三洋証券が会社更正法の適用を申請した。この折、戦後初めて短期金融市場においてデフォルト（債務不履行）が生じた。そのことが市場における金融機関の行動をきわめて慎重にさせることになり、その後の連鎖的破綻の火種になったといわれている。11月17日には拓銀が破綻し、北洋銀行への営業譲渡を発表した。拓銀はすでに海外業務からの撤退を表明していたので国際的信用への被害は限定的であったが、日本政府がToo Big to Failの方針を放棄したとも解される主要銀行の一角の破綻は内外に大きな衝撃を与えた。しかしこの時にはまだ世間の受け取り方は冷静であった。日本も破綻処理を含む思いきった金融再編成に取り組みはじめたと好意的に受け止められ、一時は株価が上昇した。

11月24日には4大証券の一角・山一證券が「飛ばし」による簿外取引2648億円があったことを認め、自主廃業を発表した。国際的な知名度では山一は拓銀よりはるかに高く、山一ショックは市場を直撃し、株価は1万6000円を割り込んだ。以上のような銀行・証券を通ずる金融機関の大規模な破綻は、それぞれ膨大な不良債権や放漫な経営など破綻処理もやむをえない十分な事情のあるケースであった。伝統的な金融行政の発想であれば、そのような事

情は事情として金融システムの動揺が与える影響について慎重に判断し、連続的な破綻回避のため何らかの方策を講じた可能性がある。しかし当時はFree、Fair、Globalを掲げる日本版ビッグバンに邁進していた「正論」の時代であったので、橋本政権は新たな時代の新たな手法を断行することに躊躇しなかった。

　26日には第二地銀の徳陽シティ銀行も自主再建を断念し、仙台銀行への営業譲渡を発表した。日本の金融危機はどこまで燃え広がるのか、とどまることのない破綻の連続に内外から不安の視線が注がれた。ここまで集中的に金融機関の破綻が続くと、(たとえそれが「正論」の実行であったとしても) 日本の金融当局は金融システムの管理能力を喪失したのではないかと世界のマーケットは懸念を抱く。報道を通じて知る他国の実情とは雲をつかむようなところがあり、そういうときにはマーケットは悲観に走ることが多い。覇権国アメリカでも、80年代後半にはそうであった (それは2008年9月以降に再現される)。大蔵大臣と日銀総裁は連名で預金者に対し沈静化を促す談話を発表したものの、預金保険制度上は保護対象になっていない金融債・金銭信託などには換金の動きが激しかった。また先行き不安感からインターバンク市場は取引の激減を招き、それまでは抽象論とされていた金融システムの機能停止が現実に懸念される状態となった。政府は問題の解決を「正論」に委ねすぎ、疑い深くなっているマーケットの展開を読み誤った可能性がある。

　かねての懸案であったとはいえ、そのような折りに財政構造改革法が可決・成立されたことは、特に海外では違和感をもって迎えられた。そういう受け止め方は市場を通して直ちに国内へも跳ね返り、政策転換を求める声が相次ぐ。12月16日に自民党は金融システム安定化のための緊急対策を決定、また翌17日には緊急国民経済対策 (第3次) を発表した。この頃には、日本の金融危機がアジアの経済危機と連動して世界恐慌の引き金を引きかねないとの危惧も表明され、APEC首脳会議から帰国した橋本首相は従来の財政再建路線を緩めざるをえなくなる。

　アジア通貨危機の発端となったタイの通貨危機が発生したのは、1997年7月のことである。その後秋にかけて通貨危機はインドネシアに飛び火し、東アジア一帯に燃え広がっていた。論理的には日本の金融機関の破綻と東アジ

アの金融危機との間に直接的なつながりはなく、わが国の破綻処理はむしろアジア的な要素を払拭するための市場原理に基づく措置である。しかし、このような微妙な時期に一見似通ったところもあるまったく違った2つの現象が東アジアで同時に起り、アジア経済への疑念が共鳴して予測を超える影響を生じてしまった。

　預金者の不安と動揺が広がるとともに日本の金融システムに対する内外の信頼が大きく低下し、住専問題の混乱以来タブー視されていた公的資金投入が再び論議の対象になった。梶山元官房長官はメディアを通じてさらに思い切った方策の必要性を主張し、自民党では宮澤元首相を本部長とする緊急金融システム安定化対策本部が設置され、公的資金投入をも視野に入れた対応策が検討された。12月5日には大蔵省は、制度上は預金保険の対象になっていないものをも含め預金・金融債等を2001年3月まで全額保護することを表

COLUMN

ペコラ委員会

　1930年代のアメリカは、20年代の好景気＝バブルの反動から大恐慌を迎えた。こうしたなか、1932年3月、「証券取引所で行われた空売りなどの種々の行為を徹底的に調査し、それらが銀行システムおよび連邦準備制度の運営に与えた影響を明らかにする」ため、上院通貨委員会内に小委員会が設置された。ニューヨーク地区検事であったフェルナンド・ペコラ氏が同委員会の法律顧問に任命され、新たに就任したルーズベルト大統領の支持もあり、彼の強力なリーダーシップのもとに「ペコラ委員会」が活動を始めた。

　調査の対象は証券取引所での取引行為に限らず、銀行・証券にかかわるあらゆる業務、および政策決定の是非、政策責任者が含まれた。当時の金融界の重要人物、J・P・モルガン（モルガン商会最高責任者）、C・ミッチェル（ナショナルシティ銀行会長）、A・H・ウィギンス（チェース・ナショナル銀行元会長）などが議会証言を求められた。ペコラ委員会は1934年6月まで17カ月にわたって活動を続け、銀行関係者による社会的正義に反する行為が次々と暴露された。刑事・民事責任を追及され、懲役刑を課されるケースも多かった（竹内〔2000〕p5～）。

　90年代後半の金融危機的状況の中で、梶山元官房長官は公的資金導入の必要性を強調しつつ、同時に、日本においてもペコラ委員会を設け責任の追及を行うことを求めた。同様の動きは今回のアメリカの金融危機においても議会にみられる。金融危機に政治が乗り出したときには、魔女探しはどの社会でも生まれる反応である。

明し、12月15日には自民党が公的資金投入を含む金融システム安定化緊急対策を固めることになった。

結局政府・与党は梶山氏の主張を基本とする30兆円の公的資金枠を設定することになった。金融システムの安定化を図る緊急措置として、金融安定化二法（預金保険法の改正・金融機能安定化緊急措置法）が1998年2月16日に成立し、30兆円の公的資金（10兆円の交付国債と20兆円の政府保証）の活用が可能となった。この資金のうち、17兆円は金融機関が破綻した場合の預金者保護や不良債権買取の原資とするため（預金保険法）、また、13兆円は公的資金により金融機関の自己資本の充実を図るため（緊急措置法）に使用できる。このようにしていったんは金融危機が収まったものの、自己資本増強のための13兆円は銀行が申請を躊躇したこともあって一部（1.8兆円）を横並びで投入する不徹底な運用にとどまったため所期の目的を達成できなかった。

2　金融再生トータルプラン

1998年半ば以降は、従来は行政が調整役となって進められてきた金融問題の処理が、立案の段階から立法府が中心となって論議・決定されるという戦後の政策形成過程上異例の時期であった。政治主導は必然的な世の中の流れであるとしても即応性はなく、現実問題として行政機能の後退は累積する難題処理の求心力を欠き必要以上に混乱を増幅することになった。

激動の契機となったのは長銀・日債銀の経営問題である。長銀・日債銀は、すでに役割を終えた長期金融制度からどのように脱皮するか長い間模索してきた。そのような努力も資産価格下落の長期化と日本経済の体力低下によって限界に達していたが、まず日債銀は1997年4月に系列ノンバンク3社を自己破産によって処理したうえ、バンカース・トラストとの幅広い業務提携で活路を開こうとする。その試みは当時高い評価を受け、日債銀はいったん経営危機を脱したかにみえた。

長銀の経営は、日債銀に比べると安定性が高いとみられていた。さらに1997年7月にはスイス銀行との資本・業務提携を発表し（正式契約は9月）、国際的に活躍する投資銀行としての前途が開けたようにみえた。しかしスイス銀行は1997年12月にスイス・ユニオン銀行との合併を発表し、これによっ

て長銀との業務提携の先行きに暗雲が生じる。1998年6月には株価が急落し、これに対し長銀は住友信託銀行との合併構想を発表して事態の沈静化を図った。

この頃、金融監督庁発足により行政体制が変更され、また参議院選挙での与党の勢いは芳しくなかった。政治・行政体制の不安定・不連続な時期だったことは、長銀問題にとって不利な環境であったことは否めない。橋本首相の示した不良債権の早期処理と税制の抜本的見直しの方針を受けて、7月2日に政府・自民党は不良債権の抜本処理策「金融再生トータルプラン」を決定した。経営破綻した金融機関の融資業務などを引き継ぐ公的な受け皿銀行（日本版ブリッジバンク）制度の創設を最大の柱とし、その他不良債権処理促進の制度的枠組みの整備・時価会計の導入・金融検査マニュアルの公開などかなり包括的なものであった。

1998年7月30日にはいわゆる「金融国会」（第143回臨時国会）が始まったが、この日参議院選挙で惨敗した橋本首相に代わり小渕内閣が発足した。このような状況の中で8月には、先に成立していた金融安定化二法の改正を含む金融再生トータルプラン関連6法案が国会に提出されるが、参議院での優位を背景にした野党の強硬な姿勢に政府・与党は後退を重ねた。9月には野党3会派（民主・公明・自由）から、金融再生委員会の設置・特別公的管理などを内容とする4本の法律案が対案として提出された。就任早々内外からの批判にさらされていた小渕首相は、結局野党提案を「丸呑み」するかたちの修正案を受け入れ、10月12日にようやく金融再生関連4法が成立した。

しかし、いわゆるハードランディング路線を内容とした「金融機能の再生のための緊急措置に関する法律」（以下「金融再生法」）は民主党や自民党若手議員の発想である。金融界や与党中枢では、金融危機への対応策は破綻後の処理だけでは完結しないと考えられていた。金融再生法が衆議院を通過した後、10月7日には破綻前の対応策を内容とする「金融機能の早期健全化のための緊急措置に関する法律」（以下「早期健全化法」）案が自民党から提出され、連立政権の組合せ変更のため金融再生法とは異なる与党3会派（自民・自由・公明）の協力で10月16日に成立した。金融機関の経営悪化に伴い自己資本比率が適正水準を割り込んだ場合、公的資金を資本に注入し金融機能の

維持・再建を図るものである。

　これらの経緯を整理しておくと（図表9-1）のとおりである。

　長銀・住友信託の合併構想は政府・与党の金融再生プランを前提としていたが、上記のように国会審議の途中でその枠組みが変更された。長銀の対処方針は政府の金融問題処理策が大きく揺れる中で混乱した。結局長銀は、再生法・早期健全化法が施行された10月23日に野党案を受け入れる形で特別公的管理（一時国有化）のもとに置かれることになってしまった。

図表9-1　金融再生トータルプラン関係経緯

1998年	
6・23	金融再生トータルプラン（第1次とりまとめ）決定（政府・与党推進協議会）
7・2	金融再生トータルプラン（第2次とりまとめ）決定（政府・与党推進協議会）
7・30	小渕内閣発足、「金融国会」開幕
8・5	政府・与党からの金融再生トータルプラン関連6法案国会提出 「金融機能の安定化のための緊急措置に関する法律及び預金保険法の一部を改正する法律案」 「不動産に関連する権利等の調整に関する臨時措置法案」（以上政府提案） 「債権管理回収業に関する特別措置法案」 「競売手続の円滑化等を図るための関係法律の整備に関する法律案」 「特定競売手続における現況調査及び評価等の特例に関する臨時措置法案」 「金融機関等が有する根抵当権により担保される債権の譲渡の円滑化のための臨時措置に関する法律案」（以上、自民党議員提出）
9・3	民主党、平和・改革、自由党3会派議員から対案の国会提出 「金融機能の再生のための緊急措置に関する法律案」 「預金保険法の一部を改正する法律案」 「金融再生委員会設置法案」 「金融再生委員会設置法の施行に伴う関係法律の整備に関する法律案」
10・2	金融機能再生法等修正法案、衆議院で可決
10・7	「金融機能の早期健全化のための緊急措置に関する法律案」国会提出（自民党議員提出）
10・12	金融機能再生法等修正法案、参議院で可決・成立
10・13	金融機能早期健全化法修正案、衆議院で可決
10・16	政府、1998年度第2次補正予算案を国会提出、衆議院で可決 金融機能早期健全化法修正案および1998年度第2次補正予算案、参議院で可決・成立
10・23	金融機能再生法、改正預金保険法および金融機能早期健全化法施行 日本長期信用銀行に対して特別公的管理開始決定
12・13	日本債権信用銀行に対して特別公的管理開始決定
12・15	金融再生委員会設置法施行、金融再生委員会規則等決定

以上のような数ヵ月のプロセスを振り返ってみると、金融機関経営の基盤がきわめて脆弱であった事情が根底にあるとしても、政治・行政の方針の動揺や逡巡が事態収拾の障害になったことは明白である。前年11月の拓銀・山

COLUMN

破綻処理と刑事責任

金融機関の破綻は、経済的に重大事であることはもちろんであるが、社会現象としても不愉快な出来事である。昨日まで上座で大きな顔をしていた銀行を税金を使って救済するなど、一般国民にはとてもガマンできない。多くの時代劇で、最後は金貸しと悪代官が切って捨てられることになっているのは、わが国ではこの両業種が国民的不人気の代表だからである。

アメリカにおいても、破綻金融機関の経営者などに対し刑事上・民事上の厳格な責任追求がなされている。もともとアメリカの連邦刑法では、金融機関経営者・従業員の詐欺的行為、横領などに対しては、一般人よりも厳しい罰則を適用している。そのうえさらに、89年に成立した「金融機関改革救済執行法」(FIRREA)などにより刑事、民事上の罰則、制裁金規定が強化された。一方日本においては、一般刑法により、詐欺・横領などに対する罰則は金融機関経営者も含めたすべての者に等しく適用される。

S&Lに関する金融犯罪については、刑事被告人数（89年8月〜94年末）は2028人にのぼり、このうち有罪判決を受けた者は1859人である。その対象は金融機関の経営者のほか、幹部職員・会計士・弁護士などに及んだ。しかしそれらは明らかに刑法に触れる行為をしたものであって、単に融資をする際の判断が甘かったとか将来の経済情勢に対する認識を誤ったというようなケースではない。アメリカで刑事責任を追及された事例をみると、そのほとんどは私的な利益のために粉飾決算・詐欺行為・資産の流用などを行ったものである。

90年代半ば以降、日本でも破綻金融機関の経営者に対して刑事責任を追及するケースは増えた。99年3月末までの実績は、旧住専の経営者などに対する刑事告発件数が100件に達した。しかしわが国の意思決定プロセスでは、経営トップといえども独裁的に意思決定するケースは稀である。多くはボトムアップ方式により、部下が検討したものを決裁する形を取る。もとより経営者の責任はそのような最終判断をしたこと自体で生じる。しかし経営上の責任と自己の利益を図った犯罪行為とではおのずから責任の問われ方に違いがあるのではないか。

ちなみに、長銀経営陣への粉飾決算に関する刑事責任を問うて争われた裁判では、1審・2審では有罪とされたが、08年7月18日の最高裁判決では一転して無罪となった。これに先立ち民事訴訟についても、最高裁で被告勝訴が確定している。社会的な興奮の渦に巻き込まれがちな金融機関破綻の責任の問い方は難しいものである。

一の破綻後には、世の中に大手銀行の破綻は避けたいとの気運があり、政治にもその意思と能力があった。だからこそ急きょ30兆円の公的資金が準備され、資本注入が実行されたのである。今回も政府・与党の中ではそのような方向での努力が続けられたが、それでは生ぬるいとの政界・言論界の「正論」が追い込む形でハードランディング路線をたどる。90年代後半の破綻処理・金融安定化制度は不安定な政治情勢の中で、「正論」と現実路線の間をさまよいながら形成されていった。

1998年12月になると、日債銀・中央信託銀行の合併交渉が明らかになったがその進展ははかばかしくなく、12月13日には政府は日債銀に対しても金融再生法第36条に基づき特別公的管理開始を決定し、日債銀は長銀に続いて特別公的管理銀行となった。この間、30兆円であった公的資金枠は長銀が破綻すると60兆円に拡大され、日債銀の破綻に伴い70兆円に増額された。

このような破綻処理の傍ら、12月1日には金融システム改革法が施行され、金融ビッグバンの実施が本格化した。特に投資信託の銀行窓口での販売が注目され、国内179機関と外銀4行が認可を取得した。12月15日には金融再生委員会が発足し、転換期の金融行政の舞台回しをすることになる。1998年は97年に劣らず、いろいろな方向で金融の激動が続いた年であった。しかしこの時にはすでに、2年前に橋本首相が自信に満ちて日本版ビッグバンを提唱した当時の、日本の金融界に対する内外の関心と期待は消えていた。

3　金融再生法

金融再生法は、不良債権問題の深刻化、銀行倒産の大型化などにより低下した金融機能の安定と再生を図るため、金融機関の破綻処理の原則を定めるとともに、倒産金融機関の特別公的管理・金融機関の資産の買取などに関する緊急措置を講じている。金融再生法施行（1998・10・23）以降の主要な破綻処理は、同法に基づく特別公的管理または金融整理管財人による管理によって処理された。[19]

---

[19] 日本長期信用銀行（1998・10）、日本債券信用銀行（1998・12）は特別公的管理。国民銀行（1999・4）、幸福銀行（1999・5）、東京相和銀行（1999・6）、なみはや銀行（1999・8）、新潟中央銀行（1999・10）などは金融整理管財人による管理。

金融再生法は、次のような金融機関の破綻処理原則を掲げている。1995年の「機能回復」で示された方針と基本的な違いはない（第7章第2節3参照）。
① 破綻金融機関の不良債権等の経営状況を開示すること。
② 経営の健全性確保が困難な金融機関を存続させないこと。
③ 破綻金融機関の株主・経営者等の責任を明確にすること。
④ 預金者を保護すること。
⑤ 金融機関の金融仲介機能を維持すること。
⑥ 金融機関の破綻処理費用が最小となること。
これを実現するための具体策としては、次のような手法が用意されている。

(i) **財務内容等の透明性の確保**

金融機関は資産の査定を行い、その結果を公表しなければならない（金融再生法開示債権）。

(ii) **金融整理管財人による管理**

破綻金融機関を公的な管理のもとに置き、営業譲渡等の方法で処分する（2001年3月31日までの暫定措置）。金融再生委員会は金融整理管財人を選任する。金融整理管財人は、被管理金融機関の業務を民間引受金融機関に承継するよう努め、これに承継できない場合には承継銀行（ブリッジバンク）に承継する。預金保険機構は子会社として承継銀行を設立し、1年以内に承継銀行の合併、営業の全部譲渡、株式の譲渡等により経営管理を終了しなければならない（1年ごとに2回まで延長可能）。

(iii) **特別公的管理（一時国有化）**

特別公的管理と金融整理管財人による管理とは、ともに公的な管理に服する点で共通するが、前者では公的資金を投入して国が破綻銀行の出資者となる（所有と経営が一致）のに対し、後者では所有は依然として従前の株主にある点が異なる。金融再生委員会は、債務超過などの場合に特別公的管理開始を決定できる。

債務超過とまではいえない場合でも、その破綻が連鎖的な破綻の発生等により、金融機能にきわめて重大な障害が生ずるおそれがあり、かつ、国際金融市場に重大な影響を及ぼす事態を生じさせるおそれがあるときは、特別公的管理開始を決定できる。これは当該銀行が債務超過だとして破綻させた場

合、金融システムの国際的な評価に重大な影響を生ずるケースを想定した追加規定であり、端的には長銀を念頭においていた（現実にはこの規定は適用されず、債務超過として処理された）。

(iv) **金融機関等の資産の買取に関する緊急措置**

預金保険機構は、2001年3月31日までに申し込みを受けたときは、被管理金融機関・ブリッジバンク・特別公的管理銀行・それ以外の銀行等から資産を買い取ることができる（整理回収機構に委託可能）。政府は預金保険機構の資金借入または預金保険機構債券の発行につき保証できる（1998年度第2次補正予算に18兆円の保証枠を設定）。

金融再生法により、整理回収銀行と住宅金融債権管理機構を統合した整理回収機構（RCC）が発足した（1999年4月）。整理回収機構には従来の不良債権処理だけでなく、企業再生の機能が加えられた（図表9－2）。

野党（および与党の若手議員）主導型で制定された金融再生法には、それ以前の金融安定化・破綻処理手法とかなり発想の違いがある。それまでの行政手法（むしろ金融に関しては世界共通の手法）は、金融危機または経営破綻が発生したときにこれをいかに収拾するかという受動的なものであった。破綻処理の際といえども、通常の金融業務は優れて民間部門により対処されるべき性格の業務であって、公的組織がその機能を包括的に代替することは（たとえ暫定的にであれ）困難であるとの基本的認識（自制）に立っている。

90年代半ばには安定性を極端に重視した金融行政からは大きく転換したが、その場合にも金融機能の回復に関する行政の役割はあくまでも補完的であって、経営破綻の処理といえども基本的には民間主導で対処されるべきものとの考え方を維持している。整理回収銀行や住管機構という特殊な公的組織も、受動的に過去の後始末をすることが想定されているのであり、将来にわたる通常の金融機能（新たな融資・決済）を担うことは期待されていない（むしろ避けられている）。

しかし金融再生法制定プロセスにおける関係者の問題意識は、場合によってはあえて社会の危機意識を喚起してでも能動的に金融の現状を変えていこうというきわめて攻撃的なものであった。金融再生法によって導入された特

図表9-2 整理回収機構の沿革と機能拡充

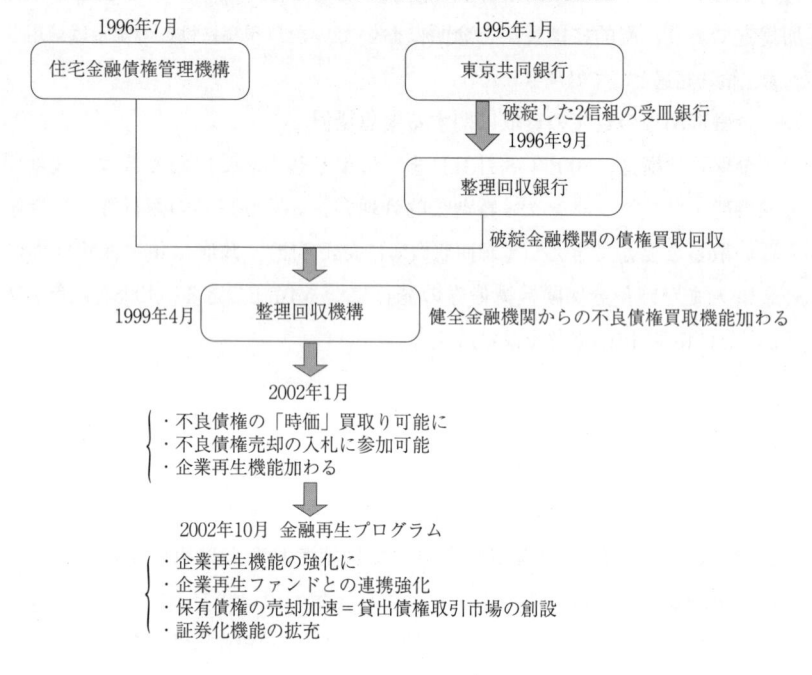

```
1996年7月                          1995年1月
住宅金融債権                       東京共同銀行
管理機構                                │
                           破綻した2信組の受皿銀行
                                1996年9月
                                   ▼
                               整理回収銀行
                           破綻金融機関の債権買取回収
         │                         │
         ▼                         ▼
1999年4月      整理回収機構   健全金融機関からの不良債権買取機能加わる
                   │
                2002年1月
・不良債権の「時価」買取り可能に
・不良債権売却の入札に参加可能
・企業再生機能加わる
                   ▼
        2002年10月 金融再生プログラム
・企業再生機能の強化に
・企業再生ファンドとの連携強化
・保有債権の売却加速＝貸出債権取引市場の創設
・証券化機能の拡充
```

（出所）　日経金融新聞2002・11・22

徴的な政策手段は、金融整理管財人・ブリッジバンク制度と特別公的管理制度である。両制度は時限措置ながら、

① 破綻公表時点で救済金融機関が直ちに見出されなくても当面の金融機能の維持が可能となる

② 破綻公表時点で救済金融機関を確定する必要がないため、迅速に破綻処理に入ることができる

③ 破綻処理の手続面で当局に強い権限が与えられている

といった特徴をもっていた。そのような取組み方は、従来の東洋医学的手法に苛立って自ら手術のメスを握ろうとする若手政治家と市場の反応に興奮するアナリストに支持されたようにみえる。

1998年に長銀の国家管理やブリッジバンク制度が認知された時点以降では、公的組織でも極端な資産の劣化を招くことなくして通常の金融業務を持

続しうるとの意識が金融行政に潜んでいる。ここには、金融業務は民間主体でなければ円滑に運営することは困難であり、政府は破綻処理等の環境整備を中心とした補完的機能に止めるべきであるとの伝統的な考え方との間に大きな断絶が存在する。

　金融再生法は当局主導で公的組織がとりあえずあらゆる問題を引き受けてしまう決意を示したものであった。そのことによって迅速な処理を可能にした反面、破綻処理後の資産価値の劣化によるきわめて高い処理コスト（公的資金）が必要になったことも否定できない。また金融の世界に行政・政治が直接介入することを当然とする風潮を生み、民間企業としての経営意欲を阻害する副作用をもたらした可能性がある。

4　早期健全化法

　早期健全化法は、金融再生法の衆議院可決ののち与党議員提案により国会に提出されたが、金融再生法と同時に（1998・10・23）施行された。両法とも日本の金融システムを再構築するとの目標において共通しているが、これらが同時期に制定された背景には政権をめぐる与野党の抗争が存在している。破綻前の公的資金投入の是非については、これに積極的な自民党と批判的な民主党とで対立があった。また大蔵省の所管事項に関し財政・金融の完全分離を主張する野党と金融危機時における行政体制の変革を避けようとする与党幹部との間には意見の相違があった。これら与野党対立の妥協の産物として、金融再生法については野党に大幅譲歩し、それとは別に与党主導で金融再生トータルプランの要素を復活させた早期健全化法が制定され2001年3月31日までの時限的な措置として破綻前の公的資金投入が決定された。[20]

　早期健全化法は、金融システムに対する内外の信頼回復が緊急課題であるとの認識に立って、金融機関の資本増強に関する緊急措置により金融機能の早期健全化を図ることとしている。端的には、破綻前に金融機関に対し最大

---

[20] 破綻前の公的資金投入はすでに1998年2月の「金融機能の安定化のための緊急措置に関する法律」（安定化法）により13兆円の枠が用意されていたが、この法律は金融健全化法の制定に伴い廃止された。早期健全化法は公的資金投入枠を大幅に拡大するとともに、健全な金融機関への公的資金投入を原則としていた安定化法の制約を外した。

25兆円の公的資金を投入することを目的としたものであり、本法に基づき1999年3月に都銀など15行に対して総額7兆4592億円の公的資金が投入された。

　金融機能早期健全化のために講ずる施策は、次の原則による。
① 社会経済的な最小の費用をもって、金融機能に著しい障害が生ずる事態を未然に防止する。
② 経営状況改善の自主的努力を促すことにより、経営の合理化および経営責任・株主責任の明確化を図る。
③ 金融機関の再編促進により金融システムの効率化を図る。
④ 早期是正措置と効果的な連携を確保する。
⑤ 情報等の適切かつ十分な開示を行う。

　金融再生法が事後処理・政策誘導重視の考え方を基本としているのに対し、早期健全化法は事前予防・経営自主性尊重の考え方を基調としている。このように基本理念が相当異なる手法が政治的対立を背景として同時に成立することにより、いずれの手法の対象として処理されるかによって金融機関の明暗が分かれた。政治の過渡期であったとはいえ、個別経営に対しては中立的であるべき政治・行政のあり方としては異例である。同様の問題は安定政権下においても起こっている。小泉内閣では、2002年9月の金融相交代（柳沢→竹中）を境に行政手法が大きく変化し、しかも結局は実質的に元の路線に戻っている。政治のダイナミズムは重要であるが、行政の振幅は民間経営に予想以上の動揺を与えるので注意が必要である。

　早期健全化法には次のような手法が用意されている。
(i) **経営健全化のための計画等**
　金融機関は整理回収機構に対し2001年3月31日までに株式等の発行等に係る申し込みを行うことができる。申請をした金融機関は、①経営の合理化、②責任ある経営体制の確立、③利益の流出防止、④信用供与の円滑化、⑤株式等の消却財源確保、⑥財務内容の健全性確保方策、を定めた経営健全化計画を金融再生委員会に提出しなければならない。
(ii) **公的資金投入**

図表9-3　自己資本の状況と資本投入の条件

自己資本の状況	資本投入手法	経営健全化の内容
健全 （8％以上）	・優先株等（優先株・劣後債の引受け、劣後ローンの貸出し）	・役職員数及び経費の抑制等による経営合理化 ・利益流出の抑制
過少 （4～8％）	・優先株等（優先株・劣後債の引受け、劣後ローンの貸出し）	・職員数及び経費の抑制等による経営合理化 ・役員数の削減等経営体制の刷新 ・配当及び役員賞与等の抑制 ・株式等の発行により既存株主を不当に利することになる場合は資本減少等により1株あたり利益の適正化を図る
著しい過少 （2～4％）	・優先株等（優先株・劣後債の引受け、劣後ローンの貸出し） ・議決権のある株式の引受け	・代表権のある役員の退任、給与体系の見直し、役員数 ・支店等の削減、海外営業拠点の廃止等による組織・業務の見直し等、経営の抜本的な改革 ・株式等の発行により既存株主を不当に利することになる場合は資本減少等により1株あたり利益の適正化を図る ・早期是正措置の確実な実行
特に著しい過少 （0～2％）	・優先株等（優先株・劣後債の引受け、劣後ローンの貸出し） ・議決権のある株式の引受け	

（出所）　2000年版金融時事用語集p221

　公的資金投入は、金融機関の自己資本の状況・資本投入の形態・合併の有無・健全化計画の内容などに応じ詳細に区分して決定された（図表9-3）。

5　不良債権処理策の類型（RTC方式とRFC方式）

　バブル崩壊以降、金融機関の破綻処理に関する基本方針は一貫していたわけではなく、むしろ大きな動揺を繰り返した。

　1994年には護送船団方式に決別し、破綻せざるをえない状況に陥った金融機関は迅速に退場させるという考え方に転換した。このような考え方がとられたのは、バブル崩壊の影響の大きさは認識しつつも、限られた数の中小金融機関の破綻を迅速に処理することにより、金融システム自体に大きな混乱

を生ずることなく収拾可能との日本経済の回復力に対する自信にはまだゆるぎないものがあったからである。それゆえ、97年に金融危機的状況になるまでは、破綻処理の原則に沿った比較的厳格な処理がなされている。

当時の破綻処理のモデルは、S&Lの破綻処理推進のために1989年にアメリカで設立されたRTC（Resolution Trust Corporation、整理信託公社）であった。そこでは、（アメリカでもRTCが銀行を含めずS&Lのみを対象としていたように）破綻は中小金融機関にとどまることを想定していた。RTC方式は経営危機に陥った金融機関は破綻処理することを前提として（事後処理方式）、破綻金融機関の資産を特別の組織で集中管理するところに特色がある。

97年末以降は、不良債権問題の深刻化が経済の先行き不安を高め、そのことがさらに不良債権を累積的に増大させるという悪循環に陥った。このような状況の中で、世論は政府の処理手法の不徹底さ（先送り）が問題の解決を妨げていると批判し、一層のハードランディング(RTC方式の徹底)を求めた。しかしそのことがますます金融不安を煽り経済の停滞を招くという悪循環が加速され、方向転換を模索する動きも出てきた。橋本首相は施政方針演説に先立ち衆参両院本会議で「金融・経済演説」を行い、金融システム安定化対策と当面の経済運営について政府の基本的考え方を明らかにした。首相はこれまでビッグバンを推進するにあたって金融機関の淘汰はやむをえないとの姿勢を保ってきたが、金融システム不安と景気の腰折れ懸念が一気に深刻化したのを受けて、こうした「優勝劣敗路線」を一時的に棚上げ、金融システム不安の拡大防止を最優先する姿勢を鮮明に打ち出す必要があると判断した。

破綻後処理を内容とした金融再生法の衆議院通過後、破綻前の対応策を内容とする早期健全化法が成立した。早期健全化法は、その発想においてRFC（Reconstruction Finance Corporation、復興金融公社）方式を取り入れている。RFCは、ルーズベルト米大統領の制定した緊急銀行法によって1930年代の大恐慌時に金融機関救済のためアメリカで設立され、優先株の買い取りや公的資本の投入を実施した。RTC方式が金融機関整理型であるのに対し、RFC方式は金融機関救済型といえよう。

したがってこの段階ではRTC方式（金融再生法）とRFC方式（早期健全化法）

の二本立てというある意味では木に竹を継いだような形になったわけである。ただ、後になって振り返ってみると、この頃グローバルなマーケットが求めていたものは、非効率な金融機関の破綻処理（事後処理的発想のRTC方式）というよりも、金融システムを担うべき金融機関の資本不足の解消（事前予防的発想のRFC方式）、より正確に表現すれば、マーケットを通じた資本不足解消が迅速・的確に実現できる環境整備であったものと思われる（それは後に、りそな銀行処理の際明確になる）。[21]

　1998年10月3日のG7共同声明では、「日本の金融システム安定には存続可能な銀行への公的支援を含む支援措置の早期立法化が重要」と指摘されている。その後破綻前処理を可能にする早期健全化法が成立したにもかかわらず（10月16日）、長銀（10月23日）、日債銀（12月13日）はあえて金融再生法の破綻処理条項により特別公的管理として処理されている。わが国の当時の政策と、国際的な市場の感覚との距離を感じさせる。

　その後2002年4月のペイオフ解禁に備え（結局延期）柳澤金融相によるさらに厳格な破綻処理政策（RTC方式）が実施された。金融再生委員会は99年1月20日に金融再生に向けた「運営の基本方針」を発表した。そこでは「不良債権問題をこれ以上先送りすることはできない」と強調、「経営の健全性確保が難しい金融機関は存続させない、透明性の高い破たん処理を実施する」と述べている。同時に、相当規模の資本増強を実施する方針をも明記した（日経新聞1999・1・20夕刊）。

　柳澤氏は、RFC方式（預金保険法に定められた資本注入）は金融機関の経営努力にモラル・ハザードを生ずると適用を拒否していた（日経新聞2001・8・3）。柳澤金融相の政策は当時ソフトランディング路線と批判されたが、実は、この頃の柳澤路線は非常に厳格なRTC方式であった。柳澤金融相は02年4月に予定されていたペイオフ解禁を視野に入れて、「不良債権の直接償

---

[21] 吉富勝氏（「銀行信用の収縮とToo Big To Close政策」『論争東洋経済』1998・3）はこの段階ですでに「銀行信用はマネーサプライ以上に重視されるべきである。その収縮にはToo Big To Close政策への転換が必要である」とし、「早急に手を打たなければ銀行信用は容易に回復しないかもしれない、という教訓をこのRFCの経験から学ぶべき」との卓見を述べている。

却」を強調していた。銀行は引当金を積む間接償却を主な手段として不良債権を処理してきたが、柳澤氏は「もう一歩先へ行くため不良債権の直接償却を進めなければならない。・・・直接償却をやるとなると貸出先企業を丸ごと清算しなければならない。・・・不良債権を抱えていては、収益力の面などでいい結果が出ない」と述べ、不良債権の悪循環から抜け出すための直接償却の必要性を指摘している（朝日新聞2001・2・17）。

　ところがITバブル崩壊などにより不良債権は減少どころかむしろ増加の兆しもみせたため、世の中は柳澤金融相の手法を手ぬるいと感じ始め、竹中経済相のハードランディング路線に注目が集まった。すなわち、「骨太の方針」（2001・6・26閣議決定）では、「創造的破壊としての聖域なき構造改革は、その過程で痛みを伴うこともありますが、構造改革なくして真の景気回復、

COLUMN

●グリーンスパンFRB議長の真意

　グリーンスパン前FRB議長は2000年1月、日本に対しRTC方式を推奨したと述べている。「宮沢元首相との会話でよく覚えているのは、邦銀の不良債権問題をめぐる議論だ。80年代末に米国も同様の問題に直面したが、私はその時の解決法を詳しく説明した。整理した貯蓄金融機関の担保不動産を整理信託会社（RTC）が安値で売り、不動産市場を動かしたことで、米国では問題を早期に解決した。宮沢元首相は辛抱強く、笑みを浮かべながら聞いていたが、最後に『それは日本のやり方ではない』と言った。金融機関の破綻や多くの失業者を生むことを意味するからだ、と。」（「私の履歴書28」日本経済新聞2008・12・29、著書「波乱の時代　下」p56〜でも同旨）

　しかし筆者は1995年7月14日に松下日銀総裁（当時）から、BIS会合でのグリーンスパン氏の別の考え方をうかがったことがある。「『日本は経済が不調だから金融もうまくいかないのはやむを得ない。アメリカは経済が良くなったので不良債権も片付いた。日本の現状（デフレ下）ではむしろアメリカの30年代のRFCが参考になる。』と述べ、後から資料を送ってくれた。彼は日本のバブル崩壊後の経済情勢に大変関心が高く、心配し、知恵も貸してやりたいという態度であった。」筆者には当時このお話の意味を十分理解できず、当時各方面から推奨のあったRTC方式しか念頭になかったとの苦い思いがある。

　FRB国際金融問題研究論文729号 "Preventing Deflation: Lessons from Japan's Experience in the 1990's" (Jul. 2002) を読むと、後者のほうがグリーンスパン氏の真意に近いように感じられる。

すなわち持続的成長はありません。おそれず、ひるまず、とらわれず。まず、不良債権問題を2〜3年内に解決することを目指します」を旗印に掲げ、不良債権を抱える非効率企業の存在が経済的資源の有効配分を妨げており、それらを淘汰しなければ日本経済の復活はないと主張している。

　文字どおりには、これは明らかにRTC路線であるが、後に述べるように（第10章第1節3）、りそな銀行の処理において、彼はむしろRFC路線を歩むことになる。

6　生保の連続破綻

　日本の生命保険業界は戦後50年の間、経営危機に陥る会社はなかった。もちろん、機関投資家として株価・地価の下落には大きな影響を受けたが、銀行や証券会社に比べると、保険業界はバブル崩壊による経営への影響は比較的少ないものと考えられていた。ところが、1997年4月に日産生命が大蔵省から業務停止命令を受け、生保の不倒神話が崩壊した。戦後初の生保破綻であったが、当時、東京2信組以来中小金融機関の破綻がいくつか続いていたので、その一環の例外的ケースと受け取られ、特に注目を浴びることもなかった。しかし本件はその後99年から01年にかけて中堅・準大手を含む生保6社の連続的破綻の第1号であり、その後2001年3月までのわずか4年間に中堅生保7社（その後08年に至りさらに1社）の経営が相次いで破綻し、それによって保険契約者が多大な不利益を蒙るという事態が発生した。

　破綻した会社は7社だけとはいえ、当時、これら7社の総資産シェアの合計は10%以上に達した。しかも、同じ時期に生じた金融機関の破綻処理では、公的資金が投入され預金が全額保護されたのに対し、生保の破綻処理は基本的に既契約者と、生命保険契約者保護機構などセーフティーネットを通じた他生保の契約者による負担で進められた。たとえば、1992年に30歳男性が、破綻した協栄生命の終身保険に加入していた場合、将来受け取る保険金額が当初の設定よりも58%削減されている（植村〔2008〕p2）。銀行の破綻処理に際してはペイオフ凍結により預金者保護が徹底されたのに比べると、セーフティーネットで若干緩和されているとはいえ、保険業界ではより市場原理が冷徹に適用されている。

図表9-4 生保破綻の概要

	日産	東邦	第百	大正	千代田	協栄	東京	大和
破綻時	1997.4	1999.6	2000.5	2000.8	2000.10	2000.10	2001.3	2008.10
処理完了	1997.10	2000.3	2001.4	2001.3	2001.4	2001.4	2001.10	2009.4
手続	行政手続	行政手続	行政手続	行政手続	更生特例法	更生特例法	更生特例法	更生特例法
債務超過額	3,029億円	6,500	3,177	365	5,950	6,895	731	643
保護機構等の資金援助	2,000億円	3,663	1,450	267	なし	なし	なし	278
責任準備金の削減	0%	10%	10%	10%	10%	8%	0%	10%
営業権	1,232億円	2,400	1,470	70	3,200	3,640	325	32
予定利率 破綻前	不明	4.79%	4.46%	4.05%	3.70%	4.00%	4.20%	3.30%
破綻後	2.75%	1.50%	1.00%	1.00%	1.50%	1.75%	2.60%	1.00%
受皿会社、再建スポンサー	あおば生命	GEエジソン生命	マニュライフ生命	あざみ生命	米AIG	米プルデンシャル	太陽生命・大同生命	米プルデンシャル

(出所) 植村〔2008〕p3に加筆

　日産生命の破綻処理は、その後の生保の破綻処理の雛形となった。生保契約者保護機構に蓄積されていた2000億円の一部を活用することで、定期保険など死亡保障型の保険金はほぼ保護する、養老保険など運用保証型の保険金は大幅にカットする、というものである（川野〔2007〕p97）。99年以降生保危機は本格化し、破綻した生保は次々と外資が引き取った。数多くの生保の経営権が外資に渡ったが、[22]　その後の推移をみると買収は成功したとはいいがたい。なお、大正生命は大和生命、東京生命は大同・太陽生命が引き継いだが、大和生命は08年に自らが破綻している。

　生保経営破綻の原因としては、株価の急激な下落や利回りの激変などバブル崩壊後の厳しい経済環境にあると考えられることが多い。そのような面が大きく影響していることは否定できないものの、会社が破綻に至るには、ビジネスモデルや経営者・経営組織といったその会社固有の内的要因が重要な意味をもっていたとの指摘がなされている（植村〔2008〕）。おそらく、従来

---

[22] GEは東邦（のちAIGに譲渡）、AIGは千代田、プルデンシャルは日産・協栄、マニュライフは第百を買収。

図表9-5　生保経営不安と再編

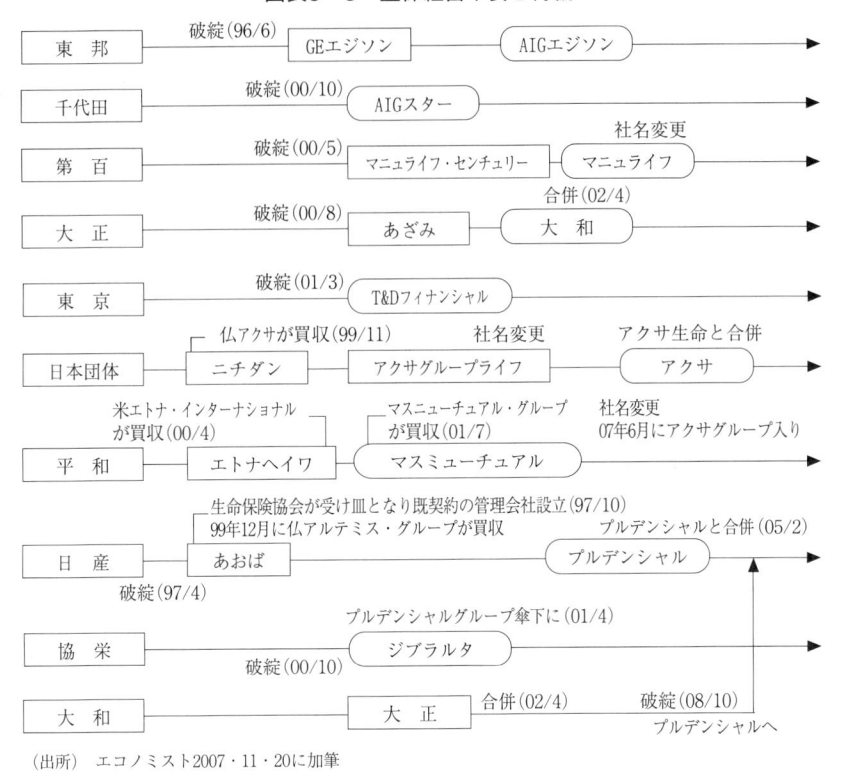

東邦	→破綻(96/6)→ GEエジソン → AIGエジソン →
千代田	→破綻(00/10)→ AIGスター →
第百	→破綻(00/5)→ マニュライフ・センチュリー →社名変更→ マニュライフ →
大正	→破綻(00/8)→ あざみ →合併(02/4)→ 大和 →
東京	→破綻(01/3)→ T&Dフィナンシャル →
日本団体	→仏アクサが買収(99/11)→ ニチダン →社名変更→ アクサグループライフ →アクサ生命と合併→ アクサ →
平和	→米エトナ・インターナショナルが買収(00/4)→ エトナヘイワ →マスニューチュアル・グループが買収(01/7)→ マスミューチュアル →社名変更 07年6月にアクサグループ入り→
日産	→生命保険協会が受け皿となり既契約の管理会社設立(97/10) 99年12月に仏アルテミス・グループが買収→ あおば → プルデンシャル →プルデンシャルと合併(05/2)→
協栄	破綻(97/4) →破綻(00/10)→ →プルデンシャルグループ傘下に(01/4)→ ジブラルタ →
大和	→ 大正 →合併(02/4) 破綻(08/10) プルデンシャルへ→

(出所)　エコノミスト2007・11・20に加筆

は護送船団方式のもとで横並びの経営が許されていたが、規制緩和による競争原理導入とバブル崩壊後の経済環境激変が同時に訪れたことにより、経営の適否が直ちに業績の差となって現れたのであろう。

　損害保険については、9・11事件の影響を受け01年に大成火災が破綻したが、バブル崩壊による経営破綻と定義づけるべき事例は起きていない。ただし、破綻が相次ぎそれによって強制的に業界の再編成が進んだ生保に比べ、積極的な経営判断からきわめて大がかりな業界再編成が行われた。かつては上場損保14社であったものが、現在では大手3グループ（東京海上日動、MS&AD、NKSJ）を中心とした体制となっている（第5節3参照）。なお、上

記のように生保では破綻が相次いだものの、再編は損保業界ほど進んでいない。

第2節　日銀法改正と財政・金融行政分離

1　護送船団方式の限界

　戦後日本の経済運営においては金融分野に限らず、良かれ悪しかれ護送船団方式によって落伍者を最小限に抑える工夫を講じながら高度成長を乗り切った。経済発展のスピードがあまりにも早かったので、その過程においてある程度の落伍者が出ることは避けられない。異例のスピードで先進諸国を追い上げる戦後の日本経済において、銀行システムは日本経済に対する燃料補給機関であると同時に救急車・療養所であった。企業が全力疾走し、銀行がそのリスクを集約して受け止め、万が一の場合にもその銀行が倒れることがないようさらに国家がその後ろ盾となる。日本経済は、そういう三段構えの縦深陣地になっていた。経済発展のスピードがきわめて早いにもかかわらず、社会全体が大きな混乱を起こすことなく前進できたのは、戦後の日本経済全体が護送船団方式、すなわち「共生」のシステムを構築していたからだといえる。この意味では、食糧管理制度や中小企業対策なども護送船団方式の重要な構成要素であった。

　岡崎・奥野〔1993〕（p12〜）は護送船団方式の概念を2つの側面（金融業全体を対象とした行政と経営破綻に瀕した個別金融機関への対応）に整理している。すなわち、第1に、金融機関の倒産による信用不安は雇用や取引の長期固定性のために大量の失業者や取引機会を失った企業群を生み出し、経済システム全体を危機（システミック・リスク）に陥れる。これを回避するため、大蔵省は金融業全体に対してさまざまな競争制限的な規制（業務分野・預金金利・支店開設など）を行い、さらに全銀協の自主規制を通ずる実質的なカルテル（貸出金利や口座手数料）によって超過利潤が保証されてきた。第2に、大蔵省・日銀は、経営危機に陥った銀行を健全な金融機関に合併させ、場合

によっては公的な介入や援助を与えることで銀行倒産の社会的影響を防いできた。

　こうして戦後の日本経済は、高度成長を成し遂げながらも大量の倒産企業や失業者を出すことはなかった。産業間・地域間の摩擦も最小限にすませてきた。金融は私企業として株主のために最大の利潤をあげるためだけでなく、社会的な調整機能をも担っていた。これが銀行の公共性といわれる理念の基盤になっている。戦後の高度成長期において銀行が私企業の中で別格の処遇を受けていたことにも、当時はそれなりの根拠があったわけである。

　しかしこのシステムが円滑に運営されるためには、前提条件があった。日本的な環境のもとでは救急車が送り込む収容先は「外科病院」ではなく「結核療養所」であることが多い。その療法が最も効果をあげるのは、時間と栄養を与えることが最良の治療になる高度成長期である。問題企業は、不況の続く間、銀行の懐の中で傷を癒していれば、景気が回復したときには挽回のチャンスがめぐってくる。もう1つは、落伍者が例外的存在であることであり、救済に保険数理が成り立つことである。その場合には、健全に仕事を進めている他の企業の収益力を銀行が結集することによって、問題企業を救済する余力を生み出すことができた。

　ところがバブルの崩壊過程では、これらの条件はともに失われた。まず経済成長については、バブル崩壊後はほとんどゼロ成長になってしまった。それどころか、地価は13年も下落を続けている。これでは時間が経つほどかえって病状は悪化することになる。さらに、バブルの後遺症があまりにも大きく、問題企業の比率が高くなりすぎた。初期には銀行が過去の蓄積により融資先を支えていたが、ついには銀行自体の存続が危うくなる。銀行が経済社会の安定装置の中心となっているのが日本経済の強靭さの源泉であったが、その銀行自体が動揺することにより経済全体がますます不安定化していった。

　経済発展が順調な間はそれなりの評価を受けていた金融行政は、このような状況に陥ってからは経済失政批判のおもな対象になった。金融行政の見直しについては、大蔵省内部でも見直しが試みられたが、必ずしも十分な理解は得られず、政治的にも大きな摩擦を生じていた。長年にわたり蓄積されてきた政界・言論界の大蔵省に対する批判（実質的な標的はむしろ政治の機能を

代行する強大な財政部門)は金融行政に向けられた。具体的には、日銀の独立性を強化するための日銀法改正であり、経済運営全般に対する大蔵省の影響力を縮小するための財政・金融行政分離である。

2 日銀法改正

(1) 改正の経緯

　日銀法は第2次世界大戦中(1942年)に制定された古い法律であり、戦後の政治・経済情勢にそぐわない規定も多く、それまでにもたびたび見直しが試みられてきた。1957年から60年にかけて金制調は中央銀行制度に関する広範な議論を行い「日本銀行制度に関する答申」(1960・9・20)をまとめたが、意見を集約するに至らず答申は一部両論併記となった。その後1965年頃にも田中内閣の下で日銀の行動を制約する方向での法改正の動きがあったが、日銀の抵抗もあり実現に至らなかった(p38COLUMN参照)。

　バブルの生成・崩壊とその後の不良債権問題は金融政策に関する国民の関心を高め、与党3党による「新しい金融行政・金融政策の構築に向けて」(1996年6月)において日銀法改正の必要性が指摘された。こうした動きを受け、1996年7月に内閣総理大臣の私的研究会として中央銀行研究会が設立された。11月12日に提出された報告書では、金融政策の独立性の確保に加え政策運営の透明性が強調され、「開かれた独立性」を基軸とした日銀改革の必要性が示された。この基本方針をふまえ、金制調・日本銀行法改正小委員会が日銀法改正に向けてさらに詳細な審議を行い、1997年2月6日に答申を提出した。その後与党内の議論もふまえ3月11日に日本銀行法案(全文改正)が国会に提出され、6月11日に成立した。

　中央銀行制度は各国の歴史・国民性・政治的枠組み等を反映してきており、その結果さまざまな差異が存在している。もともと米・独など連邦制をとる国では中央銀行の独立性を強調する傾向が強かったが、最近ではユーロの発足(通貨面では一種の連邦制ともいえる)に伴いヨーロッパで金融政策の独立性を強化する動きがみられる。今回の日銀法改正は、中央銀行の金融政策の独立性と政策運営の透明性の観点から、国際的に遜色ない改革である。

図表9－6　日銀法改正のポイント

項　目	改正前	改正後
日本銀行の目的・金融政策の理念	・国家経済総力ノ適切ナル発揮ヲ図ル為国家ノ政策ニ即シ通貨ノ調節、金融ノ調整及信用制度ノ保持育成ニ任ズル	・銀行券の発行 ・通貨および金融の調節（物価の安定→国民経済の健全な発展に資する） ・資金決済の円滑の確保（日銀特融の実施等）→信用秩序維持に資する
金融政策の独立性の確保	・広範な業務命令権 ・政府との意見の相違を理由に解任できるか不明確	・広範な業務命令権の廃止 ・政府との意見の相違による解任不可
政策委員会の強化	・事実上、役員集会が決定との指摘	・政策委員会の強化→ワンボード化：議決事項の拡充・決定化
政策委員会の構成	・7名 総裁（1）、任命委員（4）―業界代表、大蔵省（1）、経済企画庁（1）	・9名 総裁（1）、副総裁（2）、審議委員（6）―学識経験者
政策運営の透明性の確保		・議事要旨、議事録の公開 ・業務報告書の国会提出（年2回） ・日銀総裁等の国会出席義務
政府の経済政策との整合性の確保	・政府代表委員制度	・政府からの出席（2名、議決権なし） ・政府から議案の提案を行い、議決延期を求める（採否は政策委員会が決定）
役員および職員　構成・任期等	総裁（1）、副総裁（1） 　内閣任命（5年） 任命委員（4） 　内閣任命・両院同意（4年） 理事（3以上） 　大蔵大臣任命（4年） 監事（2以上） 　大蔵大臣任命（3年） 参与（若干名） 　大蔵大臣任命（2年）	総裁（1）、副総裁（2）、審議委員（6） 　内閣任命・両院同意（5年） 理事（6以上） 　大蔵大臣任命（4年） 監事（3以上） 　内閣任命（4年） 参与（若干名） 　大蔵大臣任命（2年）
身分・規律		・行為制限・守秘義務を規定 ・給与支給基準、服務準則の作成・公表義務
業務		・特融、国際金融業務、考査等の明確化
銀行券		・発行限度、発行保証制度を廃止
予算	・大蔵大臣の認可	・認可対象を明確化 ・大蔵大臣が認可しない場合、理由公表、日本銀行の大蔵大臣への意見を公表
違法行為の是正等	・広範な業務命令権 ・監督命令権 ・日銀監理官制度 ・大蔵大臣の立入検査権	・法令等違反の是正の求め ・監事による監査

（出所）　国枝〔F1997〕p31

(2) 日本銀行の目的・金融政策の理念

　戦時中の立法を反映した法律の目的は現代の状勢に即したものに改められた。まず「日本銀行は、わが国の中央銀行として、銀行券を発行するとともに、通貨及び金融の調節を行う」ことを目的とすることを明確にしている（第1条第1項）。さらに、日銀の金融政策運営の理念は、「物価の安定を通じて、国民経済の健全な発展を図る」ことにあるものとされた（第2条）。

　他方、金融機関の検査・監督、信用秩序維持等は行政的手法を要することから基本的には政府の責務であり、日銀は従来同様金融機関の検査・監督等につき権限を有しない。ただ、日銀は「最後の貸手」として、日銀特融の実施等を通じ信用秩序の維持に資するという役割を果たしている。

(3) 金融政策の独立性確保、政策委員会の強化

　日銀改革の基軸は金融政策につき「開かれた独立性」を確保していくことであり、改正法においても「日本銀行の通貨及び金融の調節における自主性は、尊重されなければならない」ことを明確にしている（第3条第1項）。従来法律上は政府に業務命令権や役員解任権があったが、実際に発動されたことはない。しかし今回の改正において、日銀政策委員会が金融政策に関する最終的な判断を行うことが法律上明確にされた。

　改正前の日銀法においても政策委員会が設置されていたが、金融政策は事実上総裁・副総裁・理事（いずれも組織内部の構成員）からなる役員集会において決定されているとの批判があった。改正法においては役員集会を廃止したうえ、政策委員会の権限を金融政策全般に拡充するとともに業務運営の基本方針をも決定対象とし、政策委員会が日銀の最高意思決定機関であることを明確にしている。

(4) 政府の経済政策との整合性の確保、業務の明確化

　「日本銀行は、その行う通貨及び金融の調節が経済政策の一環をなすものであることを踏まえ、それが政府の経済政策と整合的なものとなるよう、常に政府と連絡を密にし、十分な意思疎通を図らなければならない」との基本

的考え方を示している（第4条）。そのための仕組みとしては従来の政府代表委員は廃止し、必要に応じ、政府より金融政策を議事とする政策委員会に出席するとともに議案の提出および議決の延期を求めることができる。

政府との関係については業務に応じておのずと違いがある。高い独立性が認められる金融政策分野のほかに、政府の関与が必要となる分野（信用不安への対処、国際金融危機に対する国際支援など）、基本的には政府が判断すべき分野（為替介入、国庫事務運営など）が存在する。改正法においては、日銀特融・考査・外国為替の売買などについて、業務の位置づけを明確化している。

今回の日銀法改正は政治からの大蔵省批判を発端としていたこともあって、日銀の行政（大蔵省）からの独立性に焦点があてられた感が強い。しかし中央銀行の独立性の本質は、元来緩やかな金融政策を志向しがちな政治との関係に存在する。今回の改正ではむしろ政治のコントロールは格段に強化されており、新日銀法の真価は政治との対立が現れやすい景気対策が深刻化した局面で問われることになろう。2008年3月に、国会の同意が得られなかったため日銀総裁が20日間にわたり空席となった事態も、政治との関係の難しさを象徴している。

3　財政・金融行政分離

(1)　金融行政機構改革の経緯

終戦後の官僚制度改革の中で、強大な権力を誇っていた軍部（陸・海軍省、参謀本部・軍令部）が消滅するとともに、内務省が解体（警察・地方行政・建設・厚生・労働など）されたのに対し、大蔵省はむしろGHQとの緊密な協力関係を築いて権限を温存したのみならず、高度成長により経済政策が最も重要になった国家運営において一層重きを占めるに至った。大蔵省の権限は官僚機構の中でも群を抜く存在となり、そのことは特に政界・言論界において大蔵省解体論が通奏低音として続く素地となった。

それは主として国家としての総合調整機能である予算編成機能の内閣移管論となったが、80年代以降金融が脚光を浴びてくると、財政・金融行政分離論として大蔵省の権限を分割しようとの考え方が現れる。長い歴史を有する

大蔵省解体論が財政・金融行政分離となって実現したのは、80年代において金融が華やかな脚光を浴びた後、90年代に入り官僚機構の腐敗と機能不全が顕在化したという時代背景を反映したものであって、必ずしも論理的な帰結ではない。別の時代に大蔵省分割が行われていれば、おそらくこれとは異なった形になっていたことであろう。先進諸国においてこのような形での財政・金融行政分離の事例はない。

　金融行政機構の改革については、大蔵省の金融行政内部でも、自由化・国際化の流れの中にあって、旧来のタテ割り行政（銀行局・証券局・国際金融局）の形態が行政運営を硬直的にしているとの反省が古くから存在し、金融行政を包括的に把握できる組織に再編成する構想（たとえば、国税庁や資源エネルギー庁のような外局の形で金融行政を総合的に管轄する金融庁）があった。それはきわめて合理的かつ行政需要に適合した考え方であったが、組織運営の主導権が財政部門に存在していたこともあって、大掛かりで複雑な利害関係の調整を要する金融組織改革を実現する原動力が大蔵省内部に形成されることはなかった。

(2)　金融監督庁の設置

　財政・金融行政分離論が現実的な姿をあらわしたのは、1991年の証券・金融不祥事であった。不透明な証券市場運営を抜本的に改めるためには、アメリカのように独立的なSEC（Securities and Exchange Commission、証券取引委員会）を設置すべきであるとの議論である。具体的には証券局分離論の形で主張されたが、銀行・証券を通じ監督と検査部門を分離するとの構想もあった。この時には行政組織法第8条に基づく委員会（8条委員会）としての証券取引等監視委員会を設置するという大蔵省内部の組織改革によって収拾された（第6章第5節参照）。

　その後大蔵省分割論が再び強くなった背景には、1993年に反自民連立による細川政権が誕生し、その政権運営に大蔵省が強い影響力を発揮したと考えられていたことがあった。1994年6月に自民党を含む連立政権に代わり、しかもその中に大蔵省批判の急先鋒であった新党さきがけが参加していたので、大蔵省分割論は政界各方面から具体化の契機をうかがわれていたといえ

よう。

　1995年に住専処理への公的資金投入が大きな政治問題になり、そのほかにも金融行政の不透明性や裁量性が批判の対象になってくると、金融行政の抜本改革の手法としての財政・金融行政分離論が顕在化した。このような批判を背景として政府・与党間で取りまとめられた「住専問題の処理について」（1995・12・19）においては大蔵省・日銀の政策責任について触れ、また「新しい政権に向けての3党政策合意」（1996・1・18）においては、金融行政・検査・監督のあり方について総点検を行い与党政策調整会議3座長において早急に検討することとされた。

　これを受けて与党3党の幹事長・政調会長クラス6者から成る「6者委員会」が設置され、

① 金融行政をはじめとする大蔵省改革問題について通常国会中に基本方針を定めること
② このため6者委員会の下に与党大蔵省改革プロジェクトチーム（PT）を設置すること

等が合意された（1996・2・16）。また1996年度予算案の衆議院通過（3月4日）にあたり住専問題について与党合意が行われた際、その中で金融行政の改革について、

　　大蔵省中心の金融行政・検査・監督のあり方について総点検を行い、自己責任原則の確立と透明性の高い新しい金融システムの構築に取り組む。与党大蔵省改革PTにおいてその作業を早急に行い、今国会中に改革案をまとめ、早期に実現を図る。

こととされた。住専問題をめぐる国民の批判は、政治サイドにとっては永年の懸案であった大蔵省の権限縮小実現の好機とみられたのである。

　与党大蔵省改革PTにおいては検査および監督機関のあり方を中心に検討が行われた結果、9月25日の「大蔵省改革についての報告」では、3条委員会を基本にして、各国の機構も参考にしながら具体化することとされた。さらに6者委員会における検討の結果「金融行政機構の改革について」（1996・12・24）が合意され、この与党の最終合意をふまえ、12月25日に政府は金融行政機構の改革について、

① 総理府に民間金融機関等に対する検査および監督を所掌する国家行政組織法第3条に基づく機関として新庁を設立する
② 大蔵省の銀行局および証券局を金融局に統合する等の措置を1998年度に実施する

こととし、所要の法律案が国会に提出された。この改革の趣旨は、民間金融機関等に対する検査・監督という執行面の機能を金融監督庁に、企画・立案

COLUMN

金融検査の本質と限界

　金融が公共的性格を有する以上、何らかの規制は必要であり、それは世界中どこの国でも共通している。しかしその中で行政による事前調整（コーチの機能）の要素は、経済発展途上期や金融システム混乱期など過渡的な段階に限られるべきである。その点はここ数年間に大きく変化し、事前に明示されたルールに基づく透明性のある金融行政に転換された。その場合の行政手段は、従来のような行政指導ではなく、金融検査（アンパイアーの機能）が中心となる。金融検査が金融行政の中心的役割をになうことになる。

　しかしその場合においても、金融検査をめぐって行政と金融機関が常に敵対関係にあることが望ましいとはいえない。警察と犯罪者との関係とは異なる。最近のように金融をめぐる事件が頻発する時代には難しい問題もあるが、もともと金融機関は社会の信頼を前提にして成り立っている組織であり、金融行政も性善説に立って行われてきた。雑多な要素が対立・競合しながら成り立っているアメリカ社会には少し違った趣もあるが、ヨーロッパでは金融に関しては性善説・相互信頼関係に立っている。

　たとえば金融検査についても、アメリカでは8000人を越える検査官により、時には金融機関内に常駐して監視の目を光らせる。それに対し、ヨーロッパ諸国の検査官数は、イギリス約400人、ドイツ約500人、フランス約140人とはるかに少ない。そしてその手法も、イギリス、ドイツでは実地検査は行わず金融機関の自主申告を基礎とするなど、相互信頼関係を前提としている。日本はかつて600人程度（地方財務局を含む）であったが、金融庁創設以降大幅に増員され、今では約940人と米欧の中間になっている。

　そもそも行政が金融機関の実態を完全に把握し、銀行員の不正まで暴くことを求められるとすれば、途方もないコストがかかってしまう。経営者・管理者が従業員と一体になって不正を行おうとした場合、それを金融検査で防ぐことはほとんど不可能である。アメリカのように膨大なコストをかけても（検査の費用は金融機関の負担）不正や破綻は絶えない。

という政策面の機能を大蔵省に分担させることにより、市場規律を基軸とした透明かつ公正な行政への転換に資するというものであった。

金融監督庁は1998年6月22日に発足し、今後の運営にあたっての5つの柱として、
① 明確なルールに基づく公正で透明な金融監督の確立
② このような金融監督の基本となる厳正で実効性ある検査の実施とモニタリングの充実
③ 海外の金融検査監督当局等との連携強化
④ 専門性の向上と高いモラルの保持
⑤ 検査・監視・監督体制の計画的な整備

が掲げられた（金融監督庁長官発言）。

1998年12月5日には、金融再生法に基づき金融再生委員会が発足した。それまでは金融監督庁担当大臣は内閣総理大臣（実際上は官房長官）であったが、これにより金融再生委員長たる金融相がこれにあたることになった。初代担当大臣には柳澤伯夫国土庁長官が兼任し、その行政手法は内外から高い評価を得た。

(3) 金融企画機能の金融庁への統合

金融に関する行政機構の再編成は大蔵省改革の一環として単独で先行して行われたものであったが、その後全般的な行政機構改革が論議される中でこの問題が再燃した。政界には大蔵省が金融に関する権限の一部を維持することに反発する気運が残っており、それは企画・立案機能をも含めたすべての金融行政を大蔵省から分離せよとの主張になった。財政・金融行政分離論が唱えられ始めた当初は、金融検査と企画・監督行政が一体化していることは、いわばアンパイヤーとコーチを1人で務めているようなものだとの批判であった。しかしもともと政界の目的は戦後政治における政治家と官僚の関係を修正しようとするものであったから、行政組織の論理は問題ではなく、大蔵省の権限縮小そのものがおもな目的であった。

中央省庁を1府21省庁から1府12省庁に再編するための省庁再編関連法案（1999年7月8日成立）では、大蔵省は財務省と改称され、金融企画機能は

金融監督庁を改組した金融庁に移されることになった。行政機構改革全般は2001年1月6日に実施されることになっていたが、金融監督庁の金融庁への転換は2000年7月1日に前倒しされ、金融企画機能はその際移管された。その後全般的な中央省庁再編にあわせ、2001年1月5日には金融再生委員会が廃止され、翌6日には現在の形の金融行政体制が確立した（図表9－7）。90年代における政権の複雑な交代・行政体制の頻繁な変革は、この時期の金融迷走に影を落としている。

　主要国の制度を概観すると次のとおりである（中井〔2002〕p68～）。
　アメリカの金融監督は極端に分権的であり、非効率との批判から統合が試みられたが組織の抵抗により取り下げられた経緯がある。アメリカの銀行は免許の取得先に応じて国法銀行と州法銀行に分かれている。国法銀行はOCC（財務省通貨監督局）が監督し、州法銀行は州銀行局の管轄下にある。さらにFRB（連邦準備理事会）が銀行持株会社の監督のほか、連邦準備制度加盟銀行や外国銀行のアメリカ国内支店の検査も行っている。またFDIC（連邦預金保険公社）も一定の条件のもとで検査を行う場合がある。証券監督・証券の不公正取引のチェックは独立行政委員会であるSEC（証券取引委員会）が担っている。保険は連邦レベルの機構がなく、すべて州の監督下にある。なお、金融危機を契機として、分散している金融監督権限をFRBに集約する動きがある。
　イギリスでは、銀行監督はイングランド銀行が担当してきたが、2000年の労働党政権による改革において、イングランド銀行に金融政策の独立権限が与えられる一方、銀行の監督権限は新設のFSA（Financial Services Authority　金融サービス機構）に移された。その後、証券取引の規制等を行っていた証券投資委員会や自主規制機関もFSAの監督下に一元化された。しかし2010年に交代した保守党政権は、金融システムのリスクに気づかず危機対応が後手に回ったとFSAを解体し、金融機関の監督権限をイングランド銀行に設置したPRA（Prudential Regulatory Authority　健全性規制機構）に移した。金融制度の企画立案は従来どおり財務省が担っている。
　ドイツでは、財務省の外局である銀行監督局が銀行の監督に当たっている

図表9-7　金融行政機構の推移

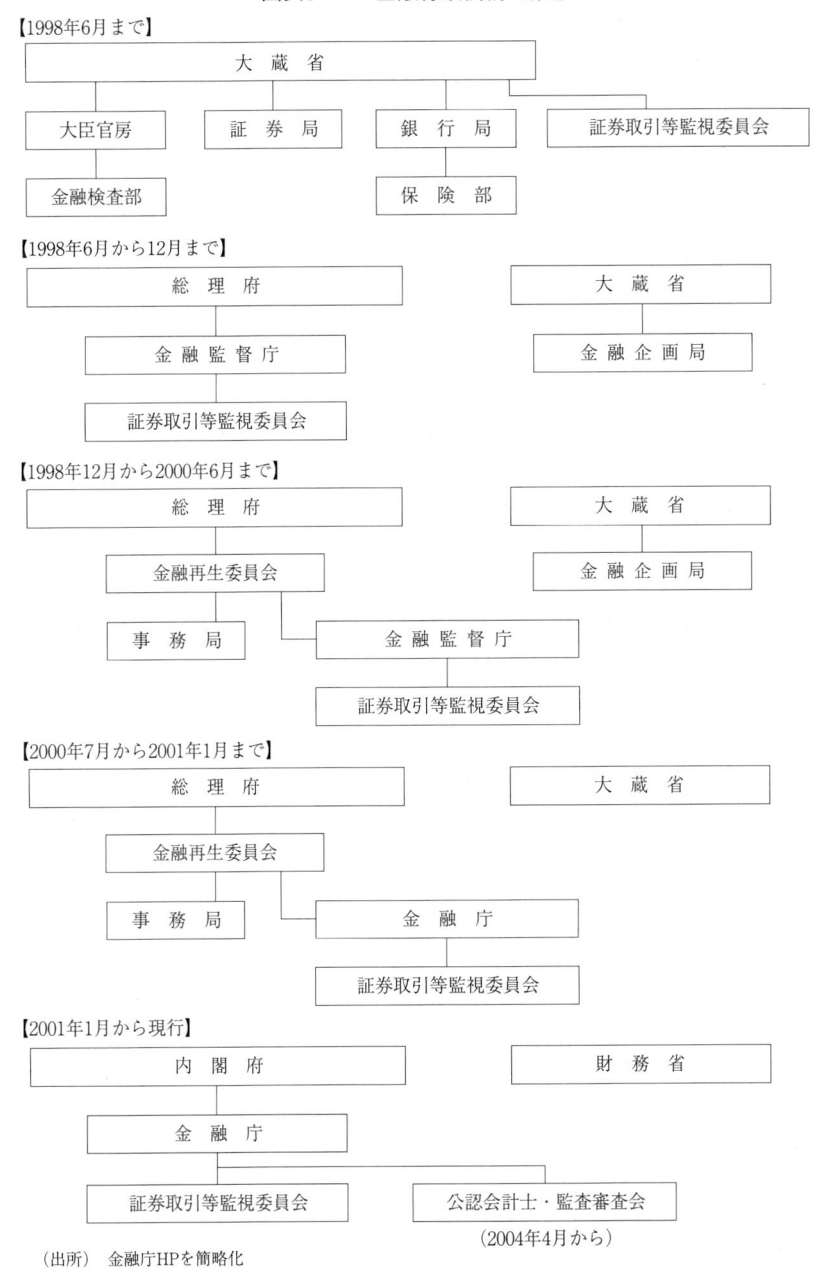

【1998年6月まで】
- 大蔵省
  - 大臣官房
    - 金融検査部
  - 証券局
  - 銀行局
    - 保険部
  - 証券取引等監視委員会

【1998年6月から12月まで】
- 総理府
  - 金融監督庁
    - 証券取引等監視委員会
- 大蔵省
  - 金融企画局

【1998年12月から2000年6月まで】
- 総理府
  - 金融再生委員会
    - 事務局
    - 金融監督庁
      - 証券取引等監視委員会
- 大蔵省
  - 金融企画局

【2000年7月から2001年1月まで】
- 総理府
  - 金融再生委員会
    - 事務局
    - 金融庁
      - 証券取引等監視委員会
- 大蔵省

【2001年1月から現行】
- 内閣府
  - 金融庁
    - 証券取引等監視委員会
    - 公認会計士・監査審査会（2004年4月から）
- 財務省

（出所）　金融庁HPを簡略化

が、かなり独立性が強い。金融制度の企画立案は財務省金融局が担当している。フランスでは銀行検査は銀行委員会、免許付与や各種許認可は金融機関委員会、規制の制定は銀行規制委員会と各種委員会に担当が分かれているが、委員にはそれぞれ経済財政相やフランス中央銀行の幹部が任命されている。制度の企画立案は経済財政相国庫局が担当している。

先進諸国の金融監督行政組織のあり方をみると、いくつかの特徴が浮かび上がる。

① 財務省との距離は国によって異なるものの、金融監督行政は比較的独立した専門家集団が担っており、そのトップは政治家ではない（金融大臣は存在しない）。

② 金融制度の企画立案は法案の審議を行う議会が主要な役割を果たしているが、政府側の窓口は財務省である。

このような点からは改正後の金融行政体制はかなりユニークなものとなっており、財政・金融を通ずる議論の多いG7などの国際的な経済政策調整の場で日本政府の発言力に支障が出るとの見解もある。ただ一方において、金融の情報化・グローバル化に伴い金融行政も高度の専門性を要求されており、従来のような財政・金融を通ずるジェネラリスト集団が金融行政を担うことには限度があることも事実である。そのような意味において、金融行政の分離独立は（その経緯・問題意識の可否は別として）時代の流れに沿った措置と考えられる。

第3節　信用秩序維持政策の再構築

1　新たな信用秩序維持政策の模索

わが国においては（というよりも多くの国においては）、金融は経済・社会のインフラとして安定性が重視されてきた。金融機関経営に問題が生じた場合には破綻させたうえでの事後処理ではなく、破綻予防措置により事前的に処理するほうが望ましく社会的コストも低いと考えられてきた。しかし70年

代の金融革命の混乱を経て、アメリカではこのような考え方に大きな変化がみられたようである。

わが国の90年代後半においても、金融行政の転換をもたらした最も直接的な要因は、金融機関の破綻がもはや例外的な事柄ではなくなったという情勢変化である。90年代以降の経営環境のもとでは、金融機関経営は激しい競争の中にあって多様かつ大量のリスクに直面しているため、リスク管理能力の乏しい金融機関が財務内容の悪化によって破綻に陥ることは避けられなかった。90年代半ばまでは金融機関経営悪化の原因が一時的あるいは循環的なものと考えられ、したがって金融機関の破綻は起こりうるがそれはあくまでも限界的・例外的なものとして金融行政の枠組みは従来どおり維持された。

しかしその後金融機関の経営悪化の原因が日本経済の体力低下の反映であることが明らかとなり、金融機関の破綻は大都市におけるバブル崩壊型にとどまらず、地域経済の疲弊による地域金融機関の破綻にまで拡大した。このように破綻が量的に増大し日常的な出来事になったのみならず、破綻処理を行う場において市場の力が強大化し個別の金融破綻を行政の裁量によって阻止することはきわめて困難になった。このような状況のもとにおいては、ある金融機関の経営が持続不可能と認められた場合に、金融行政としては、経営破綻そのものを防止するのではなく、できるだけ円滑な破綻処理を進め破綻の悪影響を最小限に抑えることに重点を移すことになる。

事後処理型金融行政の基本的考え方は、金融機関の破綻を蓋然性の問題として受け入れ、そのうえで破綻の悪影響が他へ波及してシステミック・リスクが顕在化することを防ぐことであった。[23] 信用秩序の維持という最終目標の実現にあたり、そこで設定された中間目標が「破綻の阻止」からいわば「破綻の隔離」とも呼ぶべきものに修正されたと捉えることができる。この中間目標の変更は、本来競争制限的規制の緩和・撤廃と一体的に行われるべきものである。それが並行的に行われず、一方において自由化・規制緩和を進めながら、他方において破綻の回避や預金の全額保護に固執する場合に

---

[23] このような考え方は90年代に入りアメリカで強調されてきたものであり、その包括的な説明はライタン、ロウチ（小西訳）〔1998〕「21世紀の金融業」に詳細に述べられている。

は、首尾一貫性を欠きいつまでも金融システムは安定化に向かわない。

競争促進的枠組みへの転換を信用秩序維持政策の視点から捉えると、一方でリスク管理機能の欠如した金融機関や財務内容の悪化した金融機関を市場から排除する方向に働き結果として破綻の発生を増やすが、他方で市場メカニズムが各金融機関に経営健全化の努力を強力に促すことを通じて全体としての金融システムの安定化に資する効果を有している。後者の中長期的効果を重視し、前者については事前対策としての健全性規制強化と事後対策としての適切な破綻処理によって対応しようとするのが新たな政策体系の骨子である（佐藤〔2003〕p62～）。

このような体系化はきわめて示唆に富むものであるが、90年代半ば以降における破綻処理および制度整備の実態は、政治的混乱もあって残念ながらそのように論理的・体系的に進められることはなかった（p387図表7-7参照）。たとえば競争的枠組みを推進した日本版ビッグバンとその後の金融危機に対処して整備された信用秩序維持制度とは、必ずしも1つの政策体系として取り組まれたものではなかった。むしろ一種のストップ・アンド・ゴーによって混乱を生じさせた面も見受けられる。もっとも、90年代後半を通じてみると、結果的にはそのようなワンセットの政策体系が実現されていることも事実である。わが国の政治的・社会的風土では、カオスを含むプロセスを通じて以外にこのような結果を実現することは難しい。

ただ、90年代から21世紀初頭にかけては、このような事後処理的手法を中心とした現代アメリカ型金融システムがモデルとなるようにみえたが、08年9月のリーマン・ショック以来、米欧諸国はあらゆる手段を駆使して金融システムの安定性確保に躍起になっている印象が強い。今ではむしろ、「破綻の隔離」ではなく「破綻の阻止」そのものを目標とせざるをえない状況（Too Big to Fail）が現出している。金融システムの安定に関して、1930年代への回帰とも思える現象が今後も続くのか、それとも一時的な反動にとどまるのかを見極めるには少し時間がかかりそうである。

2　破綻処理・金融安定化制度の整備

破綻処理・金融安定化制度の整備を論ずる前に、そのような必要性が生じ

た状況を把握しておこう。バブル崩壊以降の預金保険機構による資金援助実績をみると、破綻金融機関の債務超過状況を反映する金銭贈与額（破綻の公表から約１年遅れで発生）は、90年代後半に急増している（図表9－8）。初期の破綻は比較的小規模の地域金融機関であったが、次第に大規模な金融機関に広がり、これに対応して１件当り破綻処理費用も巨額化している。

90年代半ば以降の金融システム改革の性格を冷静に通観してみると、日本版ビッグバンに代表される規制緩和政策というよりは、むしろそれまでの護送船団方式を解いた結果生じた混乱を収拾するための新たな均衡の模索に特色があることを改めて痛感させられる。それは1994年から96年にかけて一応整備され、日本版ビッグバンに取り組む基盤ができたかにみえたのであるが、経済・金融情勢はそれでは到底対処しきれないほど深刻な事態に立ち至っていた。1997年末以降事態の進行に追いたてられる形で、そのような制度は急速に整備された。その経緯と内容については後に詳しく述べるが、預金保険法の改正を中心として全体の流れを概観するために、今一度前出図表7－7（p387）を参照されたい。

上記のような環境下における90年代後半の金融行政の対応は、個別金融機関の破綻の頻発や金融システム全体の機能低下といった事態に直面してそのつど対応に追われ、一貫性と整合性に欠けている印象を与える。しかしこの間の動きを信用秩序政策という視点から大局的に捉えれば、そこには、

① 競争制限的規制の緩和・撤廃の加速化

図表9－8　預金保険機構による資金援助実績の推移

(単位：件数、億円)

年　度		1991〜94	95	96	97	98	99	00	01	02	03
総件数	銀行	1	1	1	1	5	3	4	2	2	0
	信金	2	0	0	0	0	2	10	7	6	0
	信組	3	2	5	6	25	15	6	28	43	0
	合計	6	3	6	7	30	20	20	37	51	0
金銭贈与		1,084	6,008	13,158	1,524	26,741	46,374	51,553	16,407	23,257	0
資産買取		0	0	0	900	2,391	26,815	13,044	8,501	4,064	7,949	0

(出所)　預金保険機構HP

図表9−9　金融行政をめぐる主な制度的枠組みの変遷（90年代）

時　期	競争制限的規制の緩和・撤廃（競争促進的枠組みの整備）	健全性規制の強化	セーフティー・ネットと破綻処理手法の拡充
1991年		・国際統一基準（BIS基準）による自己資本比率規制の実施	
1992年	・金融制度改革法成立（業態別子会社方式による相互参入等）		
1993年	・定期預金金利完全自由化 ・業態別子会社方式による銀行・信託・証券間の相互参入等	・国際基準行の自己資本比率基準（8％以上）を発出	・共同債権買取機構の設立
1994年	・流動性預金金利の自由化		
1995年	・店舗設置枠基準撤廃 ・保険2法成立（生・損保の相互参入）		・東京共同銀行設立 ・金制調答申「金融システム安定化のための諸施策」
1996年	・日本版ビッグバン総理指示	・健全性確保法成立（早期是正措置の導入等）	・住専処理法成立 ・預金保険法改正（預金全額保護措置等） ・更生特例法成立 ・整理回収銀行設立
1997年	・改正外為法成立（為銀主義の廃止等） ・金制調、証取審、保険審答申（金融システム改革） ・金融持株会社法成立	・早期是正措置導入に向けた資産査定・償却引当ルールの整備（大蔵省検査部・公認会計士協会） ・金融監督庁設置法成立	・預金保険法改正（新設合併等の導入）
1998年	・金融システム改革法成立（普通銀行の社債発行、銀行等による証券投資信託の販売、証券会社の登録制への移行、株式売買委託手数料の自由化、金融商品・投資対象の多様化など）	・ディスクロージャー制度の抜本的拡充（銀行法改正） ・BIS基準に市場リスクを導入 ・早期是正措置の実施 ・金融監督庁発足 ・金融再生委員会発足	・金融安定2法成立（預金全額保護のための公的資金導入、資本注入制度創設等） ・金融再生法（特別公的管理制度、金融整理管財人制度等） ・早期健全化法（新たな資本増強制度等）
1999年		・企業会計審議会意見書（時価会計導入・償却引当ルール整備等） ・金融検査マニュアルの策定	・金融審答申（預金全額保護の終了、破綻処理制度の拡充、危機対応措置の整備等）
2000年	・集団投資スキーム、金融商品販売ルール（説明義務等）、証券取引所株式会社化、等に関する法的枠組みの整備	・ディスクロージャー制度の電子化	・改正預金保険法の成立（99年答申の法制化）

（出所）　佐藤〔2003〕p55

②　健全性規制の強化
③　セーフティー・ネットと破綻処理手法の拡充

という3つの流れを見出すことができる（佐藤〔2003〕p52）。これを時系列的に整理すると（図表9-9）のとおりである。

　この中で第1の流れは、安定成長移行後時間をかけながらも進められてきた伝統的な金融制度改革であり、日本版ビッグバンはその集大成ともいえる。これに対し佐藤のいう第2・第3の流れは、従来は必ずしもポジティブな性格を有する金融行政の歩みとして認識されてこなかった。しかし個々の破綻への対応に追われながらたどり着いた地点から振り返ってみると、たしかに、事後対処型の信用秩序維持制度が着実に形成されてきたとの印象が強い。必ずしも「失われた90年代」とネガティブに決めつけることはできない。

　この中でも第2の健全性規制の強化は、事後的な破綻処理制度というよりもむしろ予防行政的な仕組みである。このような手法は80年代までにも金融行政の重要な手法の1つとして用いられていた。ただその場合には破綻回避政策の副次的な指標・手段として位置づけられていたのであるが、90年代後半以降は市場重視の金融システムを運営していくうえでの不可欠のプロセスとして一層積極的な位置づけを与えられている。予防という側面にとどまらず破綻処理制度とワンセットの事後処理装置の一環としても信用秩序維持政策体系の一部を形成している。

　ただしこれは90年代の推移を整理したものであって、00年代になると第3の流れに破綻の事後処理というよりも事前予防・産業再生的な配慮が強くなり、さらにリーマン・ショック以降は金融制度設計としてもそのような配慮を織り込む動きが世界的に出ていることに留意する必要がある。

3　ペイオフ凍結解除への道筋

　金融システムの安定性を最優先した従来の金融行政の枠組みは、90年代後半において、日本版ビッグバンと破綻処理制度の整備によって大きく変革された。それは一言でいえば、「退出・参入を含むシステム」への転換である。安定成長移行後の金融システム改革のプロセスが完了したというためには、日本版ビッグバンのメニューが実施に移されるだけでなく、ペイオフ凍結の

解除が必要である。

　1997年秋以降の金融危機が一段落し、行政体制も財政・金融行政分離となった後、金融審第2部会では、2001年3月末までの預金全額保護のための特例措置終了後における預金保険制度のあり方（すなわち、退出の過程において債権者たる預金者にも負担を求めうる体制への円滑な移行方策）についての検討が行われた。金融審は1999年7月6日におもな論点・意見を整理して公表したが、その論旨は以下のようにきわめて明快・的確であった（谷内〔F1999〕）。当時の慣例では、審議会でこのような問が発せられることは、会議参加者の間でコンセンサスを得る見通しがついていることを意味している。実際、これらの問に対して用意された答を予想することは、それほど難しいことではない。しかるべきプロセスを経て広く社会の認知を得、これを粛々と実施に移すことで21世紀初頭には金融システムは新たな段階に達すると想定されていた。

(i) 預金保険制度の目的・役割・機能
- 預金者保護は、まず問題金融機関の早期発見・早期是正によって図られるべきであり、破綻の未然防止の観点から対応を進めることが重要ではないか。
- 機能としては預金者保護のほか、決済機能の保護も含むと考えるべきか。また、借り手の保護をどこまで考慮すべきか。
- 役割・機能については、保険制度に伴うモラル・ハザードや負担の増加を勘案すると、できるだけ限定的に考えるべきではないか。

(ii) 破綻処理方式の選択
- できるだけ社会経済的コストの小さい処理方式を原則とすべきではないか。
- ペイオフ方式の適用は限定され、実際の処理にあたっては、まずは受け皿が存在する場合の資金援助方式の適用を考えるのではないか。
- ペイオフ方式と資金援助方式の2つの方式が措置されているが、その他の破綻処理方式も整備しておく必要があるのではないか。

(iii) 保険金支払いの迅速化
- 預金の払戻し停止に伴う混乱を極力小さくするために、保険金の支払を

可能な限り迅速に行うべきではないか。
・保険金支払のために必要な名寄せを迅速かつ正確に行うためには、平時から金融機関に名寄せを求めたり、預金者データを預金保険機構がスムーズに引き継ぐためのシステム対応を求めるべきではないか。

(iv) **営業譲渡の迅速化**
・預金の払戻しが停止するとフランチャイズ・バリューが急激に低下するので、営業譲渡をいかに迅速に行うかが重要なポイントになるのではないか。
・一般資金援助方式はアメリカのP&A方式とほぼ同様の機能を果たしているが、より迅速に資産・負債を移転させることを可能とするような工夫をすべきではないか。
・付保対象預金のみの譲受け(アメリカの付保預金P&Aと同様の破綻処理)を検討すべきではないか。そのために、営業の一部譲渡の場合にも資金援助を可能にすべきではないか。

(v) **決済性預金の取扱い**
・決済性預金は、投資目的ではなく単に銀行が預かっているにすぎないことから、全額を保護することにより、速やかな払戻しを認めるべきではないか。
・決済性預金の問題については、別の制度的工夫によるべきではないか。決済性預金の全額保護は、負担の増大やモラル・ハザードの増大、他の預金との明確な線引きが可能か等の問題があるのではないか。

(vi) **破綻金融機関の承継先が見つからない場合やシステミック・リスクが予想される場合**
・破綻金融機関の承継先が登場しやすくするために、承継先になれる者の範囲の拡大など要件の緩和や何らかの誘因を与える工夫を行うことはできないか。
・時限措置となっているブリッジバンク制度のような枠組みを残すべきではないか。
・信用秩序の維持や国民・地域経済の安定に重大な支障が生じるような危機的な場合に、何らかの対応ができるようにしておくべきではないか。

(vii) **付保対象・保険金支払限度額**
・付保対象を拡大するとモラル・ハザードを招き、保険料負担が増大するとの観点等から、できるだけ限定すべきではないか。
・国民の基本的な貯蓄手段と考えられるものについては、新たに付保対象とすべきではないか。
・1人当りの平均貯蓄残高や諸外国の水準、負担の増加を勘案すると、保険金支払限度額1000万円を引き上げる必要はないのではないか。

(viii) **預金保険料・責任準備金**
・市場規律の強化を図るため、可変保険料を導入すべきではないか。
・可変保険料を導入すれば、経営の悪化した金融機関の負担が増加する等、その導入は慎重に考えるべきではないか。

(ix) **預金者に自己責任を問いうるための環境整備**
・特例措置が終了する2001年3月末までに、不良債権問題を終了することによって、金融システムに対する内外の信認回復に全力を尽くすことが重要ではないか。
・金融機関は預金者に対し、預金保険制度、付保対象商品、財務内容等の点につき、的確な情報提供を行う必要があるのではないか。

4　預金保険制度・破綻処理制度の基本構想

　金融審第2部会は1999年10月19日に「特例措置終了後の預金保険制度等に関する基本的考え方」を公表し、12月21日には金融審答申「特例措置終了後の預金保険制度及び金融機関の破綻処理のあり方について」が取りまとめられた（上記の問い掛けに対する肯定的な答といえる）。そこでは、特例措置終了後は、市場規律を有効に機能させて問題のある銀行等の早期発見・早期是正を基本としたうえで、銀行等の破綻に伴う預金者等の損失および預金保険の負担を最小限にとどめるため、回復の見込みがなくなった銀行等は早期に処理していくべきであり、基本的に「小さな預金保険制度」を目指すべきとの考え方が示されている。また、①事前準備、②資金援助が可能となる場合の拡大、③営業譲渡手続の迅速化・簡素化、等の一般資金援助を伴う営業譲渡等の迅速化のための手当てに加えて、危機的な事態が予想される場合の対応

に言及されている。これにより、預金全額保護の特例措置終了後に整備すべき恒久的な制度のあり方が広範かつ周到に示された。

　この答申は基本的な考え方として「市場規律を中心とした預金者等の保護」を掲げている。預金保険制度は、銀行等の経営破綻に際して預金者の保護を図るという事後的な対応措置であるが、預金者保護の基本は健全で収益力の高い金融機関経営を確保することにある。特例措置終了後においては、銀行等の破綻を未然に防止することが預金者を保護するうえで最も肝要であり、そのために問題のある銀行等を早期に発見し早期に是正することが重要になる。問題のある銀行等の早期発見・早期是正については、監査機能の充実強化・情報開示の徹底とあわせて、監督当局における検査・モニタリングの強化、早期是正措置の適時適切な運用が必要である。預金保険制度の本来の目的は、少額預金者の保護によって信用秩序の維持を図ることであり、特例措置終了後においては保険料負担やモラル・ハザードを減少させるためにも「小さな預金保険制度」を目指すべきである。回復の見込みがなくなった銀行等は、債務超過の程度が極力小さい段階で早期に処理していくべきである。以上のように答申の論理はきわめて明快であった。

　ところが99年12月29日には与党3党の政策責任者の間で、経済を確実な安定軌道に乗せるためには中小金融機関経営の改善によって一層強固な金融システムの構築を図る必要があるとの慎重論が高まり、特例措置の終了時期を1年延長（2002年3月末まで）する旨の合意がなされた。政治的には、当時の信用秩序の現状は、直ちに「小さな預金保険制度」に移行できるほど強固ではないと判断されたわけである。ただ、2000年の預金保険法等の改正（2000・5・24成立）の基本線は上記の金融審答申をふまえたものであり、したがって着地の時期は延びたが基本的な内容が変わったわけではない。

　一連の過渡的措置が期限到来とともに廃止された後における信用秩序政策の体系は、1980年代までのそれとは抜本的に異なる枠組みとなっている。両者は多くの面で対照的であり、そのような枠組みの転換をもたらした90年代は大きな枠組み移行期と認識することができる（佐藤〔2003〕p77）。図表9－10は、80年代までの体系と2000年代初頭に形成された新たな政策体系とを対比したものである。ただしこの新たな体系（「小さな預金保険制度」）は、

図表9-10　信用秩序政策の新・旧比較

項　目	80年代までの体系	(90年代中の変化)	00年初頭の体系
1．信用秩序政策の中間目標	銀行破綻の発生阻止（銀行破綻は例外的）	＊銀行破綻の頻発 ＊銀行存続と信用秩序維持を区別	銀行破綻の隔離（銀行破綻は非例外的）
2．銀行業の競争環境	漸進的自由化の進行（競争制限的規制の残存） ・対外的取引での為銀主義や一部事前許可・届出 ・預金金利の段階的自由化 ・分業制・専業による業務分野規制 ・店舗設置規制	＊抜本的・包括的自由化 ＊対外取引は原則事後報告制へ ＊預金金利の自由化完了 ＊業態別子会社・持株会社 ＊分業制・専業制の緩和 ＊店舗設置基準撤廃	競争促進的枠組み ・対外取引と国内取引の区分希薄化 ・市場における金利決定 ・業態間の相互参入 ・他産業からの参入 ・自由な店舗設置
3．破綻予防政策（経営悪化予防政策）	漸進的自由化による銀行経営の不安定化防止（競争制限による銀行収益の安定化） 緩やかな健全性規制	＊競争制限に依存しない規律づけへの転換 ＊自己資本比率規制強化 ＊早期是正措置導入 ＊不良債権処理基準の明確化 ＊ディスクロージャー制度の強化	競争的環境のもとでの自己責任原則と市場規律 強化された健全性規制 ・市場規律活用型 ・当局主導型
4．破綻処理政策	経営悪化銀行の優良銀行への吸収合併（フランチャイズ・バリューの存在） 限定的な破綻処理手法（現実には預金保険制度の発動なし） 限限定的な破綻処理財源	＊救済銀行が登場しない状況の一般化（フランチャイズ・バリューの激減） ＊預金保険の発動一般化 ＊破綻処理手法の多様化 ＊破綻処理財源の補強 ・特別保険料（時限） ・財政負担（時限）	預金保険制度に基づく破綻処理 多様な破綻処理手法 破綻処理財源の再整理・財政負担の限定 システミック・リスクの例外的ケースへの対応
預金者保護	事実上の政策としての預金全額保護（制度的担保なし）	＊預金全額保護の法定化（時限）	上限つき預金保護 システミック・リスクの例外的ケースへの対応
破綻処理費用の負担	救済銀行による負担（被吸収銀行のフランチャイズ・バリューを前提）	＊預金保険料の引上げ ＊特別保険料導入（時限） ＊財政負担導入（時限）	預金保険料 預金者による損失負担 財政負担はシステミック・リスクの例外的ケースに限定

(出所)　佐藤〔2003〕p78

竹中金融相によるりそな銀行処理以降緩和されており、ここで想定されている処理方式が実行されたのは2010年8月の振興銀行処理が第1号である。

5　ペイオフ解禁の再延期・決済用預金の保護

　この枠組みでは、02年4月からは流動性預金を除く付保対象預金（定期預金等）は1000万円を上限として元本とその利息を保護するにとどめる恒久措置に移行する。他方、流動性預金（当座預金・普通預金等）に限っては、さらに02年4月から03年3月までの1年間は経過措置として全額保護される（この措置は2000年改正法の枠組み内）。すなわち、2003年3月末に時限措置は解消され恒久措置に集約されることになっていたが、その後2002年に至り、不安定な金融情勢が再度その断行を躊躇させることになった。ペイオフ解禁をめぐっては、小泉首相・柳澤金融相は予定どおり2003年4月から実施するとの方針を繰り返し表明していたが、中小金融機関からの預金移動・株価の下落・アメリカ経済の先行き不透明等に不安をもった与党からは再延期の声があがっていた。

　小泉首相は2002年7月に「資金仲介機能の一端を担う預金のセーフティーネットとしては予定どおりに1預金者当り1000万円までの元本とその利息を保護するという少額預金者保護の体制に完全に移行するが、それとあわせて、決済機能についてその安定確保を図ることが不可欠である」として、流動性預金を含め恒久措置に移行する03年4月以降の措置について検討を指示した。

　これを受けて金融審は9月5日に「決済機能の安定確保のための方策について」を答申した。①決済機能の公共性、②決済機能の安定確保（平時の対応と有事の対応）、③決済手段等に関するわが国の特徴、を指摘したうえ、決済用預金[24]は金融機関破綻時にも全額保護されるべきとの結論を出している。預金のもつ機能を資産運用手段と決済手段に分けて捉え、資産運用手段としての預金は上限つき保護の世界へ例外なく移行させ、もっぱら決済手段

---

[24]　決済用預金の条件は、①要求払い、②通常必要な決済サービスを提供できる、③金利ゼロ。当座預金、別段預金、金利ゼロの普通預金が該当する。

として用いられる預金だけを全額保護の対象とする、というのが今回の措置の趣旨である。この意味では、決済用預金の全額保護は（規制および保護のスキームにおいて大きく異なるが）ナロー・バンク（narrow bank）論の考え方と相通じるものがある（佐藤〔2003〕p137）。

このようなペイオフ解禁の安全弁を用意するとともに、2002年3月末に予定されていたペイオフ解禁時期に関しては銀行等の対応が十分ではなく若干の時間がかかるとして解禁を5カ月先延ばしする方向で調整に入っていた。しかしペイオフ解禁をめぐる政府の方針がたびたび変更されたうえ、決済用預金を恒久的に全額保護する取扱いは一般には理解しにくい内容だったため、政府の対応は必ずしも支持を受けなかった。

02年9月30日の内閣改造により柳澤金融相が更迭され、竹中経済財政相が金融相を兼務した。小泉首相からは、構造改革を加速させるための政策強化を行い、政府・日銀一体となってデフレ対策に取り組み、2004年度には不良債権問題を終結させるとの考え方が示された。これを受けて竹中金融相は10月7日に談話を発表し、

> ペイオフについては決済機能の安定確保のための制度面での手当てを行い、解禁の準備を整えるが、その実施は金融システムの安定確保の観点から、不良債権問題の終結した後の2005年4月からとしたい。そのための所要の法律案を臨時国会に提出すべく、早急に調整を図ることとする。

との方針を示した。すなわち政府は従来の方針を変更してペイオフ解禁を2005年3月31日まで2年間延長し、2005年4月以降も決済用預金の全額保護は恒久的に続けられることになった（図表9－11）。また、仕掛かり中の決済の履行を確保するため、決済債務を全額保護する措置を講じた。これにより、国・地方公共団体等の金銭の収納業務、現金自動支払機の共同利用による業務に付随して行われる取引についても保護の対象となった。これらの内容を盛り込んだ預金保険法改正は2002年12月11日に成立し、ペイオフ完全実施後の恒久的な預金保険制度が確立した。

この改正法では、決済機能の安定性確保のための規定が整備されることに備えて、預金保険法の目的を拡充している。すなわち、それまでの「預金者等の保護」に加え、「破綻金融機関に係る資金決済の確保」も預金保険法の

図表9-11　ペイオフ適用の推移

	1996年6月まで	96年6月～02年3月末	02年4月～05年3月	05年4月～
当座預金	一部保護（元本および利子1千万円まで）	全額保護	全額保護	全額保護（金利ゼロの普通預金を含む）
普通預金				
定期預金			一部保護（元本1000万円とその利子まで）	一部保護（金利の付く預金、元本1000万円とその利子まで）

(出所)　日経新聞2002・10・8

目的とされている。決済機能の安定確保自体は金融システムにとってきわめて重要な課題であり、この課題にどのように対処するかについては理論的にも実務的にも、ナロー・バンク構想など興味深い提案がなされてきた。しかしそのような重要で論争のある課題を、ペイオフ凍結という緊急避難的時限措置の取扱いとの関連で「恒久的な全額保護」という結論を出したことについては、やや唐突観があったことは否定できない。

なお預金保険法改正と同時に、金融機関組織再編成特別措置法が成立した。この法律は金融機関が自主的な経営判断により行う合併等を円滑化するため、金融機関が発行する優先株などを国が買い取り自己資本比率を回復させ、また合併後の金融機関が破綻した場合預金払戻し保証額の上限を合併金融機関数に応じて増額する、などの措置を講じている。

6　システミック・リスクと資本注入

90年代後半に日本が経験した金融危機は、①銀行間取引への信用不安の波及、②それに伴う急速なマクロ信用収縮の深化、を背景にしている。当時はシステミック・リスク回避を目的とした銀行への公的資本注入が法制化されていなかったため、大規模金融機関の経営破綻がシステミック・リスクを誘発する可能性があった。日本はシステミック・リスク回避のため、銀行への公的資本注入を法制化し（金融再生法）、その後健全行への公的資本注入も可

能となった（早期健全化法）。公的資本注入と同時に、銀行間取引の政府保証・日銀による流動性供給・公的部門による資産買取も実施した。これらの政策が複合的に機能し、99年3月以降は急速に金融システムや銀行間取引市場が安定化した。

　アメリカでは、銀行破綻処理制度は日本よりはるかに以前から整備され、実際に銀行破綻処理を頻繁に行ってきたにもかかわらず、サブプライムローン問題後の金融危機にあたっては、同時多発的に生じた大規模金融機関の経営問題に対処して、首尾一貫性のない弥縫策をとり続けた。その結果市場は何を基準に行動すればいいか判断に迷うことになり、混乱を拡大させた可能性がある。金融安定化法が用意した膨大な公的資金は、当初不良資産の買取りを主眼としたものであったが、後に資本注入に充てられることになり収拾に向かった。これらの事例からもわかるように、伝統的な金融安定化政策手法である損失処理から、伝統的にはむしろ邪道視されてきた公的資本注入に関心が寄せらるようになったことは興味深い（第1節5参照）。

　日本における銀行破綻処理スキームは、預金保険発足時（1971年）に保険金支払い（ペイオフ）方式が導入され、86年には資金援助方式の一部（金融整理管財人を介した民事再生手続）が導入された。その後98年に金融再生法および早期健全化法制定により承継銀行方式と金融危機対応措置が導入された。2000年および02年の預金保険法改正による新しい制度のもとでは、金融再生法および早期健全化法の時限的措置がおおむね引き継がれている。金融整理管財人制度と承継銀行制度は、ほぼ金融再生法並みの制度として預金保険機構の恒久業務に取り入れられた。通常の破綻処理とは別に「金融危機対応措置」（預保法第102条）が設けられている。[25]　すなわち、現時点での日本における銀行破綻処理スキームは、

　①　システミック・リスクが小さい場合の「定額保護」（通常処理）

　②　システミック・リスクが大きい場合の「全額保護」（危機対応）

の2つに分類される。①はさらに、保険金支払方式と資産・負債承継（資金

---

[25] 金融危機対応措置は、これまで2回発動されている。りそな銀行に対する第1号措置（03年5月17日認定）、足利銀行に対する第3号措置（03年11月29日認定）。

図表9-12　日本の銀行破綻処理手法

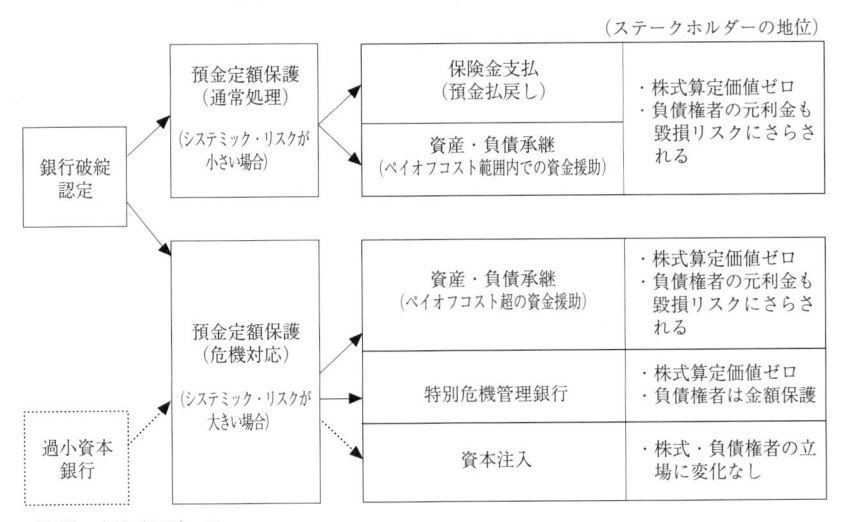

（ステークホルダーの地位）

銀行破綻認定	預金定額保護（通常処理）（システミック・リスクが小さい場合）	保険金支払（預金払戻し）	・株式算定価値ゼロ ・負債権者の元利金も毀損リスクにさらされる
		資産・負債承継（ペイオフコスト範囲内での資金援助）	
	預金定額保護（危機対応）（システミック・リスクが大きい場合）	資産・負債承継（ペイオフコスト超の資金援助）	・株式算定価値ゼロ ・負債権者の元利金も毀損リスクにさらされる
		特別危機管理銀行	・株式算定価値ゼロ ・負債権者は金額保護
過小資本銀行		資本注入	・株式・負債権者の立場に変化なし

（出所）　大橋〔2009〕p59

援助）の2つに分類され、②はさらに、資産・負債承継、特別危機管理、資本注入の3つに分類される（図表9-12）。

　金融の危機的事態（システミック・リスク）に対応する例外的措置は、金融危機対応会議（議長　内閣総理大臣）の議決を経て当該措置を講ずる認定が行われる。金融危機対応措置は、対象金融機関の経営状態に応じて、

① 破綻または債務超過ではないが、自己資本の充実が必要と認められる金融機関に対する資本増強（第1号措置）
② 破綻金融機関または債務超過の金融機関に対する、金融整理管財人による管理を命ずる処分およびペイオフコスト超の資金援助（第2号措置）
③ 債務超過の破綻金融機関に対する、国（機構）による全株式の強制取得（第3号措置、金融再生法の特別公的管理銀行に相当、預保法では特別危機管理銀行）

の3段階に分かれている。

　どのスキームが選択されるかで、銀行のステークホルダーの立場が異なる。たとえば、預金保険法第102条に規定されるシステミック・リスクが大きいと判断された場合の危機対応措置に関しては、そのうち第1号措置（過

小資本行への公的資本注入）および第3号措置（特別危機管理銀行化）は、銀行の法的破綻ではなく、銀行社債（シニア債・劣後債）の期限の利益喪失事由には該当しない。反面、株主に関しては、第1号措置の場合は破綻認定を経ていないため、預金保険機構による株価ゼロ算定のうえでの全株取得は行われず、単純な政府による資本注入となるが、第3号措置の場合は預金保険機構による株価ゼロ算定のうえでの全株取得が行われる（大橋〔2009〕p59）。

第4節　金融の再編成

1　世界的な再編の流れ

　背景はそれぞれ異なるものの、90年代後半以降には金融機関の大規模な再編・統合劇が世界各地で進んだ。アメリカでは、S&Lの経営危機や中南米向け融資の不良債権化を背景にした1980年代後半の第1次金融再編ブーム、マクファーデン法による州際業務規制が廃止され多数の広域地銀が登場した1994年以降の第2次金融再編ブームに次いで、90年代後半から世界規模の大型金融機関が中心になった第3次の金融再編ブームが起こった。何段階かの大型合併を経て21世紀初頭には3メガバンク（シティグループ、バンク・オブ・アメリカ、JPモルガン・チェース）時代に入り、その総資産規模は4倍に膨らんだ（シティグループ　1998年6月末3,669億ドル、2003年12月末1兆2,640億ドル）。しかもこのような合併・統合劇は、同一業態に属する金融機関同士にとどまらず、業態を超えて金融コングロマリットを形成するものが数多くみられたところにこの時代の特徴があった。ただしこのような金融コングロマリット化については、利益相反・リスクの集中と伝播・経営の非効率化などこれに伴う弊害を指摘する声もあり、またシティグループの例にみられるように成功しているとはいえないケースも出ている。

　ヨーロッパにおいても、国境を越えた大型金融機関同士の金融再編が進んだ。ヨーロッパでは2002年から多国籍通貨ユーロ導入に伴い、かつてはそれぞれの国のメジャーバンクであったものの多くが、ヨーロッパという広域に

おいてしのぎを削っている。ヨーロッパでは銀行と証券についてはユニバーサル・バンク制度のもとで融合が進んでいたが、この時期にはそれに加えて保険との融合（バンカシュランス）の動きが盛んになり、銀行、証券、保険という3つの業態にまたがる金融コングロマリットが出現した。

2　3メガバンク体制

　銀行の歴史は合併の歴史といっても過言ではない。特に1920年代から45年にかけての合併政策は顕著であった（第1章第1節参照）。それによって形成された専門制・分業制、地域独占制の護送船団体制下にあっては、金融システムの安定性を維持する手段として合併が用いられた。合併の歴史といっても、その背景は時代によってさまざまである。

　90年代後半以降00年代まで続いた統合・合併ブームは、経営危機に瀕した中小金融機関を余力のある大手金融機関が救済合併して金融システムの安定化に寄与するという80年代以前のパターンとはかなり性格が異なる。今回は、バブル崩壊後すべての金融機関が不良債権の重圧により経営危機に陥ったのに加えて、経済構造の転換期が重なり金融機能の過剰状態（オーバーバンキング）が生じた環境のもとで、大手も中小も含めて業態を越えた縮小均衡の再編成を迫られている。これを実現することこそが、安定成長移行後のわが国金融システム改革の課題だったのかもしれない（第5章第2節参照）。

　その結果、日本の金融勢力図はこれまで経験したことのない根本的な影響を受けた。孤高の存在を誇っていた興銀が都銀との統合に活路を求めざるをえなくなることや、三井・住友というような長い歴史を誇る代表的企業グループが合併に踏み切ることを5年前に予測した人はほとんどいなかった。1989年には、主要銀行major banksと呼ばれる存在は23にのぼり、それぞれが就職戦線において大手商社・製造業を凌駕する人気を誇っていた。その後「失われた20年」間の破綻や統合のプロセスを経て、2011年には元の名称をとどめる銀行は1行もなくなり、（数え方にもよるが）グローバルな市場でも幅広く活躍できる銀行は3～5グループに集約されている。このような動きは、92年の金融制度改革による業態別子会社を通じた相互参入に始まり、96年の日本版ビッグバンによる持株会社の解禁にも促されて、金融コングロマリッ

図表9-13　大手銀行の再編

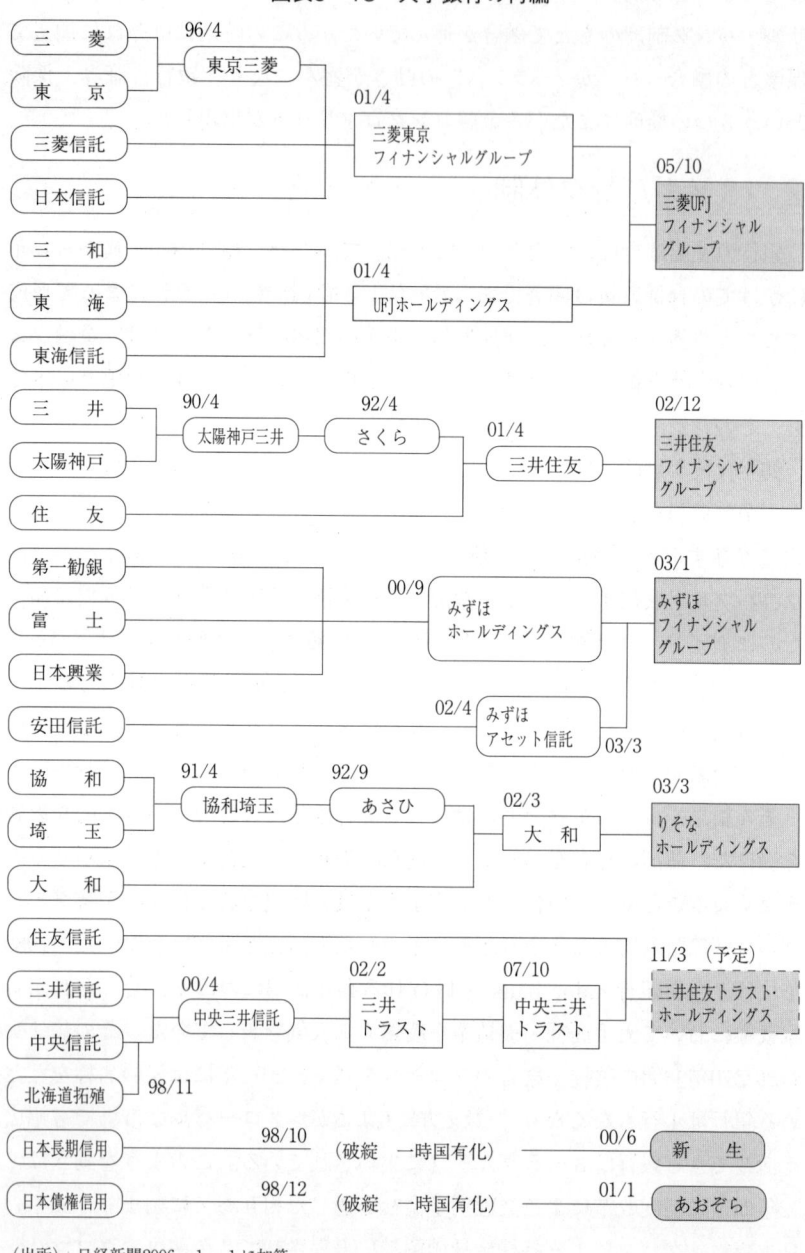

```
三　　菱 ─┐
          ├─ 東京三菱 ─┐ 96/4
東　　京 ─┘             │
                        ├─ 三菱東京          01/4
三菱信託 ─┐             │  フィナンシャルグループ ─┐
          │             │                          │
日本信託 ─┘─────────────┘                          ├─ 三菱UFJ    05/10
                                                    │  フィナンシャル
三　　和 ─┐                                         │  グループ
          │                                         │
東　　海 ─┼─ UFJホールディングス ──────────────────┘ 01/4
          │
東海信託 ─┘

三　　井 ─┐ 90/4          92/4
          ├─ 太陽神戸三井 ─ さくら ─┐ 01/4
太陽神戸 ─┘                          │
                                      ├─ 三井住友 ─ 三井住友    02/12
住　　友 ─────────────────────────────┘             フィナンシャル
                                                     グループ

第一勧銀 ─┐
          │                 00/9
富　　士 ─┼─ みずほ ─── みずほ    03/1
          │   ホールディングス  フィナンシャル
日本興業 ─┘                    グループ

安田信託 ─── みずほ     02/4
             アセット信託  03/3

協　　和 ─┐ 91/4      92/9
          ├─ 協和埼玉 ─ あさひ ─┐ 02/3
埼　　玉 ─┘                      │
                                  ├─ 大　和 ─ りそな    03/3
大　　和 ─────────────────────────┘          ホールディングス

住友信託 ─────────────────────────┐
                                   │                        11/3（予定）
三井信託 ─┐ 00/4       02/2       │    07/10
          ├─ 中央三井信託 ─ 三井 ──┼─ 中央三井 ─ 三井住友トラスト・
中央信託 ─┘                トラスト │   トラスト    ホールディングス
                                   │
北海道拓殖 ── 98/11

日本長期信用 ── 98/10 （破綻　一時国有化） ── 00/6 新　生

日本債権信用 ── 98/12 （破綻　一時国有化） ── 01/1 あおぞら
```

（出所）　日経新聞2006・1・1に加筆

図表9-14　預貯金・貸出金残高の20年推移

業　態	預貯金残高				貸出金残高			
	2009/3 (億円)	シェア (％)	1989/3 (億円)	シェア (％)	2009/3 (億円)	シェア (％)	1989/3 (億円)	シェア (％)
大手銀行等	3,382,140	33.8	2,524,926	36.2	2,275,436	42.6	2,437,760	53.5
地方銀行	2,050,789	20.5	1,316,994	18.9	1,548,559	29.0	976,472	21.4
第二地銀	566,609	5.7	510,058	7.3	435,390	8.2	392,683	8.6
信用金庫	1,154,524	11.5	665,797	9.6	648,891	12.2	466,364	10.2
信用組合	163,795	1.6	170,315	2.4	94,313	1.8	125,052	2.7
労働金庫	156,546	1.6	60,896	0.9	109,395	2.1	28,350	0.6
農協	833,095	8.3	464,926	6.7	223,750	4.2	127,958	2.8
ゆうちょ銀	1,698,791	17.0	1,257,652	18.0	－	－	－	－
合計	10,006,289	100.0	6,971,564	100.0	5,335,734	100.0	4,554,639	100.0

(出所)　金融ジャーナル2010年4月号p48

トの形成が可能となったことも背景となっている。

　まず99年8月20日に、第一勧業・富士・日本興業の3行が統合計画を発表した。次いで10月7日には東海・あさひ銀行が合併を発表し、00年3月14日には三和銀行も参加した。[26]　また同月14日には旧財閥グループの枠組みを越えた住友・三井（当時はさくら）の2行も合併を発表した。2000年4月18日には同じ三菱グループ内ではあるが、従来は都市銀行・信託銀行それぞれの分野でリーディング企業と目されていた東京三菱銀行・三菱信託銀行が金融持株会社設立を発表した。いわゆる3メガバンクの原型はこのとき誕生したのである。現在では日本の大手金融機関は、三菱UFJフィナンシャルグループ・三井住友フィナンシャルグループ・みずほフィナンシャルグループの3メガグループに加えて、りそなグループ・三井住友信託銀行グループ（2011年3月統合予定）という5つのグループに集約されることになった。

　なお、預貯金残高や貸出金残高でみると、大規模な銀行が優勢というよりも、むしろ地銀や信用金庫のような地域金融機関の活躍が目立っているのは興味深い（図表9-14）。

---

[26]　6月15日にはあさひは離脱し、01年9月21日に大和・あさひ銀行が経営統合で合意、03年3月3日にりそな銀行となった。三和・東海は統合しUFJ銀行となった。

3 証券・保険業界の再編

このような統合・再編の流れは、銀行界だけでなく証券業界・保険業界でも起こっている。証券業界では、かつて大手4社(野村、大和、日興、山一)が寡占の弊害を指摘されるほどの勢いを示していたが、1997年に山一が自主廃業に追い込まれたほか、日興・大和は三井住友FGやシティ・グループとの提携を図った。その後、日興コーディアル証券が三井住友FGと統合する一方、大和は独立路線に戻るなどの変化はあったが、大勢としては、メガバンク・グループを中心とする再編の波に準大手以下が呑み込まれる図式となっている。

生保業界では00年前後には中堅・中小会社の破綻が相次ぎ、それらは主として外資系保険会社に買収され業界の姿が様変わりした(p457図表9－5参

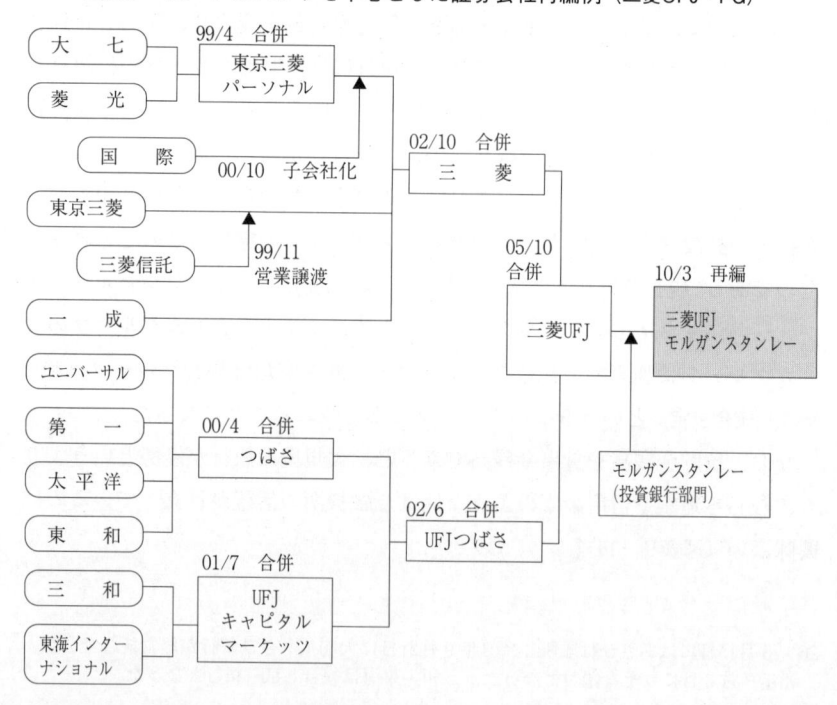

図表9-15　メガバンクを中心とした証券会社再編例(三菱UFJ・FG)

```
大   七 ┐ 99/4 合併
        ├─ 東京三菱
菱   光 ┘   パーソナル ─┐
                          │
    国   際 ─────────────┤ 02/10 合併
        00/10 子会社化    ├─ 三　菱 ─┐
    東京三菱 ─────────────┤           │
                          │           │ 05/10
    三菱信託 ─┐           │           │ 合併   10/3 再編
              │ 99/11     │           ├─ 三菱UFJ ─┬─ 三菱UFJ
              │ 営業譲渡  │           │           │   モルガンスタンレー
    一   成 ──┘           │           │           │
                                       │           │
ユニバーサル ─┐                        │           │
第　　 一   ─┤ 00/4 合併               │           │
              ├─ つばさ ─┐             │           │
太 平 洋   ─┤             │             │           │
              │             │ 02/6 合併 │           │   モルガンスタンレー
東　　 和   ─┘             ├─ UFJつばさ┘           │   (投資銀行部門)
                            │                         │
三　　 和   ─┐ 01/7 合併   │                         │
              ├─ UFJ      │
              │   キャピタル┘
東海インター ─┘   マーケッツ
ナショナル
```

図表9−16　損害保険業界の再編

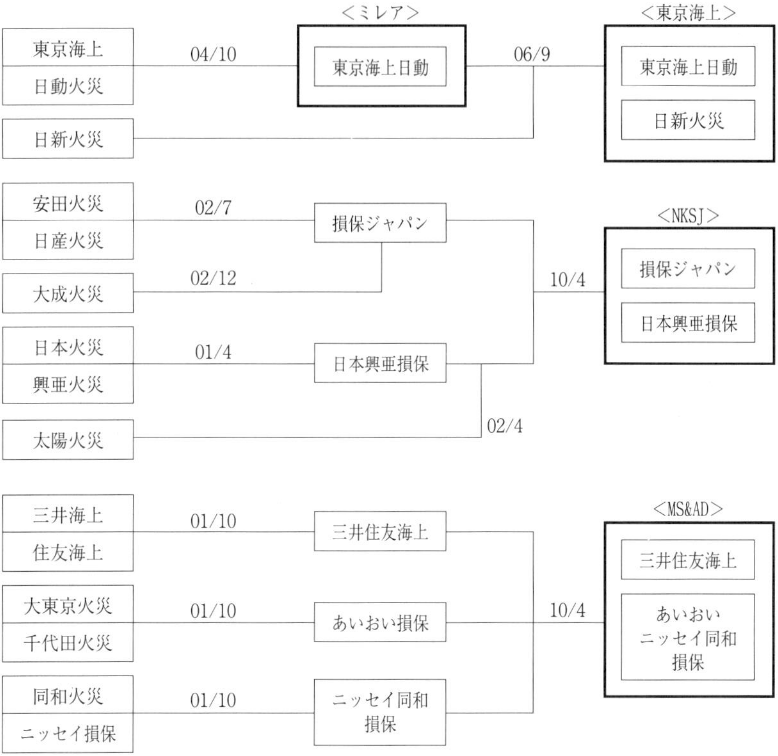

```
東京海上                              <ミレア>                      <東京海上>
日動火災 ─── 04/10 ─── 東京海上日動 ─── 06/9 ─── 東京海上日動
                                                           日新火災
日新火災 ──────────────────────────────

安田火災
日産火災 ─── 02/7 ─── 損保ジャパン
                                              <NKSJ>
大成火災 ─── 02/12 ──────┘       ─── 10/4 ─── 損保ジャパン
                                                           日本興亜損保
日本火災
興亜火災 ─── 01/4 ─── 日本興亜損保

太陽火災 ─────────────── 02/4

三井海上
住友海上 ─── 01/10 ─── 三井住友海上
                                              <MS&AD>
大東京火災                          ─── 10/4 ─── 三井住友海上
千代田火災 ── 01/10 ─── あいおい損保              あいおい
                                                           ニッセイ同和
同和火災                                                   損保
ニッセイ損保 ── 01/10 ─── ニッセイ同和損保
```

（出所）著者作成

照）。大手生保会社の間でも1999年に太陽生命と大同生命の全面提携と株式会社への転換が話題となったが、さらに04年1月には明治生命と安田生命が合併した。ただしそのほかには他業界ほどの大きな動きはなく、大手5社（日本、第一、明治安田、住友、T&D）の比較的安定した体制を保っている。

損保業界では、01年11月に9・11事件のあおりを受けて大成火災が破綻したほかは深刻な経営不安に見舞われることはなかったが、00年代に入ってから、業界再編成という意味では銀行業界以上のグループ化が進んだ。

第V部

00年代

市場原理の進展と新たな金融インフラの模索

≪背景Ⅴ≫　00年代とはどういう時代だったのか

小泉内閣と金融問題の政治化

　90年代後半には一時金融危機ともいうべき状況に陥ったが、ITバブルによる世界的な好況にも助けられて、00年代初頭には経済・金融情勢はいったん落ち着きを取り戻した。ところがまもなくITバブル崩壊によって景気の腰が折られ、それは当然不良債権問題の再燃に結びついた。社会に閉塞感と緊張感が高まる中で、むしろそれを追い風にして登場したのが小泉純一郎首相である。長引く日本経済の地盤沈下に焦燥感を募らせる国民感情を背景に、小泉首相は不良債権処理を政治的争点に仕立てあげた。バブル崩壊後10年にわたる日本経済低迷の原因を不良債権問題とそれを解決できない既成の統治体制に求め、構造改革の名のもとにこれをドラスティックに解決することを旗印に掲げたことは、時流を読み込んだ巧妙な手法であった。その戦略は見事に成功し、不良債権処理は小泉内閣の第1の功績とされている。

　そのような経緯もあって、不良債権問題の解決を00年代の金融行政最大の成果と解するものが多い。しかし後に詳しくみるように、実際には、円安にも助けられて02年1月をボトムとして景気が回復するに伴い、不良債権はおのずと減少していったのである。あとから振り返ってみると、不良債権問題はむしろ00年代初頭の柳澤金融相時代に実質的にはおおむねメドがつけられていた。しかしITバブル崩壊による景気後退の影響から新たな不良債権が大量に発生したため、政策が功を奏さず事態が悪化している印象を与えたことは彼にとっては不運であった。

　小泉首相の鋭い感覚により、金融問題は積極的に政治化された。「積極的に」とは、90年代後半のように追い込まれる形で政治問題化したのではなく、構造改革路線をアピールするための政治テーマとして戦略的に有権者に提示されたことを意味している。金融再生プログラムと郵政改革は小泉内閣を象徴する政策であったが、それらは経済政策というよりも、政治的舞台装置ともいうべき性格をもっていた。小泉内閣は、国民の目の前でそれらを実に見事に可視化することにより、政権の浮揚力・持続力を得たのである。

図表Ⅴ－1　歴代金融担当大臣

氏　名	就任日	退任日	内　閣
柳澤伯夫	1998.10.23	1999.10.5	小渕
越智通雄	1999.10.5	2000.2.25	小渕
谷垣禎一	2000.2.25	2000.7.4	小渕、森
久世公堯	2000.7.4	2000.7.30	森
相澤英之	2000.7.30	2000.12.5	森
柳澤伯夫	2000.12.5	2002.9.30	森、小泉
竹中平蔵	2002.9.30	2004.9.27	小泉
伊藤達也	2004.9.27	2005.10.31	小泉
与謝野馨	2005.10.31	2006.9.26	小泉
山本有二	2006.9.26	2007.8.27	安倍
渡辺喜美	2007.8.27	2008.8.2	安倍、福田
茂木敏充	2008.8.2	2008.9.24	福田
中川昭一	2008.9.24	2009.2.17	麻生
与謝野馨	2009.2.17	2009.9.16	麻生
亀井静香	2009.9.16	2010.6.8	鳩山
自見庄三郎	2010.6.8		菅

（注）　名称は、国務大臣（金融再生担当）、金融再生委員会委員長、金融担当大臣、内閣府特命担当大臣（金融担当）など。事務代理は除く。

　歴代金融相は図表Ⅴ－1のとおりであるが、この中では、柳澤・竹中・与謝野・亀井氏の影響力が顕著であった。[1]

金融インフラの整備

　00年代は、市場原理に沿った金融インフラ整備の地道な努力が粛々と積み重ねられた時期として特徴づけられる。市場を通ずる資金の流れを強化し、銀行中心の伝統的な金融システムを変革しようとする考え方の歴史は古く、その萌芽はすでに60年代の金制調答申に現れている。それ以来40年にわたり続いてきた専門制・分業制の垣根を低くする試みの根底には多かれ少なかれそのような発想が流れていた。しかし「市場中心の金融システムへの転換」

---

[1] 伊藤達也氏は竹中金融相の副大臣からの横すべりであり、また竹中氏は経済財政相・郵政改革担当相として引続き閣内にいたので、竹中時代に参入できる。亀井静香氏は、1年足らずの任期ながら、連立政権与党の党首として小泉改革路線の否定を強く打ち出し大きな影響を与えた。

を最優先課題として正面から掲げたのは日本版ビッグバンが初めてである。先に日本版ビッグバンを安定成長移行後の金融システム改革の完成期と位置づけたが、同時に、銀行中心の伝統的な金融システムからの脱皮を図る新たな出発点と位置づけることもできる。しかし90年代後半には金融システム安定化のための制度整備に追われたこともあり、日本版ビッグバンを新たな金融インフラ整備の出発点とすることには実感が伴わない面もある。

いずれにしても日本の金融システム整備は、00年前後の信用秩序維持制度の整備をもって一区切りをつけることができた。柳澤金融相の要請に応じて02年8月に提出された「金融システムと行政の将来ビジョン」(以下「将来ビジョン」)は、不良債権問題着地後に、日本の金融システムを根本的に再編成するための指導理念となることが期待されていた。柳澤金融相が更迭されることがなければ、これ以後の金融行政は金融再生プログラムでなく、この「将来ビジョン」が中心となっていた可能性がある。実際にはその後金融再生プログラムによる不良債権処理が金融行政の中心的課題になるが、他方において「将来ビジョン」の流れは金融審を中心とする場で受け継がれ、00年代後半に数々の法律として結実している。

この時期には、民法・商法・信託法など明治以来の基本的な法制を現代化しようとする大きな流れがあった。これとも合流しつつ、新しい金融インフラの整備は予想以上の大きな変革を金融の世界に巻き起こしている。00年代の金融システム改革を特徴づけるのは、金融再生プログラムによる不良債権問題の決着よりもむしろ、金商法や会計ビッグバンなどの新たな金融インフラの模索である。これらはきわめて地道な努力の積み重ねであったが、不良債権問題や郵政改革がハイライトを浴びている陰で進められたこの10年の成果はきわめて大きく、ある意味ではそれ以前の40年間の金融システム改革の成果を凌駕するものがある。

憂鬱な時代

それにしても、00年代を含む21世紀前半は、20世紀後半に輝かしい高度成長期を経験した日本人にとって憂鬱な時代となることは必至である。「残された時間は少ない」との決まり文句を唱えながら、いろいろと改革は試みら

図表Ⅴ-2　実質実効レートの推移

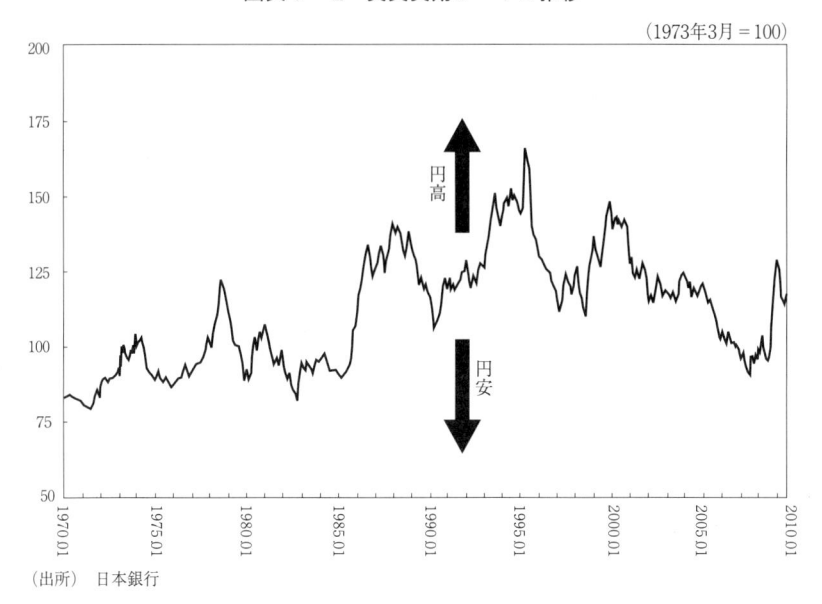

(1973年3月＝100)

(出所)　日本銀行

れるであろう。しかし、かつて日本経済が石油危機や円高不況を克服したときのようには内からみなぎる気力・体力を実感できず、顕著な成果もあがらない局面が続くのではないか。かつて近隣では突出していた「日本人の値打ち」(1人当りGDP)は、足踏みをしている間に、遠からず周辺のアジア人並みになることだろう。

日本人の一般的な理解とは若干のズレがあろうが、00年代は基本的にリストラと円安によって「日本人の値下げ」を実現した時代であった。対米ドルレートでなく、実質実効為替レート(貿易相手国のウェイト、物価変動をも考慮した本当の円の価値)でみると、21世紀に入ってから円は急速に下がり続けた。07年段階ではプラザ合意時(1985年)を下回る状況になっているから、米ドルの尺度でいえば1ドル＝240円時代に逆戻りしたことになる。円安の結果ドル建てでは東アジア人の価格は日本人の価格に近づき、80年代から90年代にかけて加速した工場の海外移転の激流が少しは収まっていた。

20世紀に日本人が実現した「欧米人にできることは日本人にもできる」に

図表V-3　1人当りGDPの日本の順位（OECD加盟30カ国中）

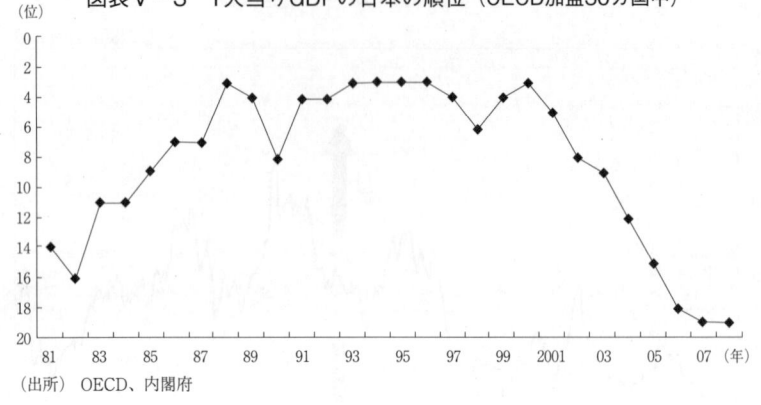

(出所)　OECD、内閣府

　続いて、20世紀後半からは「日本人のできることは中国人・インド人にもできる」という当然の現象が進行している。中国は日本の10倍の人口を擁するから、国単位の総量として日本を追い越すのは当然である。国際比較をする際に世界で通常使われている購買力平価換算では、日本は10年以上前から世界第2位の経済大国ではない（p177図表Ⅲ-1参照）。

　また、円安と成長率鈍化の相乗作用により、この間日本の1人当りGDPの順位は劇的に低下した。OECD加盟30カ国のランキングでは、日本は1980年には17位の中位国であった。その後1985年には9位、1988年には3位と上昇し、1993年にはついに第2位にのぼり詰めた。ところがバブル崩壊後は逆戻りをはじめ、ついに2008年では19位と1970年代の地位に後退している（図表V-3）。

　この時代を国民の生活実感の観点から円ベースでみてみよう。02年に491兆円だった名目GDPは比較的順調な足どりをたどり、07年には過去最高の516兆円に達した。ところがこれは10年前（97年）の数値に一致する。日本の名目GDPは、拓銀・山一破綻以降の5年間に大きく落ち込んだ後、5年がかりでようやく元の水準に這いあがったにすぎないのである。給料も日々の売り上げも、もちろん株価も、生活実感はすべて名目の世界であるから、リーマン・ショック前、長さでは「いざなぎ越えの景気回復」といわれながら一向に気分の晴れなかった理由がみえてくる。

図表Ⅴ-4 「金融危機」前後の日本経済

(名目 単位：兆円)

	GDP	家計支出	民間投資	公共投資	輸　出	輸出比率
1997年	516	240	103	39	56	10.9%
2002年	491	233	84	31	56	11.4%
2007年	516	240	98	21	91	17.6%
2008年	505	239	98	20	88	17.5%
2009年	474	230	78	20	60	12.5%
2010年 7－9	482	229	79	20	74	15.3%

(注) 家計支出は「持ち家の帰属家賃を除く家計最終消費支出」
民間投資は「民間住宅」＋「民間企業設備」

　しかし問題は、516兆円という両年同額のGDPの中身である。97年には56兆円であった輸出が、07年には91兆円に急増している。日本は貿易立国だと思われているが、90年代半ばまでは、GDPに対する輸出の比率は一桁にすぎなかった。ところが、97年には10.9％と2桁となり、さらに07年には17.6％へと急上昇し、その分大企業を中心とする輸出産業は潤ったことになる。この間公共投資は半減しているから、良し悪しは別にして、公共事業に依存する地方経済や零細企業にとっては苦しい時期が続いた。そのような事情が地域金融機関の苦境の背景となっている。

　リーマン・ショック前までは程々の回復はしたと思っていたが、これをみると、実は07年まで10年間日本経済はまったく成長していなかったのである。さらにその後リーマン・ショックで09年のGDPは474兆円まで落ち込んでしまった。日本経済は12年前に比べて42兆円のマイナス水準というのが実態である。この間、中国・韓国経済の成長が顕著であっただけに、日本人の閉塞感と焦燥感はますます高まることになった。

金融の暴走と規制強化への回帰

　00年代は、金融立国を掲げるアメリカの絶頂期であった。21世紀に入ってもアメリカは、政治力・軍事力において依然として圧倒的な覇権国ではあったが、経済力については20世紀後半以降各方面に衰えが感じられることは否めない。しかし、かつては圧倒的な強さを誇ったモノづくりの衰退を補って、金融・情報産業はアメリカが世界経済を実質的に支配する手段として縦横に

活躍した。90年代から00年代にかけては、市場原理が世界を風靡した時代であったが、グローバル化・情報化はそのような流れにとって最適の環境を作り出した。金融はかつてのように実体経済の潤滑油として働くというよりも、自ら実体経済を破壊し、再編成し、支配する主役として華々しく活躍した。

しかし00年代後半には、そのような金融の暴走が世界経済を大混乱に陥らせることになった。市場型金融は、銀行中心の間接金融に比べリスク管理やリスク分散に優れていると説かれてきたが、実際には逆の現象が方々で顕在化した。「100年に一度の金融危機」ともいわれたが、まさに市場原理の総本山であるアメリカにおいて、金融システムの設計でも1930年代の教訓が再び持ち出されている。そういう意味では00年代は、市場原理の極致から、一転して金融システムの安定性重視へ回帰するめまぐるしい変化の時代であった。ただアメリカにおいても、2010年7月に成立した「金融規制改革法」（ドッド・フランク法）が実際にどのような影響を及ぼすことになるのかには不透明なところがある。これが大きな転換点であるのか、一時的な循環過程であるのかはまだわからない。

第10章 「金融再生プログラム」と不良債権問題の収束

第1節　小泉内閣と構造改革

1　柳澤金融相から竹中金融相へ

　00年代に入ったころの金融情勢を振り返ってみよう。生命保険会社の経営破綻は続いていたものの、公的資本注入、メガバンクの誕生などにより、00年ころには金融情勢は落ち着きを取り戻しかけていた。00年7月には金融監督庁の機能を強化して金融庁が発足し、12月には初代金融担当大臣（98年10月～99年10月）として内外から手腕を高く評価された柳澤伯夫氏が再び金融相に就任した。01年4月には4大金融グループ（三菱東京、みずほ、三井住友、UFJ）が出揃い、金融システムは安定感を増した。しかしITバブル崩壊の影響もあって、景気の先行きには不安が残っていた。日銀は3月16日に、金融市場の調節目標を金利から通貨供給量とする「量的緩和」を決定し、また9月18日には公定歩合を0.25％から0.10％にまで引き下げた。9月11日にはニューヨーク世界貿易センタービルに航空機が突入し、9月12日の日経平均株価は17年ぶりの1万円割れとなっている。

　このような状況のもとで、小泉純一郎氏は「自民党をぶっ壊す」、「構造改革なくして景気回復なし」、「官から民へ、中央から地方へ」などのスローガンを掲げて01年4月26日に内閣総理大臣に就任した。小泉首相は組閣にあたり派閥の推薦を受けつけず、竹中平蔵慶応大学教授を経済財政相に起用する

など官邸主導の政権運営を確立した。柳澤金融相は留任した。就任早々の6月21日には、経済財政諮問会議が「今後の経済財政運営及び経済社会の構造改革に関する基本方針」(いわゆる「骨太の方針」)を打ち出し、26日に閣議決定した。そこでは「創造的破壊としての聖域なき構造改革は、その過程で痛みを伴うこともありますが、構造改革なくして真の景気回復、すなわち持続的成長はありません。・・・先ず、不良債権問題を2〜3年内に解決することを目指します」との目標を掲げた。

小泉内閣は、小渕・森内閣の需要の下支えによるソフトランディング路線から、構造改革を通じて局面の転換を図るハードランディング路線へ切り替えたものと理解された。柳澤金融相は、森内閣時代から02年4月1日に設定されていた定期性預金のペイオフ解禁を見据えて、問題のある中小金融機関の破綻処理を急ぐなど、構造改革路線に沿った不良債権処理を進めていた。そのことを端的に示すのが破綻処理件数である。01年度の破綻処理件数は56件とバブル崩壊後でも突出している。竹中金融相になって以降は、破綻処理はほとんどない。実は世間の印象とは異なり、柳澤金融相の不良債権処理策がきわめて厳しいものであったのに対し、竹中金融相はむしろソフトランディング路線に転じたのである。

柳澤金融相は02年4月に予定されていたペイオフ解禁を視野に入れて、「不良債権の直接償却」を強調していた。銀行は引当金を積む間接償却をおもな手段として不良債権を処理してきたが、柳澤は「もう一歩先へ行くため不良債権の直接償却を進めなければならない。・・・直接償却をやるとなると貸出先企業を丸ごと清算しなければならない。・・・不良債権を抱えていては、収益力の面などでいい結果が出ない」と述べ、不良債権の悪循環から抜け出すための直接償却の必要性を指摘している(朝日新聞2001・2・17)。また彼は同様の考え方として「不良債権の最終処理促進」を掲げていた。「不良債権の最終処理には債権の売却、企業の再建計画に基づく銀行の債権放棄、取引先企業の法的整理に伴う不良債権の直接償却などの方法がある」が、不良債権売却は売買市場が整備されていない現状では難しく、直接償却を一気に進めると経済にも大きな影響を与えるので、「再建計画に基づく債権放棄が最終処理の中心になる」(2001・2・27衆議院財務金融委員会答弁)とも説明し

図表10−1　バブル崩壊後の金融機関の破綻処理

	91	92	93	94	95	96	97	98	99	00	01	02	03	04	05	06	07	08	09	10
銀行	1	0	0	0	2	1	3	5	5	0	2	0	1	0	0	0	0	0	0	0
信金	0	1	1	0	0	0	0	0	10	2	13	0	0	0	0	0	0	0	0	0
信組	0	0	1	4	4	4	14	25	29	12	41	0	0	0	0	0	0	0	0	0
計	1	1	2	4	6	5	17	30	44	14	56	0	1	0	0	0	0	0	0	0

(出所)　預金保険機構年報01年度版に追加

ている（日経新聞2001・2・28）。

　柳澤金融相は小泉内閣の構造改革路線に従い、不良債権問題に決着をつけるべく実態的処理を進めた。02年3月期決算において不良債権処理に積極的に取り組んだ結果、ほとんどの大手銀行は巨額の最終赤字を計上し、赤字額は4兆2924億円と空前の規模に達した。主要行の不良債権処理は大きく進捗したが、景気の悪化や資産査定の厳格化に伴い不良債権の新規発生が大きく膨らんだため、02年3月末の主要行の不良債権残高は27兆1758億円（前年比47.4％増）に達した。メディアは、不良債権処理の進まないのは柳澤金融相の手法が不徹底なためと批判し、竹中経済財政相の主張する一層強烈なハードランディング路線に注目が集まった。[2]　前述のように柳澤金融相の手法はソフトランディング路線であったわけではないが、公的資金注入を巡る小泉首相・竹中経済財政相との意見の対立から更迭された。

　当時竹中氏は小泉構造改革路線の旗手として、世直し的なハードランディング路線を求める世論から強い支持を受けていた。「創造的破壊」の考え方に基づく構造改革路線は、不良債権を抱える非効率企業を淘汰して日本経済を復活させる政策と理解されていたのである。

---

[2]　このころの柳澤と竹中の取り組み方については、久米郁男〔2009〕p228〜234に詳しい。

COLUMN
小泉内閣の構造改革と不良債権問題

　構造改革という用語は、1960年代に社会党の江田三郎書記長（江田五月・元参院議長の父）によって唱えられた政治的キャッチフレーズである。もともとはイタリア共産党のトリアッチ書記長が打ち出した修正主義的路線を指している。現状を打破しようとの思い切った改革を打ち出しつつも、一方で理念に流されず現実をふまえて改革を進めるとの手法は日本人に受け入れやすいのかもしれない。明治維新もそうであったが、80年代後半の中曽根首相による「構造調整」（前川リポート）や橋本首相の「6大改革」はその一種である。必ずしも小泉首相の独創ではない。

　小泉内閣の「構造改革」は、推進役として竹中平蔵を起用し、経済財政諮問会議を司令塔とした。

　「新しい成長産業・商品が不断に登場する経済の絶え間ない動きを『創造的破壊』と呼びます。創造的破壊を通して、効率性の低い部門から効率性や社会的ニーズの高い部門へヒトと資源を移動します。これが経済成長の源泉です。創造的破壊としての聖域なき構造改革は、その過程で痛みを伴うこともありますが、構造改革なくして真の景気回復、すなわち持続的成長はありません。おそれず、ひるまず、とらわれず　まず、不良債権問題を2～3年内に解決することを目指します」（骨太の方針冒頭）

にその基本的姿勢が表現されている。その内容は多彩であるが（官から民へ、郵政民営化、道路公団民営化、労働者派遣法の規制緩和、独立行政法人や政府関係金融機関の整理・統合、構造改革特区、特別会計の改革、地方主権など）、冒頭に「おそれず、ひるまず、とらわれず　まず、不良債権問題を2～3年内に解決することを目指します」と掲げ、次のように説明している。

　経済再生の第1歩－不良債権問題の抜本的解決
　　○不良債権の処理を急ぎます。
　　・新たな不良債権がなぜ生まれるのか、担保となる土地の価格はどのように動いているのかを正確に把握します。
　　・新たな指標（不良債権比率など）も参考に、不良債権問題全体の改善状況の的確な把握に努めます。
　　・銀行の不良債権のオフバランスシート化を確実に実現します。
　　○不良債権処理の影響に備えた雇用対策を行います。
　　・新規分野をサービス分野での雇用機会の創出や、労働市場の構造改革などにより雇用機会を拡大します。（試算によれば5年間で介護・子育て・住宅関連など530万人が期待できます。）
　　・自分にあった仕事をみつけるための転職や自己啓発を支援します。（いわゆるコミュニ

> ティー・カレッジを強化し、職業能力評価システムを整備します。)
> ・市場における敗者復活を支援し、真の弱者を保護します。(たとえば失業期間中の住宅ローン負担・教育負担に対して支援します。)
> ○安定した金融システムを構築します。
>
> 　小泉内閣の構造改革は熱狂的な支持を受けたが、その後政権交代を含む５つの内閣を経て、世の中の評価は大きく分かれている。

2　「金融システムと行政の将来ビジョン」

　４メガ銀行発足後半年を経て金融システムに一応の落ち着きを取り戻し、また、ペイオフ一部解禁(定期性預金)を半年後(02年４月１日)に控え、柳澤金融相は日本の金融システムの中長期的な将来像構築に本格的に取り組むべき局面と考えたのであろう。01年10月１日から10回にわたり「日本型金融システムと行政の将来ビジョン懇話会」が開催され、02年７月12日に「金融システムと行政の将来ビジョン」(以下「将来ビジョン」)が取りまとめられた。蝋山昌一座長は日本版ビッグバンの理論的リーダーであったが、あの時は十分に体系化できなかった日本の金融システムの将来構想をこのレポートで存分に展開したいとの意気込みが感じられる。ここでは、時代の変化に適合した金融システム再構築の方向性を示すことが意図され、グローバル化経済のもと、時としてリスクが顕在化する中で、経済発展を支える金融システムと金融仲介ビジネスの新たなモデルをどう実現していくかが検討された。将来の方向性として重きを置かれたのは、市場機能を中核とする金融システムであった。

　はじめに、

> 「不変の価値を持つ財やサービスの規格大量生産が有利かつ恒久的と考えられた社会から、価値そのものが多様で可変的な社会への転換を意識しなければならない。そして、主として産業金融モデルにより担われているともいうべき既存の金融システムにおいて、増大する実体経済のリスクを支えきれないこともはっきりしている。リスクを発見し、管理し、配分する金融システムは、価格メカニズムが有効に働き、円滑な資金配分を可能とする市場機能を中核としたものでなくてはならない。」

との基本認識が示された。そのうえで、

> 「人為的政策的に産業金融モデル離れを生じさせることが、将来ビジョンの実現につながる。銀行のポートフォリオを構成する主要な資産である貸出が証券化され、従来の預金がそこへの投資に振り変わるプロセスが安定的に推移すれば、個人の金融資産構成やマネーフロー構造の変革を通じて、強靭で高度なリスクシェアリング能力を持った金融システムへと再構築される。もとより、個人が株式や債券、及びリスク管理の代理人である投資信託などに投資する流れも引き続き推進すべきである。」

と、当時の論壇の雰囲気を反映した主張を展開している。

ここでは、銀行中心の預金・貸出による資金仲介を産業金融モデル、価格メカニズムが機能する市場を通ずる資金仲介を市場金融モデルと定義している。新たな金融システムでは、相対型の産業金融モデルも存続するが、市場金融モデルの役割がより重要になるという意味で、市場機能を中核とした複線的金融システムが推奨されている。これはバブル崩壊後の日本の状況を反面教師として下された判定であろうが、アメリカの金融危機をも合わせて教材にしたときには違った見方も出てくるであろう。

いずれにしても柳澤金融相は9月30日に更迭されたので、当初の意気込みにもかかわらず、この提言は宙に浮くことになった。政策の推進者は竹中金融相に代わり、世の中の関心は「金融再生プログラム」が提示する不良債権処理に移った。しかし、「将来ビジョン」の問題意識は00年代を通じて引き継がれ、具体的には、金商法を中心とする新たな金融インフラとして実を結んでいる。しかもこのような金融固有の分野での抜本改革とあわせ、会社法・保険法・信託法などの明治以来のカタカナ法が広く改正されることとの相乗効果により、00年代は金融を取り巻く諸制度が50年、100年ぶりに大きく展開した時期となった。

3 「金融再生プログラム」

以上のように柳澤金融相は不良債権処理政策や「将来ビジョン」策定について顕著な成果をあげたのであるが、世界的なITバブル崩壊により株価の下落が続いたことは彼にとって不運であった。景気の谷近辺では社会に焦燥感と危機感が満ちあふれ、世間は一層のハードランディング路線を求めるこ

とが多い。小泉首相は9月30日の内閣改造で柳澤金融相を更迭し、竹中経済財政相に金融相を兼務させた。

後から振り返ると、ITバブル崩壊などにより00年11月から下がり始めた景気は02年1月に底を打ち、その後07年10月までの69カ月間、いざなぎ景気（65年10月～70年7月、57カ月間）を上回る戦後最長の景気回復過程に入った。柳澤路線が続いていたとしても、金融再生プログラム路線と同様に、おそらく3～5年で金融情勢を安定化させ、柳澤氏は高い評価を得ることができたであろう。その後柳澤氏が厚生労働相に転じて、いわゆる「産む機械」発言で辛酸をなめたことを考えると、運命のいたずらを感じざるをえない。

経済財政相兼務の竹中金融相は、経済財政諮問会議を活用して不良債権処理策を強力に推進し、就任1カ月後の10月30日には「金融再生プログラム」を公表した。ここでは主要行を対象にして不良債権の抜本的な解決を図る構想が述べられており、「主要行の不良債権問題解決を通じた経済再生」との副題がつけられている。「不良債権問題＝主要行の問題」という問題提起の仕方は、主要行の数は少なく政策効果を明示しやすいこと、主要行は経済的強者として国民の批判対象となりやすいこと、など政治的には非常に巧妙な手法であった。

プログラムの冒頭では「日本の金融システムと金融行政に対する信頼を回復し、世界から評価される金融市場を作るためには、まず主要行の不良債権問題を解決する必要がある。」とターゲットを主要行に絞っている。そのうえで、04年度末（05年3月31日）には主要行の不良債権比率を、02年度末(8.4%)の半分程度に低下させ、「問題の正常化を図るとともに、構造改革を支えるような強固な金融システムの構築を目指す」としている。プログラムでは、(ⅰ)新しい金融システムの枠組み、(ⅱ)新しい企業再生の枠組み、(ⅲ)新しい金融行政の枠組み、の3本の柱を立てている。

(ⅰ) **新しい金融システムの枠組み**

03年4月に予定されていたペイオフ凍結解除については、決済機能の安定確保を図るためその全額を保護の対象とする「決済用預金」を05年4月に導入することとし、それまでの間ペイオフの完全実施を延期した。個別銀行が資本不足等に陥った場合には、システミック・リスク回避のため日銀特融に

よる流動性対策、預金保険法に基づく公的資金の投入、検査官の常駐的派遣など万全の措置を講ずるが、他方、当該特別支援金融機関に対しては経営陣の経営責任を問うなど、経営監視を強める。

(ii) **新しい企業再生の枠組み**

破綻懸念先以下債権等について、RCCや企業再生ファンド等に売却することによって、企業再生のプロセスを加速する。その際、RCCによる買取に関しては、必要に応じ財政的措置についても検討する。RCCは、購入した債権に関しては回収・売却を加速するとともに、企業再生ファンドなどへの橋渡しを果たすことにより回収の極大化を図る。企業・産業の再生に取り組むため、新たな機構を創設し、同機構が再生可能と判断される企業の債権を金融機関から買い取り、産業の再編も視野に入れた企業の再生を進める。

(iii) **新しい金融行政の枠組み**

構造改革を加速するための金融行政の新しい枠組みとしては、次の3点を強調している。

① 資産査定の厳格化：引当に関するDCF的手法の採用、引当金算定における期間の見直し、大口債務者に対する銀行間の債務者区分の統一、再建計画の厳格な検証、特別検査の再実施など。

② 自己資本の充実：繰延税金資産に関する算入の適正化、繰延税金資産の合理性の確認、自己資本を強化するための税制改正など。

③ ガバナンスの強化：優先株の普通株への転換、健全化計画未達先に対する業務改善命令の発出、早期是正措置の厳格化など。

さらに金融庁は11月29日、「金融再生プログラム」実施のスケジュールを整理した作業工程表を公表した。また中小・地域金融機関の不良債権処理については、03年3月28日に「リレーションシップバンキングの機能強化に関するアクションプログラム」を公表し、地域金融機関の集中改善期間を04年までとした。

「金融再生プログラム」は一般には、金融を「創造的破壊」の主役と位置づけるハードランディング路線に転換したものと理解された。しかしその政策の実態は一般の印象とは異なり、実際には金融再生プログラム以降、実質

的な金融機関の破綻はないに等しい（足利銀行の事例はそれまでの破綻処理とはかなり色彩が異なる。前出図表10－1参照）。また、企業に対しても淘汰の促進というより企業・産業再生が掲げられ、（景気回復の後押しもあって）倒産件数はむしろ02年から急速に減少を始めている（図表10－2）。なお、RCCは「骨太の方針」（2001・6・26）以前から企業再生事業に乗り出し、02年8月には信託機能を活用して企業再生ファンドを設定している。破綻処理を目的としたアメリカのRTCをモデルとして発足したRCCは柳澤金融相時代から企業再生に軸足を移していたが、金融再生プログラムはこの動きを巧みに取り込んでいる。

一般には金融機関のハードランディング（破綻処理）の手法と受け取られている国有化・資本注入は、金融機関の取扱いに関する限りその本質はまさにRFC路線への転換であり、金融システムとの関係でいえば徹底したソフトランディング路線である（りそな銀行のケースが典型）。一時期離職者が100万人を超すといわれていたが（日経新聞2001・6・29）、実際にはこの間失業率は改善していることがそれを間接的に証明している。

RFC方式への転換が受け入れられたのは、それまで破綻処理のモデルとなっていたアメリカのS&Lに関するRTC方式（80年代）にかわって、北欧の

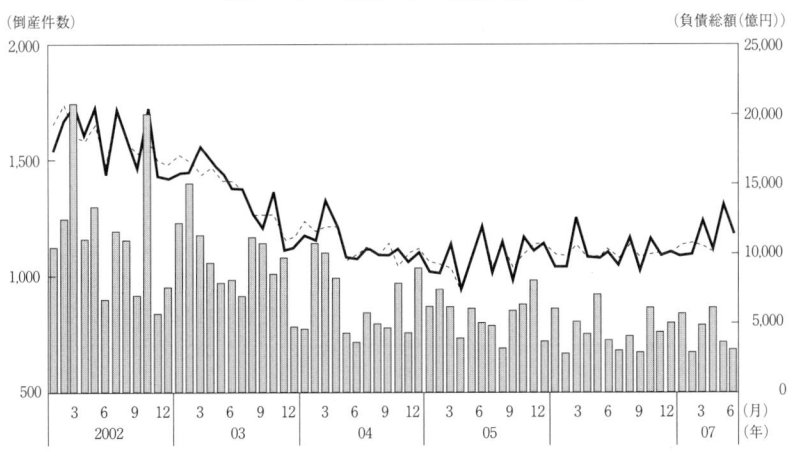

図表10－2　倒産件数・負債総額の推移

（出所）　内閣府HP

COLUMN

韓国・スウェーデンの「思い切った」処理策

スウェーデンでは1991年以降、バブルの崩壊と極度の経済不振により深刻な金融危機が生じた。これに対処して巨額の公的資金の投入による大銀行の国有化などの思い切った措置が経済再生に寄与した。韓国では、1997年のアジア通貨危機により経済破綻の瀬戸際に立たされたが、巨額の公的資金投入と非効率企業の淘汰により予想以上に早く立ち直った。

日本ではいずれも強力な政治的リーダーシップの発揮によるハードランディング路線の成功と説明され、「スウェーデン・韓国に学べ」は一種の流行となった。両国が苦難に際して断行した政策とそれを受け入れた国民には敬意を表したい。しかし、両国再生の最大の要因が思い切った公的資金の投入や銀行の破綻処理であるとの説明は、必ずしも正確ではない。これらはむしろ生活水準（為替レート）切下げの成功事例として説明されるべきであろう。

スウェーデンが経済危機に直面してとった政策は、金融システムに対する迅速大胆な対応でもあったが、第1には、通貨安をねらった為替政策であった（クローネの対ドル相場は92年から93年にかけて約30％下落）。その結果産業の国際競争力は著しく改善したが、1人当りのGDP（ドル建て）は大幅に下落した。スウェーデン人の1人当りGDPは1990年には2万7696ドルであったが、2000年でも2万5596ドルと10年前に比べ8％低下した水準にとどまっていた。要するにスウェーデンの経済・金融再生は、むしろスウェーデン人の生活水準の30％切下げによって達成されたのである。

韓国についても事情は同じである。通貨危機前の97年1月に比べ98年1月にはウォンの対ドルレートは46％も低下した。いずれにしても韓国経済・金融再生の背景には、韓国人の相当な生活水準切下げという犠牲が存在する。95年には1万881ドルであった韓国人の1人当りGDPは、98年には6901へと37％低下した。

当時、日本人の価格（1人当りGDP）は約3万3000ドル、英・独・仏人（約2万3000ドル）の4割増であった。ヨーロッパ旅行をした日本人のうち何人がそのような価値を主張する自信をもっていただろうか。要するに、西欧人の4割増・中国人の34人分の3万3000ドルには少し無理があった。それは主としてプラザ合意以降の円高によって生じた無理であった。単刀直入にいえば、不良債権問題の抜本的解決のためには、国際的な比較で日本人の生活水準を切り下げることが必要だった。00年代に入り長期的な円安を背景に、日本の不良債権問題は解決に向かった。「金融再生プログラム」はフォローの風に恵まれたのである。

大手銀行に関する国有化方式（一種のRFC方式、90年代）という成功事例が注目されたからでもある。当時日本では、「北欧や韓国の思い切ったハード

ランディング路線を見習え」との議論が盛んであったが（たとえば、山田能伸「スウェーデンに見る危機対応」日経新聞2001・6・25）、北欧3国の金融行政はハードランディングというよりは、為替レートの切下げによる経済てこ入れ策を伴った金融機関救済政策と解すべきである。金融機関数の少ない北欧3国の政府は、大手銀行の経営危機に際して金融システムの維持が最優先と考え、破綻処理的なRTC方式を排し銀行救済的なRFC方式を採用したといえる。

　このような局面において、小泉・竹中路線は政治的にきわめて巧妙であった。上記のように実質的にソフトランディング路線に転換すると同時に、金融機関の経営者に対してはきわめて厳しい姿勢で臨んだ。それが金融機関に対する不良債権処理促進への圧力となると同時に、ハードランディング路線であるとの印象を世論に強くアピールする効果をもたらした。

　このような方式により、不良債権の（主として帳簿上の）処理を促進させ、金融機関経営者の緊張感を高めた功績は率直に認めなければならない。また、ソフトランディング路線が株主に対する日本政府のコミットメントと受け取られ、外人投資家の姿勢をポジティブにさせることを通じて株価の回復によい影響を与えたことも注目される。それまでは、破綻処理への取組み方が軟弱であることが国際市場の不信感を呼び海外からの投資を控えさせていると理解されていたとすれば、これはまことに皮肉な現象であった。

4　りそな・足利銀行の処理

　03年3月1日に発足したりそな銀行（大和銀行・あさひ銀行が合併）は、かねてから経営内容に不安をもたれていたが、繰延税金資産の計上を監査法人に否認されたことにより自己資本が4％を下回ったため、5月17日に預金保険法第102条1項1号に基づく公的資本注入を受けることになった。繰延税金資産の厳格な取扱いは、金融再生プログラムが不良債権処理策を推し進めるために用いた戦略的手法である。金融再生プログラムが金融界に与えた衝撃は、ほとんど繰延税金資産の取扱いから発しているといってもよい。りそな銀行は最初のターゲットとなった。

　不良債権処理のための引当金や株式評価損などは、会計処理上経費として

認められる。しかし税務上の取扱いとしては、損失が確定するまでこれらを経費として認められないことが多かった。アメリカなどでは引当金を計上した時点で税務上も損金として処理されていたので、金融界は日本でも同様の取扱いにするよう求めていた。「税効果会計」は、企業の財務会計上の利益と、税法上の規定で計算する課税所得との差を調整する会計手法である。00年3月期からは、実際支払った税金ではなく、本来その期間に税金をいくら支払うべきかを算定して財務諸表を作成する。その結果、当該決算期に税務上経費として認められない引当金は、将来税金が戻ることを前提に財務諸表に繰延税金資産として計上できることとなった。

繰延税金資産をいくら計上するかについては、監査法人のチェックを受ける必要がある。当時会計士の間では、銀行が破綻した場合に決算を承認した責任を追及されるリスクを危惧する声が少なくなかった。また当時金融庁は、不良債権処理を段階的に進めようとしていた銀行に対して繰延税金資産の取扱いの厳格化を求めた。竹中金融相は、会計ルールを厳格に適用し税効果資本を大幅に圧縮させて主要行を資本不足に追い込み、預金保険法102条の公的資本を注入するプランを描いていたとの見方もある（週刊エコノミスト2003・6・10 p95）。

りそな銀行の繰り延べ税金資産の取扱いについて担当監査法人は厳しい判断を下し、その結果りそな銀行の自己資本比率は健全経営に必要とされる4％を下回った（第7章第4節2参照）。03年5月17日に政府は、そのような状態を放置すると「信用秩序の維持に極めて重大な支障が生ずるおそれがある」と認めて金融危機対応会議を開催し、りそなグループに対する1兆9600億円の公的資本注入を決定した。預金保険法第102条第1項に基づき金融危機対応措置の必要性が認定される場合としては、過少資本行に対して自己資本充実のため破綻前に資本注入を行う「1号措置」と、破綻金融機関またはその財産をもって債務を完済することができない金融機関に対して適用される「2号、3号措置」に分類されている。りそな銀行は債務超過に至っていないと判定され、1号措置が適用された。

1995年6月の「機能回復」以来、政府は金融機関が自己資本の不足により経営破綻した場合、経営者などの責任を問うとともに、株式が無価値になる

図表10-3 金融危機対応措置の概要

```
信用秩序の維持にきわめて重大な支障が生ずるおそれ
                    ↓
            金融危機対応会議
    内閣総理大臣による金融危機対応措置の必要性の認定
```

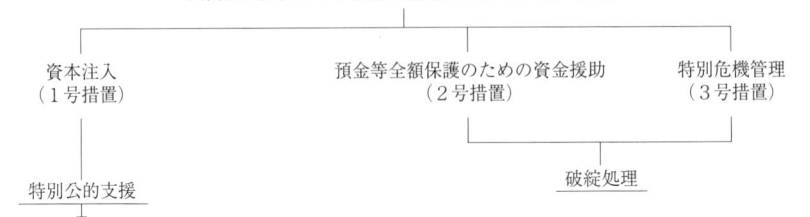

| 資本注入
（1号措置） | 預金等全額保護のための資金援助
（2号措置） | 特別危機管理
（3号措置） |

　資本注入　→　特別公的支援
　2号措置・3号措置　→　破綻処理

特別公的支援の流れ：

- 経営責任の明確化、経営漢詩チームの設置、日銀特融による流動性対策
- 新経営陣による資本注入の申請、経営健全化計画の提出
- 金融問題タスクフォースによる経営健全化計画の審査
- 内閣総理段人による資本注入の決定
- 金融機関における株主総会決議等
- 資本注入実施
- 管理会計上の勘定分離
- 勘定分離の終結
- 特別公的支援終結

（出所）　金融庁

ことにより株主にも一定の責任を負わせる方針をとっていた。しかし本件については、りそな銀行は破綻していない（債務超過ではない）として、竹中金融相は「株主責任は問わない」（拓銀・長銀・日債銀のように株式は無価値にならない）と宣言した。市場は、日本政府が日本の金融機関への投資リスクを軽減することを保証したと受け止め、4月28日にはバブル後最安値を更新していた平均株価はその後1万円まで回復した。

　このようなりそな銀行の処理については、賛否両論があった。公的資本注入の効果はあったのかと問われれば、株価は上昇に転じ日本経済は自信を回復した、と答えることができるであろう。しかし、企業が実質的には破綻しているのに政府の下支えによりその株主が無傷ですむのでは、資本主義・市

図表10－4　主要行の繰り延べ税金資産依存状況（02年9月中間）

銀行名	株主資本に占める繰延税金資産の比率（％）	繰延税金資産要回収年数（年）
りそな	76	6.7
みずほ	39	5.4
みずほコーポレート	63	6.7
UFJ	59	5.0
UFJ信託	71	5.7
東京三菱	40	4.4
三菱信託	34	3.5
三井住友	62	4.2
住友信託	30	3.4
中央三井信託	94	6.2

（出所）週刊東洋経済2003・5・31 p16

場経済の基本原則に合致していないのではないか。そのようなことは小泉内閣がかねてから主張してきた構造改革の基本方針とは必ずしも一貫していないというのが当時の論調の大勢であった。

　一方、りそな銀行処理の波紋は、金融再生プログラムによる公的資本注入戦略を警戒する主要銀行の資本増強競争となって現れた。02年9月中間決算では、りそな銀行に限らず、多くの主要行の自己資本は繰延税金資産に過度に依存していた（図表10－4）。信用の拠り所である自己資本として、これをどこまで算入できるかにはたしかに問題があった。この点に関して政府がりそな銀行に対して衝撃的な処理を断行したのを見た主要行は、その後先を争うように自力での自己資本調達に奔走し、竹中金融相の意図した公的資本注入による国有化路線を免れようとした。

　りそな銀行に続いて、バブル崩壊までは成長路線を展開する代表的地銀であった足利銀行が経営危機に直面した。足利銀行は、地元で集めた資金を系列ノンバンクを通じて大都市部の不動産融資で積極的に運用した。その多くはバブル崩壊後に不良債権化し、1997年秋には足利銀行の経営不安が顕在化したが、東京三菱銀行（当時）や地元取引先の支援などによりいったん沈静化した。1999年から3回にわたり総額1350億円の公的資金を受け、また自己資本増強のため99年11月には300億円の優先株を発行し、さらに02年1月に

図表10-5　長銀・日債銀・足利（破綻処理）とりそなの比較

	長銀・日債銀	りそな	足利
制度の枠組み〔根拠法〕	特別公的管理（一時国有化）〔金融再生法〕	特別支援〔預金保険法〕	特別危機管理（一時国有化）〔預金保険法〕
目的	破綻処理	再生	破綻処理
資本増強	優先株を注入	普通株と議決権付優先株を注入	優先株を注入
発行株式の取扱い（株主責任）	政府が全株取得、上場廃止。既存株式は無価値。	上場維持。既存の株式を減らさない形で減資。配当抑制。	政府が全株取得、上場廃止。既存株式は無価値。
経営陣	総退陣、政府が新経営陣指名	総退陣、政府が経営監視チーム派遣	総退陣、政府が新経営陣指名

は約300億円の普通株増資を行った。ところが03年9月期の中間決算では、監査法人が繰延税金資産を計上しない方針を通告、この結果債務超過に陥った。地元は預金保険法第102条第1項の1号措置（いわゆる「りそな銀行方式」）を要請したが、金融庁は3号措置（一時国有化、特別危機管理）を決定し足利銀行は経営破綻した。

　りそな銀行と足利銀行の経営実態には類似性が多いところから、足利銀行の処理方式に関しては、りそな銀行のような資本注入によるソフトランディング方式（1号措置）なのか、長銀・日債銀のような一時国有化によるハードランディング方式（2号、3号措置）なのかが関心を呼んだ。竹中金融相が金融再生プログラムを発表した当時はハードランディング路線への転換と受取られていたが、りそな銀行への対応では方針を転換し、多額の公的資本注入によるソフトランディング路線が選択された。足利銀行のケースでは、りそな銀行の処理方式と小泉内閣の従来の主張との整合性に疑問が提起されたこともあり、再び取扱いを厳格化したとの見方もあった。

　足利銀行は破綻処理され、りそな銀行と異なり株主は負担を負うことになった。特にこれまで資本不足解消の増資に協力した地元企業は、取得した株式が無価値となって大きな打撃を受けた。一時国有化による資金供給の停滞など、地域経済への影響も懸念された。両行間には債務超過か否かの違いがあったとの説明もあるが、このような取扱いの違いは、政府の方針への理

解を難しくするとともに、関係者には不公平感を生み出した。今回のアメリカにおける金融危機に際しても、ベアスターンズやAIGに対する政府の姿勢とリーマン・ブラザーズの取扱いとの間に大きな差があり、かつ対処方針が揺れ動いたことが市場の混乱を深めたとの批判がある。

なお、06年11月2日、金融庁は足利銀行の受皿に求める基本的な条件を提示し、受皿候補を公募した。08年3月14日、金融庁は足利銀行を野村グループ連合に譲渡する方針を決定し（株式譲渡額1200億円）、足利銀行は7月1日、野村グループ連合によって設立された足利ホールディングスの傘下に入り、特別危機管理体制から解放された。

5 「ゾンビ企業」の淘汰

戦後の金融システムは、景気循環やリスクに対して平準化・安定化の機能を果たすいわば「国家的保険」システムと考えられてきた。不良債権処理や企業淘汰に関する姿勢も、金融を市場原理に基づく創造的破壊の手法と考えるアメリカとはおのずから異なり、経営回復が見込める融資先についてはむしろ時間を与えて支援することこそ銀行の社会的使命と考えられてきた。金融行政は社会のシステムとしてそれを実現することを目的としており、不良債権の迅速な処理を通じて企業や金融機関の破綻処理を促すという発想は乏しかった。

不良債権とは具体的には「経営破綻先債権および6カ月以上延滞債権」を指し、「金利減免債権」は銀行が融資先企業の再建を図り回収する明確な方針を有しているケースとして、不良債権には含められていなかった。不良債権に関するこのような従来の考え方は、バブル崩壊後の不良債権処理過程において大きく変更された。従来は、不適切な経営を行った金融機関に散発的に発生していた不良債権が、バブル崩壊後は長期的な地価下落と景気停滞により、ほとんどすべての金融機関に大量に発生したからである。不良債権は必ずしも個別金融機関の放漫経営の結果として生じただけではなく（もちろんそういう部分もあったことは事実であるが）、金融システム全般（あるいは日本経済全般）の問題として発生していた。したがって不良債権の把握・評価も、従来のように金融機関の経営に及ぼす影響という見地からのみならず、

金融システム（あるいは経済・社会）全体としてどの程度存在し、どのように処理すべきかが課題となっていたのである。

そのような問題意識が現実的になってきたのはようやく95年半ばになってからである。当該企業への支援を続けるかどうかという銀行の方針いかんにかかわらず、回収できないリスクを客観的に反映させるため不良債権の概念に金利減免債権を含めることとされた。その後02年10月に「金融再生プログラム」が発表されると、不良債権の評価は事態を客観的に把握するという以上に、金融機関に不良債権処理（ひいては「ゾンビ企業」の淘汰）を強力に促すための戦略的手段となった感がある。繰延税金資産の取扱いや資産の時価評価など、突如として監査法人が企業の命運を握る存在として注目を浴び始めたのはその頃である。そのような流れの中で、ビジネスの世界ではファイナンスの手法として従来から用いられてきたが金融行政・金融機関経営の分野では必ずしも一般的ではなかったDCF（discounted cash flow）方式が脚光を浴びるようになった。

しかし、DCF方式を金融行政の手法として不良債権評価に適用することは、慎重に検討すべき課題である。DCF方式では将来のキャッシュフローや金利についての投資者ごとの予測が前提となる。その予測が的確であった場合には投資者は高いリターンを得、的確でなかった場合には損失を甘受する。しかし政府が公権力に基づき判断を下し、その結果民間企業の存否が決定される金融検査という分野については、そこに確率の世界を持ち込むことはどの程度許されるのであろうか。政府による権力の行使は、投資家が自らの責任においてリスクとリターンを選択するのとは異なる世界である。

アメリカでは金融当局を含めDCF方式による不良債権評価が一般的であるとしても、その判定の結果は直ちに政府の介入に結びつくのではなく、まずは高まったリスクに備えるための民間資本の補充により対応すべきものと考えられている。この問題の根底には、金融機関の社会的位置づけに関する根本的な考え方の違いが存在している。少なくとも80年代までの日本では、金融機関の安定性の最後の拠り所は（資本というよりも）国家ないし金融制度であることが（暗黙のうちに）前提されていた。現在では日本の金融においても建前としては市場原理がとられているが、国民の意識は必ずしも根底

から変わったとはいえず、したがって金融機関経営・金融行政もその手法を大きく変えることはできないのが実情であろう。

　この考え方の違いは、バブル崩壊後の不良債権処理に際して現実の社会にもきわめて大きな影響を与えた。アメリカ型金融をモデルとする見地からは、日本の金融当局や金融機関の「将来」に対する見通しの甘さや引当不足が厳しく指摘された。不良債権処理の先延ばしや帳簿上の処理にとどまることが批判され、市場を通ずる資金の効率的配分のためには「ゾンビ企業」を早く退場させるべき（創造的破壊）と論じられた。しかしその後の事態の進展をみると、経済の正常化に伴い一時は額面割れしていた会社の株価も顕著な復活を果たしている。

　「金融再生プログラム」により株式市場は衝撃を受け、株価が50円を割った「額面割れ企業」は多数にのぼった。「金融再生プログラム」は、日本経済の更なる成長のために、市場の創造的破壊機能により額面割れ企業を淘汰すべしとのメッセージと理解されていた。図表10－6の企業は、不良債権処理先送りの代表的事例として世論の厳しい批判にさらされたが、辛うじて生き残った企業である。そしてわずか2年後には株価は10倍から50倍に回復している。他方、退場宣告を受けてこの間消え去った企業も少なくない。市場の機能とはまさにそのようなものであるとしても、金融検査のような政府の判断については、将来の見通しを織り込んだDCF方式による判断結果を市場に送り、その見通しが結果として外れたとき誰が責任を負うのか、また負うことは可能なのか。政府が企業の存立に決定的な影響を与える将来予測を

図表10－6　「額面割れ企業」の株価の推移

企業名	02年間安値	05.11.11終値	株価回復度（倍）	10.11.11終値
熊谷組	9	508	56.4	57
大京	34	745	21.9	130
千代田化工建設	41	2060	50.2	773
日本冶金工業	12	442	36.8	221
住友重機械工業	46	804	17.5	510
いすゞ自動車	31	478	15.4	345
住友金属工業	36	428	11.9	205

（出所）　日経新聞2005・11・13など

することが認められるのか、金融当局にとってはきわめて頭の痛い問題となる。

いわゆる「大手30社」などへの引当金を適切に積めば債務超過になるとの指摘を受けて、実質国有化あるいは退場を余儀なくされた銀行がある。しかし、むしろその後の株価が示すところが「大手30社」の実態であるのならば、当該企業はもとより貸し手の銀行の中にも債務超過でないものがあった可能性がある。融資先の業況改善によって過去に計上した貸倒引当金が巨額の「戻り益」となって銀行の決算を実態以上に押しあげている。UFJとの統合直後の2006年3月期には三菱UFJは6000億円もの戻り益が生じたが、その大半は不良債権処理の厳格化が指導された旧UFJのものといわれる。当時UFJホールディングスは適切な貸倒引当金の計上により資本不足が生じるとの指摘を受けたため三菱東京FGとの統合を決断したが、その後に生じた戻り益の取扱いや税効果会計の計上方法によっては、別の選択をする可能性があったかもしれない。

しかし逆に、経済の先行きを読むことには不確実性があるからといって、金融行政として結果が出るまで傍観することにも問題がある。薬害エイズ訴訟においては行政の不作為責任が問われたが、問題の性格は違うにせよ不良債権処理をめぐる金融行政についても同様の悩ましい課題が突きつけられている。

第2節 不良債権処理政策の評価

1 不良債権はいくら存在したのか

00年代の金融システムに関する課題としては、金融制度の改革という側面と同時に、運営実態の改善（不良債権処理）という側面も重要である。90年代後半に金融危機と感じられた状況は、00年代に入ると（一時期ITバブル崩壊という問題はあったものの大筋では）世界経済の好調を背景として改善をみたのであるが、そのプロセスはどのようなものであったのだろうか。

まずは不良債権の実態に関する当時の認識から考察してみよう。不良債権の評価に関しては、日本の金融界における伝統的な手法は必ずしもグローバルな市場の手法と整合的ではなかった。そのため、バブル崩壊後に発生し処理を要する不良債権の規模について国内外における認識のギャップが生じ、日本の不良債権処理手法に対する海外市場の不信感を生んだ。そもそも日本では長い間、金融機関の経営状況を開示して市場から経営改善への刺激を与えるという発想は乏しかった。また終戦直後の混乱期は別として、その後バブル崩壊の影響が深刻になった92年頃までは、不良債権の存在によって日本の金融システムが揺らぐことはなかった。

そのため金融行政は個々の中小金融機関の実質的な破綻処理には経験を蓄積していたが、金融システムを動揺させるような事態をマクロ的に把握し、それに迅速に対処するためのノウハウや経験は乏しかった。金融の「自由化・国際化・証券化」が進むなかで、金融機関の情報開示制度はかなりのスピードで整備されつつあった。しかし情報開示制度の整備と、バブル崩壊による不良債権累増という現象が同時に起こった結果、当局や金融機関が発表する情報の信頼性が毀損されるという皮肉な現象もみられた。

バブル崩壊後も90年代半ばまでは、日本経済の復元力に関する輝かしい記憶が目を曇らせ、不良債権の重さが過小評価された面は否定できない。戦後日本経済は何回かバブル崩壊を上回る難局（敗戦、ニクソン・ショック、石油危機、プラザ合意後の円高など）を乗り越えてきた。80年代後半に財テクに走った企業（代表的な製造業・商社をも含む）がバブル崩壊により大きな痛手を被ったことは認識されてはいた。しかし日本企業の「本業」の国際競争力は健全であり、その収益力をもってすれば大部分の企業はバブル崩壊の痛手を3〜5年で克服できると考えられた。

バブル崩壊後不良債権問題が議論されるに際しては、これを「回収不能見込みもしくは回収困難になった債権」と定義し、具体的には、「経営破綻先債権および6カ月以上延滞債権」を指していた。「金利減免債権」は銀行が融資先企業の再建を図り回収する明確な方針を有しているケースとして、不良債権の概念には含められていなかった。不良債権とは「返済される見込みの乏しい債権」を意味していたが、経済の先行きが楽観的であるときには、

返済見込みについても楽観的になりがちである。

バブル崩壊の顕在化後初めて公表された93年3月期の不良債権額12兆7800億円（主要行）は、当時の経済状況と不良債権の定義を勘案すると必ずしも過小評価と断ずることはできない。91年をピークとする地価（3大都市圏商業地）の下落は92年においてはまだ10％程度であって、この段階では通常の担保掛目（70〜80％程度）の範囲に収まっている。その後不良債権が雪だるま式に増え、いかにも当局や金融機関が隠蔽していたように受け取られた。しかしそのおもな原因は、予想を超えた資産価格のとめどない下落、バブルとは直接関係のなかった地域経済の疲弊など、日本経済の基礎体力が著しく劣化したことにあった。

そのようななかでも、90年代半ばには一時日本経済が回復基調を示したこともあって（当時の日本の実質経済成長率は、G7中第1位）、開示対象範囲を広げるなど不良債権の開示には引き続き積極的に取り組まれている。96年3月末決算について金融当局から示された不良債権公表額（約25兆円、主要行、経営支援先債権を含む、図表10-7のA点）は、その後の不良債権の推移を振り返ってみると、必ずしも極端な過小評価であったとはいえないことがわかる。不良債権処理が本格化したのはそのころであるが、それを起点にしてそ

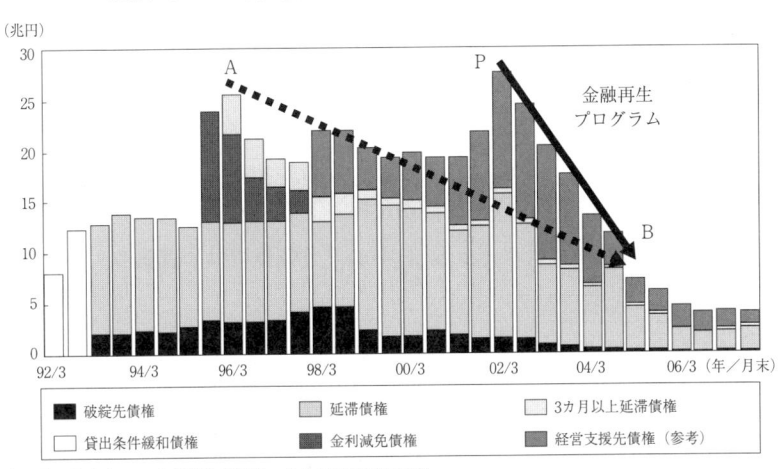

図表10-7　不良債権公表額の推移（都銀・長信銀・信託）

（出所）　金融庁HP、大蔵省公表資料、各金融機関開示資料

の後10年間にわたり不良債権処理が積み重ねられた結果、05年ころに至り不良債権問題が解決された（A→B）とみることはさほど不自然な理解とはいえないであろう。

97年になると、世界の成長センターともてはやされていた東アジアに深刻な通貨危機が起こり、また、アジア経済のリーダーと目されてきた日本でも金融機関の大型破綻が続いた。80年代後半とは一転して日本（およびアジア）経済の将来に悲観ムードが蔓延すると、それまでとは逆に不良債権はむしろ過大評価されるようになった。[3] このような金融不安と損失見込みのスパイラル的な増加は日本独自のものではなく、07年夏以降のアメリカにおけるサブプライムローン問題深刻化の過程においても観察できる。

特に01年以降小泉内閣の「構造改革」においては市場原理が強調され、DCF方式などアメリカにおける投資判断の手法が金融当局の金融検査にも影響を与えるようになり、将来への悲観的見通しが不良債権の見積りに投影されることになった影響は無視できない。その典型的な事例として、ゴールドマン・サックスのレポート（2001・7・26「銀行の資産内容を再考察する」）をあげることができる。ここでは「上場企業2823社をボトムアップ分析したところ、広義の不良債権は総額237兆円、破綻懸念先債権は170兆円と推定される」と述べられている。当時の貸出金総額は626.5兆円であり、237兆円はその37.8％にも当たる。しかし日本人の3人に1人が借金を返済しないとの分析はいかにも極端であり、当時「金融危機」を実地調査すべく日本へきた外国人が街の活況をみて違和感を覚えたのも無理はない。

金融庁の不良債権公表額（リスク管理債権、全預金取扱金融機関）は43.4兆円であったから、日本中が悲観バブルに陥り海外からの評価に敏感になっていた当時、国民からは金融当局は隠蔽工作をしていると疑惑をもたれることになった。当時はIMFのレポートも「日本の不良債権額は公表額の3倍以上」

---

[3] たとえば梶山元官房長官は97年12月4日号週刊文春において、97年9月末の政府の不良債権公表額は28兆円（預金取扱金融機関）であったが実際には120兆円の不良債権が存在していたと批判し、大きな反響を呼んだ。彼は99年後半においてもなお、75兆円から100兆円もの不良債権処理の必要性を国会などで主張し、政治の舞台でも大きな影響を与えた。

と報じていた。日銀もアメリカのように、貸出先ごとに将来の予想収益から回収可能額を推計して債権の時価を算出し（DCF方式）、引当金を計算すべきだと主張していた（日経新聞2002・10・17）。

アメリカに倣って、要管理債権に債権額の30％（日本の大手銀行の慣例では20％前後）、要管理を除く要注意先債権に20％（同5％前後）の引当金計上を求めた場合、多くの銀行のバランスシートが資本不足や債務超過に陥ることは避けられない。日本ではそれまで貸出金が回収不能になった比率をもとに今後積むべき引当金を推計してきたが、当時はデフレが続くなかで「過去の実績をもとに計算するのは適当でない」との指摘が金融行政に一定の影響力を及ぼした。過去の実績が必ずしも将来実現するわけではないことは事実であるが、激動期であればあるほど将来の予測は難しい。政府としては、当局の予測を根拠に私企業の命運を決定することになってしまうリスクが高いことに注意を払う必要があった。

それでは実際に、不良債権はいくらあったのか。不良債権問題に決着のついた00年代後半のデータ（金融庁発表）からさかのぼって確認を試みたい。バブル崩壊（92年度）以降07年3月期までの15年間の不良債権処分損（全国銀行）は累計で97.8兆円にのぼる。不良債権はなお11.8兆円残っているから、バブル崩壊後15年間に存在した[4]　不良債権総額は109.6兆円であった。それは15年間に発生した不良債権の累計額であるから、個々の時点に存在していた不良債権額はその何分の1かであったということになる。図表10－7によりその間の不良債権額の推移を通観してみると、ゴールドマン・サックスのレポートで過小との批判を受けた01年3月期の公表不良債権額43.4兆円（全国銀行では32.5兆円、都銀・長信銀・信託で19.3兆円）も、それなりに根拠のある数字であったと考えることは可能であろう。

現時点から振り返ってみると、ゴールドマン・サックスの237兆円を代表とする当時の市場関係者の不良債権見積りには過大評価のケースが多かった

---

[4] 正確には、「この間にそれぞれの時点で不良債権と認識され、（間接・直接償却を含め）処理された」。したがってその中には、業況が回復し契約どおり返済されたり、引当金を計上したが後に利益として繰り戻したものも含まれている。

ように思われる。そのような結果になった原因の1つにDCF的発想があった。このレポートにおいて評価の根底にある考え方として次のように述べているのはきわめて興味深い。「市場原理に基づく金融システムの基本は、不良債権をある程度、過大に認識したり、引当金を過剰に計上する方が過小に計上するよりは好ましいと言う考え方である。」カリフォルニア大学の星岳雄教授も同様の論旨を展開している（「不良債権、一気に最終処理」日経新聞2001・9・26）から、これは米英では通常の発想法なのであろう。

金融検査に初めてDCF方式が適用された02年3月期の不良債権公表額（「金融再生プログラム」の起点、図表10－7　P点）は、当時世の中を覆っていた「悲観バブル」の影響を強く受けた将来予測額であり、その後の顕著な不良債権減少はDCF方式による「のりしろ」が経済観の正常化に伴いはがれ落ちていった過程と考えることもできる。世の中の将来展望が悲観色に覆われているときにはどこでもありがちな事態であり、アメリカにおけるサブプライムローンをめぐる損失見積りについても、将来同様の回顧をすることになるであろう。マーケットの評価は事態を先取りして迅速に損失を処理するための指標としては貴重であるが、時としてバンドワゴン効果をあげることに留意する必要がある。日本国債の格付けがアフリカのボツワナ並みとされたのもこのころである。

2　不良債権はなぜ減ったのか

「金融再生プログラム」で宣言された04年度に主要行の不良債権比率を半分程度に低下させるという目標は、発表当時は各界から非現実的と評されていた。しかし02年3月期をピークとして不良債権比率は劇的に低下し、この目標は完全に達成された。「柳澤金融相によるソフトランディング路線ではほとんど改善がみられなかった不良債権問題は、竹中金融相によるハードランディング路線への転換によって劇的な解決をみた」、というのが一般に定着した解釈になっている。しかし、不良債権はなぜ劇的に減ったのか、なぜピークが02年3月期だったのか、その原因は何だったのか、など必ずしも説得的な分析が行われているわけではない。

「金融再生プログラム」対象期間（02年3月期～05年3月期）に、不良債権（全

図表10-8　不良債権の増減（全国銀行、金融再生法開示債権等）

	99年3月期A	02年3月期B	増△減B－A	05年3月期C	増△減C－B	07年3月期D	増△減D－B
不良債権	33.9	43.2	9.3	17.9	△25.3	12.0	△31.2
正常債権	517.4	468.9	△48.5	428.2	△40.7	460.7	△8.2
与信総額	551.4	512.1	△39.3	446.1	△65.9	472.7	△39.4

（出所）　金融庁HP「19年9月期における不良債権の状況等」（表1）

図表10-9　全国銀行の金融再生法開示債権の増減要因

		02.4～05.3	02.4～07.3
金融再生法開示債権		△25.3	△31.2
増減要因	債務者の業況悪化等	20.2	27.3
	危険債権以下からの上方遷移	2.0	2.6
	正常債権化	△9.5	△12.1
	返済等	△4.3	△5.2
	オフバランス化等	△33.8	△44.1

（出所）　金融庁HP「19年9月期における不良債権の状況等」

国銀行）は半減目標を優に達成し、25.3兆円減少した（図表10-8）。それまでの7年間は年平均4兆円以上の直接償却等をしたにもかかわらず不良債権が積みあがっていたのに比べると様変わりである。

　問題は3年という短期間に25.3兆円（58.6％）にものぼる不良債権がなぜ減少したかである。金融庁発表の増減要因分析によると、債務者の業況悪化等による不良債権の増加（20.2兆円）はあったが、他方、返済や正常債権化（△13.8兆円）にも恵まれ、何よりも「オフバランス化等」の思い切った不良債権処理（33.8兆円）がこの結果につながった、と読める（図表10-9）。これは、「ハードランディング路線を掲げた金融再生プログラムの成果」との一般的印象と符合している。

　「オフバランス化」は、「債権放棄などにより貸借対照表上の不良債権を落とすこと」と定義されている。通常は貸出金償却やバルクセールによる売却などと解するのが自然である。しかしこの表に掲げる「オフバランス化等」には、直接償却のほか債務者の業況改善や再建計画の策定等による正常債権化・返済が含まれていることに注意する必要がある。どの部分を債務者の努

図表10-10　オフバランス化等の構成要素

	02年4月~05年3月			02年4月~07年3月		
		破産更生等債権	危険債権		破産更生等債権	危険債権
清算型処理	-2.6	-2.6	-0.1	-3.4	-3.3	-0.1
再建型処理	-4.2	-2.6	-1.6	-5.6	-3.4	-2.2
再建型処理に伴う業況改善	-1.8	-0.1	-1.8	-2.0	-0.1	-2.0
債権流動化	-13.5	-9.2	-4.3	-17.4	-12.1	-5.3
直接償却	4.5	7.1	-2.6	6.8	10.0	-3.3
小計A	-17.6	-7.4	-10.3	-21.6	-8.9	-12.8
回収返済	-12.1	-6.3	-5.8	-16.6	-8.5	-8.1
業況改善	-4.1	-0.2	-3.9	-6.0	-0.4	-5.6
小計B	-16.3	-6.6	-9.7	-22.6	-8.8	-13.7
合計　A＋B	-33.9	-14.0	-20.0	-44.2	-17.7	-26.6

（出所）　各金融機関公表資料を金融庁で合計

力や景気の回復による債権の正常化とするかについては解釈に多少の幅があろうが、図表10-10によると、それは少なくとも「オフバランス化等」の半ばを超え、明記されている13.8兆円とあわせると通常の意味での正常債権化・返済は合計31.4兆円（すなわち不良債権の減少額25.3兆円を超える額）にのぼることになる。このような状況をみると、金融再生プログラム後3年間の不良債権額の減少原因は、ハードランディング路線による不良債権処理政策の成功というよりは、主として景気回復およびそれに伴う債務者の返済努力による金融の正常化によるとみるのが穏当であろう。

　そもそも不良債権とは何か？　不良「債権」と呼び習わしていると、貸し手の行動に問題があって生じたものとの論理につながりやすい。しかし、不良債権とは基本的には「返済されない借入れ」、すなわち不良「債務」である。日本社会では借りたものは返さなければならないと考える人が多く、また、返済義務を果たさないような人が正常な経済・社会活動を継続することは不可能である。したがって日本社会では、返済可能な経済環境になれば不良債権問題は劇的に変貌する。内閣府によると景気の谷は02年1月であるから、02年3月期を転換点として不良債権問題をめぐる状況が大きく変わったこと

は日本社会における現象としてはきわめて理解しやすい。

同様の理解は80年代後半から90年代にかけてのアメリカの金融動向についても適用できる。一般的には、「80年代には先延ばし政策がとられたためS&L危機を招くなどアメリカの金融システムの劣化が続いた。しかし91年にRTCが不良債権処理のため果断な措置を取ったのを契機に金融危機は解消し、アメリカ経済は復活した。」と説明されている（たとえばハバード米CEA委員長寄稿日経新聞2002・10・17）。そのような要素がないとはいえないが、アメリカ経済がグローバル化・情報化時代を迎え、70年代以降続いた長期停滞過程を90年代初頭に脱したことにより不良債権問題も転機を迎えた、という方が事実に近いのではないか。

第3節 資本不足と公的資本注入

1 資本毀損の時代

世界経済が金融危機に揺れるなかで、米欧の金融機関は損失の処理というよりも、むしろ資本の毀損を躍起になって補填しようとしている姿勢が印象的であった。その後この問題が一層深刻化し、公的資金による投資銀行やファニーメイの救済が論じられるようになっても、その施策の中心的課題は損失の処理ではなく資本の増強のようにみえた。このような問題意識は日本の金融危機が論じられた1998年のG7でも強調されており、これはアングロサクソン社会の金融（あるいはリスク管理）に関する伝統的・基本的な姿勢をあらわすものなのであろう。すなわち、このような事態に対処しての政策のターゲットはあくまでも今後の金融システムの健全性をいかにして確保するかであり、過去に生じた不良債権の明確化や迅速な処理は必要な資本増強額を算出するうえでの1つのプロセスに過ぎないと考えられているように感じられる。

これは80年代後半におけるシティ・バンクの経営危機に際して、J. リード会長の産油国からの資本調達が賞賛されるエピソードが如実に示している。

信用の拠り所である資本を確保するため、まずDCF方式により（むしろ先取り気味に多めの）所要額の見通しをつけ、（そこで不良債権の最終処理に必ずしもこだわることなく、とりあえずは引当金を積んで）資本が不足する場合には外部から積極的に取り入れる。最近の金融危機への対処においても、海外のマーケットの主たる関心は不良債権額や発生原因というよりも、その収拾方策、端的にはそこで生じた資本不足の解消策にあるようにみえる。

これに対して日本では「不良債権問題」と称されることからもわかるように、不良債権処理それ自体が目的化されがちであり、特にそのような結果に至った原因究明と責任追及を重視する点に特徴がある。内外におけるバブル崩壊後の金融論議を振り返って強く感じるのは、金融ビジネスにおける資本のもつ意義に関する彼我の意識の大きな隔たりである。この点はBIS規制をめぐる彼我の理解の違いにも現れており、金融のグローバル化進展に際して今後われわれが留意すべき論点のひとつであろう。

ブリッジバンク導入を核とする「金融再生トータルプラン」（1998・7・2）へのマーケットの評価があまり高くなかったのは、これが不良債権の処理促進策にとどまっており、そこから先の資本増強への姿勢が明確でなかったからではないか。ところが当時日本では、不良債権処理策が生ぬるいからだと受け取られていた。かつてアメリカの金融危機対策を立案したR・ライタン氏（ブルッキングス研究所）はこのプランを評して、「邦銀の資本不足の問題だ。邦銀の多くは正しい会計処理をすれば資本が足りず、BISの自己資本比率規制を満たせないだろう。問題は資本をどこから取り入れるかだ。方法は大きく分けて外国資本の取り入れ、一般事業会社の出資、政府出資による国有化、大口預金の株式への転換の4つだろう。」ときわめて明快な判断を示している（日経新聞1998・7・4）。

まず、バブル崩壊後の金融問題の本質がまさに「資本毀損の時代」（高田・柴崎〔2007〕p141〜）であったことを一層明確に認識する必要がある。80年代以降の金融機関の自己資本の推移は図表10－11のとおりである。

バブル崩壊期において不良債権処理と苦闘した都銀会長（前頭取、当時）は筆者に対し、「バブル崩壊後の金融機関経営で最も苦労したのは、世界の市場から資本不足を指摘されたことであった。それを回復しようとしていく

図表10−11　民間金融機関の自己資本の推移（国民所得計算ベース）

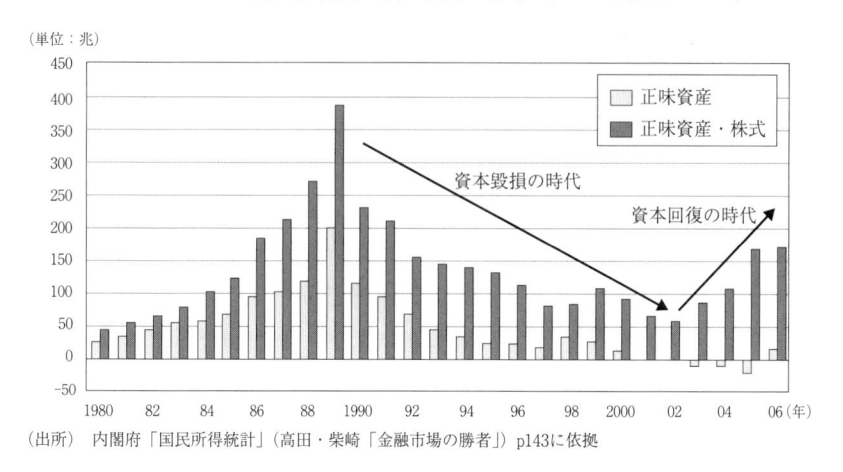

（単位：兆）

凡例：正味資産／正味資産・株式

資本毀損の時代　→　資本回復の時代

（出所）　内閣府「国民所得統計」（高田・柴崎「金融市場の勝者」）p143に依拠

ら努力しても資本の毀損は底なしのような状況だった」と述懐したことがある（2007年1月）。図表10−11はまさにそのような状況を示している。これに対処するため（特に欧米のマーケットから）求められていたのは、（プロセスとして不良債権の処分や引当金の計上が不可欠であったとしても、最終的には）資本の充実であった。その手段は日本において論議の中心になった公的資本の注入でなく、まずは民間資金の調達であった。その場合欧米の金融界では出資者の国籍などにこだわるところはないが、日本社会ではこのような状況において外資の導入をすれば経営を支配されると躊躇する風潮が強い。

戦後日本の金融システム（いわゆる護送船団方式）においては、金融機関の信用はいわば政府保証に依存していた。政府が管理・運営する金融システムに信頼性がある限り、個々の金融機関の信頼性が市場から問われることはほとんどなく、それは80年代に日本の金融機関が欧米市場を席捲するかにみえたときでも同じであった。80年代以降の金融の自由化・国際化・情報化に伴いその枠組みは崩れ、日本の金融機関は信頼の基盤を政府に依存できなくなった。BIS規制とは、自らへの信頼は自ら確保すべしという欧米金融界での当然のルールを日本の金融機関にも求めたものなのである。

バブル崩壊後、地価・株価の継続的下落を反映して金融機関の資本が激減し、BIS規制が日本の金融機関の活動を厳しく制約するようになった。特に

95年度、97年度、98年度には業務純益を大幅に上回る不良債権処分損を計上せざるをえなくなり、自己資本を大幅に毀損した。そういうなかでますます個々の金融機関の自己資本に注目が集まり、日本でもようやく資本確保の重要性に着目されるようになった。

2　資本増強策は機能したか

長銀・日債銀の経営危機によりようやく公的資金による資本の充実に着手され、金融機能安定化緊急措置法（佐々波委員会）による1兆8156億円（98年3月）を経て、99年3月には早期健全化法による7兆4592億円の公的資本注入が実施された。不良債権論議は、その後小泉政権の発足とともに政治課題として世間の注目を集めたが、実はグローバルなマーケットにおいてはこの時点で日本の金融システムに関する危機意識には一応の決着がついていたようにみえる。99年に入るとジャパンプレミアムは完全に収まり、その後は一貫して平静を保っているのはそれを端的に示している（図表10－12）。これをみても海外市場は、不良債権の処理に顕著な進展がみられるかどうかよりも、欠落した資本の充実が迅速に行われるかどうかに関心をもっていることがわかる。

大手銀行の株主資本の推移と公的資本の注入状況は図表10－13のとおりで

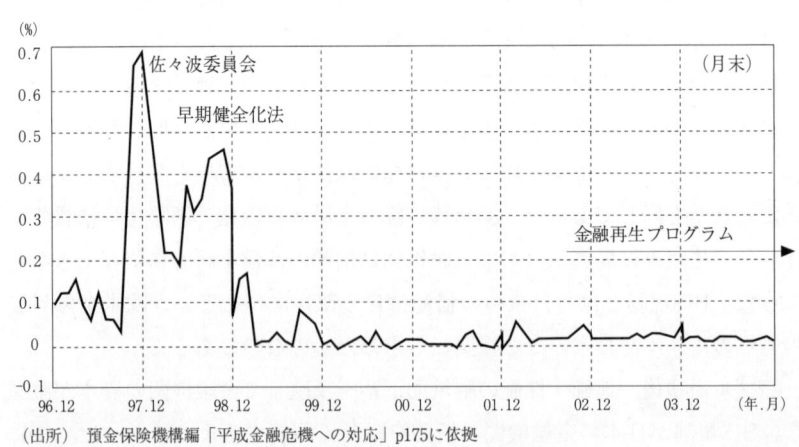

図表10－12　ジャパンプレミアムの推移

(出所)　預金保険機構編「平成金融危機への対応」p175に依拠

図表10-13　大手銀行の株主資本の推移

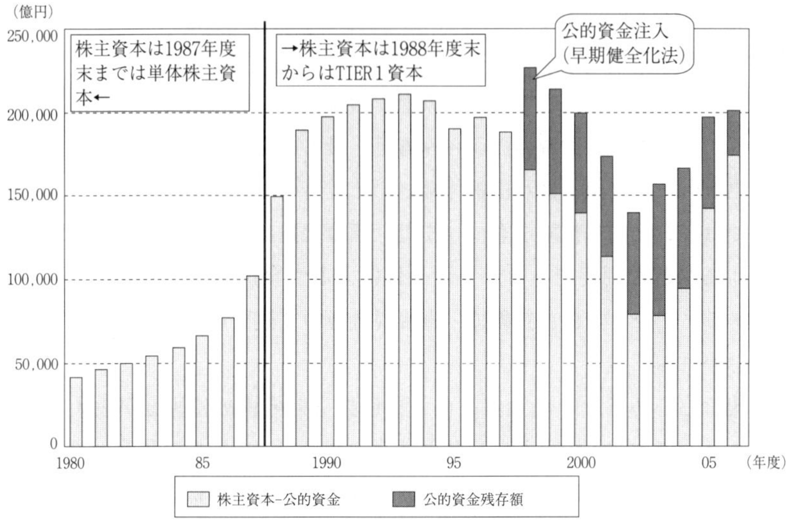

（出所）　高井晃「大手銀行の2006年度決算」（大和総研アナリスト情報）p97

ある。98年度における公的資本注入が資本不足解消策として大きな効果を生み出している状況が理解できる。そういう意味では、もう少し早い段階において欧米マーケットの発想を理解していれば、民間ベースで一層本格的に自己資本の充実を図ることにより「失われた15年」を短縮する可能性があったかもしれない。

　02年10月の「金融再生プログラム」は資本不足に関するグローバルなマーケットの反応を認識したうえで、あえて主要行を資本不足に追い込んで自らの政策を貫徹しようとした強硬手段であったと考えられる。そのようなプレッシャーをかけたうえで、りそな銀行に対して公的資本を注入し実質的に国有化したことはきわめて巧妙であった。りそな銀行処理手法がそれまでの不良債権処理の原則から外れているため市場の評価を受けられないとの国内での予想に反して、市場でのこの施策の評価は高く、これを契機に外資の流入が活発化して市場の転機になった背景には、このような事情があったものと思われる。マーケットは論理よりも、利害で動くようである。

第10章　「金融再生プログラム」と不良債権問題の収束

3　公的資金の投入・回収状況

　金融システム安定化政策に関して、「公的資金」の定義は必ずしも明確ではない。その時々によって異なる概念で議論されていることから混乱が生じていることが多い。財源の面からみると、最も厳格には税金を指す。しかし日銀出資も、それがなければ納付金として政府の財源になるべき資金という意味では税金と同じ性格をもつ。また、預金保険は法律に基づいて保険料を徴収する公的な制度であるから、それによる資金援助は公的資金ともいえる。メディアなどでは、狭義に、直接税金をつぎ込む場合のことを指していると思われる。

　支出面からみると、資金援助のように損失の穴埋めに税金が投入されるケースと、資本注入のようにリスクはとりつつ回収を前提に税金が投入されるケースがある。後者の場合は、当面は政府による債務保証枠が設定されるにとどまり、大部分は経営再建後回収されるから実際の支出額は小額にとどまるか、場合によっては利益が出ることもある。以下の説明では、その時々でこれらの概念が使い分けられるので留意されたい。

　バブル崩壊後の1992年から2005年までの間に、政府や日銀が金融危機回避のため投入した（広義の）公的資金は約51兆円に達する（図表10−14、資料の

図表10−14　政府・日銀が投入した公的資金

実施機関	時　期	目　的	投入額	回収見込み （うち株含み益）
預金保険機構	92年〜	破綻時の預金者保護、健全行の資本増強	46.6兆円	30兆円台後半 （3.5兆円）
銀行等保有株式取得機構	02年初め〜 最長06年9月	銀行から保有株買い取り	1.6兆円	約2兆円 （数千億円）
日本銀行	02年末〜 04年9月	銀行から保有株買い取り	2兆円	約3兆円 （1兆円以上）
産業再生機構	03年4月〜 05年3月	銀行から保有債権買い取り	0.6兆円	0.6兆円 （ほぼゼロ）
合計			約51兆円	40〜45兆円 （約5兆円）

（出所）　日経新聞2005・12・23

制約上ここで区切っているが、その後の投入額はきわめて少ないので議論の本質には支障ないであろう）。このうち長銀・日債銀の破綻処理により約10兆円の国庫負担は確定しているが、05年末の時点では資本注入時点に比べ銀行の株価は上昇しているものが多かったので、資本注入はむしろ利益を生んでおり、最終的な国庫負担は10兆円程度に収まるとの見通しが示されている。

　上記のうち預金保険機構分に関するデータについては、08年9月末時点の状況が金融庁によって明らかにされている（図表10－15）。預金者保護等のための金銭贈与に充てる公的資金18.8兆円については預金保険料でまかなえる分を差し引くと、10兆4000億円が税金による負担となる。破綻金融機関からの資産の買取に要した資金9.7兆円については、ほぼ同額をすでに回収しているので税金の負担は生じない見込みである。金融システム安定のための資本増強に充てた12.4兆円については、すでに大部分を回収済みであるが、この時点での株価に基づき残余についても回収を見込んでいる。全体として、05年当時と同様、最終的な国庫負担は10兆円程度に収まる見通しとなっている。

　金融危機への不安から、00年度予算では合計70兆円の公的資金投入枠（政府保証等）が設定された（図表10－16）。当時は現実に70兆円の税金がつぎ込

図表10－15　公的資金の使用および回収等の状況（08年9月末現在）

使途		回収等の状況	
預金者等の保護のための金銭贈与		預金保険料等	7.2兆円
		今後の預金保険料	1.1兆円
	18.8兆円	交付公債	10.4兆円
破綻金融機関等からの資産の買取		回収（簿価部分＋利益）	9.6兆円
		売却損	0.4兆円
	9.7兆円	残余の資産	2.1兆円
金融システム安定化等のための資本増強		回収（額面＋利益）	10.5兆円
	12.4兆円	残余の株式等	3.2兆円
その他		回収	4.8兆円
		損失	0.5兆円
	5.9兆円	残余の資産	0.5兆円
合　計	47.0兆円		

（出所）　金融庁

図表10−16　預金保険機構への政府保証枠（00年度予算）

(単位：兆円)

（政府保証枠）	
一般勘定	6
特例業務勘定	10
金融再生勘定	10
金融機能早期健全化勘定	16
危機対応勘定	15
（交付公債）	
特例業務勘定	13
合計	70

(出所)　預金保険機構

まれると受け取った人も多い。しかし、金融危機対策のため公的資金を準備するとは、国民が不安に駆られて取り付け騒ぎが起こったとき店頭に現金を積んで安心させるのと同じように、万一に備え万全の備えをするとの意味も含んでいる。日本のケースでも実際の税金負担は10兆円（もちろんそれでも巨額であるが）と7分の1ですんでいる。今回のアメリカの金融危機に対処して準備された公的資金枠7000億ドルについても、おそらく同様の結果を迎えることであろう。

4　バーゼルⅡ

(1)　検討の経緯

　バーゼル銀行監督委員会（以下「バーゼル委」）が、1988年に「自己資本の測定と基準に関する国際的統一化」（いわゆるBIS規制）を公表してから20年以上を経た。あの当時は邦銀が日の出の勢いであったのに対して米銀は苦境に陥っていたが、90年代以降アメリカの金融は全盛期を迎え、再び世界を制覇するに至った。その間金融ビジネスの内容は大きく変化したが、それに伴いBIS規制の運用面でも、現状にそぐわない面が出てきた。

　1988年のBIS規制は、基本的に世界共通のリスクウェイトを掛けた資産額との対比で最低所要自己資本を規定するという方法によって、単純ではあるが運用のしやすい枠組みを提供してきた。しかしながら、銀行の抱えるリス

クが複雑化・高度化し、かつ、業務内容やリスク管理の手法が多様化するなかで、規制の簡潔さに起因する弊害も目立つようになった。金融工学の発展により銀行の信用リスク管理技術が飛躍的な進歩を遂げた結果、銀行の内部管理とBIS規制の間の乖離が目立ってきたのである。また、信用リスク以外のリスクが次第に重要性を増し、特にオペレーショナル・リスクへの対応が求められるようになった。

　銀行経営の健全性を確保する方法としては、伝統的には、免許制・金利規制・業務分野規制・銀行検査など監督当局の規制による事前予防方式が中心であった。特に日本では、そのような考え方が支配的であった。しかし1970年代以降世界的に、このような直接的規制にかわって銀行経営の自主性を尊重する自己資本比率規制が重視されるようになった。80年代後半にBIS規制が合意された当初は、銀行経営の健全性を国際的に確保するための比較的遠慮がちな合意内容であったが、その後この手法は財務の健全性確保の手段として世界的に定着し、さらには信用リスクにとどまらず市場リスク、オペレーショナル・リスクをも含めた包括的なリスク管理手法として次第に精緻化されていった。

　90年代後半になると銀行業務やリスク管理技術の高度化に対応するため多くの要修正事項が意識されるようになり、バーゼル委において活発な議論が展開されてきた。6年間に及ぶ見直し作業に区切りをつけ、2004年に国際的に活動する銀行の自己資本比率の計算方法についての新しい規制（バーゼルⅡ）が合意された。その間、日本の実情にも沿った合理的で現実的な見直し案となるよう日本は検討作業に積極的に参加している。バーゼルⅡは2006年末（日本は07年3月末）以降、先進国の多くの銀行にとってバーゼルⅠに代わる新しい国際標準となっている。

(2)　バーゼルⅡの概要

　バーゼルⅡは3つの柱、(1)最低所要自己資本比率、(2)金融機関の自己管理と監督上の検証、(3)市場規律、から成り立っている。

　(1)　最低所要自己資本比率：自己資本比率を算定するにあたり、分母となるリスクの計測を現行規制より精緻化している。具体的には信用リスク

図表10−17　バーゼルⅡ第1の柱（最低所要自己資本比率）
　　　　　　国内統一基準行の場合

$$\frac{自己資本}{信用リスク＋市場リスク} \geq 8\% \Rightarrow \frac{自己資本（従来のまま）}{信用リスク＋市場リスク＋オペレーショナルリスク} \geq 8\%$$

従来の規制では単一の計算方式しかないが、新規制では、銀行が
「標準的手法」（現行規制を一部修正）
「内部格付手法」（行内格付を利用して借り手のリスクをより精密に反映）
のうちから自らに適する手法を選択

事務事故、システム障害、不正行為等で損失が生じるリスク
粗利益を基準に計測する手法と、過去の実績などをもとに計測する手法のうちから、銀行が自らに適する手法を選択

（出所）　08年度金融時事用語集p129

の計測の精緻化に加え、新たにオペレーショナル・リスクの計測が導入された。銀行の業務内容やリスク管理のレベルに応じ、リスクの計算方法に３段階の選択肢が与えられている。

(2)　金融機関の自己管理と監督上の検証：金融機関には、自己管理型のリスク管理と自己資本の充実の取り組みが期待されている。金利リスクなど第１の柱では対象とされていないリスクにも備える必要がある。また当局には、各金融機関が自発的に創意工夫をしたリスク管理の方法について検証・評価を行い、適切な措置を講ずることを求められている。

(3)　市場規律：ディスクロージャーを通じ市場規律が働くことを期待し、自己資本の構成やリスク計測の方法等について、これまでより詳しい情報の開示を求めている。

　バーゼルⅡは、当局管理型の監督から自己管理と市場規律を中心とした監督への移行を促す枠組みである。新規制においては、リスク管理の方法を当局が指定するのではなく、銀行が各々の経営方針に応じ決定したうえで自ら実施し、当局および市場がチェック機能を果たすことが期待されている。したがって、この枠組みのもとでは、ルールの字句どおりの遵守よりも、規制目的についての関係者による正しい理解の共有が重要になる。金融機関にとっては、単なる規制対応ではなく、経営方針の策定と密接に関連した真に統合的なリスク管理体制を構築することが重要であり、当局としては、その

有効性を正しく評価する目をもつことが不可欠である（金融庁HP）。

　バーゼルIIの実施後にサブプライムローン問題やリーマン・ショックが発生した。リスク管理の強化が図られた直後に、このような事態が起こったことはまことに皮肉であった。バーゼルIIははたして有効であるのか、何を見落としていたのか、などが問われている。ただし、アメリカはバーゼルIIを完全には実施していないので、アメリカ発の金融危機の発生が直ちにバーゼルIIの機能不全を意味するわけではない。しかしバーゼル委では金融危機再発防止の観点から銀行資本の改善に向けた議論が行われ、09年12月17日に新たな自己資本規制強化案（いわゆるバーゼルIII）を発表した。09年9月のG20ピッツバーグ金融サミットでは、これらの規制強化策を12年末までを目標に導入することについて合意されている。

　新たな規制にはトレーディング勘定取引や証券化に関する見直しが盛り込まれ、また、自己資本の質の向上、借入を活用したレバレッジ取引規制、プロシクリカリティー抑制なども取り入れられる。ただこのような方向づけに対しては、金融危機の影響が大きかった米英は積極的であるが、規制強化による貸し渋りなどの影響を懸念する日独などには慎重な姿勢もみられる。

第4節　金融システム安定化制度の補完

　金融システム安定化の基本的な仕組みは、おおむね90年代に整備されているが（第9章第1、3節参照）、00年代に入っても、産業再生や地域金融対策のためにいくつかの新法や改正法が成立している。

1　改正金融再生法

　このころは参議院与野党逆転国会のもとにあって、金融危機的状況はいわゆる「政策新人類」の格好の活躍の場となった。その象徴が金融再生法の「民主党案丸呑み」であったが、ITバブル崩壊により金融不安が再燃し、00年代に入ってもその流れは変わらなかった。

　金融再生法第53条に規定される資産買取は申込み期限が01年3月31日まで

とされており、いったんは期限どおり終了した。与党3党の「緊急経済対策」（01年3月9日）や経済閣僚会議の「緊急経済対策」（01年4月6日）に、金融機関の不良債権問題と企業の過剰債務の一体的解決および健全銀行からの不良債権の買取業務の延長が盛り込まれた。これを受けて、自民党塩崎議員等より議員立法として、健全金融機関等からの資産買取の申込期限を3年延長する金融再生法一部改正案が提出され、01年6月20日に成立した。

小泉政権発足早々の01年6月26日に「今後の経済財政運営及び経済社会の構造改革に関する基本方針」（骨太の方針）が閣議決定され、さらに10月26日には経済対策閣僚会議の「改革先行プログラム」が示された。金融機関の不良債権処理を一層促進するため、再度相澤議員等より議員立法として、「改革先行プログラム」の内容をふまえた金融再生法の一部改正案が提出され、01年12月7日に成立した。これにより、買取価格を時価とする価格算定方式が弾力化されるとともに、入札への参加を可能とする買取方法の多様化が図られた。

その後02年10月30日には金融庁より「金融再生プログラム」が公表され、また、同日の経済財政諮問委員会「改革加速のための総合対応策」には産業再生機構の創設等が盛り込まれ、「株式会社産業再生機構法」が03年4月2日に成立した。これによって、03年4月より金融再生法第53条に基づく産業再生機構からの資産買取が可能となったほか、04年度中に不良債権問題の終結を目指すという政策目標を実現するため健全金融機関等からの買取申込み期限が04年3月31日から05年3月31日まで延長された。

これら一連の出来事は、政治主導ムードがあふれたこの頃の金融行政の運営状況をよく表している。

2　組織再編成法

02年秋は、ハードランディング路線をうたった「金融再生プログラム」に基づく不良債権処理が実施に移されようとしているときであり、日本経済は悲観的予測に覆われていた。特に地域金融機関では、主要行に比べて不良債権処理の遅れが目立っていた。金融機関のさらなる破綻や信用収縮が続くものとみられていたなかで、金融機関が地域経済の活性化に貢献するために

は、個々の金融機関の経営基盤強化が必要と考えられた。

　その際、合併等の組織再編成は有力な一手段となるが、これらの金融機関が合併等の組織再編成を選択する場合、自己資本比率の低下・預金保険限度額を意識した預金分散が懸念されていた。政府は、特に地域金融機関を念頭に置き、公的資本増強を伴う再編促進策により経営基盤を強化しようとした。02年12月には「金融機関等の組織再編成の促進に関する特別措置法」(組織再編成法)を制定し、金融機関等の自主的な経営判断による合併等を円滑化するため、手続の簡素化や公的資本増強等の特別措置を講じた。

　金融機関等は、収益性の向上の程度・組織再編成の内容と実施時期・改革方針の内容等を記載した経営基盤強化計画を主務大臣に提出し、その認定を受ける。組織再編成を行う金融機関等に対しては、資本増強等に関する特別措置(整理回収機構による優先株式引受け等による資本増強措置、協同組織中央金融機関を通じた資本増強、合併等による預金保険金額の特例)が講じられる。

　しかし、当時の金融行政の姿勢が不良債権処理や金融機関の淘汰を一気に進めようとするハードランディング路線であると受け取られていたこともあって、適用例は1件にとどまった。

3　改正預金保険法

　「金融再生プログラム」において04年度には不良債権問題を終結させる方針を表明するとともに、ペイオフについては①決済機能の安定確保のための制度面での手当てを行い、②その実施は不良債権問題の終結した後の05年4月からとされた。したがって、03年4月1日から05年3月31日までの間はそれまでと同様、流動性預金(当座預金、普通預金、別段預金)が全額保護されることとなった。

　また、この改正は決済機能の安定確保を図ることを目的としている。このため、旧預金保険法では「預金者等の保護」を図ることを目的としていたが、さらに「破綻金融機関に係る資金決済の確保」を加えている。次の3要件を満たす預金については「決済用預金」とし、破綻時には預金保険機構がその全額に相当する額の保険金を支払うこととした。

　①　その契約または取引慣行に基づき為替取引等に用いることができるも

のであること（通常必要な決済サービスを提供できること）。
② その預金者がその払戻しをいつでも請求することができるもの（要求払い）であること。
③ 利息が付されていないものであること。

仕掛かり中の決済の履行確保のため、金融機関が破綻前に依頼を受けた振込などに係る債務等については、決済用預金に係る債務等とみなし全額保護される。なお、預金保険機構は、仕掛かり中の決済の結了のため必要があると認めるときは、必要な資金を破綻金融機関に貸し付けることができる。

4 金融機能強化法

企業収益が改善し設備投資が増加するなど経済は着実に回復しており、こうした明るい兆しを地域経済や中小企業にも浸透させ、持続的な経済成長につなげていくことが重要な課題となっていた。このためには、地域経済の活性化に向けた改革の取組みを着実に推進するとともに、民間の経済活動を支える金融機関が一層リスク対応能力を高め、地域等における金融が安心感をもって円滑に行われるよう、その環境整備に万全を尽くしていくことが重要となっていた。

政府は02年12月には組織再編成法を制定し、合併等の組織再編成を行う際に公的資本増強を申請できるスキームを整備したが、適用例は1件にとどまっていた。「金融再生プログラム」において「迅速に公的資金を投入することを可能にする新たな制度の創設の必要性などについて検討し、必要な場合は法的措置を講ずる」とされていたことを受け、04年6月には、「金融機能の強化のための特別措置に関する法律」（金融機能強化法）が制定された。

この新たな公的資金制度は、金融機関の資本の自力調達が必ずしも容易でないなかで、地域経済の活性化や金融システムの安定・強化に資することを期待して、地域における金融機能の強化に向けた金融機関の取組みに対し公的な支援を行う時限的な制度を創設するものである。なお、新たな公的資金制度の枠組みとの整合性を図る等のため、金融危機に対応するための公的資金制度である預金保険法第102条第1号措置について銀行持株会社等を通じた資本増強を可能とする等所要の制度整備を行う改正預金保険法があわせて

成立している。

　新たな公的資金制度は時限的な枠組みであり、金融機関は08年3月末までの間、預金保険機構に対し、自己資本の充実を図るために株式等の引受け等に係る申込みをすることができる。また、銀行持株会社等の子会社である銀行等の場合には、当該銀行等が株式等の引受け等を直接求めるだけではなく、親会社である銀行持株会社等がまず自らの株式の引受けを求める申込みをすることが可能とされており、いわば間接的に資本参加を受ける途が用意されている。
　株式等の引受け等を直接申し込む金融機関等は、経営強化計画を主務大臣に提出しなければならない。これらの金融機関が他の金融機関と組織再編成を行う金融機関である場合には、その金融機関も経営強化計画を提出しなければならない。主務大臣は、経営強化計画の提出を受けて審査を行い、資本参加の可否を決定する。

　このようにして05年4月1日にペイオフが全面解禁された後は、預金保険法と金融機能強化法の二段構えのセーフティーネットが形成されていた。すなわち預金保険法では、金融危機対応時において公的資金注入・預金の全額保護・一時国有化といった緊急措置を講じることができる。一方、金融機能強化法では、危機の兆しがなくても経営基盤の強化を望む金融機関の要請により予防的に公的資金を資本注入することができた。そのほか協同組織金融機関については、中央機関による資本支援制度も設けられていた。
　金融再生プログラムが完了しペイオフが全面解禁された当時は、経済・金融情勢が比較的安定していたため、このような備えが頻繁に発動されることもなかった。金融機能強化法には2兆円の政府保証枠が設定されていたが、金融機関の再編を前提とし経営責任を問う仕組みとなっていたこともあって、申請は2件（405億円）にとどまった。ただし、リーマン・ショック後の世界金融危機の際には、安定化政策がさらに補完されている（第12章第3節4参照）。

第5節 産業再生

「金融再生プログラム」が打ち出された当初は、いわゆる構造改革路線の下、柳澤ソフトランディング路線を転換する趣旨で提示された強硬な不良債権処理路線との印象が強かった。しかしこのプログラムの内容をつぶさにみると、当時報じられたイメージとはややニュアンスが異なり、「企業再生」にも相当な力点が置かれている。実は竹中プランとはまったく別の次元で、不良債権処理の加速化には企業を破綻させない形での再生メカニズムが必要との構想（特にダイエー問題を想定）が生まれ、「金融再生プログラム」発表間際に盛り込まれた経緯がある。その背景には、メイン寄せという形で一般行が資金を引き上げる流れが強まっていることへの危機感があった。その結果このプログラムには、やや木に竹を接いだ印象も残る。

金融再生プログラムでは、「1．新しい金融システムの枠組み」に続いて、「2．新しい企業再生の枠組み」を掲げている。そこでは、破綻懸念先以下債権等について、RCCや企業再生ファンド等に売却することによって企業再生のプロセスを加速し、その際、RCCによる買取に関しては、必要に応じ財政的措置についても検討することとしている。RCCへの不良債権売却の促進や企業再生ファンドの活用を強調しているところをみると、企業再生というより、不良債権の流動化促進策との印象を受ける向きも多かった。[5] RCCは、購入した債権に関しては回収・売却を加速するとともに、企業再生ファンドなどへの橋渡しを果たすことにより回収の極大化を図るとしていることからもそれは推測できる。

RCCおよび政府系金融機関等は、保有している貸出債権の売却を加速することによって、日本における貸出債権の取引市場の創設に努力を傾注し、また、RCCは保有貸出債権を対象ポートフォリオとした資産担保証券の売

---

[5] 誤解であるかどうかは別として、それゆえに世間は、金融再生プログラムといわゆる「はげたかファンド」やアメリカ政府の要請とを関連づけた。

却を進めることとなっている。このようなところから、「政府が目指すのは企業淘汰ではなく企業再生であるとの認識」が示されてはいるが、構想段階での本来の目的はむしろ役割を終えた企業の整理・淘汰であったと受け取る向きもあった。しかし実際に不良債権処理のプロセスを進めてみると、疲弊した地域経済にそれ以上の打撃を与えることは政治的にも難しく、特に地方の中小零細企業については再建の方策を探らざるをえなかったということであろう。

　政府主導で経営不振に陥った企業の再生を目指す産業再生機構は2003年4月に発足した。出資は民間金融機関で、人材も民間の企業再建の専門家が集められた。機構の目的としては、「雇用の安定等に配慮しつつ、我が国の産業の再生を図るとともに、金融機関等の不良債権の処理の促進による信用秩序の維持を図るため、有用な経営資源を有しながら過大な債務を負っている事業者に対し、過剰供給構造その他の当該事業者の属する事業分野の実態を考慮しつつ、当該事業者に対して金融機関等が有する債権の買取り等を通じてその事業の再生を支援すること」が掲げられている。同床異夢の多様な目的が混在して発足したとの印象も受ける。

　再生支援の決定は、事業者と債権者たる金融機関の連名による支援申請を前提とする。有用な経営資源を有しながら過大な債務を負っている事業者に対し、事業の再生を支援することを目的とし、そのために、債権買取り・資金の貸付け・債務保証・出資などの業務を営む。産業再生機構により実際に進められた施策の中には、放置すれば破綻するほかない地域の零細企業の生き残りを下支えしたものもあった。

　産業再生機構による不良債権処理の枠組みは次のとおりである。
① 　要管理先区分の債務者である企業あるいはその主力銀行からの申請に基づき、産業再生機構内に設置された産業再生委員会が、本業に見込みがあり再生の可能性が高い企業を選別する。
② 　再建可能と判断された企業向け貸出債権のうち、非主力銀行が抱える貸出債権について、機構が企業の実態にあわせた値段で買い取る。
③ 　機構は2年間集中的に債権を買い取ると、対象企業にとって債権者は

図表10−18　産業再生機構の役割

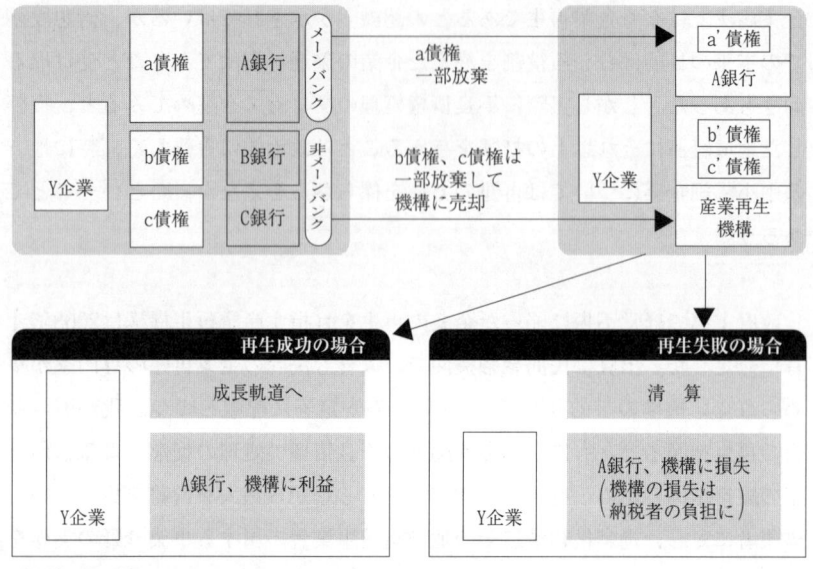

```
Y企業 ─ a債権 ─ A銀行 (メーンバンク)
        b債権 ─ B銀行 (非メーンバンク)
        c債権 ─ C銀行 (非メーンバンク)
```

a債権一部放棄 →
b債権、c債権は一部放棄して機構に売却 →

```
Y企業 ─ a'債権 ─ A銀行
        b'債権
        c'債権 ─ 産業再生機構
```

再生成功の場合：Y企業　成長軌道へ　A銀行、機構に利益

再生失敗の場合：Y企業　清算　A銀行、機構に損失（機構の損失は納税者の負担に）

（出所）　朝日新聞2003・5・11

　　機構と主力行だけになる。機構は、主力行に債権の一部放棄など協力を求めながら経営再建を進める。
　④　政府は機構の資金調達に政府保証（最大10兆円）を付与するなど、財政的支援を行う。

　産業再生機構は預金保険機構などが拠出した505億円を資本金として03年4月16日に発足した。不良債権の買取期限であった05年3月末までに41件の支援を引き受け、金融機関から債権を買い取るだけでなく、支援先企業支援のための投融資もしている。買い取った債権を約3年で売却し設立後約5年での解散を予定していたが、機構の支援は予定よりも早く進み、対象事業者への支援がすべて終了した。そのため予定より1年早く清算会社に移行し、07年6月5日をもって清算結了している。

　存続期間中におよそ312億円を納税、解散後更に約433億円（残余財産940億円−株主への分配額507億円）を国庫に納付した。発足当初はかなりの国民負担が予想されていたが結局損失は発生せず、この種の公的組織としては異例

図表10−19　産業再生機構の主な支援先

支援先企業	支援決定	債権買取額	出資額	スポンサー	支援終了
三井鉱山	03年10月	588	200	新日本製鉄、住友商事など	06年3月
カネボウ	04年3月	472	2,560	花王、ユニゾン・キャピタルなど	05年12月
大京	04年9月	565	0	オリックス	05年4月
ミサワホームホールディングス	04年12月	142	0	トヨタ自動車、あいおい損保など	06年3月
ダイエー	04年12月	2,470	500	丸紅、アドバンテッジパートナーズ	06年11月

（出所）　朝日新聞2006・12・27

の成功であったといえよう。

第11章 公的金融制度改革と郵政民営化

「金融システムと行政の将来ビジョン」(2002・7・12)は、「諸外国に比べ日本の金融システムを特徴づけるのが、入口としての郵便貯金と簡易保険、出口としての政策金融機関による公的金融仲介のシェアが特異に大きいことであり、市場機能を中核とする金融システムを指向するに際して、これらの見直しは不可欠である。」と述べている。00年代における金融システム改革の特徴は、公的金融に大きな関心を寄せたことである。それは小泉内閣の5年間において最も顕著であるが、その後の反動期を含め、公的金融制度改革はこの時期における経済的というよりもむしろ政治的な最大のテーマの1つであった。はじめにおもな出来事をたどっておこう。

図表11−1　公的金融制度改革と政権の推移

自民党政権	森内閣	00. 5.24	財投改革　資金運用部資金法改正法成立
	小泉内閣	01. 4.26	小泉内閣発足
		02. 7.24	郵政公社化関連4法成立
		02. 9.30	内閣改造、竹中金融相
		03. 4. 1	日本郵政公社発足
		04. 9.10	「郵政民営化の基本方針」閣議決定
		05. 9.11	総選挙、自民党圧勝
		05.10.14	郵政民営化関連6法成立
		05.11.29	経済財政諮問会議「政策金融改革の基本方針」
		05.12.24	「行政改革の重要方針」閣議決定
		06. 1.23	日本郵政株式会社発足
		06. 5.26	行政改革推進法成立
	安倍・福田・麻生内閣	06. 9.20	安倍内閣発足（小泉内閣終了）
		07. 3.26	「特別会計に関する法律」成立
		07. 7. 1	「財政融資資金法」「財政融資資金長期運用特別措置法」改正
民主党政権		09. 9.16	鳩山内閣発足（政権交代）、亀井金融・郵政相
		09.12. 4	「郵政株売却凍結法」成立
		10. 4.30	郵政改革法案国会提出（廃案）

第1節　財政投融資改革

　財政投融資（以下「財投」）は、戦後の復興期や高度成長期においては、政策課題の実現に大きな役割を果たし、日本経済の発展に貢献した。しかし、郵貯資金や年金資金の増大に伴い官民資金配分にひずみをもたらしているとの問題が提起されるとともに（「入口」の問題）、非効率的な公的部門の肥大化と官僚の天下りを助長している（「出口」の問題））、などの批判となって、その改革の必要性は70年代から指摘されてきた（第1章第5節参照）。財投改革は従来、行政改革の見地から主として「出口」の問題として論じられることが多かったが、90年代後半になると郵政改革との関連でむしろ「入口」の問題に強い関心が寄せられ、特に小泉内閣発足後は郵政民営化が最大の政治的争点となった。同時に、政治主導・官僚批判の流れの中であらためて「出口」の問題にも焦点が当てられている。

　日本の金融システムにおける公的部門の肥大化については、金融システム改革の対象としてもっと早くから取り組まれるべきであったが、90年代までは政策のアジェンダ設定を官僚制が担ってきたこととの関係もあって、なかなか俎上にのぼる機会がなかった。金融システム改革といえばもっぱら民間金融部門の問題として設定されてきたのである。ところがバブル崩壊後日本経済のゆきづまりが明らかになり、今まで賞賛の対象であった日本型経済システムが批判の対象に転ずるとともに、その司令塔と目されてきた官僚制および官僚の天下り先としての公的金融部門への批判が声高に唱えられるようになった。

　より本質的な問題も顕在化した。財投制度は政策金利相当分の財投機関への財政資金投入（利子補給金等）を前提としてはじめて成り立つものである。しかるに、90年代以降財政収支の悪化が顕著になり、財投制度維持のための財政負担の見通しが立たなくなってくる。財政資金の優先順位を考慮すると、量的に拡大した従来の財投制度を全面的に維持することは不可能になっていた。財政改革の見地からも、公的金融の領域を絞り込む必要が生じてき

たのである。

このような動向を察知し、財投制度はむしろ先手を打って改革の動きをみせた。資金運用審議会懇談会は「財政投融資の抜本的改革について」（1997.11.27）を発表し、財投改革に向けての基本方針を定めた。そこでは、公的資金の統合運用を柱とする財投の仕組みは市場経済が格段に発展してきた後も基本的に変わっていないため、近年の環境変化の中で多くの問題点が生じており、財投の制度・運営の全般にわたる抜本的改革が必要である、と指摘されている。ここで示された、

① 郵貯・年金積立金の全額が資金運用部に預託される制度から、特殊法人等の施策に真に必要な資金だけを市場から調達する仕組みへと抜本的な転換を図る。これにより、財投制度の市場原理との調和が図られるとともに、特殊法人等の改革・効率化の促進にも寄与する

② 財投の対象分野・事業については、政策コスト分析などの適切な活用を図り、民業補完、償還確実性等の観点から不断の見直しを行う

との基本的考え方に基づき、2000年5月24日に「資金運用部資金法等の一部を改正する法律」が成立した。

この法律は01年4月1日から施行され、したがって01年度の財投計画は新しい制度のもとで編成された。この改革以前は、郵貯や年金積立金が資金運用部資金（現在の財政融資資金）に義務的に預託されており、財投の主要な資金として社会資本整備や政策金融に充当されてきた。一方で、財投改革以前の仕組みでは、資金調達手段が郵貯、年金積立金等からの預託という受動的なものに限られているため、資金需要に応じた効率的な資金調達を行いえないといった問題を抱えていた。財投改革は、こうした点をふまえて、財投制度をより効率的で、市場原理と調和のとれたものとするために行われた。

資金調達という観点からは、郵貯・年金積立金の資金運用部資金への預託義務が廃止され、全額自主運用（原則市場運用）される仕組みへと改められた。財投の原資の中核をなすのは財政融資資金であるが、01年度からは郵貯や年金積立金からの預託が廃止されたので、財政融資資金は主に財投債の発行などによって資金を調達している。

独立行政法人等は、財投機関債の公募発行により市場の評価を受けること

を通じ、業務の運営効率化へのインセンティブが高まる。このため、独立行政法人等は、まずその資金を原則として自己調達することを検討し、財投機関債の発行に向けた最大限の努力を行うこととされた。ただし、財投機関債による資金調達では必要な資金需要を満たすことが困難な機関については、その業務について、①民業補完の必要性、②将来の国民負担を推計した政策コストの分析、③償還確実性等を精査し、当該法人等の業務についてゼロベースからの徹底した見直しを行ったうえで、政策に必要と思われる場合、財投債によって調達した資金の貸付けを受けることになる。

　財投債は、一般会計と区分経理した新しい特別会計（財政融資資金特別会計）において発行し、その発行限度額について国会の議決を受ける。また、

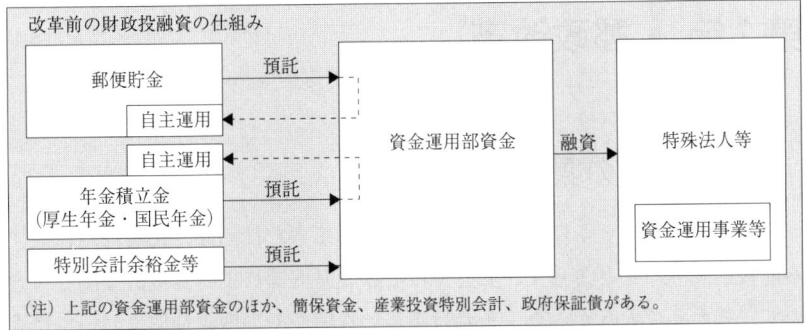

図表11-2　改革後の財政投融資の仕組み

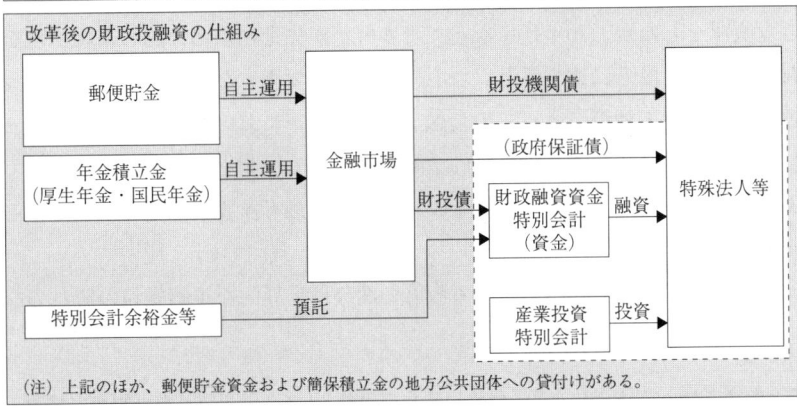

（出所）　財務省HP

財投債の発行・流通の仕組みは、国債と一体のものとして取り扱われる。なお、政府保証債については、直ちに政府保証なしで財投機関債を発行することが困難な機関等について、個別に厳格な審査を経たうえで限定的に発行を認めることとなっている。

財投改革後は、調達金利は市場に連動した条件とし、これまでのような預託者の事業運営に対する配慮としての金利上乗せは廃止された。貸付金利については基本的に、貸付期間に応じ国債の市場金利を基準として償還形態も反映して設定し、10年ごとの金利見直し制も選択可能とされた。また、資産・負債管理（Asset Liability Management：ALM）の充実を図ることとし、発行される財投債と融資のタイミングのずれを円滑に調整するため、融通証券（財政融資資金証券）を発行し、その発行限度額については国会の議決を受ける。

第2節　郵政改革[6]

1　郵政改革の環境と経緯

日本の金融システムにおいて政府が果たしてきた役割は、民間部門に対する間接的関与にとどまらず、郵貯や政府系金融機関による直接的な関与も含めて、きわめて大きかった。それは戦後の復興期や高度成長期においては大きな貢献をしたが、70年代になって日本経済が先進国水準に達し市場原理を軸として動く段階に達すると、むしろ発展阻害要因になってきた。安定成長期に入った日本経済にとっての金融システム改革においては、キャッチアップのための補助装置であった公的金融制度はその役割を縮小していくべきであり、その具体化は金融システム改革において最も重要な課題の1つとなるべきであった。

しかし、民間金融部門に対する政府の関与は世界的な規制緩和の流れのな

---

[6] 本節については、中里孝「郵政民営化の現状」（国立国会図書館『調査と情報』No. 656）、河内明子「郵政改革の動向」（同No. 469）に負うところが多い。

かで次第に縮小されていったのに対し、政官界の既得権益と深く結びついたこの課題を官僚制が準備する金融制度改革のアジェンダとして具体化することは期待できなかった。ところがバブルが崩壊し日本経済が「失われた10年」の閉塞感に覆われるに至ると、それまで司令塔として賞賛されてきた官僚制やその既得権益に対して鋭い批判が向けられる。こうしたなかでも、郵政事業は、金利自由化の阻害要因になるなど金融界・経済界からは批判を浴びてきたものの、一方では庶民の味方として国民から幅広い支持を受けてきた。すなわち公的金融システムの「入口」問題は、90年代半ばまではそれほど大きな注目を集めていなかった。

前述のように、郵貯資金は00年まで資金運用部に全額預託する義務があった。そのかたわら金利は7年間の預託に対して10年物国債の利回りプラス0.2％程度とされたため、市場よりも有利な金利を安定的に受け取ることができた。ところが財投改革によって01年度から資金運用部への預託義務は廃止され、郵貯は全額自主運用されることとなったが、独自の運用ノウハウをもつわけではなく、結局は国債（含む財投債）・地方債中心の運用を行わざるをえなかった。このような仕組みを前提に将来にわたり収支均衡を維持することは容易でなく、郵貯事業は、組織の存続を図るうえで深刻な問題をかかえることになった。

郵便事業については、電子メールの普及・民間事業者のメール便参入などの影響により事業の先行きが懸念された。簡保事業については、少子高齢化によって需要が低下し続ける構造的縮小リスクを抱えており、運用利回りも悪化していた。これらの事情により、郵政3事業はいずれ立ち行かなくなると懸念されていた。03年4月に日本郵政公社が発足したが、新規事業に進出するためには法改正が必要な上、国営の公社のままでの事業拡大は民業圧迫との批判を浴び多角的な事業の展開を図れない。実は郵政民営化は、財投改革の結果避けられないものになっていたのである。「出口」と「入口」の改革はその意味でも密接不可分の関係にある。

郵政改革が中心的な政治的争点として取りあげられたのは、橋本内閣の6大改革の1つである行政改革の重要なテーマとして郵政民営化が注目を浴び

て以来である。小泉氏の郵政民営化論は当時から知られていたがその実現性を信ずるものは少なく、むしろ行政改革の権威としての橋本氏の郵政改革論のほうが現実的な政策として評価されていた。1996年に第1次橋本内閣の「行政改革会議」が発足し、中央省庁再編が中心的テーマとなって議論が進んだ。97年8月の中間報告では「郵便は国営、郵便貯金は民営化を準備、簡易保険は民営化」との案が出されたが、与党内での反発はきわめて強く、最終報告では郵政3事業は国営を維持し、3事業一体の公社で国家公務員の職員によって運営される、との結論に達した。中央省庁再編（01年1月6日）により郵政省の郵政行政および郵政事業部門はそれぞれ総務省郵政企画管理局と郵政事業庁に再編され、03年4月1日には郵政事業庁が日本郵政公社となった。

2 小泉内閣と郵政改革

郵政事業に好意的であった小渕・森内閣を経て、01年4月に小泉内閣が発足すると、郵政民営化は「行政改革の本丸」として最重要施策に掲げられた。郵政民営化の目的としては、次の2点があげられている。これは、永年にわたり蓄積されてきた外からの批判の要素と、近年高まってきた組織内の危機感の要素とを組み合わせた、きわめて巧妙な問題提起である。

① 日本経済活性化のため、資金の流れを官から民へと変える：小泉内閣の構造改革政策と結びつけて論じられ、資金の「出口」である政府系法人の「糧道」を断つとの意図も含まれている。
② 先細りが懸念される郵政事業に新規事業への参入の道を開く：国民の利便性を高めると同時に、収益力を向上させ、郵政事業が「第2の国鉄」となる事態を回避する。

小泉首相はまず不良債権処理を優先課題としてアピールし、その成功により獲得した国民の支持を背景として、本命である郵政民営化を最大の政治的争点とすることに成功した。このような空気の中で郵政事業は選挙運動を通じて組織の既得権益に固執している印象を与えたため、小泉首相との永年にわたる個人的確執とも相まって、構造改革のターゲットに祭り上げられるこ

とになった。当時は、郵政OBのファミリー企業への天下り、職員による度重なる不祥事、郵貯・簡保施設の巨額の赤字など、さまざまな問題点が頻繁にメディアに取り上げられた。従来はむしろ庶民の味方としての位置づけを与えられてきた郵政事業を、既得権益に固執する抵抗勢力として国民に印象づけたことは小泉首相の戦術的成功である。

　まず与党内での紛糾を経て国会に提出された郵政公社化関連4法案が02年7月に成立した。小泉首相はさらに民営化を進めようとしたが、03年4月の郵政公社設立を控え、民営化の議論は進展しなかった。小泉首相は03年9月の自民党総裁選において07年の郵政民営化を公約に掲げて再選された。そこでは郵政民営化の基本原則として、次の5項目を掲げられている（「郵政民営化の検討にあたってのポイント」）。

① 「官から民へ」の実践による経済活性化を実現する（活性化原則）：経済の活性化に資する形で、郵政三事業を実物経済および資金循環の両面における民間市場システムに吸収統合する。

② 構造改革全体との整合性のとれた改革を行う（整合性原則）：金融システム改革、規制改革、財政改革等との整合性をとる。

③ 国民にとっての利便性に配慮した形で改革を行う（利便性原則）：郵政が国民や地域経済のために果たしてきた役割、今後果たすべき役割、利便性に十分配慮する。

④ 郵政公社が有するネットワーク等のリソースを活用する形で改革を行う（資源活用原則）：郵便局ネットワーク等が活用されるよう十分配慮する。

⑤ 郵政公社の雇用には、十分配慮する（配慮原則）

　03年11月に行われた衆院選では、「郵政事業を2007年4月に民営化」との項目を政権公約に盛り込んでいる。04年7月の参院選では自民党は敗北したが、小泉首相は郵政民営化に本格的に乗り出した。9月10日に「郵政民営化の基本方針」がとりまとめられ、与党の承認を得ないまま閣議決定された。9月27日の内閣改造では、新設された郵政民営化担当大臣に竹中経済財政政策担当相が就任した。

　郵政民営化関連法案には党内から反対が続出したが小泉首相は譲歩せず、

一部の反対を押し切って法案は国会に提出された。05年7月5日の衆議院本会議における採決では賛成233票・反対228票で辛うじて可決されたが、8月8日の参議院本会議では自民党議員22人が反対票を投じ否決された。小泉首相は郵政民営化の賛否を問うとして衆議院を解散した。9月11日の衆議院議員選挙では自民党は296議席を獲得し、小泉首相は圧倒的多数で再選される。郵政民営化関連6法は10月14日に成立した。[7]

　政界における郵政民営化問題の展開は、政治利権をめぐる闘争という意味だけでなく、世論の支持を獲得する政治手法という意味においても、死力を尽くした政争そのものであった。小泉政権にとって、郵政民営化（それと表裏一体の関係にある政府系金融機関改革）という政策が金融システム改革の課題であったのか、それとも権力闘争の手法であったのかは必ずしも明確でない。しかし、日本の金融システムのきわめて大きな特徴であり問題点でもあったにもかかわらず、永年にわたりタブー視されてきたこの問題が政治的に正面から取り上げられ、（その後政権交代により巻き返しにあったものの）郵政民営化という画期的な改革を実現したことは、00年代の金融システム改革の成果として特筆されるべきである。

3　郵政改革の内容と問題点

　06年4月1日に施行された郵政民営化関連法の概要は次のとおりである。この法律により、日本郵政公社は07年10月1日に解散し、総資産338兆円・従業員24万人を抱える巨大企業グループの日本郵政株式会社が誕生した。

(1)　郵政民営化法

「郵政民営化は、内外の社会経済情勢の変化に即応し、公社にかわる新たな体制の確立等により、経営の自主性、創造性および効率性を高めるとともに公正かつ自由な競争を促進し、多様で良質なサービスの提供を通じた国民

---

[7] 07年7月29日に行われた参議院議員選挙で第1党となった民主党は、国民新党・社会民主党と共同で、民営化の実施を凍結する「郵政民営化凍結法案」を国会に提出したが、審議されないまま廃案となった。

の利便の向上および資金のより自由な運用を通じた経済の活性化を図るため、地域社会の健全な発展および市場に与える影響に配慮しつつ、公社が有する機能を分割し、それぞれの機能を引き継ぐ組織を株式会社とするとともに、当該株式会社の業務と同種の業務を営む事業者との対等な競争条件を確保するための措置を講じ、もって国民生活の向上および国民経済の健全な発展に寄与することを基本として行われる」との基本理念が掲げられている。

　公社は07年10月1日に解散し、公社の機能を引き継ぐため、次の株式会社が新たに設立される。
① 　日本郵政株式会社　郵便事業株式会社および郵便局株式会社の発行済株式の総数を保有し、これらの株式会社の経営管理を行う業務。
② 　郵便事業株式会社　あまねく公平に、かつ、なるべく安い料金で行う郵便の業務。
③ 　郵便局株式会社　郵便窓口業務および郵便局を活用して行う地域住民の利便の増進に資する業務。
④ 　郵便貯金銀行　銀行業。
⑤ 　郵便保険会社　生命保険業。

　保有する日本郵政株式会社の株式の政府保有比率は、できる限り早期に減ずる（ただし、その割合は、常時、3分の1超）。日本郵政株式会社が保有する郵便貯金銀行および郵便保険会社の株式は、移行期間（07年10月1日から17年9月30日まで）中に、その全部を処分する。承継会社の業務については、同種の業務を営む事業者との対等な競争条件を確保するために必要な制限を加えるとともに、移行期間中に、郵政民営化に関する状況に応じ緩和する。

　最終的な民営化は、遅くとも2017年4月1日に実現する。最終的な民営化時点における組織のあり方としては、郵便貯金銀行・郵便保険会社は一般の商法会社であり、他の民間金融機関と同様に、銀行法・保険業法等の一般に適用される金融関係法令に基づき業務を行う。特殊会社である日本郵政株式会社等の3会社については政府が必要な監督を行う。

(2) 各会社法

日本郵政株式会社法（持株会社）
- 郵便事業株式会社および郵便局株式会社の経営管理を目的とする会社
- 郵便事業株式会社および郵便局株式会社の発行済株式の全部を保有
- 政府は発行済株式の総数の1/3超を保有
- 政府は日本郵政株式会社の株式保有割合を1/3に近づける努力義務（売却収入は国に帰属）
- 社会・地域貢献基金を設け、社会貢献業務計画、地域貢献業務計画に必要な資金を交付する
- 社会・地域貢献基金は、郵便貯金銀行・郵便保険会社の株式の売却益、配当収入等の一部を原資とし、1兆円の積立てが義務づけられる。ただし、1兆円を超えて積み立てることは妨げられず、2兆円までは1兆円までと同じルールで積み立てる
- 郵貯周知宣伝施設および簡保加入者福祉施設は日本郵政株式会社が暫定的（5年間）に保有

郵便事業株式会社法（郵便事業会社）
- 郵便事業および印紙の売りさばきを行うことを目的とする会社
- 国内外の物流事業等の各種事業を営むことができる
- 社会・地域貢献基金から資金の交付を受け、社会貢献業務を実施する
- ユニバーサルサービス義務の対象から、小包は除外する
- 3種、4種等の公共的なサービスは、引き続き、提供する
- 特別送達等につき、信用力を確保するため、新たな資格制度（郵便認証司）を設ける

独立行政法人郵便貯金・簡易生命保険管理機構法（公社承継法人）
- 郵貯・簡保の既契約を引き継ぎ、履行することを目的とする非特定独立行政法人（非公務員型）
- 郵貯・簡保の既契約に係る資産（旧勘定資産）の運用は外部（郵便貯金銀行、郵便保険会社）に委託し、安全運用（国債、地方債、地方公共団体貸付け等）

・旧勘定については政府保証を維持

郵便局株式会社法（窓口ネットワーク会社）
・郵便窓口業務および郵便局を活用して行う地域住民の利便の増進に資する業務を営む
・地方公共団体の特定事務、銀行業・生命保険業の代理業務等の各種業務を営むことができる
・郵便局があまねく全国で利用されることを旨として郵便局を配置することを法律上義務づけ
・地域貢献業務計画を策定し、社会・地域貢献基金から資金の交付を受け、地域貢献業務を実施する

　06年9月に小泉内閣が退陣した後は自民党政権時代においても、郵政民営化については見直し論が絶えなかった。その中には政争に絡んだものもあるので留意する必要があるが、特に地方におけるサービスの低下や将来への懸念については、ネットワーク崩壊、分社化によるサービス低下のような切実な課題も提起された。

4　政権交代と「郵政改革法案」

　民主・社民・国民新の3党は09年8月30日の衆議院総選挙に向けて郵政民営化の抜本的な見直しを共通政策として掲げた。選挙の結果政権交代が実現し、郵政・金融担当相にはかねてから郵政民営化反対論を展開してきた国民新党党首の亀井静香氏が就任し、民営化見直しを積極的に推進した。12月4日に「日本郵政株式会社、郵便貯金銀行および郵便保険会社の株式の処分の停止等に関する法律」（郵政株売却凍結法）が成立し、ゆうちょ銀行・かんぽ生命両社株式の09年度中の上場・売却とかんぽの宿などの不動産売却は、郵政民営化法等の規定にかかわらず、別に法律で定める日までの間凍結されることとなった。さらに2010年4月30日には郵政改革関連3法案が閣議決定され、衆議院に提出された。小泉首相が主導して制定された「郵政民営化法」をほぼ全面的に修正しようとするものといえる。連立与党である国民新党、社会民主党の方針を強く反映したものであるが、民主党の中は必ずしも同じ

考え方で統一されているとはいえなかった。

「郵政改革法案」は、郵政改革の定義、基本的な理念および方針、国の責務、郵政事業の実施主体の再編成、当該再編成後の実施主体に関して講ずる措置その他郵政改革の実施に必要な事項を定めることにより、郵政改革を総合的に推進することを目的としている。そこでは「郵政改革は、郵政事業の経営の自主性、同種の業務を行う事業者との競争条件の公平性ならびに地域経済の健全な発展および民間の経済活力の向上への寄与を旨とするとともに、郵政事業における労働環境の整備および郵政事業と地域経済との連携に配慮しつつ、国民の権利として郵政事業に係る基本的な役務を利用者本位の簡便な方法により郵便局で一体的に利用できるようにするとともに将来にわたりあまねく全国において公平に利用できることを確保すること等を基本として行われるものとする。」との基本理念が述べられている。ただし、小泉内閣ではまさにこれとはきわめて異なる基本理念に基づく「郵政民営化法」が圧倒的多数で可決されたのである。

この法案では、日本郵政株式会社は、2011年10月1日に、郵便事業株式会社及び郵便局株式会社の業務ならびに権利および義務を合併により承継する。政府は、常時、日本郵政株式会社の総株主の議決権の3分の1を超える議決権を保有する。また日本郵政株式会社は、常時、郵政事業に係る基本的な役務を提供するための契約を締結した銀行および生命保険会社の総株主の議決権の3分の1を超える議決権を、それぞれ保有する。その結果、郵政民営化法の5社体制から3社体制となる。これらの見直しにより、将来にわたって郵便、貯蓄、送金・債権債務の決済、生命保険が郵便局で一体的に利用できるようになる。

「日本郵政株式会社法案」では、日本郵政株式会社の目的、業務範囲などについて定めている。日本郵政株式会社は、郵便の業務、銀行窓口業務および保険窓口業務ならびに郵便局を活用して行う地域住民の利便の増進に資する業務を行うことを目的とする株式会社とする。その目的を達成するため、

① 郵便法の規定により行う郵便の業務
② 銀行窓口業務および銀行窓口業務を健全、適切かつ安定的に運営するための業務

③　保険窓口業務および保険窓口業務を健全、適切かつ安定的に運営するための業務
　④　国の委託を受けて行う印紙の売りさばき
などの業務を行う。

　また、日本郵政株式会社は、国民の権利として、郵便の役務、簡易な貯蓄、送金および債権債務の決済の役務ならびに簡易に利用できる生命保険の役務を利用者本位の簡便な方法により郵便局で一体的に、かつあまねく全国において公平に利用できるようにする責務を有することを定めている。郵便局の設置についても、あまねく全国において利用されることを旨として郵便局を設置しなければならないとしている。すなわち、郵便局ネットワークは地域や生活弱者の権利を保障し格差を是正するための拠点として位置づけられている。すでに一部の郵便局において、住民票の写し、印鑑登録証明書の交付の事務などが行われているが、さらに年金記録の提供や旅券関連事務などの地域住民の利便の増進に資する業務ができるよう法整備が検討されている。

　これらの郵便局ネットワークの維持のため、貯金や保険の限度額は、同種の業務を行う事業者との競争条件の公平性および関連銀行等の経営状況を勘案して政令で定めることとされている。政府は、郵便貯金の預入限度額を1000万円から2000万円、簡易生命保険の加入限度額を1300万円から2500万円へ引き上げる方針を確定している。

　小泉内閣当時制定された「郵政民営化法」、「郵便事業株式会社法」、「郵便局株式会社法」、「日本郵政株式会社、郵便貯金銀行および郵便保険会社の株式の処分の停止等に関する法律」は廃止することとしている。しかし2010年7月の参議院選挙では再び与野党逆転となったため「郵政改革法案」は廃案となり、郵政民営化法などは存続している。民主党政府は郵政見直しの過程で日本郵政グループの株式売却を一時的に凍結しており、一方経営再建のためには不可欠の新規業務への進出については株式売却の方向性が固まるまでは決定できない事情もあり、日本郵政株式会社の経営は政治の混迷の中で苦境に立っている。

第3節　政策金融改革[8]

1　政策金融改革の経緯

　政府系金融機関は、復興・成長期のための産業育成や農業・中小企業保護のために資金を供給し、民間金融を補完する役割を担ってきた。また、経済環境の激変時には緊急融資枠を設けてセーフティーネットの役割を果たしてきた。しかし日本経済が成熟化し規制緩和が進むなかで、先進諸国では類をみない規模に肥大化している政策金融を見直す必要性は早くから指摘されてきた。「将来ビジョン」においても、①政策金融の機能を真に必要な領域に限定して融資残高を圧縮し、②縦割りの行政の弊害である機能の重複を整理し、③信用供与の方法を直接融資中心から保証や証券化に転換すること、が提言されている。

　小渕政権下の99年には政府系金融機関が再編され、国際協力銀行（日本輸出入銀行と海外経済協力基金を統合）、国民生活金融公庫（国民金融公庫と環境衛生金融公庫を統合）、日本政策投資銀行（日本開発銀行と北海道東北開発公庫を統合）が誕生した。しかし、これらは組織の統合にとどまり、機能の縮小・再編や人員・拠点の見直しが不十分であったことから、必ずしも高い評価は与えられなかった。

　森内閣は、「小さくて効率的な政府」を目指した「行政改革大綱」を00年12月に閣議決定した。特殊法人については、事業と組織形態の見直し、財政負担と財投の縮減・合理化の基本方針が定められている。小泉内閣はこの大綱に沿って発足早々の01年6月に「特殊法人等改革基本法」を成立させ、同年12月に163の特殊法人および認可法人を改革対象とする「特殊法人等整理

---

[8]　本節における事実の記述については、小池拓自「政策金融改革」（2006　調査と情報第534号）、寺西香澄「4機関統合による政策金融改革」（2007　立法と調査No.267）に負うところが多い。

図表11－3　先進4カ国の政策金融（除く住宅）の規模

	米 国	英 国	ドイツ	フランス	日 本
政策金融の規模 （対名目GDP比）	5,300億ドル （5.40％）	541億ポンド （5.70％）	3,388億ユーロ （16.70％）	1,234億ユーロ （8.70％）	98.3兆円 （19.10％）
中小企業向け信用 保証を含む計 （対名目GDP比）	5,640億ドル （5.70％）	545億ポンド （5.80％）	3,437億ユーロ （17.00％）	1,285億ユーロ （9.10％）	139.7兆円 （27.20％）

（出所）　経済財政諮問会議資料

合理化計画」を閣議決定した。日本道路公団など各種特殊法人の改革はこの時期から進められ、同計画において住宅金融公庫は証券化業務を中心とする独立行政法人化することが明記された。その他の政府系金融機関（日本政策投資銀行など8機関）は業務範囲、規模、組織などの見直しが必要とされ、その検討は経済財政諮問会議で行うこととされた。

　経済財政諮問会議は、02年10月「政策金融の抜本的改革に関する基本方針」を取りまとめた。ここでは政策金融の業務範囲を「公益性が高く、かつリスク評価が困難な領域」に限定することとし、同時に、政策金融機関の廃止・民営化を含めた組織のあり方や貸出残高の大幅圧縮目標などの具体的な論点が明記された。ただしこの頃には民間金融機関の貸し渋りが問題化し政策金融機関に期待する声もあったことをふまえて、「政策金融改革について」（2002・12・13　経済財政諮問会議決定）は05年度から07年度までを検討・準備期間、08年度を実施時期とするなど改革を先送りした（04年度末までは不良債権処理に集中）。

2　「行政改革の重要方針」と行政改革推進法

　郵政民営化を争点とした05年9月11日の総選挙で自民党が圧勝し、05年10月14日に「入口」に関する郵政民営化法が成立すると、小泉首相は直ちに「出口」に関する政策金融改革を含む行政改革に着手した。政策金融改革は郵政民営化後の重要課題とされ、経済財政諮問会議において「政策金融改革の基本方針」（2005・11・29）を取りまとめると、さらに12月24日にはこれを取り込んで行政改革全般に及ぶ「行政改革の重要方針」を閣議決定した。政策金融関連部分を中心におもな内容を述べると、次のとおりである。

(i) **政策金融改革　政策金融の抜本的改革を行い、08年度から新体制に移行**
  ・政策金融は３つの機能（①中小零細企業・個人の資金調達支援、②国策上重要な海外資源確保、国際競争力確保に不可欠な金融、③円借款）に限定し、それ以外は撤退
  ・貸出残高（約90兆円）の対GDP比半減を08年度中に実現
  ・日本政策投資銀行・商工組合中央金庫は完全民営化（移行期間はおおむね５年から７年）
  ・公営企業金融公庫は廃止し、資本市場等を活用した仕組みに移行
  ・政策金融として残すものは１つの機関に統合（国民生活金融公庫、中小企業金融公庫、農林漁業金融公庫、沖縄振興開発金融公庫、国際協力銀行）
  ・政策金融として残す機能を担う機関の組織形態は、特殊会社または独立行政法人に準じた法人
  ・独立行政法人・公益法人等による政策金融機関類似の金融業務についても、所管府省で見直し、06年度中に行政改革担当大臣のもとで取りまとめ
(ii) **独立行政法人、公営競技関係法人、その他政府関係法人の見直し**
  ・05年度末までに中期目標期間が終了する56法人を42法人に整理・統合、51の特定独立行政法人中44法人の役職員を非公務員化
  ・06年度以降に中期目標期間が終了する独立行政法人は事業等の廃止・縮小・重点化
(iii) **特別会計改革**
  ・特別会計の資産・剰余金等をスリム化するなどし、今後５年間において合計約20兆円程度の財政健全化への貢献を目指す
  ・31特別会計を統合・独立行政法人化・一般会計化等することにより、当面、２分の１～３分の１程度に減少
  ・07年をメドに特別会計整理合理化法案を提出し、今後５年をメドに改革を完了
(iv) **総人件費改革等**
(v) **政府資産・債務改革**
(vi) **社会保険庁改革**

(vii)　規制改革・民間開放の推進
(viii)　政策評価の改善・充実
(ix)　公益法人制度改革

「行政改革の重要方針」で06年通常国会に提出することが明示されていた「簡素で効率的な政府を実現するための行政改革の推進に関する法律」(行政改革推進法)は、06年5月26日に成立した。政策金融改革に関しては、08年度において現行機関の組織・機能を再編成し、新たに一の機関を設立し、その機能は、国民一般、中小企業者および農林水産業者の資金調達の支援、重要な資源の海外における開発および取得を促進する機能等に限定することとしている。

(i)　新政策金融機関の組織および業務のあり方
　①　特別の法律により特別の設立行為をもって設立される株式会社または独立行政法人もしくはそれに類する法人
　②　明確な経営責任のもとで運営され、経営内容に関する情報の公開を徹底
　③　経営責任者は、設立目的、金融業務に照らし必要な識見・能力を有する者から選任。特定の公務経歴の者が固定的に選任されることがないよう十分配慮
　④　組織は、国内金融を行う部門と国際金融を行う部門とに大別
　⑤　業務は、現行政策金融機関から承継する業務等とし、債務の一部の保証等の業務の推進を図る。一般の金融機関が行う金融の補完を旨とする
　⑥　業務の実施状況について評価・監視を行う体制を整備。業務の必要性の有無等についての見直しおよび貸付金の残高の継続的な縮小を行う

(ii)　現行政策金融機関のあり方
　①　商工組合中央金庫、日本政策投資銀行は完全民営化
　②　公営企業金融公庫は08年度に廃止し、資本市場からの資金調達その他金融取引を活用して行う仕組みに移行
　③　国民生活金融公庫、農林漁業金融公庫、中小企業金融公庫、国際協力銀行は08年度に、沖縄振興開発金融公庫は沖縄振興計画の期間経過後

図表11-4 大手銀行の再編

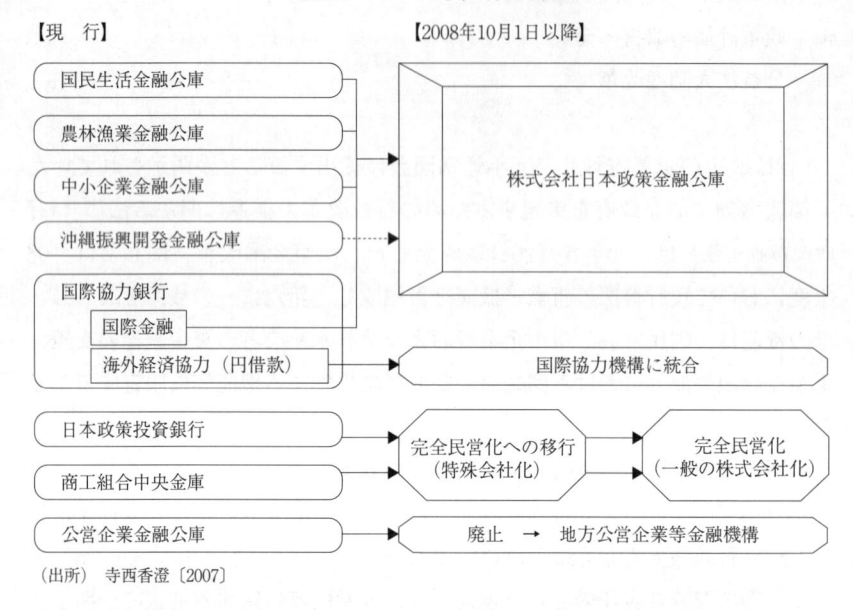

【現　行】　　　　　　　　　　【2008年10月1日以降】

- 国民生活金融公庫
- 農林漁業金融公庫
- 中小企業金融公庫
- 沖縄振興開発金融公庫
→ 株式会社日本政策金融公庫

- 国際協力銀行
  - 国際金融
  - 海外経済協力（円借款） → 国際協力機構に統合

- 日本政策投資銀行
- 商工組合中央金庫
→ 完全民営化への移行（特殊会社化） → 完全民営化（一般の株式会社化）

- 公営企業金融公庫 → 廃止 → 地方公営企業等金融機構

(出所)　寺西香澄〔2007〕

に、新政策金融機関に統合
④　国際協力銀行の国際金融等業務は、重要資源の海外における開発・取得を促進する業務等に限定し、海外経済協力業務は、国際協力機構に承継

3　株式会社日本政策金融公庫法

06年5月26日に成立した行政改革推進法は、政策金融改革全般の枠組みを形成するものであるが、個々の政策金融機関の具体的内容は個別の法律に委ねられている。行政改革推進法を受けて、06年6月27日に「政策金融に係る制度設計」が決定された。行政改革推進法および「制度設計」に基づき、新政策金融機関連法（「株式会社日本政策金融公庫法」、「株式会社日本政策投資銀行法」、「株式会社商工組合中央金庫法」、「地方公営企業等金融機構法」）が制定されている。

ここではその代表的な存在として日本政策金融公庫法を取り上げる。

(i)　組　織

公庫は、政府が発行済株式の総数を保有する特殊会社となる。公庫の役員等（取締役、執行役および監査役）の選任・解任の決議は、主務大臣の認可を受けなければその効力を生じない。公庫の定款には、経営責任を担うべき者の選任の要件として、①公庫の目的および業務に照らし必要と認められる識見・能力を有する者であること、および②特定の公務の経歴を有する者が固定的に選任されることがないよう十分配慮すること、が定められている。

(ii) 業　　務

① 国内金融

国民生活金融公庫、農林漁業金融公庫、中小企業金融公庫がそれぞれ行ってきた資金貸付業務のうち、公庫に承継することとされた範囲の業務を行う。

② 国際金融

国際協力銀行の国際金融等部門の業務のうち、資源の開発・取得の促進、国際競争力の維持・向上、国際金融秩序の混乱への対処に関する業務を行う。公庫は、国際金融業務を行う専任の部門を設置しなければならない。また、国際金融業務に係る信用維持等の観点から、当該部門の名称として「国際協力銀行」（JBIC）という名称を使用できる。

③ 危機対応円滑化業務

内外の金融秩序の混乱または大規模な災害、テロリズムもしくは感染症等による被害に対処するために必要な資金の貸付け等を指定金融機関か公庫からの信用供与を受けて実施する場合に指定金融機関に対して当該貸付け等の一部を補てん・利子補給金。

(iii) 財務・会計

公庫には、予算の国会議決、財務大臣への財務諸表の提出、決算報告書の国会提出が義務づけられる。公庫は、各業務の的確な実施と政策の実施に係る責任の明確化のため、国民一般、農林漁業者、中小企業者、国際金融、危機対応などの所定の業務ごとに勘定区分を行い、それぞれの業務ごとに主務大臣が置かれる。公庫は金融庁による金融検査の対象となる。

なお、政策金融改革のその後の動きについて簡単に付記しておきたい。

政策金融については特に小泉・竹中改革以来批判的な雰囲気が続いていたが、リーマン・ショックに端を発する金融危機を契機に、大企業も含めた企業の資金繰り支援が重要な課題となり、政策金融公庫の危機対応円滑化業務の大幅な事業拡大が求められた。こうしたなかで、政策投資銀行等についても与野党から積極的な活用を求める声があがり、政策投資銀行等の完全民営化の方針の見直し論議が行われた。

09年の通常国会においては、議員立法により政策投資銀行法の改正が行われ、完全民営化への移行を一時中断し、「2011年度末をメドとして政投銀のあり方について検討すること」、「その検討がなされるまでは株式の売却を凍結すること」等が規定された。なお商工中金法についても、同様の法改正が行われている。

財投計画としては、財投改革移行フローの計画額は毎年度減少し、08年度当初は13.9兆円（ピークの96年度40.5兆円の3分の1程度）まで減少したが、上記金融危機への対応のため、09年度当初計画で10年ぶりに増加に転じ、10年度も増加した。ただ、今後は危機対応円滑化業務の収束とともに財投計画額も再び減少に転ずるものと思われる。なお、ストックの財投計画残高は財投改革以来一貫して減少している。

2010年12月には、日本政策金融公庫に統合されている国際協力銀行（JBIC）を分離・独立させる方針を政府が決定した。JBICの経営の自由度を高め、高速鉄道や大型インフラ計画の海外展開を目指す日本企業を金融面で支えることをねらいとしている。

第12章 市場型金融指向の金融インフラ整備

　伝統的な金融行政においては、通常、「金融」とは銀行の業務を指すことが多く、したがって、金融行政の政策目標とは、銀行法第1条に掲げる理念を指していたといっても誤りではない。もとより繰り返し述べてきたとおり、直接金融なり市場の重要性は早くから強調されてきたところであるが、銀行・市場・保険など金融全般を通ずる包括的な理念が明確に意識される機会は多くはなかった。

　その意味においては、金融における市場の役割の増大に呼応して、金融行政機能が金融庁に一元化されたことは時宜にかなったことであった。金融庁では、①金融システムの安定、②市場の透明・公正、③利用者の保護、の3項目を金融行政の政策目標として掲げている（佐藤〔2010〕p29）。銀行法第1条に掲げる政策目標に比べ、市場の重視や預金者にとどまらない利用者保護の考え方が明確に現れており、この間の金融環境の変化が感じ取れる。

　本章において取り上げる金融インフラ整備の動向を考えるに際しては、半世紀における金融行政の政策目標の微妙な変化を念頭に置く必要があろう。

第1節　金融商品取引法の成立

1　金融システム改革とイギリスの金融サービス法

　金融商品取引法（以下「金商法」）の原点はイギリスの金融サービス法（Financial Services Act）にある。イギリスでは、80年代初めに証券や投資

顧問等にかかわる会社の不正事件が続き、投資家保護の必要性を指摘する意見が強まった。こうした状況をふまえ英政府の調査依頼を受けたガウアー教授は1984年に「投資家保護の再検討」（ガウアー・レポート）を発表し、これを受けて1986年11月に金融サービス法が制定された。このように金融サービス法の発想の原点は、金融自由化への積極的な取り組みというよりも、むしろそれによる副作用防止のための方策といった性格のものであった。[9]

　日本経済がバブルに酔いしれていた80年代後半は、金融制度改革論議として業態間の「垣根争い」が熾烈になった時期でもある。その論議を解きほぐしていくうえで、多面的な要素が織り込まれた証取法の複雑な構造が厚い壁になっていた。証取法は、基本的には市場における取引ルールを横断的に定めた法律である。しかし同時に、証券業というタテ割りの1業態に関する業法でもあるという二重の性格をもっている。証券業界はそれを巧みに使い分けて、銀行が市場取引に参入してくるのを防戦していた。その典型的な事例は、国債の窓販をめぐる銀行法改正論議にみられる（第3章第3節参照）。

　イギリスの金融サービス法の主目的はすべての金融商品に共通する取引ルールをつくること自体にあったわけではないが、ちょうどそのころ日本で銀行・証券・保険などの業態の垣根を低くする複雑な利害調整に取り組んでいた学者や行政官にとって、金融サービス法の枠組みは金融制度改革に新たな切り口を提供する金融先進国の先例にみえた。日本で金融制度改革論議が大詰めを迎えた90年頃には、イギリスでも金融サービス法が発展的に改正される機運があり、金融サービス法は銀行・証券間の「ゴルディアスの結び目」を解きほぐす着眼点として期待されたこともある。しかし日本の金融制度改革論議は、この時には金融サービス法の手法を直接取り入れるところまで進むには至らなかった。

　このような問題意識は、1994年秋に再浮上したことがある。流動性預金の

---

[9] 1986年には金融サービス法制定のほか、多くの金融制度改革が実施された。3月にはロンドン証券取引所において非会員による会員会社への100％資本参加および非会員会社による会員権の取得が認められた。また5月にはポンド建CPの発行が解禁された。さらに10月には、取引委託手数料の自由化、単一資格制度の廃止等を内容とする証券取引所の大改革（いわゆるビッグ・バン）が実施されている。

金利自由化が行われ、1985年の大口定期預金の金利自由化以来、約9年をかけて推進されてきた預金金利の自由化措置が完了した。預金金利自由化の完了は、単に臨金法に基づく金利の上限規制を撤廃するだけでなく、結果として預金という圧倒的に重要な金融商品の商品設計の自由度を大きく広げることになった。預金金利規制のもとでは、預金の商品性を規定する最も重要な要素である付利方式が統一されていたほか、利息以外の金品等の提供（いわゆる「特利行為」）が禁止されていた。また、金融機関および行政当局の双方において、事実上、金利規制の当然の前提として商品設計の統一が認識されていた。このように、預金金利の規制は預金の商品性全般の規制を意味していたのであるが、長年規制金利に親しんできた金融関係者にとってそれからの解放は予期せぬ事態を生み出した。

他方、80年代以降急速に進んできた金融自由化によって中長期預金や変動金利預金が導入され、また、通信・情報処理技術の進展やデリバティブ取引の拡大によって商品開発の技術フロンティアを縦横に活用することが可能になり、預金の商品設計をめぐる環境はまったく新たな局面を迎えていた。預金金利自由化完了後の状況をみると、くじ引きによる懸賞金、有名野球選手の打率による付利など、公正な競争の概念を超える預金（と称される商品）が続出した。預金金利完全自由化により商品設計の自由度が拡大した局面において、預金の商品設計のための何らかの枠組みを設定する必要に迫られ、「預金を考える懇談会」が設けられた（第4章第2節参照）。

ここには、92年金融制度改革法では業際問題が強く意識されるあまり、金融商品相互間の連続性に関する議論（いわゆる「融業論」）がおろそかになっていたとの問題意識も含まれていた。その検討過程においては、隣接する他の金融商品との関連において金融サービス法的な発想が必要なことが認識された。95年5月29日に公表された報告書では、

> 資金提供者の金融商品に対するニーズは、リスクとリターンの組合せや利便性などの各面で多岐にわたっている。こうした中で、預金は、元本保証という安全性と、決済システムの中核となっていることに伴う利便性を重視するニーズに応えるものと考えられる。こうした預金と他の金融商品の商品設計の多様化は、これまで各々の商品が利用者や国民経済に対して果たしてきた基本的役割に留意しつつ進められるべきである。以上の結果、金融商品全

> 体として商品相互間の連続性が一層高まり、利用者の幅広いニーズに切れ目なく対応した金融商品が提供されることが期待される。現在、金融機関の窓口においては、公共債や抵当証券等の預金以外の金融商品の取り扱いが行われているが、上述のように、金融商品相互間の連続性が一層高まっていく中では、利用者が金融商品の基本的内容を誤解することのないよう、商品の性格に応じた情報提供が行われることが必要である。

と述べられている。ただしこの論議は、その後バブル崩壊により金融行政が破綻処理に関心を集中せざるをえない事態が発生して中断された。

その後、イギリスでは97年5月に発足したブレア首相のもとで、金融サービス法の仕組みは抜本的に見直された。00年6月には、金融サービス法を全面改正する「金融サービス・市場法」（Financial Services and Markets Act）が成立した。ここでは97年10月にSIB（証券投資委員会）が改組されて発足したFSA（金融サービス機構）を銀行・証券・保険といったあらゆる金融サービス業務に関する規制・監督を行う単一の公的規制機関と位置づけた。当時は日本版ビッグバンが具体化していた時期でもあり、イギリスにおけるこの動きに強い刺激を受けて、日本でも業界横断的な規制ルールとしての金融サービス法論議が本格的に始まった。日本版ビッグバン後の日本の金融の方向づけを意識して「新しい金融の流れに関する懇談会」が組織され、その論点整理（98年6月）では金融仲介過程の多様化が提唱された。さらに金融審議会第1部会中間整理（第1次、99年7月6日）では、最終的な日本版金融サービス法のイメージとして、金融取引全般を包括的かつ横断的にカバーする姿が描かれている（図表12－1）。

ここでは金融サービス法を21世紀の金融を支える制度的な基本インフラと位置づけ、高い理想を掲げている。すなわち、

> 最終的な法制度の姿は、金融取引全般を広く、包括的かつ横断的にカバーするものとなろう。こうした横断的な法制度の下では、既存の金融関係の業法も、一覧性のある横断的なものになっていく。銀行についても、決済サービス提供者等の面と併せ、預金者から預かった資金を運用するという資産運用業者の側面も重視され、適切な運用を行うという責務を預金者に対しても負うべきことが一層明確になってくる。また、市場においては、横断性の高いルールの下、業者の創意工夫の発揮によりさまざまな魅力ある商品が提供

図表12−1　金融商品とそれに対応する主なルール

金融商品名	販売・勧誘	参入要件		金融商品の組成に関するルール					ディスクロージャー
		取扱業者	発行者	資産運用	資産管理	仕組み行為	受託者責任	財務の健全性確保	
郵貯		国営事業		財投委託一部自主運用		郵便貯金法（郵便貯金の受入れ）		国家保証	
預金	契約内容等の情報提供	銀行等（免許制）		アムーズ・レングス・ルール		銀行法（預金の受入れ、資金の貸付け）	商法等によるガバナンス	大口信用供与規制 自己資本比率規制	銀行等のディスクロージャー
保険	断定的判断の提供の禁止等	生保募集人、損保代理店、保険仲立人（登録制）	保険会社（免許制）	アムーズ・レングス・ルール 資産運用規制		保険業法（保険の引受け）	商法等によるガバナンス	大口信用供与規制 自己資本比率規制	保険会社のディスクロージャー
企業年金	（強制加入）	厚生年金基金（許可制）	厚生年金基金（許可制）	分散投資義務 運用の基本方針の作成および金融機関に対する提示義務	有価証券の保管委託	信託の引受け 保険の引受け 投資一任契約の締結	理事の忠実義務	借入金の制限 予算の許可制	貸借対照表・損益計算書・業務報告書の厚生大臣への提出
国債	断定的判断の提供の禁止等	証券会社（登録制） 銀行（免許制）	国			財政法（国債の発行）		国家保証	有価証券であるが、ディスクロージャーは適用除外
社債	断定的判断の提供の禁止等	証券会社（登録制）	商法上の会社			商法の定め 社債管理会社の設置	商法等によるガバナンス		発行開示および継続開示（証取法上のディスクロージャー）
金融債	契約内容等の説明	長期信用銀行等（免許制） 証券会社（登録制）	長期信用銀行等（免許制）	アムーズ・レングス・ルール		長期信用銀行法等（債券の発行、資金の貸付け）	商法等によるガバナンス	大口信用供与規制 自己資本比率規制	長期信用銀行のディスクロージャー
株式	断定的判断の提供の禁止等	証券会社（登録制）	商法上の会社			商法の定め	商法等によるガバナンス		発行開示および継続開示（証取法上のディスクロージャー）
ワラント	断定的判断の提供の禁止等	証券会社（登録制）	商法上の会社			商法の定め	商法等によるガバナンス		発行開示および継続開示（証取法上のディスクロージャー）

信託	信託契約の情報提供を業務方法書に記載	信託会社（免許制）	信託会社（免許制）	損失補填および利益補足の限定 資産運用の制限	信託財産と固有財産の分別管理	信託の引受け	善管注意義務 忠実義務 自己執行義務	資産運用の制限 信託財産と固有財産の区分	計算書類等の受益者等による閲覧等
投資信託	断定的判断の提供の禁止等	証券会社（登録制） 銀行等（免許制）	証券投資信託委託業者（許可制）	自己売買の禁止 運用指図の量的制限	信託による分別管理	信託の設定	忠実義務 運用指図の権限の委託制限	運用指図の量的制限	証券投資信託委託業者による運用状況報告の作成・交付
証券投資法人	断定的判断の提供の禁止等	証券会社（登録制）	証券投資法人（登録制）	資産運用の制限 運用会社の制限	資産保管会社への資産保管業務の委託	規約の作成	資産保管会社の忠実義務	純資産額規制	計算書類等の投資主による閲覧
商品ファンド	詐欺的勧誘の禁止等	商品投資販売業者（許可制）	商品投資顧問業者（許可制）	利益相反の防止 合同運用の禁止	顧客からの金銭預託禁止	商品投資契約の締結 商品投資顧問業者以外の者に一任する投資契約締結等の禁止	忠実義務 運用委託の制限	純資産額規制	商品投資販売業者による運用状況状況報告書の作成・交付
特債法	詐欺的勧誘の禁止等	小口債権販売業者（許可制） 証券会社（登録制）	特定債権等譲受業者（許可制）		財産の金融機関への預託等取立て委託契約の解除の禁止等	特定債権等の譲受指定調査機関による調査	守秘義務	余裕金の運用制限 純資産額規制	業務および財産の状況を記載した書類の顧客による閲覧
SPC	断定的判断の提供の禁止等	証券会社（登録制）	特定目的会社（登録制）	余裕金の運用の制限	特定資産の管理および処分に係る業務の受託	資産流動化計画の策定	（取締役）競業避止義務 自己取引の禁止	資金の借入れの制限 特定資産の処分等の制限 余裕金の運用の制限	資産流動化計画の公衆縦覧 発行開示および継続開示
不動産特定共同事業法	不当な勧誘等の禁止	不動産特定共同事業者（許可制）	不動産特定共同事業者（許可制）		財産の分別管理	不動産特定共同事業契約の締結	信義誠実義務 守秘義務	投機的取引の抑制義務 純資産額規制	業務・財産の状況記載書類の顧客による閲覧
デリバティブ商品	断定的判断の提供の禁止等	有価証券：証券会社 金融先物：金先業者 商品先物：商取業							取引報告書の交付（証券デリバティブ）

（出所）金融審第1部会中間整理（第1次）1999・7・6　一部修正・省略

され、利用者には十分な情報を前提に、自己責任原則の下で主体的に自己のニーズに合った商品を自由に選択していく。さらに、ルール違反は行政等により機敏に摘発され、厳罰に処されるなど、市場の信頼と公正性の確保に万全が期されることとなる。

　新しいルールの枠組みは、単に業法が横断化するのみならず、このように民事法制や刑法、自主規制団体ルールや契約当事者の取り決め等、さまざまなレベルのルールが融合したものとなる。こうしたルールの体系を構築することにより、市場参加者の意識、行動も変化していく。その結果、取引慣行やその他の金融の制度的インフラも影響を受け、変化していくという、新しい金融への大きな流れを生み出していくこととなろう。

（蝋山昌一金融審議会第1部会長、前文）

　しかし日本では預金・保険商品が個人金融資産の大半を占めている。一般国民（利用者）は市場において自己責任のもとに金融取引を行うという意識は希薄であり、当局の検査・監督のもとにある銀行や保険会社（事業者）を信頼して資産を預託するのが通常である。市場を通じた金融取引の役割が高まってきていることは事実としても、日本の金融法制を市場を中心としたものに一挙に再構成すると大きな混乱をもたらすであろう。もともとイギリスでも、1986年金融サービス法にいう金融サービスとは投資サービスのことであり、銀行・保険を含む包括的な立法が実現したのは2000年の金融サービス・市場法になってからのことであった。そこで当面は1986年段階の金融サービス法を目指すこととし、まず預金・保険以外の「投資商品」について業者横断的なルールを定めること（「投資サービス法」の制定）に取り組まれた。

　金融審金融分科会第1部会は05年7月に「中間整理」、同年12月には報告「投資サービス法（仮称）に向けて」を公表した。このような経過をたどって「証券取引法等の一部を改正する法律」（金融商品取引法、金商法）は06年6月7日に成立した。イギリスのビッグバン・金融サービス法が86年、日本版ビッグバンが96年、そして日本版金融サービス法ともいうべき金商法が06年と、10年刻みで大きな節目を迎えていることは偶然ではあるが興味深い。

2　金商法の対象

　金商法の規制対象は次の4種類に大別できる。

① 有価証券：従来の証取法と同様に、基本的な規制対象は有価証券であ

る。有価証券としては、国債・社債・株券など、基本的には従来の証取法の定義をふまえているが、下記の「みなし有価証券」とあわせて、範囲が拡大されている。

② みなし有価証券:「有価証券」には該当しないが、法令上は「有価証券」とみなされ同様の規制を受けるもの。信託受益権、集団投資スキーム持分など。

③ 金融商品:金商法では「有価証券」とは別に「金融商品」という概念を定め、これを原資産とするデリバティブ取引などについて、一定の業務規制・市場規制の対象としている。具体的には、有価証券のほか、政令で定める預金債権・デリバティブ取引、通貨など。

④ 金融指標:金融商品の価値・利率、気象観測の成果にかかる数値など。これに基づき行われるデリバティブ取引などを一定の業務規制・市場規制の対象としている。

金商法は幅広い金融商品と業者に対して横断的な消費者保護ルールを設けた法律ではあるが、預金・保険・商品先物取引については同法の適用対象から除外されている。そのうえで投資性の高い預金・保険商品等については、別途それぞれの業法で同等の投資者保護ルールを整備する形をとっている。現段階では、日常的に接する預金や保険については、一定のルールのもとに当事者が自己責任で投資するというシステムよりも、日常生活に多忙な一般国民が信頼できる金融業者に取扱いを一任できるシステムが望まれている面もある。銀行法・保険業法等の業法による規制体系は、免許制・金融検査等によって信頼できる金融業者を政府が国民にかわって選ぶシステムである。これは規制緩和の時代においてはいかにも時代遅れの印象を与えるが、社会の実情を考えると、貯蓄・保険・投資を通ずる一元的な金融ルールを確立するにはまだまだ課題が多い。

たとえば、金商法は、金融商品取引業者のすべてに適用されるルールを定めたうえで、金融商品取引業のうち第1種業・第2種業・投資運用業などについて、それぞれに適用される特則を定めている。この方法を銀行業や保険業に及ぼすとなると、銀行業や保険業を構成する行為をすべて含んだ金融取引業の定義規定を設けたうえ、それぞれに必要な特別ルールを金商法に書き

込む必要が生じる。しかも、銀行業や保険業の規制目的は金融商品取引業の規制目的と大きく異なる部分があるため、規制はかなり複雑になる（黒沼〔2009〕p231〜）。各業法に定められている規制を寄せ集めることは形式的には可能であるが、そのようにしてできあがった膨大な法律を一般人が理解することは、ほとんど不可能であろう。また、銀行業には金融商品取引サービスだけでなく、決済という重要な役割がある。これらを含めて金商法という業態横断的な枠組みによりすべてを一元的に規制[10] しようとすることは、かえって利用者の利便を犠牲にする可能性もある。

3 金商法の枠組み

金融自由化や外資系企業の参入に伴い、預金・生命保険・公社債投資信託といったなじみのある金融商品のほか、各種の新しい金融商品が続々登場している。それらを選択するのは投資家の自己責任であるが、いままで行政当局の厳しい規制のもとにある金融機関への信頼を前提として行動してきた国民にとっては、これはきわめて不安定な環境となった。またこのような場合、詐欺的な販売・勧誘が登場し、国民の健全な投資活動への参加を阻害することになる。健全な投資の普及を図り、投資商品の多様化を進めていくためには、制度的な基本インフラとして投資家保護法制の整備が欠かせない。

ところが、証券業界の基本ルールの集大成という性格をもっていた従来の証取法では、既得権益を業界内に囲い込む意図も働きがちであり、結果的に、規制の対象となる投資商品を限定することとなる。そのため、金融技術の発展に伴って出てきた新たな金融活動を、柔軟に取り込んで広く投資サービスの市場を整備するという姿勢が乏しくなりかねなかった。また横断的な投資家保護法制が不備な状態では、新しい投資商品が登場するごとにその位置づけに時間がかかったり、規制の隙間をついた事件も起こる。その結果日本の資本市場の発展が望めない状況が続いていた。

---

10 金商法案の国会審議においては、「より包括的な金融サービス法制については、本改正による金融商品取引法の実施状況、各種金融商品・サービスの性格、中長期的な金融制度のあり方等もふまえ、引き続き検討を進めること」とする附帯決議が採択されている。

図表12-2　いわゆる「投資サービス法」について

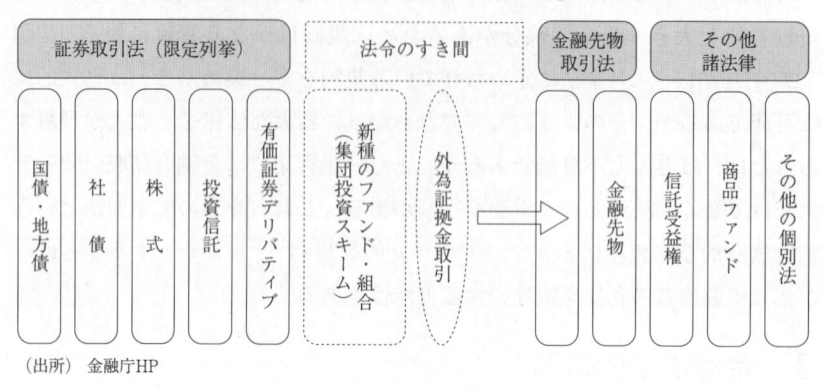

証券取引法（限定列挙）	法令のすき間	金融先物取引法	その他諸法律
国債・地方債／社債／株式／投資信託／有価証券デリバティブ	新種のファンド・組合（集団投資スキーム）／外為証拠金取引	金融先物	信託受益権／商品ファンド／その他の個別法

（出所）金融庁HP

　00年代半ばに至り金融情勢は落ち着きをみせ、各方面で日本の金融・資本市場再出発のための新しい金融インフラ作りを具体化する機運が起こってきた。日本の金融システム改革は日本版ビッグバンによりひと区切りをつけたが、21世紀を視野に入れて日本の金融市場を世界に通用するものとするためには、規制緩和により古い体制を取り壊すだけでなく、新しいインフラを構築する必要がある。

　金商法は「金融・資本市場をとりまく環境の変化に対応し、投資者保護のための横断的法制を整備することで、利用者保護ルールの徹底と利用者利便の向上、『貯蓄から投資』に向けての市場機能の確保および金融・資本市場の国際化への対応を図る」ことを目的とするものであり（法改正の目的、金融庁HP）、日本の金融システム整備の新たな一歩を踏み出す野心的な試みと理解すべきものである。ただ、現実的には、まったく新しい法律を創設するのではなく、証取法を中心として何本かの法律を再編成する形をとっている。また、投資家保護のルールについて金商法と同様の規制を適用して横断的な規制を実現するため、証取法等の改正とともに、隣接する銀行法・保険業法・信託業法・商品取引所法・不動産特定共同事業法などの法律も改正している。

　証取法は証券業界の「城」であり、ある意味では、証券業界とそれ以外を隔てるための業法とその領域内でのルールを定めたものであった。ところが

一面ではそのルールは広く市場一般のルールでもあるところから、金融における市場の要素が広がるとともにそれは証券業界のルールにとどまらない性格のものとなっていく。この一般性を強めていく要素が金商法の主成分に育っていくのであるが、金商法は従来から証取法に含まれていた業法的な要素も包摂しているため、金商法の体系は複雑でわかりにくいものとなっている。将来展望としてすべての金融商品の取引に関する通則法を目指すならば、証取法がもっていた証券業法や取引所法的な要素は別立ての法律にしたほうが法律の体系は明快になるかもしれない。

このような経緯もあって、現段階の金商法は次の4つの柱からなっている。
① いわゆる「投資サービス」規制の構築
横断化（縦割り規制から横断的な規制に）：投資性の強い金融商品・サービスに隙間なく同等の規制
柔軟化（一律規制から差異のある規制に）：いわゆるプロ向けと一般向け（投資家の知識・経験）、商品類型等に応じて差異のある規制
② 開示制度の拡充
四半期開示の法定化、財務報告に係る内部統制の強化（日本版SOX法）、TOB制度の見直し、大量保有報告制度の見直し
③ 取引所の自主規制機能の強化
取引所の自主規制機能（上場審査・売買審査等）の強化
④ 不公正取引等への厳正な対応
罰則の引上げ、「見せ玉」に対する課徴金・罰則の拡大

(1) 投資サービス規制の構築

投資家保護ルールのポイントは横断化と柔軟化の2つである。金商法は証取法を思い切って改組し、各種の投資商品やその仕組みに応じた柔軟な規制構造を作り上げる一方で、投資家への投資商品の販売・勧誘については隙間なく横断的なルールを整備している。

(i) **投資商品を幅広く対象とする横断的な制度整備**

金商法は、投資について横断的・包括的に規制を及ぼしている。それまで証取法の適用対象とされてこなかった組合その他の契約を利用したファンド

図表12−3　投資者保護のための横断的法制の整備

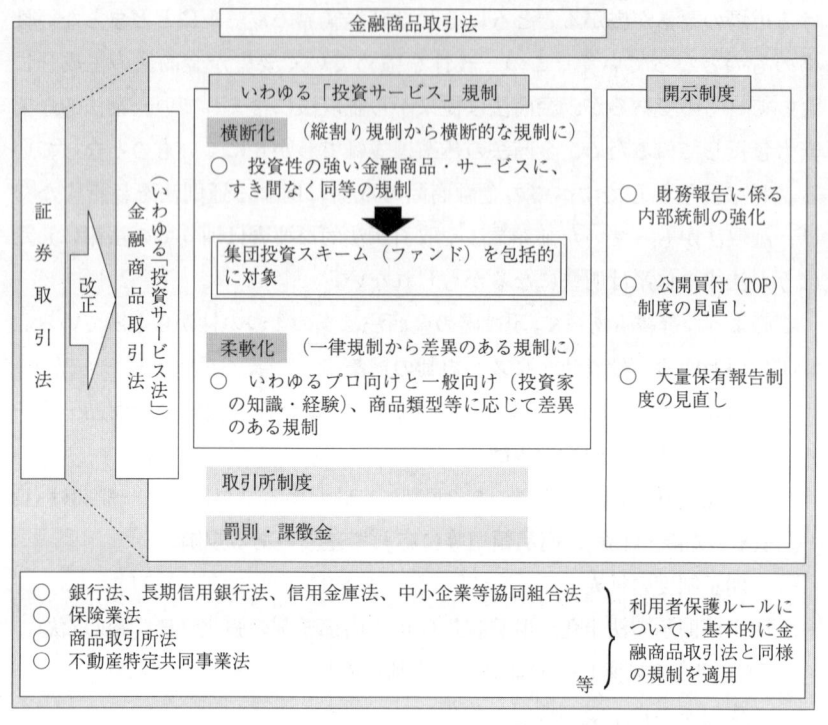

```
┌─────────────────────────────────────────────────────┐
│                    金融商品取引法                        │
│  ┌──────────────────────────────────────────────┐  │
│  │      いわゆる「投資サービス」規制   │  開示制度      │  │
│  │                                              │  │
│  │  横断化（縦割り規制から横断的な規制に）              │  │
│  │  ○ 投資性の強い金融商品・サービスに、  ○ 財務報告に係る│  │
│  │    すき間なく同等の規制              内部統制の強化  │  │
│  │       ↓                                      │  │
│  │  ┌────────────────────┐                      │  │
│  │  │集団投資スキーム（ファンド）を包括的│  ○ 公開買付（TOP）│  │
│  │  │に対象                │    制度の見直し   │  │
│  │  └────────────────────┘                      │  │
│  │                                              │  │
│  │  柔軟化（一律規制から差異のある規制に）              │  │
│  │  ○ いわゆるプロ向けと一般向け（投資家 ○ 大量保有報告制│  │
│  │    の知識・経験）、商品類型等に応じて差異    度の見直し│  │
│  │    のある規制                                │  │
│  │                                              │  │
│  │  取引所制度                                    │  │
│  │  罰則・課徴金                                  │  │
│  └──────────────────────────────────────────────┘  │
│  ○ 銀行法、長期信用銀行法、信用金庫法、中小企業等協同組合法  │
│  ○ 保険業法                          利用者保護ルールに │
│  ○ 商品取引所法                       ついて、基本的に金│
│  ○ 不動産特定共同事業法                融商品取引法と同様│
│                                  等  の規制を適用    │
└─────────────────────────────────────────────────────┘
```

証券取引法 → 改正 →（いわゆる「投資サービス法」）金融商品取引法

（出所）　金融庁HPを再構成・簡略化

（集団投資スキーム）に規制を及ぼすとともに、抵当証券、信託受益権、商品ファンドのように、それまで異なる法律で規制されていた商品を適用対象に含めている。金商法がこのように横断的・包括的な規制を採用したのは、①投資家にとって経済効果が同じサービスについては、同じ仕組みのもとで保護が与えられるべきであること（投資家保護）、②投資に対する包括的な規制を設ければ、投資活動がより活発化すること（投資の促進）、による。

　ただし（「金融商品」取引法という名称からこの法律はあたかもすべての金融商品に適用される通則法であるかのような印象を与えるが）、この法律上の「金融商品」は「投資商品」を意味しており、通常の預金や保険契約は金商法の適用対象には含まれない。金融審議会の論議では、「投資商品」を①金銭の出資、金銭の償還の可能性をもち、②資産や指標などに関連して、③より高いリター

図表12-4　金融商品取引法の適用対象となる金融商品

商品の種類	従来の規制法	現在の規正法
株式	証券取引法	金融商品取引法 ・金融先物取引法 ・抵当証券業法 ・投資顧問業法 ・外国証券業法 の4つの法律は廃止
国債、社債		
金融先物取引	金融先物取引法	
外為証拠金取引		
抵当証券	抵当証券業法	
いわゆる「ファンド」と呼ばれる仕組み	（さまざまな法律によって規制。場合によっては規制なし）	
金利・為替スワップ取引	（規制なし）	
天候デリバティブ、クレジットデリバティブ		
学校債・病院債		
預金	銀行法	銀行法
保険	保険業法	保険業法
不動産共同事業	不動産特定共同事業法	不動産特定共同事業法
商品先物等	商品取引所法	商品取引所法

（出所）　鳳〔2008〕p2

ンを期待してリスクをとるもの、と定義している（商品の流動性は要件となっていない）ので、譲渡が禁止されている預金や保険商品であっても、高いリターンを期待してリスクをとるものは投資商品に含まれる。ただし、銀行法や保険業法など他の業法で規制されている商品については、最終的にそれぞれの業法で手当てされたので、投資性の高い預金・保険商品、商品先物取引などは金商法の適用対象とはされなかった（黒沼〔2009〕p18～）。

　金融業者については、従来各業法が所管していた業者を包含する「金融商品取引業者」という概念が新たに設けられ、横断的な消費者保護ルールが規定された。金融商品取引業は、①第一種金融取引業（従来の証券会社等）、②第二種金融取引業（集団投資スキームに係る募集等）、③投資助言・代理業、④投資運用業の4つに分類されている。また、金融商品取引業とは別に、金融商品仲介業という形態も設けられている。金融商品取引業・仲介業については、内閣総理大臣の登録を受けることが義務づけられている。

図表12-5　柔軟化（特定投資家と一般の投資家）

①特定投資家 (一般投資家への移行不可)	②特定投資家 (一般投資家への移行可能)	③一般投資家 (特定投資家への移行可能)	④一般投資家 (特定投資家への移行不可)
適格機関投資家 有価証券に対する投資に係る専門的知識および経験を有する者として内閣府令で定める者 ➡ 金融機関、一定の事業会社等 国 日本銀行	内閣府令で定める法人	中小法人等（①または②に該当しない法人） 知識、経験および財産の状況に照らして特定投資家に相当する個人	個人（③に該当しない個人）

（出所）　金融庁HPを再構成・簡略化

(ii)　規制の柔軟化（柔構造化）

　証取法では私募の定義が画一的で有価証券ごとに柔軟な対応をすることができないなどの難点があった。金商法では、投資商品の類型ごとに公衆縦覧型の情報提供ルール（ディスクロージャー制度）と業者の顧客に対する情報提供ルール（説明義務や適合性原則などの業者の販売・勧誘ルール）を分離して整理しなおすなど、取引の実態にあわせて規制が適切に働くよう、プロ投資家（特定投資家）とアマ投資家（一般投資家）とを分けて規制を複線化している。

　また、業の規制についても、資産運用を行う業者の業規制を認可制から登録制とするなど、規制全般の点検をふまえて規制緩和している。一定の投資商品について一定の投資サービスだけを提供するような業者には、財務規制などの面で証取法よりルールを簡素化している。

(2)　開示制度の拡充

(i)　上場会社等による開示の充実

① 　四半期開示の法定化：取引所の自主ルールで行われている四半期開示制度を法定化し、上場会社等に「四半期報告書」の提出を義務づけ、公認会計士・監査法人による監査の対象とする。

② 財務報告に係る内部統制の強化（いわゆる日本版SOX法）：上場会社等に対して、事業年度ごとに、財務報告に係る内部統制の有効性を評価する「内部統制報告書」の提出を義務づけ、公認会計士・監査法人による監査の対象とする。また、上場会社等に対して、有価証券報告書・四半期報告書等の内容が金融商品取引法令に基づき適正である旨の経営者の「確認書」の提出を義務づける。

(ⅱ) 公開買付制度の見直し

取引所市場外において株券等の大量の買付け等を行おうとする買付者に対して、買付期間・数量・価格等の開示を義務づけることにより、株主に対して公平な売却機会を確保する。

① 脱法的な取引への対応、買付者間の公平性の確保

著しく少数の者（60日間で10名以下）からの買付けであっても、取引所市場外における買付けの後の所有割合が3分の1超となるものは、公開買付けを行わなければならない。

⇒・市場内外等の取引を組み合わせた急速な買付けの後に所有割合が3分の1超となるような場合は、公開買付規制の対象となる。

・ある者が公開買付けを実施している期間中に、3分の1超を所有している別の者が急速に買付けを進める場合は、公開買付けによらなければならない。

② 全部買付けの義務化の一部導入

・買付け後の所有割合が3分の2以上となる場合には、応募がなされた株式の全部を買い付けることを義務づける。

③ 投資者への情報提供の充実

・買付対象会社による「意見表明報告書」の提出を義務づける。買付対象会社は、「意見表明報告書」の中で、公開買付者に対する質問を行うことができる。

・意見表明報告書で買付対象会社から公開買付者への質問がなされた場合、当該公開買付者は「対質問回答報告書」を提出しなければならない。

④　公開買付期間の伸張

公開買付期間は、20日から60日の範囲で公開買付者が設定する。

⇒・公開買付期間を営業日ベースへと改める（20営業日から60営業日）。

・買付対象会社からの請求があるときは、公開買付期間を30営業日に延長する。

⑤　公開買付けの撤回等の柔軟化：買付対象会社において一定のいわゆる買収防衛策が発動された場合に、公開買付けの買付価格の引下げや撤回を認める。

(iii)　大量保有報告制度の見直し

①　特例報告制度の見直し：報告期限・頻度の短縮等

②　大量保有報告書の電子提出の義務づけ：EDINETを通じた迅速な公衆縦覧

(3) 取引所の自主規制機能の強化

　証券取引所は、有価証券の円滑な流通のために市場を開設し、当該市場のルールを定め、市場内における不公正な取引等を日常的に監視している（①上場審査、②上場管理、③売買審査・監理、④考査）。取引所がもつこのような機能は「自主規制機能」と呼ばれ、公的な役割を果たしていることから、証券取引所は、証券業協会と並んで、証券市場における自主規制機関の代表例とされている

　近年、世界的規模の取引所の合併や電子取引システムの台頭により市場間競争が加速し、証券取引所もそうした競争にさらされる時代となった。このため、証券取引所は、伝統的な非営利の会員組織形態から営利を目的とする株式会社への変更を進めるようになり、さらに自らの市場に株式を上場することで、システム投資のための大規模な資金調達に備えるケースも出ている。00年の証取法改正により、取引所の株式会社化が認められた（6取引所のうち、東京・大阪・名古屋・ジャスダックが株式会社、札幌・福岡が会員制法人）。

　しかし、証券取引所が営利を追求するようになると、営利性と自主規制機能の間に利益相反が生じるおそれがあり、取引所における自主規制機能を担う組織について、他の業務からの独立性を確保する必要があると考えられ

た。他方、市場の現場に近いところで実情に即したきめの細かい対応が可能であるという、現場の品質管理という側面もふまえるべきと考えられた。03年12月の金融審報告では、取引所が株式会社としての営利性を有しつつ、取引所として求められる公共性を果たしていくために望ましい組織のあり方として、①資本関係のない別法人、②親子・兄弟法人、③同一法人内の別組織、の③類型を示しつつ、「制度的な手当てが必要であれば、選択肢が用意されることが望ましい」とされた。

金商法においては、自主規制機能を担う組織の具体的な形態については、独立した法人をおく方式（自主規制法人の設立）または同一法人内に独立性の高い別組織をおく方式（自主規制委員会の設置）を法定して、市場の開設者が自らの判断により選択できる制度的枠組みとされた。現在、国内6証券取引所（東京、大阪、名古屋、札幌、福岡、ジャスダック）のうち、東京証券取引所が自主規制法人方式、大阪証券取引所が自主規制委員会方式を採用している。

(4) 罰則の強化

最近の一部上場企業をめぐる一連の不正事件を受け、投資者保護の徹底、公正かつ透明な証券取引の確保および証券取引に対する国民の信頼の確保を図る観点から、ディスクロージャーおよび不公正取引について、罰則の法定刑の水準を引き上げる。

4　金商法の改正

06年の金商法成立後、資本市場はしばらく順調な推移をみせていたが、その頃アメリカからサブプライムローン問題という耳慣れない言葉がしばしば聞こえてくるようになった。その後08年9月にはリーマン・ショックが世界の金融を大混乱に陥れ、それまで賞賛されてきたアメリカ流の経済・金融運営が疑念と批判の対象となる時期を迎えた。日本でも09年8月には民主党への政権交代があり、それまでの自民党政権（特に小泉内閣）の規制緩和・郵政民営化路線に対する見直し機運が現れる。金商法もこのような流れを反映して、08年までは市場の発展を促進する方向に歩を進めた後、09年以降は金

融システムの安定を重視する方向にやや軌道修正されたようにみえる。

証取法も多岐にわたる法律であったため相互の脈絡がない改正が頻繁に行われたが、金商法も同様の事情から毎年のように法律改正が行われている。金商法はますます一般人には把握しにくい複雑な法律になってきており、これは金融商品取引を一元的にルール化しようとの試みの負の側面となっているように思われる。金融法制も、あらゆる業務を1本の法律が呑み込む「ユニバーサル・バンク方式」ではなく、基本法で全体の調整を図りながら各部門が具体化する「持株会社方式」でないと、金融システムの効率的な運営が難しいのではないか。会社法、保険法などに枝分かれしている最近の商法改正の流れはそれを示しているように思われる。

(1) 08年6月改正

小泉内閣の後を受け、06年9月26日に長期政権を期待された安倍政権が発足した。07年6月19日には新政権における経済財政運営の基本方針として「経済財政改革の基本方針2007〜『美しい国』へのシナリオ〜」が閣議決定され、ここでは新しい日本の国づくりへの課題として、成長力強化と財政健全化を両輪とした一体的改革があげられている。このうち金融・資本市場の競争力強化については、福田内閣へ引継ぎ後、「金融・資本市場競争力強化プラン」（07年12月21日）が取りまとめられた。強化プランでは、金融サービス業が高い付加価値を生み出す産業として日本経済に貢献するための具体策として、4本の柱を掲げている。

① 金融・資本市場の信頼と活力：公正性・透明性を確保しつつ多様性・利便性を高める市場インフラを整備する。

② 金融サービス業の活力と競争を促すビジネス環境：多様で質の高いサービスの提供を可能とする、時代のニーズにマッチした競争環境を整備する。

③ より良い規制環境（ベター・レギュレーション）：監督当局の行政手法の改善により、規制の実効性・効率性・透明性を向上する。

④ 市場をめぐる周辺環境：専門制の高い人材の確保、都市インフラの充実を図る。

この強化プランの方針に沿って、改正金商法が08年6月6日に成立した。
(i) **多様な資産運用・調達機会の提供**
  ① プロ向け市場の創設
   ・プロ向け銘柄は開示規制を免除。プロ投資家に対する簡素な情報提供の枠組みを新設
   ・一般投資者への転売を制限
   ・提供された情報が虚偽である場合などを念頭に、損害賠償制度、課徴金制度、罰則の整備
  ② ETF（上場投資信託）等の多様化
   ・金銭信託の例外である投資信託に商品組込型の投資信託を追加
   ・排出権取引に関する市場の開設業務を金融商品取引所の兼業業務として追加
(ii) **多様で質の高い金融サービスの提供**
  ① 証券会社・銀行・保険会社間のファイアーウォール規制の見直し（役職員の兼職規制撤廃）
  ② 証券会社・銀行等・保険会社による利益相反管理体制の構築
  ③ 銀行等・保険会社の業務範囲の見直し
   ・銀行兄弟会社に対して商品現物取引等の業務を解禁する枠組み（認可制）の導入
   ・投資助言業務、排出権取引の解禁
(iii) **公正・透明で信頼性のある市場の構築**
  課徴金の金額引上げ・対象範囲見直し

(2) 09年6月改正

08年9月のリーマン・ショックなどアメリカ発の金融危機を背景として、①グローバルな金融市場の混乱への対応、②利用者が安心して取引できる環境整備、③わが国金融・資本市場の機能強化、の見地から、信頼と活力ある金融・資本市場を構築するとの考え方に基づき改正されている。この中では金融ADR（Alternative Dispute Resolution　裁判外紛争解決制度）の拡充に特色がある（後述第2節5(5)）。

(i) **信用格付業者に対する公的規制の導入**
　① 信用格付業者に対する登録制の導入
　② 信用格付業者に対する規制・監督
　　・格付方針等の公表・説明書類の公衆縦覧の情報開示・格付プロセスの公正性確保等の体制整備等を義務づけ
　　・報告徴求・立入検査、業務改善命令等の監督規定を整備
　③ 無登録業者による格付を利用した金融商品取引契約締結における説明義務の強化

(ii) **利用者保護の充実**
　① 金融分野における裁判外紛争解決制度（金融ADR制度）の創設
　② 特定投資家（プロ）と一般投資家（アマ）の移行手続の見直し
　③ 有価証券店頭デリバティブへの分別管理義務の導入

(iii) **公正で利便性の高い市場基盤の整備**
　① 金融商品取引所と商品取引所の相互乗入れ
　　・金融商品取引所による商品市場の開設
　　・金融商品取引所と商品取引所のグループ化
　　・金融商品取引清算機関による商品取引債務引受業の実施
　② 開示制度の見直し
　　・社債等の発行登録制度の見直し
　　・「有価証券の売出し」定義の見直し

(3) 10年5月改正

　半世紀にわたった自民党政権は小泉内閣のあと安定性を失い、1年ごとの首相交代を繰り返した後、09年8月には民主党への政権交代が行われた。小泉・竹中時代の市場原理中心の経済運営や郵政民営化路線への批判という形で、それまでの金融をテコとして経済の活性化を図ろうとする流れに修正が加えられているようにもみえる。ただし、民主党政権の足取りはまだ定まらない。

　2010年の改正は、アメリカ発の金融危機を受けた国際的な議論やわが国の実情をふまえつつ、金融システムの強化および投資家等の保護を図る措置を

講ずることとしたものである。
(i) 店頭デリバティブ取引等の決済の安定性・透明性の向上
① 一定の店頭デリバティブ取引等に対する清算機関の利用の義務づけ
② 国内清算機関の基盤強化、国内清算機関と外国清算機関の連携制度の整備等
(ii) グループ規制・監督の強化
① 証券会社の連結規制・監督の導入等：金融商品取引業者に対する主要株主規制の強化、一定規模以上の証券会社に対する連結規制・監督の導入
② 保険会社の連結財務規制の導入：保険会社または保険持株会社グループに対する連結ソルベンシー・マージン基準の導入
(iii) その他投資家保護のための措置
① 金融商品取引業者全般に対する当局による破産手続開始の申立権整備
② 信託業の免許取消し等の際の当局による新受託者選任等の申立権整備
③ 裁判所の差止命令に違反した場合の両罰規定の整備

第2節　各領域での金融インフラの整備

　この時期には制度の根幹にかかわる明治以来の基本的な経済法制の見直しが相次いでいる。すなわち、05年6月29日成立の会社法、06年12月8日成立の信託法および04年11月26日成立の信託業法、08年5月30日成立の保険法である。神田〔2006〕は会社法の制定に関し「日本経済は企業法制と株式市場法制の抜本的な改革が必要であったが、いろいろな事情でその実現は大幅に遅れてしまった。しかし、今日、それがようやく実現し始めたという状況にある」としたうえ、21世紀初頭に「現代語化」（法律の条文を平仮名口語体にすること）と「現代化」（法律の内容を現代にふさわしいものにすること）という2つの偶然的な事情が重なったと述べている。これらがこの時期に明治以来の大型基本法制の改正が続いた共通の背景となっている。1つひとつは地味ではあるが、00年代には重要な金融インフラが多数整備されている。

1 信託法・信託業法改正

(1) 信託業務の歴史

　信託は、企業や個人などの「委託者」が自己の財産を「信託財産」として、信託銀行などの「受託者」に引き渡し、受託者が一定の目的に従って、投資家や個人などの「受益者」のために財産の管理・運用、処分する仕組みである。15世紀にイギリスで慣習法として成立し、アメリカではやや仕組みを異にして発達したとされている。日本では日露戦争後多数の信託会社が設立されたが、第1次大戦後の不況で破綻をきたすものが相次いだ。このため、信用秩序維持および信託制度の健全な発展を図る観点から、1922年に信託法が司法省により、信託業法が大蔵省により制定された。

　信託を文字どおり「信じて託する」と理解すると、預金の受入れや証券投資信託もその一部であり、言葉の意義としては信託業はきわめて守備範囲の広い金融業であるとも考えられる。しかし日本ではその生い立ちのころから、信託業は金融界の中で大きな制約を負っていた。すなわち1890年代に松方正義構想により専門制分業制の金融制度が確立されており、1922年に制定された信託業法は銀行業務の兼営を禁止し、一方銀行法（1927年施行）は信託業務の兼営を認めず、両者はそれぞれ別個の活動領域を形成してきたのである。

　その後太平洋戦争下において、政府主導で急きょ「普通銀行等の貯蓄銀行業務または信託業務の兼営等に関する法律」（兼営法）が制定された。その理由は、時局下「資金の吸収、特に大衆的預金および長期貯蓄的資金の吸収に対しその前能力を発揮せしめる」ため、「現存金融機関中、その人員および店舗数等において最も活動力ある普通銀行に、貯蓄銀行業務および信託業務を兼営せしめる」（谷口大蔵次官答弁）ことであった。兼営法は1943年5月20日に施行され、銀行の信託業務・貯蓄銀行業務の兼営が認められた（後藤〔1990〕p168）。他方、主要な信託会社には救済的な意味をこめて銀行免許が与えられ、信託銀行を称することになった。

　敗戦後に政府は再び銀行・信託業務を分離する方針を取り、普通銀行が兼

営していた信託業務を分離・統合して専業の信託銀行（東洋信託銀行、中央信託銀行など）が設立された。信託銀行は制度的には信託業務も普通銀行業務もできるのであるが、いわばこれらの業務を認められた経緯から、普通銀行業務は限定的に営むとの自制をしつつ、専門制・分業制の枠組みを守って長期金融制度の一角を担ってきた。このため「信じて託する」機能を経済情勢の変化にあわせて発展的に活用することもなく、大きな可能性を秘めた証券投資信託などについても信託銀行ではなく証券会社が主導権を握って発展していった。

このような事情もあって、1922年制定の信託法は経済情勢の変化にあわせた運用上の工夫も十分ではなく、改正の機会もないままに、金融制度改革では信託業は他業態から攻め込まれる草刈場となりがちであった。皮肉なことに、グローバル化・規制緩和の結果、信託業務がきわめて有望な金融手法として広く金融界・経済界から注目を浴びるようになるとともに、信託に関する制度が新しい金融情勢にそぐわなくなっていることに関心が集まった。今回の法改正は、信託業界の中から求められたというよりも、信託機能を活用しようとして参入した他業態の要求を原動力として実現されたとの印象がある。

(2) 信託法全面改正

証券化信託や土地信託など、資産管理形態の多様化に伴って信託制度の利用が広がっている。06年12月に84年ぶりの全面改正となる新信託法が成立した。この改正においては、カタカナ標記が口語体に変わるだけではなく、当事者の私的自治の尊重・受益者権利行使のためのルールの整備・新しいタイプの信託制度の導入などの観点から、信託制度の使い勝手をよくすることが意図されている。今回の抜本的法改正によりビジネス分野では、事業の信託・事業執行型信託・資産流動化信託等の普及発展が期待されている。おもな改正点は次のとおりである。

① 信託行為の自由性：要物契約が諾成契約になり、また債務の信託も可能になった。委託者自身が受託者となる自己信託（信託宣言）が導入され、信託の変更・併合・分割に関する規定が整備された。

② 当事者の権利義務の見直し：旧法は信託業者の規制の観点から成立した経緯があり、特に受託者の義務については強行法規が多かった。新法においては受益者保護のための一定の権利については強行法規として定める一方、善管注意義務・忠実義務・分別管理義務・自己執行義務につき任意規定化し、当事者の私的自治が尊重されている。受託者の信託財産取得禁止や自己執行義務等が緩和された。信託契約で制限できない受益者の権利を列挙している。また、信託の変更等に反対の受益者の受益権買取請求権、受託者の不適切な任務遂行に対する受益者の差止め請求権等を創設している。

③ 新類型信託の導入：新類型信託として、受益権を有価証券化する受益証券発行信託、信託債権者等への弁済を信託財産の範囲に限定する限定責任信託、この両者を合わせた受益証券発行限定責任信託を導入した。

今回の改正により、信託できる財産の範囲が大きく広がった。これまでは工場や設備といった資産しか信託できなかったが、今後は事業に絡む借金など負債も信託できるようになる。企業が事業部門を全体として信託の対象とし事業の再編や再生をやりやすくなった。たとえばメーカーが複数ある製造部門のうちいくつかを信託して、受益権を投資家に販売するといった手法に用いることができる。04年の信託業法改正で一般事業会社も信託先になれるようになっているので、信託銀行ではなく事業会社を信託先にすれば事業再編や提携に活用できる。

企業や個人が財産を自分に信託することを認める自己信託（信託宣言）も解禁されたので、企業は自社に信託した事業の収益を担保に投資家から資金調達できる。社債を発行できなくても独自技術をもつ中小企業にとって新たな資金調達の手段になりうるが、他方、企業の粉飾や財産化駆使に悪用される可能性を懸念する声もある。

(3) 信託業法全面改正

信託法改正に先立ち、1922年の制定以来、83年ぶりに信託業法が全面改正され、04年11月26日に成立した。信託業法の見直しについては、信託活用に

係るニーズの高まりを受けて02年6月以降、金融審において本格的に議論がなされ、03年7月28日に「信託業のあり方に関する中間報告書」が提出された。信託業法の見直しについては、「規制改革推進3か年計画」（03年3月）や「知的財産の創造、保護および活用に関する推進計画」（03年7月知的財産戦略本部決定）においても早期の対応を求められていた。

改正法においては、信託制度の活用に対するニーズ等に柔軟に対応するための金融資本市場の整備を行い国民経済の健全な発展に資する観点から、信託の引受けの対象となる財産の範囲の制限を撤廃し、信託業を営む者等に関し新たな資格要件を定める等、信託に係る取引の多様な担い手の参入を可能としつつ、信託の委託者および受益者の保護を図っている。

(i) **受託可能財産の範囲の拡大**

旧信託業法では受託可能財産が金銭、有価証券、金銭債権等に限定されていたので、特許権等の知的財産権などを信託することはできなかった。近年、特に知的財産権等を信託することへのニーズが高まってきたことを受け、受託可能財産の範囲の限定を撤廃した。無体財産権、担保権などを含め信託法第1条で定める「財産権」一般について信託することが可能となった。

(ii) **信託業の担い手の拡大**

金融機関以外の参入を可能にするとともに、これに伴い受益者保護等のための所要のルールを整備している。1958年以来とってきた金融機関の兼営に限る方式を改め、信託専業会社の設立も可能となった。参入基準は信託会社の業務内容に応じ区分されており、業務内容に合わせた新規参入が可能となる。

・一般の信託会社：免許制

・管理型信託会社：登録制・3年ごとの更新

組織形態は株式会社が基本であるが、TLO（Technology Licensing Organization:大学等技術移転機関）については株式会社以外も可能である。

信託会社の業務範囲については、受益者保護の見地から、原則として信託業以外の他業を禁止され、内閣総理大臣の承認を受けた場合に限り兼業が認められる。なお、信託兼営金融機関は引き続き併営業務を営むことが

できる。

(iii) **信託サービスの提供チャネルの拡大**

　信託サービスの利用者の窓口を拡大するため、信託契約代理店制度と信託受益権販売業者制度(いずれも登録制)が創設された。信託契約代理店は、信託会社と異なり、法人・個人を問わず営むことができる。従来の信託代理店は金融機関に限定されていたが、改正法では証券・保険・事業会社なども可能となる。

　信託受益権販売業者については、3年の更新制を採用して、登録後も一定期間ごとに適格性についてチェックすることにより、不健全な業者を排除する。外国信託会社は、日本において支店を設け免許・登録を受けることにより、日本の（一般の運用型）信託会社、管理型信託会社の区分に応じて営業を行うことができる。

2　保険法・保険業法改正

(1)　保険法全面改正

　社会経済情勢が大きく変化し、規定の内容をこれに適合したものに改める必要があったことから、保険法が約100年ぶりに抜本改正され、08年5月30日に成立した。保険法は、保険契約に関する一般的なルールを定めた法律であり、保険契約の締結から終了までの間における関係者の権利義務等が定められている。このような保険契約に関するルールは、従来は商法の中に定められたカタカナ・文語体表記のものであり、1899年の商法制定後実質的な改正がなされていなかった。そのため、現在広く普及している傷害疾病保険に関する規定が存在せず、現在の保険制度に適合しない内容となっている等の問題があった。

　今回の抜本改正は、社会経済情勢の変化に対応して、商法第2編第10章に規定する保険契約に関する法制を見直し、共済契約をその規律の対象に含め、傷害疾病保険契約に関する規定を新設するほか、保険契約者等を保護するための規定等を整備するとともに、表記を現代語化し、保険契約に関する法整備を行うものである。改正により保険契約者が加入時に健康状態や病歴

図表12－6　保険法の概要

商法（1899年法律48号）
- ◆共済契約には適用なし
- ◆損害保険と生命保険の規定のみ
- ◆保険契約者等の保護が不十分
  （例）
  ・契約者側からの自発的な告知が必要
  ・保険金の支払時期についてのルールがない
  ・法律の規定よりも約款が優先
- ◆損害保険についてのルールが硬直的
- ◆責任保険の被害者を保護する規定がない
- ◆保険金受取人の変更ルールが不明確
- ◆モラルリスクの防止が不十分

↓

保険法（2008年法律56号）

共済契約にも適用範囲を拡大
生涯疾病保険に関する規定を新設
保険契約者等の保護
　○契約締結時の告知についてのルールを整備
　　・告知義務を保険者からの質問に応答する義務に変更
　　・保険募集人による告知妨害等があった場合のルールを新設
　○保険金の支払時期についての規定を新設
　　　適正な保険金の支払に必要な調査のための合理的な期間が経過した時から保険者は履行遅滞の責任を負担
　○片面的強行規定の導入
　　　法律の規定よりも保険契約者等に不利な内容の約款の定めは無効
損害保険についてのルールの柔軟化
　○超過保険や重複保険について、保険金額が目的物の価額を超える部分の契約も有効
　○事業リスクのための契約については、片面的強行規定の適用を除外
責任保険における被害者の優先権の確保
　○被保険者が倒産した場合でも、被害者が保険金から優先的に被害回復を受けられるようにするための先取特権の規定を新設
保険金受取人の変更ルールの整備
　○保険金受取人の変更の意思表示の相手方は保険者であること、遺言による受取人の変更も可能であること等を明文で規定
モラルリスクの防止
　○重大な事由があった場合に保険者が契約を解除できる旨の規定を新設

（出所）　法務省HP

などを自己申告する「告知義務」が緩和され、保険会社側の質問に答えればすむようになる。医療保険やがん保険などのように、契約ルールが保険会社の約款に委ねられていた「第3分野」をめぐる規定も新設された。

(2)　保険業法改正

　1900年に制定された保険業法は、1995年に全面改正されている（第5章第6節参照）。その後金融制度全体の変化の影響を受けて保険業法も頻繁に改

正されているが、生保の連続破綻や共済事業の不祥事を受けての制度整備のほかは微調整にとどまっている。

(i) 00年改正
① 保険相互会社の経営基盤の脆弱性にかんがみ、自己資本の増強・再編等を図るため、株式会社化を容易にする。
② 「逆鞘」問題が深刻化している状況に対処して、保険相互会社への更正手続の適用を可能とし、倒産法制を整備する。
③ 生命保険契約者保護機構の機能の維持を図るため、財源対策として業界の追加負担および財政上の措置を講ずる。

(ii) 03年改正
① セーフティーネット整備、経営手段の多様化
・生命保険契約者保護のための資金援助制度
・委員会等設置相互会社等
・相互会社の株式会社への組織変更
② 契約条件の変更手続の整備
　　保険契約者等の保護のためにやむをえない場合には、保険業の継続が困難となる蓋然性がある保険会社は、株主総会（相互会社の場合は社員総会・総代会）の特別決議を経て、契約条件の変更の申出を行うことができる。行政当局は変更案の提出を受けて承認をする。

(iii) 05年改正
① 少額短期保険業の創設
　　保険業の定義を見直し、特定の者を相手方として保険の引受けを行う事業についても保険業に含めることとし、原則として保険業法の規定を適用する。保険期間が2年以内で保険金額が1000万円を超えない金額以下の保険のみの引受けを行う事業（少額短期保険業）者については、保険会社と異なる緩和された規制の枠組みが導入された。
② 保険契約者保護制度等の見直し
③ 生命保険契約者保護制度の財源措置の見直し

3 販売チャネルの多様化

　専門制・分業制の厳しかった護送船団方式の時代には、販売チャネル（支店網）は最大の経営資源であり、収益・競争力の源泉であった。経営者にとっては、合併・吸収による販売チャネルの獲得が経営戦略上大きなウェイトを占めていた。しかしその場合は、あくまでも縦割りの各業態内における販売

図表12-7　各業態における販売チャネルの多様化

保　険	証　券	信　託	銀　行
一般事業者を対象とする生命保険募集人制度（1941年～） 損害保険代理店制度（1948年～）			限定的な代理店制度（1963年～） 銀行の100％子会社かつ専業のみ
証券会社での販売解禁（1998年12月～）	公共債の銀行販売解禁（1983年～） 投信の銀行販売解禁（1998年12月～）	金融機関代理店制度（1993年～）	
銀行販売第一次解禁（2001年9月～）			金融機関代理店制度（対象は銀行のみ）（2002年4月～）
銀行販売第二次解禁（2002年10月～）	銀行を除く一般事業者を対象とする証券仲介業制度（2004年4月～）		金融機関代理店制度の対象を証券会社、保険会社に拡充（2004年4月～）
銀行販売第三次解禁（2005年12月～）	証券仲介業の銀行への解禁（2004年12月～）	一般事業者を対象とする信託契約代理店制度（2004年2月～）	一般事業者を対象とする銀行代理店制度（2006年4月～）
銀行販売全面解禁（2007年12月～）			

（出所）　金融庁

チャネルであり、量的に拡大するだけの同質的な組織網であった。銀行にも1963年から限定的な代理店制度があり、また損保では代理店制度が最も主要な販売チャネルであったが、その場合の本体と代理店との関係は同質的な業務の上下関係である。

異質の販売チャネルの問題が提起されたのは、国債大量発行を契機とする国債の銀行窓口販売であった。1981年の銀行法改正により、（銀行側の認識は別として）いわば異業種から金融商品の卸売りを受け、他業の商品を小売する形となった。その後この種の問題が具体化することはなかったが、90年代に入って業務の自由化が進んでくると、業態間の提携・協力の仕方が多様化してきた。また、ネットワークを活かして金融業以外からの参入が増えてくると、販売チャネルの態様や活用手法も多様化してくる。一方金融業界が寡占化してくると、中堅・中小会社の金融グループへの参加の仕方として、販売チャネルの一翼を担うというかたちも現れる。

日本版ビッグバンでは市場機能の発展・強化を目指したが、証券会社の経営資源は弱体であったので、経営体としての銀行との相互乗り入れを図るほか、窓口販売（窓販）という形で間接金融の販売チャネルを活用する道も開かれた。98年12月から投資信託の銀行窓販、保険商品の証券会社窓販が始まったのを皮切りに、その後窓販・銀行代理店・証券仲介業などの形で販売チャネルの多様化が急速に進んだ。製造・販売の分離は、販売チャネルの弱い外資系の参入、ネットワークに強い流通・運輸業からの参入により促進された面がある。インターネット金融も、販売チャネル多様化の一態様である。販売チャネルの多様化は、00年代において制度面・実態面ともに大きく進展した。

(1) 証券仲介業の創設

証券業務は登録を受けた株式会社である証券会社等のみが行うことができることとされていた。しかし証券会社等の店舗網は限られているため、「市場中心の金融システム」や「間接金融から直接金融へ」は掛け声にとどまっていた。個人投資家の証券市場への参加を促進し、日本の資本市場を発展させるためには、市場関連のインフラ整備などが喫緊の課題と認識されてい

た。金融庁は、02年8月6日に、「証券市場の改革促進プログラム」を公表し、①誰もが投資しやすい市場の整備、②投資家の信頼が得られる市場の確立、③効率的で競争力のある市場の構築という3つの柱に沿った包括的な取組みを定めた。そのための制度改正に関する具体的提言を盛り込んだ金融審金融分科会第1部会報告書「証券市場の改革促進」(2002・12・16)を実現するため、03年5月23日に改正証取法が成立した。

これにより、業務を証券取引の仲介に限定した証券仲介業を新たな証券業種として創設し、個人・法人を問わず（銀行等を除く）、内閣総理大臣の登録を受けてこれを営むことができることとすることにより、投資家が証券取引を行うことのできる場の拡充・多様化が図られた。

さらに04年6月2日に成立した改正証取法では、03年の改正では除外されていた銀行等による証券仲介業務を解禁し、銀行等の店舗でも証券取引を行えることとした。具体的には、銀行等の店舗において、投資家が株式や社債などの売買の注文を行い、銀行等がこれを証券会社等に仲介することを可能とする。それまでも銀行等の店舗では投資信託の購入などは行えたが、これにより株式や社債などの購入もできることになった。一方で、貸出先企業に有価証券を発行させて資金を回収するなどの弊害を防止するための措置も講じられている。

(2) **銀行代理店制度の見直し（銀行代理業制度等の創設）**

銀行代理店制度については、これまでも設置・廃止に係る認可制から届出制への変更、代理業務範囲の拡大、金融機関代理店制度の創設・拡大等の規制改革が進めてきたが、①法人代理店が100％子会社等に限定、②代理業務以外の業務の兼営禁止、などの制約が残っていた。このため、潜在的に有効な販売チャネルであるにもかかわらず代理店制度は十分活用されておらず、かねてより出資規制の撤廃・業務範囲の拡大などの要望が金融業界から提出されていた。

金融審は「中期的に展望した我が国金融システムの将来ビジョン」(2002・9・30)において、1つの金融仲介機関で多様な金融商品を代理などの形で間接的に提供する方策の充実を提言した。これに沿って上記の証券仲介業の

創設（2004・4・1施行）および銀行等に対する解禁（2004・12・1施行）、信託契約代理店等の創設（2004・12・30施行）など、金融商品・サービスの提供チャネルの多様化・拡充が図られた。

「規制改革・民間開放推進3か年計画」（2004・3・19閣議決定）においては、銀行代理店制度についても04年度中に資本関係規制等制度の見直しを行うこととされた。金融審では「銀行代理店制度見直しの論点整理」（2004・2・2）を取りまとめ、銀行代理店制度の見直しの基本的方向性を示した。

改正の基本的な考え方は、利用者の金融サービスに対するアクセスを確保・向上させるとともに、金融機関が多様な販売チャネルを効率的に活用できるよう、より幅広い形態での銀行代理業への参入を認めることにある。このため、一般の事業者が銀行代理業に参入するにあたって求めていた銀行との出資関係を不要とするとともに他業の兼営についても可能としている。

「銀行代理業」とは、銀行のために、銀行の本業である①預金または定期積金等の受入れ、②資金の貸付けまたは手形の割引、③為替取引、を内容とする契約の締結の代理または媒介のいずれかを行う営業と定義されている。広く一般事業者に銀行代理業への参入を認めるにあたっては、銀行業の公共性、ひいては銀行代理業の特殊性にかんがみ、銀行代理業への参入については許可制がとられている。他業の兼営については個別承認制とするとともに、利用者保護や銀行の健全性を確保するための措置を講じている。

銀行代理業者は、顧客に対し、所属銀行の商号、代理か媒介かの別等を明らかにしなければならない。第一義的には、所属銀行によって銀行代理業の健全かつ適切な運営を確保する制度となっており、所属銀行は銀行代理業者が顧客に加えた損害を賠償する責任を負っている。

4　証券・資金決済制度の整備

(1)　証券決済制度（ペーパーレス化）

(i)　ペーパーレス化の必要性

ペーパーレス化を論ずる前に、その前史としての有価証券の保管・受渡しの問題に触れる必要がある。70年代半ばになると、有価証券の発行量・流通

量は巨額にのぼり、これに伴って保管・受渡しの事務量は膨大になってきた。東証は1958年ころからこの問題の検討を開始し、1971年から上場銘柄の一部を、72年から全上場銘柄を対象に、簡易方式の振替決済を実施した。しかしこの方式では決算期に名義書き換えのために株券を株主に返還しなければならないため、事務量の削減効果は大きくなかった。現代的な証券市場をもつ国の中では日本はこの面で最も遅れていたため、70年代半ばに本格的な制度導入のための検討が開始された。証取審報告「株券振替決済制度について」（1982・12・9）に基づき1984年に「株券等の保管及び振替に関する法律」が成立した。この法律は、有価証券の保管・受渡しの合理化を図るため、保管振替機構を新設し、保管する有価証券に関する商法の特例を定めて、これらの有価証券の流通の円滑化に寄与することを目的としている（財政史室〔2003〕p435）。

　こうして出来上がった有価証券の保管・受渡しの仕組みも、80年代以降の金融・資本市場の急速な発展に対応することが難しくなり、また、長足の進歩を遂げた情報技術の活用が不可欠となった。従来は有価証券は券面が発行されることを前提としており、また、有価証券の種類によって法律関係や手続が異なる複雑な仕組みとなっていた。証券取引のグローバル化に伴い、証券決済システムをより安全で効率性の高いものに改革していく必要が生じたことから、有価証券の種類をまたがる統一的な証券決済法制の整備が行われた。有価証券のペーパーレス化（電子化）とは、有価証券について券面を発行しないで、その権利移転等の管理を電子的な記録により行うことを通じて実現しようとするものである。

　証券の電子化は、株券等を単に電子化してペーパーレス化を実現するだけでなく、これまでの約10年に及ぶ証券決済制度改革の集大成となる。株式等振替制度には、次のようなメリットがある（保管振替機構HP）。

①　券面の保管に伴う紛失や盗難、偽造株券を取得するリスクがなくなる。
②　株式併合等における株券提出等の手続が不要となる。
③　売買の際の株券の受渡しが不要となり、証券取引を迅速かつ効率的に行うことができる。
④　発行会社等では株券の発行や管理コストが、証券会社等では株券の保

管や運搬に係る費用等が削減される。

(ii) ペーパーレス化の経緯

　1989年のG30の勧告を契機に、証券決済（証券の受渡し）の重要性が国際的に認識されるようになり、各国で決済リスク（証券と資金の受渡しが実行されないために損失を被るリスク）の削減に向けた取組みが進んだ。わが国でも、証券取引のグローバル化の下で証券市場の国際競争力を左右する基盤である証券決済システムをより安全で効率性の高いものに改革していくことが喫緊の課題であるとの認識から、証券決済システム改革が推進された。

　法制的な整備状況を時系列的にたどっていくと、01年6月に短期社債振替法が成立し、口座簿の記録を効力要件とし券面自体を廃止するCPの完全なペーパーレス化が実現した。その後、ペーパーレス化の対象を社債・国債・投信受益権等に拡大する法整備が進められ、03年1月には「社債、株式等の振替に関する法律」が施行された。そして04年6月には、ペーパーレス化法制の総仕上げとして株式等のペーパーレス化を図るため、「株式等の取引に係る決済の合理化を図るための社債等の振替に関する法律等の一部を改正する法律」が成立した。06年1月からは、一般債振替制度が開始され、社債や地方債などのペーパーレス化が実施されている。さらに07年1月には投資信託受益権、09年1月には上場会社の株券のペーパーレス化が実施され、これをもってすべてのプロセスは完了した。以上の措置を進めた法律は以下のとおりである。

(1) 「株券等の保管及び振替に関する法律の一部を改正する法律」　2001・6・20成立

　　保管振替機関について、その証券決済システムの担い手としての公共性を確保しつつ業務運営の効率化・弾力化を図る。保管振替機関の組織形態を公益法人から株式会社に改める。保管振替機関が行う保管振替業の公共性の確保については、行政当局の規制・監督は必要最小限のものとする。

(2) 「短期社債等の振替に関する法律」（短期社債等振替法）　2001・6・20成立

　　短期社債等の流通の円滑化を図るため、短期社債等の振替を行う振替

機関及び短期社債等の発行、譲渡等に関し必要な事項を定める。
(3)「証券決済制度等の改革による証券市場の整備のための関係法律の整備等に関する法律」(証券決済システム改革法) 2002・6・5成立

社債、国債等について、券面を必要としない新たな振替制度の整備、効率的な決済を可能とする清算機関制度の整備を行う。振替の対象を短期社債等から社債、国債等に拡大する。
(4)「株式等の取引に係る決済の合理化を図るための社債等の振替に関する法律等の一部を改正する法律」(株式等決済合理化法) 2004・6・2成立

株式等の取引に係る決済の合理化を図るため振替制度の対象に加えるとともに、株券不発行制度の整備を行う。投資法人が発行する投資口その他の有価証券に表示されるべき権利を振替制度の対象に加える。

(2) 資金決済法

(i) 電子的支払いサービスの発展

公衆電話利用のために用いられる磁気カード(NTTカード)を代表とするプリペイドカードは、80年代後半から急速な普及を示した。無制限・無秩序に発行されることは通貨の信用保持上問題があり、また利用者保護を図る必要もあったので、1989年に「前払式証票の規制等に関する法律」(以下「前払式証票規制法」)が制定された。その後このタイプの電子的支払いサービスは技術的に発展し、ICチップを搭載したもの(ICカード)が広く用いられている。こうした電子的価値の金額情報はICチップ上だけでなくサービス提供者側でも管理されるが、これらは前払式証票規制法の適用対象となっている。

最近ではインターネットショッピングやデジタルコンテンツのダウンロード等の支払いの機会が増え、現在のところクレジットカード等が多く利用されているが、前払いされた金額に見合う電子的価値の金額情報をサービス提供者のサーバのみで管理する電子的支払サービスも利用されている。こうしたサービスにおいては電子的価値を搭載したカード等は発行されず、サービス提供者のサーバのみで利用者ごとに電子的価値が管理される。今後もさま

ざまな電子的支払サービスの開発・普及が予想されるが、このような電子的支払サービスを包括的に規律する法制はなかった。

この問題に関し、金融審は情報技術革新と金融制度に関するワーキンググループを設置し、06年4月26日に座長メモ「新しい電子的支払サービスの発展に向けた課題について」を発表した。そこでは①契約関係等の明確化、②電子的価値の金額情報の滅失・毀損等の際の取扱い、③情報セキュリティおよびシステム運用上の信頼性確保、④前受金の適切な管理、⑤個人情報の保護、について問題点を指摘している。

電子的支払サービスは、技術革新やビジネスモデルの変化を伴いながら今後とも普及が進むことが予想され、その普及いかんによっては一層汎用的なものとして社会的信認が高まる可能性を有する。このような状況もふまえ、利用者が安心して民間事業者から利便性の高いサービスの提供を受けられ、かつ、民間事業者の側においても利用ニーズに応じた多様なサービスを創意工夫によって発展させることができるような環境を整備するため、前払式証票規制法にかえて「資金決済に関する法律」(資金決済法)が制定された(2009・6・19成立)。

(ii) 資金決済問題の多様な展開

この法律は、資金決済に関するサービスの適切な実施を確保し、その利用者等を保護するとともに、当該サービスの提供の促進を図るため、前払式支払手段の発行、銀行等以外の者が行う為替取引および銀行等の間で生じた為替取引に係る債権債務の清算について、登録その他の必要な措置を講じ、もって資金決済システムの安全性、効率性および利便性の向上に資することを目的としている。

電子的支払サービスの開発・普及は顕著な進展を示すと予想されるので、この法律は前法の前払式証票規制法をはるかに上回る影響力をもつことになるものと思われる。情報技術の発展にあわせて、資金決済法は今後さらに発展的見直しに迫られることになろう。

資金決済法では、従来の紙型・IC型に加えサーバ管理型も規制の対象となっている。第三者型前払式支払手段の発行業務は、内閣総理大臣の登録を受けた法人でなければ行ってはならない。前払式支払手段がICカード型か、

サーバ管理型かという点は、財産的価値が記録されている場所はどこであるのかという点で決定される。サーバ管理型の前払式支払手段にまで規制が及ぶこととなったため、表示義務も利用者に有体物が交付される場合と、交付されない場合に分けて規制されている。有体物（ICカード等）が交付される場合には、原則として有体物に発行者名、支払可能金額、有効期限、苦情・相談窓口等を表示する必要がある。これに対し、有体物が交付されない場合には、その内容をメールの送信・ダウンロード等の方法により利用者に提供し、利用者が書面で内容を確認できるように配慮しなければならない。

　本法の検討過程では、もっぱら電子的支払い手段に関心が集まっていたが、もう１つの「銀行等以外の者が行う為替取引および銀行等の間で生じた為替取引に係る債権債務の清算」の問題は、経済・社会の変化に応じて今後議論が発展する可能性のある分野である。銀行のみに認められていた送金などの為替取引について、資金移動業者として登録を行うことにより、銀行以外の事業者でも少額の取引に限り為替取引を認められる。長い間求められていた国際送金業務の自由化にやっと一歩を歩み始めたとの声もある。

　かつては銀行等の「聖域」といわれ他業が手を触れることを許さなかった決済業務や外国為替業務は、今では「割りにあわない業務」として銀行等に敬遠される傾向すら見受けられる。一方、ネットワーク機能に優れた流通業や交通業は、いろいろな工夫を凝らしてこの方面に進出しており、また、為替業務については海外ではさまざまな形で業務運営が行われている実績もある。このような資金移動業者に係る問題も、いずれは資金決済法上の課題として再浮上してくることであろう。金融審においても、宅配便業者の代金引換サービス・コンビニの収納代行サービス・ポイントサービスなどについても法の対象とすべきかについて議論されたが、事業者からの反対意見が多く報告書には賛否両論が併記されている。

(3) 電子記録債権法

(i) 電子記録債権の活用

　企業間信用の手段である手形には紛失・盗難のリスクや作成・保管のコストなど紙媒体を利用することに内在する問題があり、手形の利用は減少して

いる。また、売掛債権には二重譲渡のリスクや債権の存在確認のコストなどの問題があるため、流動性に乏しく早期資金化が困難であった。これらの事情は事業者が資金調達を行う際の制約要因となっていた。経済社会のIT化が進展し、商取引・金融取引の分野にも電子的手段を用いたサービスが広がりをみせる中で、電子的な記録によって権利の内容を定め、取引の安全・流動性の確保と利用者保護の要請に応える新たな制度の創設が期待されていた。

電子的手段による債権譲渡等の推進によって中小企業等の資金調達環境を整備するため、「e-Japan 戦略Ⅱ」（03年7月）以降累次のIT戦略本部決定等に基づき経済産業省・法務省・金融庁において検討が行われ、3省庁は05年12月に「電子債権に関する基本的な考え方」をとりまとめた。さらに「規制改革・民間開放推進3か年計画（再改定）」（06年3月閣議決定）においては、06年度中に法的枠組みの具体化を目指すこととされた。法制審電子債権法部会や金融審第二部会・情報技術革新WG合同会合において具体的方策が検討された結果07年3月14日に法案が国会に提出され、6月20日に成立した。

電子記録債権は、多様なビジネスニーズや情報技術革新等に柔軟に対応することが可能となっている。手形に代わる利用にとどまらず、シンジケート・ローンへの活用をはじめ多様な用途に利用され、今後の電子金融取引に係る重要なインフラとなるものと期待されている。

(ⅱ) 電子記録債権法の概要

電子記録債権とは、磁気ディスク等をもって作成される記録原簿への電子記録を発生・譲渡等の効力要件とする金銭債権である。その権利の内容は、記録原簿に記録された債権記録によって定まる。電子記録債権の取引の安全の保護のため、権利の推定、記録機関の損害賠償責任、意思表示の無効または取消しの特則、支払免責などについて所要の規程を設けている。

電子記録債権は、その内容が記録機関による電子記録によって定まるものであるため、電子債権記録業は信頼のおける者が営む必要がある。このため、主務大臣が申請を受け、記録機関の安定的・継続的な業務運営等を図る観点から、財産的基盤や適切な業務遂行能力を有する株式会社を記録機関として指定する。

情報流用を抑止するなどの公平性・中立性の確保、他の事業からの破綻リスクの遮断等の必要性をふまえ、記録機関は、記録業およびこれに附帯する業務のほか、他の業務を営むことができない。これにより、他業を営む事業会社自らが電子債権記録業を営むことはできなくなっているが、子会社の形で記録機関を設立することにより、多様な主体が電子債権記録業に参入することができる。

電子記録債権は、犯罪収益の隠匿または資金移動の偽装手段として利用される可能性があることから、犯罪収益移転防止法に則り、記録機関を特定事業者として、本人確認や疑わしい取引の届出義務等を課すこととしている。また、電子記録債権が金融商品として広く取引される場合には、金融商品取引法が適用される。今後電子記録債権が各種の現実的なニーズに適切に応えていくためには、具体的な利用方法に応じた実務上の運用ルール等が民間事業者の手によって整備される必要がある。

5 消費者保護制度の整備

00年代には消費者保護が強調される社会的な流れに加え、規制緩和の副作用として一般市民が被害を受ける事例がしばしば現れたこともあって、消費者保護に配慮した金融法制が数多く整備された。「護送船団方式」時代には消費者保護は業者に対する監督行政によって確保されるシステムであったのに対し、市場原理の時代には規制を緩和して競争に委ねる反面、消費者保護のための規制を強める必要が出てきた事情を反映している。イギリスにおいてビッグバンと同時に、利用者保護のために金融サービス法が立法されたことが想起される。わが国では、00年5月の金融商品販売法はこの流れのさきがけとなるものであった（第8章第5節3参照）。金商法も消費者保護法的な性格を幅広く有している。

この分野の制度整備については、議員立法が少なくないことが注目される。

(1) 金融先物取引法改正

従来外国為替関連取引は外国為替公認銀行に集中されていたが、1998年4月に外国為替取引の完全自由化を柱とする「外国為替及び外国貿易法」（新

外為法）が施行されたのを契機に外国為替証拠金取引が始まった。商品先物取引業者・証券会社のほか、業法による監督を受けない専業業者も多数参入し、広く一般投資家に対して取引を提供するようになった。

　外国為替証拠金取引（FX取引）とは、約定元本の一定率（5〜10％程度）の証拠金を取扱業者に預託し、証拠金を大きく上回る約定元本で差金決済による外国為替の売買を行う取引である。少額の資金で多額の取引を行うことが可能であり大きな利益を得るチャンスがある一方、大きな損失を被る可能性もある。02年ころになると国民生活センターにはこの取引による行為について多数の苦情相談が持ち込まれた。しかし、監督官庁が不明確であり規制根拠となる法令がなく、また、新外為法によって取引が自由化された結果、業法による監督の対象とならない業者が多数参入したので、行政側も抜本的な解決策を打ち出せない状況が続いた。

　行政当局としても証券会社に関する事務ガイドライン改正（2003・12・2）、金融商品販売法施行令・商品取引所法施行規則改正（2004・4・1）などの対策を講じたが、十分な効果をあげえなかったので法律による規制に踏み切ることとなり、改正金融先物取引法は04年12月1日に成立した。改正の趣旨は、外国為替証拠金取引に基づく被害の拡大を防止する観点から、外国為替証拠金取引やこれに類似する取引を取り扱う業者を「金融先物取引業者」として規制対象とするとともに、取引を行う顧客を保護するために必要な規定の整備を行うことにある。

　具体的には、取引所取引の受託等に限定されていた金融先物取引業の範囲を拡大することにより、外国為替証拠金取引等を取り扱う業者も金融先物取引業者として登録制のもとで規制の対象に含めた。あわせて、業者の財務上の健全性や業者および主要株主の適格性等を確保する観点から、登録拒否要件を明確化している。業者に対しては、投資資金以上の金額について取引が行われることや多額の損失が生じるおそれがあることについて取引開始前に顧客に示すことを義務づけ、また、一般顧客が希望しない限り電話や訪問による勧誘を禁止するなど勧誘規制をしている。

　なお、金融先物取引法は、金融法制の再編成がなされたため金商法の一部として吸収されている。

(2) 預金者保護法

　03年頃から、スキミングという手口を使って偽造キャッシュカードを作成し、預金を引出す事件が社会問題化した。このような第三者による預金の不正払出し（過誤払い）については、金融機関が預金者本人と信じて手続を行った場合には、第三者への預金払出しを有効と認め、一方で真の預金者は結果として預金を喪失するという対応がとられてきた（民法第478条を適用）。これを覆して預金を取り戻すには、銀行による払出し手続に問題があり第三者への預金払い出しは無効であることを預金者側が立証する必要があったが、これは現実には困難であった。

　一方、情報技術の普及に伴いカードやインターネットを使った金融取引が一般化してくると、このような被害にあう事例が数多く現われ、金融機関の取り組みにメディアが疑問を投げかけ注目を浴びるケースが増えた。金融機関はもとより金融庁も法制化による一律の保証には消極的であったが、ゴルフ場のロッカーから盗んだキャッシュカードを使った預金引出し事件が相次いだことが世論に衝撃を与え、議員立法の契機となったといわれている。

　「偽造カード等及び盗難カード等を用いて行われる不正な機械式預貯金払戻し等からの預貯金者の保護等に関する法律」（2005・8・3預金者保護法成立）は、第三者がカードを用いてCD、ATMから不正に出金を行った場合に民法478条の適用を除外し、受けた被害の補填を金融機関に命ずる法律である。[11]　偽造や盗難キャッシュカードによる被害で、預金者に過失がなければ、金融機関が全額補償することを基本としている。預金者保護法は、預金者に過失がある場合、「重大な過失」と「軽い過失」に分け、重過失の場合は偽造・盗難ともに補償しないことなどを定めている。軽過失の場合は偽造被害は全額補償するが、盗難被害は75％にとどめる。過失の軽重は全銀協が目安を公表している（図表12-8）。

　法律施行後の状況をみると、被害を装って補償金を騙し取る詐欺事件が相

---

[11] 法人の口座や、盗難通帳を用いた対面手続による不正出金などは対象となっておらず、従来同様民法第478条が適用される。

図表12-8　預金者の過失の程度と補償

偽造カード	無過失		重過失
	100％補償		0％補償
盗難カード	無過失	軽過失	重過失
	100％補償	75％補償	0％補償

(例)　暗証番号をカードに書いていた場合→重過失
　　　暗証番号を生年月日にしていて、生年月日がわかる書類と一緒に保管していた場合→軽過失
(出所)　全銀協HP

当数発生している。たとえば、朝日新聞（2008年1月25日）は、預金者保護法を悪用し、預金者本人が被害を自作自演して補償金をだまし取る事件を数件報道している。北海道では4件の事件を起こした疑いで同一グループの10人が逮捕され、埼玉県でも男3人が詐欺未遂容疑で逮捕された。他方、日本経済新聞（2007年2月5日）では、「明確でなかった法施行前の被害救済の基準が、訴訟を通じある程度みえてきた反面、法がカバーし切れていない被害者もいる」とし、預金者保護法の見直し機運が高まる可能性を示唆している。

(3)　貸金業法改正

　金融の世界における価格機能は金利を通じて働く。70年代以降の規制緩和の流れの中で、世界的に金利は自由化されてきた。それとは別次元の問題として、社会政策的見地からの高金利規制は世界に広く存在し続けている。旧約聖書（申命記23・20）には「異邦人には利子を付けて貸してもよいが、あなたの兄弟に貸すときには利子を取ってはならない。」と述べられている。これは（付利そのものではなく）高金利を禁止した趣旨と解されているようであるが、旧約聖書はユダヤ教・キリスト教・イスラム教共通の聖典であるから、世界には高金利に宗教的な抵抗感を示す社会が広く存在することを認識しておくべきであろう。[12]

　日本ではこのような意味での金利に関する道義的制約はなかったが、社会政策としての高金利規制は明治時代から（おそらく社会慣行としてはそれ以前

12　コーラン（雌牛章2-278）「あなたがた信仰する者よ、真の信者ならばアッラーを畏れ、利息の残額を帳消しにしなさい。もしあなたがたがそれを放棄しないならば、アッラーとその使徒から、戦いが宣告されよう。」も同旨。

から）存在した。一般的なルール（利息制限法）では、利息の上限は元本10万円未満年20.0％、10万円以上100万円未満18.0％、100万円以上15.0％である。違反しても民事上の契約が無効になるだけで罰則はない。普通の金融機関はその範囲で営業している。

戦後の混乱期にヤミ金融問題（保全経済会事件）が起こり、金融行政のみならず治安維持の観点をもあわせて、1954年に出資法が法務・大蔵両省共管で制定された。ここでは上限金利を109.5％（その後、→73％→54.75％→40.004％→29.2％に逐次引下げ）とし、これ以上の金利で貸した場合には刑事罰を科せられることになった。この2つの金利のスキマがいわゆるグレーゾーンである（図表12-9）。この領域では民事上契約は無効だが、刑事罰は科せられないと解されてきた。

個人向けローンでも銀行など預金取扱金融機関は一般ルールの範囲内で営業している。消費者金融専門業者や一部の信販・カード会社は、従来主としてこのグレーゾーンでも営業してきた。このような「棲み分け」は、長年の金融慣行となっていた。グレーゾーンでの営業が可能なのは、貸金業規制法

図表12-9　グレーゾーン金利の撤廃案

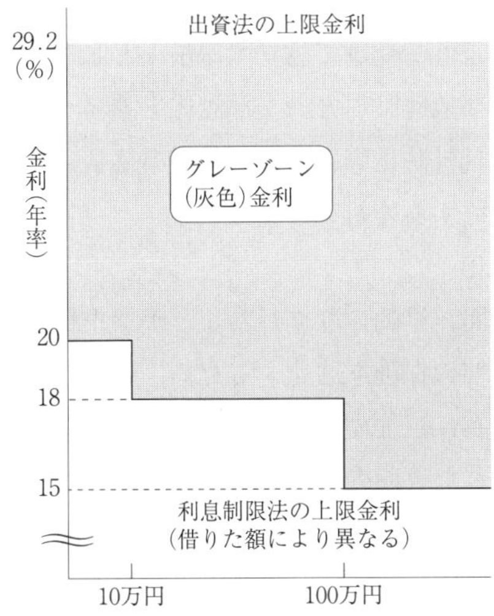

（出所）朝日新聞2006・4・19

第43条1項に「みなし弁済」の特例が認められているからである。しかし2004年2月20日の最高裁判例以来この規定の適用条件はきわめて厳格に解釈され、グレーゾーンの存在は実質的に否定された。そのためいわゆる「過払い金返還訴訟」が多数提起され、貸金業者は深刻な経営危機に瀕している。

　上記のような司法からの指摘もあり、また多重債務問題の温床といわれ社会問題にもなっていたので、制度の見直し（貸金業法改正）をすることを前提に、金融庁は学識経験者による懇談会を設け議論を重ねた。その最終段階になって強引な取立て事件が明るみに出たこともあって、メディアは貸金業界への批判を強め、政界がそれに敏感に反応した結果、法律改正（06年12月13日成立）の内容は貸金業界に異常に厳しいものになった。

(i) **貸金業の適正化**

① 貸金業への参入条件の厳格化

　　貸金業の適正化を図る観点から貸金業への参入条件を厳格化し、貸金業を行ううえで必要とされる純資産額（個人300万円、法人500万円）を5000万円以上とする（経過措置がある）。また、法令遵守のための助言・指導を行う貸金業務取扱主任者について、資格試験を導入し、合格者を営業所ごとに配置することを義務づける。

② 貸金業協会の自主規制機能強化

　　貸金業協会を認可を受けて設立する法人とし、貸金業者の加入を確保するとともに、都道府県ごとの支部設置を義務づける。広告の内容・方法・頻度、過剰貸付防止等について貸金業協会に自主規制ルールを制定させ、当局が認可する枠組みを導入する。

③ 行為規制の強化

　　改正前にも夜間・早朝の取立行為などが禁止行為として例示されていたが、債務者などの保護を強化するため、日中の執拗な取立行為などについても禁止行為に追加する。貸付けにあたっては、トータルの元利負担額などを説明した書面の事前交付を義務づける。貸金業者が借り手を被保険者として保険契約を結ぶ場合には、保険契約の内容を説明する書面を交付することを義務づけ、借り手の自殺を保険事故とする契約を禁止する。

連帯保証人の保護を徹底するため、貸金業者に対し、連帯保証人になろうとする者への催告・検索の抗弁権がないことの説明を義務づける。これまで違反業者への処分としては登録取消や業務停止しかなかったが、業務改善命令を導入する。

(ii) **過剰貸付けの抑制**
① 指定信用情報機関制度の創設
信用情報の適切な管理や全件登録などの条件を満たす信用情報機関を指定する制度を導入し、貸金業者が借り手の総借入残高を把握できる仕組みを整備する（これにより貸金業者が借り手の総借入残高を把握し、過剰な貸付けとならないか確認できる）。
② 総量規制の導入
貸金業者に借り手の返済能力の調査を義務づけ、借り手の返済能力を超えた貸付けを禁止する。特に、住宅ローンなどを除き、他の貸金業者からの分を含めて、年収の3分の1を超える貸付けを原則として禁止する。

(iii) **金利体系の適正化**
① 上限金利の引下げ
「みなし弁済」制度（グレーゾーン金利）を廃止し、出資法の上限金利を20％に引下げる。
② 金利の概念の見直し
業として行う貸付けの利息には、契約締結費用および債務弁済費用も含むこととする。貸付利息と借り手が保証業者に支払う保証料を合算して上限金利を超えた場合には、超過部分については、原則として、保証料を無効とし、保証業者に刑事罰を科する。
③ 日賦貸金業者および電話担保金融の特例の廃止
出資法の上限金利（29.2％）の例外とされてきた日賦貸金業者や、電話担保金融についても、今回の改正にあわせて特例を廃止する。

(iv) **ヤミ金融対策の強化等**
年利109.5％を超えるような超高金利での貸付けや無登録営業を行った場合の罰則は、従来懲役5年であったが10年に引き上げる。政府は関

係省庁相互の連携強化により、多重債務問題解決のための施策を総合的かつ効果的に推進する。

　この問題は一般的には高金利・過剰貸付という社会問題と位置づけられているが、金融システムの問題としてみると、本質はいわば「非関税障壁」の撤廃問題である。従来上限金利という「非関税障壁」により、消費者金融の世界は一般金融業者・消費者金融専業者・ヤミ金融業者に仕切られていた。グレーゾーンは、暗黙の了解により消費者金融専業者などが適法に金融を分担する領域であった。一般金融機関としては、従来は消費者金融専業者との提携などによりこの領域に対処してきたが、「非関税障壁」がなくなると消費者向け金融は利息制限法という一般ルールの中ですべての金融業者がイコールフッティングで競争することになった。そのうえ司法判断の結果としていわゆる「過払い金」返還が事業者に過大な負担を課している。消費者保護の重要性は認められるにしても、取引慣行や時効を実質的に無視した極端な取引ルールの変更は、金融業務の安定的な運営上問題なしとしない。

(4) 振り込め詐欺救済法

　振り込め詐欺等の被害金の一部が金融機関に滞留している問題を受け、議員立法「犯罪利用預金口座等に係る資金による被害回復分配金の支払等に関する法律」（振り込め詐欺救済法）が07年12月14日に成立した。振り込め詐欺救済法は、振り込め詐欺等の犯罪行為による被害者に対する被害回復分配金の支払等のため、預金等債権の消滅手続および被害回復分配金の支払手続等を定め、もって被害者の財産的被害の迅速な回復等に資することを目的としている。

　まず、金融機関は、犯罪利用預金口座等（詐欺その他の人の財産を害する罪の犯罪行為であって、財産を得る方法として振込が利用されたものの振込先となった預金口座等）である疑いがあると認める預金口座等について、取引の停止等の措置を適切に講ずるものとされている。金融機関は、捜査機関等からの情報提供や被害状況について行った調査の結果その他の事情を勘案して、犯罪利用預金口座等であると疑うに足りる相当な理由があると認める預金口座

等について、預金保険機構に対し、失権手続の開始に係る公告（失権公告）を求めなければならない。この求めがあった場合、預金保険機構は当該預金口座等に係る預金等債権の消滅手続の開始に係る公告を行う。失権公告の期間（60日以上）内に権利行使の届出等がないときは、この公告に係る預金等債権は、消滅することとなる。

　金融機関は、預金等債権の消滅後、預金保険機構に対し、支払手続の開始に係る公告（支払公告）を求めなければならない。金融機関は、消滅預金等債権の額の金銭を原資として、支払公告の期間（30日以上）内に支払申請があった被害者に対して、被害回復分配金を支払うことになる。金融機関は、支払手続の終了の公告があったときは、残余の金銭を、預金保険機構に納付する。預金保険機構は、口座名義人への支払に要する額を考慮して留保する額を除き、納付を受けた金銭を犯罪被害者等の支援の充実のために支出する。

(5) 金融ADR法（改正金商法）

　金融ADR（Alternative Dispute Resolution　裁判外紛争解決制度）については、金融機関の破綻が相次いだ2000年前後に議論が始まった。かつては厳格な監督体制のもとで金融システムの維持を通じて利用者は保護されていたが、市場原理が広く適用され利用者に自己責任が求められるようになると、紛争の解決に際し「情報の非対称性」の見地から、利用者保護への手当てが必要ではないかという議論が生まれてきた。

　しかし、金融機関側からのすでに十分な対応が行われているという意見と、利用者側からの法的な義務づけをされた制度を設けるべきとの意見が対立した。金融審における審議の結果、第1・2合同部会報告「金融分野における裁判外紛争解決制度（金融ADR）のあり方について」（2008・12・17）が提出され、これに基づく改正金商法（いわゆる金融ADR法）が09年6月17日に成立した。金商法・銀行法・保険業法等タテ割りの法制を前提としつつも、16本の金融関係業法に共通の枠組みが制定され、金融分野における横断的な裁判外紛争解決制度（金融ADR制度）が整備された。

　① 紛争解決機関の指定：紛争解決等業務を行う機関（紛争解決機関）を一定の要件に基づき主務大臣が指定、苦情処理・紛争解決の手続に関す

る諸規定を整備。
② 指定紛争解決機関の利用：指定紛争解決機関がある業態においては、金融機関に対し、一の指定紛争解決機関と一定の内容を含む契約の締結を義務づけ（ない場合には、金融機関が苦情処理・紛争解決の取組みを実施）。
③ 指定紛争解決機関に対する監督規定の整備。

　これまで金融業界が行ってきた認定投資者保護団体による取組みは、金商法上の制度にとどまり、通常の預金・貸金、保険などの取引については対象外であった。また、結論に対する拘束力がないという問題もあった。今般の金融ADR制度では、カバレッジが広げられるとともに、紛争解決委員が提示する特別調停案に対して金融機関は原則拘束される。

　窓口が業界ごとに縦割りに設置されることについては、金融審でも横断段的・包括的な金融ADR機関の設置を目指すこととしており、将来の課題として残されている。

第3節　アメリカ発金融危機

1　「100年に一度の金融危機」

　一時はITバブル崩壊に揺れたこともあったが、21世紀に入りアメリカ経済は情報・金融産業を中核として再び全盛期を迎えたかにみえた。ところが、06年頃からサブプライムローンという聞きなれない言葉が金融界に影を落とし始め、ついに08年9月15日にはアメリカの金融覇権を象徴してきた大手投資銀行の一角リーマン・ブラザーズが破綻する。それを契機にAIGやメリルリンチまでもが経営危機に陥り、世界の金融・資本市場は大きな不安に包まれた。アメリカ発の世界金融危機が懸念されるに至り、アメリカ政府は鎮静化のため7000億ドルにのぼる公的資金の発動を含む「緊急経済安定化法」（Emergency Economic Atabilization Act of 2008）を制定した。その間、9月29日には同法案がいったん下院で否決されるなど、収拾に向かうには紆余曲折があった。

バブル崩壊に際しての「日本の教訓」が話題になった。たしかに、不動産ブームに乗った安易な融資の結果膨大な不良債権が金融システム不安の震源になる図式には一種の既視感があり、時期と場所を異にしつつも同じようなことが起こり同じような対処をするものだとの感を禁じえない。90年代半ばに住専問題が海外のマーケットの大きな関心事になったのは、彼らが80年代後半にアメリカの金融システムを揺るがせたS&L問題から類推したからであった。しかし住専は大銀行が共同で作った7つのノンバンク子会社であり、預金を取り扱う数千のS&Lとは問題の実態も経営破綻の影響も異なる。もとより証券化という最新の金融技術を駆使した結果のサブプライムローン問題と、間接金融の枠内の住専問題とは性格がまったく異なる。マーケットはグローバルで客観的な視点をもつ一方、S&L・住専・サブプライムのような「ちょっと似た話」を十把ひとからげで速断する性癖もある。

　"once-in-a-century credit tsunami"（100年に一度の信用津波）とのグリーンスパン前FRB議長の議会証言は、世界各国でいろいろな人に引用された。100年に一度の天災なのだから避けようがなかったと、経営者や当局が弁解したい気持ちにもマッチしたようである。この表現の背景には、1929年から33年にかけての大恐慌（the Great Depression）に匹敵する危機との認識がある。しかし大恐慌では、ニューヨークの株価が9分の1以下に暴落し、アメリカのGDPは36％減、卸売物価は37％減、そして失業率は24.9％に達した。そのような事態に陥らないよう万全の警戒は必要であっただろうが、大恐慌と同列に扱うのはやや過剰反応であろう。

　金融が肥大化した現代社会では、大規模な金融不安は珍しくない。80年代後半にも、アメリカの金融システムは3つのL（Land、LBO、LDC）が原因でメルトダウン寸前と論じられていた。ブラック・マンデー（1987・10・19）には株価が大暴落し、80年代後半にはアメリカの商業銀行やS&Lは毎年200が破綻するという文字どおり金融危機的な状況もあった（第5章第4節1参照）。ところが実はそのころまさにアメリカの金融は最新の金融技術を武器に力を蓄え、90年代には、日本やアジア諸国が「失われた10年」や通貨危機に苦しむのを尻目に、「金融立国」により世界を制覇したのである。その時にグリーンスパン氏はアメリカ経済の繁栄を「100年に一度か二度の事態」

図表12−10 アメリカ発金融危機の推移

2007年	6月27日	ベアスターンズ、傘下ファンドへ資金支援
	8月9日	BNPパリバ、傘下ファンドの新規募集や解約を凍結
	9月14日	英当局、ノーザンロックに緊急融資（英で140年ぶりの取り付け騒ぎ）
2008年	1月22日	NY州保険当局、モノライン保険会社に対する資本増強策等の検討を公表
	3月16日	JPモルガン、ベアスターンズを買取
	9月7日	米当局、ファニーメイ、フレディマックへの支援策を公表
	15日	リーマン・ブラザーズ、倒産手続開始
	16日	FRB、AIG救済策を公表
	18日	日米欧の中央銀行、流動性供給のための協調融資対応策を発表
	10月3日	アメリカで緊急経済安定化法成立
	11月14日	第1回G20首脳会合開催（ワシントン）、首脳声明採択
	23日	米当局、シティグループに対する救済策発表
2009年	1月16日	米当局、バンク・オブ・アメリカに対する救済策発表
	2月10日	米当局、新たな金融安定化策公表（ストレステスト実施、官民投資ファンド創設等）
	4月1日	第2回G20首脳会合開催（ロンドン）
	5月7日	米当局、ストレステスト結果公表
	6月17日	米当局、金融規制改革案発表
	19日	欧州理事会、欧州の金融監督体制改革案（欧州システミックリスク理事会創設）を承認
	9月24日	第3回G20首脳会議開催（ピッツバーグ）
	12月17日	バーゼル委、銀行セクターの強靭性強化のための市中協議文書公表

と評しているから、これは彼の口癖なのであろう。

　アメリカ発金融危機の日本に対する影響は、金融機関経営を直撃したというよりも、00年代に入り輸出の伸びに支えられて回復してきた実体経済に大きな影響を与えた。今回の金融危機では、金融面では最もダメージが少ないはずの日本が、実体経済では火元であるアメリカよりダメージが大きいのはなぜなのか。当初、日本は震源地であるアメリカや金融のつながりの強いヨーロッパよりも影響が少ないだろうと思われていたが、日本のGDPは年率換算で08年第4四半期12.8％減、09年第1四半期12.4％減と、米欧を上回る大幅な落ち込みとなった。日本経済のダメージの原因はもっぱら輸出の減少である。2002年から07年までの5年間、日本経済は「いざなぎ越え」といわれる長期的な好況が続いた。この間輸出は、実に62.7％増となっており、この5年間の景気回復が全面的に輸出に依存してきたことは明らかである（p499

図表Ⅴ-4参照)。

　アメリカ発金融危機という事態を受けての金融システムの対応については、金融審金融分科会基本問題懇談会が報告「今次の金融危機を踏まえた我が国金融システムの構築」(2009・12・9)を提出している。そこでは、「1990年代のいわゆるバブル経済の崩壊以降、わが国は銀行部門、市場部門双方の発展を期する複線的な金融システム構築を指向し、今日に至っている。しかしながら、依然として銀行部門の比重の大きいことが、今次の金融危機の初期の影響を軽減した一方で、その後の影響が各国に比して相対的に大きなものとなった１つの背景となっている。」と結論づけている。

　たしかに経済規模が大きくなり、しかも金融活動が肥大化すると、その機能にも限度が現われる。国民の金融資産の蓄積が豊かになった段階では、ある程度リスクを個々の経済主体に分散することがかえって経済全体の安定性を高めるとの考え方にも一理ある。しかし今回の金融危機は、証券化機能への過度の依存によって、アメリカ経済のリスク分散に行き過ぎがあったことに起因するのではないか。

　銀行中心の日本の金融システムはバブルの生成・崩壊のように大きな経済変動のあったときにはリスクを一手に引き受けることになる。その場合、金融システムの安定性に問題を生ずることは事実であるとしても、他方そのことは銀行がいわば一種の「ダム」となって社会全体のリスクを吸収する機能を果たしたことをも意味している。今回に関していえば、(それが「周回遅れ」と揶揄される面があるにしても) わが国の金融システムは他国に比べると安定性を維持したといえるであろう。

2　金融規制改革法と金融規制の回帰

　オバマ米大統領は、2010年１月21日に新たな金融規制強化案を発表した。その基本的な考え方はボルカー元FRB議長の持論を反映しており、オバマ大統領もこれを「ボルカー・ルール」と呼んでいる。その骨子は、
　① ヘッジファンドやプライベートエクイティーファンドへの出資や所有
　② 自己勘定でのトレーディング

③　金融機関買収の際、買収後の連結負債シェアが10％以上になることを禁止するものであった（法案成立に際しての妥協で、最終的には緩和された）。ボルカー氏からこのような考え方が提起されるに至ったアメリカでの金融観の変化については、行天豊雄元財務官の興味深い解説がある。

> リーマン・ショック後の危機が極めて深刻となったのは米経済があまりに金融化したからだ。金融監督体制は全く追いついておらず、何の準備もできていなかった。・・・実体経済に比べ金融が肥大化し、金融機関が巨大化しすぎた結果、米経済が危機に陥ったことは否定できないだろう。・・・金融資本主義とどう向き合うかを巡っては、世代間で見解の相違がある。グリーンスパン前FRB議長は金融資本主義を素朴に信じ、市場には自動調整能力があるので、行き過ぎは起きないはずと考えていた。次の世代のサマーズ国家経済会議委員長やガイトナー財務長官は、金融資本主義を無条件に受け入れることはなく、様々なリスクにどう対処するかに腐心した。これに対し、ボルカー氏は金融の役割そのものを見直すべきだと考えた。（日経新聞2010・1・27）

2010年7月21日にアメリカの「金融規制改革法」（Financial Regulation Reform Act ドッド・フランク法）が成立した。金融恐慌の再発を防止するため1933年にグラス・スティーガル法が制定された時代への回帰との見方は極端に過ぎると思われるが、このところ一方的に進んできた金融規制緩和への見直し機運が各国に生まれていることは確かであろう（図表12－11）。

金融規制改革法は、金融危機を招いた市場の暴走に歯止めをかけることに主眼を置いている。1930年代以来約80年ぶりの包括的な金融規制改革となるが、過度な規制は市場の効率性を阻害するとして、デリバティブなどの規制色は議会における調整過程でやや後退した。上院案では銀行本体からの完全分離を求めていたが、最終的に通貨や金利など本業のリスク回避に関連する

図表12－11　金融危機後の主な金融規制

米　国	銀行にヘッジファンドなどの保有・投資を禁止。金融機関の巨大化を制限。
英　国	流動性資産の積み増しや破綻に備える計画作りを義務づけ
フランス	一定額を超える高額ボーナスを対象にした特別税
ドイツ	税務当局へ租税回避地との取引の詳細な報告を義務づけ
バーゼル銀行監督委員会	自己資本規制に関する新たな国際的規制案を取りまとめ

（出所）　日経新聞2010・1・24

図表12-12　金融規制改革法の概要

【監督体制】	・金融システムの安定維持に向け規制当局者で構成する金融安定化監督評議会を設置 ・証券会社も含め、金融危機を引き起こすおそれのある大手金融機関をFRBが監督 ・金融商品の消費者保護を担当する機関をFRB内に設置
【デリバティブ】	・銀行本体でのエネルギー、株式などに関連したデリバティブ取引を禁止。自らのリスク回避のための通貨、金利スワップなどは認める。 ・相対のデリバティブ取引は清算機関で決済する。
【ボルカー・ルール】	・銀行によるハイリスク取引を大幅に制限。ただし自己資本の3％分まではファンドへの投資を認める。
【ヘッジファンド】	・登録を義務づけ、情報提供させる。
【自己資本比率】	・一定規模以上の金融機関に対し、資本の質を高めるために優先出資証券を中核的自己資本から外す。

(出所)　日経新聞2010・6・26

　取引については本体に残すことを認めた。ただ、大半の取引が価格が透明な取引所や清算機関を通じて決済する方式に変わる。また、手数料や価格を思うように設定できた相対取引が封じられる。いずれにせよハイリスク投資の制限や取引の透明化により、金融機関の収益が影響を受けることは避けられない。

　銀行の自己勘定でのハイリスク取引の制限については、ヘッジファンドなどへの投資を完全に禁止するのではなく、自己資本の3％を上限に認めることで落ち着いた。当局の監視を強化し市場の暴走に歯止めをかけるため、ヘッジファンドなどにはSECへの登録や情報開示を義務づけている。

　日本の金融規制は、この20年間格段に緩和されてきたとはいえ、良かれ悪しかれ日本の金融機関の体質の保守性もあって、規制緩和が金融機関の暴走を招くという現象は現れていない。バーゼルⅡの実施に向けて率先して努力するなど、日本は世界に先駆けてグローバルな金融システムの安定化に寄与してきたところである。したがって、アメリカにおいてこのような金融規制体系の見直しが行われたからといって、日本が直ちに追随する必然性はない。

そのバーゼルⅡに関しては、金融危機後の情勢にかんがみ一層の規制強化が図られる流れにある。9月12日にバーゼル中央銀行総裁・銀行監督当局長官グループ（バーゼル委員会の上位機関）は、自己資本の定義、カウンターパーティー・リスクの取扱い等について合意し、国際的な最低自己資本基準の引上げと段階的実施に関する措置が公表された（いわゆるバーゼルⅢ）。バーゼルⅢの主要な論点は次のとおりである。

① 自己資本の質の向上
② 最低所要自己資本比率の引上げ
③ レバレッジ比率の導入
④ リスク補足範囲の拡大
⑤ 国際的な最低所要流動性に関する規制の導入
⑥ 資本バッファーの導入
⑦ システム上重要な金融機関—Too Big to Fail問題への対応
⑧ バーゼルⅡにおける第2、第3の柱の基準引上げ

金融規制に関する国際的な動向が注目される。

3　安定化政策の再補完

アメリカ発の金融危機は、日本の金融機関に直接深刻な打撃を与えたわけではないが、実体経済への影響を通じて、特に中小の地域金融機関の経営基盤に大きな影響を及ぼした。そのため、いったんは落ち着きを取り戻していた日本の金融システムにも、追加的な安定化政策が講じられた。この段階で地域金融の領域で金融機関の破綻が顕在化すると、制度的にはペイオフの発動になり、実体経済のうえでも社会心理面でも、憂慮すべき状況となることが懸念されたのである。ただ、これらの措置は不安定な政治の動向に影響を受けて講じられた印象も強く、その必要性・効果は必ずしも明らかではない。

(1) 改正金融機能強化法

05年4月1日にペイオフ解禁が完了した後は、日本のセーフティーネットは預金保険法と金融機能強化法の二段構えで形成されていた。預金保険法では、金融危機対応時において公的資金注入・預金の全額保護・一時国有化と

図表12−13　日本の金融安定網の枠組み

	おもな対象（資金枠）	おもな目的と対応
預金保険法の危機対応措置	大手銀行・地方銀行 (18.6兆円)	国や地域の信用秩序維持。公的資金注入、一時国有化、預金を全額保護した破綻処理。
金融機能強化法 (改正前)	預金取扱金融機関 (約2兆円)	予防的な資本注入や再編促進
協同組織中央機関の資本支援制度	傘下の信金・信組 (資本支援残高は信金が約2500億円、信組は約300億円)	信金、信組の信用補完。資本増強や緊急時の資金繰り支援

（出所）日経新聞2008・2・13

いった緊急措置を講じることができ、金融機能強化法では、危機の兆しがなくても金融機関の要請により予防的に公的資金を資本注入することができた。ペイオフが全面解禁された当時の経済・金融情勢は比較的安定していたため、このような備えに不安がもたれることもなかった。

　金融機能強化法が期限切れを迎えた08年3月末には、政府は申請要件が厳格な本法の申請を検討する金融機関がないと判断し、定められた時限どおりに廃止された。その結果、08年4月以降のセーフティーネットは金融危機対応時の預金保険法だけになっていた。しかし08年9月のリーマン・ショック以降金融情勢はきわめて不安定となり、特に中小・零細企業に対する信用収縮が懸念された。預金保険法は危機対応措置の発動に「国または地域の信用秩序に重大な支障」という要件を掲げているため、現実的には中小・零細企業企業を主たる融資対象とする中小金融機関の経営危機に際して発動することは困難と思われた。

　このような事情を背景に、金融機関の金融仲介機能の適切かつ積極的な発揮を支援するためにはむしろ金融機能強化法の拡充が必要と判断され、08年12月12日に改正金融機能強化法が成立した。政府は08年度の第2次補正予算に公的資金枠として12兆円を計上し、預保法の危機対応勘定17兆円と合わせた公的資金の資本注入枠は29兆円に拡大した。リーマン・ショック以降の公的資金による資本注入制度は、2012年3月末までは再び預保法と強化法の2本立てとなっている。

　改正金融機能強化法は、国の資本参加を通じて、金融機関の金融仲介機能

を強化することにより、地域経済・中小企業を支援することを目的としている。
① 国の資本参加の申込期限の延長：08年3月末日で期限切れとなっていた国の資本参加の申込期限を2012年3月末まで延長する。
② 個別の金融機関への資本参加：金融機関が国の資本参加の申込みを行いやすい環境を整える観点から、国が資本参加する既存スキームについて見直しを行っている。
③ 協同組織金融機関の中央機関への資本参加：協同組織金融機関の中央機関に対して予め国が資本参加できる枠組みを創設した。

改正金融機能強化法に基づく地域金融機関への公的資金の注入は11件にのぼり、注入額は合計3000億円を超えている。05年3月のペイオフ完全解禁後ペイオフの事例が生じなかった背景には、このような事情もあろう。なお、ペイオフは2010年8月の振興銀行破綻により始めて発動された。

(2) 企業再生支援機構法

わが国の地域経済は、グローバル経済化に伴う競争激化や少子高齢化、国・地方の財政状況の悪化など、さまざまな課題に直面してきた。加えて08年秋以降の金融経済情勢の急速かつ大幅な悪化等もあり、多くの地域が低迷を余儀なくされている。このような厳しい地域経済の現状を打開し、各経済主体の不安を取り除く仕組みを整備することが喫緊の課題となっていた。こうした背景のもとに、地域経済を支えるさまざまな企業の事業再生・活性化のための支援組織として、株式会社企業再生支援機構が誕生した。

企業再生支援機構は、雇用の安定等に配慮しつつ、産業の再生を図り、併せて信用秩序の維持にも資するため、有用な経営資源を有しながら過大な債務を負っている中小企業者等に対し、当該事業者に対して金融機関等が有する債権の買取りを通じてその事業の再生を支援することを目的としている。

08年2月に内閣府によって株式会社地域力再生機構法案として法案が提出された段階では、地方の中堅・中小企業や第3セクターの再建が想定されていた。しかし09年6月に成立した修正法案では株式会社企業再生支援機構法

と名称が変更となり、第3セクターが対象から外れる一方で、日本航空を想定して大企業にも対象が広がった。各般の事情から、このプロジェクトの目的・性格・手法は必ずしも明確とはいえなくなっている。

　支援が決定された第1の事例は（株）日本航空（2010・1・19支援決定）である。そのほかいくつかの企業や医療法人の支援が決定しているが活動状況は必ずしも活発とはいえず、前例ともいうべき産業再生機構の実績とは大きな隔たりが認められる。

(3)　金融円滑化法

　09年8月30日の衆院選で圧勝し政権交代を果たした民主党は、9月16日に鳩山内閣を発足させ、亀井静香氏が金融相に就任した。亀井金融相は就任早々に、「現下の経済金融情勢において、特に厳しい状況にある中小・零細企業や、住宅ローンの借り手を支援するため、貸し渋り・貸しはがし対策の検討を開始する」との方針を打ち出し、「中小企業等に対する金融円滑化対策の総合的なパッケージ」を公表した。金融の円滑化は前政権時代から取り組まれてきた課題であったが、亀井金融相は郵政民営化見直しとともに、これを政権交代後の重点政策として大々的に打ち出した。こうした政策が提案された背景には、08年秋の世界的な金融危機以降銀行が大企業向け融資に傾斜し、中小企業向け融資に振り向ける資金が不足したことがある。

　10月20日に金融庁素案〈骨子〉として示された「中小企業等に対する金融円滑化対策の総合的パッケージ」の概要は次のとおりである。
(i)　**「中小企業者等に対する金融の円滑化を図るための臨時措置に関する法律案」の制定**
　　① 　金融機関の努力義務
　　　・金融機関は、中小企業者または住宅ローンの借り手から申込みがあった場合には、できる限り、貸付条件の変更等の適切な措置をとるよう努める。
　　　・金融機関は、申込みまたは求めがあった場合には、他の金融機関、政府関係金融機関、信用保証協会等との連携を図りつつ、できる限り、

貸付条件の変更等の適切な措置等をとるよう努める。
② 金融機関自らの取組み
・金融機関に、貸付条件の変更等の措置を適正かつ円滑に行うことができるよう、必要な体制の整備を義務づける。
・金融機関に、貸付条件の変更等の実施状況および本法律に基づき整備した体制等を開示するよう義務づける。
（注）虚偽開示に関しては、罰則を付すこととする。
③ 行政上の対応
・金融機関に、貸付条件の変更等の実施状況を当局に報告するよう義務づける。
（注）虚偽報告に関しては、罰則を付すこととする。
・行政庁は、これを取りまとめ公表する。
④ さらなる支援措置等
・政府は、中小企業者に対する信用保証制度の充実等、必要な措置を講じるものとする。
・法案は、2011年3月までの時限措置とする。

(ii) **検査・監督上の措置**
行政庁は、法案の実効性を確保するために、次のような措置を講じる。
・法律の施行にあわせて、検査マニュアル、監督指針について所要の改定を行う。
　－顧客からの条件変更等の申出に対応するための態勢整備
　－条件変更等を行っても、不良債権に該当しない要件（従来に比べて拡充）
・中小企業融資・経営改善支援への取組み状況について、重点的に検査・監督を行う。

上記の方針に沿って策定された金融円滑化法は09年11月30日に成立した。亀井金融相が導入方針を表明した当初は、返済猶予の一律実施を金融機関に義務づけるのではないかとの懸念ももたれたが、結局「努力義務」を負うにとどまり、要請に応じるかどうかは金融機関の判断次第になっている。

条件変更の方法は、返済猶予・金利減免・返済期間の延長・債権放棄などさまざまであり、具体的には金融機関が借り手と協議して決める。他方、金融庁は不良債権に分類する基準を緩和し、経営再建の可能性があれば不良債権として扱わないようにしたので、金融機関は条件変更に応じやすくなった。また、四半期ごとに条件変更に応じた金額や件数を開示するよう義務づけていることは、金融機関への牽制になっている。ただ、中小企業の経営者にとっては条件変更を要請すれば金融機関からいずれは切り捨てられないかといった懸念もあるので、借り手がどの程度この制度を利用するかには不透明なところがある。
　この制度がどの程度中小企業の金融円滑化に寄与したかは必ずしも明らかではなく、結局政治姿勢を示す手法に使われたとの印象も残る。ただし、バブル崩壊後邦銀は不良債権の削減のため自己資本比率規制と金融検査基準を守ることに追われ、経済・社会の循環器としての使命を十分果たせなかったことも歪めない。もとより対処方針の揺れ動いた金融行政の側にも大きな責任があろう。この法案をめぐって起こった「モラトリアム騒動」は、荒唐無稽な議論であったようにみえながら金融の本質をついた面もあり、政治的パフォーマンスとして片付けられるものではない。
　2011年3月末の時限措置は、とりあえず1年間延長された。

終わりに
金融システム改革の到達点と今後の展望

1　50年にわたる金融システム改革の総括

共生の30年と失われた20年

　金融システム改革の経緯を中心として、高度成長後の日本経済の50年をたどってきた。その50年は大別すると、欧米先進諸国を息せき切って追いかけ追いついた30年（60・70・80年代）と、息ぎれしているうちに近隣諸国に追いつかれそうな20年（90・00年代）からなる。

　本論で詳細に述べてきたように、1960年にわが国経済が高度成長の軌道に乗って以来、経済構造の急速な変化に金融システムを適合させる努力は、長年にわたり真剣に重ねられてきた。そこでは、金融行政当局が取り組むべき課題を提起し、利害の対立する業界相互間の調整を図るため、関連業界代表と中立的な学識経験者により構成される審議会の場でコンセンサスを得たうえ、ステップ・バイ・ステップで実行に移すという方法がとられている。このような手法により、直面する現実的な課題は着実に解決されてきたが、他方、どうしても発想に飛躍がなく問題意識は金融業界の枠組みの中に留まりがちであった。ただ、80年代に金融のグローバル化や情報化が本格的に進展するまでは、金融制度は（国際的視点には留意しつつも）各国の歴史や国民性を反映したものとして形成されていたから、わが国独自の枠組みの中でコンセンサスを得ながら金融制度を構築する方式は決定的な欠陥とはならなかった。

　わが国の金融システム改革は為替・資本移動の自由化、金利の自由化、業務の自由化の3つの柱を立てて実施されてきた。それらの改革を進める手順は、既存の金融業者が地道な努力をすれば変化に対応できるよう（「1人も溺れるものが出ないよう」）設定されている必要があった。それは護送船団方式と批判されるが、わが国においては、このような考え方（共生）は政治や行政を進めるうえでの配慮として重視されてきたのである。80年代以前の経

済・社会環境のもとではそのような手法が相応しく、またそのような手法の限界が明確に意識されることはなかった。

90年代半ばになって、日本経済が享受してきた恵まれた環境が次々に覆り、それに加えてデフレの進行が問題の解決を一層困難にした。この局面を打開するためには、従来とは違った飛躍を伴う手法で経済構造改革、金融システム改革を進めることが必要となった。従来の手法では、決定的な利害の対立をも乗り越えて方向転換を行ったり、優勝劣敗の原理を貫徹して仲間の退場を迫ることはきわめて困難である。ところが、90年代以降のように「ゼロサム・ゲーム」のもとにおいては全員が生き残ることは困難となり、構造・システムの変革によって淘汰されるものが出てくることは避けられない。このような経済情勢のもとで効果のある改革を進めるためには、どうしてもある種の「暴力」が必要になる。平時の合法的暴力とは市場原理にほかならない。

金融制度改革の隠されていた鍵

約30年にわたり営々と続けられてきた「暴力なき改革」のプロセスを振り返ってみると、金融システム改革を真に効果的なものとする鍵は最後の段階まで隠されていた可能性がある。行政当局・審議会を中心として続けられてきたコンセンサスを得るための努力は、正しい目標に到達するための合理的なプロセスであり、緩やかな環境変化の中で穏やかに改革を進めることに適していた。しかし80年代以降の経済・金融環境激変の中で、グローバル化時代に通用する金融システム改革を迅速・有効に進めるためには、90年代半ばから否応なく動き出した退出・参入の自由化という装置がもっと早期に発動される必要があったのではないか。

実際にそれを可能とする枠組みが整ったのは20世紀末の金融危機の中であったため、その劇的な効果は激しい副作用を伴った。もし金融システム改革のもう少し早い段階においてそのような装置が作動し始めていたならば、あれほど多数の「暴力」と「流血」の事例を必要としなかったかもしれない。経済の体力に余裕のある段階であったならば、いくつかの事例を踏み台にして21世紀の経済・金融の将来像を描き出していた可能性もある。

実際には金融システム改革はそのような手順では進まず、長い間退出・参入をほとんど認めない「閉じられたシステム」のもとで、3つの領域の自由化がステップ・バイ・ステップで進められた。システムが閉じられていたのは、金融システムの安定性維持の前提のもとに自由化を進めるためであった。しかしそこには、退出はルールの外に置きつつ、指名を受けたプレーヤーの間でシステム活性化のための競争をするという論理的矛盾が含まれていた。金融イノベーションを進めるうえで本質的でない分野での過当競争という事態が起きたのは、「閉じられたシステム」のもとでの自由化の必然的結末である。蓋を閉めたビンの中で規制緩和を図っても、それは既得権者の間の合意に基づく利害調整の域を出ず、必ずしも大きなイノベーションには結びつかなかったのである。

　結局、有効なレベルの退出・参入の自由化は90年代後半になって3つの自由化が日本版ビッグバンにより完了した後になって、金融危機の進展に追い込まれる形で実現した。平時においても退出・参入の自由化は金融システム改革の前提条件であったが、わが国においてはその認識が十分でないままに90年代を迎え、バブル崩壊や経済構造の激動が折り重なって起こった金融危機の中で、金融システム改革の最終走者として退出・参入の自由化が金融システム改革に組み入れられた。これは金融制度としては、金融システムの安定化のための施策という形で具体化されている。この変則的なプロセスのゆえに、金融制度改革としては完成を迎えたにもかかわらず、金融システムの実態としてはかえって弱体化しているという皮肉な局面を迎えることになった。

冷戦終結後の日本

　50年の歴史の中で1990年前後は、バブルの生成・崩壊という大きな景気循環点であったのみならず、超長期的な人口減少プロセスが始まる日本経済の構造的転換点であった。それにとどまらず、それは世界の枠組みが大きく変わったときでもあり、その衝撃は日本にとってきわめて大きかった。1989年とは、わが国の金融界にとっては東証平均株価が3万8915円の最高値を記録したバブルのピークであった。しかし世界史的にみるとそれは些細な出来事

であって、この年は東西の体制を隔てていたベルリンの壁が解放された年として記憶されている。1991年には、米ソ冷戦時代の一極であったソ連が崩壊して、ロシアなどのいくつかの国に解体されるという思いもよらない出来事が起こった。そして1993年には、鄧小平氏が中国は社会主義市場経済に転換すると宣言し、先進諸国総人口の2倍を超える13億人の優秀な人材が市場競争の場に参入した。

1990年は、バブル崩壊がなくても日本経済の分水嶺であった。1960年に始まり90年をピークとする日本の黄金時代はすべての条件に恵まれた例外的な時代であって、それを恒常的な日本の立ち位置と想定すべきでない。日本人はいつまでもそのような想定を捨てきれず、時には将来を過度に悲観し、多くの場合楽観的に良き時代への回帰を待っている。現実には、2008年には世界における日本の相対的地位はすでに1970年以前の段階に後退しているが、それでも2000年の歴史の中ではまだ最も高い位置づけを保っているのである（p177図表Ⅲ-1参照）。

金融は実体経済の外皮である。実体経済を包み込んで発展を促し、外部環境の激変の影響を緩和し、時には身代わりとなって自らがダメージを受けとめる。その役割は大きいが、外皮自体が発展の原動力になれるわけではない。わが国の論壇では従来から、これからはモノづくりにかわって金融産業が日本の成長を担うべきだとする論調が多い。たとえば　菅内閣が6月18日に閣議決定した「新成長戦略～『元気な日本』復活のシナリオ」では「金融自身が成長産業として経済をリードする」方針が打ち出されている。しかし金融は実体経済の外皮、あるいは鏡に映った実体経済の影であるから、21世紀における日本経済の実態が図表Ⅲ-1にあるとすれば、「金融立国」論に身を委ねることは危うい。

「もうこれからの日本社会には、従来のような高度成長は期待できないし、また、期待すべきでもないのです。しかし、成長は高きをもって尊しとはいたしません。成長の質こそが大事であります。」これは政権交代を果たして路線転換を図ろうとする民主党内閣の声明ではない。1977年1月31日の施政方針演説で福田越夫首相が述べた言葉である。80年代を通じてこのような認識をもとに日本の政治・外交・経済にわたる将来像を確立することができて

いれば、下り坂に差し掛かってからの経済・社会の運営はもう少し安定感のあるものになっていたであろう。金融システムに関してもその例外ではない。

2　問い直される金融の本質：主役か脇役か

伝統的には欧米でも金融は脇役

　金融制度は、かつてはそれぞれの国の歴史や国民性によって形成されてきたものであり、各国ごとに特色をもつものと考えられていた。他の経済活動に比べると金融にはもともと国境を越えて動き回る性格が強かったことは事実であるが、金融制度が古くからグローバルな性格のものであったわけではない。特に国家間経済競争の激しかった近代においては、一国の政治・経済秩序を掌握するうえで金融は不可欠の要素であったがゆえに、国民国家ごとに金融秩序が形成されてきた。

　いずれの国家の金融システムにおいても、金融は経済の安定化・活性化に資するという2つの使命を担ってきた。ただし、どちらに軸足をおくかによって、経済の仕組みの中で金融は脇役（経済・社会のインフラ）なのか、主役（市場原理により経済を取り仕切る「閻魔大王」）なのか、金融システムの性格はかなり異なってくる。

　伝統的には、金融は経済の血液として非常に重要な機能を担うもののあくまで脇役であり、実体経済の後ろに控えているのが基本的スタンスであった。このような金融のビヘイビアは、「金融の公共性」と呼ばれる。金融基本法である銀行法の冒頭（第1条第1項）には、この理念は「この法律は、銀行の公共性にかんがみ、・・・もって国民経済の健全な発展に資することを目的とする。」と明確に示されている。

　建国以来民主主義と市場原理を掲げてきたアメリカの金融制度も、1970年代まではむしろいろいろな面で規制色の強いものであった。膨大な数にのぼる金融機関間の激しい競争はあったが、他方、厳格な業際・州際・金利規制や多重な監督体制もこの国の特色であった。これは大恐慌を契機として1930年前後に、マクファーデン法、グラス・スティーガル法、レギュレーションQといった金融システム安定のための各種の規制が整備されたためである。証券業についても株価暴落や不正取引への対応策として証券法や証券取引所

法が制定され、証券市場の番人としてSECが設立された。それ以来米欧諸国をはじめとして長い間、金融は安定性を重視する特別な分野だとの考え方が世界的に定着してきた。

カネ余り時代に金融は主役へ

　産業革命によって1820年からの約200年間は世界が格別早く成長し、なかでも1950年から73年にかけての期間が黄金期であった（A. マディソン〔1995〕）。その結果先進国経済は成熟段階に達し、80年代になるとカネ余り社会に転じた。金融は足りないものを必要なところにまわすというよりも、余っているものをさらにレバレッジを利かせて収益を生ませる手法になった。堀江貴文氏はこのような金融の働きをきわめて巧みに説明している。

　　林真理子　　どうやったらお金持ちになれるの？
　　ホリエモン　簡単に言うと、金融の知識があるかないかですよ。金融って、実体経済をいかにふくらませるかということなんです。これから稼ぐ分を先取りして、さらにそれを投資して自分を大きくする。・・・自転車に乗るようなものなんです。いま、金融の世界では、みんな自転車に乗れてない状態なんです。でも、そのうち乗れるようになる。早い者勝ちですよ（週刊朝日2004・11・19）。

　この30年間、金融が主役であり、企業や労働者は金融ビジネスの客体であるという考え方が世界を風靡してきた。金融には、成熟化して活力を失いがちな先進国の経済・社会を活性化するテコあるいはムチとしての役割が期待された。それはアメリカの投資銀行やエクイティー・ファンドの行動原理でもあるが、小泉内閣の「骨太の方針」で強調された「創造的破壊」の理念でもある。日本の金融システムは安定化機能に偏った銀行中心の産業金融モデルであるとの批判を受け、急いで米英型の市場中心の金融システムへ転換が図られなければ日本経済の成長は期待できない、と強調された（「金融システムと行政の将来ビジョン」）。これは「資源のない国が額に汗水たらして加工貿易でがんばって生きていくしかないという従来の発想にとどまらず、『お金に働いてもらう』ことも社会や国全体の利益になるといった発想・価値観」（金融庁「金融教育論点整理」）との金融立国論につながっていく。

しかし今回の金融危機を経験し、あらためて米金融革命以来30年あまりの流れを振り返ってみると、再びこのような金融の枠組み自体が問い直されているのかもしれない。この間金融は飛躍的に発展し、沈滞していた先進国経済を活性化させた。ところが今まさに、社会を活性化させる機能が逆回転して社会の不安定化を加速させている。「100年に一度の信用津波」は活性化機能に偏した金融システムの帰結であり、金融機能のバランスを回復しないとこのような事態は100年に何回も起こるかもしれない。アメリカ社会でも、オバマ米大統領やボルカー元FRB議長がそのようなメッセージを発し、それが「金融規制改革法」として結実している。

　90年代以降金融が主役となって世界経済を牽引し、21世紀にはいると金融はかえって実体経済を混乱に陥れたような印象を与えるに至った。その結果上記のような議論が提起され、伝統的な金融の役割、つまり、実体経済が主役であって、金融は実体経済を円滑に機能させるための脇役であるという考え方が再び強調されることになるであろうか。「周回遅れ」と揶揄されることの多い日本の金融システムにとっては気になるところである。

社会の金融観

　人間の社会は長い間自然の力に翻弄される不安定な時代が続いた。食物の安定的な確保をはじめとして、古くから金融（古代・中世では種籾の融通を含む）は、社会の安定性を維持するインフラとして重要な機能を果たした。イスラム金融では利子をとってはならないといわれるが、実は利子をとってはいけないという考え方の根源は旧約聖書にさかのぼる。旧約聖書は「あなたの兄弟に貸すときには利子を取ってはならない」（コーランも同趣旨）と説いている。旧約聖書はもともとユダヤ教の聖典であり、ユダヤ人であるイエス・キリストの説いたキリスト教の聖典でもある。また旧約聖書はイスラム教の聖典コーランの重要な源流でもある。

　これは金融を禁じたものではなく、むしろ金融は社会の安定のため助け合いの精神に基づき運営されるべきことを強調したものと考えられる。「困っている人にはお金を貸してあげなさい。しかし、それに乗じて利子をとってはいけない」という趣旨なのであろう。利子をとってはいけないという点は

資本主義の論理と矛盾するようにみえるが、困っている人にお金を融通するというのは究極の金融脇役論である。06年にノーベル平和賞を受賞したグラミン銀行（バングラディシュ）のムハマド・ユヌス氏の金融活動はまさにこの考え方に基づいている。しかもこれを慈善運動ではなく、持続可能なビジネスとして成り立たせているところに特徴がある。数年前までは脚光を浴びることのなかったこのような金融活動が、世界的に関心を呼んでいることは金融の機能に対する社会の変化として注目すべきである。

　毎日就寝前に聖書を読む欧米の識者の中には、このような金融脇役論にシンパシーを感じる人が日本人が想像する以上に多いことであろう。アメリカは市場原理で割り切る人達ばかりの社会のようにみえるが、ブッシュ前大統領のようにキリスト教の伝統的な価値観にこだわる人が今でも多い。金融というものの本質を考える場合には、宗教や道徳の果たす役割の低い日本社会で予想される以上に、長い歴史の中で培われてきたそういう社会的雰囲気（ethos）が重要な役割を果たすものと思われる。

　イェール大学のロバート・シラー教授はさらに一歩進んで、金融の対象範囲を広げて生活の中で本当に重要なリスクをすべてカバーする工夫を提唱している（「新しい金融秩序」〔2004〕）。彼の唱える「来るべき巨大リスクに備える新しい金融秩序」とは、日本人の得意としてきた「共生」の原理にほかならない。金融機能の道を突き進んでいくと「共生」に行き着くことには一瞬奇異の感を抱くが、アメリカの金融危機を体験した今では不思議なリアリティーを感じさせる。

3　これからの金融システム改革

伝統的命題「銀行は特別か？」

　1999年11月、長年の懸案であったグラム・リーチ・ブライリー法（Graham-Leach-Bliley Act、GLB法）が成立した。これは規制色の濃い金融システムの象徴であったグラス・スティーガル法を約70年ぶりに改正するものであり、70年代以降進められてきた規制緩和路線の一応の完了を意味していた。新法は金融持ち株会社（FHC）の仕組みを認め、銀行はFHCの子会社経由で広く「金融の性格を有する（financial in nature）」非銀行業務に従事できることに

なった。新しく容認される業務範囲は、従来銀行持ち株会社（BHC）に許されていた範囲より格段に広く、証券・保険・投資銀行業務などを含み、業務多様化への動きは大幅に進んだ。

　70年代の金融革命に始まりGLB法成立によって完成をみた規制緩和を特色とするアメリカの金融システム改革は、1930年代に確立された安定性を重視する金融システムの修正過程、大恐慌以前の金融システムへの回帰であった。そして「100年に一度」といわれたリーマン・ショック後の金融規制復活の動きは、1930年代の経験をもう一度かみ締めてみようとの意味をもつのであろうか。この問題は、どのような金融機能に対してどの程度の規制を課し、その見返りにどの程度の特権を与えるかという金融システム設計上の基本的課題である。そしてこの課題に対しては、かつての国民国家時代には各国が国民性に合わせてそれぞれ設計したのであるが、グローバル化時代の金融システムにおいては、好むと好まざるとにかかわらず、アメリカのイニシアテブのもとに設計された世界標準にならざるをえない。

　今回はボルカー元米FRB議長により、「ボルカー・ルール」と呼ばれる設計プランが提示された。ボルカー氏の考え方は、最近のウォール街で主流の市場原理主義というよりも、金融を経済・社会のインフラと位置づけ、安定性を重視する伝統的な金融理念に基礎を置いている。ボルカー・ルールは、基幹的な金融サービスを個人・企業・政府に提供する義務を負う銀行等が自己勘定取引を行うことやヘッジファンド等へ投資を行うことを制限しようとしている。これは彼がFRB議長であったころからの一貫した主張である。

　かつて彼と考えを共にするG. コリガン・ミネアポリス連銀総裁（当時）は論文"Are Banks Special?"（1982）においてそのような考え方を提示した。これはその後この問題に関する伝統的金融家の標準的見解として脈々と受け継がれており、金融システムが危機に陥った際にとるべき当局の行動とその論拠を示すバイブルとされてきた。ここでは決済システムを担う預金取扱金融機関は、厳しい規制を受ける傍ら、政府の保護をも与えられるべき特別の存在と位置づけられている。80年代の金融危機に際してのアメリカでも、バブル崩壊後の日本でも、このような基本原則は厳格に守られてきた。

　ところがその後の「金融の進化・発展」により、現代の金融システムでは

何がspecialであるのか、必ずしも明瞭ではなくなっている。基本的には銀行システムがspecialであるとの考え方は守られるにしても、その周辺で銀行システムの根幹を揺るがすような事態が生じたときに政府としてどの程度弾力的に対処すべきかは難しい問題である。今回のアメリカ発金融危機に際しての対応については、今まで金融内部の垣根は低下させつつもbankとnon-

> **COLUMN**
>
> ### 影の銀行システム
>
> 「影の銀行システム」（Shadow Banking System）という耳慣れない表現は、リーマン・ショック以降メディアに頻繁に登場する。もともとはPIMCOのポール・マカリー氏が2007年にFRBのシンポジウムにおいて金融当局の規制を受けない金融機関の行動について問題提起したことに始まる。この言葉はロンドン金融サミット（2009・4・2）における「金融システムの強化に関する宣言」に公文書としては初めて登場し、ブラウン英首相（議長）はこれをグローバルな金融監督・規制の対象にすると表明した。
>
> 　伝統的な銀行は政府のセーフティー・ネットと引き換えに厳格な規制を受けるが、影の銀行システムは銀行規制を受けずに活動する。日本のバブル生成期には銀行システムに隣接した間接金融としてノンバンクが膨張したが、これも影の銀行システムの一業態であった。しかしアメリカでは、影の銀行システムはそのような脇道として膨張したのではない。金融工学・証券化・格付・ヘッジファンドなど新しい金融技術や市場の機能をフル装備して、むしろ「影」のほうが主役として華やかに活動する。80年代以降世界をリードしてきたアメリカの金融は、金融活動を伝統的な金融規制の束縛から解放することによって著しい発展を遂げてきた。
>
> 　規制の緩やかな分野での金融活動の活発化は、金融技術の発展をもたらす。影の銀行システムの膨張が金融を創造的で活力に満ちた先端産業に変貌させたことも事実であろう。収益重視の金融ビジネスは、必然的に伝統的な金融規制から自由な「影の銀行システム」の手法を追求する。そして規制に手足を縛られた伝統的な銀行は、そのようなビジネスモデルに敗退する。長年邦銀で働いてきた友人が外資系金融機関に転職して、「これでは柔道とK−1が戦っているようなもので、とても敵わないことがよくわかった」と述懐した。
>
> 　1980年に世界のGDPと同程度であった金融資産が2008年にはGDPの3.5倍になったのは、そのような流れの結果である。しかし金融規制の制約を受けない影の銀行システムが投機によって膨張すると、金融システムは不安定になる。もともと経済・社会の安定化機能を期待されていた金融は、経済・社会を活性化した代償として不安定化させるという矛盾に陥った。

bank（日本語のノンバンクとはかなりニュアンスが異なる）の区分は明確につけていた当局の方針がきわめて不透明になった。1998年のLTCMに対する救済措置に問題の萌芽があったともいえるが、預金受入れ金融機関でないベア・スターンズを実質的に救済したことに対する原理・原則の明確な説明がないままに、同種のリーマン・ブラザーズを破綻処理し、さらにその直後にはメリル・リンチやAIGに救済の手を差し伸べるという一貫性のない当局の姿勢が疑心暗鬼を生んだ。

「これからも銀行は特別か？」

　アメリカでnon-bankにまで公的資金を注入せざるをえなくなったのは、オフバランス化して銀行本体への影響を遮断したはずの周辺部分「影の銀行システム」（shadow banking system）が銀行本体の健全性に打撃を与えるに至ったからである。銀行を含む各業態が渾然一体となった金融のコングロマリット化を今後も進めるのであれば、厳格な銀行special論の維持は難しくなる。現実問題としてToo-Big-to-Failの考え方をとらざるをえないとすれば、そのような金融システムのもとでは、政府支援の必要性と限界に関する理論的枠組みの再構築が必要になっている。

　今後の金融のあり方を考えるうえで、ボルカー元FRB議長のトロントでの金融専門家向けスピーチとオルソンFRB理事のワシントンの国際銀行協会でのスピーチは興味深い。もちろん両演説の背景には、前掲のコリガン論文がある。コリガンは「投資銀行とコマーシャル銀行の業務はイコールではない。コマーシャル銀行は決済業務が行えるspecialな存在だから規制も保護も必要だ」と説いたが、金融自由化の流れの中では、銀行はspecialではないという方向で政策が進められた。その結果、銀行を含む各業態相互の影響が渾然一体化したが、銀行システムの安全性を揺るがすような事態が生じた時に、政府としてこの部分は潰せないがこの部分は市場原理に委ねるという切り分けが不可能になってしまった。オルソンの問題提起「Are Banks Still Special？」は、銀行は今でもspecialなのか、いまや他の金融機関もspecialと考えざるをえないのか、である。そうした観点から金融制度を考え直す、金融制度を再構築する、という議論が世界的に始まり、まさに「100年に一度」

の方向転換の可否が論じられている。2010年7月21日にオバマ米大統領が署名して成立した「金融規制改革法」はその回答の一部であるが、アメリカにおける議論にはまだまだ紆余曲折があるものと思われる。

　この種の問題では、わが国はいつも世界の体制をみて後から追随することを行動原則としてきた。今回もそれでいいのか、そうするほかないのか、そうするとしてもどうすれば遅れないですむのか、どの点は自前で考えるのか。00年代に始まった金融インフラの整備を進めるなかで残された課題は多い。

【参照文献】

1 学恩を被っている文献は枚挙にいとまないが、直接参照している資料的なものを中心として掲げ、広く研究の背景となっている文献は割愛している。
2 末尾にまとめて掲げた「ファイナンス」掲載の以下の論文は、本文中で引用する際には秋山〔F1992〕のように表示されている。

編著者	出版年	書名・論文名	出版社
相田雪雄	1984	投資顧問業の法的整備を急げ	週刊金融財政事情6月11日
青木昌彦	2008	比較制度分析序説	講談社学術文庫
青木昌彦・奥野正寛	1996	経済システムの比較制度分析	東京大学出版会
朝倉孝吉	1988	新編 日本金融史	日本経済評論社
朝日新聞経済部	1999	金融動乱	朝日新聞社
朝日新聞取材班編	2009	失われた〈20年〉	岩波書店
有沢広巳監修	1976	昭和経済史	日本経済新聞社
有沢広巳監修	1995a	日本証券史1	日本経済新聞社
有沢広巳監修	1995b	日本証券史2	日本経済新聞社
安وم太郎ほか	1971	国際化時代の金融機関経営戦略	週刊金融財政事情1月4日
池尾和人	1994	信用秩序と銀行規制	堀内編〔1994〕所収
池尾和人	2006	開発主義の暴走と保身	ＮＴＴ出版
池尾和人編	2009a	不良債権と金融危機（バブル・デフレ期の日本経済と経済政策4）	慶應義塾大学出版会
池尾和人	2009b	銀行破綻と監督行政	池尾編〔2009a〕所収
井口富夫	1994	保険業における公的規制	堀内編〔1994〕所収
井口秀昭	2002	不良債権処理を進めても日本経済は活性化しない	週刊東洋経済11月9日
石川周・行天豊雄	1977	財政投融資	金融財政事情研究会
伊藤修	1995	日本型金融の歴史的構造	東京大学出版会
伊藤修編	2010	バブルと金融危機の論点	日本経済評論社
伊藤正直ほか編著	2000	金融政策と革新	日本経済評論社
伊藤光利	2002	長期超低金利政策の政治経済学	村松・奥野編〔2002〕所収
伊藤恭之助ほか	1971	世界大銀行の経営戦略と日本の立場	週刊金融財政事情6月14日
岩田規久男	2001	デフレの経済学	東洋経済新報社
ヴォーゲル，E.F	1979	ジャパン アズ ナンバーワン	ＴＢＳブリタニカ
ウォルフソン，M.H	1995	金融恐慌 戦後アメリカの経験	日本経済評論社
植田和男	1993	金融システム・規制	岡崎・奥野編〔1993〕所収
植田和男	1994	日本的金融システムの変遷	貝塚・植田編「変革期の金融システム」所収
植田和男	2001	1990年代における日本の不良債権問題の原因	星・パトリック編〔2001〕所収
植村修一	1991	金融の自由化の進展	財政金融調査月報3月号
植村信保	2008	平成生保危機の真実	日本経済新聞出版社
内田茂男	1995	日本証券史3	日本経済新聞社
内野達郎	1978	戦後日本経済史	講談社学術文庫
江沢省三ほか	1970	四半世紀を経た戦後の銀行行政	週刊金融財政事情8月17日

江田憲司・西野智彦	2002	改革政権が壊れるとき	日経BP社
江藤勝	2010	構造改革における規制緩和・民営化	寺西重郎〔2010a〕所収
大蔵省財政金融研究所	1993	資産価格の変動メカニズムとその経済効果	フィナンシャル・レビュー第30号
大月高監修	1985	実録 戦後金融行政史	金融財政事情研究会
大橋英敏	2009	混乱する銀行国有化論議	金融ビジネス2009春
大村敬一・水上慎士	2007	金融再生 危機の本質	日本経済新聞出版社
岡崎哲二・奥野正寛	1993	現代日本の経済システムとその歴史的源流	岡崎・奥野編〔1993〕所収
岡崎哲二・奥野正寛編	1993	現代日本経済システムの源流	日本経済評論社
岡崎哲二・星岳雄	2002	1980年代の銀行経営	村松・奥野〔2002〕所収
翁百合	2010	金融危機とプルーデンス政策	日本経済新聞出版社
奥野正寛・村松岐夫	2002	3つの視点と21のなぜ	村松・奥野〔2002〕所収
奥野正寛	2002	バブル経済とその破綻処理	村松・奥野〔2002〕所収
奥野正寛	2004	「1975年体制」がバブルを生み、日本経済の構造的ゆがみを生んだ	週刊エコノミスト2月9日
カーギル・T	2001	日本の金融危機を引き起こしたものは？	星・パトリック編〔2001〕所収
貝塚啓明	1992	日本の金融システムはどこが異質か	週刊エコノミスト4月21日
貝塚啓明	1993	金融危機には公的資金導入が不可欠	週刊金融財政事情2月22日
貝塚啓明	1994	金融規制・国際比較の視点から	貝塚・植田編〔1994〕所収
貝塚啓明	1997	金融持株会社の導入で経営の自由度を高める	週刊金融財政事情6月23日
貝塚啓明・植田和男編	1994	変革期の金融システム	東京大学出版会
上川龍之進	2010	小泉改革の政治学	東洋経済新報社
軽部謙介・西野智彦	1999	検証 経済失政	岩波書店
川野英彦	2007	いま振り返る生保破綻「ラッシュ」の舞台裏	週刊エコノミスト4月10日
河村健吉	2010	影の銀行	中公新書
神田秀樹	1991	銀行子会社による証券業務	週刊金融法務事情8月5日
神田秀樹	1994	金融市場の業務分野規制	堀内編〔1994〕所収
神田秀樹編	2005	投資サービス法への構想	財経詳報社
神田秀樹	2006	会社法入門	岩波新書
北村恭二編著	1976a	金融制度	金融財政事情研究会
木下信行	1999	改正銀行法	日本経済新聞社
行天豊雄	1971	米国銀行にみる他業進出規制の実情	週刊金融財政事情3月8日
金融ジャーナル社編	2009	2010年版金融時事用語集	金融ジャーナル社
金融財政事情研究会	1979	普通銀行のあり方と銀行制度の改正について	金融財政事情研究会
金融財政事情研究会	1980	戦後金融財政裏面史	金融財政事情研究会
金融財政事情研究会	1985a	金融自由化と円の国際化	金融財政事情研究会
金融財政事情研究会	1985b	地・相銀の自由金利設定能力の測定	週刊金融財政事情1月7日
金融財政事情研究会	1987	専門金融機関制度のあり方について	金融財政事情研究会
金融財政事情研究会	2000a	金融〜世紀を超えて	金融財政事情研究会
金融財政事情研究会	2000b	銀商分離政策の今日的意義を検証する	週刊金融財政事情2月21日
金融制度研究会	1979	普通銀行のあり方と銀行制度の改正	金融財政事情研究会
金融制度研究会	1991	新しい金融制度について	金融財政事情研究会
金融法令研究会	1983	新銀行法精義	大蔵財務協会

グリーンスパン，A	1996	銀行監督当局は何をなすべきか	週刊金融財政事情8月19日
グリーンスパン，A	2007	波乱の時代　上・下	日本経済新聞出版社
久米郁男	2002	公的資金をめぐる世論・政治	村松・奥野編〔2002〕所収
久米郁男	2009	公的資金投入を巡る政治過程	池尾編〔2009a〕所収
窪田弘	1974	民間住宅金融のあり方について	週刊金融財政事情1月14日
栗原脩	2004	新しい金融のフレームワーク	中央公論事業出版
黒澤洋	1989	国際金融の諸問題	資本市場12月号
黒田巌	1982	金融技術革新は銀行経営を一変させる	週刊金融財政事情6月28日
黒沼悦郎	2009	金融商品取引法入門（第3版）	日経文庫
経済企画庁総合計画局	1987	金融の国際化・自由化	大蔵省印刷局
香西泰・寺西重郎	1993	戦後日本の経済改革	東京大学出版会
古城佳子	2010	国際政治と日本の規制緩和、構造改革	寺西重郎〔2010a〕所収
後藤新一	1988	銀行（産業の昭和経済史　9）	日本経済評論社
後藤新一	1990	昭和金融史	時事通信社
（大蔵省）財政史室	1976	昭和財政史（終戦から講和まで）12　金融1	東洋経済新報社
（大蔵省）財政史室	1983	昭和財政史（終戦から講和まで）13　金融2	東洋経済新報社
（大蔵省）財政史室	1979	昭和財政史（終戦から講和まで）14　保険・証券	東洋経済新報社
（大蔵省）財政史室	1991a	昭和財政史（昭和27～48年度）　9　金融1	東洋経済新報社
（大蔵省）財政史室	1991b	昭和財政史（昭和27～48年度）10　金融2	東洋経済新報社
（財務省）財政史室	2003	昭和財政史（昭和49～63年度）　6　金融	東洋経済新報社
財務総合政策研究所	2006	安定成長期の財政金融政策	日本経済評論社
坂野常和	1968	証券市場確立と証券行政の新方向	週刊金融財政事情6月24日
佐竹浩・橋口収	1967	銀行行政と銀行法	有斐閣
佐藤章	1998	ドキュメント　金融破綻	岩波書店
佐藤隆文	2003	信用秩序政策の再編	日本図書センター
佐藤隆文	2007	バーゼルIIと銀行監督	東洋経済新報社
佐藤隆文	2010	金融行政の座標軸	東洋経済新報社
鹿野嘉昭	2006	日本の金融制度　第2版	東洋経済新報社
清水啓典	2001	護送船団規制、銀行経営と日本の金融危機	三木谷・ポーゼン〔2001〕所収
シラー，R.J	2004	新しい金融秩序	日本経済新聞社
島村高嘉	2006	わが国金融風土の解明	麗澤大学出版会
証券経営研究会編	2008	金融システム改革と証券業	日本証券経済研究所
杉田茂之	2002	日本のバブルとマスメディア	村松・奥野編〔2002〕所収
鈴木淑夫	1974	現代日本金融論	東洋経済新報社
澄田智	1967b	資本自由化と金融行政	週刊金融財政事情6月7日
澄田智	1968	効率化と円滑化をめざす新中小金融制度	週刊金融財政事情2月19日
澄田智	1992	忘れがたき日々　七十五年	金融財政事情研究会
高田創・柴崎健	2003	金融不況脱出	日本経済新聞社

高田創・柴崎健	2004	銀行の戦略転換	東洋経済新報社
高田創・柴崎健	2007	金融市場の勝者	東洋経済新報社
高橋洋一	2007	財投改革の経済学	東洋経済新報社
竹内文則	2000	「日本版ペコラ委員会」	経済法令研究会
竹中平蔵	2006	構造改革の真実	日本経済新聞社
舘龍一郎	1991	金融制度の改正について	金融 8 月号
舘龍一郎	1991	日本が世界の銀行たりうる条件を整備	週刊金融財政事情 6 月17日
舘龍一郎	1991	ユニバーサル・バンクでなくユニバーサル・バンキングです	週刊エコノミスト 7 月15日
舘龍一郎編	1994	金融辞典	東洋経済新報社
舘龍一郎・蝋山昌一	1990	新しい金融制度のあり方をめぐって	金融11月号
玉置紀夫	1994	日本金融史	有斐閣
谷村裕・阿部康二	1978	戦後証券市場の回顧と展望	週刊金融財政事情 5 月15日
土田正顕	1981	「証券 3 原則」は金融界の前進への布石	週刊金融財政事情 2 月23日
土田正顕	1991	金融機関経営路線の選択を問う制度改革	週刊金融財政事情 6 月17日
恒川恵市	2010	規制緩和の政治過程	寺西重郎〔2010a〕所収
鶴光太郎	2006	日本の経済システム改革	日本経済新聞社
寺西重郎	1982	日本の経済発展と金融	岩波書店
寺西重郎	2003	日本の経済システム	岩波書店
寺西重郎	2010a	構造問題と規制緩和（バブル・デフレ期の日本経済と経済政策 7）	慶應義塾大学出版会
寺西重郎	2010b	構造問題と規制緩和	寺西重郎〔2010a〕所収
寺西重郎	2010c	戦前日本における市場秩序の需要と否定	寺西重郎〔2010a〕所収
土志田征一	2001	戦後日本経済の歩み	有斐閣
戸矢哲朗	2003	金融ビッグバンの政治経済学	東洋経済新報社
徳田博美	1979	効率性と社会的公正の調和を追求	週刊金融財政事情 6 月25日
内藤純一	2003	金融の1930年代モデルの終焉と21世紀型金融システムへの展望	財務省PRIディスカッションペーパー
内藤純一	2004	戦略的金融システムの創造	中央公論新社
中井省	2002	やぶにらみ金融行政	財経詳報社
中北徹	1993	銀行の「参入・退出」が始まる	週刊エコノミスト 6 月22日
中島厚志ほか	2009	世界経済　連鎖する危機	東洋経済新報社
中西寛	2002	国際システムの変容と日本のバブル	村松・奥野編〔2002〕所収
中村隆英	1993	日本経済　その成長と構造	東京大学出版会
長野厖士	1997	何もしなくては日本の市場・金融機関に未来はない	週刊金融財政事情 7 月 7 日
西野智彦	2001	検証　経済迷走	岩波書店
西野智彦	2003	検証　経済暗雲	岩波書店
西村吉正	1992	銀行BIS規制見直し論への疑問	週刊東洋経済 9 月 5 日
西村吉正編	1994	復興と成長の財政金融政策	大蔵省印刷局
西村吉正	1996	1 年半にわたる不良債権処理プロセスの一応の終着点を迎えた	週刊金融財政事情 7 月 8 日
西村吉正	1997a	預金者保護と借り手保護	朝日新聞12月 3 日
西村吉正	1997b	世界の中心は回り持ち	東洋経済新報社
西村吉正	1999	金融行政の敗因	文藝春秋社

西村吉正	2003a	日本の金融制度改革	東洋経済新報社
西村吉正	2003b	日本人を値下げしよう	中央公論2月号
西村吉正	2007	金融危機再検証 今が好機	日本経済新聞2月21日
西村吉正	2008	脱「脱亜入欧」のすすめ	中央公論1月号
西村吉正	2009a	2つの機能 規制に強弱を	日本経済新聞2月27日
西村吉正	2009b	不良債権処理政策の経緯と論点	池尾和人〔2009a〕所収
日本銀行	1990	欧米主要国における小口預金自由化後の状況	日銀調査月報1990年9月
日本経済新聞社編	2000a	金融迷走の10年	日本経済新聞社
日本経済新聞社編	2000b	検証バブル・犯意なき過ち	日本経済新聞社
庭山慶一郎	1975	住宅金融十題―専門外者経営4年の奮戦記	週刊金融財政事情8月25日
野口悠紀雄	1995	1940年体制	東洋経済新報社
橋口収	1963	銀行行政の今後の方向 上・下	週刊金融財政事情4月22・29日
林大造	1974	アルファー（円切上げ）作業始末記	週刊金融財政事情6月24日、7月1日
樋渡展洋	2001	大蔵省分割：官僚機構再編と非難回避の政治学	星・パトリック編〔2001〕所収
深尾光洋	2002	1980年代後半の資産価格バブル発生と90年代の不況の原因	村松・奥野編〔2002〕所収
深尾京司	2002	日本の貯蓄超過と「バブル」の発生	村松・奥野編〔2002〕所収
淵田康之	2009	グローバル金融新秩序	日本経済新聞出版社
船橋洋一	1992	通貨烈々	朝日新聞社
星岳雄・カシャップ	2006	日本金融システム進化論	日本経済新聞社
星岳雄・パトリック	2001	日本の金融システム：予備的考察	星・パトリック編〔2001〕所収
星岳雄・パトリック編	2001	日本金融システムの危機と変貌	日本経済新聞社
堀内昭義編	1994	金融（講座・公的規制と産業5）	NTT出版
堀内昭義	1994a	日本経済と金融規制・変遷と課題	堀内〔1994〕所収
堀内昭義	1994b	金融国際化と金融規制	堀内〔1994〕所収
堀内昭義	2001	金融ビッグバン：その理念と現実	星・パトリック編〔2001〕所収
堀内昭義・池尾和人編	2004	金融サービス（日本の産業システム9）	NTT出版
ミルハウプト・ミラー	1998	日本の金融における住専問題（1）	ジュリスト 98・4・5号No.1132
マディソン，アンガス	2000	世界経済の成長史 1820～1992年	東洋経済出版社
マッキノン・大野健一	1998	ドルと円	日本経済新聞社
松沢卓二	1985	私の銀行昭和史	東洋経済新報社
三木谷良一	2001	日本の金融危機の本質	三木谷・ポーゼン編〔2001〕所収
三木谷良一・ポーゼン	2001	日本の金融危機	東洋経済新報社
宮崎勇	2005	証言 戦後日本経済	岩波書店
宮澤喜一	2005	聞き書 宮澤喜一回顧録	岩波書店
宮道大五	1971	国際業務の必要性と具体的展開	週刊金融財政事情1月4日
村松岐夫・柳川範之	2002	戦後日本における政策実施：政党と官僚	村松・奥野編〔2002〕所収
村松岐夫・奥野正寛編	2002	平成バブルの研究 上・下	東洋経済新報社
村松岐夫編著	2005	平成バブル先送りの研究	東洋経済新報社
森永貞一郎ほか	1971	（座談会）トーキョーは第三の国際資本市場たりうるか	週刊金融財政事情1月1日
山下友信・神田秀樹編	2010	金融商品取引法概説	有斐閣

預金保険機構編	2007	平成金融危機への対応	金融財政事情研究会
吉川洋	1999	転換期の日本経済	岩波書店
吉冨勝	1993	銀行信用の収縮と Too Big To Close 政策	論争東洋経済1993年3月号
ライタン，ロウチ	1998	21世紀の金融業	東洋経済新報社
蝋山昌一	1989	私論　制度問題を解くカギ	資本市場9月号
蝋山昌一	1991	新商品を育てる将来展望のある経営者が求められる	週刊金融財政事情6月17日
蝋山昌一	1992	金融・制度改革法案について	資本市場6月号
蝋山昌一	1997	2000年には証券市場のシステム全体を新しいフェーズに移す	週刊金融財政事情6月23日
蝋山昌一	2001	日本の証券市場におけるビッグバン	星・パトリック編〔2001〕所収
蝋山昌一編	2002	金融システムと行政の将来ビジョン	財経詳報社

金融庁、財務省、法務省ホームページ
日本経済新聞、朝日新聞、読売新聞

「ファイナンス」掲載参照論文

著者	掲載年	掲載月	論文名
秋山和美	1992	4月号	金融システムの安定性・信頼性の確保について
足立和基	1981	6月号	店舗行政の新展開
有吉章	1996	8月号	変わり行くわが国公社債市場
荒巻健二	1991	7月号	ディスクロージャー制度の見直しについて
荒巻健二	1994	7、8月号	コーポレート・ガバナンス　上・下
井坂武彦	1988	6月号	企業内容開示制度の改正
井坂武彦	1981	6月号	法改正と今後の中小金融機関経営の課題
石井道遠	1988a	7月号	相互銀行制度のあり方について
石井道遠	1988b	8月号	銀行の自己資本比率規制の国債統一について
石川周	1978	1月号	金融機関のあり方について
石田晋也	1997	6月号	金融システム改革の概要
市川健太・宮原隆	1997	2月号	日米保険協議について
伊東光晴	1978	7月号	金融問題研究会の報告をめぐって
岩瀬義郎	1977	2月号	中期割引国債の創設
岩原紳作	1998	8月号	金融行政における民間部門との接触・意見の反映
植村修一	1992	7月号	金融システムの信頼回復のための措置について
内田輝紀	1985	7月号	金融自由化の進展とその環境整備
内田輝紀・小山嘉昭	1987	7月号	コマーシャル・ペーパーの創設について
梅本守	1995	7月号	保険業法等の改正の概要
梅森徹	1995	7月号	「金融システムの機能回復について」の概要
浦西友義	1997	2月号	外国為替管理制度の抜本的見直しに向けて
江沢雄一	1984	12月号	金融の自由化と円の国際化は着実に進展
大津隆文	1981	6月号	証券取引法の改正
大塚義治	1977	12月号	望ましい公社債市場の在り方
大場智満ほか	1984	7月号	我が国と世界経済の発展のために

大前恵一郎	2000	7月号	金融商品の販売等に関する法律の概要
大前茂	1992	8月号	新しい保険事業のあり方
大村雅基	1994	1月号	国際金融、日系金融機関、そして日本経済
岡崎洋	1979	5月号	譲渡性預金の創設について
岡村峻	1972	3月号	占領期証券行政の回顧
岡本栄一	1991	8月号	流動性預金金利の自由化について
乙部辰良	1995a	7月号	金融機関の資産の健全性に関する情報開示範囲の拡大
乙部辰良	1995b	8月号	「金融仲介機能の新たな展開への対応」の概要
乙部辰良	2000	7月号	集団投資スキームに関する法整備について
鏡味徳房	1981	5月号	外国銀行・保険会社は日本で不当に取扱われているか
鏡味徳房	1984	7月号	金融の自由化及び円の国際化についての現状と展望
加治木俊道ほか	1966	9月号	座談会「証券行政の今昔」
柏谷光司	1983	10月号	直接金融市場をみる視点について
片山一夫	1997	5月号	金融行政機構改革について
金成圭章・佐藤浩	1967	1月号	資本取引の自由化
金子義昭	1984	12月号	最近の円相場動向と東京外為市場の発展
可部哲生	1994	8月号	金融・保険分野における規制緩和について
加茂文治	1984	11月号	金融の自由化・国際化と保険行政
川嶋真	1998	2月号	持ち株会社関連二法について
北村恭二	1976b	7月号	新しい金融制度の確立をめざして
北村恭二	1980	8月号	国債の大量発行と国債管理政策
北村歳治	1986	8月号	金融の分野における規制緩和
木下信行	1995	8月号	預金を考える懇談会について
木村嘉秀	1994	12月号	都銀大手六行の証券子会社参入について
行天豊雄	1983	12月号	わが国金融機関業務の国際化とそれに伴う諸問題 上・下
	1984	2月号	
行天豊雄	1984	12月号	変貌する国際金融行政
金融企画局企画課	1999	1月号	金融機能再生法、金融機能早期健全化法等の概要
金融企画局信用課	1999	11月号	特例措置終了後の預金保険制度
櫛田誠希	1992	10月号	金融行政の当面の運営方針について
櫛田誠希	1994	3月号	金融機関の不良債権問題についての行政上の指針
楠田憲仁	1988	8月号	住宅ローン債権信託の拡充について
国枝繁樹	1997	6月号	日本銀行法の改正について
国枝繁樹	1998	7月号	特定目的会社による特定資産の流動化に関する法律
窪田弘	1973	8月号	住宅金融制度の整備について
窪田弘	1974	2月号	民間住宅金融のあり方について
小泉龍司	1985	9月号	市場アクセス改善のためのアクション・プログラムの骨格
小泉龍司	1988a	1月号	専門金融機関制度のあり方について
小泉龍司	1988b	7月号	電子資金取引のあり方について
小泉龍司	1995	3月号	ロンドン市場における日本株取引について
河野正道	1989	10月号	証券先物・オプション市場の整備について
湖島知高	1997	6月号	18年振りの外為法抜本改正
後藤達太	1970	2月号	預金金利の規制緩和
小林桂吉	1978	各号	戦後銀行行政史（1～14）
小林滋	1988	4月号	有価証券の不公正取引の規制のあり方について
小林敏章	1984	8月号	金融の国際化
小山嘉昭	1981	8月号	銀行行政の自由化・弾力化

小山嘉昭	1985	1月号	債券先物市場の創設について
小山嘉昭	1986	1月号	証券投資顧問業のあり方について
小山嘉昭	1989a	7月号	新しい金融制度について
小山嘉昭	1989b	7月号	金融リスクとその対応について
近藤健彦	1986	10月号	資本流出規制の緩和について
近藤健彦	1987	7月号	金融資本市場の自由化・国際化に関する当面の展望
榊原隆	1995	1月号	投資信託の改革について
榊原隆・高橋康文	1992	4月号	証券市場における適正な競争の促進等について
坂野常和	1966	7月号	今後の証券行政の基本：証券市場の改革が急務
佐々木直ほか	1975	11月号	座談会　国債の大量発行をめぐって
佐々木豊成	1990	8月号	地域金融機関のあり方について
佐竹浩ほか	1966	5月号	座談会・金融をめぐる諸問題
佐藤徹	1983	10月号	当面の証券行政について
佐藤徹	1984	10月号	当面の資本市場行政について
沢野潤	1966	5月号	金融制度の変遷と今後の方向
清水雅志	1989	12月号	土地関連融資の取扱について
首藤泰雄	1968	6月号	中小金融制度のあゆみ
白石博之	1981a	1月号	中小金融専門機関の今後
白石博之	1981b	5月号	銀行法の改正
白須光美	1983	1月号	最近における国際資本取引の進展
鈴木三也	1990	8月号	金融の証券化に対応した法制の整備等について
澄田智	1967a	5月号	金融の効率化
関要	1978	9、10、11月号	海外の金融制度の変化　上・中・下
関要	1979	8月号	金融制度調査会の答申
関要	1981	2月号	新しい為替管理のあり方
妹尾喜三郎	1985	11月号	金融機械化の進展状況と金融情報システムセンターの課題
大西又裕	1991	7月号	保険会社の業務範囲のあり方について
高橋厚男	1987	9月号	金融機関の土地関連融資について
高橋毅	1982	9月号	欧米主要国における金融自由化とその背景
高橋毅	1983	6月号	金融における技術革新にどう取り組むか
滝口吉亮	1967	11月号	中小企業金融制度のあり方
武田宗高	1981	10月号	金融の分野における官業の在り方に関する懇談会報告
谷内繁	1999	9月号	預金保険制度に関する論点・意見の中間的な整理
谷内繁	2000	7月号	預金保険法の一部改正法
玉木雄一郎・望月光弘	2000	7月号	証券取引法および金融先物取引法の一部改正
茶谷栄治	1998	7月号	金融システム改革のための関係法律の整備
壇崎敏之	1991	8月号	新しい金融制度について
塚田千裕	1984	12月号	新段階を迎えた内外資本交流
寺田達史	1997	6月号	企業会計・ディスクロージャーの整備について
寺田達史	1998	4月号	企業会計・ディスクロージャー制度の整備について
寺田達史・多賀谷充	1998	8月号	企業会計審議会の動向
寺田稔	1994a	2月号	定期性預金の金利自由化の実施状況
寺田稔	1994b	5月号	流動性預金金利自由化に関する大蔵・郵政両省間合意
徳田博美	1968	8月号	金融の効率化と金融の再編成
徳田博美	1969	6、8月号	金融再編成の方向と諸問題　上・下
徳田博美	1970	8月号	金融制度調査会答申をめぐって

戸田嘉徳	1971	4月号	外国証券業者に関する法律の制定
戸恒東人	1977	8月号	最近の国債発行と国債に関する諸問題
戸恒東人	1979	1月号	三年利付国債の入札発行
豊田博	1989	7月号	金融の証券化に対応した資本市場のあり方について
豊田博	1990	8月号	証券取引審議会基本問題研究会第2部会報告の概要
中井省	1988	1月号	抵当証券業の規制等に関する法律の概要
中井省	1990	8月号	新しい金融制度について
中川智之	1996	10月号	わが国金融機関の不良債権の現状について
中川隆進	1978	4月号	現先市場の現状と問題
中川隆進	1987	2月号	社債発行市場のあり方について
中川隆進・金田勝年	1987	5月号	証券先物市場の整備について
中川隆進・豊田博	1990	9月号	証券取引法の一部を改正する法律について　下
中川真	1999	9月号	21世紀の資金の流れの構造変化に関する研究会中間論点整理
中原広	1989	2月号	小口MMCの導入について
中村明雄ほか	1992	9月号	金融制度及び証券取引制度の改革関係法律の整備
中村明雄	1986	7月号	預金保険制度および準備預金制度の改正
中山高夫	1977	7月号	初のユーロ円債発行
長田えりか	1999	6月号	ノンバンク社債法の概要
長富祐一郎	1977	2、3月号	安定成長経済下の金融構造　上・中・続中
西内彬	1977	9月号	欧米諸国における金融制度改革の動向
西川和人	1983	12月号	株式市場の機能拡充について
西田等	1989	8月号	国際金融取引環境の一層の整備についての概要
西田等	1990	8月号	わが国資本輸出をめぐる諸問題について
西田安範	1997	5月号	整理回収銀行の債権回収に向けた取組
西村吉正	1882	4、5月号	ヨーロッパで見た日欧経済摩擦　上・下
畠山蕃	1984	1月号	レーガン米大統領訪日と円・ドル問題
長谷川靖	1996	10月号	住専処理の実施状況について
長谷川靖	1997	12月号	早期是正措置の導入について
原田有造	1993	8月号	国際金融・資本市場の変化と国際金融上の諸問題
百嶋計	1998	1月号	支払保証制度に関する研究会報告書について
平井康夫	1997	7月号	保険業の在り方の見直しについて
平岡聡	1997a	5月号	預金保険機構の機能拡充と債権回収に向けた取組
平岡聡	1997b	5月号	住宅金融債権管理機構の設立と債権回収
平沼貞次	1997	2月号	日本版ビッグバンに向けて
福井博夫	1980	2月号	外国為替及び外国貿易管理法の改正について
福田誠	1976	5月号	現先売買市場の整備・育成
福田誠	1982	8月号	銀行の収益状況について
福田誠	1984	7月号	進展する金融行政の自由化・弾力化
藤溝弘志	1983	5月号	金融自由化に向けて
細溝清史	1986	7月号	小口預金金利の自由化
増田熙男	1979	8月号	わが国経済の国際化の進展に伴う金融機関のあり方
松川隆志	1988	6月号	金融・証券先物取引の制度の整備について
松川隆志	1989	7月号	株式等の大量の保有状況に関する情報の開示制度
松田広光	1984	10月号	最近の公社債流通市場の動向
松田広光	1985	8月号	債券先物市場の創設について
松田広光	1991a	8月号	証券取引にかかる基本的制度のあり方について
松田広光	1991b	12月号	証券取引法及び外国証券業者に関する法律の一部改正

松田学	1992	8月号	新しい検査監視体制について
松田学	1998	6月号	金融行政機構改革について
松谷明彦	1989	7月号	今後の投資信託のあり方について
松村武人	1996a	10月号	金融機関の経営の健全性確保のための方策について
松村武人	1996b	10月号	金融機関の破綻処理のあり方と信用組合への対応について
松村武人	1997	6月号	わが国金融システムの改革について
三国谷勝範	1989	5月号	インサイダー取引規制について
水野繁	1973	4月号	証券取引審議会の答申等について
宮村智	1985	10月号	東京オフショア市場の創設について
宮村智	1986	3月号	フランスの金融資本市場の自由化
宮本英利	1983	5月号	銀行等による窓販の開始
宮本保孝	1982a	7月号	新銀行法時代を迎えて
宮本保孝	1982b	10月号	新しい金融のあり方を探る
武藤敏郎	1989	7月号	協同組織形態の金融機関のあり方について
村田吉隆	1977	7月号	資本取引に係る為替管理の簡素化
村田吉隆	1978	3月号	為替管理制度の自由化の推進
村木利雄	1975	12月号	国債を抱いた財政金融10年の歩み
森田宗男	1999	9月号	金融審議会中間整理について
森田宗男	1997a	6月号	証券市場の総合的改革について
森田宗男	1997b	10月号	証券市場改革の進捗状況について
森信茂樹	1993	7月号	株式市場を巡る基本問題勉強会レポートについて
山名規雄	1998	7月号	金融機関等が行う特定金融取引の一括清算
山名規雄	1999	9月号	相互保険会社の株式会社化に関するレポートの概要
山名規雄	2000	7月号	保険業法および金融機関等の更生手続の特例法
山本晃	1977	7月号	為替金政策上の新しい措置
山本直人	1983	3月号	ＣＤの概要と発行限度引上げ
鑓水洋	1998	2月号	預金保険法の一部を改正する法律について
吉田忠明	1977	8月号	わが国債券流通市場の現状
吉田正輝	1978	7月号	銀行行政の諸問題
吉田正輝	1984	11月号	金融の自由化・国際化の進展と今後の金融行政
米里恕	1971	5月号	新金融二法の成立
米里恕	1981	6月号	今後の金融政策・金融行政の問題点
米山武政	1966	5月号	国債発行下の金融政策
若林勝三	1990	8月号	証券取引法の一部を改正する法律について　上
渡辺豊樹	1971	4月号	証券取引法の改正
渡辺智之	1992	8月号	世界の金融市場の相互関連と取引の円滑化のための諸方策

金融制度関連年表（1960～2010）

	1960年
1・5	貿易・為替自由化促進閣僚会議、当面の自由化措置を決定
2・20	東証ダウ平均株価、1000円の大台乗せ
3・18	日本道路公団、世銀借款調印（名神高速道路建設）
4・30	ソニー、世界最初のトランジスタテレビ発売
7・19	池田内閣発足（7・15岸内閣総辞職）
9・20	金制調答申「日本銀行制度に関する答申」
12・27	「国民所得倍増計画」閣議決定
	1961年
1・11	大蔵省、公社債投資信託の募集認可（投信の急成長開始）
20	ケネディ米大統領就任
4・12	ソ連、人間衛星船ボストーク1号打上げ
6・6	ADR第1号（ソニー株式）、ニューヨークで売出し
8・13	東独政府、東西ベルリン境界に壁を構築
10・2	東京・大阪・名古屋証券取引所で株式市場第2部発足
	1962年
2・8	大阪府・市、西ドイツで外債発行調印（ヨーロッパで戦後初）
3・8	郵貯預入限度額30→50万円
5・18	ニューヨーク株価、1929年に次ぐ大暴落
7・17	経企庁、経済白書「景気循環の変貌」発表（転型期論争起こる）
9・12	日立製作所、ニューヨークで初の外貨建て転換社債発行
10・22	ケネディ米大統領、キューバの海上封鎖宣言
12・27	経済閣僚会議、自由化促進対策を決定
	1963年
2・6	IMF理事会、日本に対する8条国移行勧告
3・26	OECD、日本の加盟招請を決定
5・7	日銀、都市銀行に対する窓口規制を撤廃
9	金制調、「オーバーローンの是正に関する答申」
7・18	ケネディ米大統領、金利平衡税新設（7・19東証株価開所来の下げ）
11・22	ケネディ米大統領暗殺
12・24	全銀協、歩積・両建預金自粛を決定
	1964年
4・1	IMF8条国移行

5・21	外資審議会、外国出資51％以上の合併会社設立認可
9・7	IMF・世銀総会、東京で開催
17	大蔵省、証券市場対策基本方針決定（共同証券資力拡充、日銀特別融資など）
10・10	東京オリンピック開催（10・10東海道新幹線開業）
11・9	佐藤内閣発足
12・29	1964年中の企業倒産件数、負債総額ともに最高記録
1965年	
1・12	日本証券保有組合設立（69年1月解散）
2・13	大蔵省、日銀法改正案発表（3・23国会提出断念）
5・28	証取法一部改正法公布（68年4月以降、証券業、登録制から免許制へ移行）
29	日銀法第25条に基づき山一證券への資金融通のため特別貸出措置を決定
7・21	金制調、「安定成長を確保するための企業金融のあり方に関する答申」
10・12	福田蔵相、1965年度の財源不足対策として国債発行を表明（戦後初の赤字国債）
11・8	金制調、「国債発行に伴う金融制度のあり方に関する答申」
1966年	
1・28	第1回6分半利国庫債券発行（長期内国債発行は1947年以来19年ぶり）
2・7	東京・大阪両証券取引所、公社債の市場取引を再開（4年ぶり）
15	大蔵省、1965年の通関実績は戦後初の出超と発表
4・28	CPI上昇率7.4％と発表（物価問題深刻化）
29	道路公団、世銀から借款（1億ドル）
10・1	東京・大阪両証券取引所、国債を上場（戦後初）
11・24	東京でアジア開発銀行創立総会開催（12・19開業）
1967年	
2・2	日銀、国債の第1回買い入れ実施（653億円）
3・13	「経済社会発展計画」を閣議決定
6・6	外資審議会答申に基づき、資本自由化措置（第1次）を閣議決定
9・29	IMF・世銀総会、SDR創設決議
30	大蔵省、銀行決算に関する「統一経理基準」の実施につき通達
10・20	金制調、中小企業金融制度のあり方に関し答申
1968年	
4・1	証券会社、改正証取法による免許会社として新発足（277社）
6・1	中小企業金融2法（合併・転換法など）公布
9・19	証取審、社債市場のあり方について提言
10・11	日本楽器、初の株式時価発行
11・22	ケネディ米大統領暗殺

12・1		日本相互銀行、普通銀行（都市銀行）に転換（太陽銀行）
	18	大蔵省、金融機関店舗行政につき通達（配置転換を弾力化）
		1969年
1・4		三菱・第一両行頭取、合併問題に原則的に合意（13日、白紙還元と決定）
2・7		第2次資本自由化措置を閣議決定
	18	全銀協、貸出金利の年利建採用を決定
3・6		八幡・富士製鉄、合併契約調印（70・3・31発足）
4・23		都銀6行、クレジットカード会社の共同設立を発表（ユニオン・クレジット）
6・10		68年のGNPは50兆円台乗せ、自由世界第2位
9・1		日銀、公定歩合の年利建引上げ実施
10・1		大蔵省、対外直接投資の一部自由化を実施
11・14		大蔵省、預金金利規制方式の改正構想を発表（期間別規制の廃止等）
12・15		住友銀行、わが国初の現金自動支払機（CD）を設置
		1970年
2・20		大蔵省、銀行の配当規制緩和を通達（年10％まで原則自由）
3・3		日銀、ガイドラインとしての預金細目金利を決定（預金金利規制方式の改定）
	14	万国博覧会、大阪で開催
4・1		利率等の表示の年利建て移行に関する法律公布
5・1		新経済社会発展計画を閣議決定（高福祉高負担）
7・2		金制調、「一般民間金融機関のあり方等について」答申
8・25		第3次資本自由化措置を閣議決定（銀行業は1種業種、50％自由化）
9・17		ニューヨーク株式取引所、日本株式（ソニー）を初上場
12・11		都銀4行と野村證券、ロンドンに国際合同銀行を設立
		1971年
1・18		大蔵省、総額1億ドルを限度として生・損保の外国株式・債権取得を自由化
3・3		外国証券業者に関する法律、証取法一部改正法公布（企業内容開示制度の改善等）
	8	大蔵省、非居住者自由円預金金利規制を緩和
	30	対内直接投資の自由化を決定（自動車製造業など6業種）
4・1		預金保険法（預金保険制度創設）、貸付信託法一部改正法公布
5・17		大蔵省、円投機抑制措置を実施
	28	郵便貯金法一部改正法交付（預入限度額100万円→150万円）
6・1		勤労者財産形成促進法公布
	4	総合的対外経済政策8項目（第1次円対策）を決定
7・1		預金保険機構発足
8・3		第4時資本自由化措置閣議決定（資本自由化の第1ラウンドほぼ終了）

	15	ニクソン米大統領、経済緊急対策発表（ニクソン・ショック）
	28	大蔵省、外為相場の変動幅制限を暫定的に停止（変動相場制に移行）
10・1		第一・日本勧業両行合併し、第一勧業銀行として発足
12・16		金制調、「準備預金制度の活用について」答申
	18	G10、スミソニアン合意（1ドル＝360円→308円）
1972年		
3・29		日銀、外為資金貸付および外為手形買取の取扱いを停止
4・17		東京ドル・コール市場発足
5・1		準備預金制度に関する法律一部改正法公布
	15	沖縄返還
6・8		大蔵省、対外直接投資を自由化（投資金額制限を撤廃）
	23	郵便貯金法一部改正法公布（預金者貸付制度の創設等）
	24	貸金業者の自主規制の助長に関する法律公布
7・7		田中内閣発足
8・1		都銀13行、総合口座の取扱開始
	24	大蔵省、外為銀行11行ロンドン支店に対しドル建てCDの発行認可内示
9・1		大蔵省、非居住者の本邦における外貨証券の発行を許可
	29	日中国交正常化共同声明
11・17		大蔵省、各金融団体に対し土地取得関連融資の自粛通達
12・11		大蔵省、外国生保（アメリカン・ライフ）に対し国内市場への進出を初認可
1973年		
1・18		金制調、「中小企業金融制度の整備について」答申
2・5		証取審、内外経済・金融情勢の変化に伴う公社債市場のあり方について答申
	12	アメリカ、ドルの10％切下げを含む対外経済政策に関する声明を発表
	14	東京外為市場、相場変動幅制限を停止して再開（変動相場制に移行）
4・2		東京・大阪両証券取引所、円建外債（世銀債）をはじめて発行
	9	全銀データ通信システム稼動
	27	対内直接投資の原則100％自由化を閣議決定
6・2		OPECと国際石油資本、原油価格11.9％値上げで合意
7・2		相互銀行法・信用金庫法等の一部改正法公布
	6	生活関連物資買占め・売惜しみ緊急措置法公布
	16	2年もの定期預金新設
10・1		太陽・神戸両行合併し、太陽神戸銀行として発足
	16	OPECなど、原油価格21％引上げ決定
	17	OAPEC原油生産の削減発表（第1次石油危機）

11・6		全銀協、社会的責任に関する委員会設置を決定
12・17		大蔵省、為替管理を一部手直し（円転規制の緩和、外国債発行の許可再開など）
	18	東京証券取引所、外国株式の売買取引開始
	22	国民生活安定緊急措置法・石油需給適正化法公布
	25	大蔵省「当面の経済情勢に対処するための金融機関の融資のあり方について」通達
		金制調「民間住宅金融のあり方について」答申
1974年		
1・7		大蔵省、為替管理の第2次手直し実施（輸出前受金の円転規制緩和など）
2・19		公取委、ヤミカルテル事件で石油連盟と元売り12社を告発
2・28		大蔵省、銀行等に対し選別融資の強化通達
3・12		割増金付貯蓄に関する臨時措置法公布
4・16		政府関係金融機関の融資のあり方（反社会的行為企業）につき閣議了承
8・26		非居住者による政府短期証券の取得を自由化（非居住者証券取得全面自由化）
11・14		金制調、「大口融資規制について」答申（12・25大蔵省通達）
	26	田中首相、退陣表明（12・9三木内閣発足、福田副総理）
1975年		
2・17		衆議院予算委員会、社会的不公正是正につき金融・商社代表を参考人招致
	22	大蔵省、歩積両建預金の自粛徹底を通達
3・7		74年成長率発表、－0.5％戦後初のマイナス成長
4・15		全銀協、貸出自主規制金利廃止を決定（各行が個別に適用金利を決定）
	16	公定歩合、9.0％から8.5％へ引下げ（78年3月まで数次の引下げ）
5・14		金融制度調査会に銀行法改正問題などについて諮問
6・6		福祉定期預金の創設決定
	26	大蔵省、店舗外現金自動支払機の共同設置に伴う認可基準につき通達
7・7		大蔵省、銀行等の経理基準の全面的見直し、配当規制の改正
11・16		預金準備率の引下げ（以降数次の引下げ）
12・25		財政特例法施行（国債大量発行時代に入る）
1976年		
2・4		米上院外交委員会でロッキード事件発覚
3・10		大蔵省、現先売買の公式認知通達
4・20		金制調、銀行の役割について中間報告
	27	国民生活安定緊急措置法等に基づく価格騰貴防止のための品目指定を全面解除
5・11		証取審、株主構成の変化と資本市場のあり方について答申
6・24		大蔵省、海外渡航外貨持出し規制を緩和
7・1		日本店頭証券開業（証券会社の共同出資）

	27	田中元首相逮捕
	1977年	
1・20		割引国庫債券（第1回）発行（5年もの）
5・11		EIB、初のユーロ円債発行
	27	大蔵省、外為銀行に対する規制緩和（短期現地貸の規制廃止、円転換規制緩和など）
6・20		最高裁、過度の拘束預金は独禁法違反と判決
10・4		税制調査会、一般消費税の導入を答申
11・1		大蔵省、外貨準備高史上最高（195億ドル）と発表
12・24		福田内閣成立、この年平均寿命世界一に
	1978年	
1・11		日銀、資金運用部国債の市中売却実施を発表、入札方式導入
	26	大蔵省、為替管理の自由化措置を発表（大部分4・1実施）
3・1		三和銀行、個人向けカードローンの取扱開始
	8	大蔵省、金融機関に対し貸金業者への融資の行過ぎ自粛を要請
	16	公定歩合、4.25％から3.5％へ引下げ（この時期のボトム）
5・22		日銀、輸入決済手形制度実施
	31	国債の入札発行に関する省令公布施行
7・11		日銀、マネーサプライ見通しの公表開始
	16	ボン・サミット（機関車論）
11・1		米、ドル防衛策（カーター・ボンド発行）
	1979年	
1・17		メジャー、対日原油供給制限通告（第2次オイルショック）
	23	大蔵省、非居住者の対内証券投資を緩和
2・7		大蔵省、金融機関に対し土地取得関連融資の自粛を要請
	24	大蔵省、非居住者の一般債券・政府短期証券の取得を解禁
4・2		コールレートの建値廃止（コールレートの自由化）
	6	松下電器、本邦初の無担保転換社債発行につき引受証券会社と調印
	17	公定歩合、3.5％から4.25％へ引上げ（80年3月まで数次の引上げ）
5・7		大蔵省、当面の国債管理政策を発表
	15	大蔵省、資本流入規制を緩和（輸入ユーザンス期間の延長など）
	16	都市銀行等、譲渡性預金（CD）の販売開始
	30	相互銀行協会、大光相互銀行に対し相互保障協定を発動
6・14		大蔵省、国債市況対策として国債整理基金による国債の市中買入をはじめて実施
	20	金制調、「普通銀行のあり方と銀行制度の改正について」答申

	27	証取審、公社債市場当面の諸問題について答申
	28	東京サミット（石油輸入抑制目標）
12・3		日銀、輸入決済手形制度の取扱停止
	17	OPEC総会開催（原油価格事実上野放し状態に）
	18	外国為替および外国貿易管理法の一部改正（80・12・1施行。従来の原則禁止から原則自由・有事規制へ）、外資法廃止
	20	税制調査会、利子・配当所得課税についてグリーン・カード制採用など答申
	29	大蔵省、銀行等の経理基準改正（有価証券評価につき低価法・原価法の選択制移行）
	1980年	
1・4		大蔵省、証券会社に対し中期国債投信（中国ファンド）の取扱いを許可
	22	NYの金先物取引で1オンス＝1000ドル突破
2・5		都銀・地銀の業態間オンライン提携（MICS）実施
3・19		公定歩合 7.25％から9.0％へ引上げ（この時期のピーク）
	31	大蔵省、CD発行枠拡大（なし崩し緩和へ）、所得税法一部改正公布（グリーンカード制創設、総合課税は84・1・1実施）
4・8		国債応募者利回り、過去最高の8.888％に、6.1％国債の流通利回り、12.422％を記録
8・20		公定歩合、9.0％から8.25％へ引下げ（87年2月まで数次の引下げ）
11・14		大蔵省、資金運用部資金で現先市場へ介入開始
	16	預金準備率の引下げ（以降数次の引下げ）
	26	金制調、中小企業金融専門機関等のあり方と制度の改正について答申
12・1		改正外国為替管理法施行（資本取引原則自由に）
	1981年	
1・26		「金融の分野における官業のあり方に関する懇談会」（郵貯懇）開始
2・18		レーガン大統領、経済再建計画を発表（レーガノミックス）
3・16		第二臨調発足（行財政改革路線）
4・4		金融機関の国債売却制限緩和
6・1		銀行法全面改正（国債の窓口販売など）、相互銀行法・信用金庫法・証券取引法改正、
		期日指定定期預金の取扱開始
	6	信託銀行、新型の貸付信託（ビッグ）取扱開始
	9	商法改正（新株引受権付社債制度の導入など）
	25	大蔵省、銀行行政の大幅な自由化・弾力化についての考え方を関係金融団体に提示
	30	長信銀など、新型の利付き金融債（ワイド）を創設
8・20		郵貯懇、検討結果を首相に提出（預貯金利決定の一元化など）

10・1		住友信託、新型の信託商品（ファンド・トラスト）の販売開始
	6	銀行の国債窓販問題審議のための「3人委員会」発足
	23	日銀、保有政府短期証券の市中売却を決定
12・3		米、オフショア市場（IBF）発足
	16	経済対策閣僚会議、対外経済政策を決定（黒字減らし、市場開放など）
	1982年	
2・1		東京金取引所設立
3・4		大蔵省、ゼロクーポン債の発行を事実上禁止
	11	大蔵省、長期国債などの銀行での窓口販売認可方針通告（3人委員会の意見具申）
	30	大蔵省、「銀行行政の自由化・弾力化（第2次措置）について」発表
	31	大蔵省、海外CP・CDの取扱ルールを提示
4・1		新銀行法施行（大口融資規制、情報開示、国際の窓口販売、海外CPなど）、改正証券取引法施行（銀行の証券業務認可、証券会社の業務拡大など）
	19	ロンドン、金先物取引市場発足
6・23		郵政審議会、郵貯の今後果たすべき役割につき答申
8・13		メキシコ、ドル危機激化（外為市場閉鎖）
9・16		鈴木首相、財政非常事態を宣言（人事院勧告凍結など）
	24	行政改革大綱、閣議決定
	29	産業構造審議会、社債発行基準の緩和・CP導入の検討など報告
	30	ロンドン国際金融先物取引所（LIFFE）発足
11・9		米レーガン大統領訪日、日本の金融市場開放を要求
	27	中曽根内閣成立
12・28		所得税法施行令の一部改正政令の一部改正（グリーンカードの交付開始時期83・1・1を別途政令で定める日まで延期）
	1983年	
1・13		経済対策閣僚会議、対外経済政策を決定（関税引下げ、輸入制限緩和等）
	31	大蔵省、銀行等に対し、4月からの公共債窓販業務の取扱いを認可
2・1		大蔵省、ゼロクーポン債の発行を解禁（82・3・4以降販売禁止）
	24	大蔵省、償還期間15年の超長期利付き国債発行
3・9		大蔵省、特定海外債権引当勘定の創設を金融機関に通達（カントリーリスク対策）
	14	第2臨調、行政改革に関する最終答申を首相に提出
	30	金制調小委員会「金融自由化の現状と今後のあり方」
	31	租税特別措置法の一部改正（グリーンカード制度実施を3年間延期）
4・8		大蔵省、銀行行政の第3次自由化・弾力化措置を提示
	9	銀行等、公共債の窓口販売開始
5・13		貸金業の規制等に関する法律公布（11・1施行）

	21	大蔵省、証券会社の公共債担保貸付業務を認可
6・6		国債発行残高、100兆円突破
7・5		野村證券・米モルガン銀行、合弁で信託会社設立合意(84・3・15会社設立、大蔵省認可見送り)
8・13		銀行、第2土曜日を休業
10・1		米、短期・少額を除き定期預金金利を自由化
	21	経済対策閣僚会議、内需拡大のための「総合経済対策」決定
11・1		証券取引所の上場基準緩和、証券業協会の店頭市場整備・拡充策実施
	1984年	
1・4		都市銀行のCDオンライン網の一本化(BANCSスタート)
	9	東証、平均株価1万円台乗せ(史上初)
	26	富士銀行、ヘラー子会社を買収
2・23		日米円ドル委員会第1回作業部会開催
	27	住友銀行、ゴッタルド銀行買収に合意
4・1		大蔵省、外為管理の自由化・簡素化を実施(為替先物取引の実需原則撤廃、居住者によるユーロ円債発行解禁、など)
	2	銀行・証券会社、海外CP・CDの国内販売開始
	27	経済対策閣僚会議、対外経済対策決定(市場開放・輸入促進、金融・資本市場の自由化等)
5・15		株式等の保管および振替に関する法律公布
	17	米国コンチネンタル・イリノイ銀行に救済融資
	30	「日米円ドル委員会報告書」「金融の自由化および円の国際化についての現状と展望」を発表
6・1		主要金融機関、公共債のディーリング業務開始
		大蔵省、円転換規制を廃止
	5	金制調「金融の国際化の現状と今後の対応」了承
	18	三菱銀行、バンカル・トライステート買収
8・24		警視庁、投資ジャーナルグループ摘発
10・5		大蔵省、東証での国債売買に銀行・外国業者の参加認可方針
12・11		証取審、債券先物市場創設に関する報告
	1985年	
1・31		TDK、戦後初の完全無担保普通社債を発行
2・1		東京外為市場で銀行間の円ドル直接取引(DD)解禁
	25	ドル、80年以降の最高値、1ドル=263.7円
3・1		相互銀行・信用金庫など、MMCの取扱開始(普通銀行は4・1から)
	5	外為審「円の国際化について」答申

	28	米上院本会議「日米貿易に関する共同決議」（対日報復）を全会一致で可決
4・1		NTT、日本たばこ民営化発足
	9	中曽根首相「対外経済政策」（アクション・プログラム）を発表
	30	三菱銀行、市場金利連動型「マネー・マーケット・ローン」取扱開始
6・1		円建BA市場発足、銀行等による公共債フル・ディーリング開始、証券会社のCD流通取扱開始
	5	金制調「金融自由化の進展とその環境整備」答申
	17	大蔵省、非居住者ユーロデュアルカレンシー債・ゼロクーポン債解禁へ
	18	三和銀行、投資顧問会社を設立（他行も追随）
	21	証取法一部改正法公布（債券先物市場創設）
	22	大蔵省、9外銀の信託参入を認可方針表明
7・29		コール無担保取引開始
8・15		外貨建外債の国内発行開始
9・22		G5、プラザ合意
10・1		大口定期預金（自由金利、10億円以上）の取扱開始
	18	「国際協調のための経済構造調査研究会」（前川委員会）発足
	19	東証、債券先物取引開始
11・20		住友金属工業、本邦初のユーロ円無担保普通社債を発行
	27	大蔵省・日銀・金融界、平和相互銀行支援で合意
	29	東証、初めて英米証券会社6社の入会承認（東証会員権の第1次開放）
12・27		東急百貨店、本邦初の分離型ワラント債を発行
		1986年
1・6		海外で発行されたワラント債、ワラントの国内持ち込み解禁
	10	大蔵省、円建私募債の発行ルール緩和を決定
2・20		大蔵省、割引短期国債発行（公募入札を初めて実施）
3・4		野村證券、ロンドン証券取引所会員権取得
	18	大蔵省、生保・信託銀行の外国証券投資枠を緩和
	26	大蔵省、ユーロ円債と円建外債の規制緩和
4・1		証券会社による円建BAの流通取扱開始
	7	前川リポート発表
	16	大蔵省、金融機関の土地関連融資について通達
5・4		東京サミット
	15	三和、拓銀、東京、中国に初めて支店開設
	22	金融問題研究会「小口預金金利の自由化について」報告
	27	改正預金保険法（支払限度額1000万円など）、投資顧問業法公布
		大蔵省、日本が世界最大の債権国になったと閣議報告（円高の効果）

6・9		東京銀行、邦銀初のユーロ円債の募集開始
	10	行革推進審議会最終答申（少額貯蓄非課税制度の見直しなど）
7・6		衆参同日選挙、自民圧勝（行財政改革推進に自信）
8・15		大蔵省、生損保の円建対外貸付の規制緩和
9・1		大蔵省、一連の金融自由化措置を実施（大口定期預金、MMCの最低預入金額引上げ、MMC、CDの発行枠拡大等）
10・1		住友銀行が平和相互銀行を吸収合併、生保12社が変額保険の取扱開始
	20	大蔵省、期間20年の超長期国債発行
	27	英国でビッグバン実施
12・1		東京オフショア市場開設
	5	住友銀行、ゴールドマンサックスへの資本参加契約に調印
	19	大蔵省、各金融団体に対し、土地関連融資を慎重に取り扱うよう通達
		1987年
1・30		東証平均株価、2万円台乗せ
2・5		大蔵省、邦銀海外支店の海外CPの取扱解禁
	9	NTT株上場
	22	G5、ルーブル合意
	23	公定歩合 3.0%から2.5%へ引下げ（当時、史上最低）
3・2		改正資金運用部資金法公布・施行（預託金利の法定制廃止、運用先の拡大）
	13	邦銀の海外資産世界一に（86年9月末時点、BIS発表）
4・1		JR7社発足
	3	大蔵省、普銀・相銀の国内転換社債発行を解禁
	6	大蔵省、一連の金融自由化措置実施（大口定期預金・MMC最低預入金額引下げ、CD発行枠拡大など）
	22	NTT株、318万円の最高値
5・11		大蔵省、円建BA市場の売買対象拡大（手形期間延長、最低売買単価引下げ）
	20	証券取引審議会「証券先物市場の整備について」報告
	22	大蔵省、外為銀行などによる海外金融先物取引を解禁
	27	売上税法案など税制改革関連6法案廃案
	29	緊急経済対策6兆円決定、改正郵便貯金法公布・施行（郵貯資金の自主運用）
6・4		大蔵省「金融・資本市場の自由化、国際化に関する当面の展望」を発表
	9	大証、株式先物取引「株先50」開始（初の株式先物市場）
	10	大蔵省、投資顧問会社に一任業務を認可
	25	大蔵省、全国銀行等に対し株式の信用取引認可
7・31		静岡銀行、銀行界初の国内転換社債発行
8・1		大蔵・農林省、鹿児島県信連に貯金保険第1号を発動

9・1		20年もの公募国債に入札制を導入
	3	タテホ化学の財テク失敗表面化（インサイダー取引規制に発展）
	25	改正所得税法公布（マル優原則廃止、10・1施行）
10・5		大蔵省、一連の金融自由化措置実施（MMC最低預入金額引下げなど）
	13	邦銀・生損保などによるバンカメリカ支援策決定（劣後債等引受け3.5億ドル）
	16	地価対策閣僚会議、緊急土地対策要綱を決定
	19	ブラック・マンデー、大蔵省、土地関連融資の厳正化について通達
11・16		第3次全国銀行データ通信システム稼動
	17	野村證券利益日本一（9月期決算でトヨタを抜く）
	20	アメリカで1987年金融近代化法案（プロクシマイヤー法案）を上院提出、国内CP・非居住者ユーロ円CPの発行解禁
	26	金制調・外為審「金融先物取引の整備について」報告
12・4		金制調・制度問題研究会「専門金融機関制度のあり方について」報告
	15	抵当証券業の規制等に関する法律公布（88・11・1施行）
1988年		
1・4		東京市場、1ドル＝120.45円の最高値を記録
	5	大蔵省、特金・ファントラの低価法による決算処理の1年延期を通達
	29	大蔵省、非居住者の国内円建CP（サムライCP）の発行解禁
2・12		大蔵省、普通銀行転換を希望する相互銀行に個別認可方式で臨む方針を決定
	16	東証、外国会員16社の新規加入を承認（6社→22社）
	24	証取審、インサイダー取引規制報告書
	29	都銀・地銀、CDオンライン提携基本合意
3・22		大蔵省、金融機関の海外現物オプション取引を自由化
4・1		マル優（少額非課税貯蓄制度）の原則廃止、郵貯預入限度額引上げ（300→500万円）、
		郵便局・生保が国債の窓販開始
	4	大蔵省、一連の金融自由化措置を実施（大口預金、CD最低限度額引下げなど）
5・31		改正証取法（インサイダー取引規制など）、金融先物取引法公布
6・9		金制調「相互銀行制度のあり方について」答申、「電子資金取引について」中間報告
7・5		全銀協、金融先物取引所を89・6東京に、91・6までに大阪に設置を決定
	15	BIS中央銀行総裁会議、自己資本比率に係る国際基準を了承
8・15		日銀ネット稼動開始
9・3		東証・大証、株式指数先物取引開始（TOPIX、日経225）
11・1		都市銀行、無担保コール取入れ開始

12・2		大蔵省、非居住者の国内外貨建CPの発行解禁、ユーロ円CP・国内円建CPなどの規制緩和措置を公表
	7	東証平均株価3万円台乗せ
	9	大蔵省・郵政省、小口の市場金利連動型預貯金（小口MMC）導入で合意
	21	証取審、「株式公開制度の改善に関する報告書」
	1989年	
1・7		昭和天皇崩御
2・1		相互銀行52行、普通銀行に転換
	4	銀行・証券・郵便局など、金融機関の完全週休2日制実施
	22	金融問題研究会再開（小口預金金利自由化の検討開始）
	27	金制調「全国信用金庫連合会の債券発行について」報告
3・6		金制調「地公体等向け貸付債権の流動化」報告
	10	累積債務国問題でブレイディー米国務長官新提案
4・1		消費税導入、東京金融先物取引所発足、有価証券売却益課税実施
	28	保険審「保険事業の在り方及び保険関係法規の見直し」について検討開始
5・1		大蔵省、居住者向け中長期ユーロ円貸付を自由化
	26	金制調「新しい金融制度について」（相互参入の5つの選択肢提示）、「協同組織形態の金融機関のあり方について」、「金融リスクとその対応について」報告
		保険問題研究会「相互会社制度運営の改善について」報告
	31	公定歩合 2.5％から3.25％へ引上げ（以降、一連の引上げ）
		証取審「金融の証券化に適応した資本市場の在り方について」中間報告
		金制調「一般貸付債権の流動化」報告、債券貸借取引市場発足
		大蔵省、銀行などに証券先物取引取次業務を認可
6・1		外為審「国際金融取引環境の一層の整備について」、非居住者ユーロ円債・居住者海外預金を自由化
	5	小口MMCの取扱開始（小口金利自由化開始）
	6	金制調「金融機関の一般貸付債権の流動化について」作業部会報告
	15	大証、株価指数オプション取扱開始
	16	歩積・両建預金の自粛通達廃止
	19	三菱銀行、ニューヨーク証券取引所に上場
	30	東京金融先物市場の取引開始（海外金融・証券先物取次業務も解禁）
7・1		大蔵省、外債発行の自由化・弾力化措置（非居住者の発行金額上限撤廃など）
	14	大蔵省、銀行等金融機関の100％出資子会社の業務規制緩和
	17	大蔵省、地方公共団体などに対する貸付債権の流動化（指名債権譲渡方式）を認可
	23	参議院選挙、与野党逆転

8・9		アメリカ、S&L救済のため金融機関改革救済執行法を制定
	29	三井・太陽神戸銀行、合併を発表
9・4		日米構造協議開始
10・20		東証、株価指数オプション取引開始
	31	大蔵省、小口MMCの金利決定ルール変更（フロアールール導入）
11・9		ベルリンの壁開放
12・1		東証、外国国債証券（Tボンド）先物取引開始
	15	プリペードカード法成立（91・10・1実施）
	29	東証平均株価3万8915円
1990年		
1・1		郵貯預入限度額引上げ（500→700万円）
	11	大蔵省、特定海外債権引当勘定の繰入れ上限撤廃を決定
	31	大蔵省、国内CPの発行ルール見直しを発表（発行適格企業の拡大など）
2・5		都銀・地銀のCDオンライン提携実施（MICS）
3・1		大蔵省、証券会社の自己資本規制に関し通達（リスク算定方式・警戒水準の設定）
	22	東証平均株価3万円割れ、金融機関の一般貸付債権の流動化を解禁
	23	金制調「金融機関の劣後ローンの導入について」報告
	27	大蔵省、不動産融資総量規制
	29	金制調「出資法上限金利の本則移行について」報告
4・2		小口MMCの預入単位を100万円に引下げ
	11	ノンバンク研究会発足
	13	オンライン処理による業務提携承認（都銀－信託、都銀－第二地銀、地銀－第二地銀）
5・6		高松信金、金融界初のCD日曜稼動（サンデーバンキング）開始
	7	新取引所税法公布（10・1施行、先物・オプション取引の課税）
	11	東証、債券先物オプション取引を開始
	19	都銀など、土曜日のCD稼動時間を延長（2時→5時）
	21	日米金融市場ワーキンググループ第2回会合（預金金利自由化問題）
	25	金制調「協同組織金融機関のあり方について」
	29	金融問題研究会「1000万円未満の定期性預金の金利自由化について」
		企業会計審「先物・オプション取引等の会計基準に関する意見書等について」
	31	外為審「わが国資本輸出をめぐる諸問題について」中間報告
6・1		保険審「保険事業の役割について」（生・損保の相互乗り入れなど）
	8	短期金融市場研究会「わが国短期金融市場の現状と課題」
	15	証取審「金融の証券化に対応した法制の整備等について」、「国際的な資本市場の構築をめざして」報告

	20	金制調「地域金融のあり方について」中間報告
	22	大蔵省、金融機関の劣後特約付借入金を解禁
		改正証券取引法（5％ルールの導入など）、改正出資法（本則金利への移行）公布
	26	金制調「新しい金融制度について」第2次中間報告
	28	日米構造協議決着（430兆円の公共投資）
		大蔵省、各金融機関団体に対しマネー・ロンダリング防止に関し通達
8・2		イラク軍、クウェート進入
	30	公定歩合 5.25％から6.0％に引上げ（この時期のピーク）
10・1		東証平均株価一時2万円割れ、株価急落対策（委託保証金代用有価証券の担保掛目引下げなど）決定
	3	東西ドイツ統一
	30	政府税調「土地税制のあり方についての基本答申」
11・5		小口MMC改組
		大蔵省、普通・転換・新株引受権付社債の適債基準・財務制限条項の見直し
	13	協和・埼玉銀行合併発表
	18	山陰合同、ふそう銀行合併発表
	26	大蔵省、国内支店不保有の外国証券会社に居住者との有価証券売買等を解禁
12・4		日銀、短期金融市場運営の見直しを発表（手形オペ拡充）
	27	大蔵・郵政省、自由金利定期郵便貯金の金利決定ルール等について合意
		1991年
1・1		全銀協、個別銀行のテレビ広告を解禁
	13	都銀・地銀、CD・ATMの日曜稼動を開始
	17	湾岸戦争勃発
2・5		大蔵省、外国証券会社の銀行子会社に在日支店の開設を初めて認可
4・1		八千代信用金庫の普通銀行転換、短期プライムレート連動型長期貸出金利の導入開始、国内CPの発行適格基準を緩和
	18	ノンバンク研究会報告
	22	静信リース倒産（バブル崩壊後初の金融機関系ノンバンク倒産）
	24	大阪地検、イトマン事件を強制捜査
	25	証取審、ディスクロージャー小委員会報告
	26	証取審「店頭市場に対する行為規制の適用について」
		保険審総合部会「保険会社の業務範囲のあり方について」
5・2		商品投資に係る事業の規制に関する法律公布（4・4・20施行）
		地価税法公布（4・1・1施行）
	15	改正貸金業法公布（ノンバンクへのモニタリング強化）

	21	金融問題研究会「流動性預金の金利自由化について」
	24	証取審「証券取引に係る基本的制度の在り方について」
		外為審「途上国等への民間資金フロー円滑化のための諸方策について」
6・19		野村證券の大口投資家損失補填報道（22日、大和、日興、山一も）
	25	金制調「新しい金融制度について」答申（業態別子会社方式による相互参入）
	27	日銀、窓口指導（市中銀行の貸出増加額規制）廃止決定
7・1		公定歩合 6.0％から5.5％へ引下げ（4年5月ぶり、以降数次引下げ）
	8	大蔵省、有価証券の取引一任勘定取引を原則禁止通達
		大蔵省、証券大手4社の全法人部門の営業自粛処分を発表
		東京金融先物取引所、ユーロ円金利先物オプションの取引開始
		BCCI不正事件表面化（東京支店休業）
	9	新型貯蓄預金の導入を発表
	24	伊予銀行、東邦相互銀行の救済合併を発表（92・4・1実施）
	25	富士銀行赤坂支店事件
	26	協和埼玉銀行東京営業部事件
	28	東海銀行秋葉原支店事件
	29	証券大手4社が損失補填先リストを公表
8・13		東洋信金、架空預金証書事件発覚
	28	警察庁・大蔵省、金融取引における暴力団の介入排除に関し通達
	31	大蔵省、「金融システムの信頼回復のための措置」発表
9・13		臨時行政改革推進審議会「証券・金融の不公正取引の基本的是正策に関する答申」
10・5		改正証券取引法（事後損失補填禁止、取引一任勘定取引原則禁止など）公布
		マネーロンダリング関連2法公布
	8	大蔵省、損失補填で証券大手4社に営業停止処分
	28	東邦相互銀行への預金保険発動決定
11・5		大蔵省、大口定期預金の最低預入金額引下げ（1000→300万円）
		銀行等、預入額300万円以上の自由金利定期預金「スーパー定期」発売開始
		郵便貯金預入限度額引上げ（700→1000万円）
	6	2年もの利付き金融債発行開始
12・20		大蔵省、総量規制の年内限り解除を発表
	24	ソ連消滅（独立国家共同体へ）
1992年		
1・1		改正証取法施行、地価税実施
	28	証取審「証券市場における適正な競争の促進等について」、「相場操縦的行為禁止規定等のあり方の検討について」

	29	金制調「金融システムの安定性・信頼性の確保について—金融制度改革と金融機関経営のあり方」
2・25		経企庁、月例報告で「景気後退」宣言
3・16		東証平均株価終値2万円割れ
	26	国土庁91年地価公示、全国平均17年ぶりに下落
	30	太陽神戸三井銀行、海外子会社を発行体として邦銀初のユーロ円建同行保証付交換優先株式を発行
4・15		全銀システム決済方式の翌営業日決済から同日決済への移行を決定
	20	商品ファンド法施行
	23	都長銀・信託の延滞債権の総額発表(92年3月末 7～8兆円)
	28	大蔵省、山種証券を「飛ばし」で営業停止処分(「飛ばし」で初の処分)
		東洋信金の解決策公表(三和銀行への合併、府下信金への譲渡など、10・1実施)
	30	大蔵省「金融システムの信頼回復のための措置について」(行政の透明化、ノンバンクへの対応、金融システムの安定性強化など)
		普通銀行関係通達の整理統合
5・11		証券会社、短期公社債投資信託(MMF)の販売開始
	16	英フィナンシャルタイムズ、邦銀の不良資産額は42～56兆円と報道
	29	証取法等の一部改正法成立(監視委員会の設置など)
6・5		金融機関のディスクロージャーに関する作業部会発足
	15	ノンバンク問題懇談会「ノンバンクの融資業務のあり方について」中間報告
	16	外為審「国際金融取引の円滑化に関する報告書」
	17	保険審「新しい保険業のあり方」答申
		大蔵省、各金融機関団体に対しマネー・ローンダリング防止に関する通達(疑わしい取引の届出内容、本人確認義務など)
	19	金融制度改革法成立(6・26公布、93・4・1施行)、改正貸金業規制法成立
	22	小口MMCの最低預入金額制限撤廃
		市場金利連動型定期積金・貯蓄預貯金(官民共通商品)の取扱開始
7・20		証券取引等監視委員会発足
8・1		大蔵省、外債発行に係る適債基準を緩和
	14	日本住宅金融支援、母体9行が金利減免で合意
	18	東証平均株価、1万4309円(バブル崩壊後最安値)、大蔵省「金融行政の当面の運営方針」を発表
	28	総合経済対策(10兆7000億円)決定
	30	宮沢首相、軽井沢の自民党セミナーで公的資金導入示唆
9・9		大蔵省、大手21行の不良債権額を発表(3月末7兆9927億円)
	18	国税庁、認定による債権償却特別勘定の設定に関し運営上の留意点を通達

	28	信託銀行、実績配当型金銭信託の販売開始を発表
10・30		大蔵省「金融行政の当面の運営方針の実施状況について」（主要銀行の9月末不良債権は12兆3000億円程度）
		三菱銀行、金融機関による不動産担保付債権買取会社設立骨子案を発表
12・2		金制調・ディスクロージャーに関する作業部会中間報告「金融機関の資産の健全性に関する情報開示について」
	4	大蔵省、第一生命の予定利率引下げ認可（戦後初の生命保険料引上げ）
	17	大蔵省、「金融制度改革実施の概要について」（政省令案骨子）を発表
1993年		
1・13		月例報告、「減速感」に代えて「低迷」
	27	共同債権買取機構設立
2・3		住専問題、大蔵・農林両省間覚書
	22	内国為替同日決済
	26	日本住宅金融の再建案まとまる
4・1		金融制度改革法施行（銀行・証券の相互参入へ）
	13	新総合経済対策発表（13兆2000億円）
5・24		釜石信金の岩手銀行等への事業譲渡発表
	27	都銀各行、初めて不良債権額を公表（総額8兆4553億円）
	28	長信銀、信託の不良資産額公表（3業態計 12.7兆円）
6・18		宮沢内閣不信任案可決、衆議院解散、自民党分裂
	21	定期預金金利完全自由化
	30	ノンバンクのCP発行解禁
7・14		興銀、長銀、農中に証券子会社免許付与（26日営業開始）
8・5		阪和銀行副頭取、射殺される
	9	細川内閣（非自民6党連立）発足
9・3		4大証券と東京銀行の信託銀行子会社免許（10・1営業開始）
	6	コスモ証券破綻、大和銀行が子会社化
	29	静岡・常陽・八十二銀行、本体での信託業務兼営認可（10・1営業開始）
10・7		三菱・住友信託銀行、証券子会社免許付与（11・1営業開始）
1994年		
2・8		総合経済対策発表、大蔵省「金融機関の不良債権問題についての行政上の指針」公表
3・25		金制調「ディスクロージャー誌の充実について」発表
4・1		保険会社のCP発行解禁
	8	「流動性預金金利自由化に関する大蔵省・郵政省合意内容」公表
	28	羽田内閣発足

6・1		日米包括経済協議の保険等個別分野の交渉再開
	18	北日本銀行、德陽シティ・殖産銀行との3行合併白紙撤回
	21	金制調「金融自由化と金融機関経営の健全性確保について」報告
	24	保険審「保険業法等の改正について」報告
		大蔵省、金利減免債権の流動化と担保不動産の自己競落等に関する通達
	28	行政改革推進本部「今後における規制緩和等の推進について」決定
		「金融分野における規制の緩和について（51項目）」公表
	30	村山内閣（自・社・さ）発足
7・1		銀行法等省令改正（FRA・FXA）公布
9・14		住友銀行名古屋支店長射殺事件
10・1		日米包括経済協議（保険分野）いったん決着
	12	三菱銀行、日本信託銀行を子会社化
	17	預金金利の完全自由化（流動性預金金利の自由化）、期間5年までの固定金利預金（中長期預金）の導入（長短金融分離の実質撤廃）
	31	三重野日銀総裁、講演で「全金融機関を破綻から救うことはできない」
11・4		大蔵省、通常貯金金利に関し郵政省と協議
	7	城南信金、懸賞金付き定期預金の取扱開始
12・9		東京協和・安全信組破綻処理発表（日銀出資の東京共同銀行）
	1995年	
1・17		阪神淡路大震災、東京共同銀行に対し免許付与
	27	住友銀行、不良債権処理で赤字決算になることを公表（他行も追随）
3・2		東京都議会、300億円支援の修正案（低利融資予算凍結）を可決
	20	地下鉄サリン事件、東京共同銀行開業
	28	東京・三菱銀行合併発表
		大阪・福徳・阪和銀行の系列ノンバンク処理促進発表
4・9		青島東京、横山大阪知事当選
	14	緊急円高・経済対策（不良債権問題の早期処理方針提示）、公定歩合1.0％へ引下げ
	19	東京市場、一時1ドル＝79.75円
5・15		金制調「金融機関のディスクロージャーに関する作業部会報告」発表
	29	預金を考える懇談会報告
	31	保険業2法成立（生・損保の相互参入）
6・1		ローン・パーティシペーション解禁
	8	大蔵省、「金融システムの機能回復について」発表
7・31		コスモ信組の破綻処理（東京都、業務停止命令）
8・30		兵庫銀行、木津信組の破綻処理

9・8		公定歩合0.5%へ引下げ
	26	大和銀行ニューヨーク支店事件発表
	27	金制調中間報告（不良債権の早期処理、住専問題の年内処理など）
10・16		固定金利定期預金の最長預入期間制限撤廃・新商品の取扱いにつき届出制廃止
	20	発行期間2週間未満のCP発行解禁
12・1		与党政策調整会議、「住専問題の処理について」を発表
	19	住専問題処理、閣議決定（1次ロス処理に6850億円の予算措置など）
	22	金制調「金融システム安定化のための諸施策」発表
	26	大蔵省「今後の金融検査・監督等のあり方について」発表
	27	公取「持株会社禁止制度のあり方について」発表
	1996年	
1・1		地価税率引下げ
	11	橋本内閣発足
	30	「住専処理法策の具体化について」（閣議了解、2次ロス処理政府負担など）
2・6		政府・与党、大蔵省改革のプロジェクトチーム設置で合意
3・4		与党3党、住専処理関連の追加措置を決定
	26	預金保険機構、保険料率の変更（0.012%→0.048%）を決定
	29	太平洋銀行破綻（さくら銀行が受け皿銀行としてわかしお銀行設立）
4・1		東京三菱銀行発足、保険業法施行
5・10		96年度予算成立（住専問題は国会決議なきため保留）
6・13		与党大蔵省改革プロジェクトチーム、改革案を正式決定
	18	住専処理法など金融6法成立（健全性維持法、更生特例法、預金保険法改正法）
	24	住宅金融債権管理機構（住専処理機構）発足
7・26		住宅金融債権管理機構設立
9・2		整理回収銀行設立
	25	与党大蔵省改革プロジェクトチーム、最終報告書
	30	大蔵省、決算商人制度廃止
10・1		生損保子会社による相互参入開始、住専7社から住管機構へ財産譲渡実行
11・11		橋本首相「日本版ビッグバン」を指示
	12	中央銀行研究会「中央銀行制度の改革」発表
	21	大蔵省、阪和銀行に業務停止命令（97・4・15紀伊預金管理銀行設立）
12・3		経済審議会、構造改革報告を首相に提出（業態別の垣根撤廃などを提言）
	15	日米保険協議最終決着
	17	「経済構造改革プログラム」閣議決定
	24	政府・与党、金融行政機構等の改革について最終合意（大蔵省の検査・監督部門を総理府外局の金融監督庁として分離）

		1997年
1・16		外為審「外国為替管理制度の抜本的見直し」答申
	27	住友銀行、インターネット・バンキング開始
2・6		金制調「日本銀行法の改正に関する答申」
	25	与党独禁法協議会、純粋持株会社解禁で最終合意
3・6		野村證券、総会屋への利益供与事件を公表
4・1		消費税率5％へ
		北海道拓殖・北海道銀行合併を発表
		日債銀、経営再建策を発表（系列ノンバンク自己破産申請）
		金融機関のトレーディング勘定への時価会計導入
	10	日債銀、バンカース・トラストとの提携発表
	25	日産生命の破綻処理（業務停止命令）
5・6		東京相和銀行、邦銀初の平日ATM24時間稼動実施（住友、三和など追随）
	16	改正外為法成立（98・4施行）、商法改正法成立（ストックオプション全面解禁）
	20	東京地検、第一勧銀本店を家宅捜査
	23	電子マネーおよび電子決済に関する懇談会報告書
6・11		改正日本銀行法、改正独占禁止法成立
	13	金融関係3審議会答申（金融市場改革完了を2001年と明記）
	16	金融監督庁設置法成立
	19	早期是正措置検討会、早期是正措置の内容を了承（98年4月から実施）
	30	大蔵省、「金融関係の規制の撤廃等について」（普通銀行の劣後債発行解禁、変動金利定期の最長預入期間制限撤廃など）を発表
7・4		大蔵省、不良債権償却証明制度、有税引当の届出を廃止（貸倒認定は自主判断に）
	31	大蔵省、「金融・証券関係の規制の撤廃等について」を発表（銀行の配当・増資規制を撤廃、MMF、中国ファンドの入金・解約規制の撤廃（8月実施）、証券総合口座の導入（10月実施）など）
		店舗設置取扱通達を廃止
10・4		神戸地区で電子マネー実験
	9	福徳銀行となにわ銀行が合併発表（初の特定合併方式）
11・3		三洋証券、会社更生法適用を申請（コール市場でデフォルト発生）
	17	北海道拓殖銀行、自主債権の断念と北洋銀行への営業譲渡を発表
	20	宮沢元首相、金融システム安定化私案を公表
		静岡銀行、邦銀初の自社株式の取得・消却を発表
	22	山一證券、自主再建を断念（24日自主廃業発表）
	26	徳陽シティ銀行自主再建断念、各地で預金者の列、蔵相・日銀総裁談話を発表
	28	財政構造改革法成立

12・1		都銀など、間貸し方式による投信の取扱開始
	3	金融罰則整備法成立、行革会議最終報告を公表
	5	金融持株会社関連2法成立
		大蔵省、2001年3月まで預金・金融債の全額保護を表明
	12	改正預金保険法成立（新設合併に対する資金援助）
	13	WTO金融サービス交渉最終決着
	16	自民党、金融システム安定化のための緊急対策を決定
	17	自民党、緊急国民経済対策（第3次）を発表
		橋本首相、2兆円の特別減税を発表
	23	丸荘証券、自己破産申請（免許制後初めて）
	24	大蔵省、早期是正措置の弾力的運用等を発表
1998年		
1・12		橋本首相国会で「日本発の金融恐慌は起こさない」（通常国会、金融・経済演説）
	19	バーゼル銀行監督委員会、内部管理体制の評価のためのフレームワークを公表
	20	与党3党、大蔵省の財政・金融の分離問題で合意
	26	大蔵省金融検査官逮捕（大蔵省批判ひろがる）
2・12		メリルリンチ、日本進出と山一證券社員2000人の雇用を発表
	16	金融機能安定化2法成立（金融危機時における金融システム安定化のための制度整備、30兆円の公的資金確保）
	18	GEキャピタル、東邦生命の事実上買収を発表
3・10		預金保険機構・金融危機管理審査委員会、1兆8156億円の公的資金投入決定
	26	海外現地法人の見直し進む（住友、東京三菱、三和などアメリカの現法を売却・清算）
	30	住専法改正法成立（住専債権の回収促進）
	31	大蔵省「新しい金融検査に関する基本事項について」公表（予告検査導入、検査は自己査定・法令遵守・リスク管理に限定）
		全国銀行の決算過去最大の赤字に
4・1		新日銀法、新外為法施行
		早期是正措置の運用開始（国際基準行は45行に大幅減少）
		大蔵省、預金の期間制限と居住者ユーロ円債の還流制限を全廃
	6	シティコープ、トラベラーズ合併を発表
	13	バンカメリカ、ネーションズ合併を発表
	17	大蔵省、土地評価益の自己資本算入方法を決定（45％を補完的項目に算入）
	24	総合経済対策（16兆6000億円）決定
		政府、土地・債権の流動化策決定（民間サービサー導入など）
5・13		興銀・野村證券、業務提携発表

	21	大蔵省、福徳・なにわ銀行に初の特定合併を斡旋（10・1なみはや銀行に）
	25	アメリカ並みの基準による「リスク管理債権」発表、大手18行で21兆7786億円
	26	大蔵省、金制調・証取審・保険審を統合（金融審議会）
6・1		日興證券、トラベラーズ・グループと資本提携
	5	金融システム改革一括法と関連3法（SPC法など）成立（12・1施行）
	8	大蔵省、金融機関に対する通達全廃を発表
	9	中央省庁改革基本法成立
	16	円安（1ドル＝146円）、企業会計審議会2001年度から金融資産時価会計導入を決定、
	22	金融監督庁発足
	23	自民党金融再生トータルプラン推進協議会、金融再生トータルプラン（第1次）発表
	26	住友信託・長銀、合併交渉入り発表
7・1		損害保険料率完全自由化
	2	政府・与党「金融再生トータルプラン（第2次）」公表（ブリッジバンク導入）
	7	金融監督庁、主要19行に対する集中検査・考査に順次着手
	12	参議院選挙で自民党惨敗
	30	小渕内閣発足、「金融国会」（第143回臨時国会）開始
8・5		政府は金融機能安定化法改正案、野党は金融機能再生法を提出。政府提出法案を取り下げる異常事態に
9・9		日銀、短期金融市場の金利誘導目標を年0.25％前後に引下げ
10・15		金融監督庁、地銀・第二地銀の一斉検査に着手
	16	金融再生関連法、金融機能早期健全化緊急措置法成立
	23	金融再生担当大臣に柳沢国土庁長官任命、長銀の特別公的管理決定
11・16		過去最大の緊急経済対策（24兆円）決定、ムーディーズ日本国債格下げ
	30	ドイツ銀行、バンカーズ・トラスト買収を発表
12・1		金融システム改革法および関連法の施行（銀行・保険会社の投信窓販開始等）
		リスク管理債権情報と新資産査定額の公表を法定義務化
	5	金融再生委員会発足（柳沢委員長）
	13	日債銀、特別公的管理決定
		1999年
1・1		EUの単一通貨ユーロ始動
	18	郵政省、民間金融機関とのATM提携開始
	22	企業会計審、金融商品の時価会計基準制定（2000・4適用）
		金融監督庁、自己査定額を初めて公表

	25	金融再生委員会、資本注入行への引当ガイドライン制定（破綻懸念先70％、要管理先15％）
2・5		都銀など、コンビニATMサービス開始
	12	日銀、ゼロ金利政策を導入
3・5		金融監督庁、貸し渋り問題で7金融機関に業務改善命令
	12	金融再生委員会、大手15行の経営健全化計画を承認、7兆4592億円の資本注入
	14	三和、東海、あさひ銀行が経営統合発表（あさひは後に離脱）
4・1		住管機構・整理回収銀行合併、整理回収機構設立
	8	金融監督庁、「金融検査マニュアル」を最終決定
	11	金融再生委員会、国民銀行に初の金融整理管財人を任命
	14	金融業者社債発行法成立（貸金業者の調達手段多様化）
5・14		金融監督庁、幸福銀行に初の早期是正措置発動（以降、北海道、東京相和、新潟中央、なみはや）
	26	さくら銀行、異業種と提携し国内初のインターネット銀行設立へ
	29	金融監督庁、クレディ・スイスなど6社を行政処分
6・25		衆議院選、自民減・民主増
7・12		そごう、民事再生法申請
8・12		組織的犯罪処罰・犯罪収益規制法成立（マネロン報告義務強化）
	20	DKB、富士、興銀が統合計画発表
9・13		金融再生委員会、足利・北陸・琉球・広島総合に2600億円の資本注入
10・1		大蔵省、業態別子会社の業務制限撤廃
		株式売買手数料の完全自由化
		銀行による普通社債発行解禁など規制緩和実施
	7	東海・あさひ銀行、共同持株会社構想を発表
	14	住友・さくら銀行、合併を発表
11・11		東証、ベンチャー新興市場「マザーズ」開設
	12	米、金融制度改革法成立（グラス・スティーガル法改正）
12・13		出資法、貸金業規制法の改正法成立（商工ローン問題）
	21	金融審、ペイオフ解禁後の預金保険制度答申
	29	与党3党政策責任者、ペイオフ1年延期を決定
	2000年	
2・7		石原東京都知事、銀行への外形標準課税発表
	13	三井海上、日本・興亜火災との合併構想離脱、住友海上と合併へ
3・2		新生銀行発足
	14	三和・東海・あさひ銀行、経営統合発表（6・15あさひ離脱）
4・1		信用組合の検査・監督権限の都道府県知事から金融監督庁への移管

	19	東京三菱・三菱信託、金融持株会社設立を発表
5・23		金融商品販売法成立
	24	改正預金保険法成立（ペイオフ凍結解除2002・4から）
6・19		ナスダック・ジャパン、大阪証券取引所で取引開始
	30	預金保険機構、そごう向け債権放棄を発表（7・12断念、民事再生法適用申請）
7・1		金融庁発足
8・3		金融庁「新たな形態の銀行業に対する免許審査・監督上の対応について」発表
	11	日銀、ゼロ金利解除（短期金利の誘導目標を0.25%に）
9・1		日債銀をソフトバンクグループへ売却
	13	チェース・マンハッタン、J・P・モルガン、合併発表（J・P・モルガン・チェース）
	19	ジャパンネット銀行に対し銀行業免許交付
10・9		千代田生命、更生特例法適用申請
	20	協栄生命、更生特例法適用申請
12・16		金融再生委員会、関西興銀と東京商銀の破綻処理を決定
	21	金融審、異業種の金融参入ルール等に関する報告
		2001年
1・1		保険第3分野全面解禁
	5	金融再生委員会廃止（業務は金融庁へ）
	6	中央省庁再編（1府12省庁体制）
2・9		日銀、公定歩合引下げ（0.5→0.35%）
	28	日銀、公定歩合引下げ（0.35→0.25%）
3・16		日銀、金融市場の調節目標を金利から通貨の供給量とする「量的緩和」を決定
4・1		三井住友銀行発足
	2	三菱東京FG、UFJグループ発足（4大金融グループ出揃う）
		銀行の保険商品窓販開始
	6	政府・与党、緊急経済対策を決定（銀行の保有株式買い上げ機構創設、2年間で不良債権処理終了など）
	25	金融庁、ソニー銀行・IYバンク銀行に銀行免許交付
	26	小泉首相就任
6・20		「短期社債等振替法」、「改正株券等の保管・振替法」成立
	21	経済財政諮問会議、基本方針を決定（不良債権を2、3年で処理など）
	22	確定拠出年金法（日本版401K）、改正商法（金庫株解禁）成立（10・1施行）
	26	金融審、生保の予定利率引下げを容認（中間報告）
	29	「私的整理に関するガイドライン研究会」債権放棄の指針まとめる
7・29		参議院選、自民党大勝
8・29		金融庁、銀行等保有株式取得機構設置を発表

9・10		不動産投資信託(日本版REIT)東証に初上場
		東京工業品取引所で原油先物取引開始
	11	ニューヨーク世界貿易センタービルに航空機突入
	12	日経平均株価、17年ぶりの1万円割れ
	18	日銀、公定歩合引下げ(0.25%→0.10%)、当座預金残高目標「6兆円を上回る」に
	21	大和銀行とあさひ銀行、経営統合で基本合意と発表
	26	東証、株式会社化を決定(11・1に会員組織から移行)
11・2		改正銀行法成立(異業種から銀行への参入ルール、支店設置認可制から届出制へ)
	21	改正商法、銀行等株式保有制限法成立(ストックオプションの制限撤廃など)
12・2		エンロン、米破産法第11条申請
2002年		
1・1		欧州単一通貨ユーロ流通開始
	11	改正金融再生法施行(整理回収機構の機能拡充)
	15	三和・東海銀行合併し、UFJ銀行発足
3・5		金融庁、承継銀行(ブリッジバンク)設立を決定(石川・中部銀行の受け皿に)
	27	東京三菱銀行、普通預金金利引下げ(0.02%を0.001%へ)
4・1		みずほ銀行、再編初日にATM障害、ペイオフ解禁(決済性預金を除く)
		銀行法改正(持株5%超の銀行株主に届出制、20%超に認可制に)
	19	企業会計審、減損会計に関する草案発表(05年度完全導入)
	22	金融機関による顧客本人確認法成立
6・5		証券市場整備法成立(券面不要の振替制度・清算機関制度の整備)
7・12		「金融システムと行政の将来ビジョン」発表
	21	ワールドコム、米破産法第11条申請
	24	郵政公社関連法成立
9・5		金融審、決済性預金の全額保護答申
	18	日銀、銀行保有株買取方針決定
	30	小泉内閣改造(竹中金融担当相)
10・1		保険商品の銀行窓口販売開始
	7	政府、ペイオフ全面解禁2年延期を発表
	17	政策投資銀行、ダイエー再建支援のため主力3行と再建ファンド設立
	23	大手12行、竹中金融相の不良債権処理策に反対表明
	30	政府・与党、総合デフレ対策発表(貸出債権の査定強化、産業再生機構創設等)
11・18		竹中金融相、金融審で金融再生プログラムを報告
	29	政府、金融再生プログラムの「作業工程表」発表(3段階で改革促進)
12・2		三井住友FG発足(4大銀行すべてが持株会社体制に)

	6	改正会社更生法成立（申立て条件大幅緩和）
	11	改正預金保険法（ペイオフ解禁2年猶予）、金融機関組織再編特別措置法成立
	26	金融庁、金融検査マニュアル改定発表（DCF法適用）
2003年		
1・1		新証券税制がスタート
	6	「金融機関顧客本人確認法」施行（金融機関窓口で本人確認をより厳しく）
	10	朝日生命、ミレアホールディングスとの経営統合見送りを発表
	15	三井住友FG、ゴールドマンサックス宛に1500億円の優先株発行を発表
	21	みずほHD、1兆円の増資目標を発表（三菱東京FGは2月7日3500億円）
	22	金融庁、金融問題タスクフォース初会合（銀行経営改革への監視体制）
	24	コール市場で初のマイナス金利取引発生
	27	金融庁、主要行に対し特別検査実施を通告
	30	東京高裁、「銀行税」で都の敗訴を判決（10・8和解）
2・24		公認会計士協会、主要行監査の一層の厳正化求める会長通達
	25	金融庁、金融再生プログラムを受け、検査マニュアルを改定
3・3		大和銀行・あさひ銀行が分割・合併し、りそな銀行・埼玉りそな銀行に
	10	みずほFG設立認可（3・12設立）
	20	日銀福井総裁就任、米英軍がイラク攻撃開始
	28	金融庁、「リレーションシップバンキングの機能強化に関するアクションプログラム」公表
	31	金融庁、合併促進法初適用で関東つくば銀行に公的資本投入を発表
4・1		日本郵政公社発足
	2	産業再生機構法成立（16日に産業再生機構発足）
	25	金融庁、主要行に対する特別検査結果公表
		改正保険業法成立（契約者保護機構の公的資金財源延長）
	29	バーゼル銀行監督委員会、新BIS規制案公表（06年導入目指す）
5・17		初の金融危機対応会議開催（りそなグループへの公的資本注入決定、7月1日に1兆9600億円の注入実施）
	20	日銀、当座預金残高誘導目標を27〜30兆円に引上げ
	23	改正証券取引法成立（証券仲介業制度、主要株主規制導入）
		北陸・北海道銀行統合決定
	30	改正公認会計士法成立（監督体制強化、試験制度見直し）
6・30		金融庁、「公的資金による資本増強行（地域銀行等）に対するガバナンス強化について」公表（合併予定あれば普通株転換を猶予）
7・18		改正保険業法成立（破綻前に予定利率引下げ可能）
	25	改正貸金業規正法成立（ヤミ金融対策、04年1月施行）

8・1		金融庁、公的資本投入15行に収益改善求め業務改善命令
9・9		金融庁、「主要行における自己査定と検査結果の格差」公表
	22	小泉第2次改造内閣発足（竹中経済財政政策・金融担当相）
10・7		金融庁、「リレーションシップバンキングの機能強化計画の概要」公表
	8	東京都の銀行税で都と15行が税率3％を0.9％で和解成立
11・9		衆議院選、与党3党絶対安定多数
	19	第2次小泉内閣発足（竹中経済財政政策・金融担当相）
	29	金融危機対応会議、足利銀行に対する特別危機管理決定
12・24		金融審議会第1部会、「市場機能を中核とする金融システムに向けて」報告
	25	金融庁、新生銀行の普通銀行転換を認可（4・1転換）
	2004年	
2・26		承継銀行設立
3・8		第二日本承継銀行に対し免許付与
	31	金融審議会第2部会、「銀行等による保険販売規制の見直しについて」公表
4・1		公認会計士・監査審査会発足、新生銀行、普通銀行へ転換
	13	金融庁、日本振興銀行へ免許
5・31		金融庁、「中小・地域金融機関向けの総合的な監督指針」公表
6・2		改正証券取引法成立（課徴金制度導入、ディスクロージャー合理化、銀行による証券仲介業務解禁など）
		改正社債等振替法成立（株式のペーパレス化）
	14	金融機能強化のための特別措置法、改正預金保険法成立
	18	金融庁、検査妨害などでUFJ銀行に業務改善命令（10・7刑事告発、一部業務停止命令）
7・11		参議院選挙、自民敗北・民主躍進
	16	三菱東京FGとUFJホールディングスが経営統合発表（06・1・1発足）
8・4		東京地裁、三菱東京FGのUFJ信託部門統合交渉差し止め
9・1		北陸・北海道銀行、ほくほくFG設立
	10	「郵政民営化の基本方針」閣議決定（4事業分社化）
	16	金融庁、「主要行における自己査定と検査結果の格差」公表
	27	小泉内閣改造（竹中郵政民営化担当相）
	28	金融庁、西日本・福岡シティ銀行、東京海上・日動火災の合併認可
10・7		金融庁、UFJ銀行役員を刑事告発、一部業務停止命令
11・1		新紙幣の発行開始（1万円、5千円、1千円）
	26	信託業法成立（受託財産範囲拡大）
12・1		改正金融先物取引法成立
	3	改正本人確認法成立

	24	金融庁、「金融改革プログラム－金融サービス立国への挑戦」公表
		旧興銀、住専追徴課税上告審で逆転勝訴
	28	産業再生機構、ダイエーとミサワホームの支援決定
		2005年
2・8		ライブドア、ニッポン放送株の大量取得判明（4・18和解）
	25	明治安田生命へ業務停止命令（業法違反の契約募集）
3・29		金融改革プログラム「工程表」公表
		「地域密着型金融の機能強化の推進に関するアクションプログラム」公表
	31	「公認会計士・監査法人に対する懲戒処分等の考え方」公表
4・1		ペイオフ解禁完了、新銀行東京業務開始、個人情報保護法全面施行
	8	クレディ・スイス信託銀行に対する行政処分
	22	改正保険業法成立（根拠法のない共済の契約者保護ルール導入）
6・22		改正証券取引法成立（TOB規制適用範囲見直し）
	29	改正会社法成立（06・5・1施行）
7・1		金融庁、金融検査評定制度導入、「金融検査に関する基本指針」発出
8・3		偽造カード預金者保護法成立
9・11		衆議院選、自民単独で絶対安定多数確保
	20	05年基準地価、東京23区で住宅地・商業地とも15年ぶりに上昇
	21	東証一部、売買高過去最高の36億9800万株に
10・6		全銀協、偽造盗難キャッシュカード被害の補償ルール決定
	14	郵政民営化関連6法成立
	26	改正銀行法成立（銀行代理店制度、子会社規制緩和）
	28	金融庁、「公的資金（優先株式等）の処分の考え方について」公表
		明治安田生命に業務停止命令（不当な保険金支払い）
11・1		東証で売買システム障害（全銘柄の取引停止）
	25	金融庁、損害保険会社26社に対する行政処分（保険金支払い漏れ）
12・8		みずほ証券、大量の誤発注
	22	金融審議会第1部会、「投資サービス法（仮称）に向けて」公表
	24	行政改革の重要方針閣議決定（政策金融機関再編の基本方針、商工中金・政策投資銀行の完全民営化）
		2006年
1・1		三菱東京UFJ銀行発足
	10	一般債のペーパーレス化実施
	13	最高裁、利息制限法超過金利の受取要件を厳格化
	23	日本郵政株式会社発足
3・7		イオン、銀行業参入を発表（07年度開業）

	9	日銀、量的金融緩和策解除を決定
	13	ライブドア株上場廃止決定、関東つくば・茨城銀行合併協議中止発表
4・1		あおぞら銀行、普通銀行へ転換（長期信用銀行姿を消す）
	14	金融庁、アイフルに業務停止命令（悪質な取立てなど）
	21	貸金業制度等に関する懇談会「座長としての中間整理」公表
5・10		中央青山監査法人に対する行政処分（虚偽記載の看過）
6・5		村上ファンド代表・村上世彰氏逮捕（インサイダー取引容疑）
	7	金融商品取引法成立（証券取引法全面改正）
	9	三菱UFJFG、公的資金完済（国に合計4450億円の売却益）
7・14		日銀、ゼロ金利政策解除（5年4カ月ぶりに政策金利が復活）
8・24		貸金業制度等に関する懇談会「『貸金業制度等の改革に関する基本的考え方』の検討状況について」公表
9・13		「わが国証券取引所を巡る将来ビジョンについて（論点整理（第3次））」公表
	19	日本政府、北朝鮮に金融制裁発動
	22	本人確認法施行令改正（10万円を超える現金振込みの取扱変更）
	26	小泉首相退陣、安倍内閣発足
10・8		信託法の改正施行に伴う関係法律の整備等に関する法律成立
	26	金融検査マニュアル改定
12・13		貸金業法（旧貸金業規正法）成立（上限金利引下げ、総量規制導入など）
	2007年	
1・4		投信のペーパーレス化実施
	5	日興コーディアルに対する課徴金納付命令（有価証券報告書虚偽記載）
2・1		東証、NYSEグループと業務提携合意
	23	東証、ロンドン証券取引所と業務提携合意
3・6		シティグループ、日興コーディアルにTOB、子会社化（4・27成立）
	31	バーゼルIIの実施
4・1		住宅金融公庫が住宅金融支援機構に改組
5・1		三角合併解禁
	18	日本政策金融公庫法成立（5政府系金融機関統合）
	30	みすず監査法人、解散を決定
6・5		産業再生機構清算結了（03・4・16発足、07・3・15解散）
	20	改正公認会計士法、電子記録債権法成立
7・9		東京高裁、スティールパートナーズを「濫用的買収者」と認定
	29	参議院選、与党過半数割れ、民主党第1党へ
10・22		金融庁、保険商品窓販12月22日から全面解禁決定
12・18		金融審議会金融分科会第1部会、第2部会報告の公表

	19	日興コーディアル完全子会社化に初の三角合併方式適用
		改正貸金業法施行（今後2年半以内に完全施行）
	21	金融庁、「金融・資本市場競争力強化プラン」公表（ベター・レギュレーション）
	22	銀行等による保険販売の全面解禁
	2008年	
1・11		ニューヨーク金先物、1トロイオンス＝900.1ドル史上最高値更新
3・12		参院、政府の日銀総裁人事案を否決
	14	金融庁、足利銀行を野村ホールディングスに譲渡発表
	17	JPモルガン・チェース、ベア・スターンズを救済買収
	19	福井日銀総裁任期満了、戦後初めて日銀総裁空席に（4・9白川氏就任）
4・16		電源開発株買い増し申請の英ファンドに対し、政府が外為法に基づく初の中止勧告
6・6		改正金融商品取引法成立（プロ向け市場創設、ファイアーウォール規制見直し）
7・13		米政府、住宅供給公社への支援策発表
9・15		リーマン・ブラザーズ破綻（アメリカ史上最大の倒産）、バンク・オブ・アメリカがメリルリンチ買収発表
	16	米政府、AIG支援策発表
	18	日米欧6中銀、自国市場にドル資金を供給
	22	三菱UFJ・FG、モルガンスタンレーに出資を発表（筆頭株主に）
	23	野村證券、リーマンのアジア太平洋部門のほか欧州中東部門も買収と発表
	29	米下院、金融安定化法案否決、ニューヨーク市場、史上最大の下落
10・9		ニューシティ・レジデンス投資法人、民事再生法申請。初の上場REIT破綻
	10	G7、公的資金注入を盛り込んだ行動計画発表
		大和生命、更生特例法適用申請受理
	14	米政府、金融大手9社などに資本注入などの金融危機対策発表
	19	蘭政府、INGに公的資金注入発表
	20	仏政府、BNPパリバなど大手6銀行に公的資金注入発表
	27	三菱UFJ・FG、増資発表
11・15		ワシントンで金融サミット
	23	米政府、シティグループに大規模救済策発表
12・12		改正金融機能強化特別措置法、改正金融機関組織再編成特別措置法成立
		改正保険業法成立（保護機構に対する政府補助継続）
	31	米政府、ビッグスリー救済に金融安定化法適用方針を発表
	2009年	
1・5		株券ペーパーレス化実施
2・3		日銀、銀行保有株の買取再開決定（最大1兆円）

3・12		銀行等保有株式取得機構による株式買取を再開、買取対象拡大
	13	金融機能強化法に基づき地銀3行に予防的公的資金注入
	17	日銀、劣後ローン引受などで民間銀行の資本増強支援
4・2		G20首脳会合（ロンドン金融サミット）
	10	政府与党追加経済対策、財政支出15兆円・事業規模56.8兆円、いずれも過去最大→過去最大の補正予算13.9兆円5月29日成立
	22	産業活力再生法案成立（公的資金を使った一般企業への資本注入）
5・1		三井住友FG、日興コーディアルなどシティグループの事業買収を発表
	20	1～3月GDP、戦後最悪の実質年率15.2%減少
6・1		GM、米破産法第11条申請
	17	改正金融商品取引法成立（格付け会社への規制導入）、資金決済法成立
8・30		衆院選、民主党圧勝
9・10		三井住友FGと大和証券グループ、合弁解消発表
	16	民主党・鳩山内閣発足
	30	三井住友海上、あいおい、ニッセイ同和、経営統合発表（MS&ADホールディングス）
10・16		企業再生支援機構発足
	28	マネックスグループとオリックス証券、経営統合発表
	30	損保ジャパン・日本興亜、経営統合発表（NKSJホールディングス）
11・2		商工ローン大手ロプロ（旧日栄）、会社更生法適用申請
	4	日本郵政グループの株式売却凍結法成立
	6	住友信託と中央三井トラスト、経営統合発表
	30	金融円滑化法成立
12・4		東京地裁、誤発注で東証に07億円支払い命令、郵政株式売却凍結法成立
2010年		
1・19		日本航空、会社更生法適用申請
	21	オバマ大統領、新金融規制案発表（ボルカー・ルール）
3・26		山口銀行、北九州銀行新設発表
	30	閣僚懇談会、郵貯預入限度額2000万円に引上げ決定
4・1		第一生命、株式上場（相互会社から株式会社に転換）
5・12		改正金商法成立
6・4		菅内閣発足
7・11		参院選、民主党敗北（再び「ねじれ国会」に）
	21	米・金融規制改革法成立
	26	中央銀行総裁・銀行監督当局長官グループ、バーゼル委による自己資本および流動性に関する規制改革パッケージについて合意に到達

	9・10	振興銀行破綻、初のペイオフ発動
	12	バーゼル銀行監督委員会、新たな自己資本比率規制案（バーゼルⅢ）発表
	24	東京海上日動、明治安田生命と損保販売での提携発表
	28	武富士、会社更生法適用申請
12・24		金融庁、「金融資本市場及び金融産業の活性化等のためのアクションプラン」公表

（出所）　日本銀行金融研究所「日本金融年表」(1993)、館龍一郎編「金融辞典」(1994)、村松岐夫・奥野正寛編「平成バブルの研究　下」(2002)、「銀行局年報」各年度版、「金融（監督）庁の1年」各事務年度版、日本経済新聞、朝日新聞、読売新聞、ニッキン、週刊エコノミスト、金融ジャーナル、金融ビジネスなど。

事項索引

◆A～Z

ADR ……………………………… 585
BIS規制 ……… 327, 332, 380, 529, 534
BRICs ………………………………… 20
CAMEL方式 …………………………… 378
CD ………………………………… 12, 54,
　　61, 124, 151, 184, 200, 207, 216, 263
CMA ………………………………… 224
CP ………………… 151, 263, 275, 314
DCF方式 …………… 517, 523, 524, 528
FDIC ………………………………… 468
FRA ………………………………… 321
Free、Fair、Global ………… 146,
　　399, 400, 439
FSA ……………………………… 432, 468
FXA ………………………………… 321
GATT ……………………………… 32, 95
GHQ ………… 23, 31, 40, 316, 329, 359
IMF ………………………………… 32, 34, 95
ITバブル崩壊 ………… 494, 501, 507, 519
MMC ………… 12, 200, 209, 216, 224
MMDA ……………………………… 224
MMF ………………………………… 224
MMMF …………………… 138, 209, 310
NOW ……………………………… 224
OCC ……………………………… 468
OECD ……………………………… 34, 95
PRA ……………………………… 468
RCC …………………………… 508, 542
RFC ……………………………… 452
RFC方式 ……………………… 452, 510
RTC …………………… 383, 452, 455
RTC方式 ……………………… 452, 509

RTGS ……………………………… 231
SEC ………………… 41, 336, 464, 468
S&L ………… 290, 383, 452, 486, 615
SPC法 …………………………… 420, 427
Too Big to Fail ……… 25, 372, 438, 472

◆あ

アクション・プログラム …… 190, 211
アジア通貨危機 …………… 8, 438, 439
足利銀行 …………………………… 514
アメリカ発金融危機 ……… 15, 616, 617

◆い

いざなぎ景気 ……………………… 20, 65
1県1行主義 ………………………… 25
岩戸景気 …………………… 18, 20, 44
インサイダー取引規制 ……………… 322
インターネット銀行 ………………… 435

◆う

失われた10年 ……… 1, 7, 9, 346, 551

◆え

円高の魔術 ……………………… 79, 298
円高不況 ………………………… 301
円建BA ………………………… 183, 190
円建外債 ………………………… 163
円転規制 ………………………… 189
円の国際化 …………………… 183, 186, 194

◆お

大口融資規制 ……………… 67, 95, 328
大口預金金利 …………………… 207
大阪万博 ………………………… 20, 78

事項索引　681

大手30社 …………………… 519
オーバーキャパシティー………… 13,
　　　　　　　　　 202, 239, 261
オーバー・ボローイング……… 4, 26, 36
オーバー・ローン……… 4, 26, 31, 82
オフバランス化…………………… 525
オペレーショナル・リスク……… 535
オンラインシステム……………… 228

◆か

外圧…… 7, 85, 132, 183, 185, 200, 242
外銀の信託参入問題………… 187, 190
外国為替証拠金取引（FX取引）… 606
外国為替専門銀行…………… 23, 100
会社法…………………………… 587
外為制度の抜本的見直し………… 402
外為法の全面改正…………… 11, 95
影の銀行……………… 305, 635, 636
合算15%ルール ………………… 408
合併・転換法………………… 55, 64
株式先物取引……………………… 319
株式等決済合理化法……………… 601
株式売買委託手数料………… 420, 422
株主安定化工作……………………35
株主責任…………………………… 513
借換債の弾力的な発行…………… 311
借り手保護……………………… 386
為替・資本移動の自由化…………11
間接金融から直接金融へ………… 116,
　　　　　　　　　 164, 235, 253

◆き

機械化……………… 7, 172, 197, 223
機関銀行………………………… 433
企業金融型証券………………… 253
企業再生支援機構……………… 622
企業内容開示制度…………… 46, 323
偽造預金証書事件……………… 334

木津信組………………………… 365
(旧) 銀行法 ………………… 6, 24
共生………………… 458, 626, 633
行政改革推進法………………… 563
行政改革の重要方針…………… 561
業態別子会社方式……………… 152,
　　　　　　 248, 260, 266, 278, 414, 416
協定銀行………………………… 383
共同債権買取機構……………… 354
協同組織金融機関……………… 153,
　　　　　　　　　 247, 270, 395, 541
狂乱物価…………… 66, 79, 92, 135
緊急経済安定化法……………… 614
銀行業と一般企業の関係…… 423, 433
均衡財政主義………………………36
銀行・証券分離……… 23, 242, 255
銀行代理業制度………………… 597
銀行代理店制度………………… 597
銀行デパート化………………… 238
銀行の公共性…………… 143, 459
銀行の社会的責任…………………66
銀行の不正融資………………… 334
銀行離れ現象（disintermediation）
　　　　　　　　……………… 109, 112,
　　　　　　 138, 205, 209, 224, 236
銀行法の全面改正……………79, 95,
　　　　　　　　　 134, 168, 315
銀行持株会社…………………… 407
銀行よ、さようなら。証券よ、こ
　んにちは………………………42
金融ADR ……………………… 613
金融インフラ整備…… 495, 567, 587
金融円滑化法…………………… 623
金融監督庁………………… 464, 501
金融企画機能…………………… 467
金融危機対応会議……………… 512
金融規制改革法…… 171, 500, 618, 632
金融機能安定化緊急措置法… 441, 530

金融機能強化法・・・・・・・・・・・・・・・・・・・・・ 540
金融行政の当面の運営方針・・・・・・・・ 353
金融検査・・・・・・・・・・・・・・・・・・・・・・・・・・・・・ 466
金融国会・・・・・・・・・・・・・・・・・・・・・・・・・・・・・ 442
金融コングロマリット・・・・・・・・ 486, 487
金融サービス・市場法・・・・・・・・ 431, 570
金融サービス法・・・・・・・・・・・・・・・・・・・ 15,
　　　　220, 254, 431, 567
金融再生委員会・・・・・・・・・・・・・・・・・・・・ 467
金融再生トータルプラン・・・・・・・・・ 442,
　　　　449, 528
金融再生プログラム・・・ 8, 380, 494, 506,
　　　　510, 517, 524, 531, 538, 542
金融再生法・・・・・・・・・・・・・・・・・・・・・・・ 389,
　　　　442, 445, 450, 452, 483, 537
金融先物市場・・・・・・・・・・・・・・・・・・・・・・ 318
金融先物取引法・・・・・・・・・・・・・・・・・・・ 320
金融システム改革連絡協議会・・・・・・ 400,
　　　　409
金融システム
　　　——と行政の将来ビジョン・・・・・ 496,
　　　　505, 546, 560
　　　——の機能回復について・・・ 363, 368,
　　　　376, 381, 395, 446, 512
金融・資本市場競争力強化プラン
　　・・・・・・・・・・・・・・・・・・・・・・・・・・・・・・・・・ 584
金融商品取引法・・・・・・・・ 9, 279, 425, 567
金融商品販売法・・・・・・・・・・・・・・・ 220, 430
金融整理管財人・・・・・・・・・・・・・・・ 389, 446
金融
　　——の公共性・・・・・・ 169, 346, 630
　　——の効率化・・・ 4, 48, 125, 136, 142
　　——の証券化・・・・・・・ 244, 247, 252
　　——の深化・・・・・・・・・・・・・・・・・・・ 114
　　——の正常化・・・・・・・・・・・ 4, 26, 30
金融持株会社・・・・・・・・・・・・・・・・・・・・・・ 419
金融問題研究会・・・・・・・・・ 202, 211, 215
金融立国・・・・・・ 2, 240, 499, 615, 629, 631

金利減免債権・・・・・・・・・・・・・・・・・・・・・ 356,
　　　　364, 391, 394, 516, 520
金利の自由化・・・・・・・・ 11, 53, 112, 118,
　　　　124, 129, 132, 187, 197, 199, 259, 422

◆く
クック委員会・・・・・・・・・・・・・・・・・・・・・・ 331
グラム・リーチ・ブライリー法・・・ 633
繰延税金資産・・・・・・・・・・・・・ 508, 511, 515
グレーゾーン金利・・・・・・・・・・・・・・・・・ 609

◆け
経営健全性確保法・・・・・・・・・・・・・・・・・・ 377
経営諸比率指導・・・・・・・・・・・・・・・ 198, 330
経済構造調整・・・・・・・・・・・・・・・・・・・・・・ 291
経済財政諮問会議・・・・・・・・・・・・・ 502, 507
決済機能・・・・・・・・・・・・・・・・・・・・・・ 481, 539
決済性預金・・・・・・・・・・・・・・・・・・・・ 215, 477
決済用預金・・・・・・・・・・・・・・・ 481, 507, 539
現先市場・・・・・・・・・・・・・・・・・・・・・・ 112, 125
懸賞金付き定期預金・・・・・・・・・・・・・・・ 217
現状と展望・・・・・・・・・・・・・・・・・・・・ 186, 207
建設国債・・・・・・・・・・・・・・・・・・・・・・・・・・・・・ 36

◆こ
公開買付制度・・・・・・・・・・・・・・・・・・ 324, 581
更生手続特例法・・・・・・・・・・・・・・・・・・・ 376
構造改革路線・・・・・・・・・・・・・・・ 8, 503, 542
公的金融制度改革・・・・・・・・・・・・・・・・・ 546
公的金融部門・・・・・・・・ 9, 15, 67, 423, 547
公的資金投入・・・・・・・・・・・・・・・・・・・・・・ 10,
　　　　14, 360, 440, 449, 465, 510, 533
公的資本注入・・・・・・・・ 483, 512, 527, 531
国際協力銀行・・・ 562, 563, 564, 565, 566
国債大量発行時代・・・・・・・・・・・ 5, 12, 237
国債
　　——の売却制限・・・・・・・・・・・・・・・・ 107

事項索引　683

――の窓販・ディーリング
　………… 148, 157, 238, 242, 311
――を抱いた経済……………… 36
小口MMC ………………………… 211
小口預金金利……………………… 211
国民国家間競争………………… 343
国民所得倍増計画……… 18, 20, 40, 42
コスモ信組………………… 365, 366
護送船団（方式、行政）…… 23, 26,
　52, 186, 202, 217, 280, 329, 332, 458,
　473, 529, 595, 605, 626
固定相場制………………………… 79
5％ルール……………………… 324
根拠のない熱狂………………… 302
コンビニ銀行…………………… 435

◆さ

債券先物市場…………………… 316
最後の貸手……………………… 462
最終的な国庫負担……………… 533
財政・金融行政分離……… 460, 464
財政構造改革……………… 437, 439
財政新時代……………………… 104
財政投融資改革………………… 547
財政融資資金…………………… 548
財テク…………… 240, 306, 309, 520
財投機関債……………………… 548
財投債……………………… 548, 551
債務者区分の統一……………… 508
財務制限条項……………… 274, 313
佐々波委員会…………………… 530
サブプライムローン問題…… 484, 522,
　537, 583, 615
産業再生…………………… 542, 543
三局合意…………………… 158, 238
三局指導………………………… 260
3メガバンク……………… 486, 487
三洋証券………………………… 438

◆し

資金運用部資金………… 69, 119, 548
資金援助方式……… 360, 364, 381
資金決済法……………………… 601
資産金融型証券………… 253, 272
自主運用………………… 548, 551
市場の暴力……………… 12, 116
市場リスク……………………… 535
システミック・リスク……… 384, 458,
　471, 477, 483, 507
事前予防（方式、行政）…… 7, 23,
　328, 535
実需原則………………… 184, 188, 235
資本毀損の時代………………… 528
社債
　――の多様化………………… 314
　――の無担保化……………… 162
ジャパン・アズ・No. 1 ……… 6, 10
ジャパンプレミアム…………… 530
住専処理策………………… 371, 375
住専問題……………… 8, 367, 375,
　398, 410, 440, 465, 615
住宅金融債権管理機構………… 366,
　371, 375, 383, 447
集団投資スキーム……… 427, 578
主要株主………………………… 435
純粋持株会社…………………… 406
証券化関連商品…… 253, 256, 263, 270
証券・金融不祥事……………… 334
証券決済システム改革法……… 601
証券決済制度…………………… 598
証券先物・オプション取引…… 319
証券先物市場…………………… 319
証券仲介業……………………… 596
証券取引等監視委員会………… 336
證券の損失補填………………… 334

証取法第65条…………………… 41,
　　　　　　　　147, 151, 264, 266
消費者保護制度……………………… 605
情報革命……………………… 179, 342
情報システム革命……………… 223
昭和金融恐慌………… 24, 40, 134, 362
諸規制・諸慣行の見直し……… 257,
　　　　　　　　　　　260, 273
人口ボーナス…………………… 342
信託業法（全面改正）……… 587, 590
信託分離………………………… 23, 41
信託法（全面改正）………… 587, 589
神武景気………………………… 18, 20
信用リスク……………………… 535

◆す

スタグフレーション… 6, 83, 105, 295
スミソニアン体制……………… 79, 89

◆せ

政権交代………………………… 586
税効果会計……………………… 512
政策金融（改革）……… 69, 73, 560
生・損保兼業禁止……………… 282
制度問題研究会…… 13, 240, 242, 397
生保の破綻処理………………… 455
整理回収機構（RCC）……… 366,
　　　　　　　　　383, 447, 450, 539
整理回収銀行……… 366, 383, 389, 447
石油危機… 5, 65, 78, 92, 105, 135, 179,
　　　　　　　289, 295, 305, 341, 351, 520
1997年金融システム改革法……… 417
1992年金融制度改革法……… 13, 152,
　　　　214, 265, 278, 281, 397, 409, 417, 569
選別融資規制…………………… 66
専門制・分業制……… 7, 12, 22, 29,
　　　　　126, 239, 242, 254, 273, 332

◆そ

早期健全化法…………… 378, 442,
　　　　　　　　　449, 452, 484, 530
早期是正措置… 365, 377, 420, 450, 508
相互銀行……………… 23, 56, 245, 252
──の普銀転換…………………… 245
相互乗入れ方式………………… 248
創造的破壊……………………… 202,
　　　　　　　　　502, 508, 518, 631
組織再編成法……………… 538, 540
ソフトランディング路線……… 453,
　　　　　　　　　502, 509, 515, 524
ソルベンシー・マージン…… 283, 587
ゾンビ企業……………………… 517, 518

◆た

第3分野………………… 282, 285, 593
退出・参入の自由化… 10, 13, 423, 627
退出・参入を含むシステム…… 8, 475
第二の予算……………………… 70, 73
大量保有報告制度……………… 582
為銀主義………………………… 98, 403
短期社債等振替法……………… 600

◆ち

小さな預金保険……………… 388, 478
地価税法………………………… 350
中期国債（中国）ファンド……… 108,
　　　　　　　　　　109, 214, 310
中小企業金融専門機関……… 23, 56,
　　　　　　　　　　152, 242, 245
長短分離………………………… 23, 30
貯蓄から投資へ……………… 41, 576

◆て

定額貯金………………… 129, 212, 213
低価法・原価法の選択制………… 111

事項索引　685

ディスクロージャー………… 144, 198,
　271, 284, 364, 390, 408, 412, 536, 580
抵当証券業………………………… 326
適債基準……………………… 274, 313
デフォルト………………………… 438
転型期論…………………… 4, 19, 48, 64
電子記録債権法…………………… 603
電子決済…………………………… 420
電子的支払いサービス…………… 601
店舗行政…………………………… 156

◆と

東京オフショア市場……………… 194
東京オリンピック…… 20, 48, 78, 104
東京共同銀行………………… 362, 383
東京2信組 ……… 14, 362, 366, 398
投資一任業務……………………… 325
投資顧問業法……………………… 324
東証の会員権問題………………… 187
東邦相互銀行………………… 361, 381
東洋信用金庫……………………… 361
トータル・バランス……………… 211
特定産業振興臨時措置法案………33
特別危機管理………………… 486, 515
特別公的管理…………… 443, 445, 446
特別資金援助………………… 382, 389
特別保険料…………………… 382, 389
特例国債…………………………… 104
特例法方式………………………… 248
土地本位制度……………………… 297
独禁法第9条 ……………… 250, 407
ドッド・フランク法……………… 500
取り付け騒ぎ……………………… 385
取引所
　——の株式会社化……………… 431
　——の自主規制機能…………… 582

◆な

ナロー・バンク……………… 434, 482

◆に

ニクソン・ショック……………… 5,
　37, 65, 78, 87, 520
2次ロス……………………… 372, 375
日銀法改正……………………… 38, 460
日銀法第25条 ……………… 44, 365
日米円・ドル委員会… 7, 13, 182, 186,
　197, 200, 211, 229
日産生命…………………………… 456
日本債券信用銀行（日債銀） …… 14,
　398, 441, 445, 453, 533
日本長期信用銀行（長銀） ……… 14,
　441, 453, 533
日本共同証券株式会社……………44
日本経済の奇跡……………… 1, 343, 346
日本証券保有組合…………………44
日本人の値打ち……………… 1, 346, 497
日本政策金融公庫………………… 564
日本版SOX法 …………… 577, 581
日本版ビッグバン……… 8, 10, 13, 59,
　97, 146, 286, 359, 397, 425,
　437, 445, 472, 475, 496, 570

◆の

農協系統金融機関………………… 367
ノンバンク社債法………………… 426

◆は

バーゼルⅡ…………… 333, 534, 619
バーゼルⅢ………………… 537, 620
ハードランディング路線……… 9, 442,
　445, 454, 502, 506, 510, 515, 524
破綻先・延滞債権…………… 393, 394
破綻の隔離…………………… 471, 472

バッチ処理（オフライン集中方式）
………………………………… 227
販売チャネルの多様化………… 595

◆ひ

ビッグバン……………… 139, 397, 422
兵庫銀行………………………… 365
開かれた独立性………………… 460

◆ふ

封鎖預金………………………… 359
付加率アドバイザリー制度……… 283
双子の赤字……………………… 288
２つのコクサイ（国際・国債）化 … 5,
　　　　10, 82, 117, 124, 148, 164
不動産融資総量規制…… 93, 296, 350
プラザ合意…… 179, 240, 288, 301, 520
ブラック・マンデー…………… 293, 302
振り込め詐欺救済法…………… 612
ブリッジバンク………………… 389,
　　　　　　　442, 446, 477, 528
プリペイドカード……………… 601
不良債権の最終処理…………… 502
ブレトンウッズ体制……………… 79
プロシクリカリティー………… 537
プロ投資家………………… 580, 585
フロントランナー…………… 11, 403

◆へ

ペイオフ…………………… 63, 539
ペイオフ解禁…… 216, 482, 502, 620
ペイオフコスト………… 382, 389, 485
ペイオフ凍結……………………… 14
ペイオフ方式…………………… 199,
　　　　　　　360, 364, 381, 476, 484
弊害防止措置…………… 266, 267
平成銀行方式…………………… 362
ペーパーレス化……… 231, 276, 598

ペコラ委員会…………………… 440
ベター・レギュレーション……… 584
変動相場制移行…………… 5, 89, 137

◆ほ

暴力なき改革………………… 8, 627
保険金支払限度額……………… 478
保険契約者保護基金…………… 284
保険制度改革…………………… 282
保険ブローカー制度…………… 283
保険法（全面改正）………… 587, 592
ポスト３次オン………………… 231
母体行…………… 346, 370, 374, 375
北海道拓殖銀行（拓銀）………… 14,
　　　　　　　　　22, 398, 438
骨太の方針……………………… 502
ボルカー・ルール…… 171, 617, 634

◆ま

前川リポート…………… 291, 504
前払式証票規制法……………… 601
マル優廃止……………………… 212

◆み

３つの柱………………………… 535

◆め

メーデー…………………… 139, 422

◆も

持株会社方式……… 250, 407, 409, 414
戻り益…………………………… 519
もはや"戦後"ではない………… 18
モラル・ハザード………… 385, 478

◆や

山一證券…………… 14, 44, 48, 438

事項索引　687

◆ゆ

郵政改革……………… 494, 550, 552, 554
郵政改革法案………………………… 557
郵政株売却凍結法……………………… 557
郵政民営化………………… 9, 15, 97,
　　　　　　　131, 551, 552, 561, 586
郵政民営化法………………… 554, 557
有担保原則………… 163, 235, 312, 315
郵貯限度額………………… 131, 559
郵貯懇………………………………… 130
ユーロダラー市場…………………… 84
ユニバーサル・バンキング戦略… 238
ユニバーサル・バンク方式… 250, 264

◆よ

預金者保護法………………………… 607
預金全額保護……………… 476, 479
預金の商品性………………………… 214
預金保険制度の創設……… 55, 63, 360
預金を考える懇談会……… 219, 569
40年不況…………………… 20, 35

◆り

リーマン・ショック………… 171, 472,
　　　　　499, 537, 566, 583, 585, 618, 621, 634
利息制限法…………………………… 609
りそな銀行……………… 453, 511, 531
流動性預金金利……………………… 215
リレーションシップバンキング… 508
臨時金利調整法（臨金法）… 12, 119

◆る

ルーブル合意………………………… 301

◆れ

冷戦終結……………… 179, 342, 345
レーガノミックス………………… 289
レギュレーションQ………… 109, 138
列島改造………… 66, 92, 104, 135, 293

◆ろ

ロクイチ国債………………………… 110
ロス・シェアリング………………… 373

■著者略歴

西村　吉正

1940年12月15日生まれ（滋賀県大津市）
東京大学法学部卒業、博士（早稲田大学）
1963年　　大蔵省入省
1992年　　大蔵省財政金融研究所長
1994年　　大蔵省銀行局長
1997年〜　早稲田大学大学院教授（早稲田大学ビジネススクール）

【主要編著書】
『日本の金融制度改革』東洋経済新報社（2003年）
『金融行政の敗因』文春新書（1999年）
『世界の中心は回り持ち』東洋経済新報社（1997年）
『復興と成長の財政金融政策』（編）大蔵省印刷局（1994年）

金融システム改革50年の軌跡

平成23年3月29日　第1刷発行

著　者　西　村　吉　正
発行者　倉　田　　勲
印刷所　図書印刷株式会社

〒160-8520　東京都新宿区南元町19
発　行　所　社団法人 金融財政事情研究会
　　　編集部　TEL 03(3355)2251　FAX 03(3357)7416
販　　売　株式会社 きんざい
　　　販売受付　TEL 03(3358)2891　FAX 03(3358)0037
　　　　　　　URL http://www.kinzai.jp/

・本書の内容の一部あるいは全部を無断で複写・複製・転訳載すること、および磁気または光記録媒体、コンピュータネットワーク上等へ入力することは、法律で認められた場合を除き、著作者および出版社の権利の侵害となります。
・落丁・乱丁本はお取替えいたします。定価はカバーに表示してあります。

ISBN978-4-322-11752-3